文化ファッション大系

アパレル生産講座 14

ニットの基礎技術

文化服装学院編

序

文化服装学院は今まで『文化服装講座』、それを新しくした『文化ファッション講座』をテキストとしてきました。

1980年頃からファッション産業の専門職育成のためのカリキュラム改定に取り組んできた結果、各分野の授業に密着した内容の、専門的で細分化されたテキストの必要性を感じ、このほど『文化ファッション大系』という形で内容を一新することになりました。

それぞれの分野は次の五つの講座からなっております。

「服飾造形講座」は、広く服飾類の専門的な知識・技術を教育するもので、広い分野での人材育成のための講座といえます。

「アパレル生産講座」は、アパレル産業に対応する専門家の育成講座であり、テキスタイルデザイナー、マーチャンダイザー、アパレルデザイナー、パタンナー、生産管理者などの専門家を育成するための講座といえます。

「ファッション流通講座」は、ファッションの流通分野で、専門化しつつあるスタイリスト、バイヤー、ファッションアドバイザー、ディスプレイデザイナーなど各種ファッションビジネスの専門職育成のための講座といえます。

それに以上の３講座に関連しながら、それらの基礎ともなる、色彩、デザイン画、ファッション史、素材のことなどを学ぶ「服飾関連専門講座」、トータルファッションを考えるうえで重要な要素となる、帽子、バッグ、シューズ、ジュエリーアクセサリーなどの専門的な知識と技術を修得する「ファッション工芸講座」の五つの講座を骨子としています。

このテキストが属する「アパレル生産講座」は、アパレル製造業が基本的に、企画、製造、営業・販売の三つの大きな専門部門で構成されているのに応じて、アパレルマーチャンダイジング編、テキスタイルデザイン編、アパレルデザイン編、ニットデザイン編、アパレル生産技術編などの講座に分かれています。それぞれの講座で学ぶ内容がそのまま、アパレル製造業の専門部門のスペシャリスト育成を目的としているわけです。

いずれにしても服を生産することは、商品を創ることに他なりません。その意識のもと、基礎知識の修得から、職能に応じての専門的な知識や技術を、ケーススタディを含めて、スペシャリストになるべく学んでいただきたいものです。

目次 ニットの基礎技術

はじめに

今やニット製品は、私たちのファッションライフに不可欠なものとして生活の中に深く浸透しています。ニット製品には、編み地を編成しながらアイテムに成型していく「ニット製品」と、編み地をパターンに従って裁断し縫い合わせる「カット＆ソーン製品」がありますが、本書は、前者のニット製品に関して、歴史、基礎知識、技術などを網羅的に解説したものです。

ニット素材には、布帛に比べて伸縮性に富むという特徴がありますが、そういう意味では、私たちの皮膚感覚に近い素材ではないでしょうか。その表現技術は、1本の糸からあらゆるデザインに展開するというダイナミックなものですが、編み目の組合せによっては、新しい編み地を考案できるという可能性もあるのです。したがってニット製品のデザインは、当初に、素材を理解することに始まり、編み地やシルエット、ディテールにわたるまでをイメージしてから着手するという総合性が要求されるのです。

本書では個別的作品の形で解説を行なっていますが、重要なことは、これらの技術がコンピュータ編み機などを駆使した工業技術の基礎技術であることです。本書で展開する技術が、今日のニットビジネスを支える技術であることを理解し、さらに新しい技術や製造法を考案されることを期待しています。

第1章

ニットの概要

1　ニットとは

ニットとは、「編む（knit）」という動詞であり、編み物の総称である。編み物は編み目（ループ）が連続することによって作られる。

ニットで作られるすべての製品、すなわちニットグッズ（knit goods）のことを略して、単にニットともいう。

また、衣服のことをアパレルというが、ニットウェアのことをニットアパレル（knit apparel）と呼ぶことも多い。

（1）ニットの由来

ニットは16世紀ごろから、日本ではメリヤスといわれていた。これはポルトガル語のメイアス（meias）、またはスペイン語のメディアス（medias）がなまったものである。これらの言葉はいずれも靴下の意味をもっているが、ニットが用いられ始めたころ、靴下がニット製品の主な商品であったことに関連している。

メリヤスの編み地は伸縮性があるので、日本ではメリヤスを「莫大小」と書いていた。現在ではメリヤスはニットの総称として使われている。英語の「ニッティング（knitting）」という言葉は、サンスクリット（梵語）の網や糸を織る、かごを編むといった意味をもつ「ナヤット（nahyat）」という言葉に語源があるといわれている。

（2）ニットの歴史

1　古代・中世のニット

ニットがいつどのようにして始まったかは、正確にはわかっていない。原始時代には、植物や動物の繊維を結び合わせてネットを作り、これで獲物を捕ったり、ものを包んだりするのに用いていたと考えられる。

紀元前1000年ごろのエジプトの古墳から、手編みに似た「スプラング（sprang）」と呼ばれる遺品が発見された。「スプラング」は長方形の枠に多くのたて糸を並べ、その両端を固定し、1本の長い糸を通した針でたて糸に巻きつけていく方法で作られている。非常に伸縮性のある織物である。

紀元前3～2世紀ごろ、アラビアの遊牧民はサンダル用靴下を編んでいた。日本の足袋にも似ているこの靴下は、筒編みの簡単な二股の形をしていた。のちに7～8世紀ごろには、アラビアからエジプトに伝わった手編み技術は、さらに精巧なものとなり、王侯貴族や僧侶のためにサンダル用靴下や帽子が作られた。その中で特に有名なものが、コプト人（古代エジプトのキリスト教徒）の作ったもので、遺品が発見されている。アラビアの手編み技術は、この後ユーフラテス川流域に伝来して、ササン朝ペルシャの隆盛期に広まっていった。

3世紀のシリアに、ループで構成されたニットが存在していたことが知られている。シリアはササン朝ペルシャとビザンチン（東ローマ）帝国の争いが、長年繰り広げられてきた地域だった。その抗争の中で、ササン朝ペルシャが支配していた絹の売買に関する権利と一緒に、手編みの技術もビザンチン帝国に移行した。そして、教会用の飾り布、司祭用の手袋、靴下などが毛糸だけでなく、絹糸でも編まれるようになってきた。このころ、王室にも広がっていった。

これら中近東で発生したニットの技術は、4世紀以降ビザンチン帝国に引き継がれ、さらに7世紀半ば、イスラム帝国（サラセン帝国）に広まっていった。

ビザンチン帝国はシルクロードにおける入り口にあり、中国から入ってくる絹の売買で経済的に豊かであった。イスラム帝国（サラセン帝国）は絹を生成する技術を手に入れたことにより、中近東や地中海沿岸で絹を作り始めた。その後、この絹がニットの靴下などの原料となり、イタリアの絹産業につながっていった。

イスラム帝国（サラセン帝国）は地中海、アフリカを制圧し、スペインに入って、コルドバ回教国をつくり、イスラム文化の拡大と共に、ニットを広めたとされている。祭壇用の飾りや手袋にニットは用いられていた。9世紀ごろのことである。

一方、8世紀から11世紀に活躍した北欧スカンジナヴィアのバイキングは、黒海を渡り、中近東のニットの技術を母国に持ち帰った。シェットランド諸島、フェア島、アイルランド、アラン諸島に伝わった。のちのフィッシャーマンセーターと呼ばれるニットの前身となった。ニットによるセーターの発生である。やがて、英国本土でもニットが始められた。

イタリアでは、11世紀にスペインや中近東を通してニットの技術が伝わり、絹を材料にしたニット製品を作り出した。13世紀以降盛んになった。

フランスには、イタリアに続いてニットが伝わった。10世紀から14世紀にかけて、ニットの技術はヨーロッパ全土に普及した。

編み物に関する数少ない絵画の中で、14世紀に描かれた祭壇画が現存している。ブクステフーデ（buxtehude）の「天使たちの訪問」（写真右ページ）である。聖母マリアが4本の棒針を使って編み物をしている。

14～15世紀のヨーロッパでは、宗教を背景にしながら、中世の騎士や上流社会の人々に装飾用の手袋や靴

「天使たちの訪問」
この絵画の中で使用されている棒針はヨーロッパで発明されたといわれている。棒針の材料には身近な木や骨、竹、銅、鉄、琥珀、べっこうなどが古くから使われてきた。

下が流行した。中世以降は編み物ギルド（同業組合）が成立し、この制度により、技術者の編む技術はめざましい発展を遂げた。

ギルドによって王侯貴族や富裕市民のために、ニット製品が作られるようになった。それまで、ニットの技術は家庭の中で受け継がれてきたものだが、ギルドの成立によって、都市機能の発達とニットの産業化が急速に進んだ。

2　産業としてのニット・編み機の開発史

1589年に英国人牧師ウィリアム・リー（William Lee）が初めて工業用の編み機を発明した。ひげ針を用いた靴下編み機で、当初1分間に600目編むことが可能であった。のちに1200目編める機械を発明した。当時、ギルドの職人は1分間に100目編むのが限界であった。編み機の特許を英国のエリザベス女王に申請したが、女王は編み物ギルドの技術者の失職や税収入を失うことを恐れ、申請を却下した。その後、ウィリアム・リーは開発をあきらめることなくフランスに渡り、当時の国王アンリ4世の支援の下、フランスのルーアンに工場を作った。しかし、アンリ4世が宗教改革の闘争に巻きこまれて、暗殺されると、新教徒であったウィリアム・リーも、フランスからの支援を受けられなくなり、失意と貧困のうちに生涯を閉じた。

その後、弟のジェームスの活躍によって工業用編み機は英国で認められ、ヨーロッパ各国に普及していき、近代ニット工業の発展に大きな役割を果たした。ニット産業はギルドによる手工業生産から編み機による工業生産に移行していった。

1849年に英国人のマシュー・タウンゼンド（Mathew Townsend）がべら針を発明した。ベラ針はウィリアム・リーの発明したひげ針を改良して作られた。今日の編み機のほとんどはべら針を用いている。この発明によって、編み機は急速に発展した。

上：1770年ごろの手動式靴下編み機。1859年にウィリアム・リーによって発明された編み機と似たものである。

下：初期の版画による、18世紀の靴下編み機で編む人々。ビールのジョッキや犬から家内工業の雰囲気が伝わる。

図版すべて、イブ・ハーロン編『THE ART OF KNITTING　編物の歴史』（日本ヴォーグ社・1979年）より

ニット機械開発史年表

西暦	開発者	国籍	開発アイテム
1589	WILLIAM LEE　ウィリアム・リー	イギリス	ひげ針式靴下編み機……ニット機械の第1号
1775	EDMOND CRANE　エドモンド・クレイン	イギリス	トリコット編み機
1816	BRUNEL　ブルネル	フランス	吊編み機
1849	MATTHEW TOWNSHEND マシュー・タウンゼンド	イギリス	ベラ針を発明。なお特許はモールデンとの 連名になっている
1855	REDGATE　レッドゲイト	イギリス	ラッセル機
1861	J.S.WELES　ウェールズ	イギリス	両頭針
1863	ISSAC WILLIAM LAMB アイザック・ウィリアム・ラム	アメリカ	横編み機……1867年パリ博覧会出品
1864	ISSAC WILLIAM COTTON アイザック・ウィリアム・コットン	イギリス	フルファッション編み機 …COTTON PATENT FRAME
1867	ISSAC WILLIAM LAMB アイザック・ウィリアム・ラム	アメリカ	パール編み機
1879	BACHMAN　バッハマン	イギリス	ミラニーズ編み機
1886	A.BAYER　バイエル	ドイツ	自動横編み機
1890	WILLIAM SCCOT　ウィリアム・スコット	イギリス	自動靴下編み機
1892	TERROT社　テロット社	ドイツ	自動丸編み機
1900	WILDT社　ウィルト社	イギリス	両頭丸編み機
1963	MORAT社　モラート社	ドイツ	エレクトロニクス丸編み機……モラトロニック
1975	STOLL社　ストール社	ドイツ	エレクトロニクス横編み機……ANVモデル
1975	ABRIL社　アブリス社	スペイン	エレクトロニクス・フルファッション編み機
1979	Schaffhouse　シャファーゼ	スイス	複合針使用丸編み機
1979	Mayer Liba他　マイヤー・リバ	ドイツ	複合針使用経編み機
1975	Sulzer　サルザー	スイス	電子制御筬駆動ラッセル機
1983	Meminger,Mayer,Cie他 メミンガー、マイヤー、シー他	ドイツ	コントラニット（ツーウェイシンカー）方式 丸編み機
1985	島精機	日本	デジタル式度目制御装置（DSCS）
1987	島精機	日本	複合針使用横編み機
1987	Matec.Lonati　マテック・ロナティ	イタリア	ドラムレスコンピュータ制御靴下機
1987	Stoll　ストール	ドイツ	シンカー装置、スプリング挿入べら針使用横編み機CMS
1987	大隈鉄工 Bentley ベントレー他	日本 イギリス	シリンダ、ダイヤル電子選針丸編み機
1993	津田駒工業	日本	キャリッジレス横編み機TFK
1995	島精機	日本	全自動無縫製横編み機（ホールガーメント機）SWG-V
1997	島精機	日本	スライドニードルの開発によるSWG-FIRST

伊藤英三郎著、東京ニットファッション工業組合編
『最新・ニット事典』（チャネラー・2003年）より

3　日本におけるニットの歴史

日本には16世紀にニットが入ってきた。1549年にスペインのフランシスコ・ザビエルがキリスト教の布教で来日し、その後の南蛮貿易時代にスペイン、ポルトガルよりニットが入ってきた。

この時代、「メリヤス」という言葉が生まれたが、これはポルトガル語の「メイヤス」、スペイン語の「メディアス」がなまったもので、いずれも靴下を意味している。当時のニット製品の主力は靴下であったことに由来する。

水戸黄門（徳川光圀）の遺品である江戸時代の靴下が7足、現在の群馬県太田市で発見されている。丸編み式の7～8ゲージで編まれており、3足が絹で4足が綿素材である。いずれも海外で作られたものと思われる。

元禄時代に長崎で手編みのニットが製造されていた。靴下的なもののほか、刀のつか袋やつば袋、印籠下げ、銃器を扱う際の手袋などが作られていた。

文化・文政の時代には、ニットはかなり普及し、手編みは武士の内職として広く行なわれていた。幕末に横浜港が開港されてからは、絹の靴下の需要も増え、もてはやされた。

明治時代に入り、機械を用いた工場生産が始まった。1871年に西村勝三が東京築地に海外ニット編み機による工場を作り、靴下の製造を始めた。岩倉具視が欧米旅行から帰国する際、英国製で動力式の丸編み機などを持ち帰った。1874年、鉄砲鍛冶の国友則重が日本初のニット丸編み機を作った。直径8寸（約24cm）で280本の針を用いる丸編み機だった。1877年にはメリヤス製造業者も増え、1887年ごろまでには毛糸工場や紡績会社も設立されるようになった。

日清（1894年）・日露（1904年）戦争ではニット産業は、軍需品として靴下、手袋、シャツなどの生産を軸に発展を遂げた。このころから肌着の需要も増えていった。

1920年に内外編物（株）が次々に靴下編み機を設置して、靴下の製造販売を行なった。

1923年に萩原まさが家庭用手編み機を考案している。

その後、1950年代よりニットアパレルの生産は急成長を遂げ、ニットブームが起こった。第二次世界大戦後、日本でニットアパレルが発展した理由としては、以下のような事柄が挙げられる。

①編み機の自動化により、編み地の多様化が進んだ。
②合成繊維の開発が進み、ニット素材に多く使われ、ニット製品の品質・性能が向上する。
③生活様式の変化にともない、ニット製品がアウター化し、年中商品となる。

4　近代ファッションとニットのかかわり

ニットのファッション性が注目されるようになったのは20世紀に入ってからである。

1914年にガブリエル・シャネル（Gabrielle Chanel）がニットジャージーをコレクションに取り入れ、発表した。女性の社会進出が進み、それまでのインナーウェア中心のニットがアウターウェアとしても用いられるようになった。

その後、1966年にミッソーニ（Missoni）がニット中心のコレクションで、独特の編み地表現と色彩感覚で注目を浴びた。

1969年には、ソニア・リキエルがフォーマルでモダンなニットを発表し、「ニットの女王」と称された。

1970年代、パリでケンゾー（高田賢三）は着物スリーブのセーターで注目された。

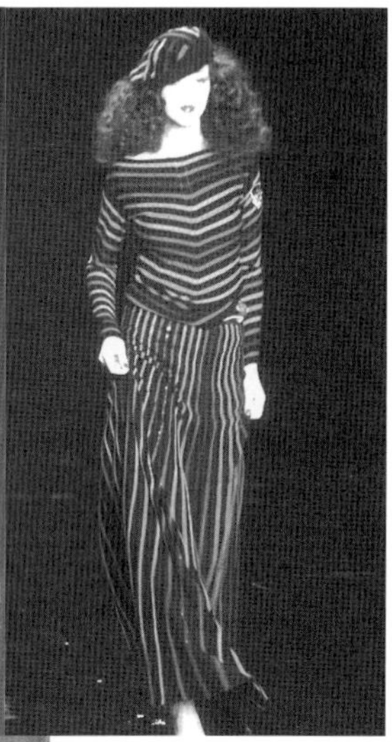

右上　ソニア・リキエル
2000年秋冬コレクション
左上　ミッソーニ/1995年
春夏コレクション
左　高田賢三/1971年
「装苑」7月号

5　歴史の中の伝統柄ニット

世界には長い歴史の中でニットの技術が伝承され、独自のデザイン文化を今に伝える地域がある。その中で代表的な伝統柄ニットをいくつか挙げる。

フィッシャーマンセーター（fisherman sweater）

フィッシャーマンセーターとは、寒冷地で働く漁師の着ていたセーターをさす。英国では一般にフィッシャーマンセーターはガンジー・セーターをさす。歴史的には10世紀ごろの、北欧スカンジナヴィアが起源とされている。太い糸を用いて、ゲージが粗く、防寒を兼ねた作業着だった。北海の島々や、アイルランドの大西洋上にある島々の各所で作られてきた。各島々で独特の文化が育まれ、柄や色、デザインが受け継がれているが、互いに影響をし合っている部分もあり、明確に分けることは難しい。

・ガンジー・セーター（Gansey sweater）

英仏に挟まれたイギリス海峡に位置するチャネル諸島のガンジー島で作られている。天竺の表編みに裏編みで細かい模様の入った地模様が特徴で、全体に柄の入ったものは少なく、一部分に柄が入る。色はほとんどが紺色で脇の下や衿にまちを入れ、着心地をよくしている。

・アラン・セーター（Aran sweater）

アイルランドの西に位置するアラン諸島で作られている。色は生成りを主体とし、粗いゲージで無地の立体的な模様が特徴的である。アラン・セーターの柄はそれぞれの家庭が持っている模様で構成されている。代表的な柄として、ケーブル、ジグザグ、ダイヤ、ハニーカム、バスケット、ツリーなどがある。

・フェアアイル・セーター（Fair Isle sweater）

フェアアイルとは美しい島という意味があり、北海に位置する島である。多色使いの編込み柄が特徴で、デザインには雪の結晶やモミの木、ダイヤ柄、クロスなどが組み合わされている。

素材はシェットランド・ウール100％が使われている。セーター以外のアイテムとして、手袋や帽子、マフラーなどがある。

カウチン・セーター（Cowichan sweater）

カナダのバンクーバー島のカウチン湖周辺に伝わる伝統ニット。カナダのインディアンであるカウチン族が発祥とされている。未脱脂の羊の毛を手で紡いで編むため、暖かく、雪や雨をはじく。黄ばんだ生成りの地色に素朴な模様が編まれている。模様は動物（鷲、雷鳥、トナカイなど）に単純な幾何学模様を合わせたものが多い。

ガンジー・セーターの絵型と編み地

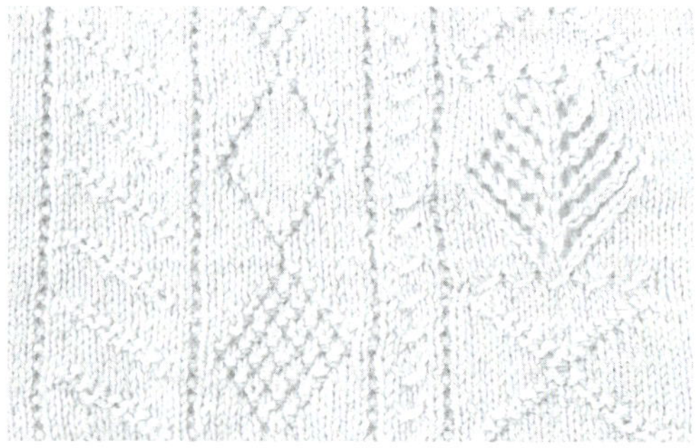

アラン・セーターの絵型と編み地

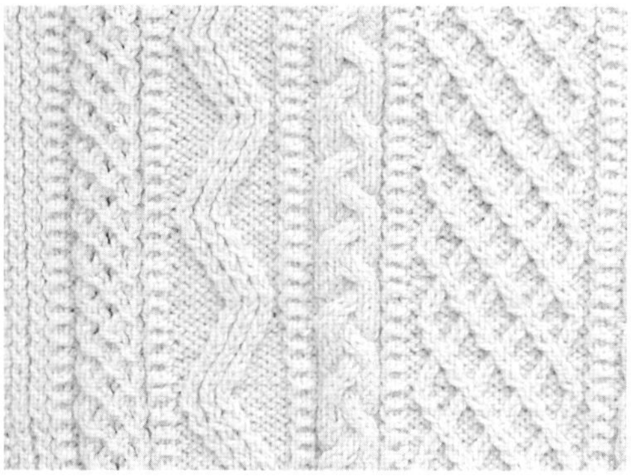

フェアアイル・セーターの絵型と編み地

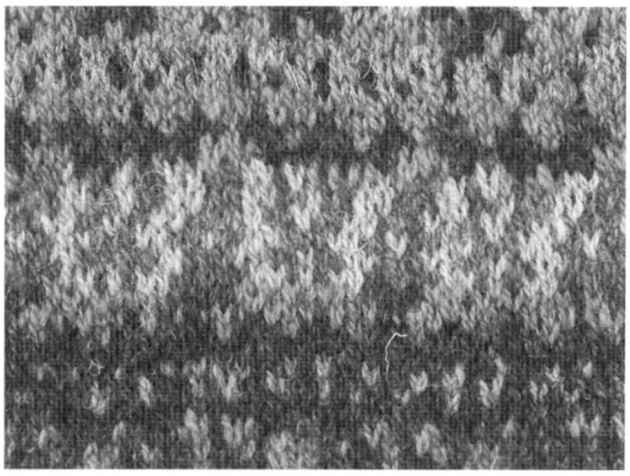

カウチン・セーターの絵型と編み地

2　ニットの組織と特性

ニットはループ（編み目）の連続によって構成され、編み地を形成する。

ニットはそのループの形成方向によって、よこ（緯）編みとたて（経）編みに分類される。緯・経という言葉は地球の緯度、経度と同じ意味で、緯は横方向の線（水平方向の線）、経は縦方向の線（垂直方向の線）を表わすのでこの言葉が用いられるようになった。

よこ（緯）編みはループが横方向にできていく。さらに横編みと丸編みに分けられる。市場でのニット製品の多くが横編みか丸編みによって編まれている。

横編みはニットウェアに多く使われる編み地で、1本の糸を左右に往復して移動させる。そしてループを作り、編み目を形成するので、成型が可能である。

丸編みは円筒状に編み地が形成される。編み地は裁断・縫製され、カット＆ソーやアンダーウェアなどに使用される。

たて（経）編みはループが縦方向にできていく。

何本ものたて糸を編み針にかけ、縦方向に編み地を形成する。編み地が安定していて、インナーウェアやスポーツウェア、インテリアファブリックなどに用いられる。ただし成型はできないので裁断・縫製して使用する。

ニットの編み方は、工業用編み機によるものと、手編み（棒針編み、かぎ針編み、アフガン編み、家庭用手編み機）によるものがある。

ニットは編み方、編み機の種類、編み地の形態によって次の図のように分類される。

主な編み機と編み地の形態

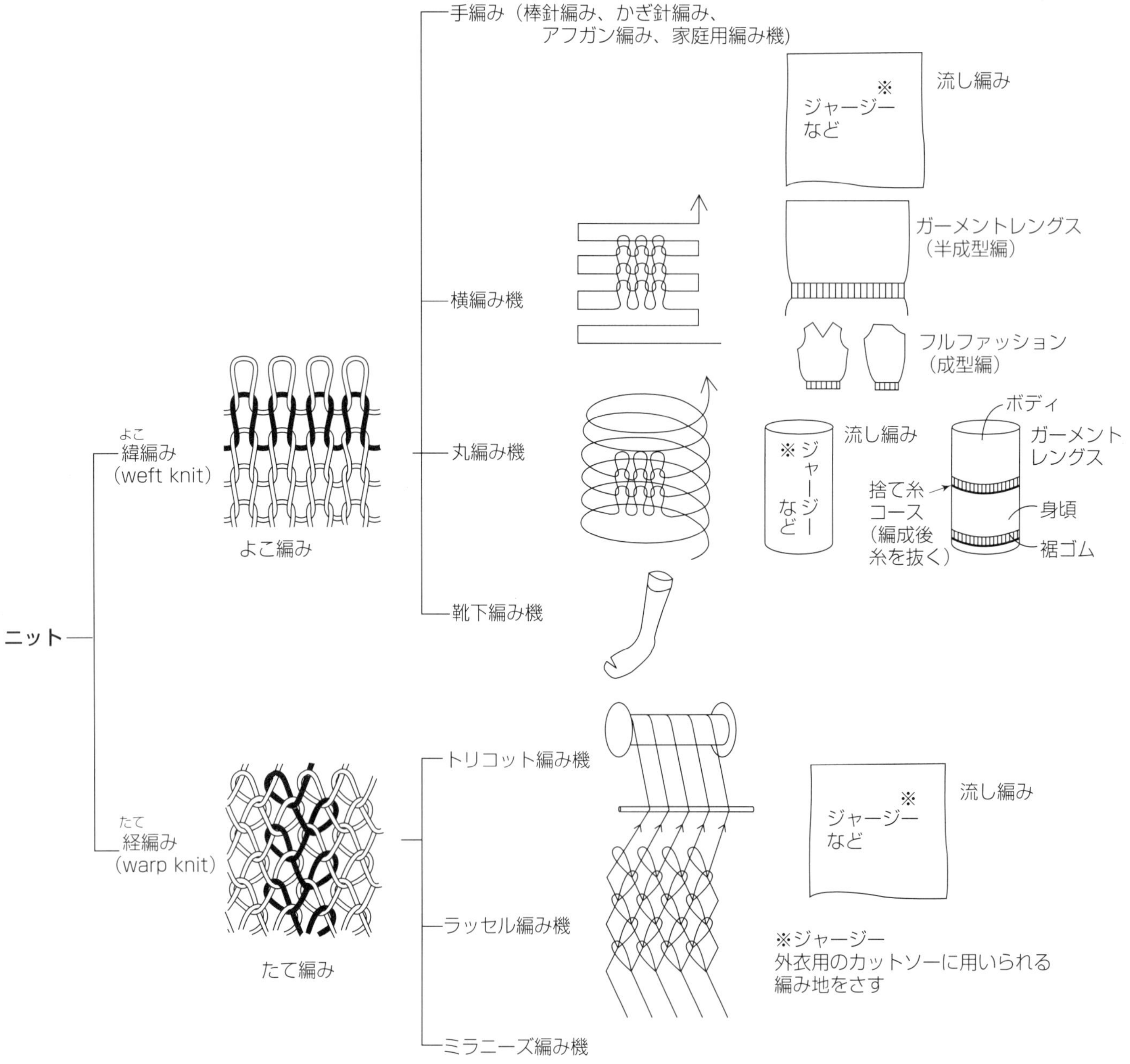

※ジャージー
外衣用のカットソーに用いられる
編み地をさす

（1）編み目の構造と編成原理

編み目（ループ）にはニードルループとシンカーループがある。

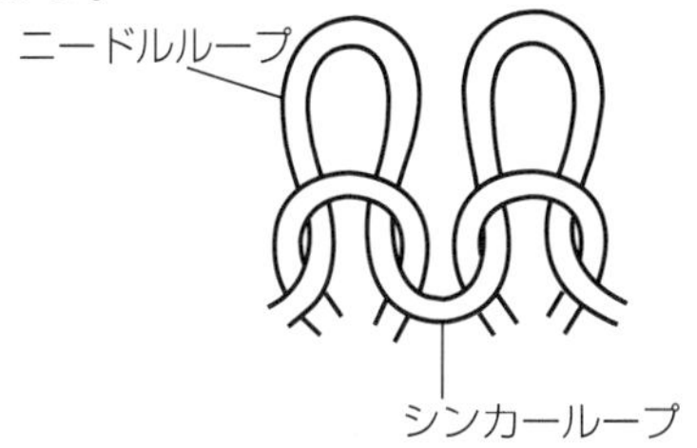

さらに、編み目（ループ）には表目と裏目がある。ループを作るときの、糸の引出し方の違いによって異なる。

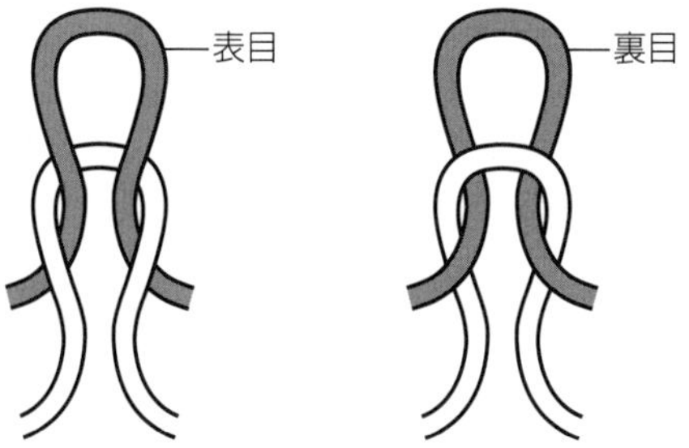

編み地を編む際に使用する針には、工業用編み機と家庭用手編み機で使用される針と、手編み（棒針編み、かぎ針編み、アフガン編み）で使用される針がある。手編みで使われる編み針の種類は第2章で詳しく取り上げる。

編み機に使用される針には、ひげ針、べら針（メリヤス針）、両頭針、複合針などがある。ここではべら針、棒針、かぎ針の編成原理を表わす。

編み針の種類

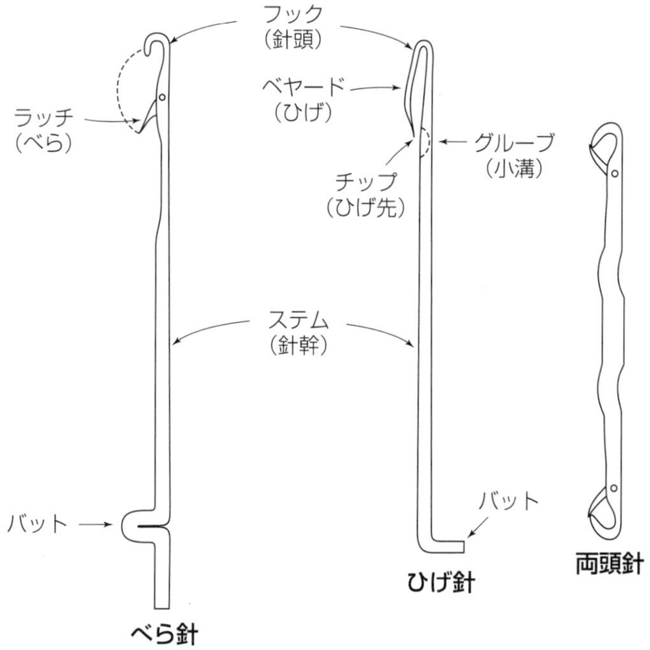

1　各編み方技法の編成原理

べら針

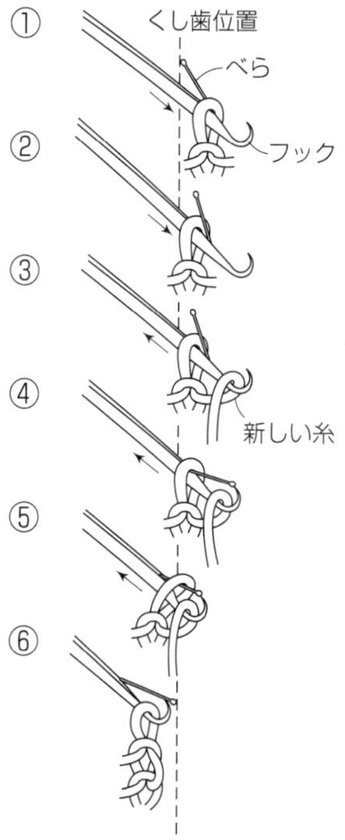

かぎ針

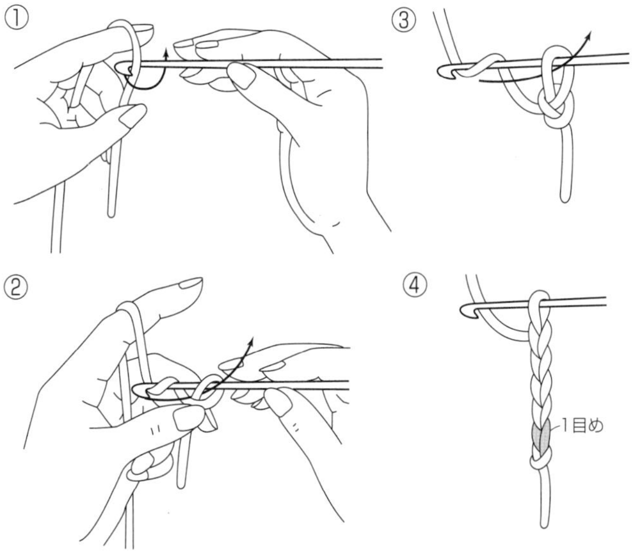

棒針

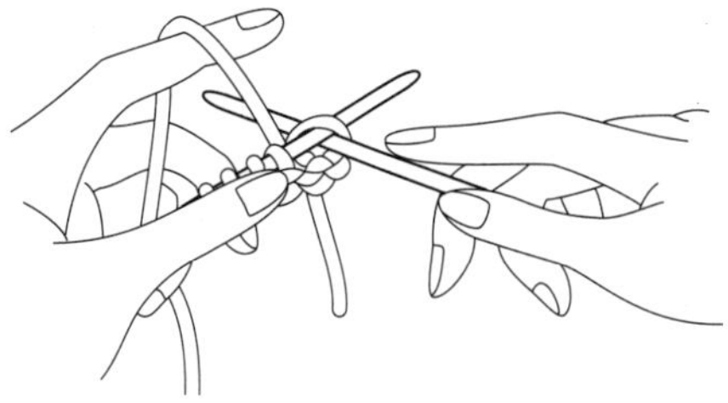

アフガン針

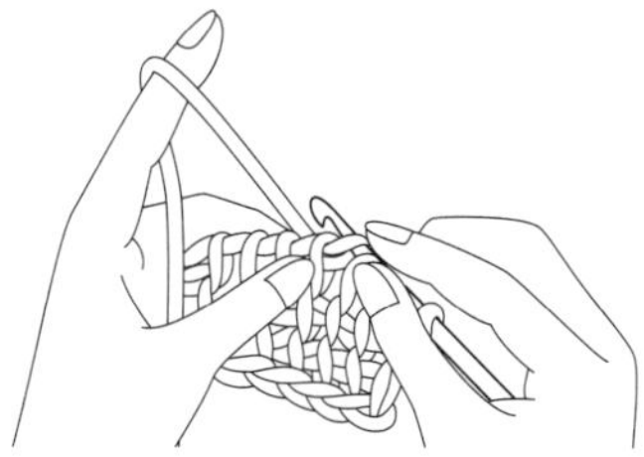

横編みの三原組織として平編み、ゴム編み、パール編みがある。編み地は三原組織を基本として、その変化組織からなっている。

それぞれ平編みはメリヤス編みあるいは天竺《てんじく》、ゴム編みはリブ編み、パール編みはガーター編みとも呼ばれる。

ニットの三原組織

	平編み	ゴム編み	パール編み
編み地			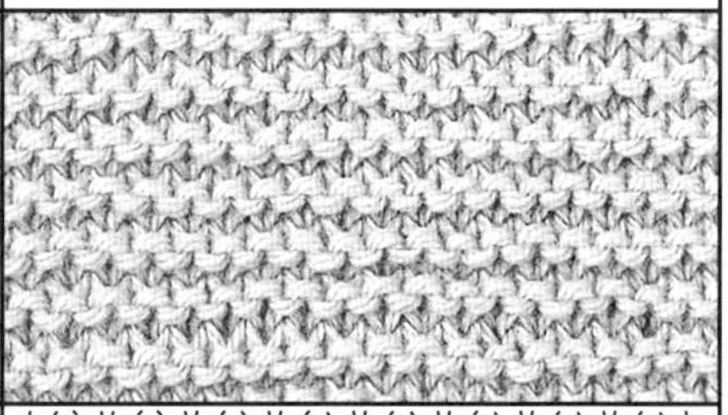
組織図	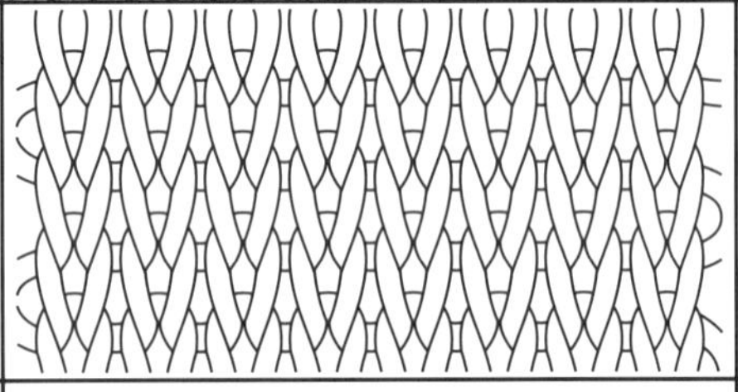	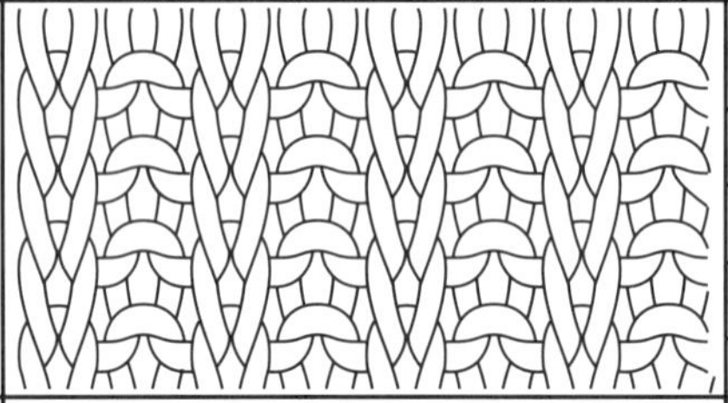	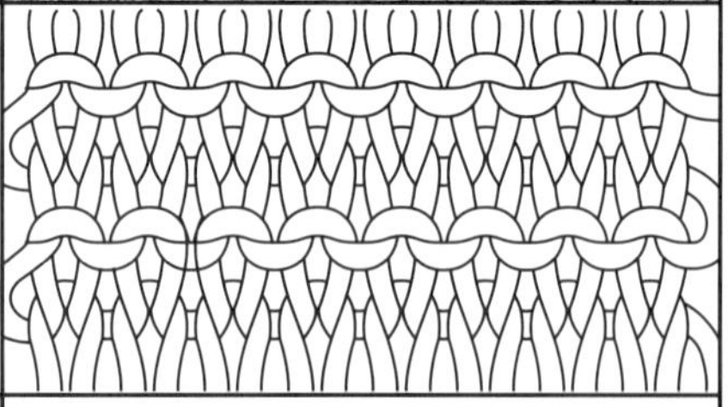
記号図	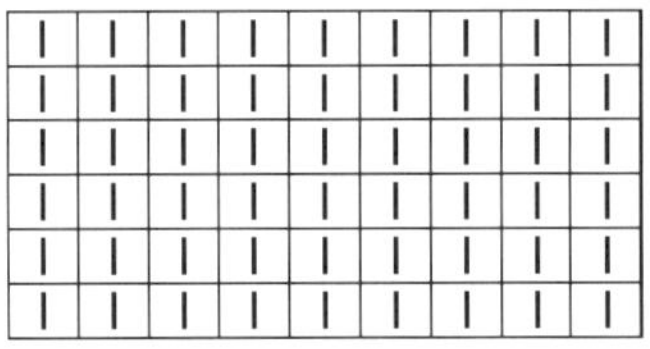	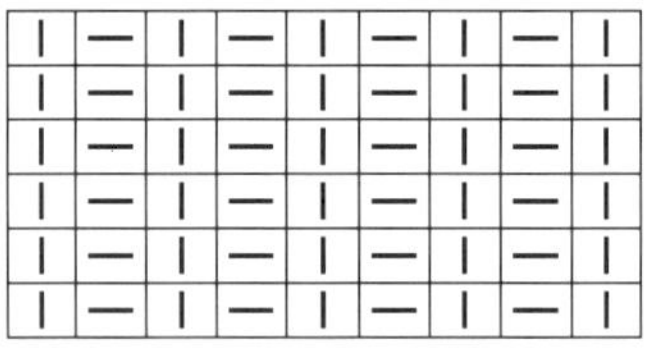	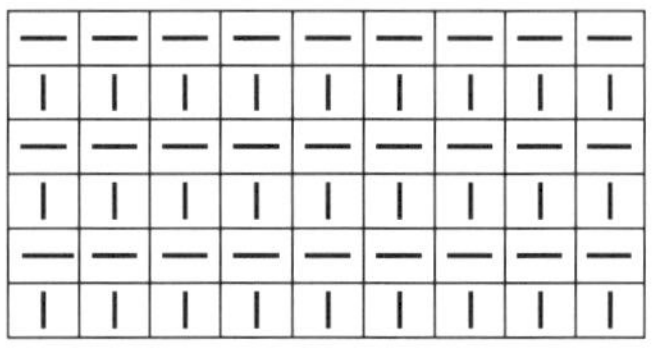
特徴	一般に広く使われている編み地。 編み地の表と裏が全く異なった編み目になる。 表は縦の編み目が強調される。 編み端が耳まくれを起こしやすい。	表目と裏目が縦方向に交互に繰り返される。 横方向の伸縮性が大きい。 表目が強調されて、表に浮き出る。	表目と裏目が横方向に1列ごとに交互に繰り返される。 縦方向に伸縮性が大きい。 裏目が強調されて表に浮き出る。
別名	メリヤス編み 天竺	リブ編み	ガーター編み

編み地の横方向をコース（course）、縦方向をウェール（wale）という。

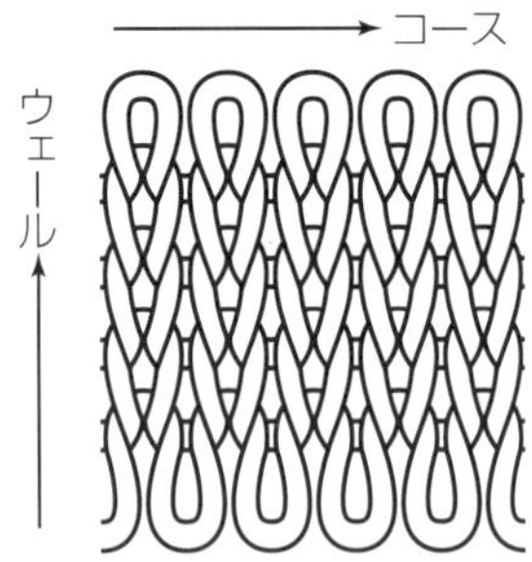

2　ニットと織物との違い

ニットは織物とは根本的に異なった構造をもっている。

基本的な相違点は、織物がたて糸とよこ糸の交差によって1枚の布地を構成しているのに対し、ニットは1本の糸からなるループのつながりによって編み地が作られる点である。

織物の構造

織物構造図

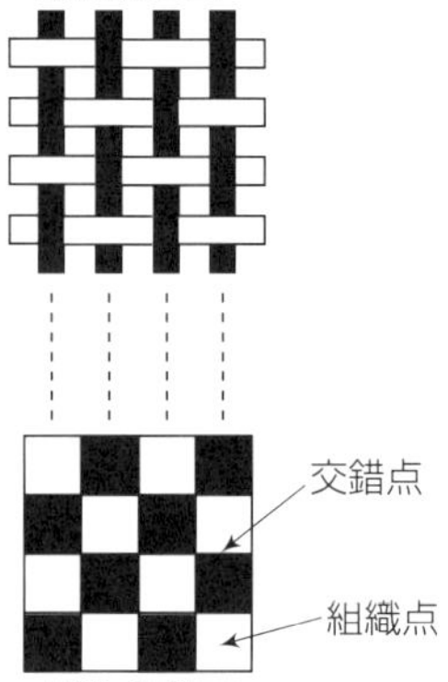

織物組織図

ニットの構造

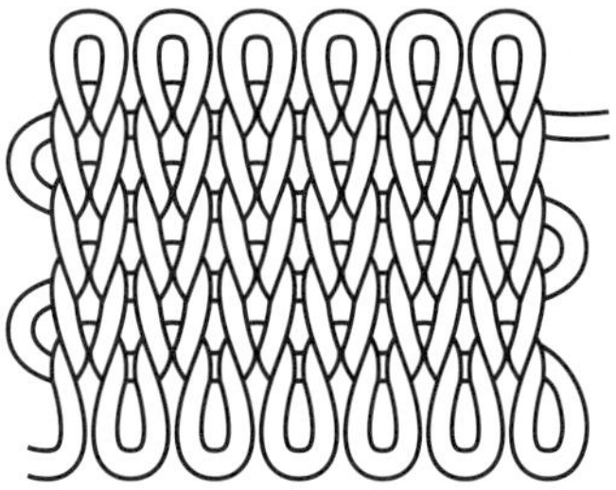

（2）ニットの性質

ニットは編み目（ループ）のつながりによって作られ、織物にはない、いくつかの特性をもっている。

1　伸縮性

ループのつながりで作られているため、編み地を構成する糸は比較的自由な状態で、伸縮性がある。

伸びとともに縮んで、元の状態に戻る性質がある。

2　保温性

ループのふくらみで含気性があるので、保温性に富む。一方では、通気性があるといえる。

3　柔軟性

柔軟性に優れ、ソフトな肌触り、風合いがあり、着心地がよい。

4　ドレープ性

ドレープ性に優れ、伸縮性があるため、身体にフィットする。

5　成型可能

一定のパターンに合わせて編み目を増減することにより、編み幅を変えて成型編みをすることができる。

その他、ニットには耳まくれやラダリング、ピリング、斜行などの性質がある。

3　ニットアパレルの用途

（1）代表的なニット製品

現在、アパレルの中で、ニット製品の占める割合は年々増えている。

アパレル以外でも、インテリア、テキスタイル、医療品、産業資材でもニットは使われている。織物とは異なるニットの特性を生かして、用途の幅が広がってきている。

ニット製品の分類

ニット製品	ニットウェア	アウターウェア	セーター、ベスト、カーディガン、スーツ、ジャケット、ポロシャツ、スエット、スカート、パンツなど
		インナーウェア	肌着、ランジェリー、ファンデーションなど
		フットウェア	靴下、ストッキング、足袋など
		アクセサリー	手袋、帽子、マフラー、ストール、ネクタイなど
		その他	水着、トレーニングウェアなど
	ニットインテリア、テキスタイル		カーペット、カーテン、寝装具、タオル、マット、いす張り、トイレタリー、壁紙、人工芝など
	ニット資材、産業資材		ロープ、ストレッチ包帯、自動車内装布、人工血管など

(2) 代表的なニットウェアアイテム

ニットウェアにはアウターウェアとインナーウェアがあり、アウターウェアのことをニットアウターとも呼ぶ。インナーウェアのことをアンダーウェアと呼ぶこともある。

ニットウェアのアイテムには次のようなものがある。

1　セーター類（プルオーバー）

セーターという意味はスエット（sweat）からきたものとされている。スエットとは汗をかく、という意味があり、スポーツ着として汗取り用に用いられた。頭からかぶって着用するものをさす。

現在、セーターは一般的にプルオーバーをさす。プルオーバーは頭からかぶるタイプのセーターをさす。

プルオーバーには、丸首（ラウンドネック）やVネック、タートルネックなどがある。

なお、広い意味ではセーター類にはベストやカーディガンも含まれる。

セーターの起源は前述の歴史でも述べているが、フィッシャーマンセーターとされている。

2　カーディガン

1854年のクリミア戦争で、英国人のカーディガン伯爵が軍服の上に保温の目的で用いた重ね着が起源とされている。

カーディガンは通常前開きで、打合せはVネックやラウンドネックなどの衿ぐりがある。セーターと共に代表的なニット製品である。

3　ベスト

袖なしの胴衣で、チョッキ、ウエストコート、ジレともいう。ベストにはかぶり式のプルベストと前開きのオープンベストがある。

1 セーター類

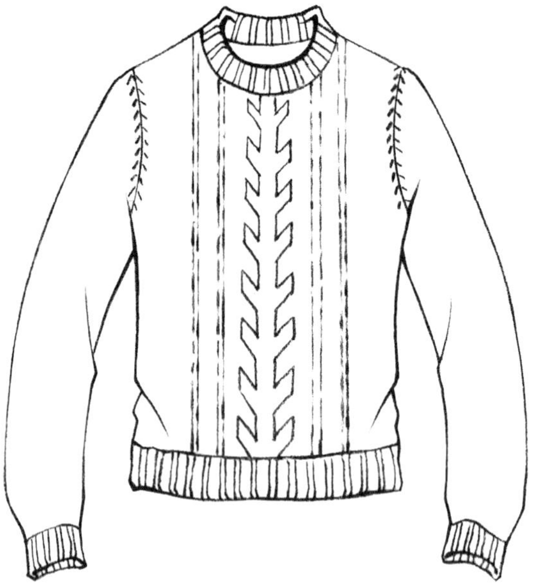

2 カーディガン

3 ベスト

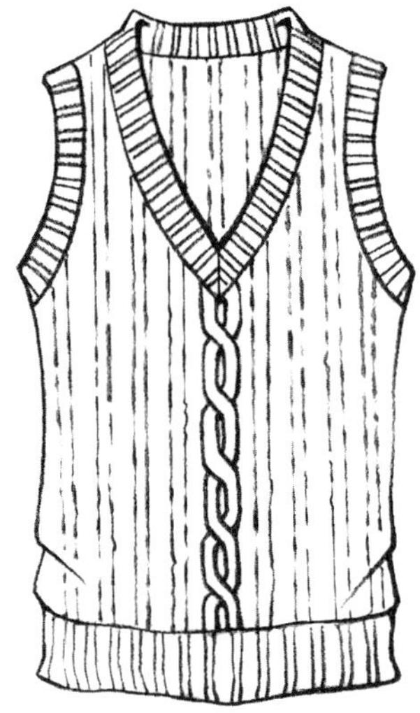

(3) ニットウェア・ディテールデザイン

ニット製品のディテールには布帛の製品と共通するものとニット独特のものがある。また、ニット製品の縫製には、リンキング（29ページ参照）というニット特有の縫製方法が使われることが多い。

衿などの付属編みとリンキングの手法によるテクニックは、商品のデザインや価値を決める重要な要因の一つである。ここでは、ニット製品でよく使われる主な衿、袖のデザインを示す。

衿のデザイン

ネックライン

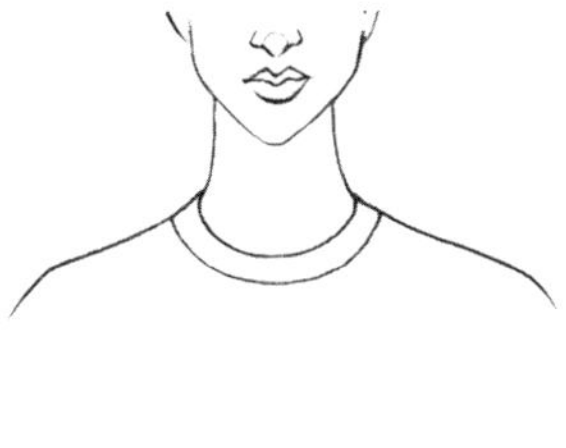

ラウンドネック

Vネック

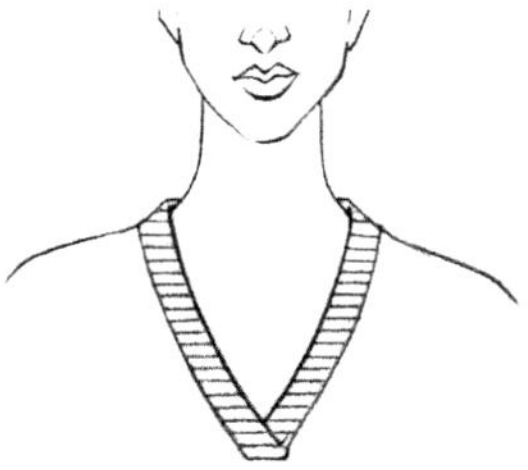

クロスVネック

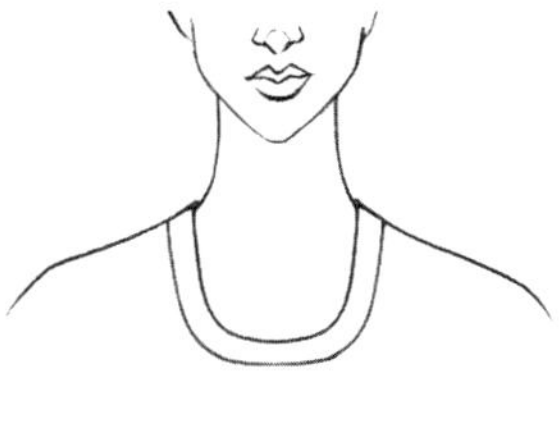

Uネック

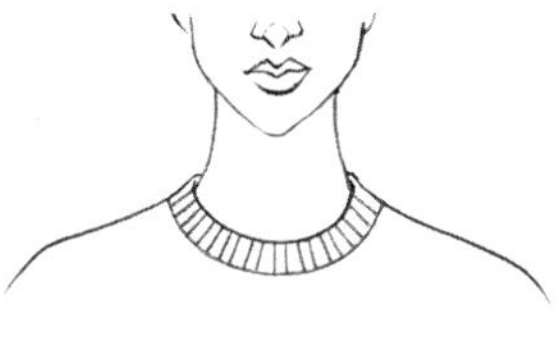

クルーネック

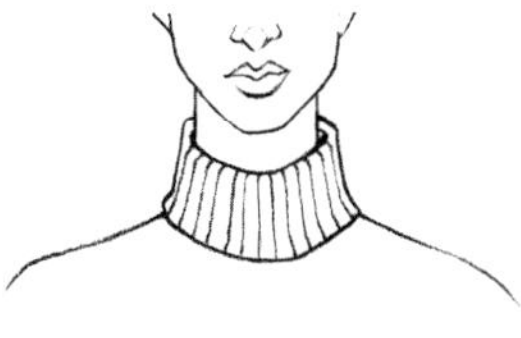

タートルネック

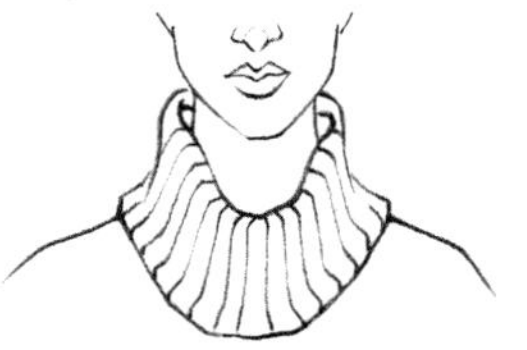

オフタートルネック

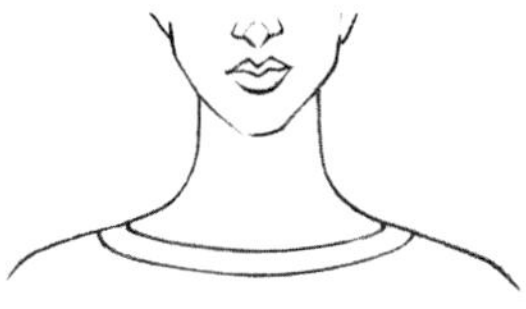

ボートネック

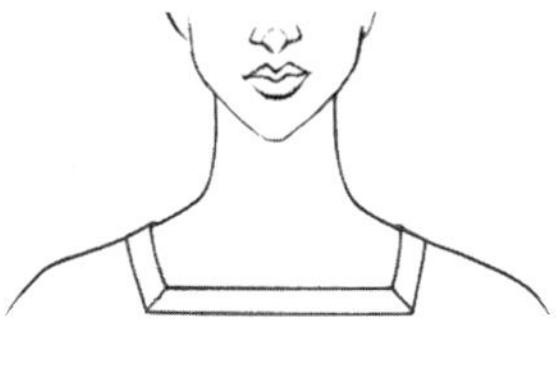

スクエアネック

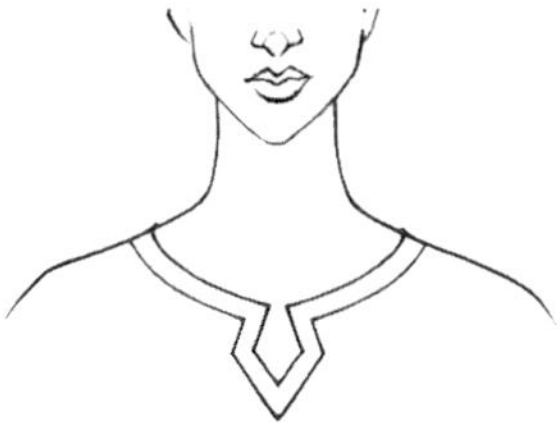

キーホールネック

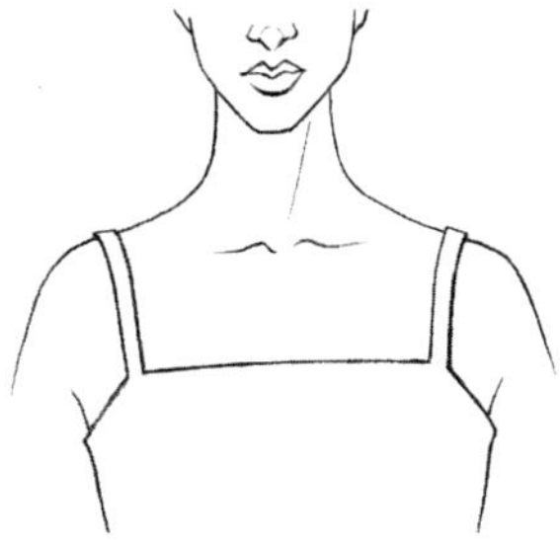

キャミソールネック

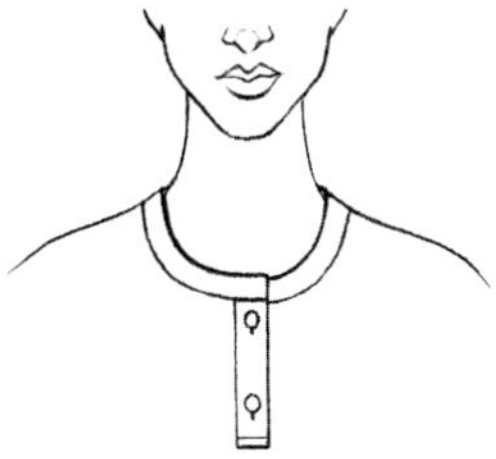

ヘンリーネック

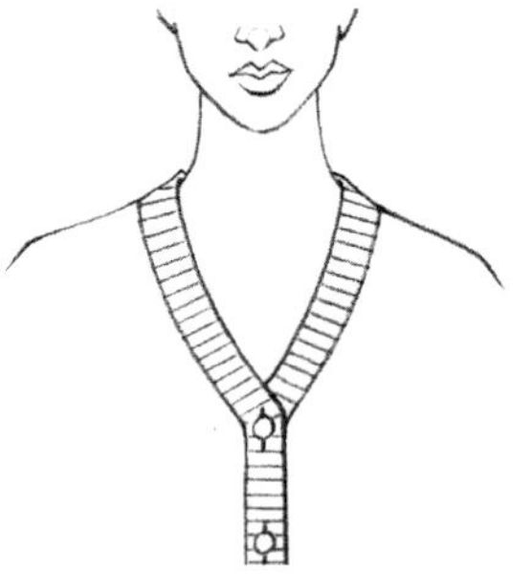

カーディガンネック（1）

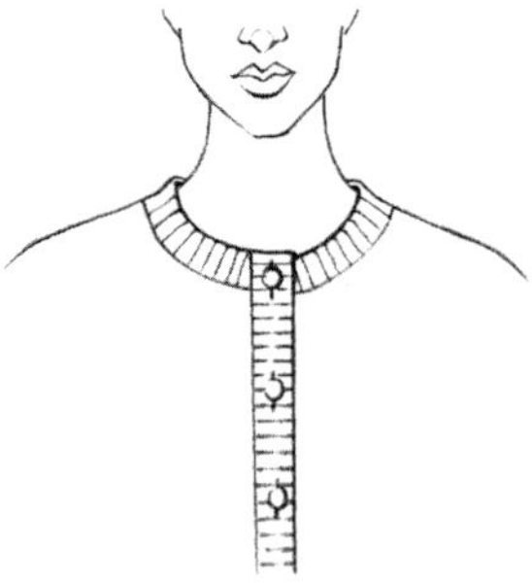

カーディガンネック（2）

カラー

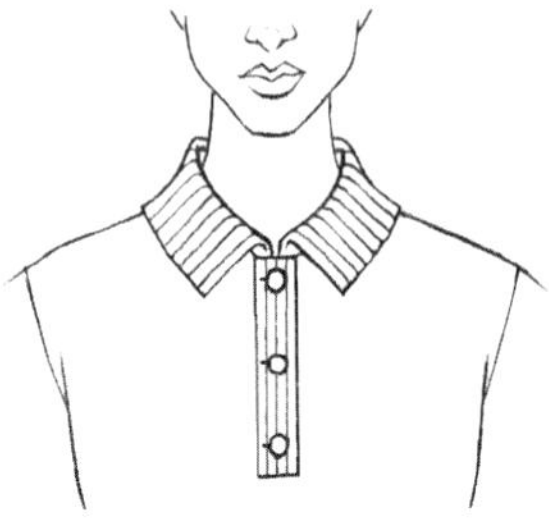
ポロカラー

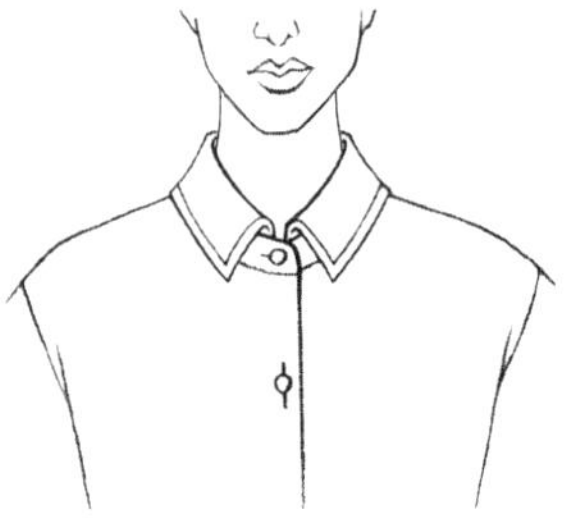
シャツカラー

オープンカラー

ステンカラー

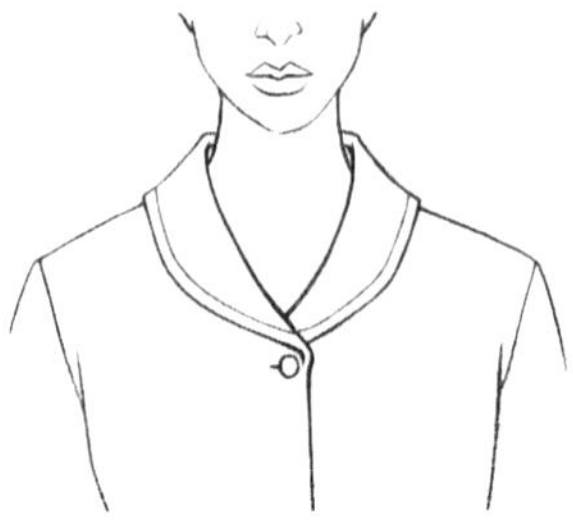
ショールカラー

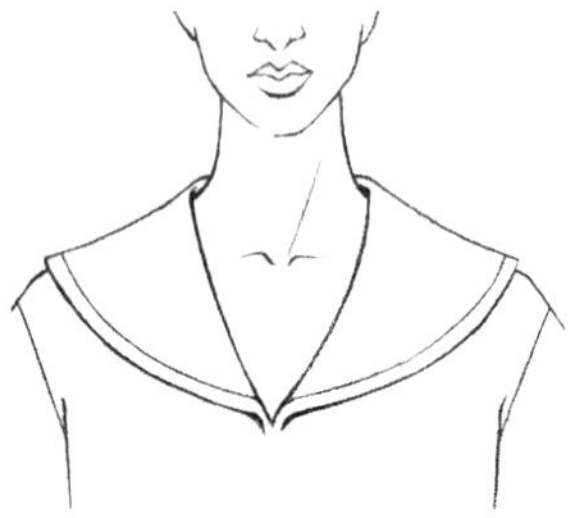
セーラーカラー

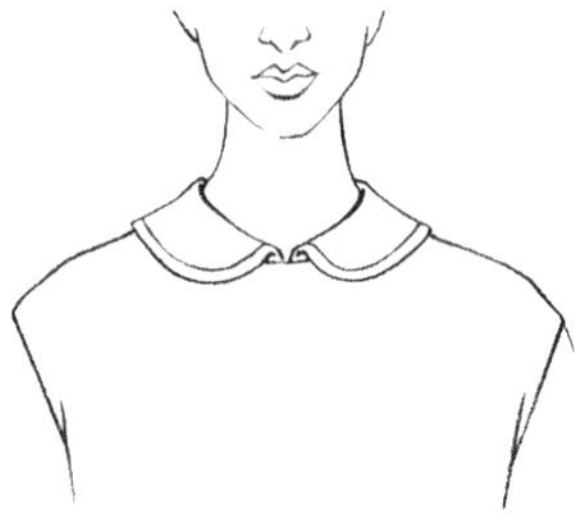
フラットカラー

ロールカラー

テーラードカラー

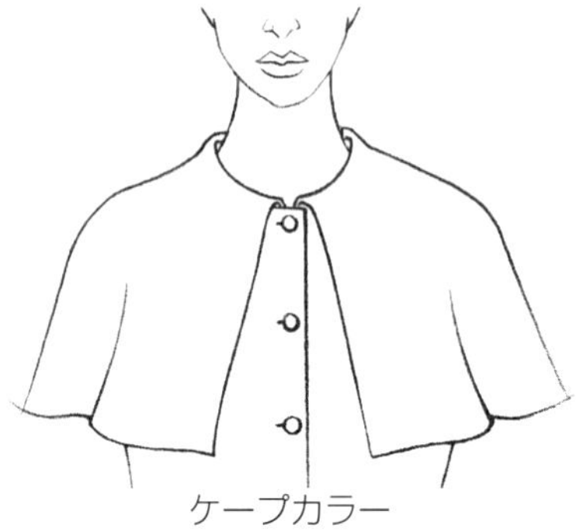
ケープカラー

フリルカラー

タイカラー

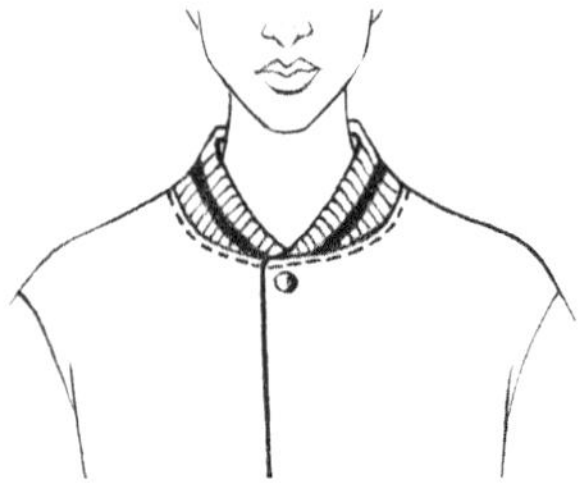
ベースボールカラー

袖のデザイン

スリーブ

セットインスリーブ

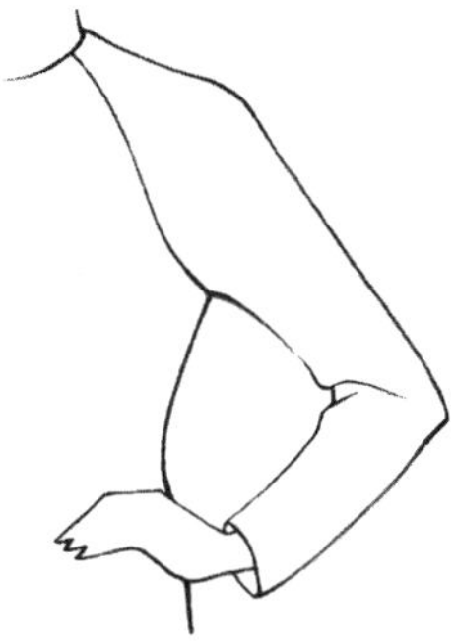
ラグランスリーブ

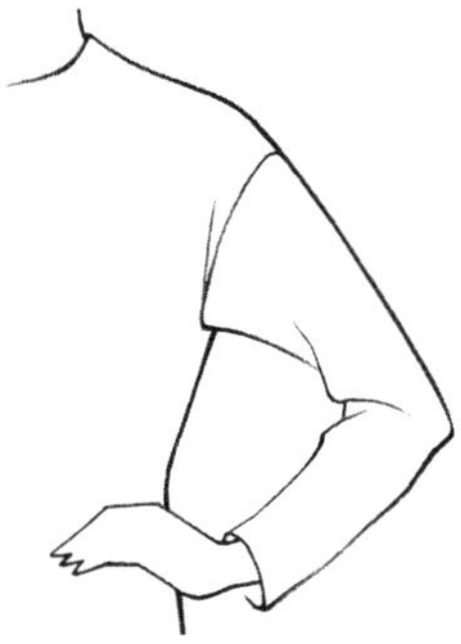
ドロップショルダー
スリーブ

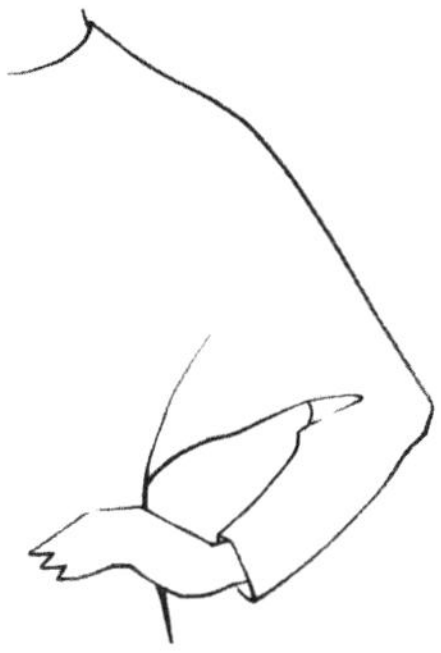
ドルマンスリーブ

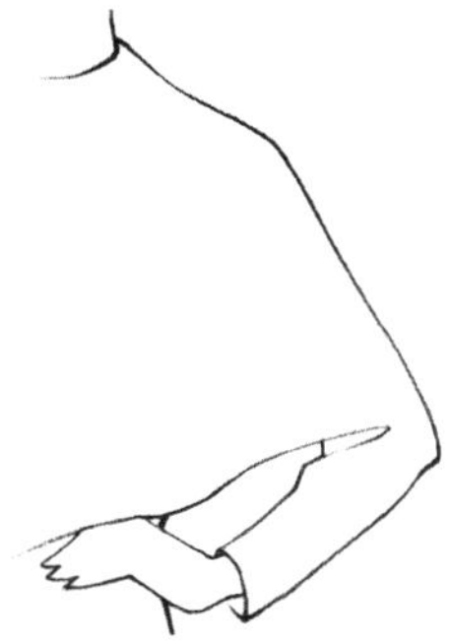
バットウィング
スリーブ

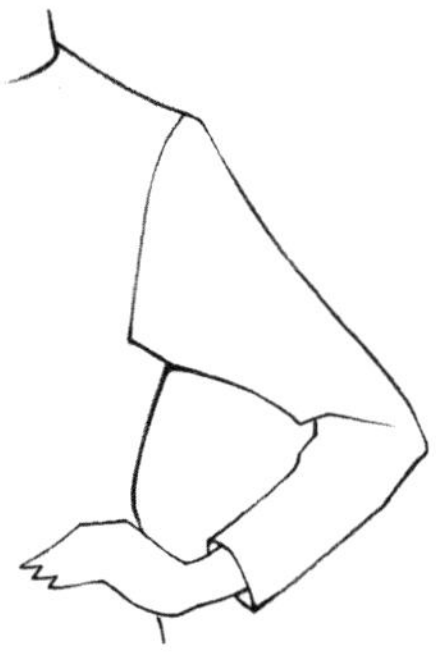
スクエアアーム
ホール

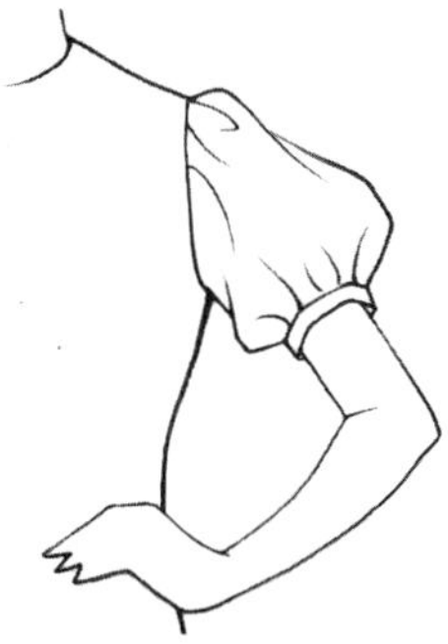
パフスリーブ

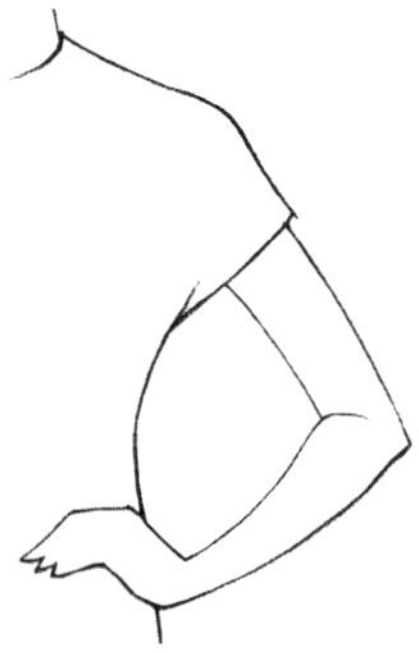
フレンチスリーブ

フレアースリーブ

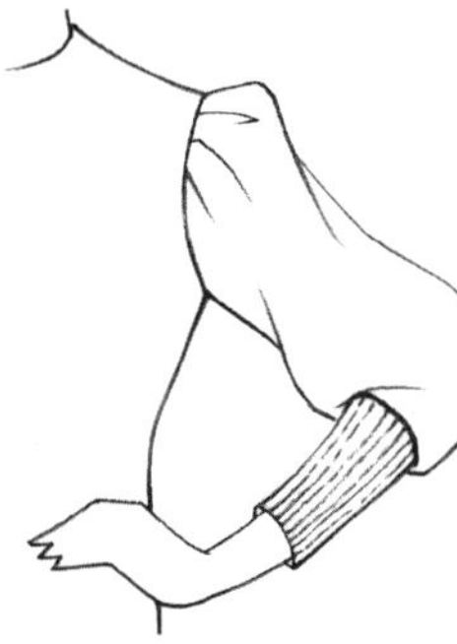
レッグオブマトン
スリーブ

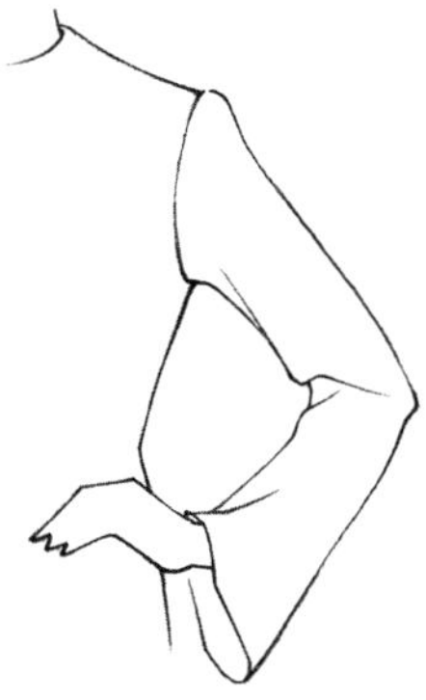
トランペット
スリーブ

タイトスリーブ

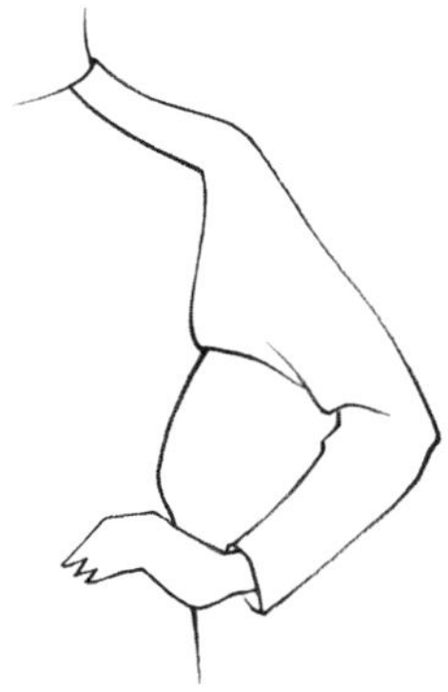
エポーレット
スリーブ

カフ

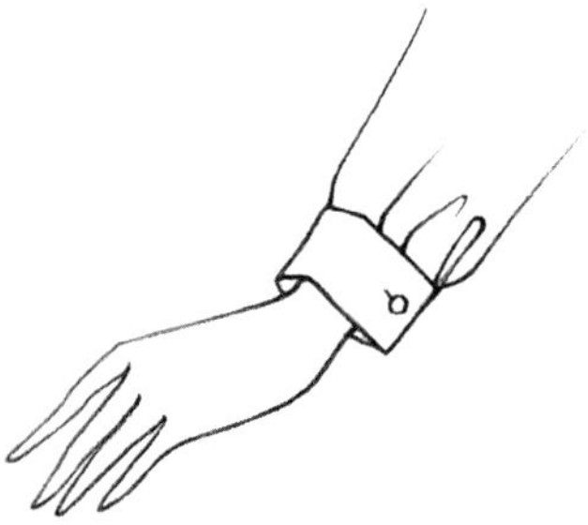

シングルカフ

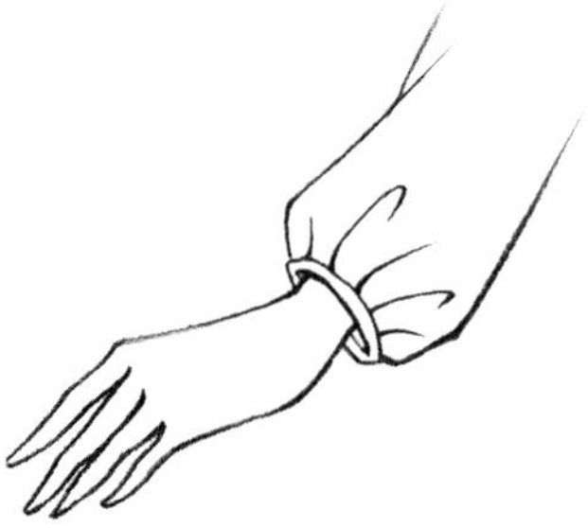

パイピングカフ

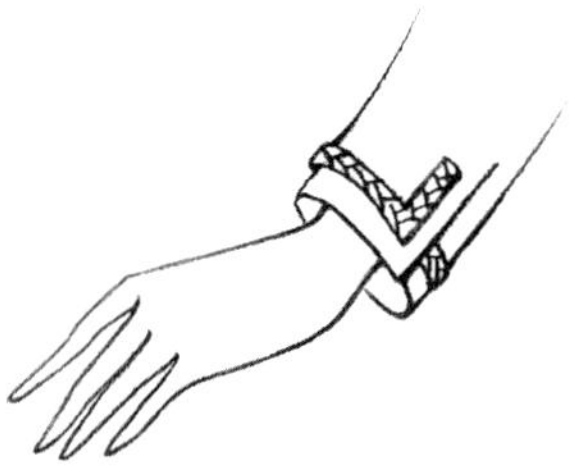

コーデッドカフ

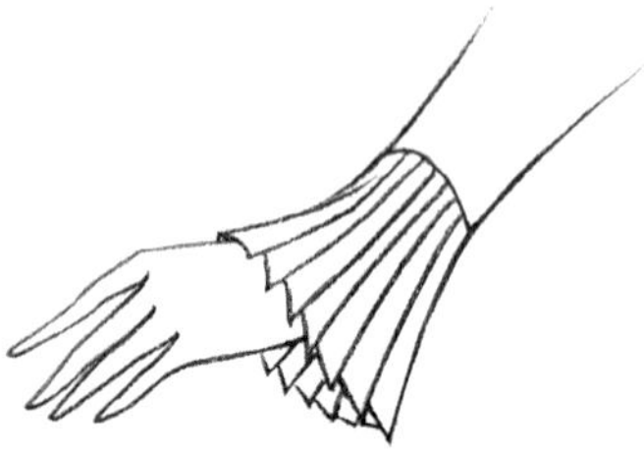

ラッフルカフ

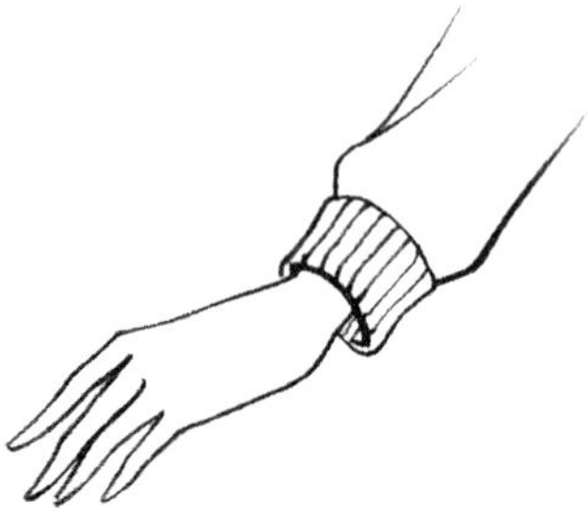

リブニッティングカフ

第2章

ニットの用具と機種

1　編み物用具

手編み、機械編みなど編み物に必要な道具。

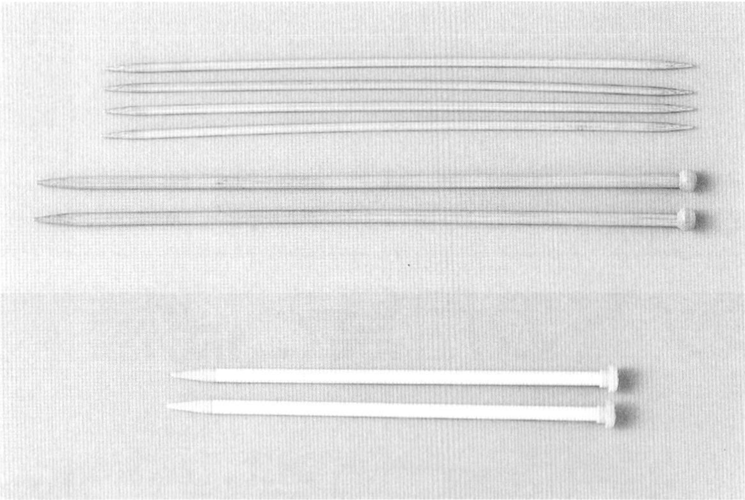

棒針

先のとがった針で棒針編みをするときに使う。素材は竹、プラスチック、金属などが用いられている。針は片方に目落ちを防ぐための玉がついたものと、両端がとがっているものがある。玉のついた針は2本一組みになっていて編むときに使う。両端のとがった針は4本もしくは5本一組みになっていて、おもに筒状の編み地に使い、平編みでも目数が少ないときに使う。太さは号数で表わし、大きくなるほど太くなる。0〜15号まであり、太い糸用にジャンボ棒針7〜30mmがある。

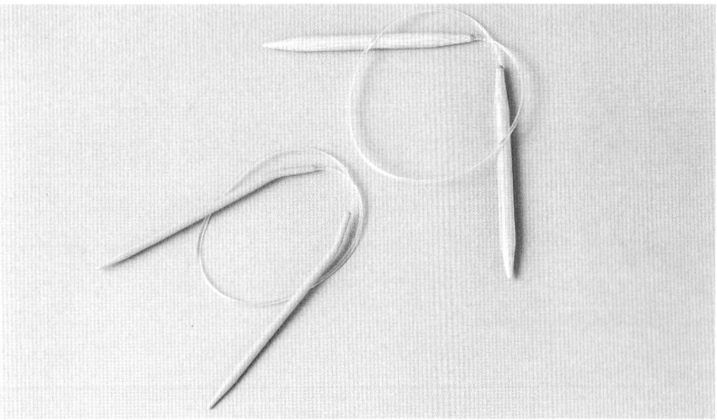

輪針

2本の棒針をナイロンコードによってつないだもの。コードの長さによって編み幅が決まる。筒状の編み地に使う（平編みにも使える）。ナイロンコードの長さは40cm、60cm、80cm、100cmの4種類があり、カウチン・セーターを編むには100cmが適している。また、小物用（手袋、靴下等）にミニ輪針22cmの長さのものがある。素材、太さは棒針と同様である。

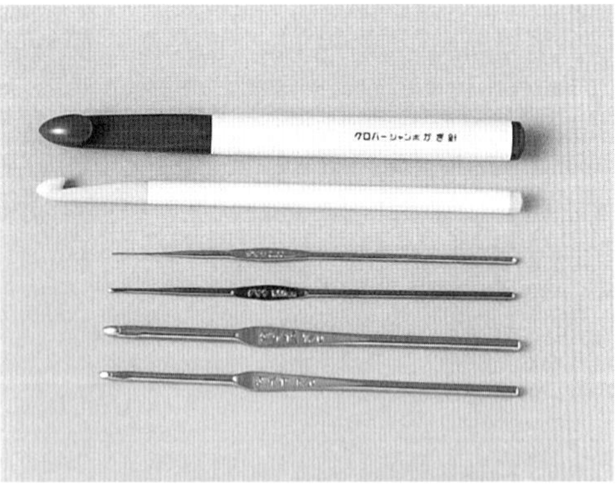

かぎ針

針先に鉤《かぎ》がついているもの。かぎ針編みのときに使い、毛糸用とレース糸用に分かれる。素材は竹、プラスチック、金属などが用いられる。太さは棒針と同様に号数で表わし、大きくなるほど太くなる。毛糸用かぎ針の金属製は2号（2mm）から10号（6mm）があり、ジャンボかぎ針7〜15mmがある。レース用かぎ針は0〜14号で、毛糸用かぎ針とは反対に号数が大きくなるほど細くなる。針には片方だけにかぎがついた片かぎと両端に号数が異なるかぎがついた両かぎの2種類がある。

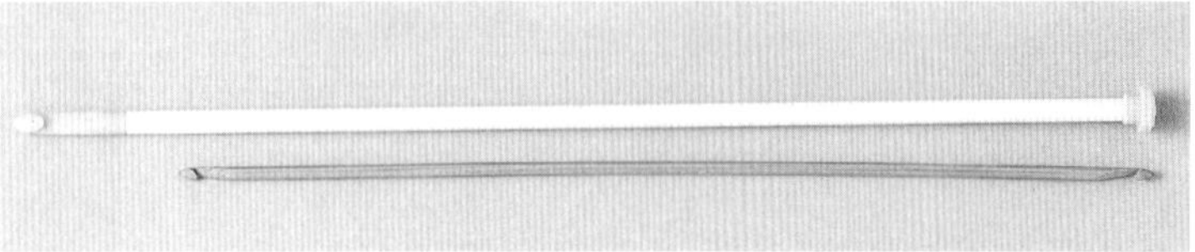

アフガン針

棒針の先にかぎがついたもので、アフガン編みに使う。針には片方にかぎがついたものと両端に同じかぎがついたものがあり、両端のものはリバーシブルアフガン用である。素材は竹、プラスチックがある。号数は棒針と同じく0〜15号で大きくなるほど太くなる。また長さ25cmのコンパクトサイズもあり号数は5〜15号と8mm、10mmがある。

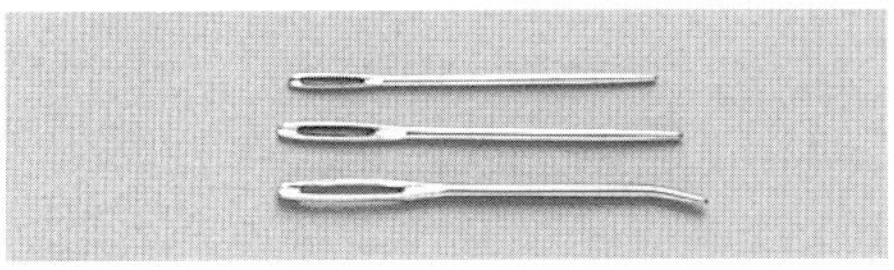

とじ針

針の先が丸くなっている毛糸用の針。編み地をとじたり、はいだりするときに使う。

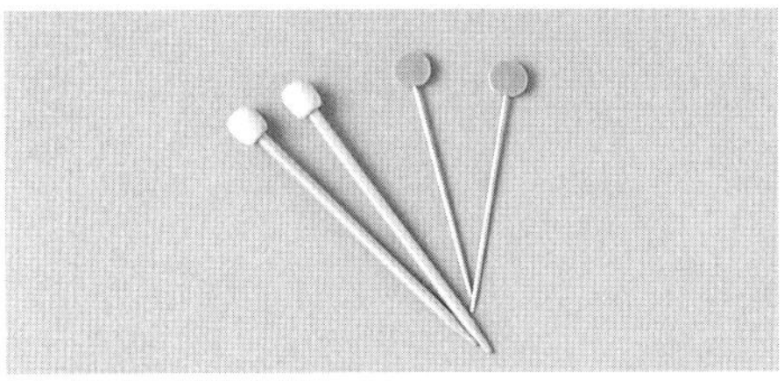

まち針

2枚の編み地をまとめるときに編み地がずれないように止めておく針で、針の頭には玉がついている。編み物用は洋裁用より長く、編み目の中に埋もれてしまわないようになっている。種類も多く、竹まち針、長いまち針（厚い編み地にもさしやすい）などがある。

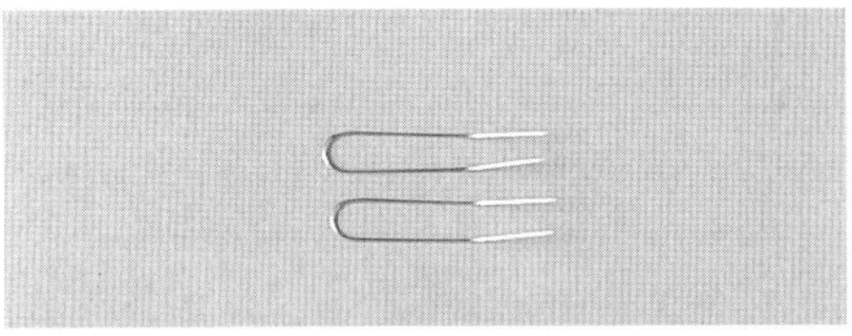

フォークピン

フォーク形の仕上げ用針。アイロン台にしっかりと刺すことができ、編み地を固定することができる。垂直に刺して使用するので、アイロンがけもスムーズである。

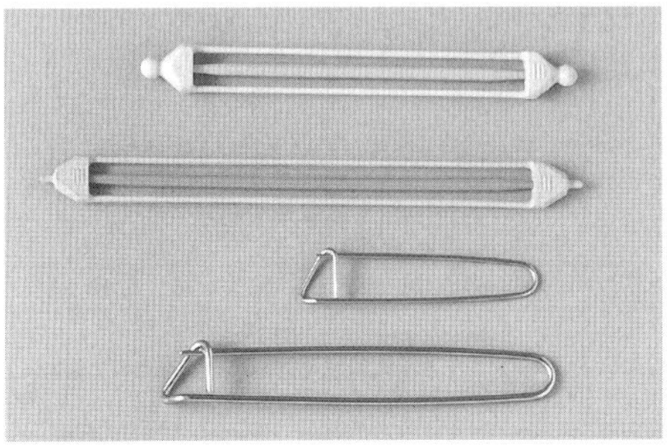

ほつれ止めピン

衿ぐりの減し目のときやポケット口のように、編立ての途中で、目を休めておくときに使う大きな安全ピン。

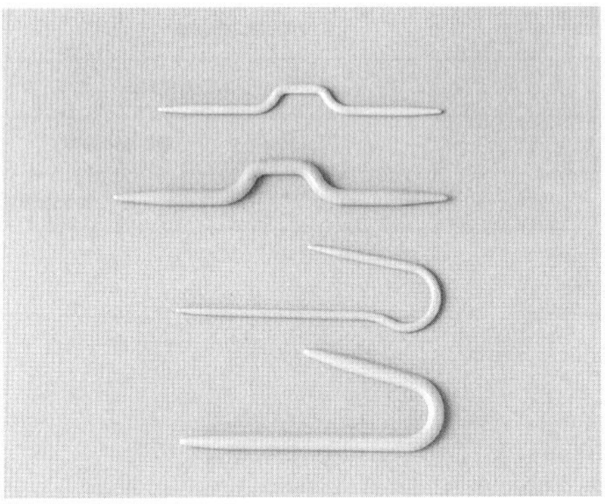

縄編み針

アラン模様などの縄編みを編むときに使う。編み目がはずれないように中央が凹字形に曲がったものとU字形がある。

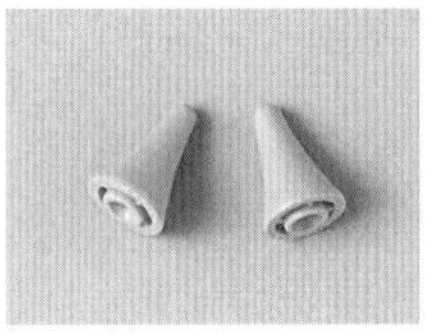

棒針キャップ

ゴム製の小さなサック。棒針編みのとき編み目が針から抜けないように針の先にはめる。4本針、5本針の片方にこれをつけることで2本針として使うことができる。

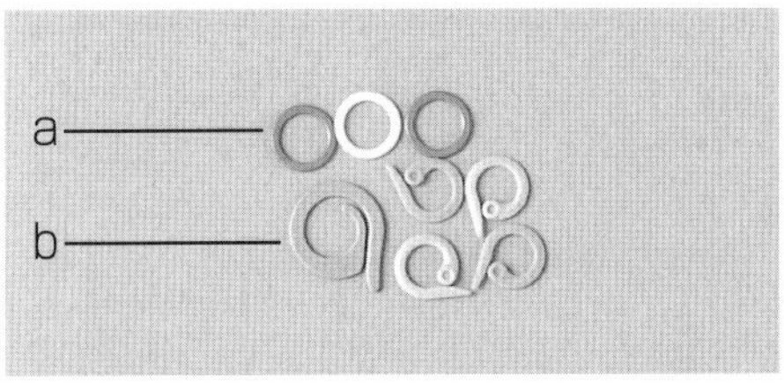

a 目数リング

棒針に通し、目数を数えるときに使う。作り目や拾い目などの確認に便利である。

b 段数リング

編み目にかけて使う。段数の印つけに便利である。

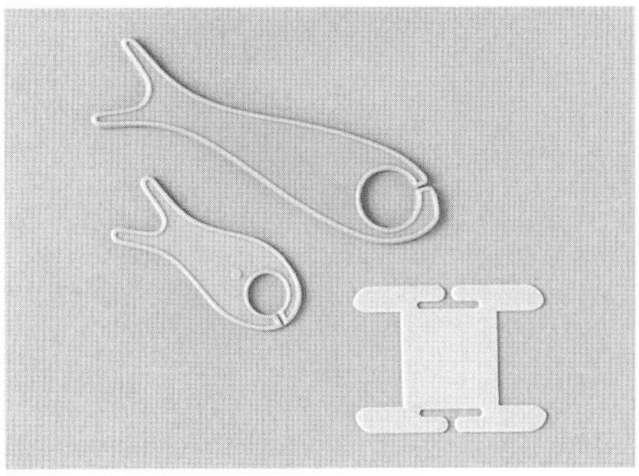

編込み用糸巻き

多色の糸で編込み模様（ジャカード、インターシャなど）を編むときに使う。配色糸を巻いておくと糸がもつれない。

棒針の種類

棒針規格表	号　数	0	1	2	3	4	5	6	7	8	9	10	11	12	13	14	15
	針軸の太さ d(mm)	2.1	2.4	2.7	3.0	3.3	3.6	3.9	4.2	4.5	4.8	5.1	5.4	5.7	6.0	6.3	6.6
	号　数	ジャンボ 7mm		ジャンボ 8mm		ジャンボ 10mm		ジャンボ 12mm		ジャンボ 15mm		ジャンボ 20mm		ジャンボ 25mm		ジャンボ 30mm	
	針軸の太さ d(mm)	7.0		8.0		10.0		12.0		15.0		20.0		25.0		30.0	

※輪針は棒針と同じ針軸規程

d寸法はmmを表示

レース針の種類

レース針規格表	号数	針軸の太さ d(mm)	レース糸
	12	0.60	70~80番
	10	0.75	50~80番
	8	0.90	40~60番
	6	1.00	20~30番
	4	1.25	10~20番
	2	1.50	10~20番
	0	1.75	8~18番

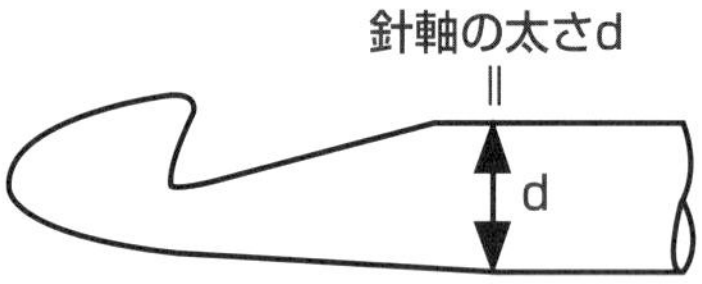

d寸法はmmを表示

かぎ針の種類

かぎ針規格表

号　数	2/0	3/0	4/0	5/0	6/0	7/0	7.5/0	8/0	9/0	10/0
針軸の太さ d(mm)	2.0	2.3	2.5	3.0	3.5	4.0	4.5	5.0	5.5	6.0

号　数	ジャンボ 7mm	ジャンボ 8mm	ジャンボ 10mm	ジャンボ 12mm	ジャンボ 15mm
針軸の太さ d(mm)	7.0	8.0	10.0	12.0	15.0

とじ針の号数

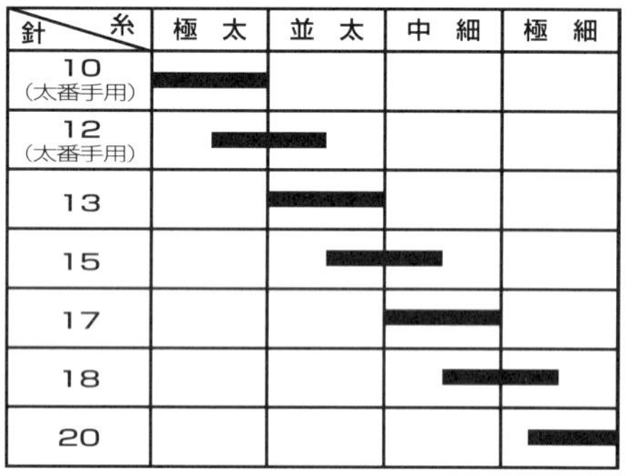

2　手編み機の用具

手編み機には専用の付属品がついている。各メーカーによって多少の違いはあるが、ここでは編むうえで必ず必要になってくる用具を説明する。

①タッピ

メリヤス針に柄《え》がついたもの。裏目を表目に返すときに使う。

②模様板（1×1）

編み針を出すときに使う。

③移し針

針に掛かっている目をほかの針に移動するときに使う。1×2、1×3、2×3の3種類がある。

④ブラシ

手ばけともいい、メリヤス針のべらの開閉に使ったり、編み機の掃除をするときに使う。

⑤おもり

カラーウェイトともいい、編み地が浮かないようにするもの。

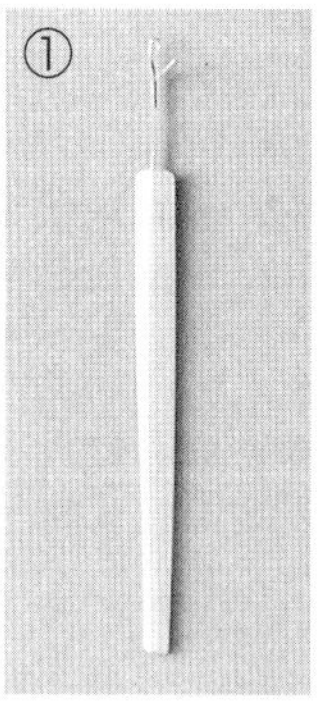

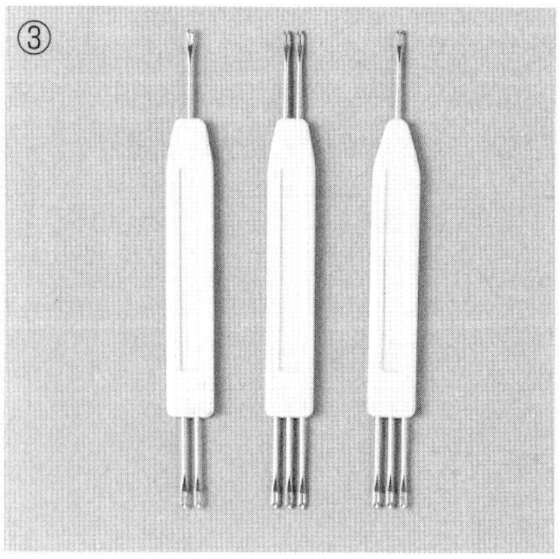

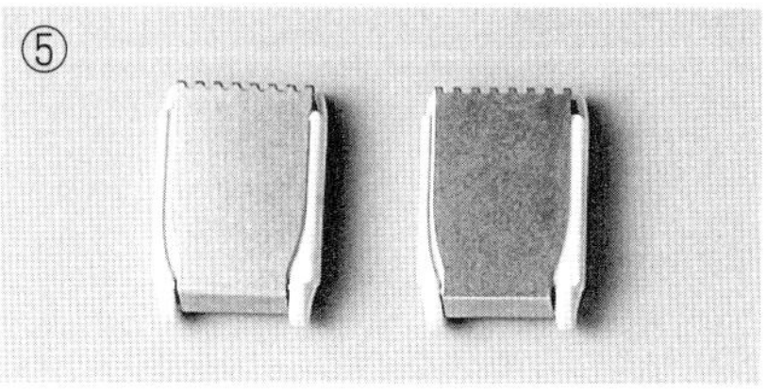

かせくり器

かせになっている糸をとくときに使う。

玉巻き器

糸を玉状に巻くときに使う。ハンドルを回すだけで手早くきれいに巻ける。かせくり器と併せて使う。

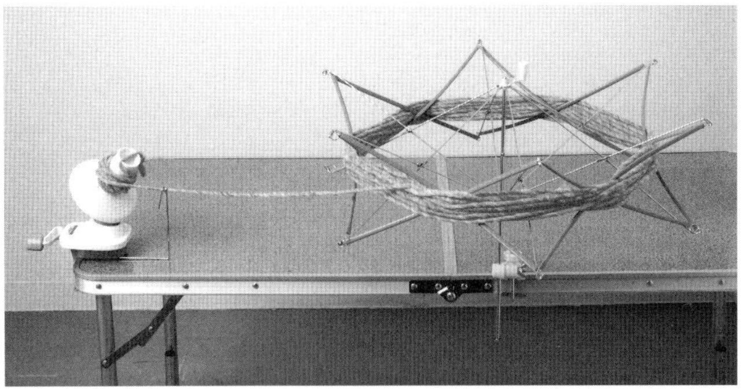

手編み機

片板機と片板機に取りつけるゴム編み機がある。

・片板機

家庭用手編み機で、メリヤス編みや模様編みが短時間できれいに編める。現在は、コンピュータ編み機もある。

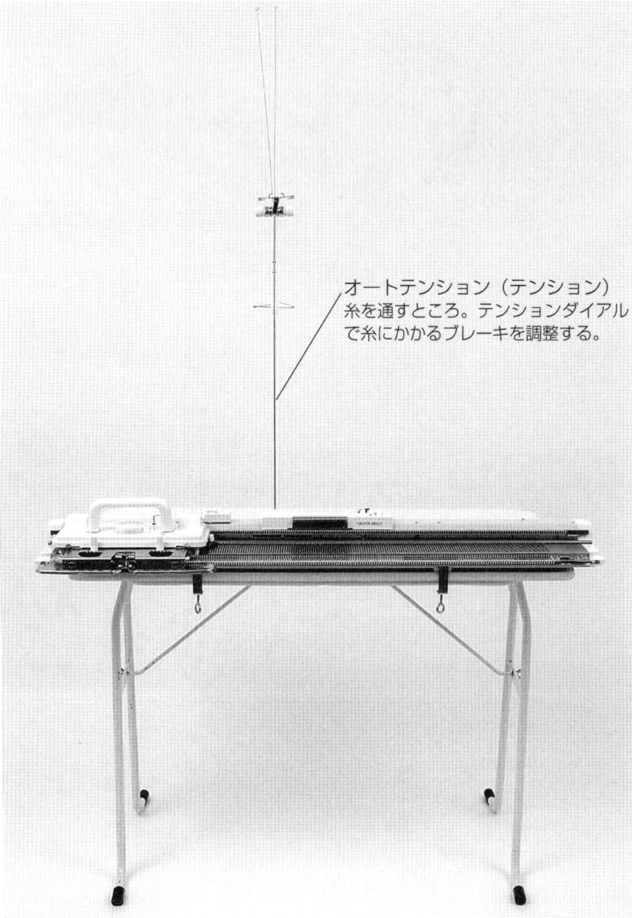

オートテンション（テンション）
糸を通すところ。テンションダイアル
で糸にかかるブレーキを調整する。

・取りつけ式ゴム編み機

片板機に取りつけるゴム編みを編むための用具。1個の溝板と1個の糸口のないキャリジをもっている。編むときは本機（片板機）のキャリジと連結して一緒に動かす。各種さまざまな編み地を編むことができる。

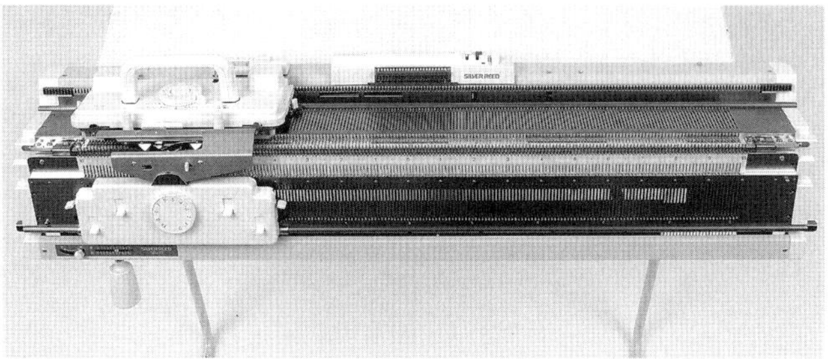

リンキング

リンキングはニット製品の縫製に使用する。ミシン縫製とは異なり、編立てとのかかわりが深い一種特殊な縫製である。2枚の編み立てられたパーツをチェーンステッチでつなぎ合わせる方法。リンキングにはヤスミ式フラットリンキング機、ダイヤルリンキング機などがある。ゲージは3～22ゲージまであり、クシ（ポイント針の植わっている板）の長さは、36インチが標準である。フラットリンキングまたは八角《やすみ》ともいう。

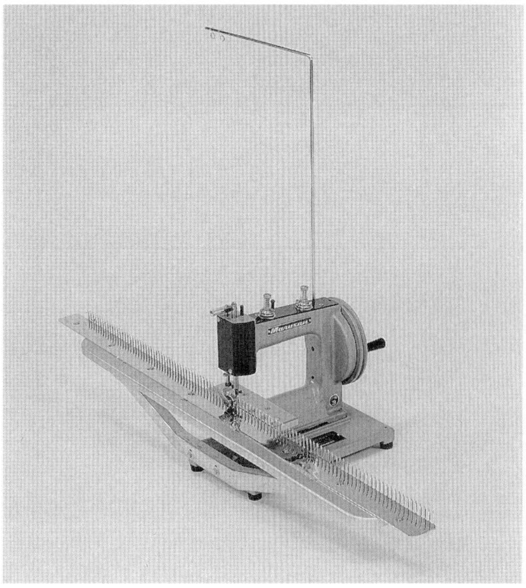

ダイヤルリンキング

フック針で単環ループを内側に形成。ニット製品の衿、肩、脇、袖つけに最適なリンキングマシン、フックニードルを採用。フックニードルがひねりながら前後し、ルーパーがその回りを1回転してフックニードルに糸を渡すので内側に単環ループを作る。1インチ間にあるポイント針の本数でゲージ数が決まる（4〜24ゲージ）。標準7/8/10/12/14/16/18ゲージ、特粗4/5/6ゲージ（ポイント針は太くなる）、特細20/22/24ゲージ（ポイント針は細くなる）。

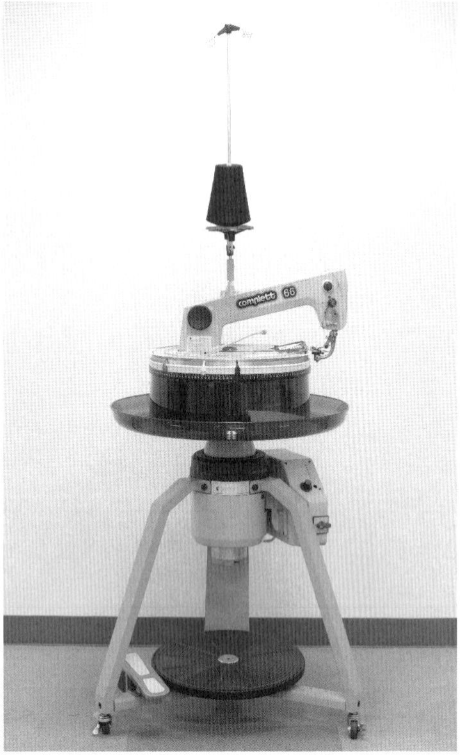

ワインダー

工業用糸巻き器。糸の巻取り巻変えに使い、かせ巻きをコーンに巻き取ったり、コーンからコーンに巻いたりする。コーンには①9度15分のものと②3度30分のものがある。

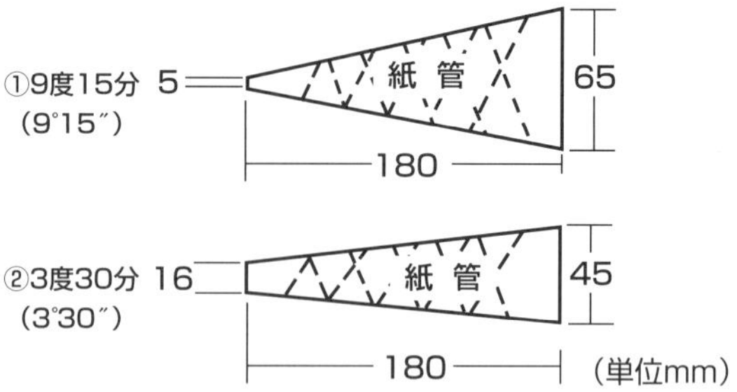

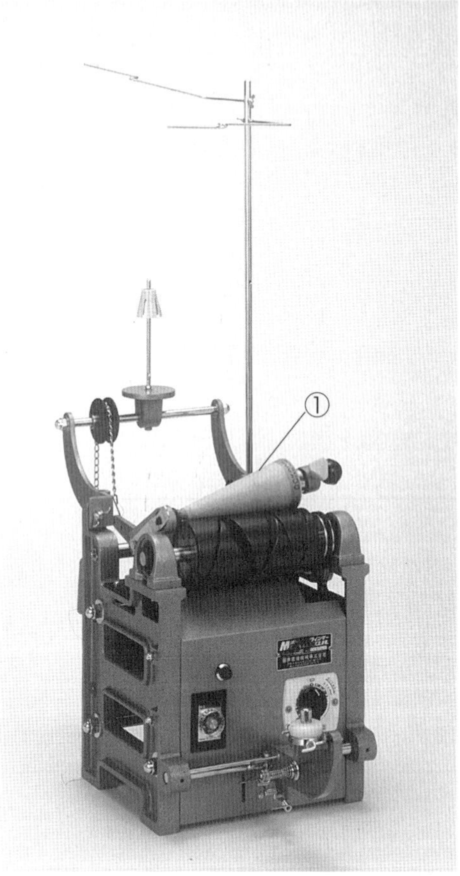

第3章

ニットの編み組織

1　緯メリヤスの組織

緯メリヤスは工業用編み機で編まれたものだけでなく、手編みや手編み機で編まれたものも含まれる。編み目の数に関係なく、1本の糸で横方向に編み糸を移動させながら編まれた編み地で、編み地は編み目で構成されることから織物と比較して次のような特徴や性質がある。伸縮性が大きい、しわになりにくい、ほどけやすい、ドレープ性がある、成型製品ができる（型を作りながら編むことができる）、形くずれしやすいなどがある。

編み目を形作るためにニードルループとシンカーループ（17ページ参照）の2通りがある。ループが縦方向の編み目列をウェール、横方向の編み目列をコースという。この編み目を表に引き出したものと裏に引き出したものの2種を応用し、異なった配列法で形作った組織を“原《げん》組織（基本組織）”といい、編み目そのものの変化によって形作られた組織を“変化組織”という。

（1）原組織（基本組織）

緯メリヤスの基本となる組織。織物に三原組織があるように緯メリヤス編みの三原組織は平編み（天竺《てんじく》）、ゴム編み（リブ編み）、パール編み（ガーター編み）である（35ページ編み目組織図参照）。

1　平編み組織

1列に並んだ針で編み糸をすべて同じ方向に引き出して編まれた編み目。通称、天竺ともいう。編み地の表裏がはっきり区別でき、表はV字形、裏は半円形の編み目になるのが特徴である。編み地は縦方向、横方向に伸びやすい。欠点としてはラン（伝線）を起こしやすく、また耳まくれを起こしやすい。

2　ゴム編み組織

平編み組織の表目と裏目が縦方向に一定の本数ずつ交互に繰り返されている。組織でリブ編みという。その隆起があばら骨（rib）のように見えるところからこの名がついた。編み地は横方向に伸縮性が大きいため袖口、衿、裾などに用いられる。表目1目、裏目1目の繰返しによるものを1目ゴム編み（1×1リブ）という。表目2目、裏目2目の繰返しによるものを2目ゴム編み（2×2リブ）という。ゴム編み機で編まれる編み地としては総針で編む、総針ゴム編み（総リブ）という。2本おきに1本ずつ抜いて編む表目2目、裏目2目で編み地は2×2であるが、編み方では2×1のリブである。

3　パール編み組織

平編み組織の表目と裏目が横方向に交互に配列している組織で、ガーター編み組織ともいう。各コースが1列おきに表、裏と交互に編み目を作っており、この組織をもった編み地は、縦方向に伸縮性が大きい。また、ゴム編みは伸縮したときに表目が強調されて表に浮き出るが、パール編みは反対に裏目が強調されて表に浮き出る。平編みよりはるかに厚い編み地となる。縦方向の弾力性が大きく、耳まくれが起こらない。表地と裏地が同じ編み組織となる。

次の組織は原組織には含まれないが平編み組織がベースとなっているので参考に挙げておく。

添え糸編み

プレイティング編みともいう。添え糸用糸口を使用し、2本の編み糸を同時に表裏に編み分ける編み方。地糸口の編み糸が表側に、添え糸口の編み糸が裏側に現われる。

スレッド編み

インレイ編み、挿入編みともいう。地編み糸の編み目に別の糸をくぐらせて一見、織物風の編み柄を作り出す。くぐらせる糸は挿入糸ともいわれ、直接編み針にはかからないのでゴム糸や地編み糸より太い糸、飾り糸（意匠撚糸、46ページ参照）を用いることがある。

編み組織の種類

- 編み組織
  - 緯メリヤス
    - 原組織
      - 平編み（メリヤス編み）
      - ゴム編み
      - パール編み（ガーター編み）
    - 変化組織
      - タック編み
      - レース編み
      - ペレリン編み
      - その他
  - 経メリヤス
    - トリコット編み
    - ミラニーズ編み
    - ラッセル編み

（2）変化組織

原組織は編み目の表目、裏目の組合せを変えることによって組織を変化させたもので、編まれた編み目そのものは変わっていない。それに対して変化組織は編み目の作り方を変化させたものである。この変化させた編み目をさまざまに配置することにより、多種多様の組織を作ることができる。これらの組織はすべて原組織をベースにし、タックやウェルトを応用して作られており、一般に変化組織と呼ばれる。

変化組織の中には組織名で呼ばれるもの（無地柄や無地組織といわれる）のほかにジャカード組織（二色ジャカード、三色ジャカードなどの組織名で呼ばれるもので、色糸を使用して編み地の表面に柄を出すもの）などがある。

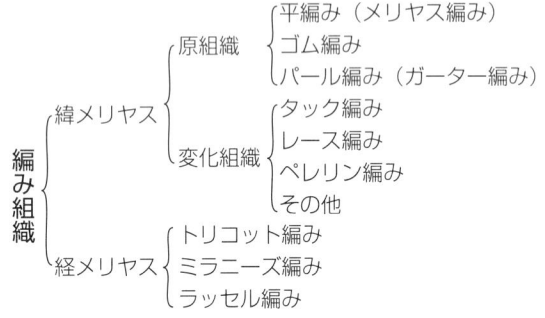

1　タック編み組織

編み針が糸をひっかけて、前に作ったループの間をくぐり抜けるとここに新しいループができるが、タック編みの場合、糸はループをくぐり抜けずに上に重ねておき、次のコースを編むときに2本のループの間をくぐり抜けて、新しいループを作る。この未完成ループを作らせることをタックといい、タックは1回だけでなく4～5回行なうことがある。タックの積重ねの変化によってラーベン柄ができる。また片側針の総タックを応用して片畦編み、両畦編みなどができる。

2　レース編み組織

編み目（ニードルループ）を隣の針に目移しして作られる、透し目のあるレース調の組織。編み幅を増減しながら形作る場合にも応用される。

3　ペレリン編み組織

透孔《とうこう》組織のひとつ。シンカーループをペレリンジャックという特殊な針で拡大して次のコースの編成前に両隣の編み針にかけ、渡して編む。これによってしっかりした透し目ができる。アイレット編みともいう。

4　浮編み組織

フロート編みともいう。部分的に編み針を不作動の位置において、糸を編み針に供給させないで、裏に浮かせる編み組織。

その他に、変りゴム編み組織、振編み組織などがある。工業機の編み地まで入れると数多くある。

(3) 緯メリヤス組織の記号図のかき表し方

横編み機、フルファッション編み機（コットン式編み機）、丸編み機などによって作られる編み目の形態をそのままかき表わす表示方法が昔からとられていた。しかしスムース、ミラノリブといった複雑な組織になると編み目の形態をそのままかき表わすことが難しいので、記号で表わす方法が考えられた。この記号を用いる図示法にはJIS手編み記号、DIN式（ドイツ）、編成図などがある。次に示す記号はその一例で、下図のようにかき表わす。

編成記号

緯メリヤスの変化組織

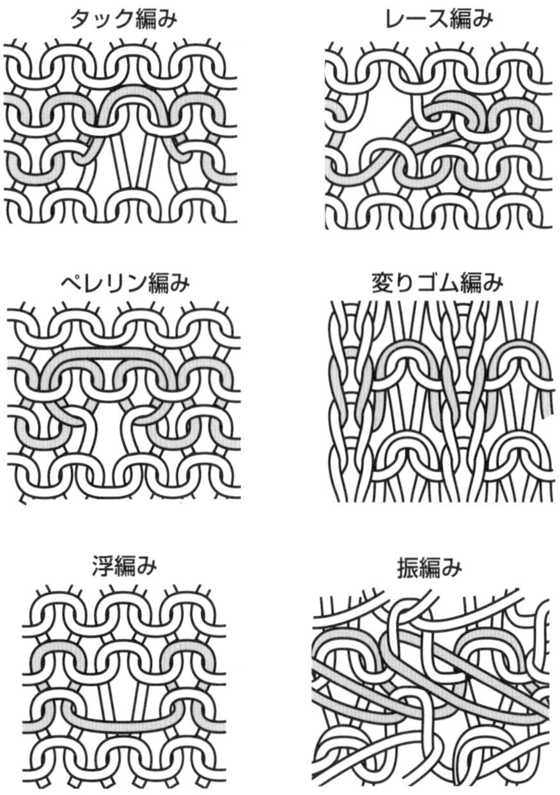

経メリヤスの組織

編成図

1　平編み（天竺）

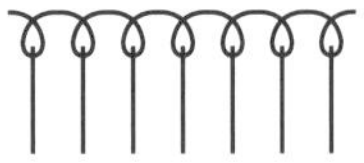

2　ガーター編み（パール編み）

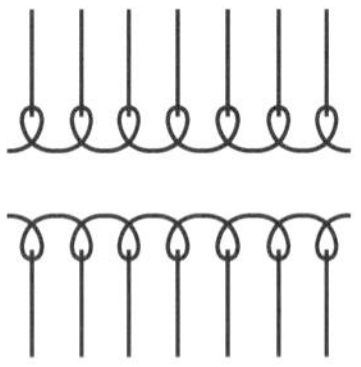

3　総ゴム編み（総リブ編み）

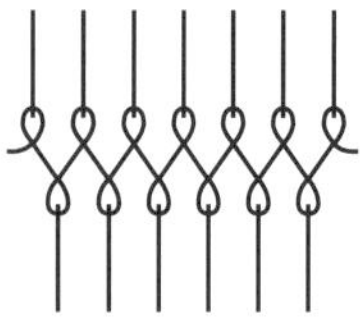

4　1×1ゴム編み（1×1リブ編み）

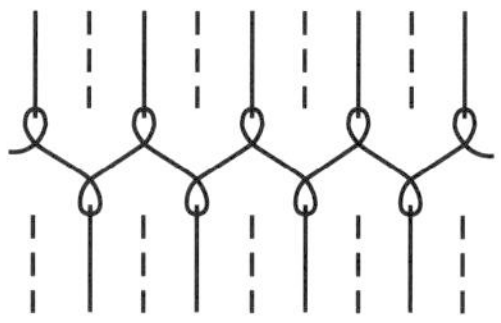

5　2×2ゴム編み（2×2リブ編み）

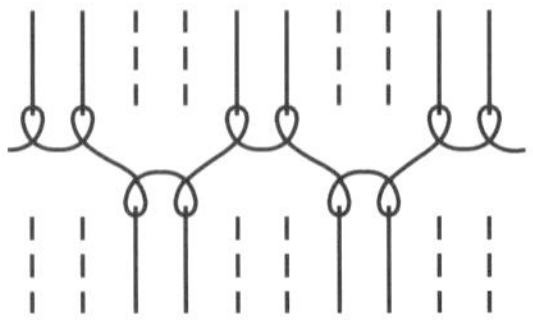

6　2×1ゴム編み（2×1リブ編み）

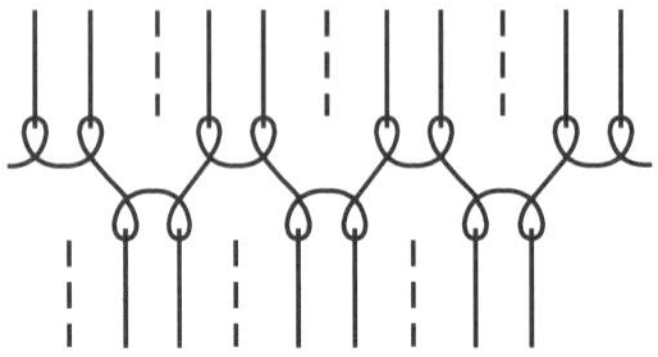

1〜6の説明は32ページを参照。

7　片畦編み

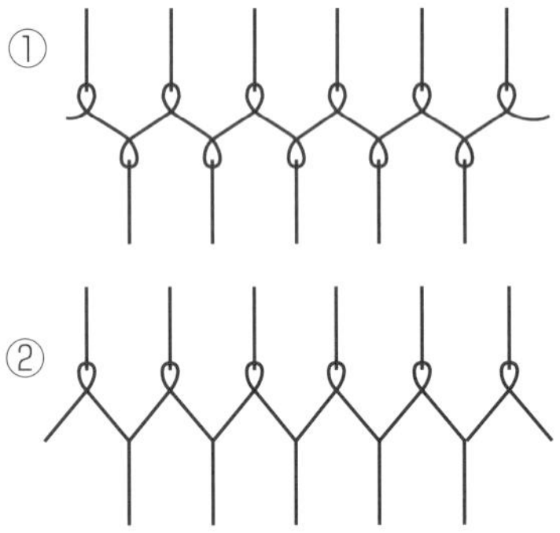

①〜②繰返し

別名ハーフカーディガン編みともいう。総針ゴム編みに、片側針列のみ、1段おきにタックを入れること。

8　両畦編み

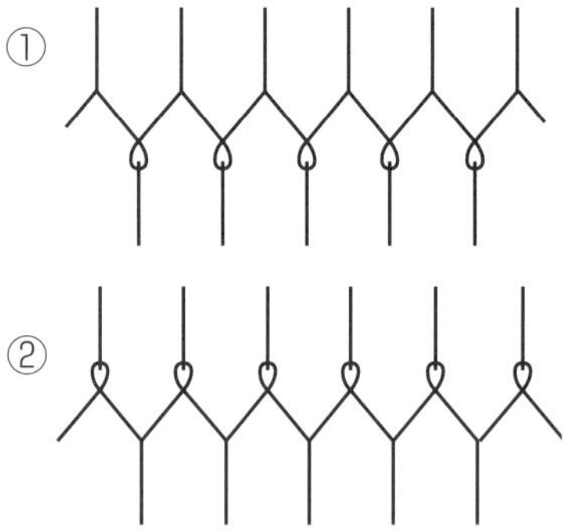

①〜②繰返し

別名フルカーディガン編みともいう。両側の針列に交互にタックしたもの。

9　ミラノリブ

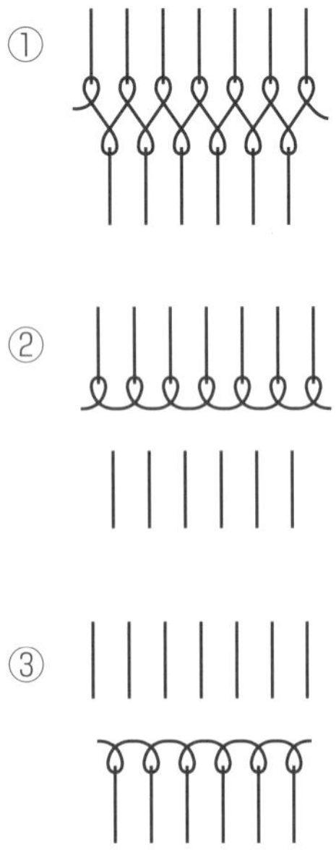

①〜③繰返し

ゴム編みと袋編みを1コースずつ交互に繰り返し、編成する。

10　ハーフミラノ

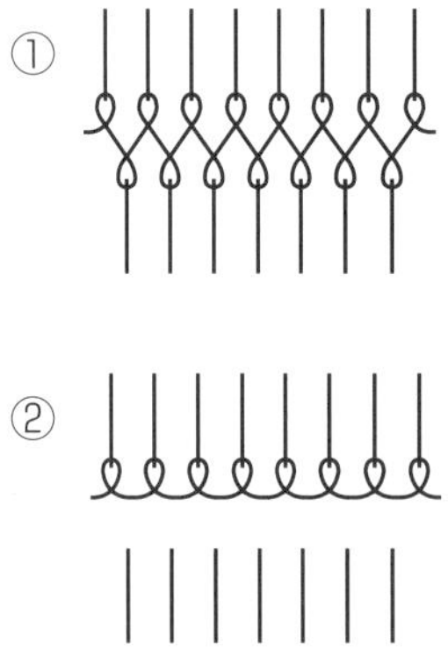

①〜②繰返し

ゴム編みと平編みを1コースずつ交互に繰り返し、編成する。

11　スムース編み

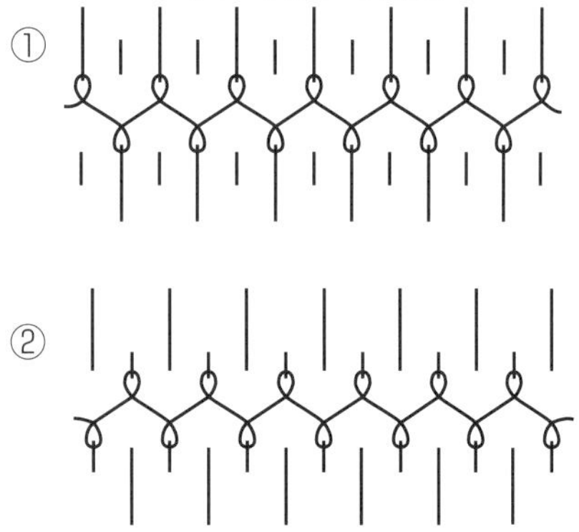

①〜②繰返し

メリヤス地でインターロック編み地ともいわれ、表目1列と裏目列が縦方向に互い違いになったゴム編みが二重になった組織になっている。

編み目組織図

組織図とは編み地がどのような組織に編まれているかを示すもので、編み地を平らに伸展した状態である。

平編み（裏）

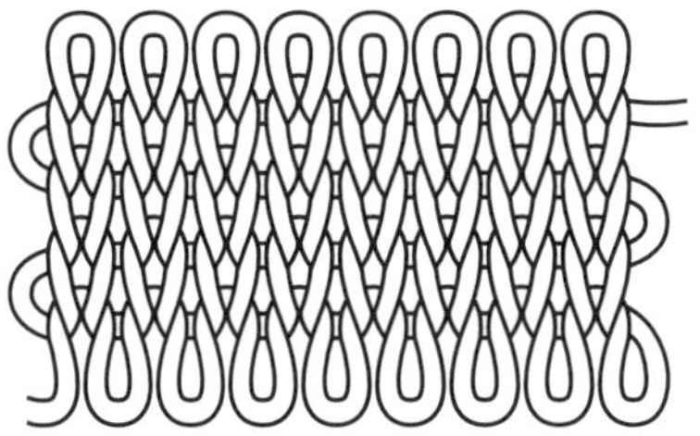

パール編み

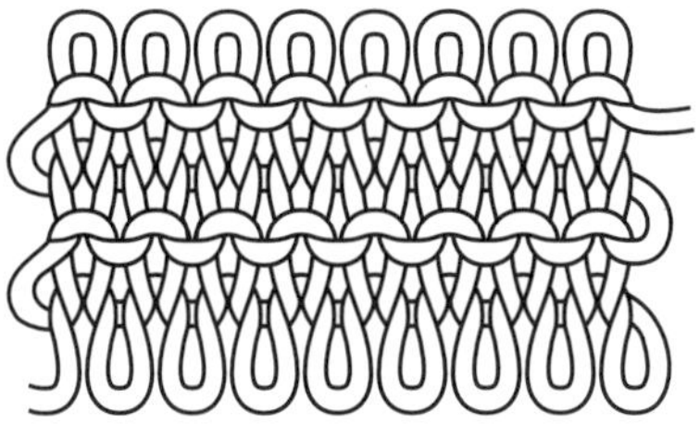

ゴム編み

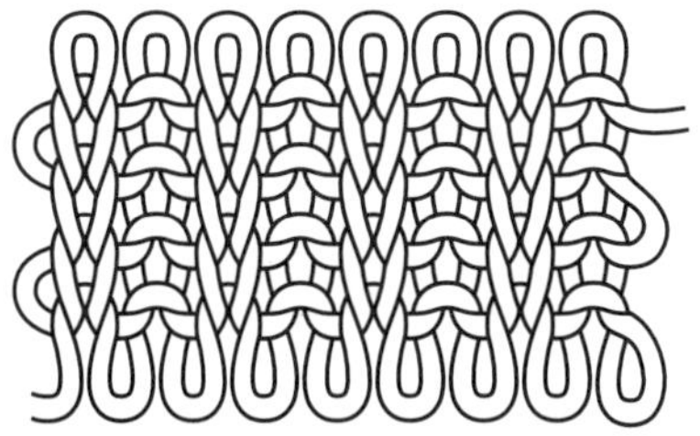

原組織のかき方

方眼紙による方法A

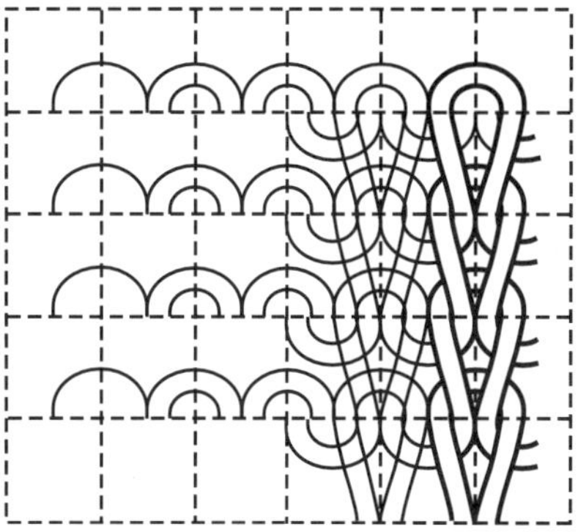

方眼紙による方法B

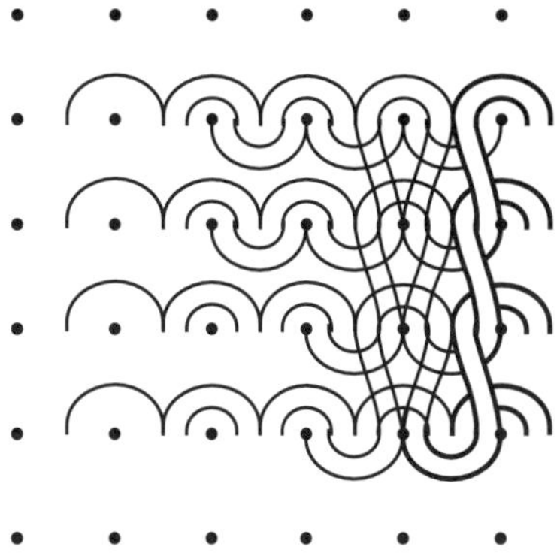

緯編み機の種類一覧表

- 緯編み機
  - 平型編み機
    - 横編み機
      - 大横機、小横機、各種
      - 両頭機
      - 両面機
      - ジャカード機
      - その他特殊機（パイル、インターシャ、多色切替え、ラップ柄入機など）
    - フルファッション編み機
      - シングル・ニードル機
        - 目移しワーク機
        - タックワーク機
        - その他特集機（インターシャ、プレイティング、多色切替えなど）
      - ダブル・ニードル機
        - 無地機
        - 柄機
  - 丸型編み機
    - 成型丸編み機（ガーメントレングス）
      - ダブル・ニードル機
        - 無地機
        - ジャカード機
      - ダブルシリンダー機 —— 両頭機
    - 流し丸編み機（丸編みジャージー機）
      - シングル・ニードル機
        - 台丸機
        - シングル・ジャカード機
        - 吊編み機
        - トンプキン機
      - ダブル・ニードル機
        - フライス機
        - 両面機
        - ジャカード機
    - 小丸機（靴下用他）

（上記すべて）―― コンピュータ横編み機対応

伊藤英三郎著、東京ニットファッション工業組合編
『最新・ニット事典』（チャネラー・2003年）より

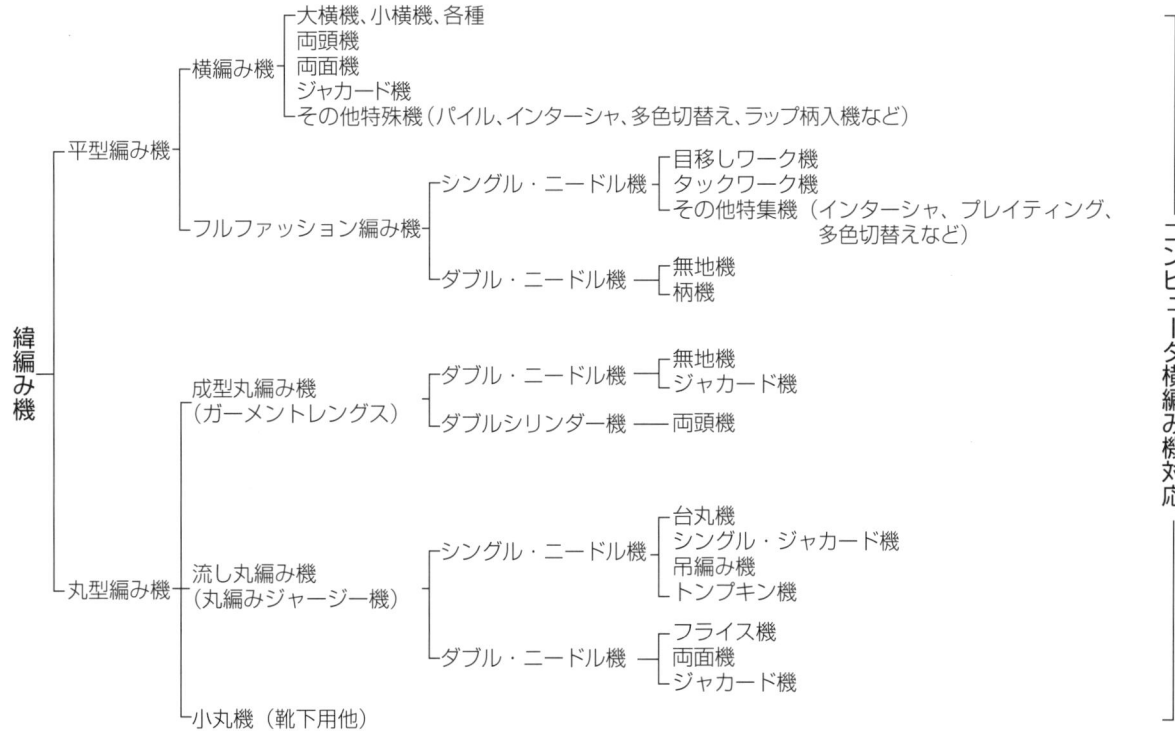

経編み機の種類一覧表

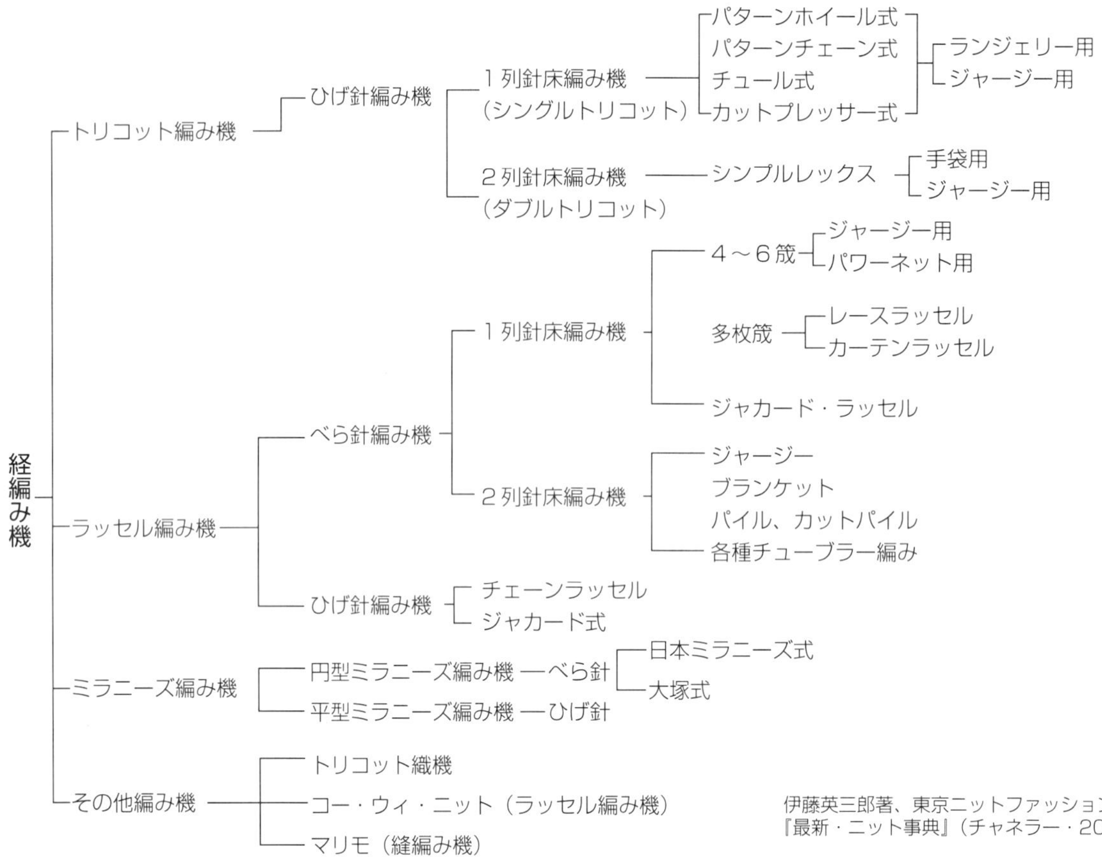

伊藤英三郎著、東京ニットファッション工業組合編
『最新・ニット事典』(チャネラー・2003年)より

2　経メリヤスの組織

経編み記号と組織の基本

経編みまたは経メリヤスの糸の編成状態を分けると、開き目(open loop)と閉じ目(closed loop)に分けられる。

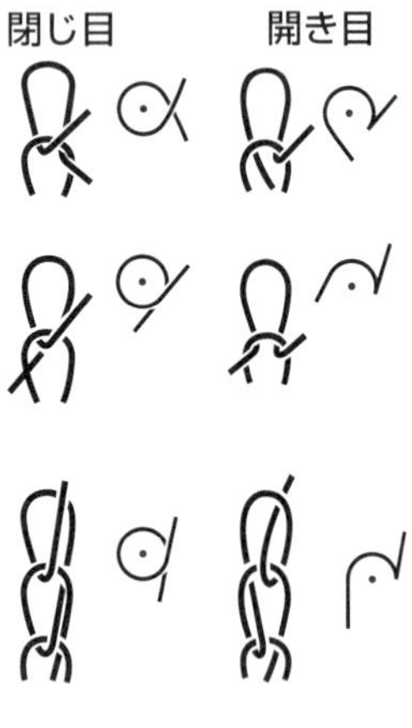

編み組織にはトリコット編み組織、ラッセル編み組織、ミラニーズ編み組織がある。

(1) トリコット編み組織

編み地は織物に近く、インテリアまたは衣料用(アンダーウェアやランジェリー)裏地に多く用いられる。18～28ゲージのものもある。伸縮性にすぐれ、特有の縦縞をもっている。三原組織としてデンビー編み、コード編み、アトラス編みがある。また鎖編みを入れて四原組織ということもある。

そのほかトリコット編みにはダブルトリコット編み、立《たて》毛《け》編《あ》みがある。

(2) ラッセル編み組織

トリコット編み機より筬《おさ》数が多くゲージが粗い。筬の動きの幅が広いので各種の柄が表現できる。ラッセル編み組織の中には、ラッセルクレープ、ラッセルレースがある。

豊富な柄を作り出すことができる。カーテンレース、衣料用に用いられる。

(3) ミラニーズ編み組織

現在ではほとんど使われていない。ひげ針による平型とべら針による円型がある。色糸を用いたバイアスチェックがある。

そのほかにワーペット、ワルテックス、バルファスなどがある。

第4章

ニットに使われる素材

編み地はさまざまな糸で構成されており、その糸は各種の繊維からなっている。

編み地の組織や密度、風合いの決定は使用する糸と密接にかかわっているため、衣料用として用いるニットの糸には、次のような条件が必要となる。

1　軽くて丈夫
2　弾力性がある
3　適度な伸縮性
4　吸湿性に優れている
5　取り扱いやすい（可紡性、編成性、着用性など）

繊維、糸についての一般的な説明は、文化ファッション大系 服飾関連専門講座①『アパレル素材論』で述べられているので、本書ではニット素材を中心とした繊維、糸について説明する。

1　繊維素材

(1) 繊維の分類

繊維			代表的な品種・商標	
天然繊維	植物繊維	綿	海島綿・エジプト綿・ピマ綿・トルファン綿・スーピマ綿など	
		麻	亜麻（リネン）・苧麻（ラミー）	
	動物繊維	毛	羊毛	メリノ種・英国種系
			獣毛	カシミヤ・アンゴラ・モヘア・キャメル・ アルパカ・その他（チンチラ・ミンク・ヤク・ビキューナ）
		絹	家蚕絹・野蚕絹	
化学繊維	再生繊維	レーヨン		
		ポリノジック		
		キュプラ	ベンベルグ®	
		その他のレーヨン（精製セルロース）	リヨセル（テンセル）®	
			モダール®	
	半合成繊維	アセテート	リンダ®など	
		トリアセテート	ソアロン®など	
		プロミックス	シノン®など	
	合成繊維	アクリル	ボンネル®・シルパロン®など	
		アクリル系	カネカロン®	
		ポリエステル	テトロン®など	
		ナイロン	レオナ™など	
		ビニロン		
		ポリウレタン	ライクラ®（LYCRA®）・ロイカ®など	
	無機繊維	金属繊維	ルレックス®（Lurex®）など	
		ガラス繊維		
		炭素繊維	トレカ®	

(2) 天然繊維

1　植物繊維

綿（cotton）

綿は綿花と呼ばれる綿の木になる実から採取した繊維で、その繊維の形状は押しつぶされた管状で、中は空洞になっている。柔らかく、肌触りがよい。

丈夫で吸湿性が高く、毛羽のないクールな感触が夏物に適しているが、伸縮性に乏しいため、編み地はしわになりやすく、形がくずれやすい。また洗濯すると縮む欠点もあるが、整理仕上げ加工の工夫などで改善できる。

麻（ramie、linenなど）

麻は茎または幹の靭皮部から得られる繊維で、独特のしゃり感、涼感、光沢をもち、速乾性に優れた素材である。弾力性が乏しいため、しわになりやすい。
麻100％の糸は少なく、綿や化学繊維との混撚糸が多く作られている。

2　動物繊維

一般に毛は羊毛と獣毛に分類される。

羊毛（wool）

羊毛は羊の毛からとれる繊維で、人間と羊の結びつきは非常に古く、紀元前5000年以上昔に中央アジアで家畜として飼育されていたことに始まる。衣料用繊維として古くから使われている。

現在羊の種類は約3000種にものぼるが、衣料用素材としてはメリノ種と英国種系の二つに大別される。

羊毛は次のような、他の繊維には見られない特徴をもっている。

1　繊維がうろこ状のスケールで覆われ、よじれていて、クリンプ（スプリング状の捲縮）と呼ばれている。
2　保温性が大きい。クリンプがあるので弾力性に富み、嵩高性（バルキー性）が高く、空気をたくさん含む。
3　吸湿性、撥水性がある。相反する性質は繊維表面のスケールに起因していて、衛生面に優れ、水をはじくので汚れにくい。
4　しわになりにくく非常に弾性が高い。またスチームアイロンなどで蒸気や熱を加えると一定の型にセットされる。ただし、この場合永久的なセットにはならない。
5　フェルト化する。洗濯などで強くもみ合わせるとスケールが絡み合い、収縮し、縮絨する。一度フェルト化すると元には戻らない。洗濯に耐えうる素材として、防縮加工の糸などが開発されている。

その他、燃えにくい、染色性がよい、などの特徴をもっている。

羊の種類

メリノ種

メリノ

英国種

サウスダウン

チェビオット

写真提供　ザ・ウールカンパニー、日本毛織

獣毛（hair）

羊毛以外の獣毛には、カシミヤ、アンゴラ、モヘア、キャメルなどがある。

これらはナイロンやアクリルなどと混紡して用いることも多い。産地や形状については表に示す。

獣毛の種類

獣毛の名称 ・ 動物の名称	動物の写真	主な産地	特徴
モヘア mohair ・ アンゴラ山羊		トルコ 南アフリカ アメリカ	●色は白で光沢があり、なめらか ●生後1年以内の毛はキッドモヘアと呼ばれ、繊維は細く、さらにしなやか ●糸にこしがあり、張りがある ●ファンシーヤーンとしても使用される ●縮絨しない ●羊毛との混用が多い
カシミヤ cashmere ・ カシミヤ山羊		中国 モンゴル イラン	●繊維は非常に細く柔らかで、捲縮しており、保温性、弾力性に富む ●繊維が弱く毛玉ができやすい 天然色は茶、黒、灰色などが多く、白は産出量の約10% ●高価
キャメル camel ・ 双峰種のラクダ		イラク 中国 モンゴル	●柔らかで軽く保温性もよい ●色は茶褐色が一般的、染色性が悪い
アルパカ alpaca ・ アルパカ		ペルー ボリビア チリ アルゼンチン	●なめらかで光沢がある ●ウールとヘアー両方の特性をもつ ●強さに優れフェルト化しない ●保温性がよい ●色が天然色で20色くらいある
ビキューナ vicuna ・ ビキューナ		エクアドル～アルゼンチンの南米地域	●生息頭数が少なく、保護動物扱い ●毛は天然繊維でも最も細いので柔らかい ●家畜化が難しいので非常に高価
アンゴラ angora ・ アンゴラうさぎ		中国 フランス チェコ スロバキア 南米地域	●柔らかく、軽くて保温性に富む ●染色性に優れている ●抜け毛、飛毛が発生しやすい ●ウールやその他の繊維と混用されて用いられることが多い ●強度がほかの獣毛に比べてやや劣る

写真は Pier Giuseppe Alvigini,Antonio Canevarolo著『空に最も近い繊維　THE FIBRES NEAREST TO THE SKY』（1979年）より
上から1番目 Mohair Board/2番目、5番目、6番目A.Canevarolo/3番目Mondadori Arch/4番目J.F.Pattey

絹（silk）

絹は蚕の繭から作られる繊維で、繭には家蚕繭と野蚕繭がある。他の繊維にはない独特の光沢があり、しなやかで、ドレープ性もよい。吸湿性に優れ、肌触りがよく保温性に富んでいる。これらのことから保健衛生的機能が高いといえる。反面、太陽光に弱い、摩擦に弱い、しみができやすいなどの短所をもつ。

(3) 化学繊維

化学繊維にもいろいろあるが、ニット素材としてよく使われる繊維について取り上げる。

レーヨン（rayon・viscose rayon）

感触が絹に似て柔らかく、独特の光沢感があり、ドレープ感にも優れている。また、染色性に優れて鮮やかな色調となる。主成分がセルロースからなるので、吸湿性がよい。また弾力性に乏しく、しわになりやすいため、防縮加工や防しわ加工が施されたりする。

モダール（modal）

ビスコースレーヨンの改良された繊維で、レーヨン繊維の特性に加えて、より高い均整性と強度をもっている。綿などと混紡して用いられる場合が多い。

テンセル（tencel）

仕上げ加工によって、独特な外観と風合いのバリエーションが広がる繊維である。例えばピーチスキン仕上げでは、柔らかい風合いを表現できる。主として長繊維は単体、短繊維は毛、綿および麻などと混紡して用いられる。

トリアセテート（tri-acetate）

優雅な光沢としなやかさをもち、さらりとした風合いである。清涼感のある製品ができ、夏物衣料によく使用される。ウールに近い弾性と比重があり、張り、こしがある。

プロミックス（promix）

日本で開発された牛乳タンパクとアクリルニトリルを重合して作った繊維で、ミルク繊維とも呼ばれる。絹のような風合いを持ち、光沢感がある。染色性、ドレープ性に優れているが高価である。

ナイロン（nylon）

引張り強度、摩擦に対して強い。このため他の繊維に混紡すると繊維の強度を高めることができる。

軽くて弾力性があり、しわになりにくい。吸湿性は低いので速乾性がある。反面、汗を吸わないという欠点にもつながる。ニット素材ではスポーツウェア、靴下、ストッキングなどに使われる。

ポリエステル（polyester）

ナイロンに次ぐ強度をもち、形態安定性に優れているので、しわになりにくく、形くずれしない。ほかの繊維との混紡に適しており、ニット素材としても多く使用されている。

アクリル（acrylic）

化学繊維の中で最もウールに似た性質をもち、ふっくらとした感触と適度な保温性をもっている。

染色堅牢度が非常によいので他の繊維と容易に混紡できる。カシミヤ風の柔らかい風合いのものやモヘア風の張りのあるものまで作ることができる。

ポリウレタン（polyurethane）

ゴムのような伸縮性と優れた弾力回復性をもつ。染色性もよく、他の繊維と複合して利用されることが多い。ニットでは袖口などの部分使いやストッキング、ストレッチニットに使用される。

2　糸素材

糸は繊維の集合体で、 細長く束にして撚りをかけたものである。繊維には短繊維（ステープルファイバー）と連続長繊維（フィラメントファイバー）があり、それぞれ紡糸、紡績、製糸という過程を経て糸になる。さらにでき上がった糸（単糸）を撚り合わせたものを諸撚り糸、得られた糸に加工処理を施した糸を加工糸と呼ぶ。性質の異なる繊維が混用された複合糸がある。

糸の製造方法による分類

1　紡績糸（spun yarn）

紡績糸は短繊維（ステープルファイバー）を平行に引きそろえ、連続的に撚りをかけ、長い糸としたものをいう。この操作を紡績といい、主に綿や毛、麻などが原料に用いられる。または一部の連続長繊維を切断し、短繊維として紡績する。糸は表面に毛羽があり、嵩高でふくらみのある糸になる。

2　フィラメント糸（filament yarn）

連続長繊維（フィラメントファイバー）を束ねて作る糸で、天然繊維の絹と化学繊維が用いられる。

糸の太さは均一で、表面はなめらかで光沢はあるが、ふくらみに欠け、冷たい感触になる。

3　梳毛糸と紡毛糸

羊毛・獣毛繊維から糸を作る場合、紡績方法の違いにより、梳毛糸と紡毛糸に分けられる。

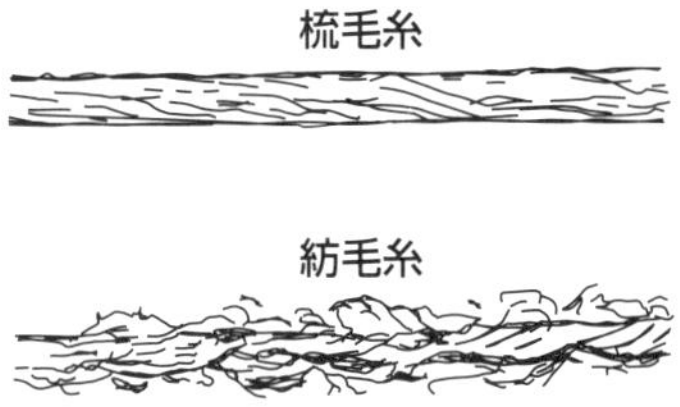

梳毛糸（worsted yarn）

梳毛紡績により、短い繊維を取り除き比較的長めの繊維を引きそろえ、撚りをかけた糸である。表面が滑らかで、均一で毛羽の少ない、紡毛糸より細い番手の糸がひける。

梳毛紡績で糸になる以前の状態のスライバーをトップといい、この状態で染色したものはトップ染めと呼ばれ、染色堅牢度が高いことで知られている。

紡毛糸（woolen yarn）

比較的短い繊維や再生羊毛などを用いて紡績した糸で、全体にゆるく紡績した糸である。梳毛紡績よりも工程が簡単であり、繊維の方向が交錯し、外観は毛羽立って、ふっくらしている。

3　糸の構成

(1) 糸の撚り

撚りとは繊維または糸を平行に引きそろえてねじることで、この操作を撚糸という。

次のような目的から撚りがかけられる。

・繊維を集束させて、糸状にする
・糸の毛羽を少なくし、強度、密度を大きくする
・柔らかさや伸縮性が与えられる
・変化に富む、形状・デザインが生まれる
・適当な太さの糸が得られる
・光沢や触感を変えられる

1　撚りの方向

糸の撚り方向にはＳ撚り（右撚り）とＺ撚り（左撚り）とがある。

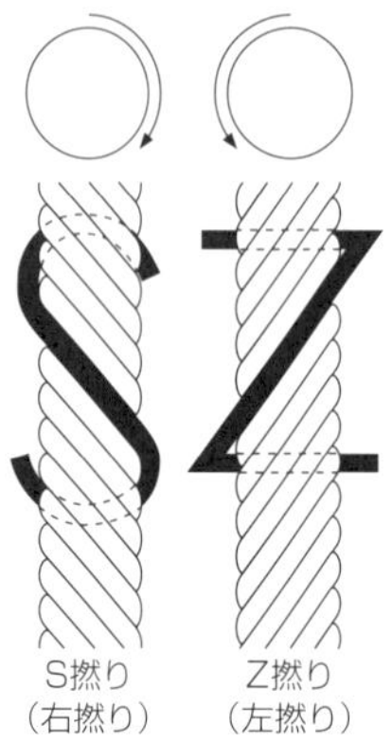

2　撚り数と編地の関係

糸の撚り数は、その糸の用途によって異なり、また糸の強さや柔らかさにも影響を与える。

撚り数は単位長さ（1m、1インチ）内の数で表わす。上撚り回数の違いにより、甘撚り糸（弱撚糸）、並撚り糸（中撚糸）、強撚糸に分類されて扱われる場合もある。明確な基準はないが、1m間の上撚り数が300T/m以下を甘撚り糸、300～1000T/mを並撚り糸、1000T/m以上を強撚糸と呼んでいる。

撚り方向と撚り回数はニットの場合、編み地に大きく影響を及ぼす。次のような編み地の特徴を挙げることができる。

甘撚り糸（弱撚糸）

感触、風合いが柔らかく、編み目もきれいに浮き出てくる。ウールは摩擦に弱く毛羽が立ちやすく、毛玉ができやすい。撚り回数が少ないので、粗い編み地にすると伸びやすく、弾力性に欠ける。比較的太番手のニット糸はこの撚りのものが多い。

並撚り糸（中撚糸）

比較的細番手のニット糸はこの撚りのものが多い。編み目がそろいやすく、風合いには適当な柔らかさがあり、毛羽もあまり目立たない。扱いやすい糸で、複雑な編み目組織もきれいに編める。

強撚糸

甘撚り糸とは逆に編み地の風合いは固く、冷感、しゃり感を持つ。丈夫で重量感がある。特に上下撚り数のバランスを欠くと、天竺組織の編み地では斜行しやすい。

3　撚合せ

短繊維を平行に並べて撚りをかけた1本の糸を単糸と呼ぶ。糸に最初の撚糸することを単糸撚り（下撚り）といい、次に複数の単糸を合糸して加える撚糸を合糸撚り（上撚り）という。フィラメント繊維を1本または2本引きそろえて撚りをかけたものを片撚り糸という。単糸や片撚り糸を2本から4本引きそろえて、単糸の方向（通常Ｚ方向）とは逆方向（通常Ｓ方向）に撚りをかけて、1本の糸にしたものを諸糸または諸撚り糸と呼ぶ。紡績単糸を2本引きそろえて撚り合わせた糸を双糸、3本用いた糸を三子糸という。

双糸と三子糸

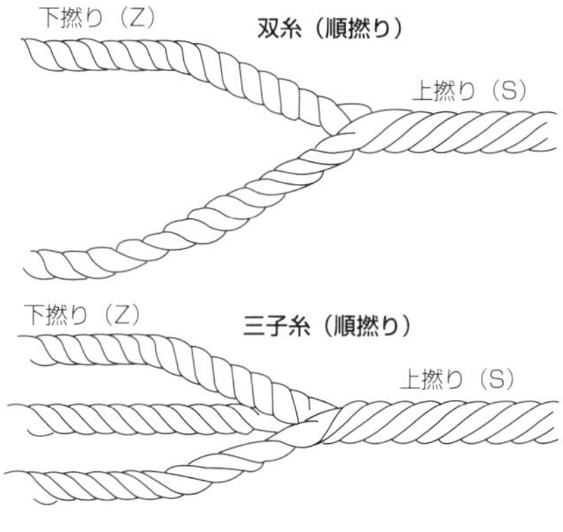

(2) 糸の太さ

糸の太さは通常細く、変形しやすい状態で直径を表わすことが難しい。このため、糸の太さは決められた標準の長さと重さの関係で間接的に表わす。太さの算出方法には、一定の重さに対して、長さがいくらあるかを表わす恒重式（番手）と、一定の長さに対して重さがいくらあるかを表わす恒長式（デニール・テックス）がある。

糸の種類によって、番手とデニール、テックスで表わされる。

1　番手

番手は繊維の種類によって基準となる重さと長さが異なる。代表的なものにメートル式番手と英式綿番手などがある。番手の数が大きくなるほど、糸は細くなる。

毛素材に用いられるメートル式は1gで1ｍある糸を1番手とする。1gで48mある糸は48番手となる。毛紡績方式で紡績されたアクリルおよび、その混紡紡績糸も同じ表し方をする。

綿素材に用いられる英式綿番手は重さが1ポンド（453.6ｇ）で長さが840ヤード（768.1m）ある糸を1番手とする。1ポンドで8400ヤードある糸は10番手となる。綿紡績方式で紡績された化合繊混紡紡績糸も同じ表し方をする。

2　デニール

デニールはフィラメント糸（ポリエステル、ナイロンなど）の太さを表す単位をさす。9000mで1gあるものを1デニールとする。9000mで100gあるものを100デニールとする。デニールの数が大きくなるほど、糸は太くなる。

3　テックス

すべての糸の太さに対する統一単位として、ISO（国際標準化機構）が制定した糸の単位である。

1kmで1gの糸を1テックスとしている。g単位で表わし、2gならば2テックスとなる。

番手のデニールの設定基準と算出方法

	糸	名称	基準の重さ・長さ	単位の長さ・重さ	算出方法
恒重式	綿糸	番手（英式）	453.6ｇ（1lb）	768.1m（840yd）	453.6gでＡ×768.1mあればＡ番手
	麻糸	番手（英式）	453.6ｇ（1lb）	274.3m（300yd）	453.6gでＡ×274.3mあればＡ番手
	毛糸	番手（メートル式・共通式）	1g	1m	1gでAmであればＡ番手
恒長式	フィラメント糸	デニール（d）	9000m	1g	9000mでAgあればＡデニール
	すべての糸	テックス（tex）	1000m	1g	1000mでAgあればＡテックス

番手換算法

換算番手／既知番手	綿　番　手	毛　番　手	麻　番　手	デニール
綿　番　手	1	×1.69	×2.80	5314.88/綿番手
毛　番　手	×0.59	1	×1.65	9000/毛番手
麻　番　手	×0.35	×0.60	1	14881.6/麻番手
デニール	5314.88/デニール	9000/デニール	14881.6/デニール	1

すべての糸の太さは番手、デニール、テックスのいずれかで表示される。市販の手編み用糸の場合は番手で表わしてもわかりにくいため、糸の太さにそれぞれ名称をつけている。メーカーによって番手数は多少異なる。

番手の表示法

※ Nm= メートル式番手の単位

毛番手（メートル式・共通式）	単糸	48 番手	$1/48^{Nm}$
	撚り糸	48 番手双糸	$2/48^{Nm}(1/48^{Nm} \times 2)$
		48 番手三子糸	$3/48^{Nm}(1/48^{Nm} \times 3)$
	引きそろえ糸	48 番手双糸２本引きそろえ	$2/48^{Nm} \times 2$
	総合	総合４番手	4^{Nm} もしくは Nm4000
綿・麻番手（英式）	単糸	30 番手	$30/1^{S}$
	撚り糸	30 番手双糸	$30/2^{S}$（$30/1^{S} \times 2$）
		30 番手三子糸	$30/3^{S}$（$30/1^{S} \times 3$）
	引きそろえ糸	30 番双糸の２本引きそろえ	$30/2^{S} \times 2$
デニール	単糸	120 デニール	120D
	双糸	120 デニール双糸	120D × 2
テックス	単糸	20 テックス	20tex
	双糸	20 テックス双糸	20tex × 2

太さの名称と番手の関係（手編み用毛糸）

極々細	2/24～2/32
極細	2/16～2/18
合細	3/18
中細	4/16～4/18
合太	4/11・4/12
並太	4/9・4/8
極太	4/6・3/4.5・3/4
極々太	3/3.5・1/0.3

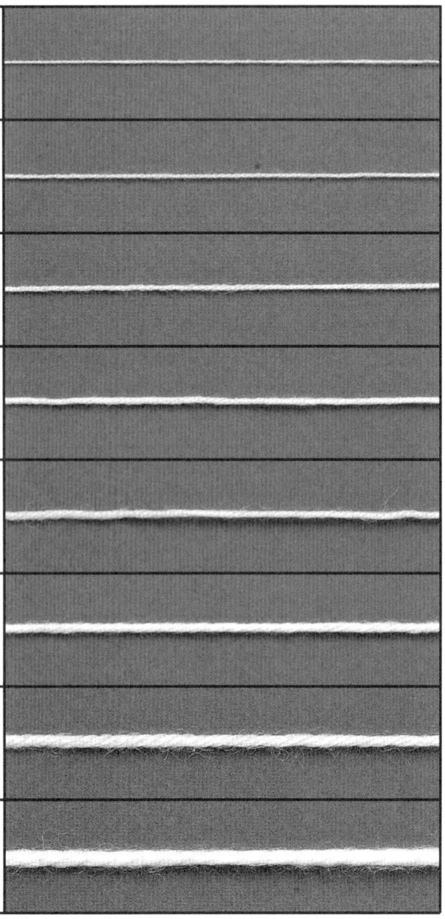

レースの番手

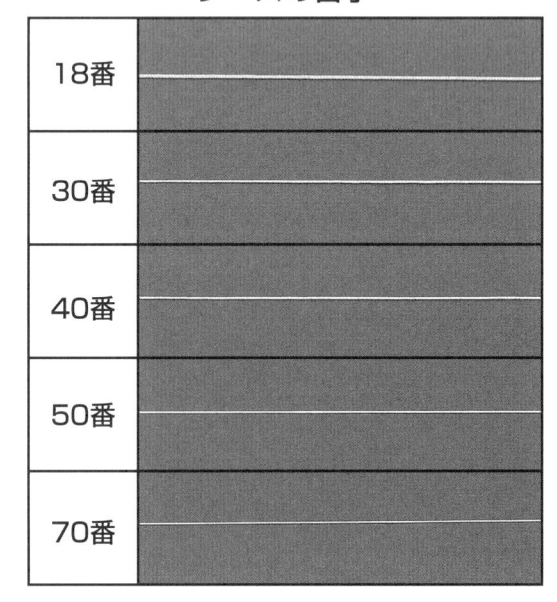

18番
30番
40番
50番
70番

(3) 糸の製品形態

撚糸された糸はかせ、コーン、チーズに巻かれ、編立てに使用される。

かせとはかせ枠で巻き取った糸のことである。かせを作るために、木管などに巻かれた糸をかせ枠に巻き取る作業をかせ上げという。かせ染めとは、かせの状態で染色することである。

コーンとは糸巻で円錐形をしたものをいう。コーン巻きの糸とは、紙管に糸を円錐形に巻いたもので、コーンアップとは、かせからコーンに糸を巻き取る作業をさす。かせくりともいう。コーンの傾斜には3度30分、9度15分などの角度がある。ワインダーとはコーン巻きをする機械である。

チーズとは糸巻きで円筒形をしたものをいう。撚糸された糸を染色するときチーズ巻きの状態で染色され、チーズ染めと呼ぶ。

糸の形態

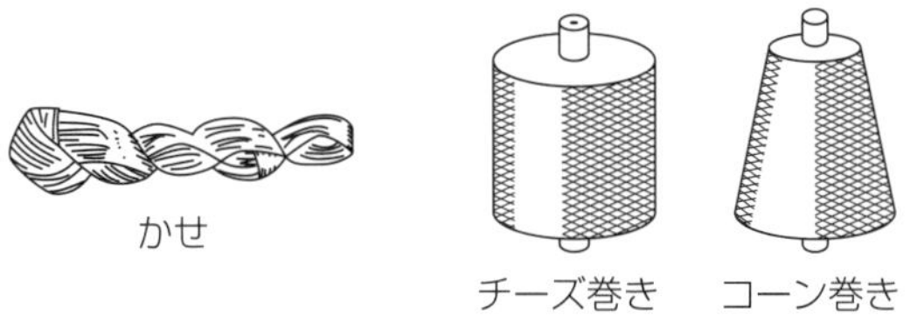

4 糸の形状と加工

ニット素材の加工処理は、製品となってからの機能的な欠点の改善、およびファッション製品としての表面外観効果の多様性を創出することなどを目的として行なわれる。その加工処理方法には、化学薬剤で繊維自体を改質する化学的処理法、いろいろな種類の繊維や糸の組合せおよび撚糸などの方法により外的な力を加える方法、また熱処理を行なう物理的処理法がある。

ニット用素材の加工処理段階は大きく3種類に分けられる。

1 紡糸、紡績の段階で行なわれる加工

紡糸、紡績の段階で行なわれる加工には、従来利用されてきた化学繊維を改良し、新しい性質を付与したものが含まれる。異なる化学成分を一体化させ、二重構造にした複合繊維（コンジュゲートファイバー）や、円形の断面を変化させた異形断面繊維などがある。

2 糸の段階で行われる加工

糸の段階で行なわれる加工には、テクスチャードヤーンやファンシーヤーンなどの糸の形状に変化を与える加工と、防縮加工、シルケット加工のように糸の性質を変える加工がある。

3 編み地の段階での加工

編み地の段階での加工には、外観、風合いに変化を与える加工や新しい性能を与える加工が含まれる。

糸の段階でも行なわれる防縮加工、シルケット加工のほか、プリーツ加工やラミネート、ボンディング加工などがある。

(1) 加工糸

長繊維加工糸（textured yarn）

化学繊維のフィラメント糸がもつ熱可塑性を利用して、ウールのようなクリンプやカールを与え、永久的な嵩高性と伸縮性をもたせた糸をテクスチャードヤーンという。光沢は低下するが、ソフトでより高い湿気の透過性と水分の移送発散により、より快適な編み地が得られる。主に、ジャージーやスポーツウェアなどに用いられる。

シルケット加工糸（mercerized yarn）

綿繊維に、絹のような光沢を与えるように加工処理された糸で、染色性も向上し鮮やかな色調が得られる。またこの加工処理によって、膨潤（綿などのセルロース繊維が水に漬かると水を吸着して体積を増加させ、直径が大きくなり、長さ方向に収縮する現象）度が低下し、同時に防縮効果も得られる。

防縮加工糸（shrink-resistant treated yarn）

羊毛繊維の「洗濯で縮む」欠点を改善するため、フェルト化現象を防止する加工処理で、糸になる以前の段階で行なわれるのが一般的であるが、近年では、糸または編み地や製品段階でも行なわれる場合もある。風合いが若干固くなる傾向があり、柔軟加工などの後処理が必要となるが、同時に耐ピリング性が向上する効果も得られる。

(2) 複合糸

複合糸とは性質の異なる繊維を混用して作られた糸をいう。短繊維を混ぜて作った混紡糸と、フィラメントを混ぜて1本の糸にした混繊糸がある。また、芯・さや構造をもつ糸をコアスパンヤーン、カバードヤーンと呼び、いろいろな素材の組合せがある。コアスパンヤーンはナイロンやポリエステルなどの長繊維を芯に用いて、毛、綿、アクリルなどの短繊維を回りにさや状に包むようにして紡績した糸をいう。外側の繊維の風合いが生かされ、伸縮性がよくなる。カバードヤーンはポリウレタンを芯にフィラメント糸や紡績糸を巻きつけた糸をいう。伸縮性が大きく、ストレッチヤーンとして利用されている。マルロン®が代表的である。

(3) 特殊糸

特殊な糸として金属糸やラメ糸、フィルム、紙、布を細く裁断した糸やリリヤーン、組ひもなどが挙げられる。

金属糸はステンレス、銅などを原料として、繊維に加工し、使用する。

ラメ糸はポリエステルやナイロンに、アルミニウムを蒸着させるなどの方法で作られ、ニット素材として多く利用されている。

(4) 飾り糸（ファンシーヤーン）

糸表面の形や色に変化をもたせた飾り糸で、撚糸加工によるものと紡績加工によるものがある。ループやノット、スラブなどをとびとびに作って特徴ある外観や装飾効果をもたせた糸である。糸の種類や太さ、色調、撚り数などを変えてかなり変化に富む糸を作ることができる。通常、意匠撚糸機で作られるが、紡績工程ではスラブヤーン、ネップヤーンなどの飾り糸が作られる。

意匠撚糸は芯糸、飾り糸、押え糸で構成されている。飾り糸の種類、特徴、編み地を表にまとめた。

飾り糸（ファンシーヤーン）

意匠撚糸の基本構成

意匠撚糸は基本的に芯糸、からみ糸、押え糸の三つの糸から構成される。

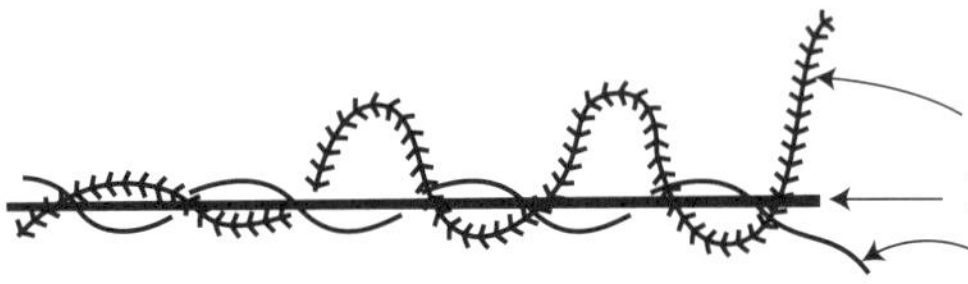

<table>
<tr><td rowspan="5">撚糸工程によるファンシーヤーン</td><td rowspan="5">意匠撚糸</td><td>リングヤーン</td><td>からみ糸を芯糸よりもやや多く供給して、表面に凸状に出る糸と、小さなループを形成する糸の２タイプがある。</td><td></td><td>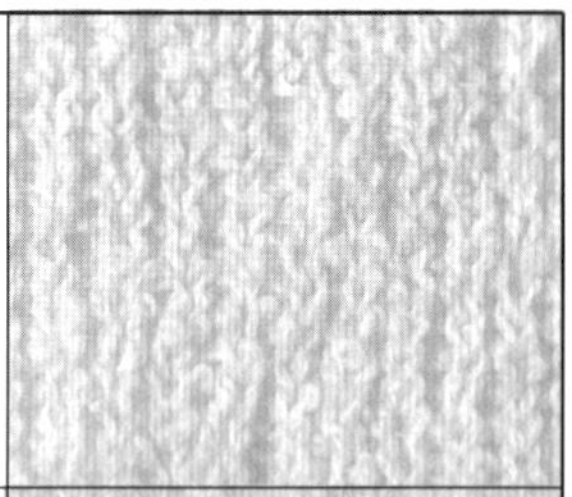</td></tr>
<tr><td>ループヤーン</td><td rowspan="2">からみ糸の撚りは芯糸と逆方向に中撚りにし、大きめのループを形成した糸。</td><td></td><td></td></tr>
<tr><td>ブークレヤーン</td><td></td><td></td></tr>
<tr><td>ブラッシュドヤーン
（シャギーヤーン
タムタムヤーン）</td><td>ループヤーンのループ部分をカットして、毛羽をだした糸。</td><td></td><td></td></tr>
<tr><td>シェニールヤーン
（モールヤーン）</td><td>芯糸の間に短い毛羽が連続的に挟み込まれた糸。</td><td>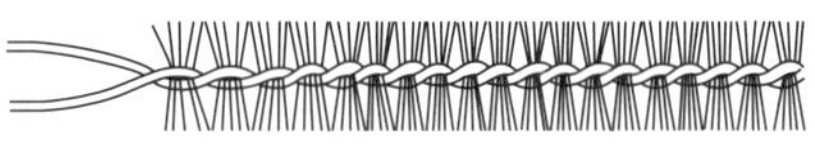</td><td>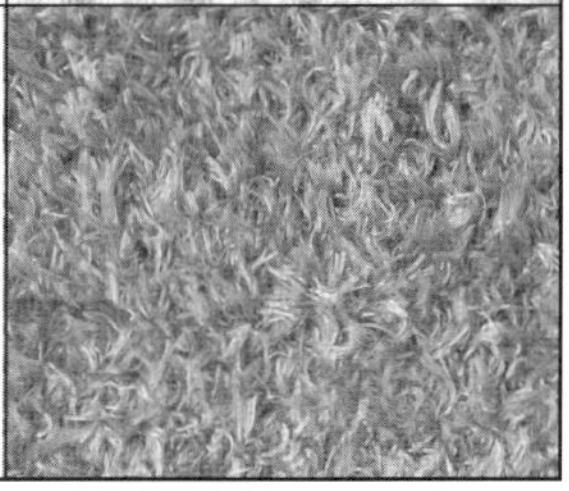</td></tr>
</table>

撚糸工程によるファンシーヤーン	意匠撚糸	ノットヤーン（ノップヤーン・星糸）	芯糸に撚りを集中させ、適当な間隔に太い部分を現わした糸。		
撚糸工程によるファンシーヤーン	意匠撚糸	角糸（カールヤーン）	強撚糸と弱撚糸を撚り合わせ互いに撚りあって角状となったもの。	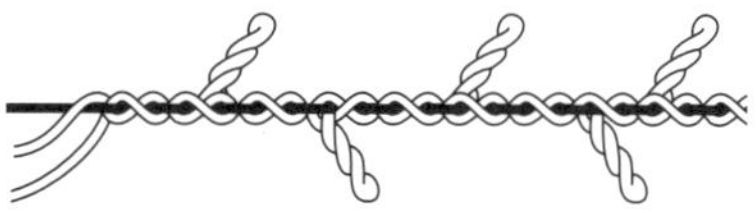	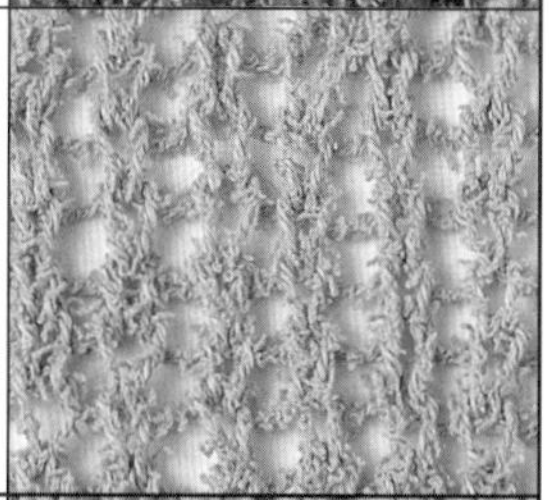
撚糸工程によるファンシーヤーン	意匠撚糸でないファンシーヤーン	壁　　糸	太い糸を片撚り後、細い糸を引きそろえて、撚り合わせ、太い糸が波状に現われる糸。		
撚糸工程によるファンシーヤーン	意匠撚糸でないファンシーヤーン	杢《もく》　　糸	異色の糸を２本以上撚り合わせた糸（２杢、３杢）。		
紡績工程によるファンシーヤーン		ネップヤーン	小さなネップ（繊維くず）が入った糸。		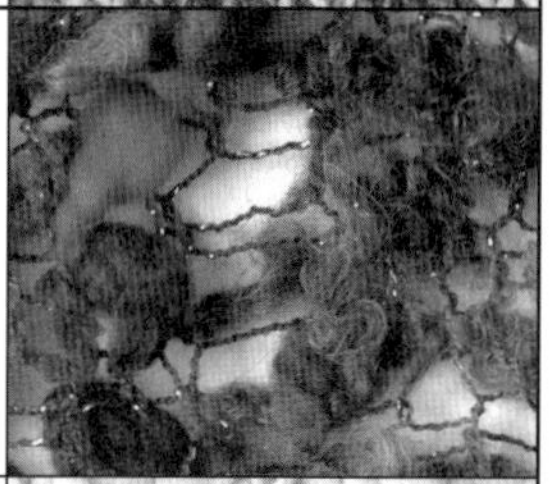
紡績工程によるファンシーヤーン		スラブヤーン	粗糸をミドルローラーに供給して、とびとびに回し、太さにむらが現われた糸。		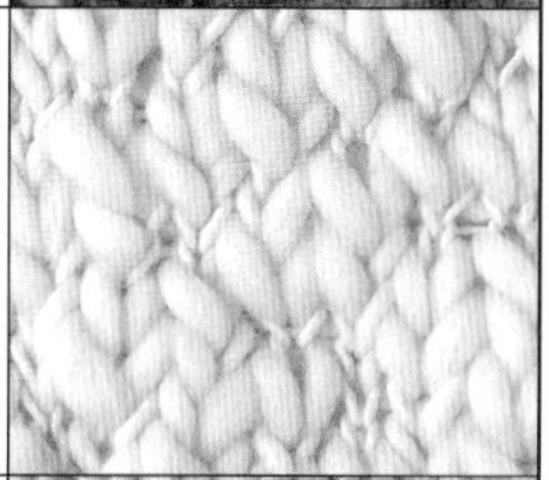
染色工程によるファンシーヤーン		段染め糸（スペースダイヤーン）	糸のところどころを染色し、段染めにしたもの。かすり糸ともいう。		

第5章

手編みの基礎

Ⅰ 棒針編み

棒針編みとは、先のとがった棒状の針を使って、1目ずつ糸をすくい出して編み進む方法である。2本の棒針で往復して編む方法と、4本以上の針を使って輪に編む輪編みがある。

家庭用手編み機や工業機は、この棒針編みの方法から工夫され、発展したものである。他の手編みのかぎ針編みやアフガン編みに比べて、編み地は薄手になり伸縮性がある。

1　棒針と糸の持ち方

棒針編みの編み方には、左手に糸を掛けて編むフランス式と、右手で糸をかけて編むアメリカ式がある。

(1) 左手に糸を掛けて編む方法（フランス式）

この方法は早く編めるが、表編みと裏編みの糸の引出し方が違うので、裏編みではとくに糸がゆるまないように注意して糸を引き出す。

図のように右手はこれから糸を引き出すほうの棒針を、左手は編み地のかかったほうを持って、左手の指で糸を調節しながら編み進む。

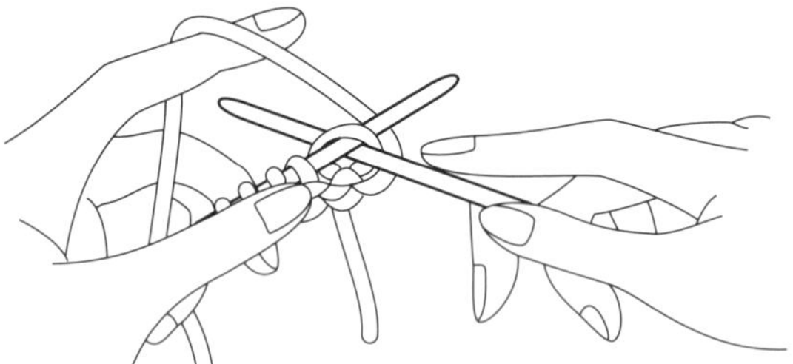

(2) 右手で糸を掛けて編む方法（アメリカ式）

左手に糸を掛ける方法より早くは編めないが、編み目のそろった編み地に編み上がる。

編み地の掛かっているほうを左手に持ち、糸を右手の人さし指に掛け、この糸を引き出しながら編む。

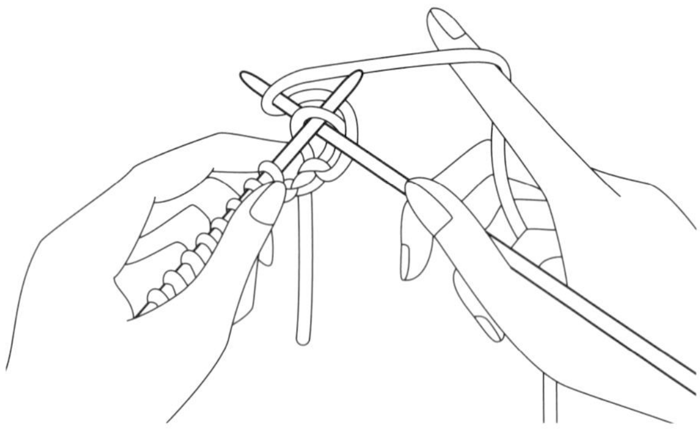

2　編始めの目の作り方

編始めの目を作る方法には、大別すると、作り目をそのまま使う場合と、作り目をほどいて拾い目をしてゴム編みなどをする場合がある。

(1) かぎ針を使って目を作る方法

作り目の縁がきれいにそろい、端糸が短くてすむので糸がむだにならない。

作り方は、はじめに糸端で輪を作り、かぎ針を輪の中に通す。棒針2本を左手に持ち、①のように編む糸を棒針の向う側へ回し、棒針2本を芯にして針の手前で引き抜く（②③）。最後の目は④のようにして針に掛ける。

①

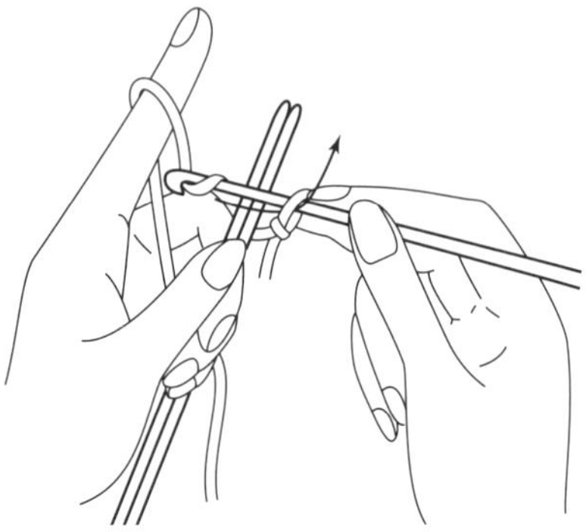

②

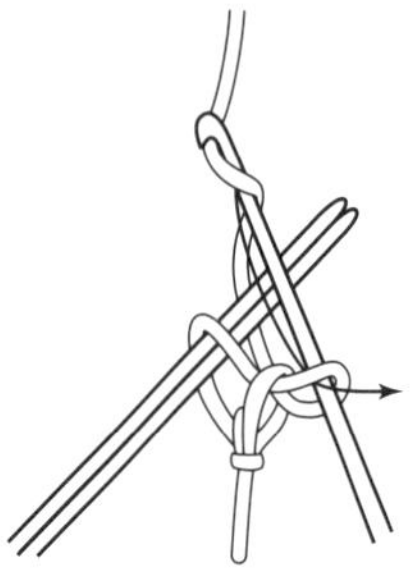

③

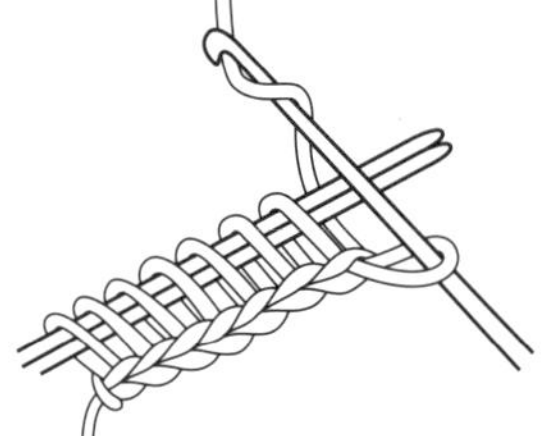

④

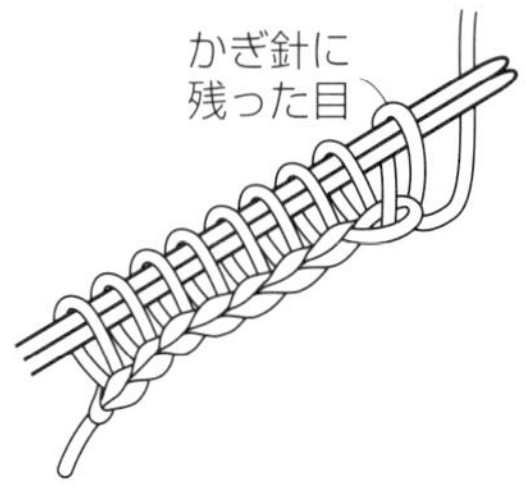

(2) 別糸を使って目を作る方法

身頃の裾や袖口など、後で1段めから拾い目をしてゴム編みなどを編み出す場合に使う。

まず、ゆるい鎖編みで必要目数より5目ぐらい多く編み、①のように鎖目の裏側の糸に手前から針を入れて糸を掛けて引き出す（②）。2段めからは③のように普通に編み進む。編み終わってからの作り目から拾い目をする方法は、④のように鎖編みの編終りのほうから鎖目をほどきながら、1段めの下の目を棒針に取っていく。

①

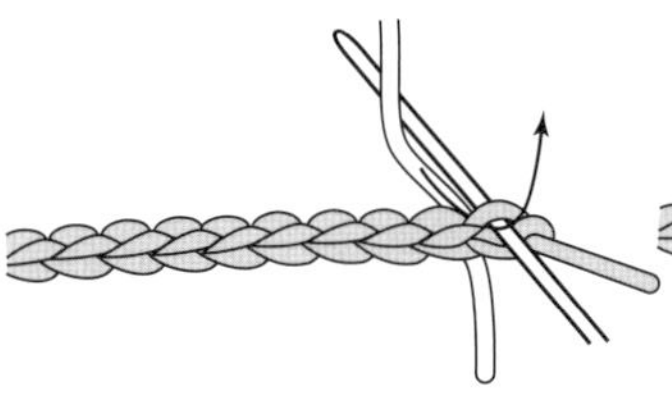

②

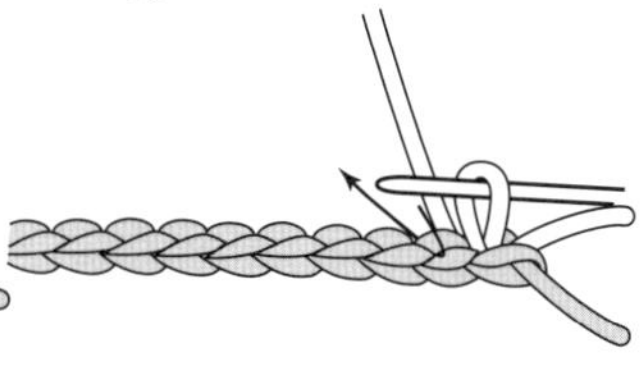

③

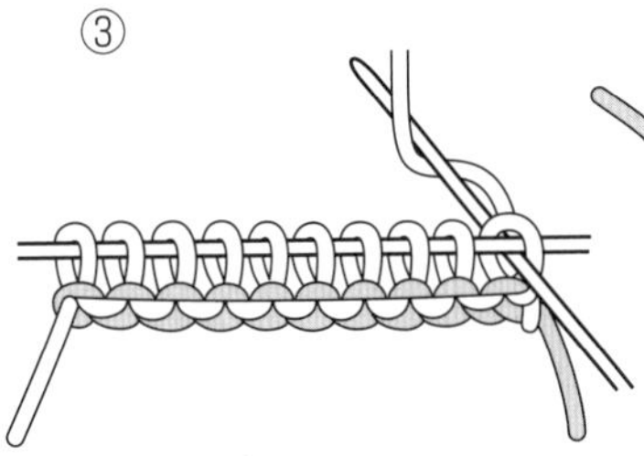

④

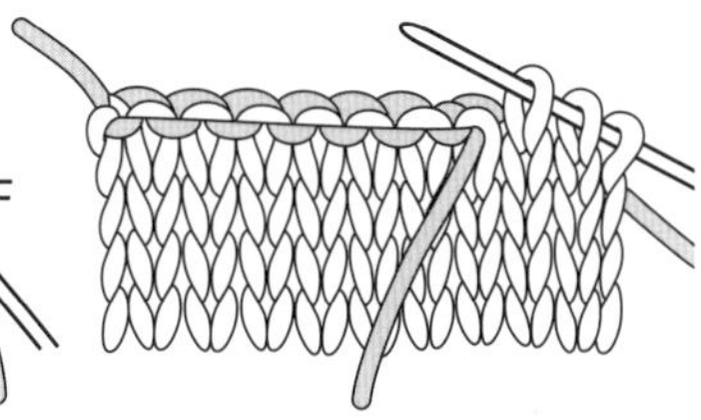

(3) 指に糸を掛けて目を作る方法

この方法は編始めが薄く仕上がるが、作り目を後からほどくことができない。作り方は、糸端から編み幅の約3倍の長さのところで輪を作り、針をそろえて①のように輪の中に通し、糸を棒針に②③の順序で掛けて、親指に掛かっている糸をはずして引き締める（④）。①～④を繰り返すと⑤のようになる。

①

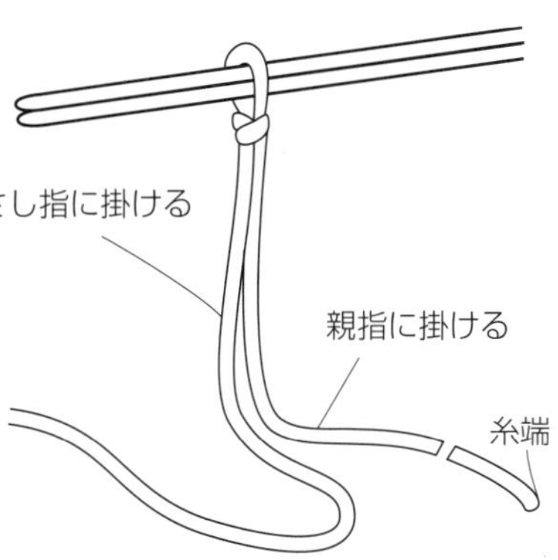

②

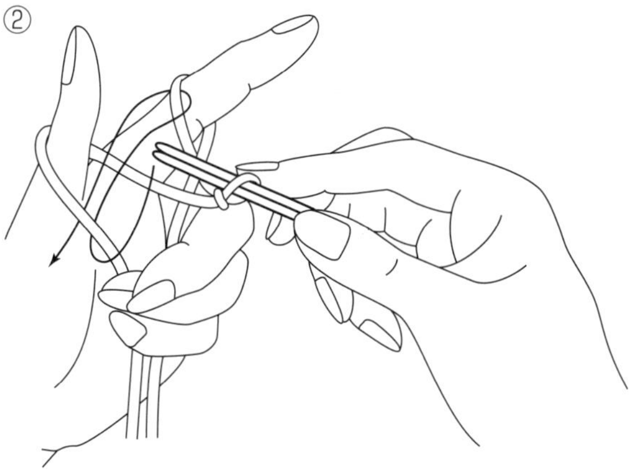

③

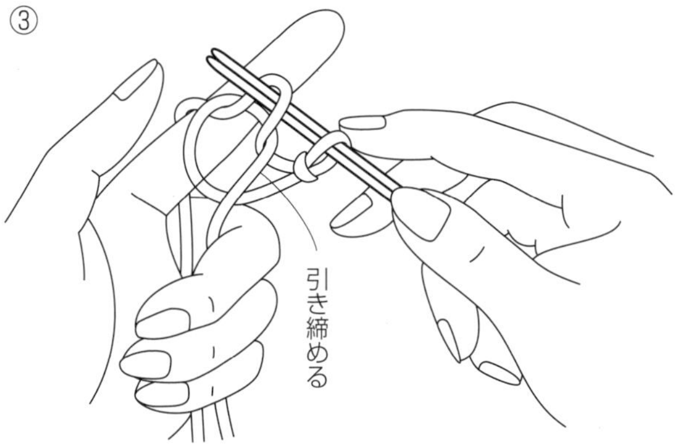

④

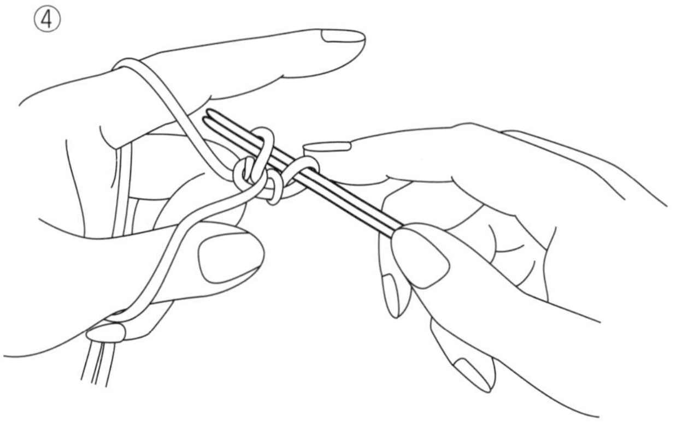

⑤

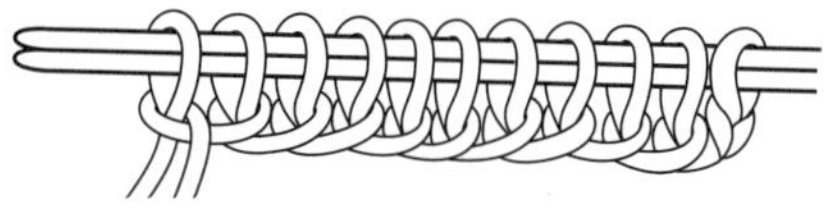

(4) ゴム編みの目の作り方

ゴム編みの目の作り方は、1、別糸を使って編み出す方法、2、共糸から始める方法、3、鎖編みから拾って作る方法、4、2目ゴム編みの方法に分けられる。

1　別糸を使って編み出す方法の作り方

芯になる別糸と編み糸を一緒にして糸端で輪を作り、その中に針を通す。2本の糸を別々に分けて、①のように別糸が手前にくるように左手に持ち、矢印のとおりに糸をすくい出して1目作る（②)。②③を繰り返して偶数の目数を作る。1段めは針の向きを変えて端目は④のようにすべり目（58ページ参照）、次の目は⑤のように表編みをする。3目からは浮き目（59ページ参照）と表編みを繰り返し、最後の目は表編みで終わる。④は1段めが終わった図。2目めは前段の浮き目を表編みで、表編みは浮き目にして編み、3段めからは1目ゴム編みで編む。別糸は編み上げてから、はじめの輪を解いて引き抜く。

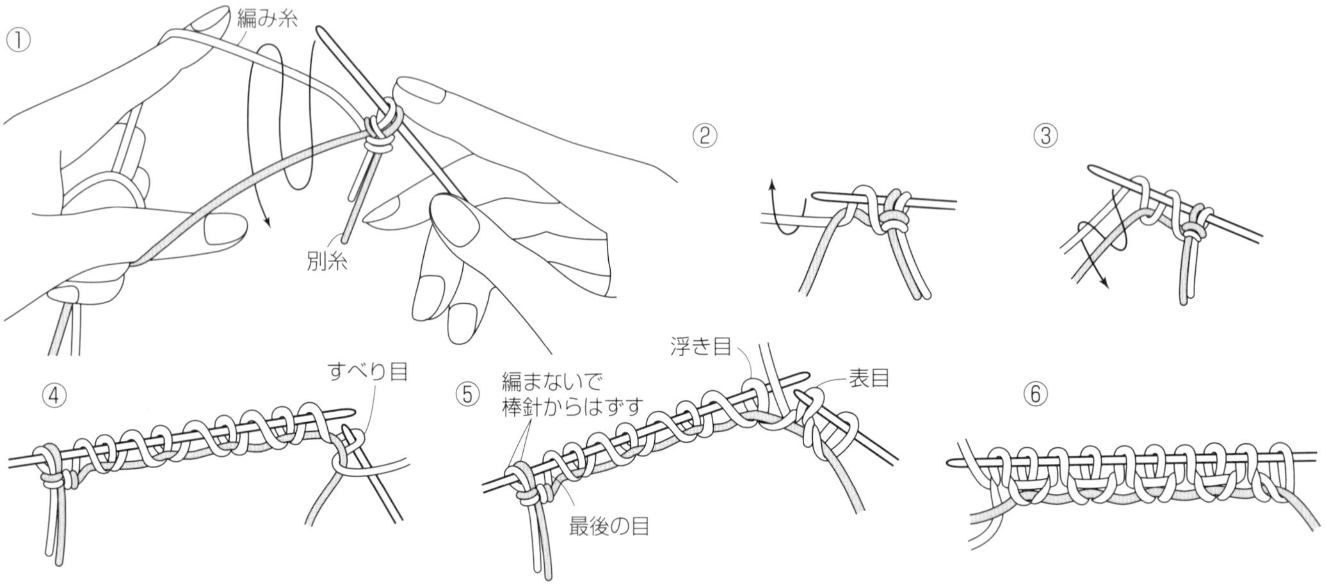

2　共糸から編み始める方法

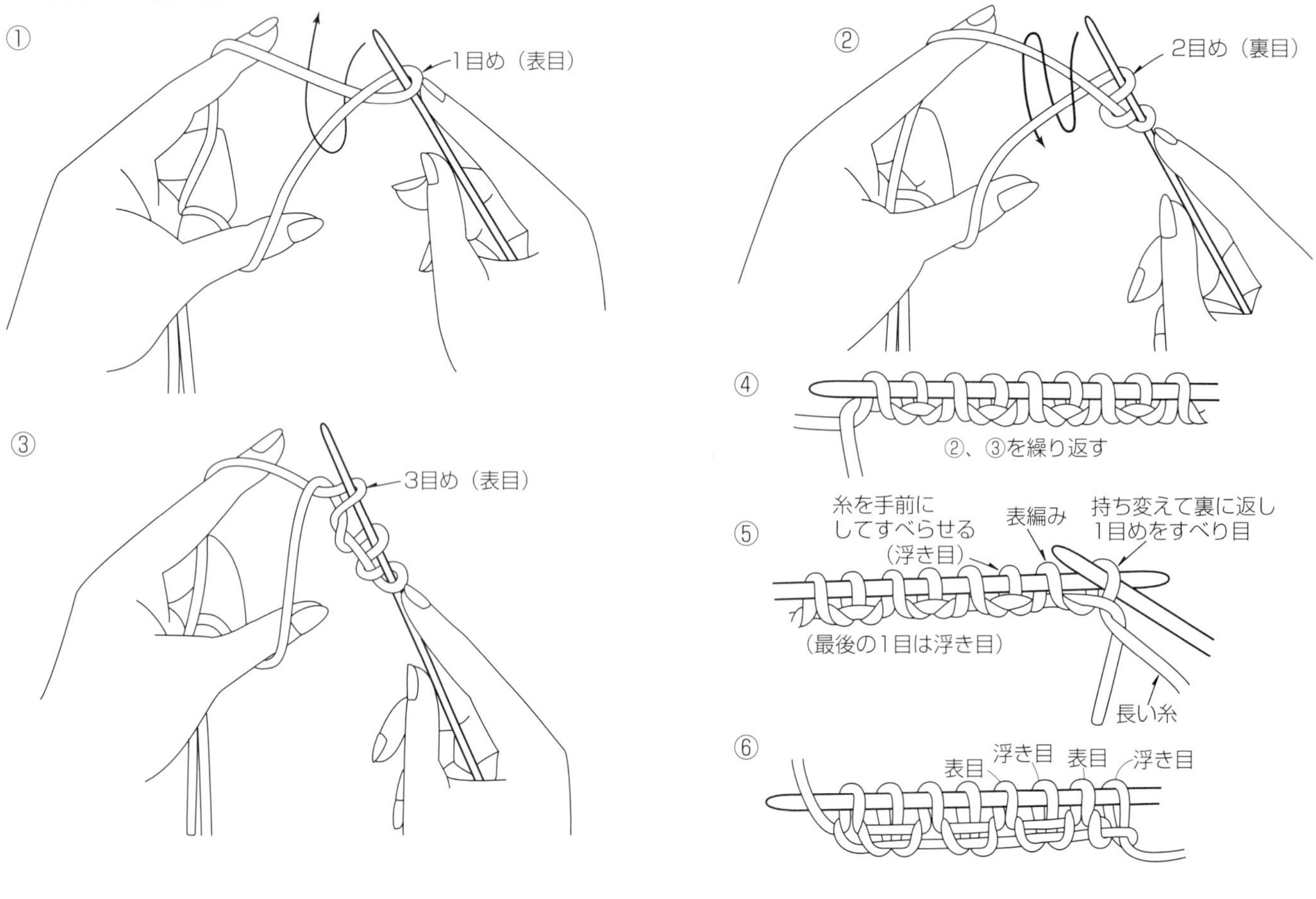

3　別鎖の作り目から拾って作る方法

別糸で必要目数をゆるめに鎖編みをし、①のように鎖目の裏山から1目おきに表目を編む。そのままの目数でメリヤス編みを2段編み、端の目と1段めのシンカーループを引き出して裏編みで一緒に編む（②）。③と④のように1段めのシンカーループはすべて表編みで編む。

①
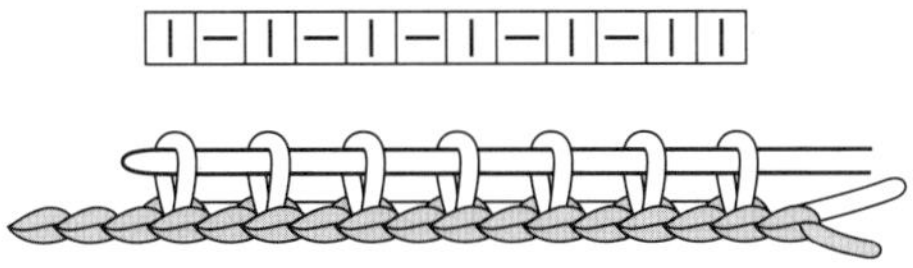

②
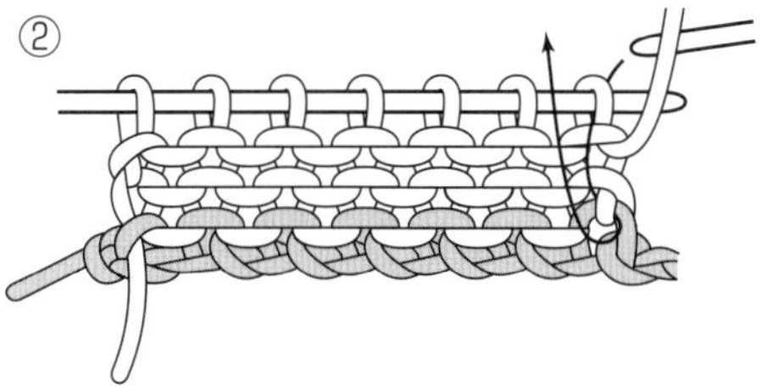

③
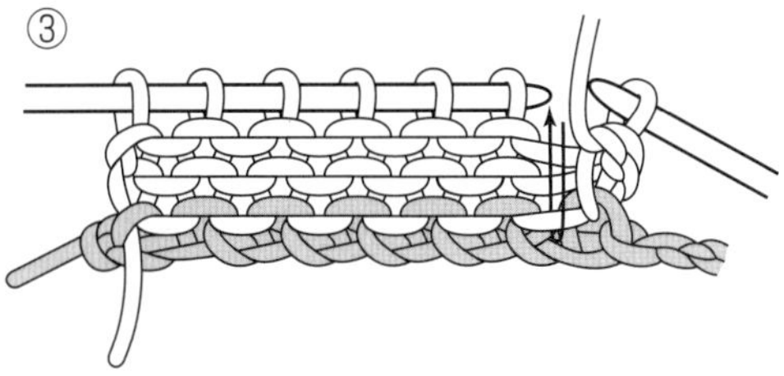

④
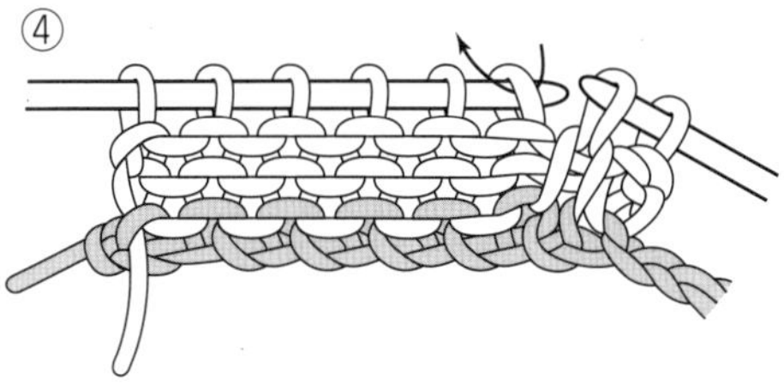

4　2目ゴム編みの作り方

別糸で必要目数をゆるめに鎖編みをし、①のように鎖目の裏山から2目おきに2目ずつ表目を編む。そのままの目数でメリヤス編みを2段編み、端の目と1段めのシンカーループを引き出して裏編みで一緒に編む（②～⑥）。③～⑥のように1段めのシンカーループはすべて表編みで編む。

①
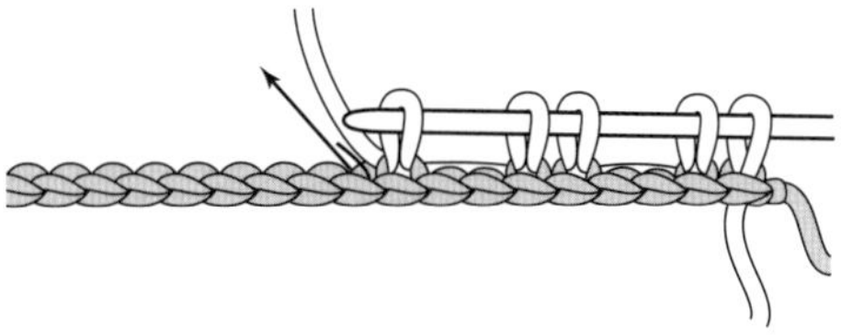

②
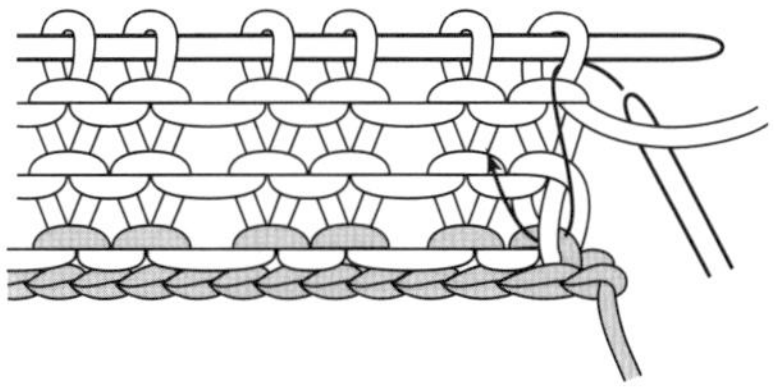

③
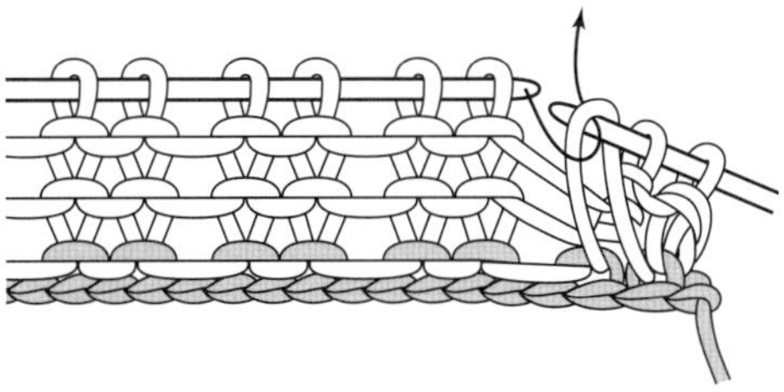

④
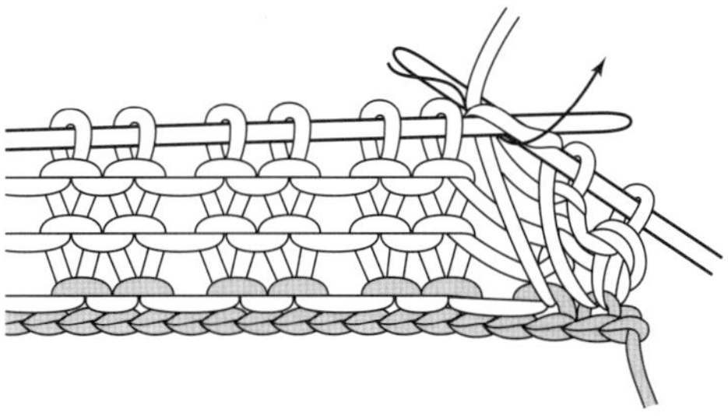

⑤
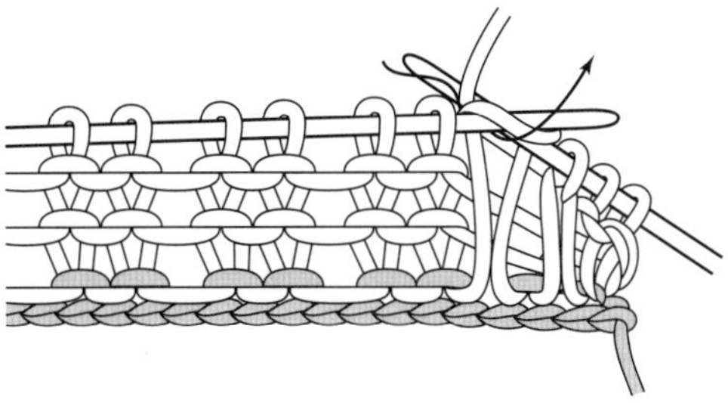

⑥
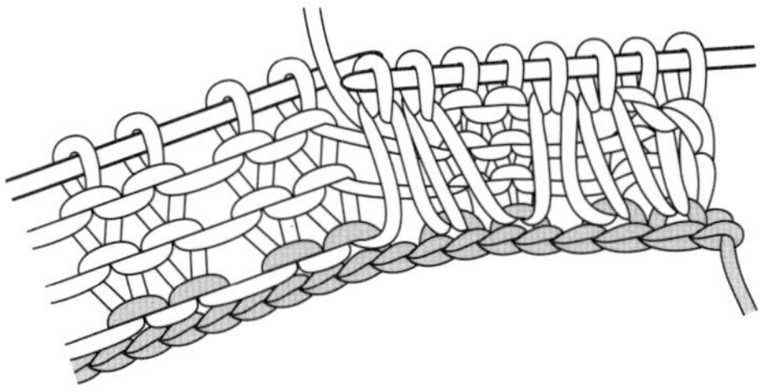

⑦
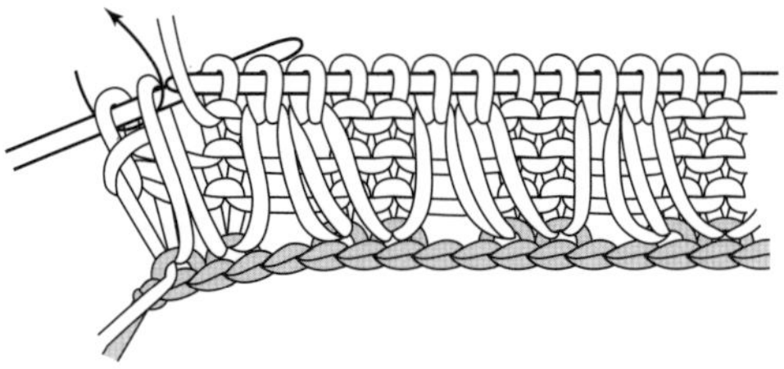

⑧
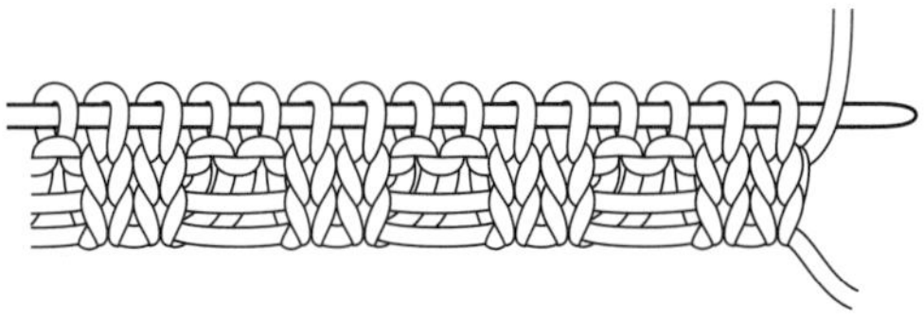

3 編み目記号とその編み方

編み目記号とは、編み目を記号で表わしたものである。JIS（日本産業規格）により定められている。この記号を組み合わせてかいた記号図は、すべて編み上がった編み地を表面から見た状態を表わしている。

表目

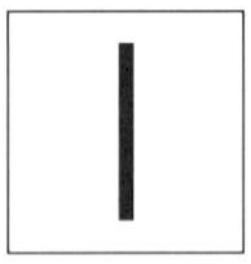

表編み、または表メリヤス編みともいわれ、棒針編みの基礎の編み方で、左針の目に右針を入れ、糸を針に掛けて引き出す。

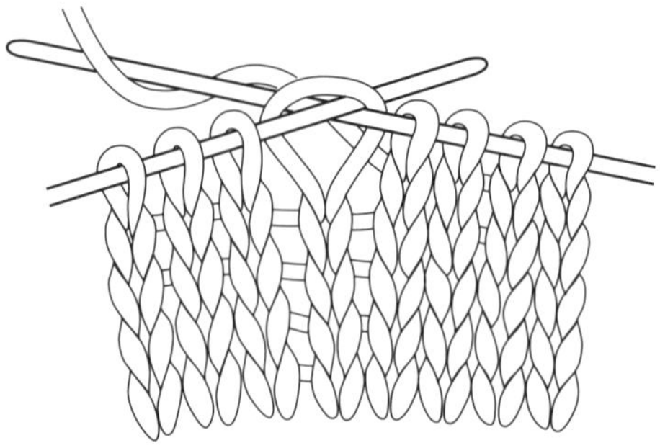

裏目

裏編み、または裏メリヤス編みともいわれ、表目と同様に棒針編みの基礎になる編み方で、左針の目に右針を向う側から入れて編む。

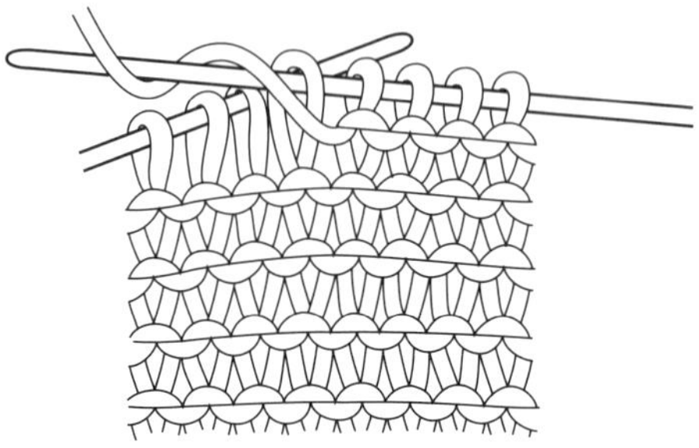

掛け目

編み目と編み目の間で右の針に糸を手前から掛けて編む方法で、増し目や穴あき模様などに使う。掛け目は少しきつめにして編み目がゆるまないようにする。

①

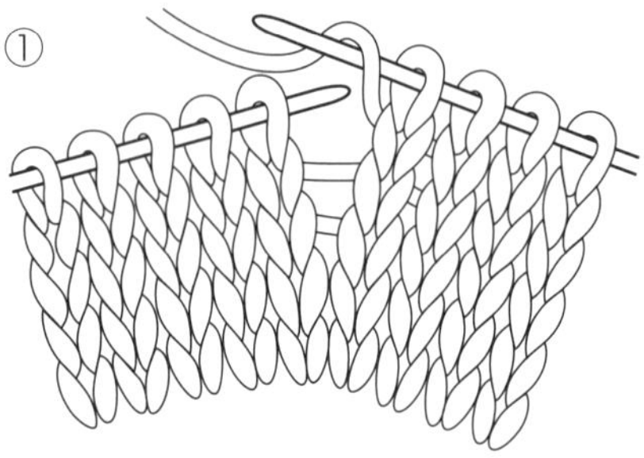

②

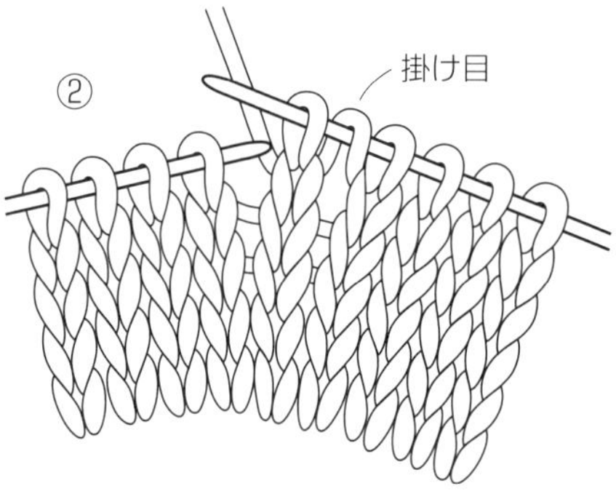

右上2目一度

2目を一度に編む方法で、右の目が上になる減し方。

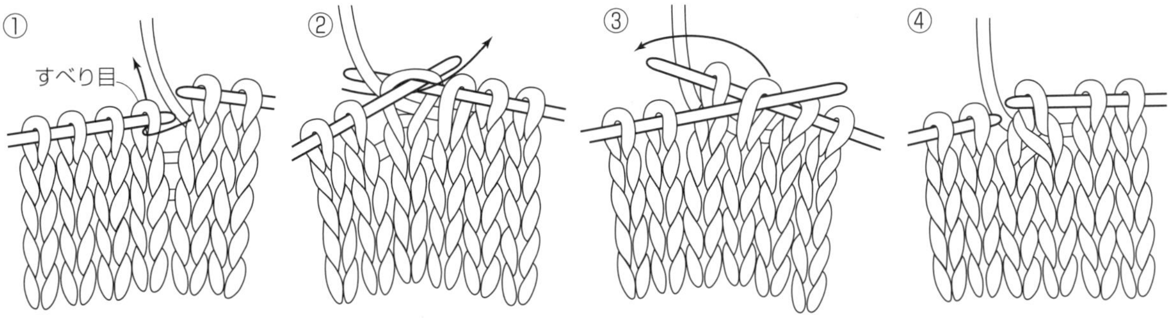

裏目右上2目一度

裏編みで、右上2目一度と同じに編む。

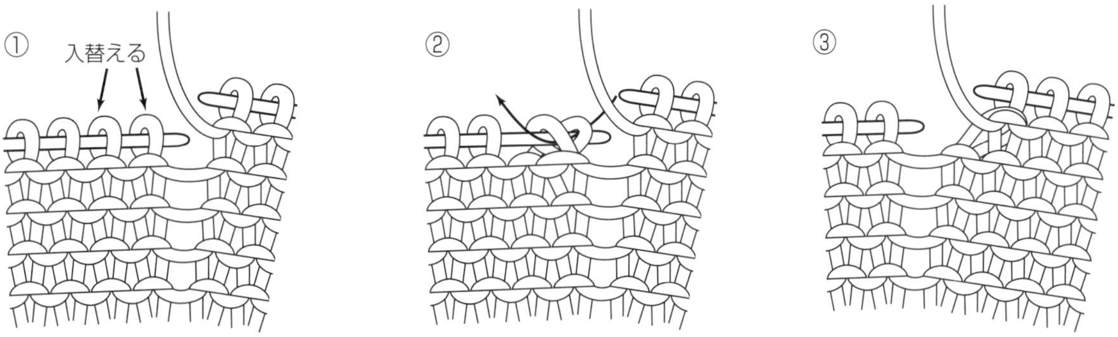

左上2目一度

右上2目一度と同様に2目を一度に編む方法で、左の目が上になる減し方。

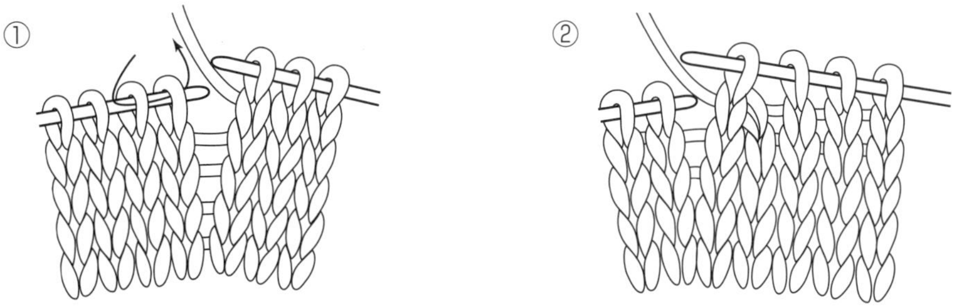

裏目左上2目一度

裏編みで、左2目一度と同じに2目一度に編む方法。

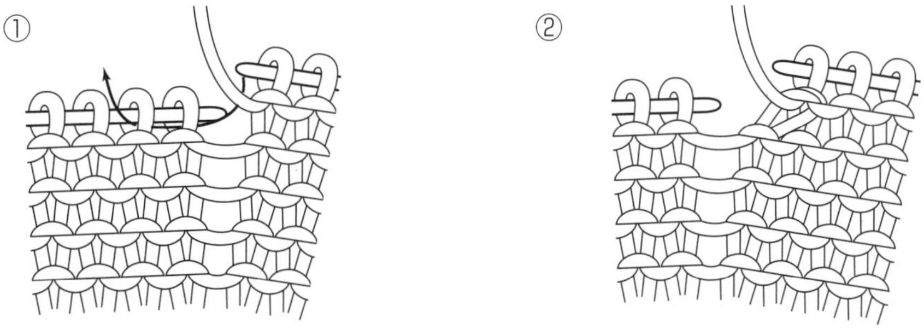

中上3目一度

中央の目が立つように3目一度に編む方法で、両側の2目を一度に減らす方法。

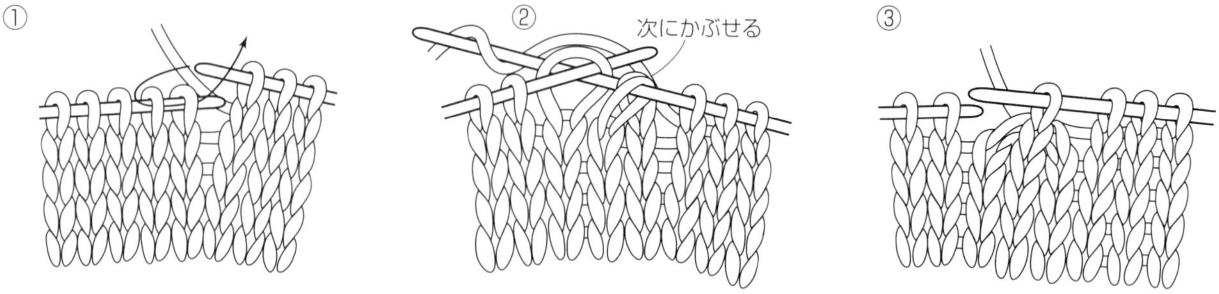

裏目中上3目一度

裏編みで、3目一度と同じに真ん中の目を中心に左右の目を減らす編み方。

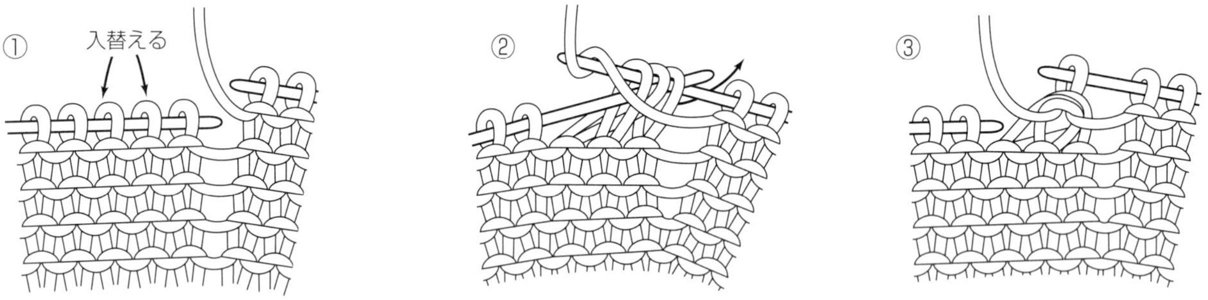

左上3目一度

左の目が上になるように、2目を一度に減らす方法で、編み方は3目一度をする手前の目まで編み進んだら、左針に掛かっている3目に、一度に右針を入れて編む。このとき糸を出しすぎないように注意する。

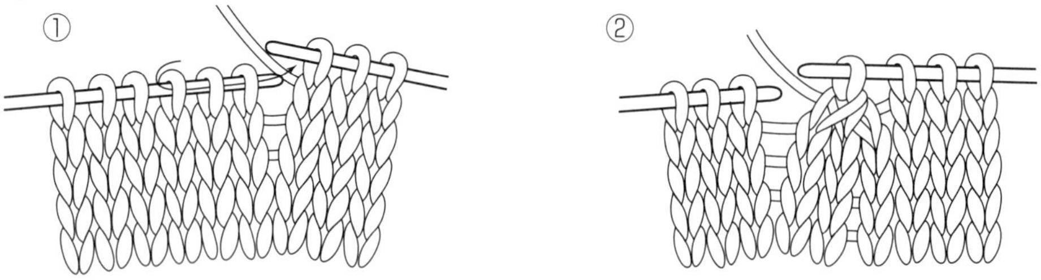

裏目左上3目一度

左上3目一度と同じ編み方を、裏編みで編む。

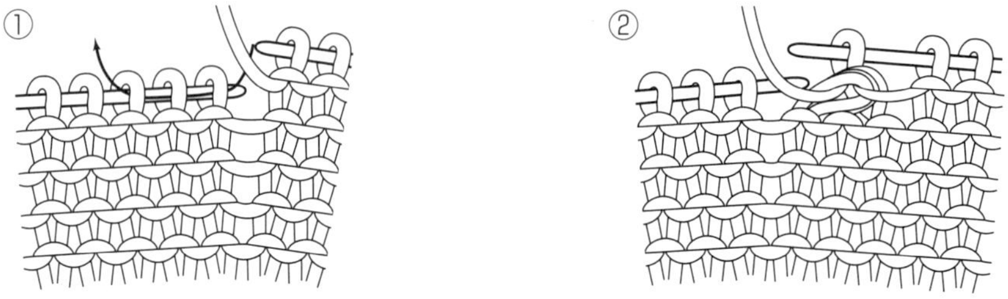

右増し目

途中で右側に1目増す場合に使う。編み方は増し目する前段の目に手前から針を入れて編み、次に針に掛かっている目を編む。

①

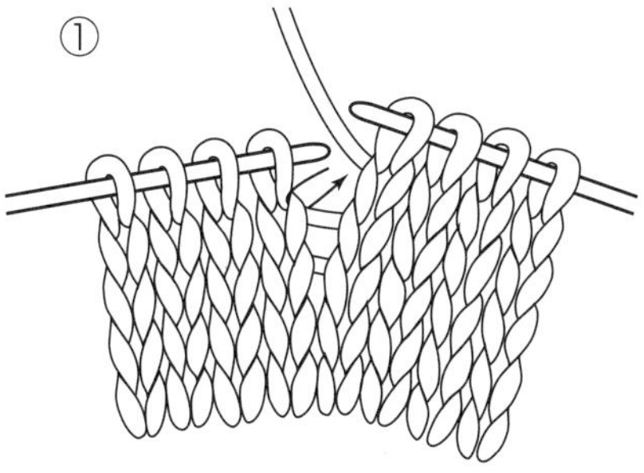

②

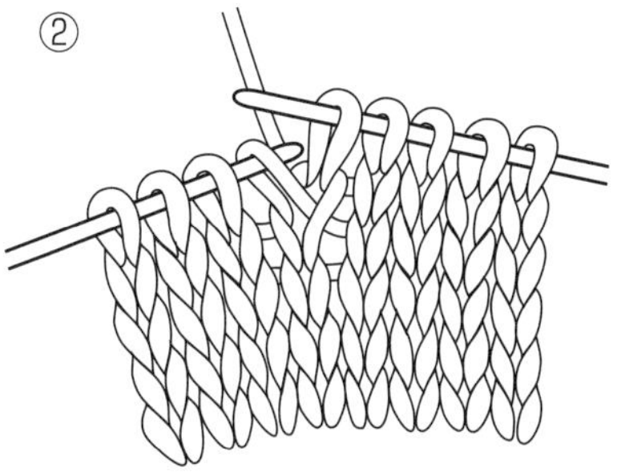

左増し目

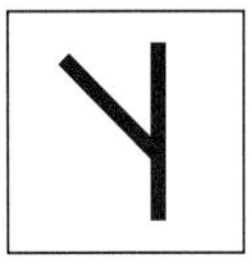

右増し目と同様に、編み地の途中で左側に1目増す場合に使う。編み方は増し目をする目まで編んだら、次にその目の前段の目を編む。

①

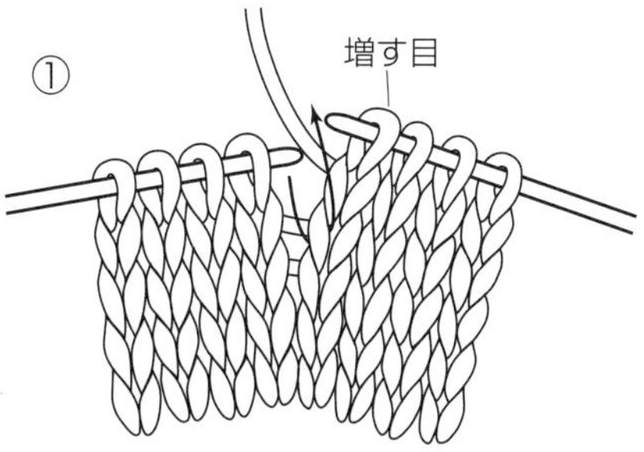

②

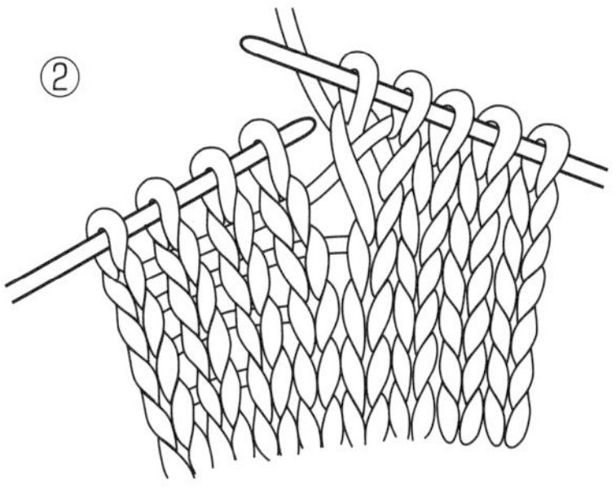

右上1目交差

右の目が上になるように、左右の目を交差させて編む方法。

①

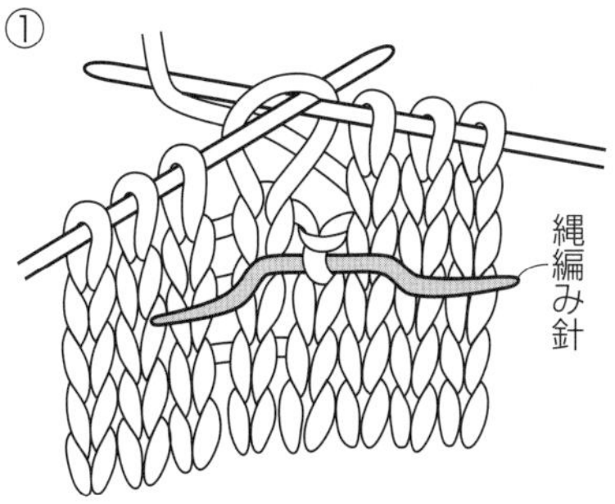

②

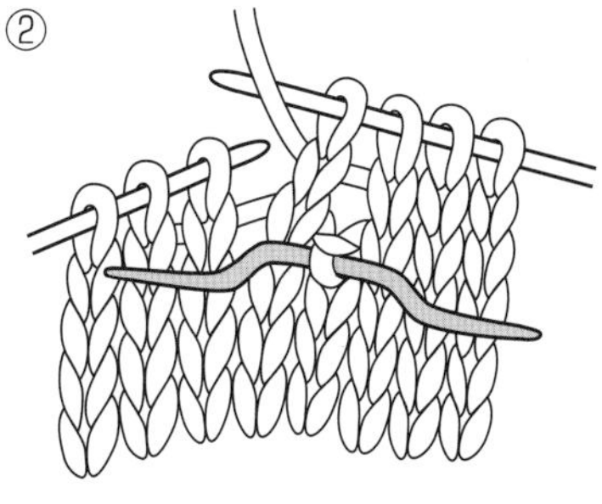

③

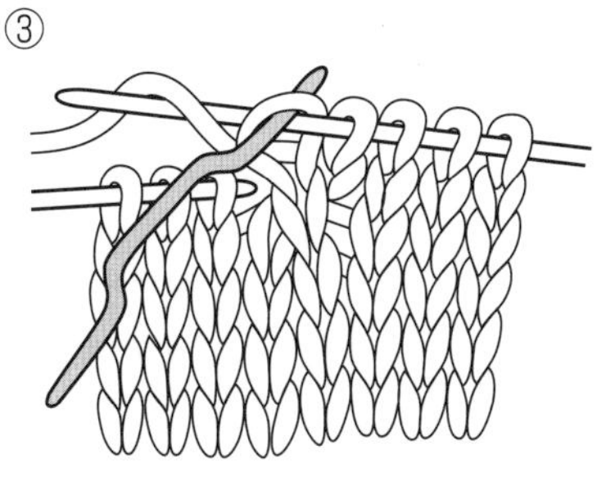

④

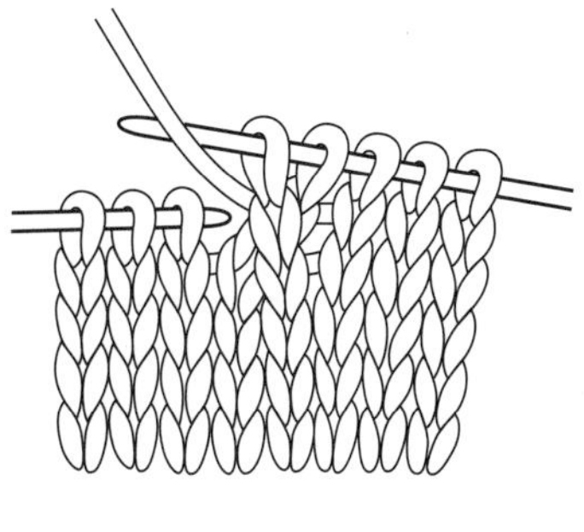

左上1目交差

左の目が上になるように、左右の目を交差させて編む方法。

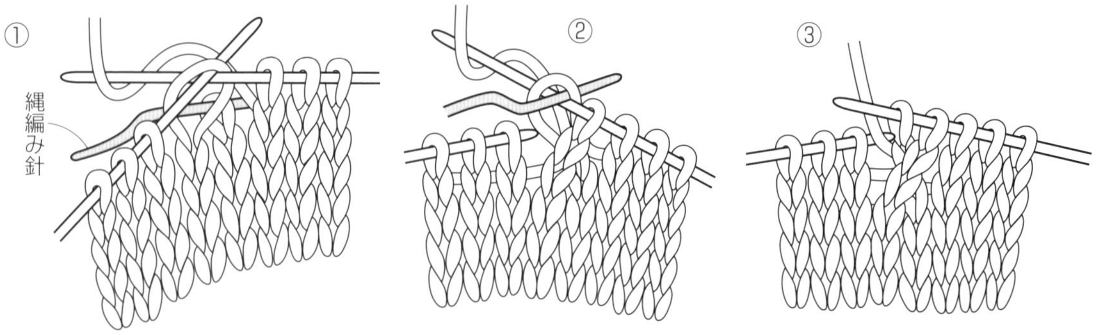

右目通し交差

右の目を左の目の中に通し、左右の目を交差する編み方。交差する目の手前まで編んだら、①のように左側の目を右側の目にかぶせ、一度左針に移し変えてから1目ずつ編む（②、③）。

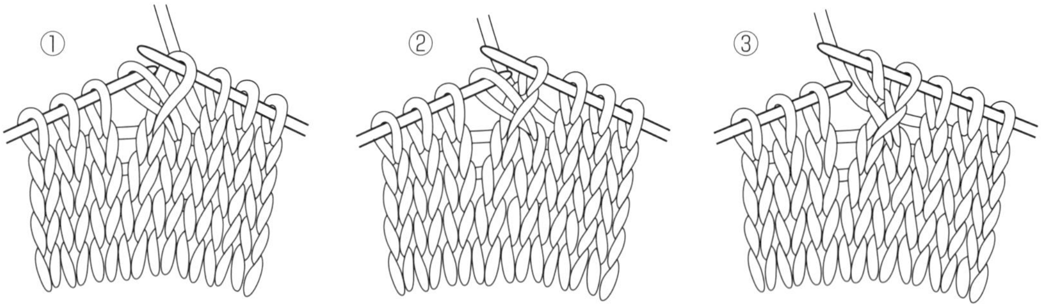

左目通し交差

左の目を右の目の中に通し、右目通し交差と同じ要領で左右の目を交差する編み方。まず、交差する2目を右針に移す。①のように右側の1目に左針を入れて、左側の目にかぶせる（②）。次に右針に移しておいた目を一度左針に移し変え、後は１目ずつ表目で編む（③）。

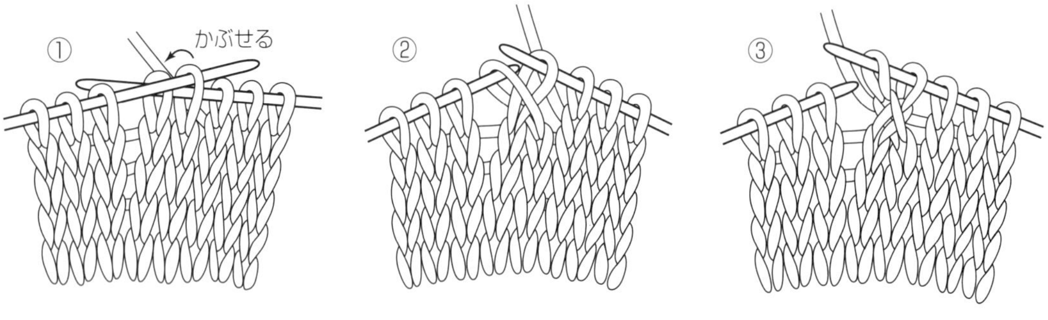

すべり目

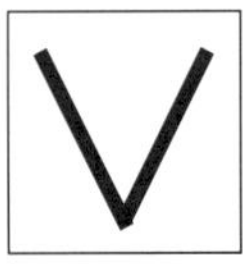

左針に掛かっている目を編まずに右針に移し取る編み方で、裏側には編み糸が横に渡る。

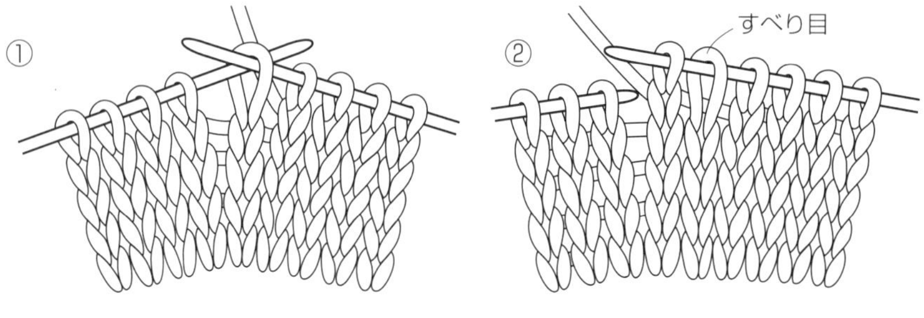

浮き目

すべり目と同じ左針に掛かっている目を右針に移し取る編み方で、横に渡る糸がすべり目と反対に表に出る。

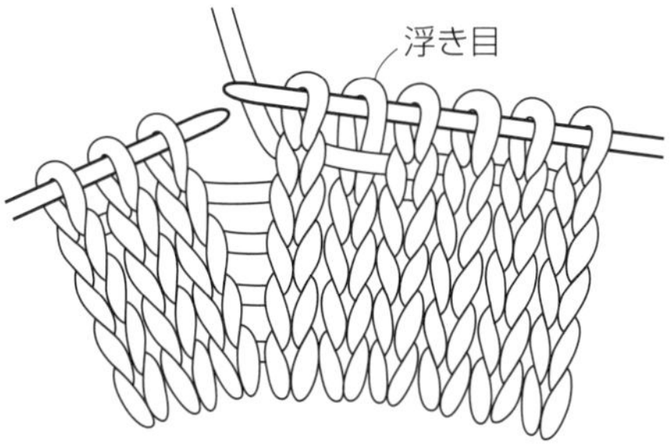

引上げ目

主として模様編みに使い、編み地が地厚になる。編み方は掛け目をして引き上げる方法と、目をほどいて引き上げる方法とがあり、掛け目をして引き上げる方法が柔らかく編み上がる。

掛け目をして引き上げる方法

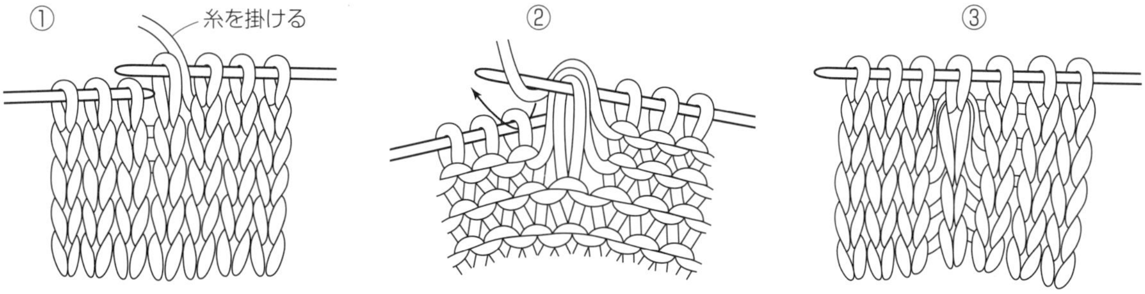

目をほどいて引き上げる方法

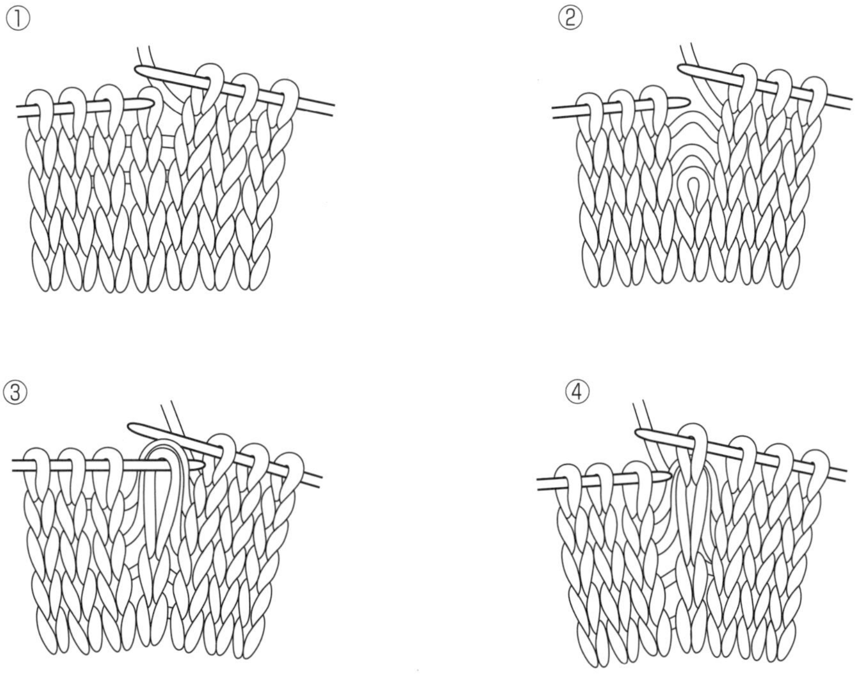

ねじり引上げ編み

引上げ編みとねじり目を一緒にした編み方。編み方は、引上げ編みのいちばん下の段の目を1回ねじり、引上げ編みと同様に編む。

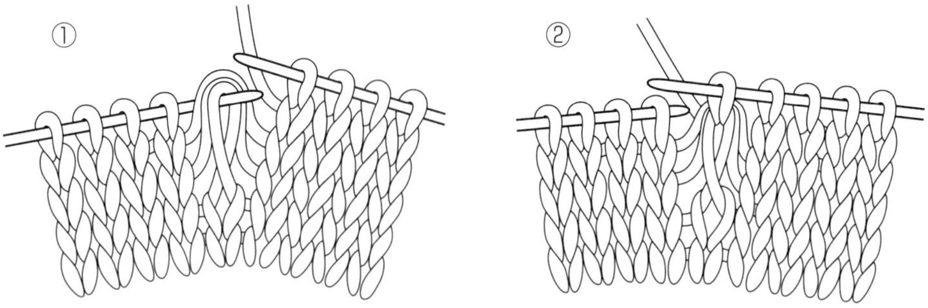

ねじり目

編み目をねじりながら編む編み方で、編み上がったら編み地は斜めに走る。編み方は右針を目の向う側から入れて編む。

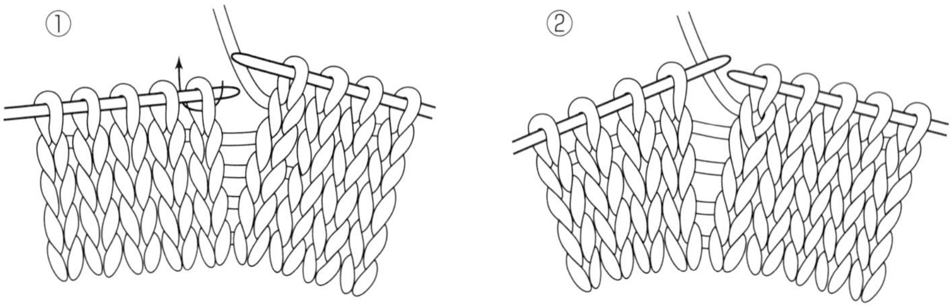

巻き目

増し目や作り目のときに使う編み方。編み方は掛け目と同じ方法で、右の針に糸を必要な目数分を巻き、次の段では巻いた糸を1目ずつ編む。

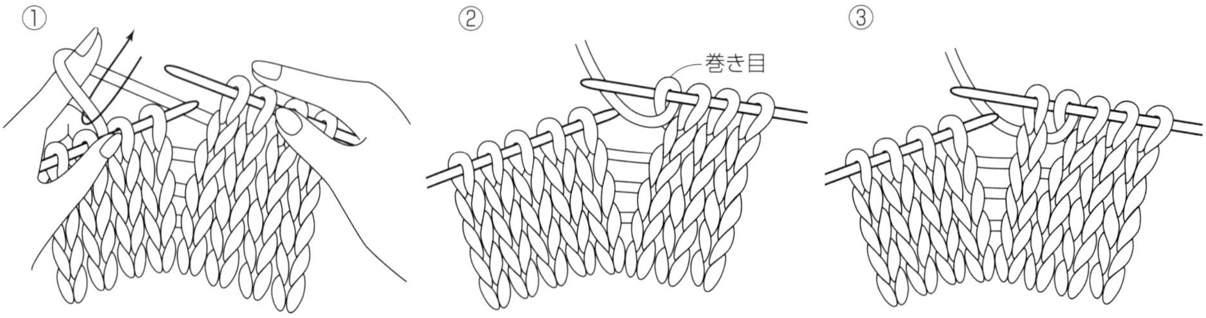

かぶせ目

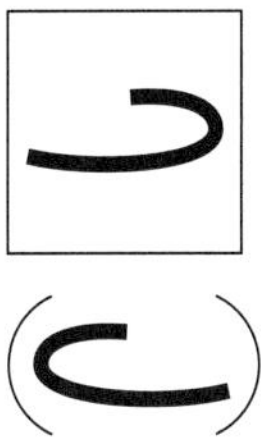

左端の目を右にかぶせる。図は2目かぶせた状態。

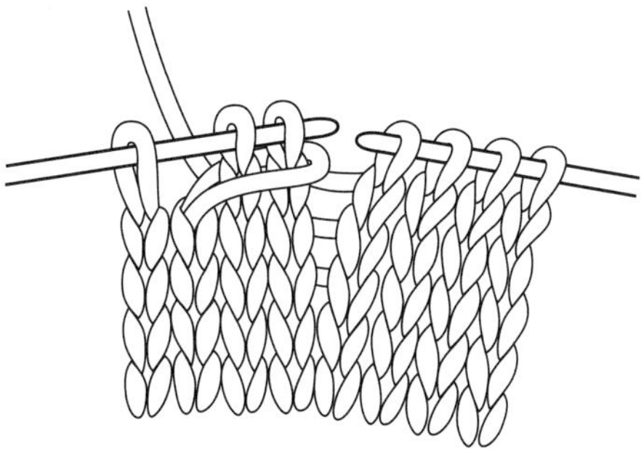

編出し増し目

1目の中に記号図に記入してある数だけを編み入れる方法。これは棒針で編む玉編みのことで、編み方は1目に表目、掛け目、表目と交互に編み入れていく。

①

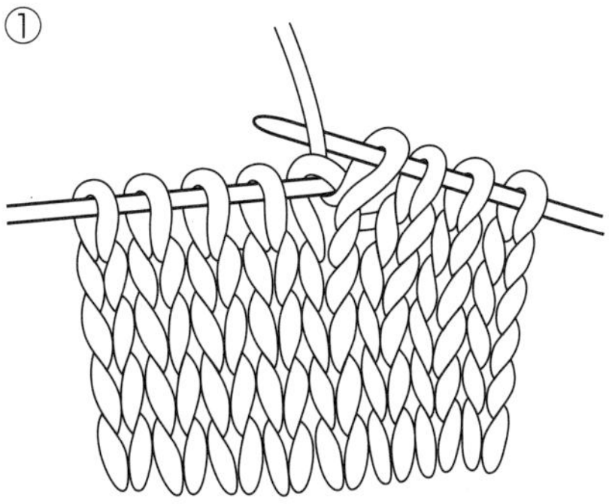

②

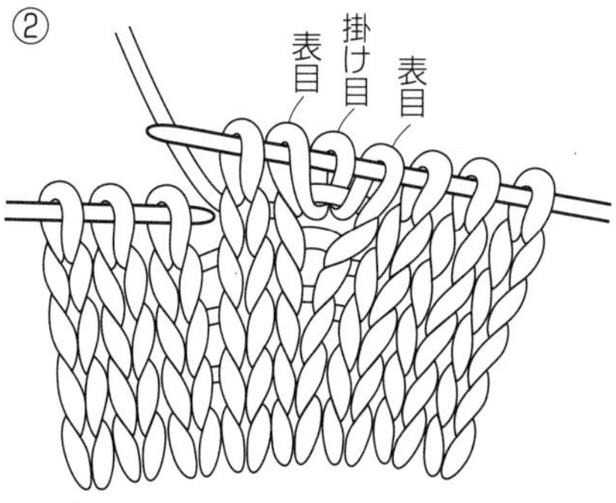

4　編み方の種類

編み物の基本となる編み方には、編み地を1段ごとに持ち替えて編む往復編み、筒状に編む輪編み、中心から増し目をしながら編む円形編み、袋状に編む袋編みなどがある。

(1) 往復編み

1段ごとに編み地を返して持ち替え、表目と裏目を交互に編む。編むときには、編始めの端目を編む場合と編まずにすべり目をする場合がある。後でとじる場合は端目を編み、端目をそのまま仕上げ線とする場合はすべり目にする。

平編み（表編み）

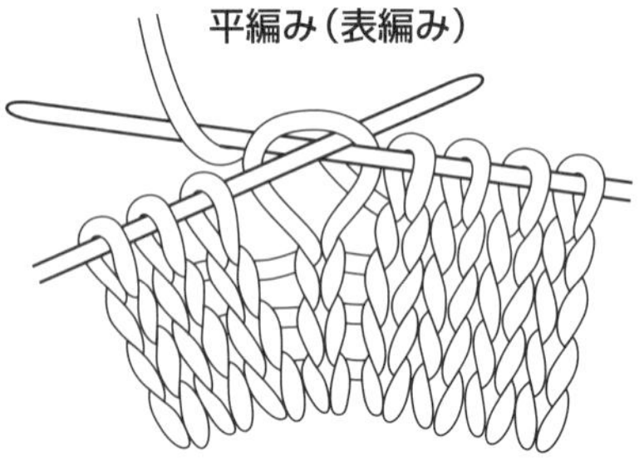

平編み（裏編み）

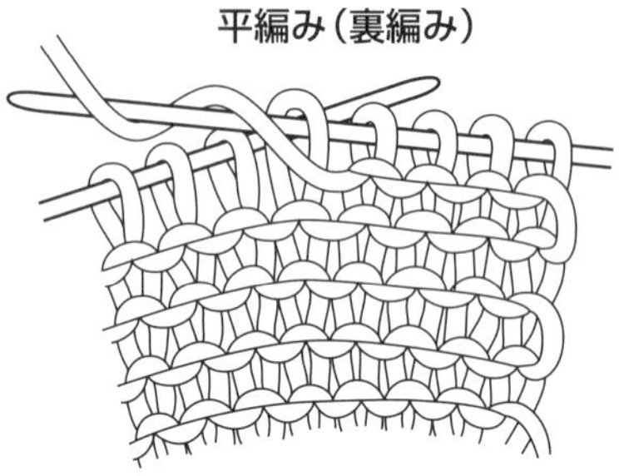

(2) 輪編み

輪に編む方法で4本、5本針、または輪針を使い、手袋やくつ下などの小物類、袖口や衿ぐりのゴム編みなどをするときに使う。

(3) 円形編み

中心から目を増しながら円形に編んでいく方法で、帽子やくるみボタンなどを編む場合に使う。

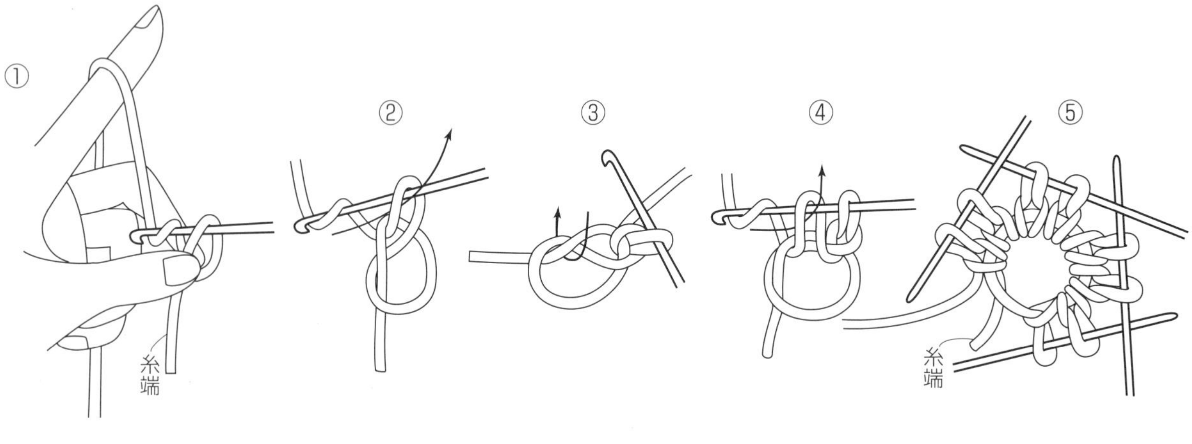

(4) 袋編み

2本針を使い、表目と浮き目を交互に繰り返して平編み（往復編み）で編む方法（作り目は52ページ共糸から編み始める方法参照）。メリヤス編みの袋に編み上がり、ひもなどを作るのに用いる。

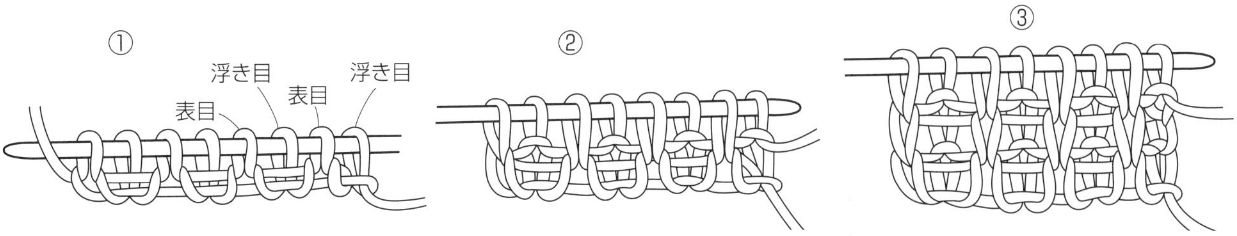

5　基礎になる編み地の種類

棒針編みは表目と裏目が基本になる編み方で、その組合せによっていろいろな編み地ができる。

(1) メリヤス編み

メリヤス編みは棒針編みのいちばん基本になる編み地で、平編み、天竺ともいう。表面は表メリヤス編み、裏面は裏メリヤス編みとなる。往復編みの場合は、表目と裏目を毎段交互に繰り返して編み、輪編みの場合は毎段表目、または裏目で編む（1、2）。

この編み地の特徴は、縦、横とも伸縮が平均していることで、そのほか編み地の性質として左右の端は裏目側に、上下は表目側に丸まる。

(2) ガーター編み

パール編みともいう。

表目と裏目が毎段交互に編まれた編み地で、2段が1模様になる。往復編みの場合は毎段表目の繰返しでガーター編みになる。輪編みの場合は表目と裏目を1段ごとに繰り返す。

編み地の特徴は、メリヤス編みと同じ目数、段数を編んでも、丈が短くなって幅は広がるが、しっかりした編み地に編み上がる（3）。

(3) 1目ゴム編み

表目1目、裏目1目を繰り返して編み、いつも前の段の表目の上には表目、裏目の上に裏目がくるように編む。表目と裏目を2目ずつ交互に編めば2目ゴム編みになる。

この編み地の特徴は、ガーター編みとは反対に、編み上がると幅が狭くなって丈が長くなり、横の伸縮が強い編み地に編み上がる。

主に衿、袖口、裾などに使われる（4）。

1　表メリヤス編み

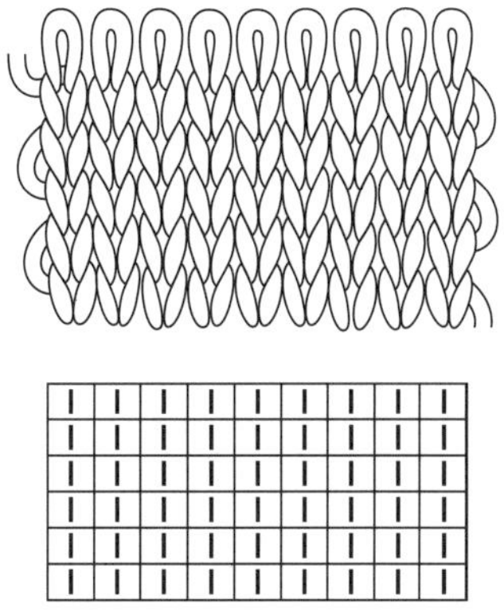

2　裏メリヤス編み

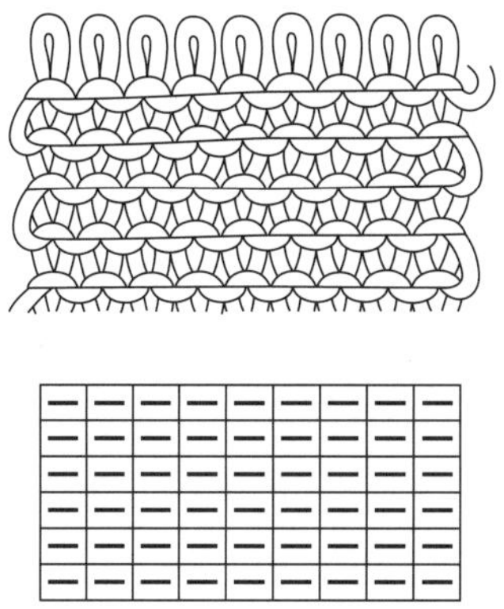

3　ガーター編み

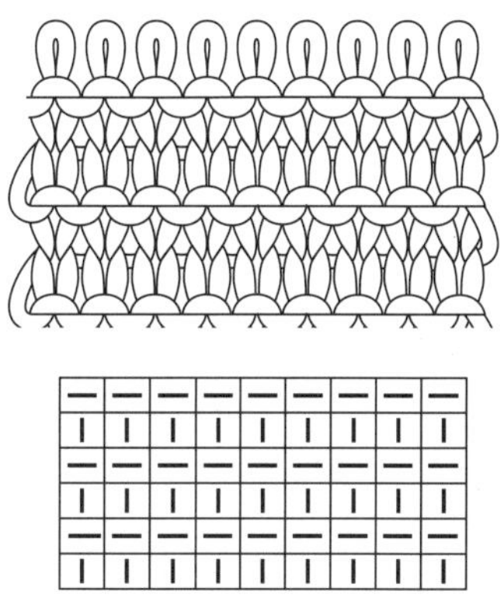

4　1目ゴム編み

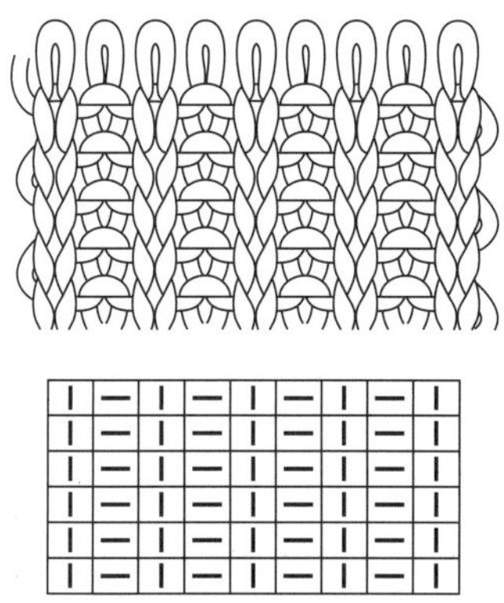

6　増し目と減し目

(1) 端増し目

編み地の端で増すことをいい、おもに曲線の部分はこの増し目を使う。

編み方は、前段の端の目をすくい、編んで増す方法と、すくった目をねじって編む方法がある。すくうだけの方法は端の目がゆるめに、ねじる方法はきつめに編み上がる。

前段の端の目をすくい編んで増す方法

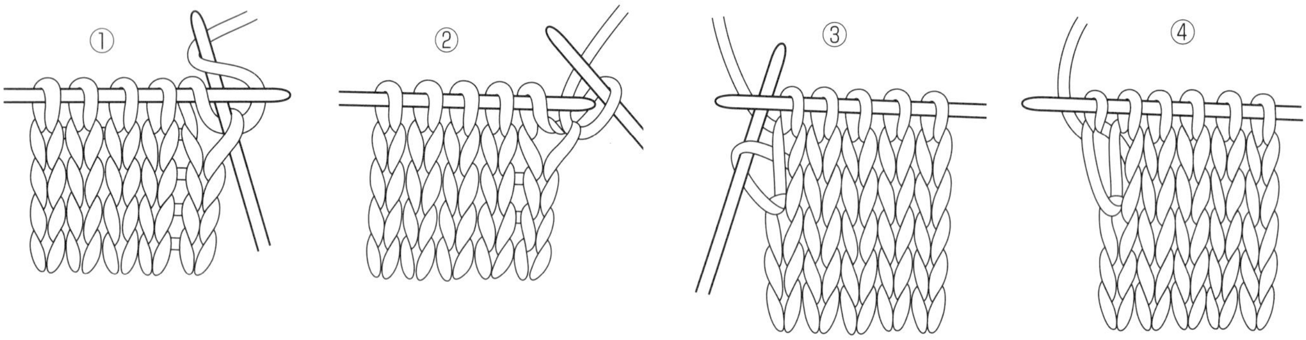

すくった目をねじって編む方法

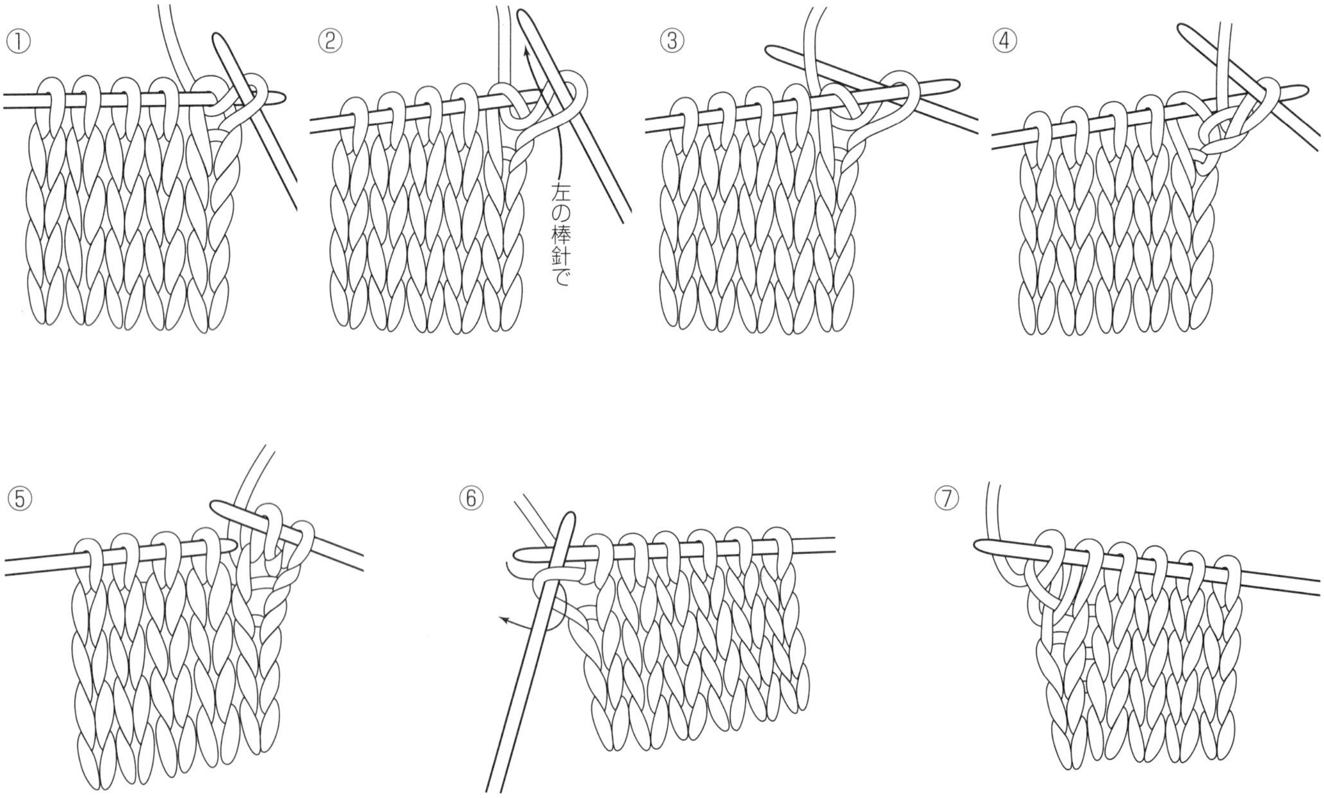

(2) 2目立て増し目

端の2目が立ち、3目から増すことになり、端を直線に編み上げるときの増し目に使う。

右2目立て増し目

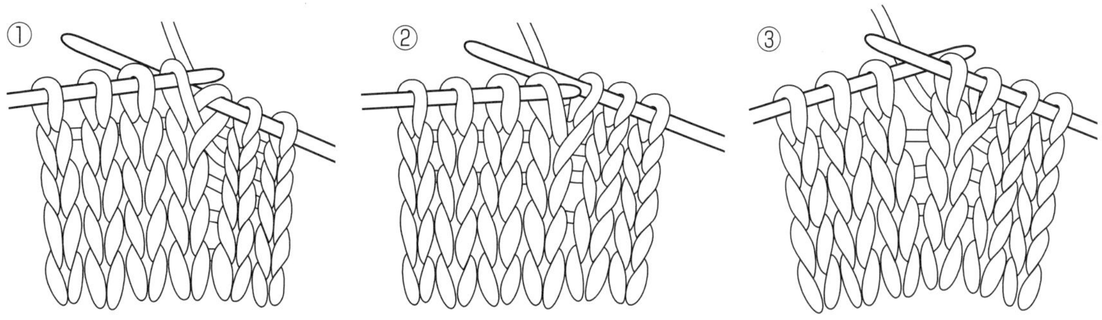

左2目立て増し目

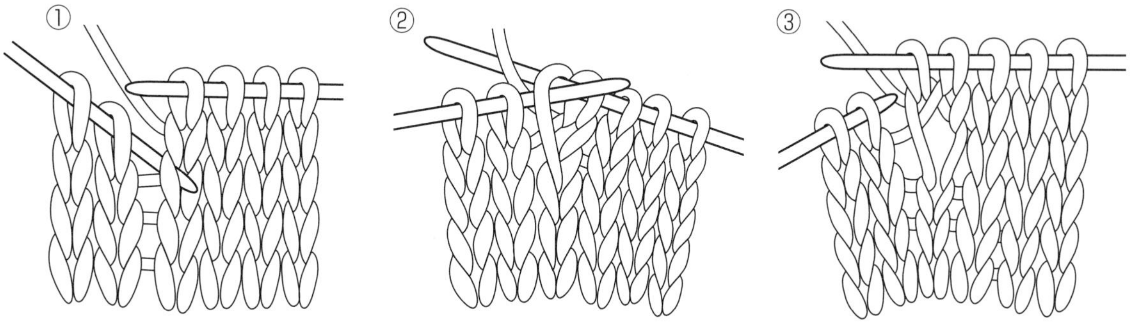

(3) 2目以上の増し目

一度にたくさんの目を増やす方法で、編始め側で編みながら増す方法と、編終り側で編み糸を棒針に巻いて増す方法とがある。どちらも糸が続いていなければできないので、左右で増す場合は2段使うことになるが、二つの方法を使えば2段で増すことができる。

編始め側で編みながら増す方法

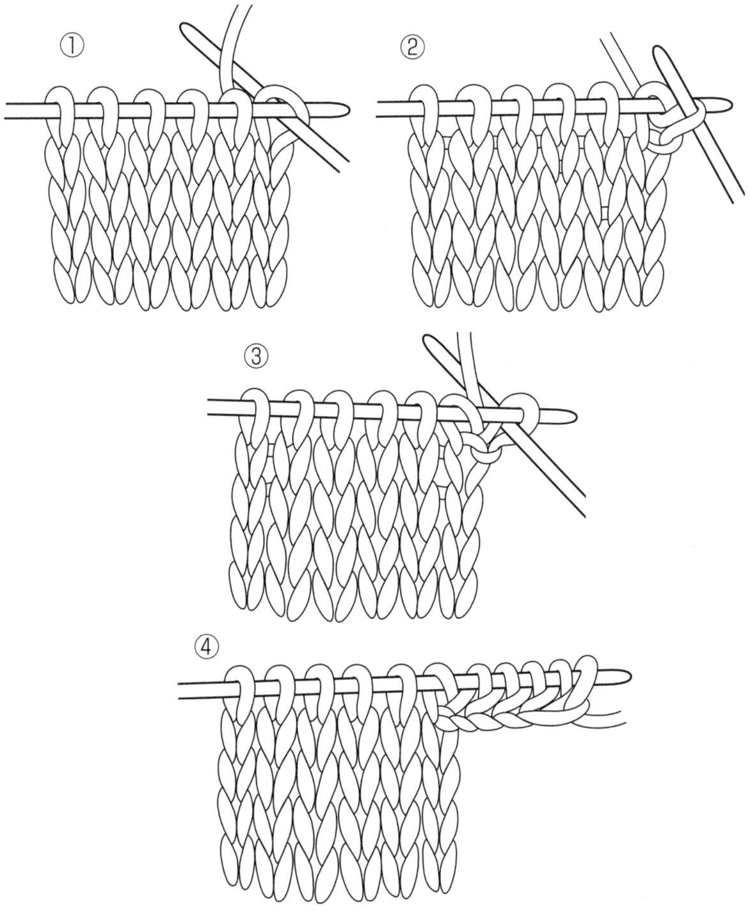

編終り側で編み糸を棒針に巻いて増す方法

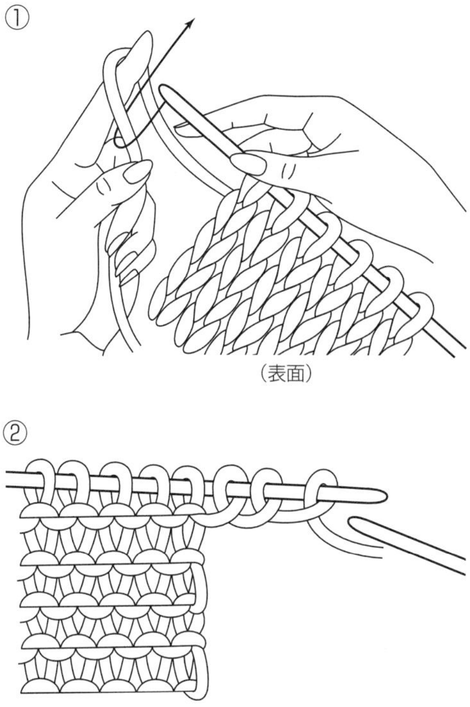

(4) 端減し目

右端（編始め側）は右上2目一度、左端（編終り側）は左上2目一度をする。

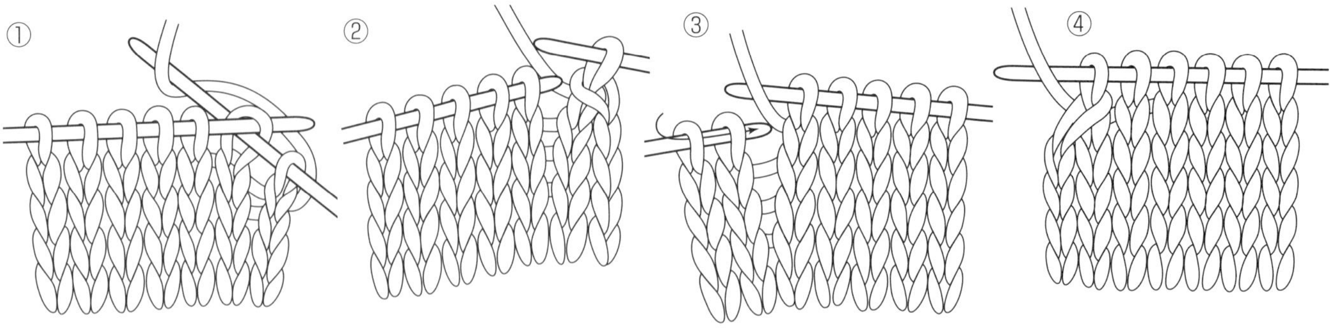

(5) 2目立て減し目

端から2目めが3目めにかぶさり、とじたときに2目が立つことになり、おもに直線の減し目に使う。

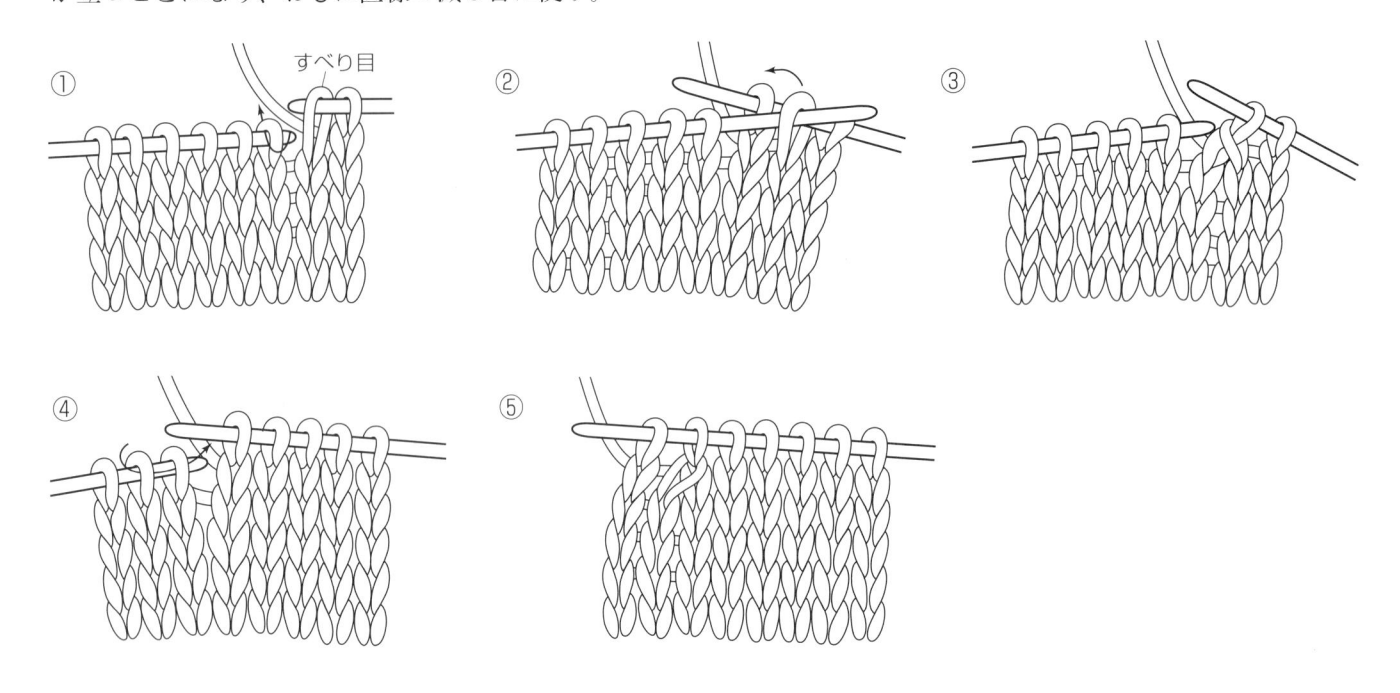

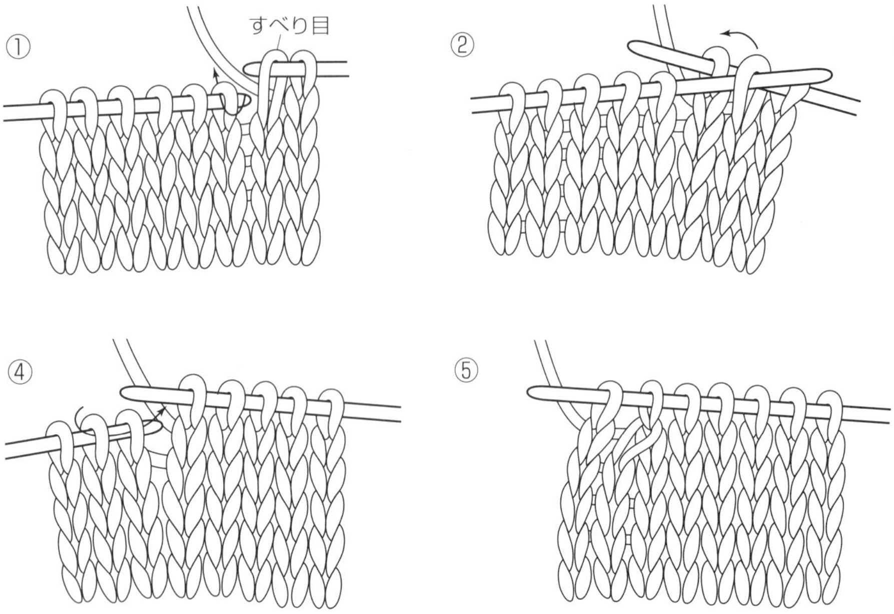

(6) 2目以上の減し目

2目以上の目を一度に減らす場合に使う方法で、伏せ目ともいう。

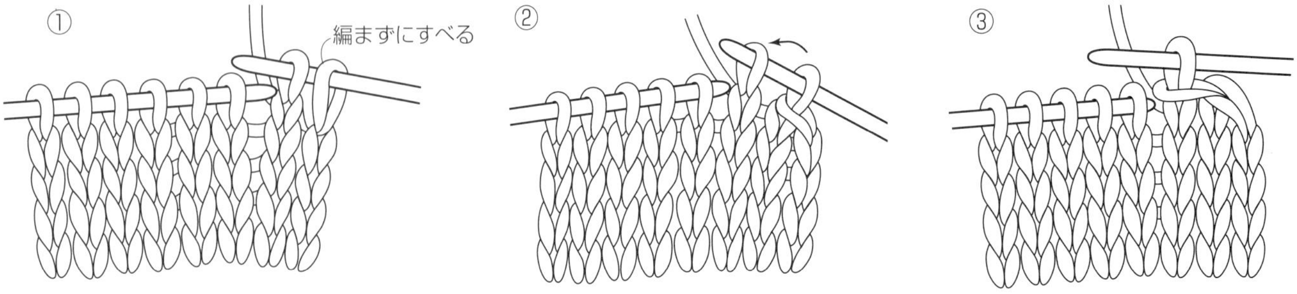

(7) 中間の目でする増減法

編み地の途中で増減する方法で、増減の仕方は2目立てと同じである。

主に端の目だけで増減すると脇線が伸びてしまうようなデザインのときや、増減の位置をデザイン線にしたいときに使う。ただ、模様がくずれる編み地のときはこの方法は避けるほうが望ましい。

7 引返し編み

引返し編みは、傾斜やカーブをつけるときに使う。編み残す引返し編みと、編む目数を増していく引返し編みがあるが、編み残す引返し編みは肩下がりや傾斜をつけたい場合に、編む目数を増していく引返し編みは、袖ぐりから拾い目をして編む場合などの編み方である。

(1) 編み残す引返し編み

編み方には2種類あり、すべり目をして編む方法、掛け目とすべり目をして編む方法がある。どちらも引き返す目数を何回かに分けて編み残しながら傾斜をつけていく編み方である。斜めの線を整えるため、最後に段消しをする。

1 すべり目をして編む方法

編終り側を①のように引返しの目数を編み残し、編み地を表に返して持ち替え（②)、はじめの1目をすべり目して編み進む（③)。これを繰り返して必要回数の引返し編みをしたら斜めの線を整えるため、最後に段消しをする。

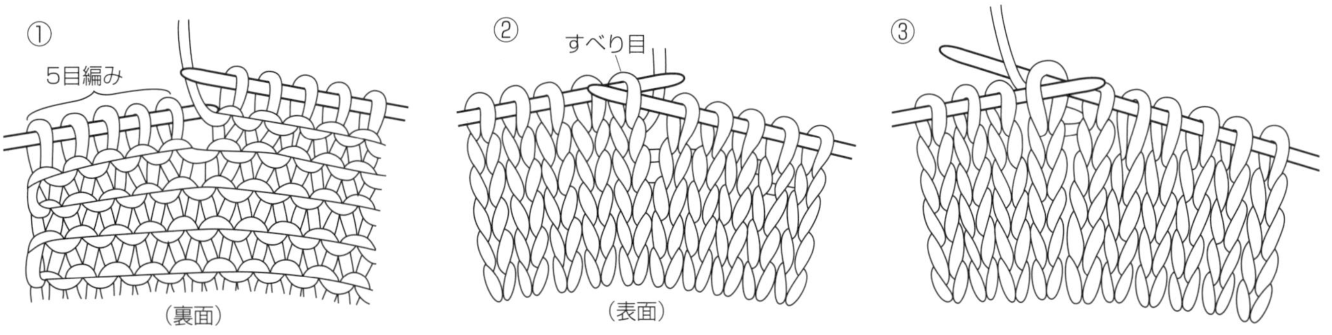

段消し

段消しは①の矢印で示してある糸を引き出して、②のように次に編む目と入れ替えて針に掛け、2目一度に編む（③)。

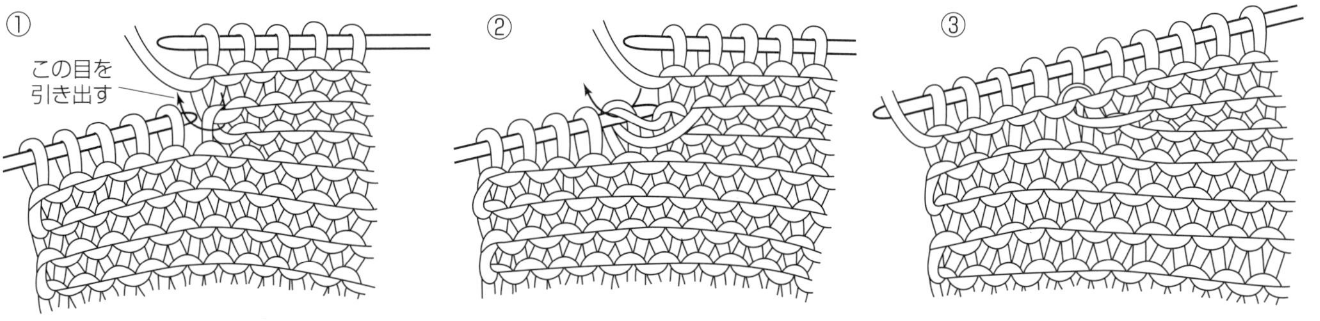

2　掛け目とすべり目をして編む方法

①のように引返しをする目数を編み残して休み目をしたら、編み地を表に返して掛け目をし（②）、次の目を③のようにすべり目して表目で戻る。模様編みや穴あき模様を全体に入れ、段消しをすると模様がくずれる編み地のときはこの状態で終わる。

①

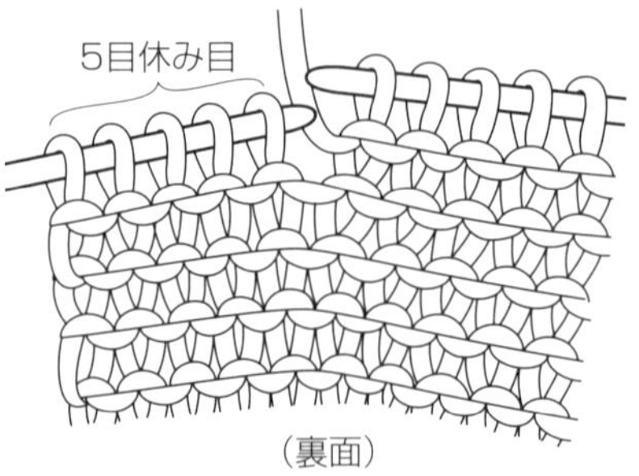

②

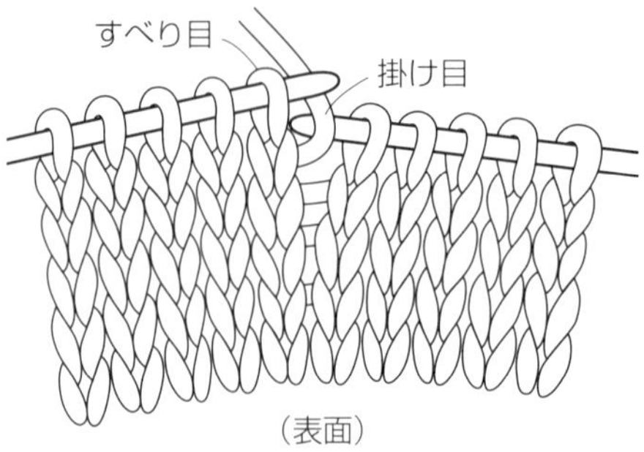

③

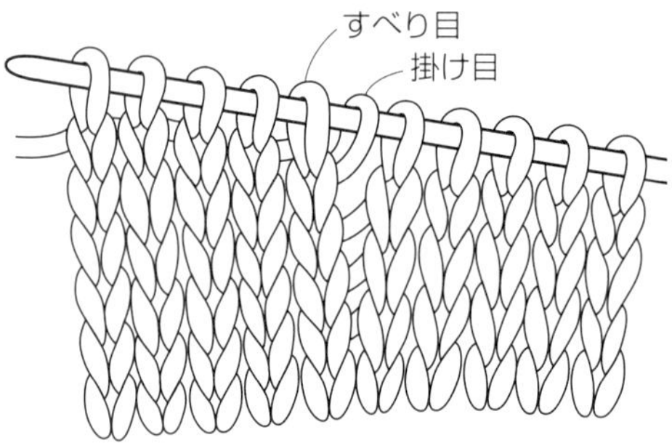

段消し

段消しをするときは、①のようにすべり目をした目まで編み、掛け目と次に編む目を②のように左針に入れ替えて掛け、矢印のように右針を入れて2目一度に編むと③のようになる。

①

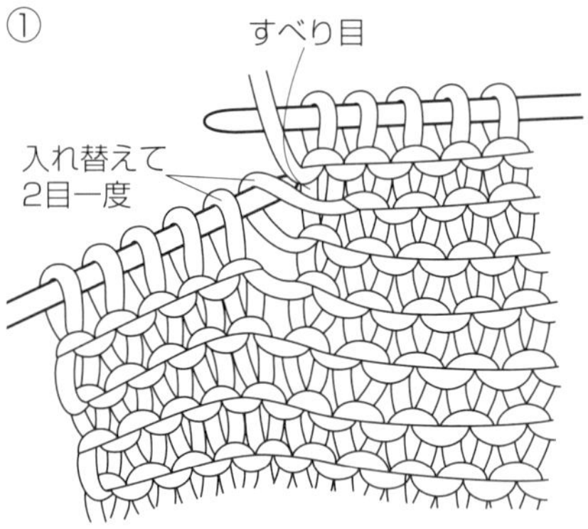

②

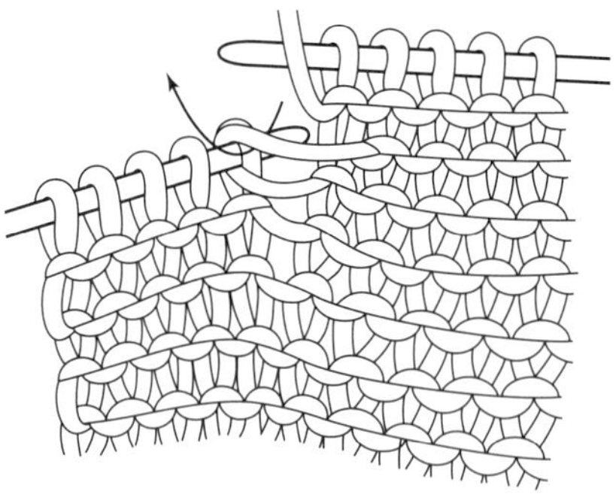

③

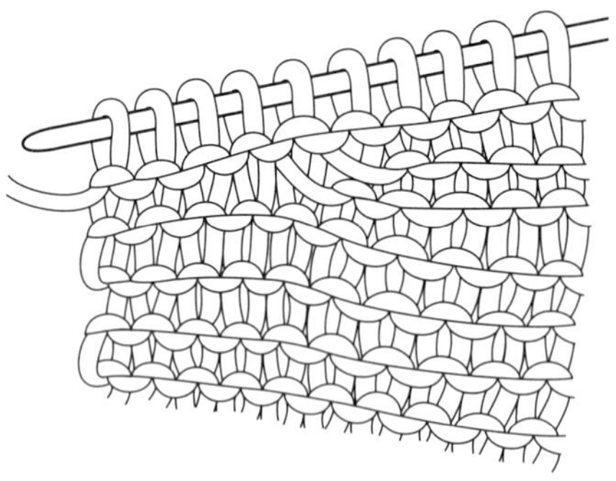

(2) 編む目数を増していく引返し編み

袖を見頃の袖ぐりから拾い目をして編む編出し袖、袖口をふくらませるパフスリーブなどに使う。

編み方は、まず必要目数を作り目または拾い目して1段編む。次の段からは1段めの目を必要目数だけ編み、徐々に編む目を増していき、編み残す引返し編みの段消しと同じように前段の目をすくっていくことを繰り返しながら編み進む。

①

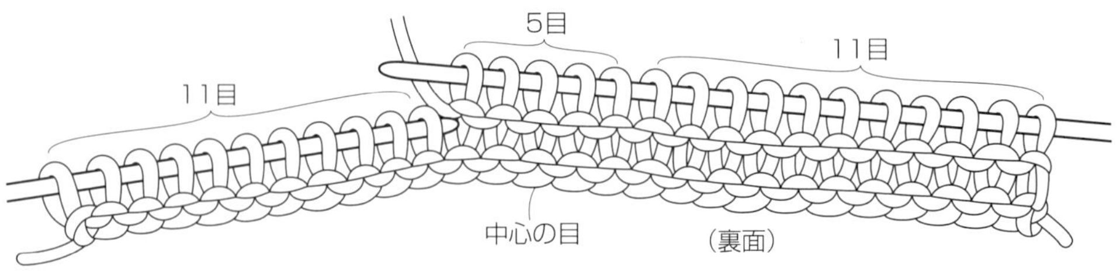

②

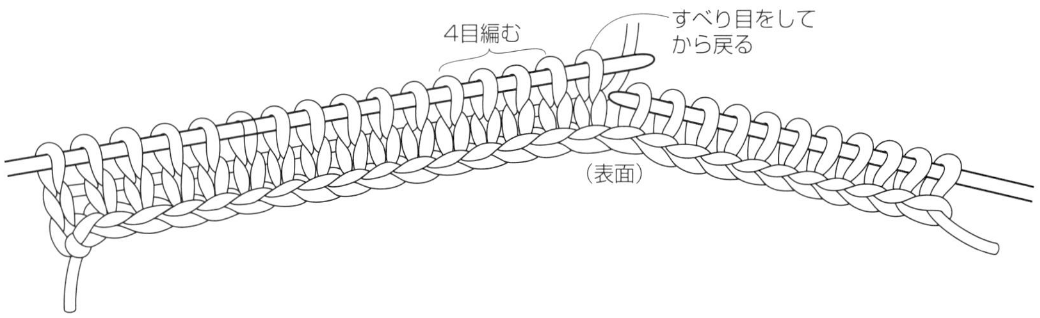

③

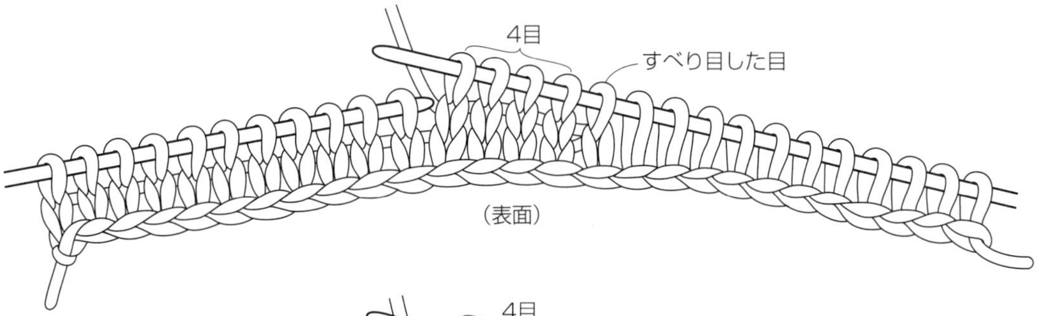
4目
すべり目した目
（表面）

④

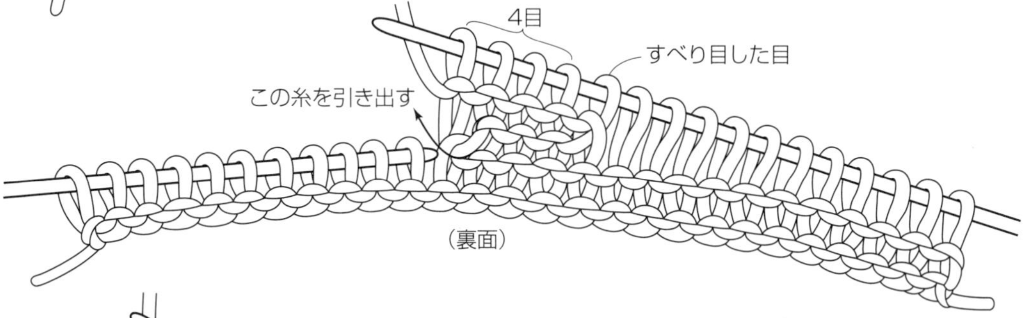
4目
すべり目した目
この糸を引き出す
（裏面）

⑤

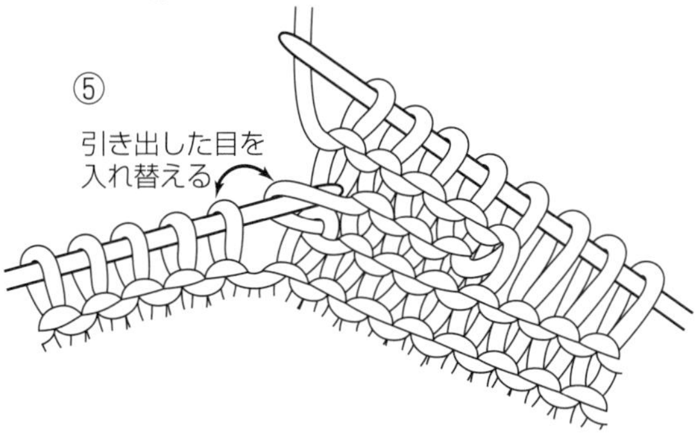
引き出した目を
入れ替える

⑥

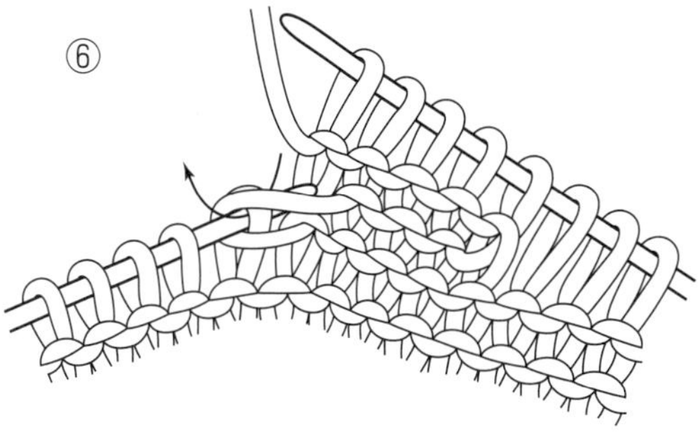

⑦

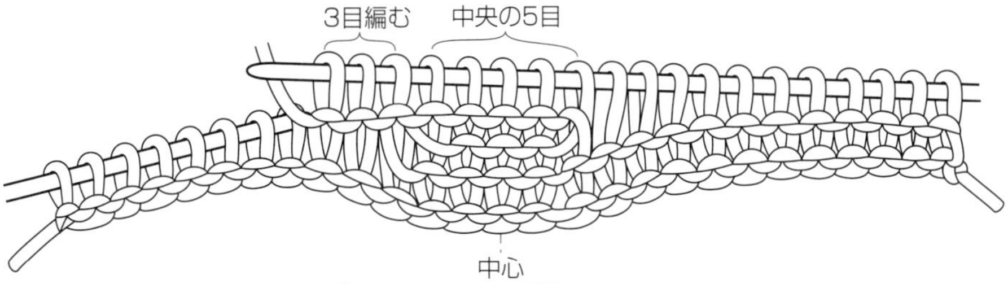
3目編む
中央の5目
中心

⑧

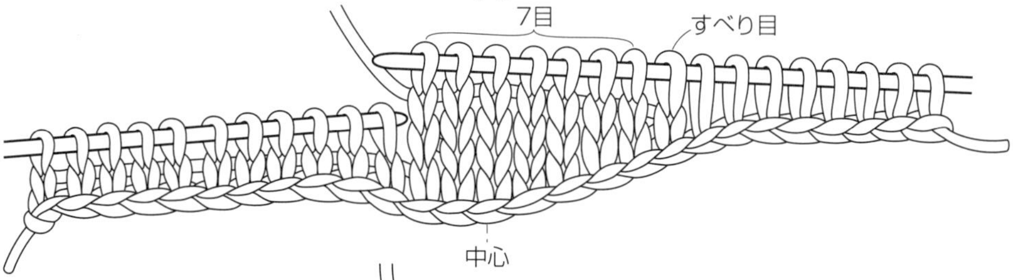
7目
すべり目
中心

⑨

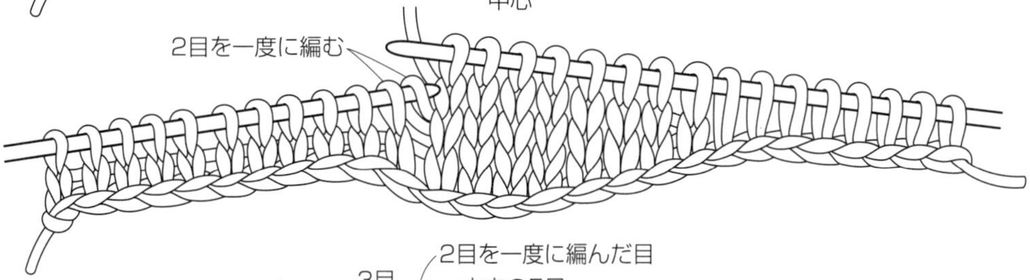
2目を一度に編む

⑩

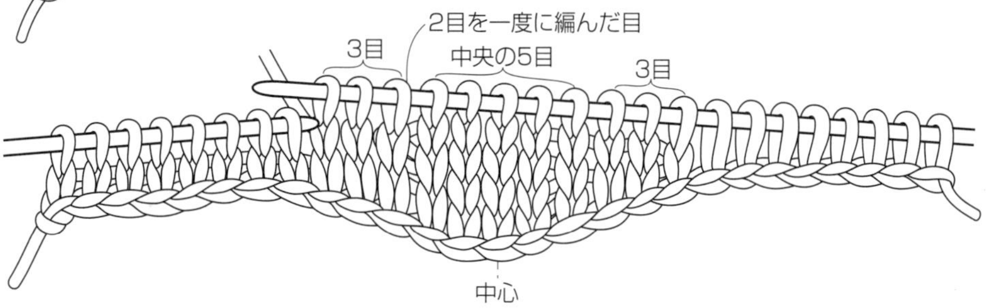
2目を一度に編んだ目
3目
中央の5目
3目
中心

8　編込み模様

2色以上の糸を使って模様を編み入れながら編み地を作り出す編み方で、模様を全体に編み込む場合と、部分的に編み込む場合がある。編み地は主として表編みを使用するので、編込み模様を輪編みで編むと、表編みの方法だけで編めるので速く編める。また図のように、地糸と配色糸を左手と右手に掛けて編むと、速く簡単に編むことができる。

編み方には、裏面に糸が渡る方法と、裏面に糸が渡らない方法がある。裏面に糸が渡る方法は全体に模様を入れる場合に使う。糸が渡るため、編み地が厚手になる。裏面に糸が渡らない方法は太い糸で編む場合や、ワンポイント模様を入れる場合に使う。

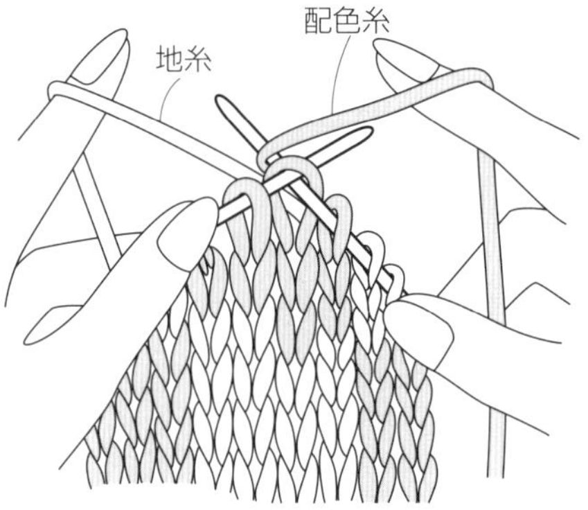

(表面)

(1) 裏面に糸が渡る方法

編み方は、配色糸を入れる位置の手前まで編んだら地糸は裏面に休めておき、①のように配色糸を掛けて次の目を編む。地糸にかえるときは、②のように配色糸は休めておき、地糸を配色糸で編んだ裏に渡して編む。裏面には③のように糸が渡ることになる。この裏に渡った糸が、着るときに手に引っ掛かるようなら、編み糸を半分に割った細い糸で5、6段ずつ縫い止めていく。④は表面から見た編み地である。

①

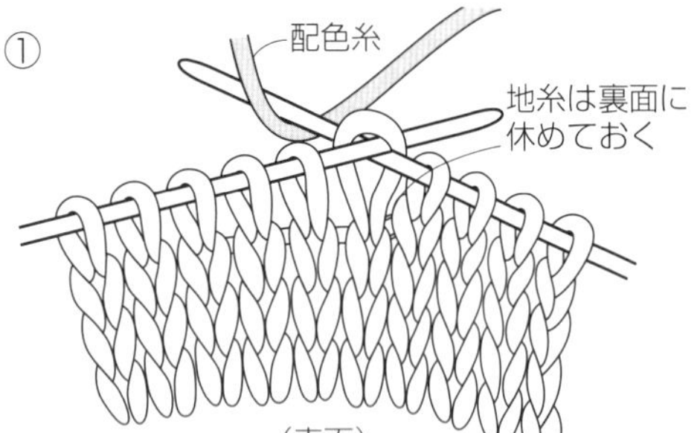

(表面)

②

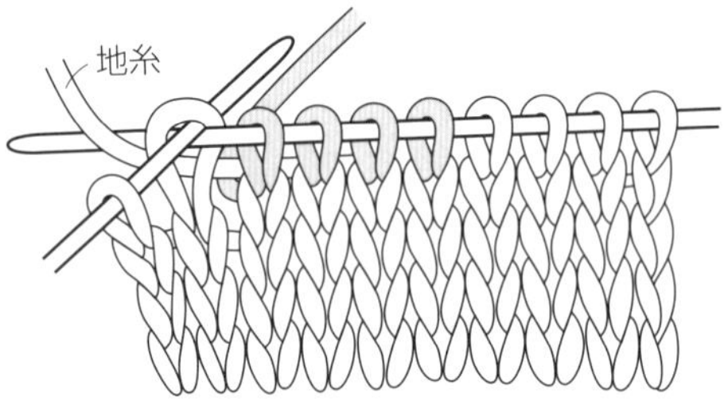

③

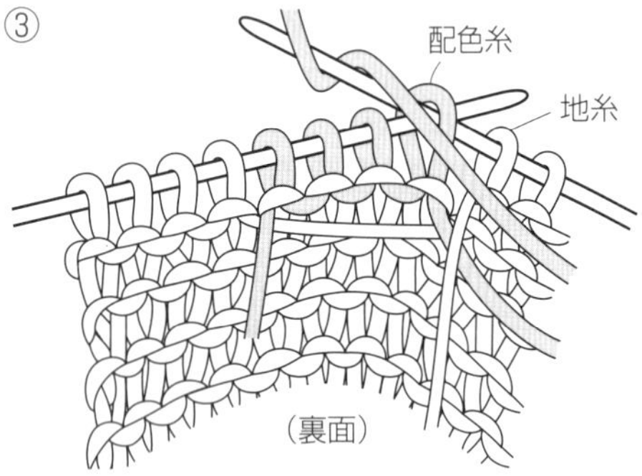

(裏面)

④

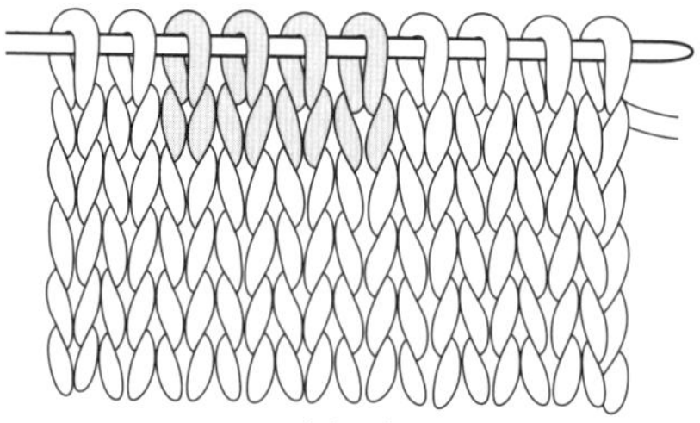
(表面)

(2) 裏面に糸が渡らない方法

編み方は、配色糸を入れる位置の手前まで編んだら配色糸と地糸を交差させ、地糸は休めておき配色糸で編む（①）。この方法は糸をかえる位置でいつも新しい糸にかえて編むので、裏面には糸端がたくさん残る（②）。糸端は編み上がってから裏面の編み地に通して始末する。

①

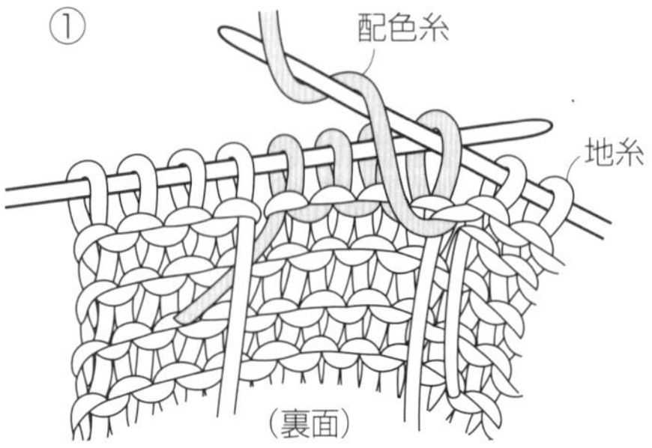

(裏面)

②

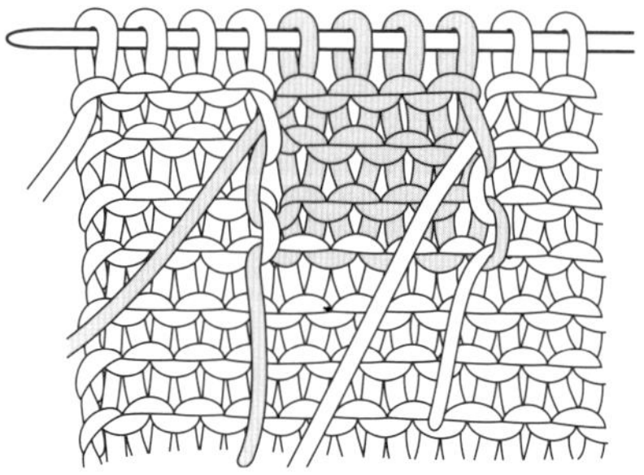

9　目の止め方

編始め、編終りの目の止め方で、編み地の伸縮、目的に合わせて使い分ける。

(1) 伏止め

この止め方は編み地の伸縮をなくすので、止める箇所や、編み目の大きさに注意する。

止め方は、かぎ針で引抜き編みの要領で止める方法(図1)と棒針で編みながら止める方法(図2)がある。

図1

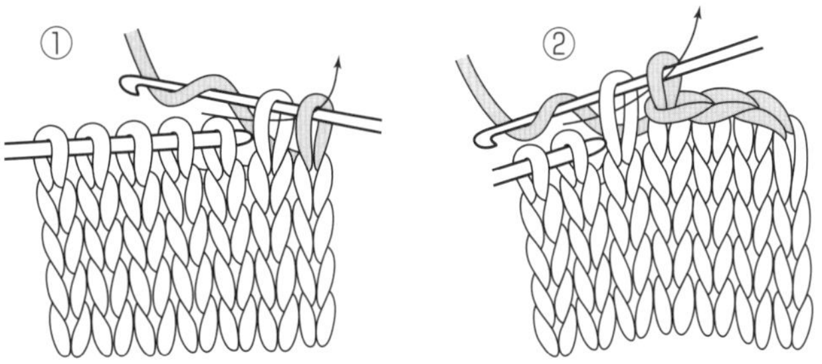

図2

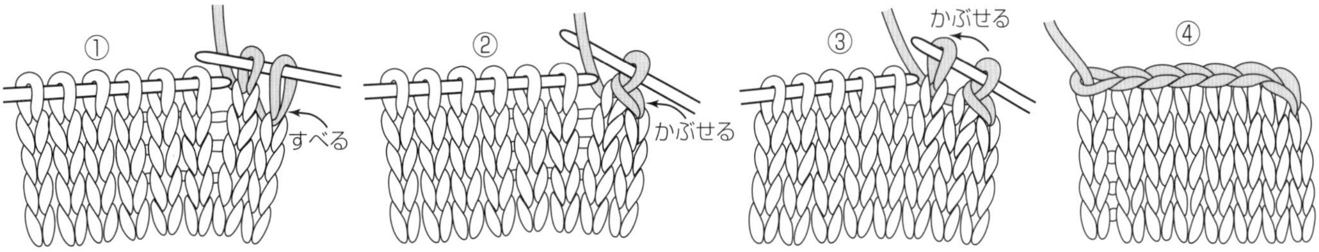

(2) 巻止め

編終りを薄く仕上げたい場合にこの方法を使う。止め方は、図のように半返し縫いの要領で止めていく。

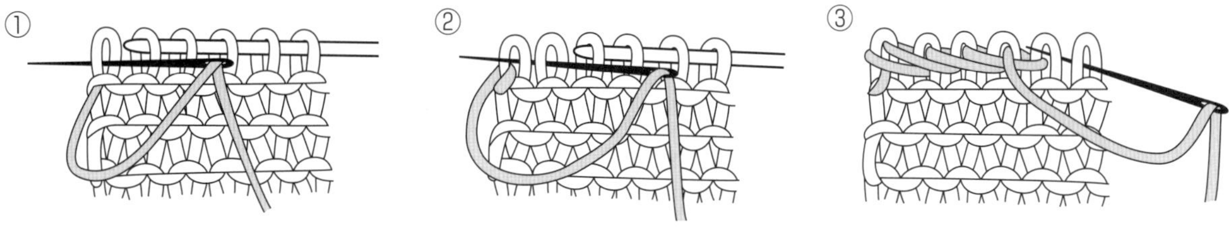

(3) 1目ゴム編み止め

止めるときは表を見て止める。止める糸の長さは止める幅の約3倍が必要である。

止め方は、いつも針を1目に2回ずつ入れることになり、①〜④を1回の工程としてこれを繰り返し止めていく。注意することは、編み目がねじれないように針を入れ、始めから終りまで糸の引き方を同じようにすること。

1目ゴム編みの編み地どうしをとじる場合は、1目ゴム編みが左右で続くように、端目が表目1目で始めるか、表目2目で始めるかを決めてから編み始める。

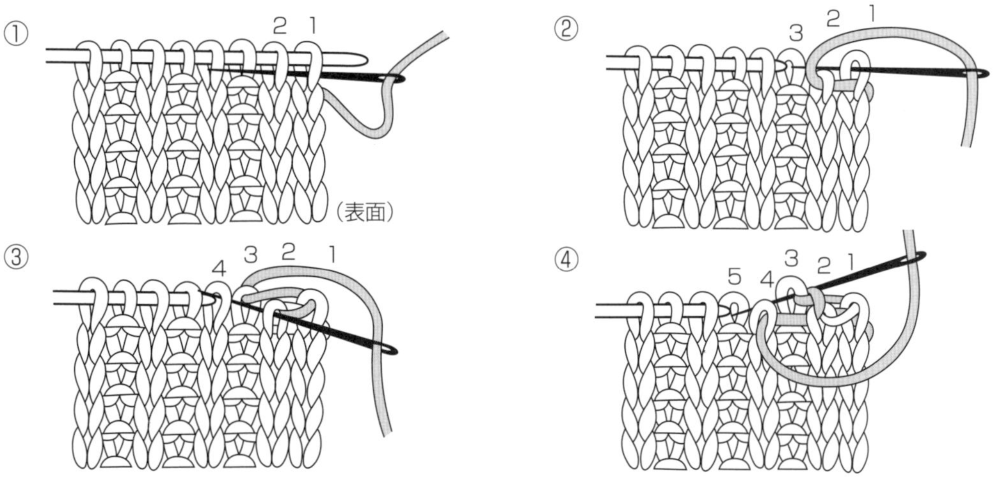

(4) 2目ゴム編止め

止める糸の長さは、1目ゴム編止めと同じく幅の約3倍が必要である。止めるときは、1目ゴム編みと同様に表目を見ながら①～⑥を1回の工程として、これを繰り返し止めていく。

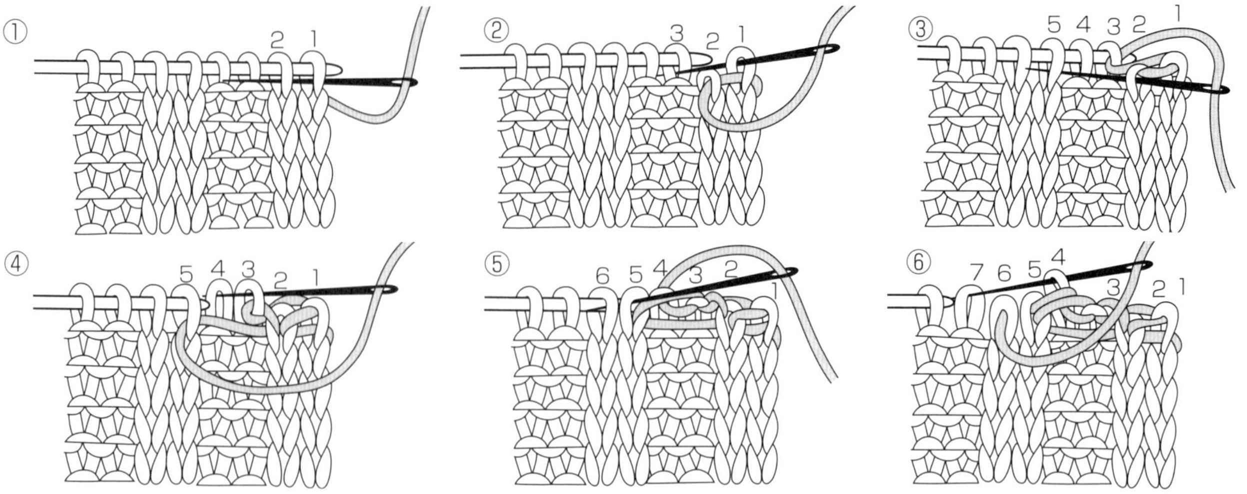

10 はぎ方

目と目をつなぎ合わせることをはぐという。はぐ糸の長さは幅の約2.5倍残し、糸のある編み地を手前におく。

(1) メリヤスはぎ

編み地の伸縮性を保ち、はぎ目が目立たないはぎ方。進行方向にはぐときは端目がそろうが、編終りと編終りの目のように向い合せの目をはぐときは、端で半目ずれることになる。メリヤスはぎには、両方の目が棒針にある場合、片方の目を伏止めにした場合、両方の目を伏止めにした場合、裏メリヤスはぎがある。編み地によってはぎ方を変えるとよい。

1 両方の目が棒針にある場合

編み地の伸縮性を失わず、きれいにはぐことができる。

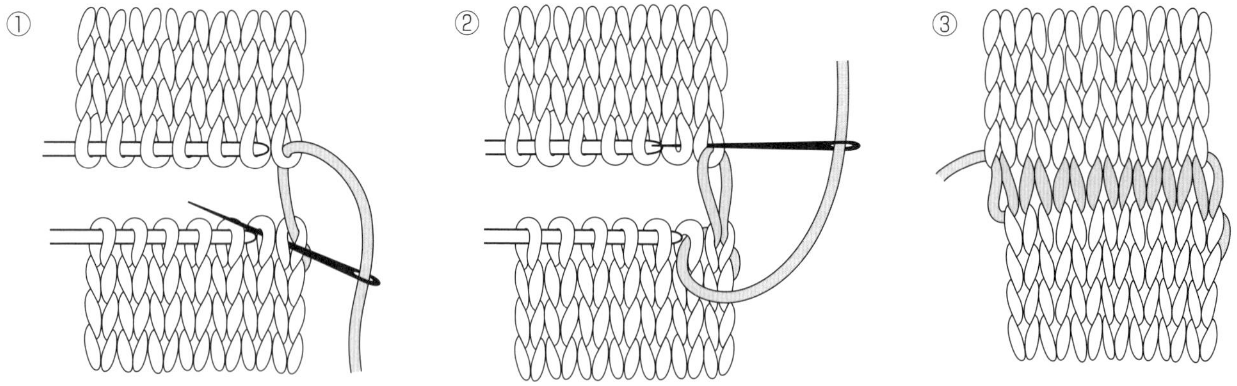

2 片方の目を伏止めにした場合

片方が伏止めにしてあるので編み目が伸びず、はぎ目も目立たない。

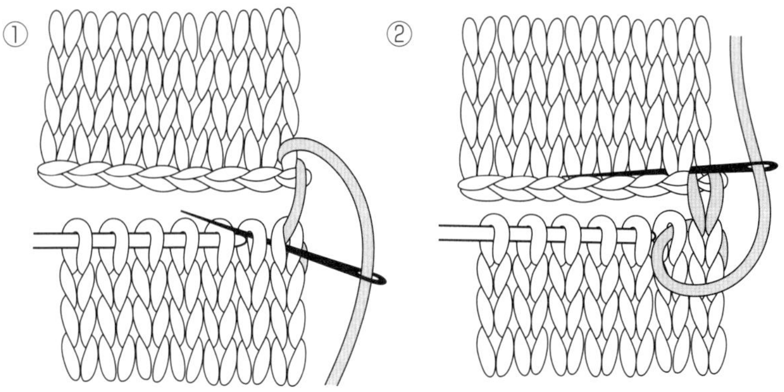

3　両方の目を伏止めにした場合

両方の編み目が止めてあるので、はぎ目は伸びないが少し厚地にでき上がる。

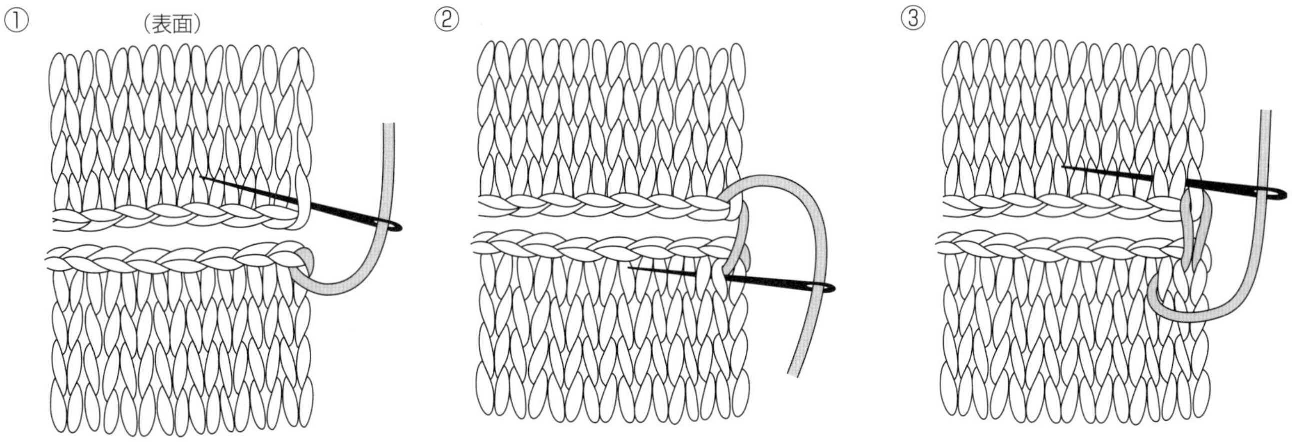

4　裏メリヤスはぎ

裏メリヤスを表面として使う場合のはぎ方で、裏メリヤス側で見てはぐ。はぐ糸は編み目とそろうように引き方を加減しながらはいでいく。

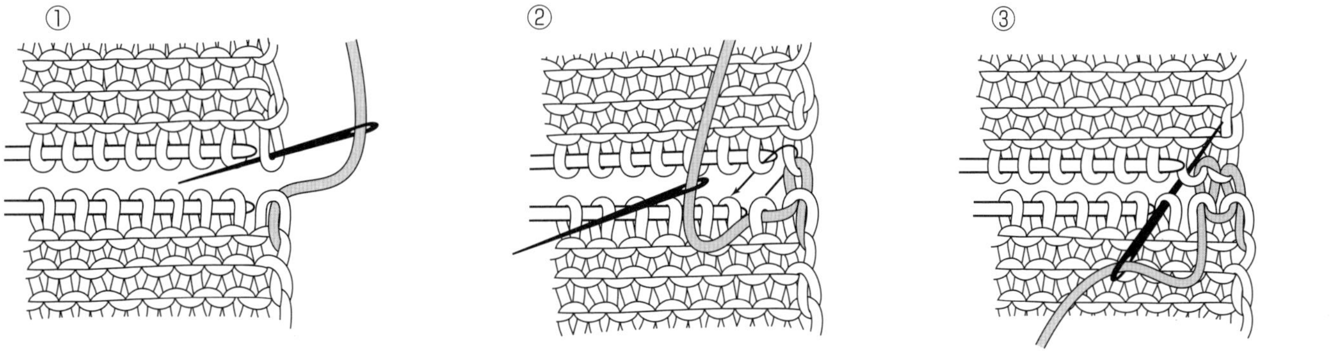

（2）ガーターはぎ

ガーター編みは表目、裏目を1段ずつ交互に編んだ編み地で、はいだときにもこの状態になるように編終りの目が1枚は表編みで、もう1枚は裏編みを編んだ状態が棒針になるようにする。

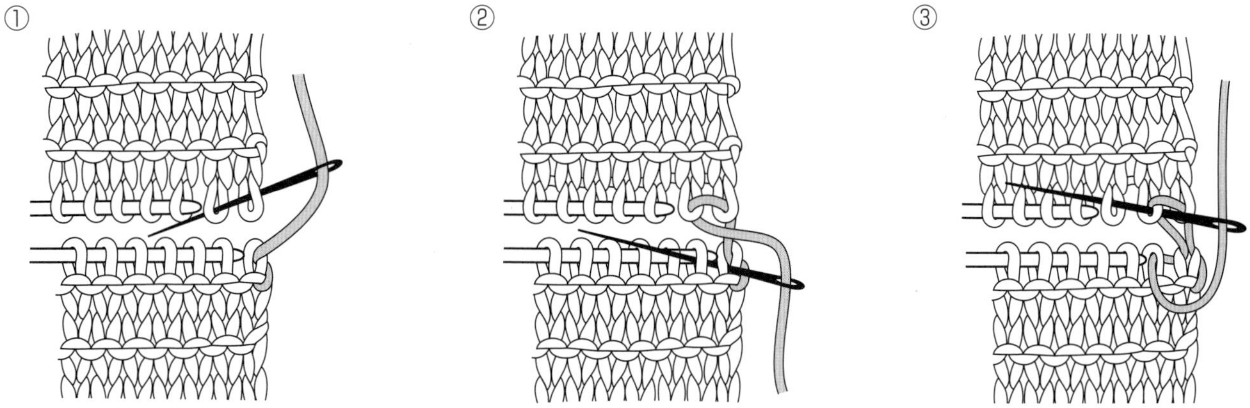

(3) 2目ゴム編みはぎ

2目ゴム編みで編んだ編み地の、おもに丈を後ろから長くしたい場合などに使い、はぎ目も目立たず伸縮性も失われずにきれいに仕上げることができる。ここでは、編始め側と編終り側をはぐ方法で図解している。

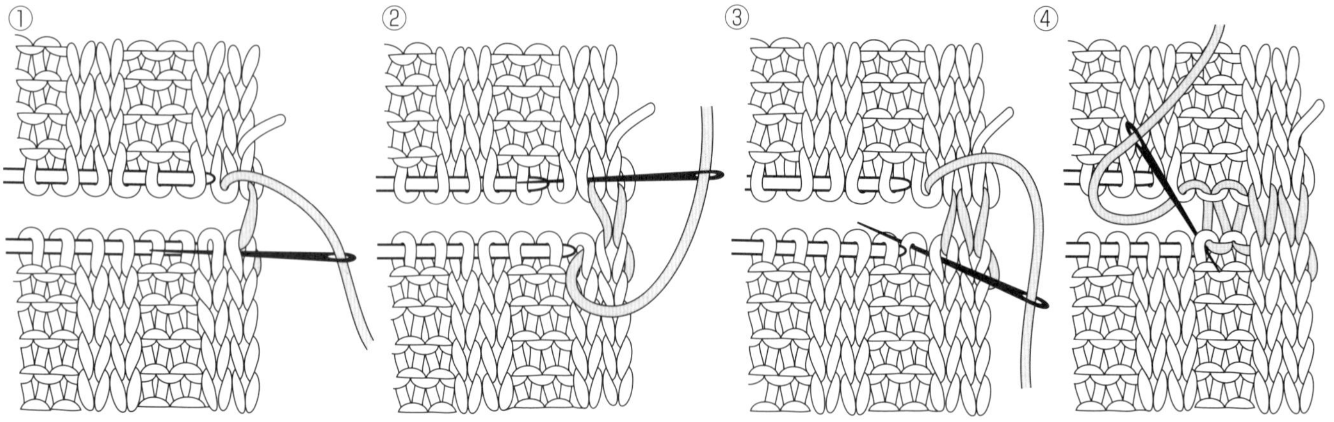

(4) 目と段のはぎ

片方が目、片方が段のときのはぎ方。編み地の多くは目数より段数のほうが多いので、はぐ前には目数と段数の差を出して、それによって段数を調節する。

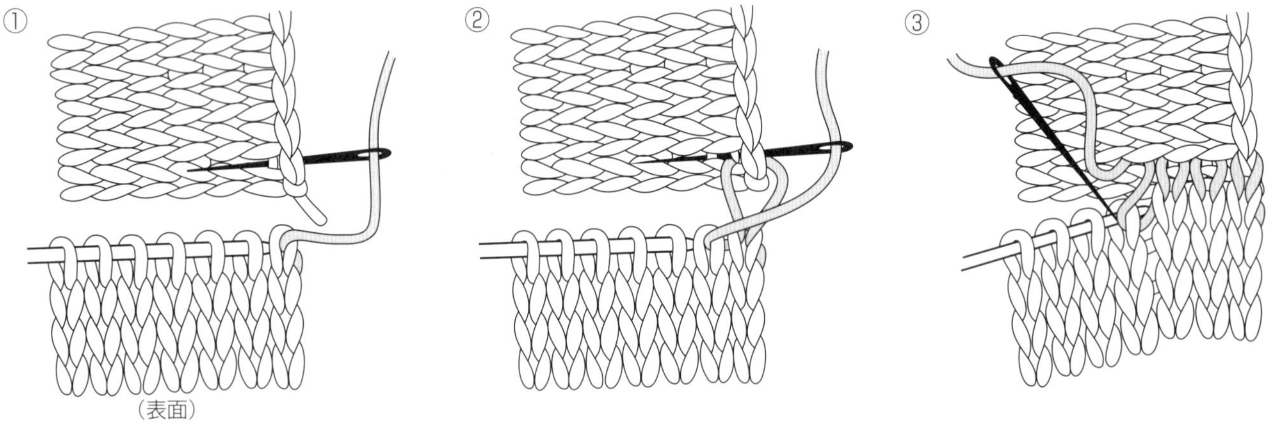

(5) 引抜きはぎ

かぎ針を使ってはぐ方法で、はぎ目を伸ばしたくない場合や模様のためにメリヤスはぎでない場合に使う。

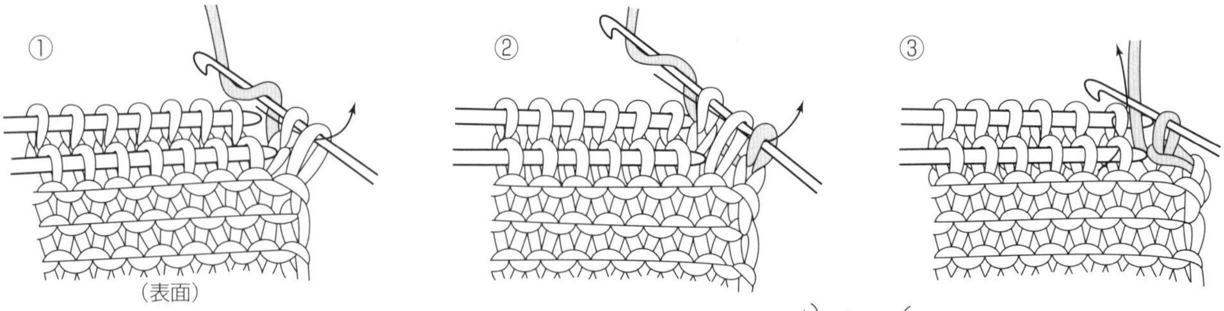

(6) 斜めはぎ

斜めの編み地どうしをはぐ場合に使う。はぎ方はメリヤスはぎの要領と同じで、端の目をVの字のように1目ずつ交互にすくっていく。

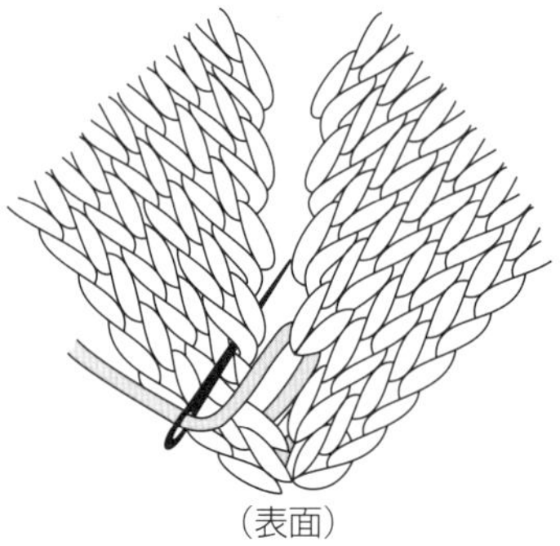

11　とじ方

段と段をつなぐことをとじるという。脇、袖下、スカートの脇などに多く用いる。

(1) コの字とじ

端の目をコの字のように左右交互にすくってとじる方法で、薄く仕上げる。

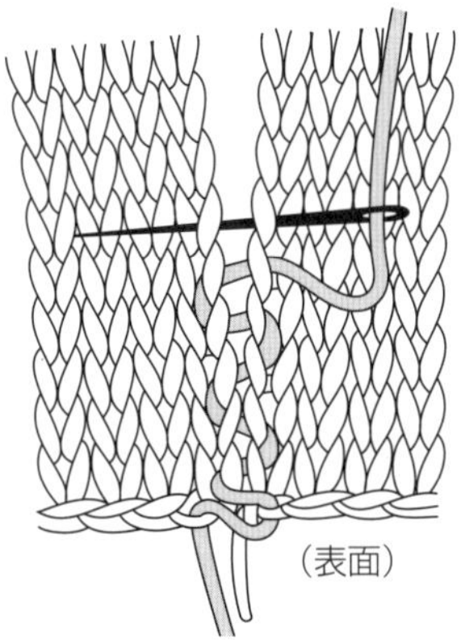

（表面）

(2) すくいとじ

目と目の間のよこ糸をすくっていくとじ方で、糸のすくい方には1段ごとにすくう方法と、2段ごとにすくう方法がある。1段ごとはゴム編みや太い糸で編んだものに、その他の編み地の場合は2段ごとにすくう方法を使う。

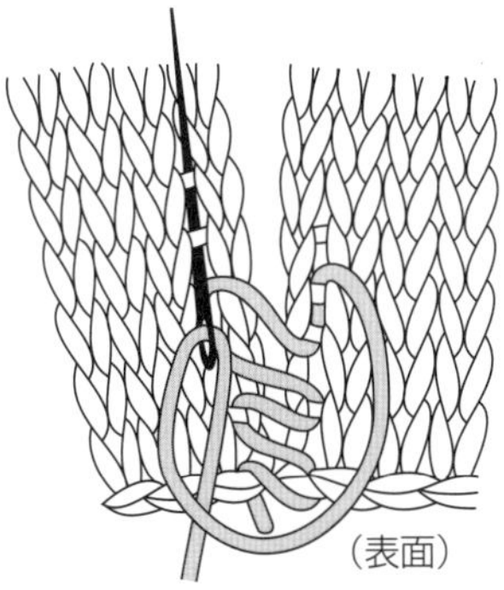

（表面）

(3) 裏目の１段ごとのすくいとじ

裏メリヤスを表にして使う場合のとじ方。とじ方は、端から1目入った横糸の下側の糸を、左右交互に1段ずつすくっていく。

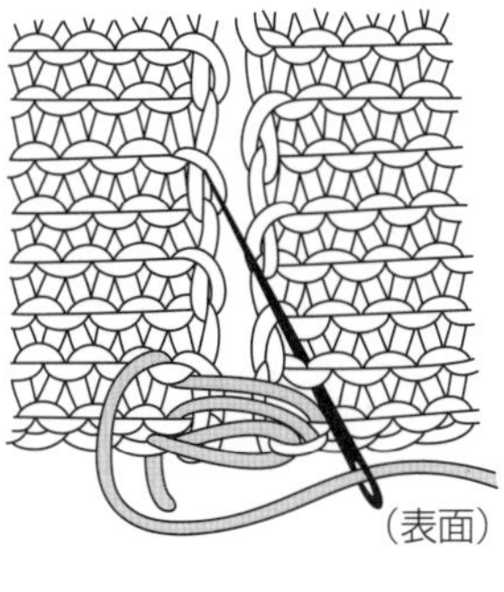

（表面）

(4) ガーター編みのすくいとじ

ガーター編みを編むときには、端の目からガーター編みをしていく場合と、端の目は表目にして、2目めからガーター編みにした場合とがある。どちらもとじたときに、ガーター編みの編み目が左右続くように気をつけながらとじる。

1　端の目からガーター編みをしていく場合

とじた目が突き合わされたように薄く仕上がるので、太い糸で編んだものに使う。

①　②

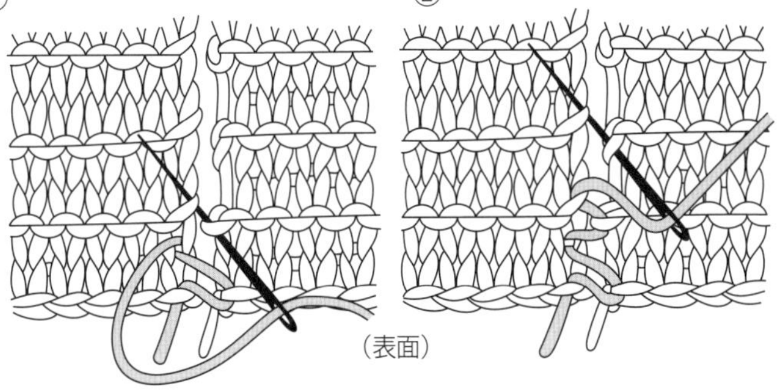

（表面）

2　2目めからガーター編みにした場合

１目内側をとじるので、とじたところが厚く仕上がる。

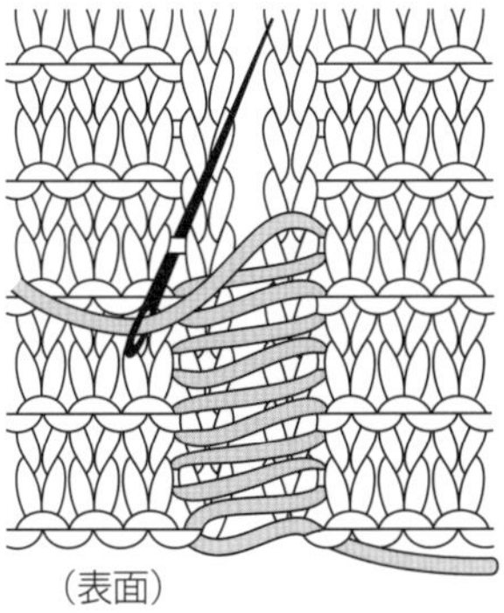

（表面）

(5) 1目ゴム編みのすくいとじ

とじ合わせたときに、1目ゴム編みが左右で続くように、編み地の端の目が片方は表目1目、もう片方は表目2目で終わるように編んでおく。

とじるときは、とじ始めの目がずれないように注意して、1目内側を1段ずつすくっていく。

①
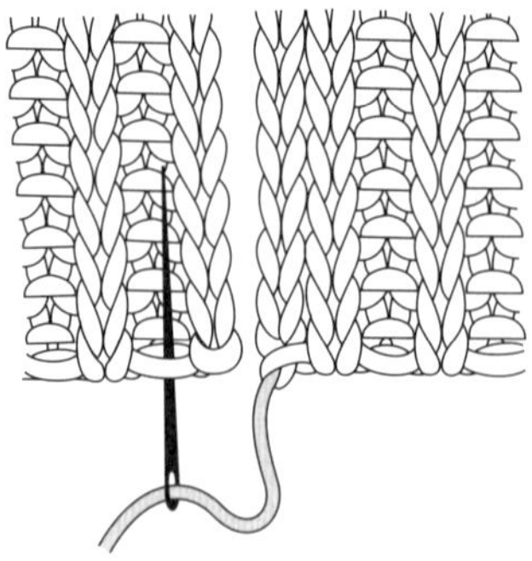
②
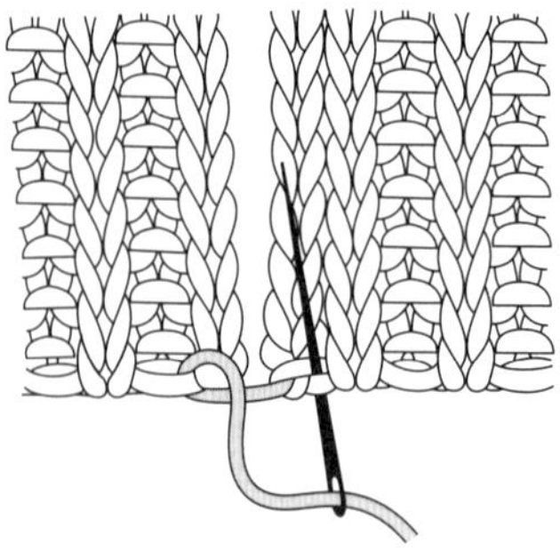
③
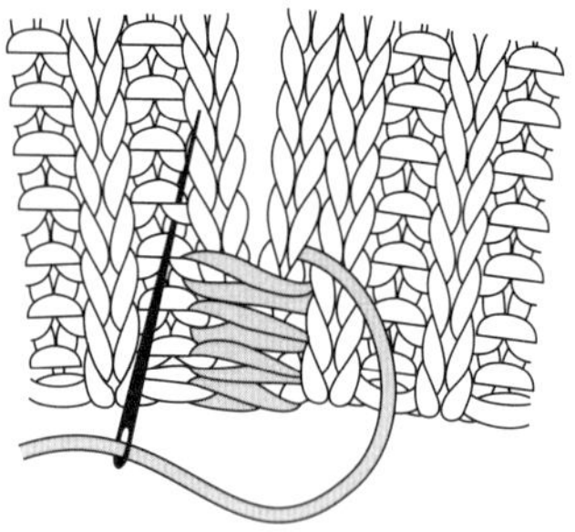

(6) 2目ゴム編みのすくいとじ

作り目、または拾い目は2目ゴム編みの1模様（4目）の倍数に2目加えた目数にし、両端の目が表目2目で終わるように編んでおく。

とじるときは1目内側の目を、左右交互に1段ずつすくっていく。

①
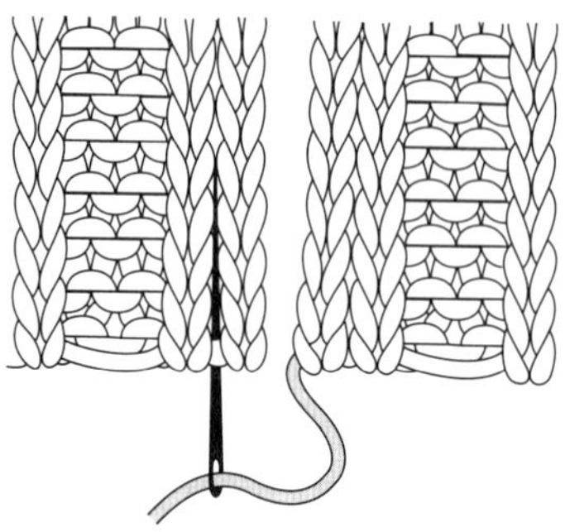
②
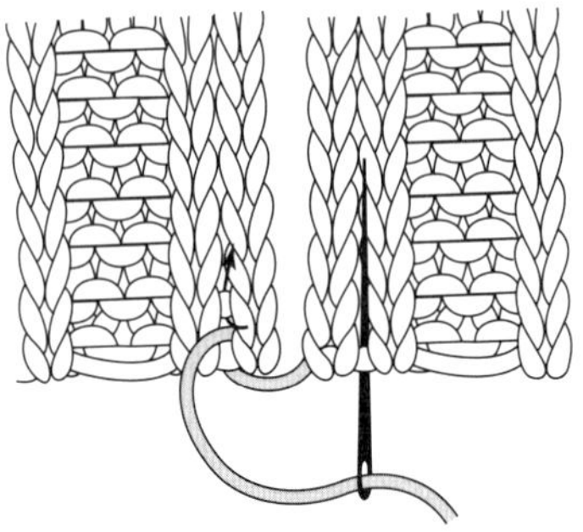
③
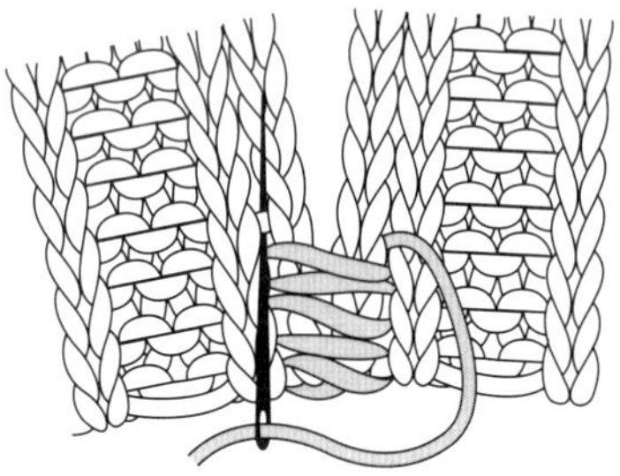

(7) 半返しとじ

編み地を中表に合わせ、端から1目入ったところを図のようにとじる。とじるときに編み地がずれないようにまち針で止めておき、とじたところがきつくならないよう、糸の引き方に気をつけながらとじる。

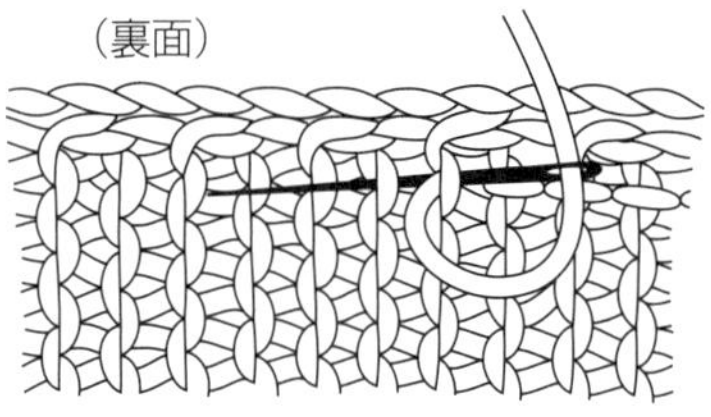

(8) 引抜きとじ

かぎ針を使ってとじる方法で、これはとじるのもほどくのも手軽にできるので、袖つけのようにつりあいを見ながらとじていくものに多く使われる。

とじるときは2枚がずれないようにまち針を打っておくか、しつけをかけておき、とじ落しのないように1目1目注意しながらとじていく。

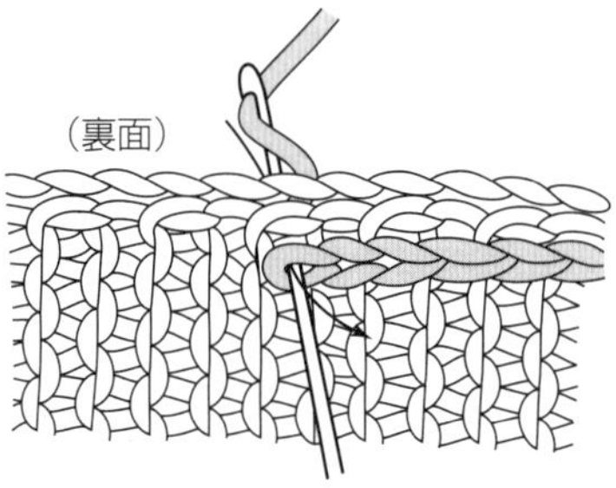

12　ボタン穴

ボタン穴はボタンの大きさによって決まるが、編み物の場合は編み地に伸縮性があるので、ボタンの大きさよりも1、2割小さい寸法に仕上げる。また、伸びるのを少しでも防ぐために、あけた穴は細く割った糸でかるくかがっておく。

作り方は、編みながら作る方法と、編み上げてから作る方法の二つに大別される。編みながら作る方法は、でき上がってからボタン穴の位置がくるわないように、まず、下前を編み上げる。編み上げた下前で位置を決めてから上前を編むと失敗がない。

(1) 編みながら作る小さなボタン穴

背あきにつけるような小さなボタンの場合に使い、薄く編み上げることができる。

編み方は、ボタン穴の位置で掛け目（54ページ参照）をし、次の目では2目を一度に編む。次の段は普通に1目ずつ編む。

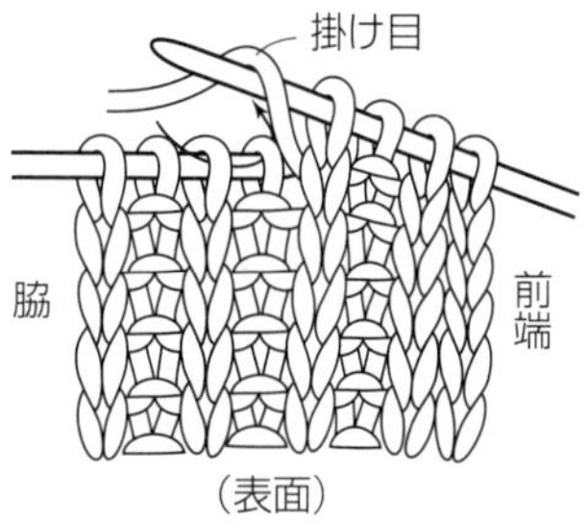

（表面）

(2) 編みながら作る横のボタン穴

大きなボタンをつける場合や、編み地がきつくて、後から作るのが大変な場合に使う。

ボタン穴の大きさより小さめの寸法に伏せ目をする。次の段ではその分を巻き目で作り目をし、次の段は普通に編む。

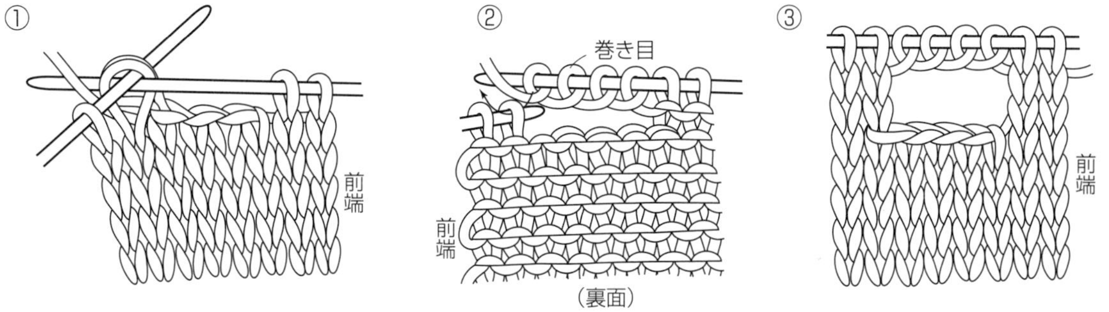

(3) 別糸を編み込んで作るボタン穴

編み地が2枚重なっているところにボタン穴を作る方法で、おもに前端に見返しをつけたときに使われる。

作り方は、ボタン穴の位置まで編んだらボタン穴分を別糸で編み、編み上がってからこの別糸を抜いて2枚合わせ、メリヤスはぎをする。

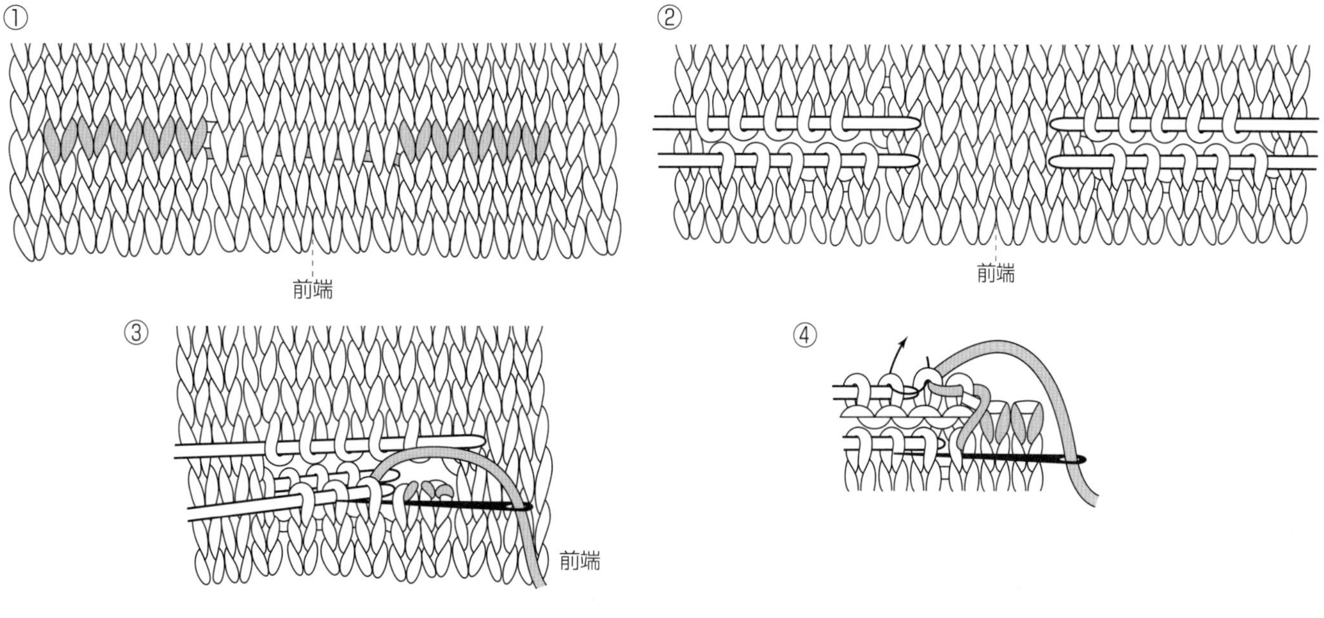

(4) 編み終わってから作るボタン穴

ボタン穴をあける位置の糸をかぎ針で引き出して、糸を切らないように上下の目を広げてボタンの入る大きさにする。次に広げた穴を、編み地の糸よりも細い糸でかがる。

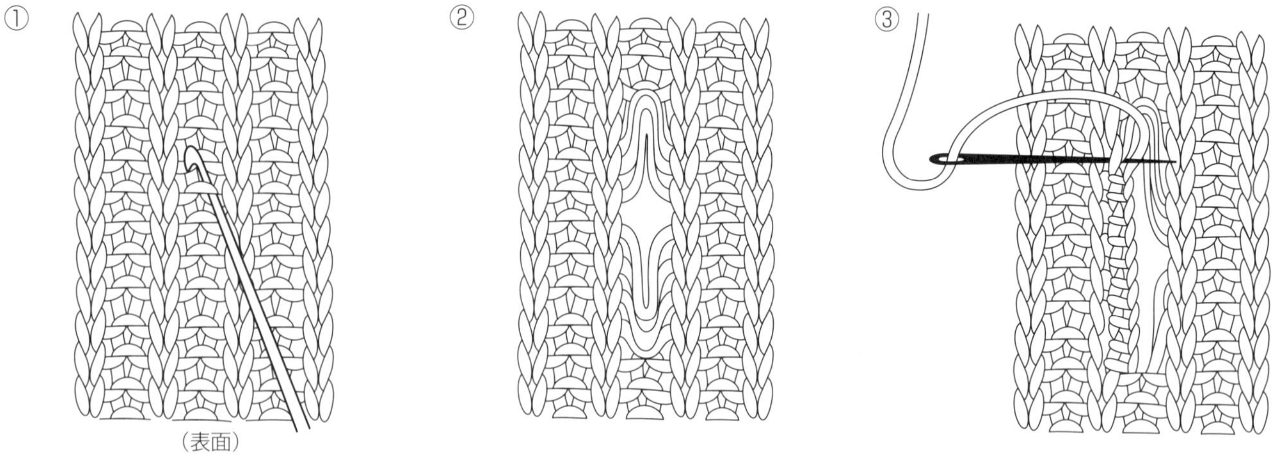

13 糸のつなぎ方

糸をつなぐときは、なるべく段の変り目でつなぐようにする。結び目は小さめに、また、ほどけないように結ぶことが大切で、素材によって使い分ける。

(1) はた結び

結び目も小さく、ほどけることもない。

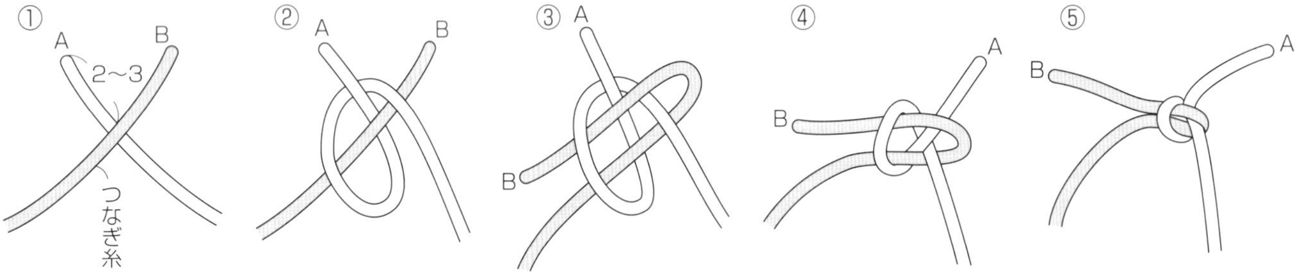

(2) 二重結び

はた結びより結び目が小さく、しっかり結べる。

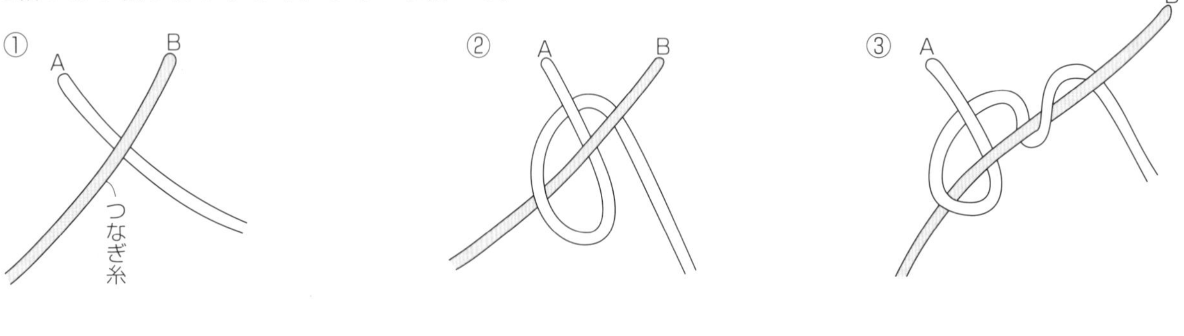

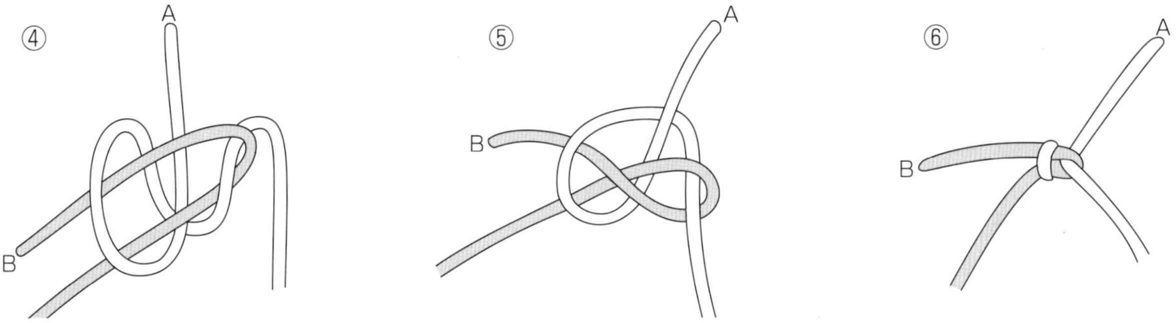

(3) 通しつなぎ

編終りの糸を割って、その中につなぐ糸をくぐらせて1本の糸にするので、結び目ができず、編上がりがきれいになる。

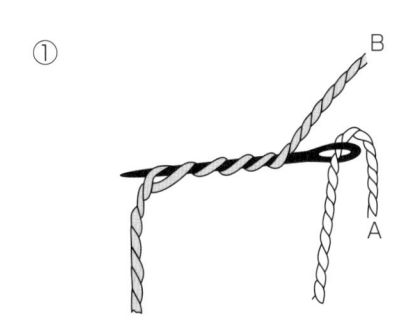

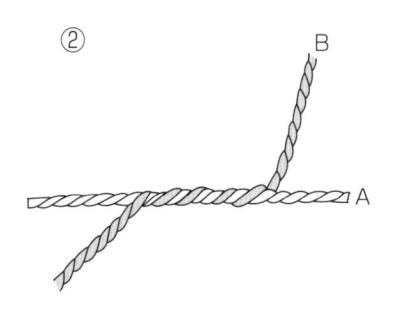

(4) 重ねつなぎ

つなぎ目を結ばずに編終りの糸と、つなぐ糸の2本を一緒に5、6目編む方法。この方法は、編直しで糸が細くなっている場合や極細糸など、細い糸に向くつなぎ方。

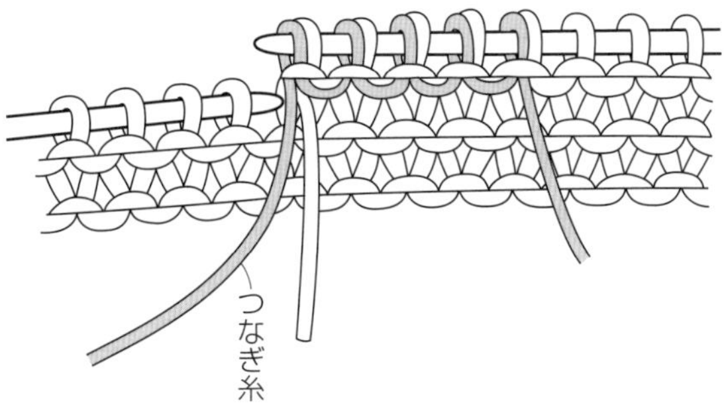

Ⅱ かぎ針編み

かぎ針編みとは、かぎのついている針を使って編む方法。かぎに糸をかけて輪を編み出し、続けていくと鎖状になる。これを鎖編みといい、すべての編み方の基礎となっている。模様編みは鎖編み、細編み、長編みの組合せや編み目の増減で作られる。棒針編みよりやや厚い編み地となる。

1　かぎ針と糸の持ち方

(1) 針の持ち方

かぎ針は、まず①のように右手に人さし指と親指で、針先から4cmぐらいの位置をはさみ、次に②のように中指でかるく押さえ持つ。中指は針の働きを助けると同時に、糸や編み地を押さえる役目をする。

①

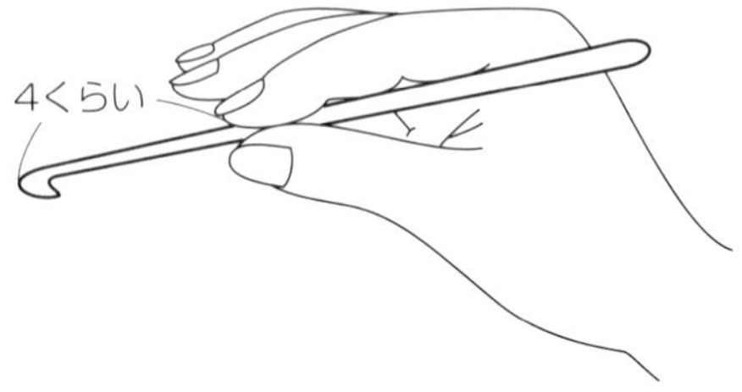

②

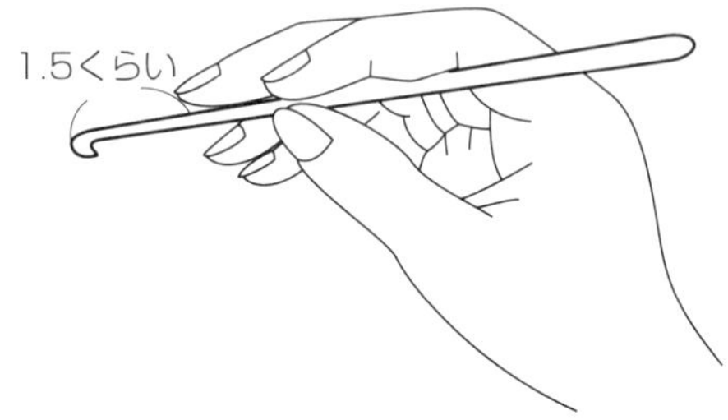

(2) 糸の持ち方

糸は編み進むほうの長い糸が小指にくるようにして、人さし指と小指に掛ける（①）。糸端側は②のように5～6cm上がったところを押さえる。この持ち方では糸がゆるんで編みにくい場合は、小指に糸を1回巻いて編む。

①

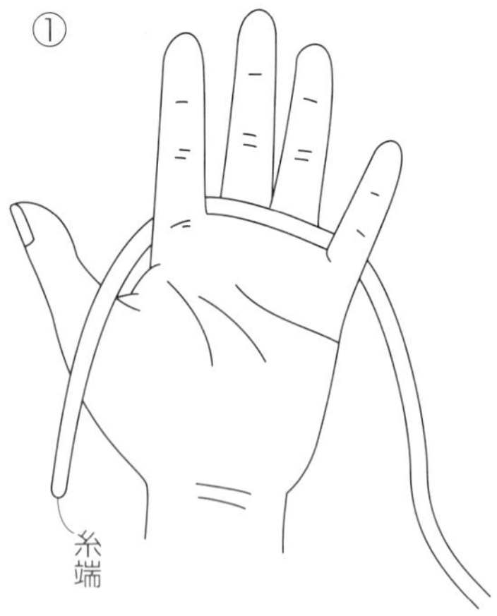

②

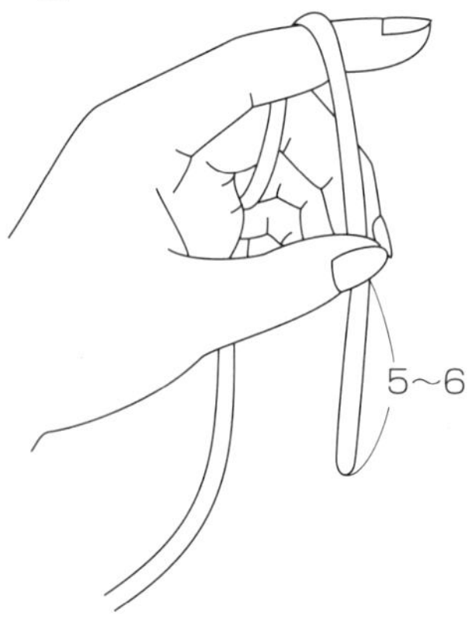

2　編始めの目の作り方

編始めの作り目には、2目以上の編み目を作る場合の鎖目から編む方法と、中心から編み始める場合に使う、輪から編む方法がある。

(1) 鎖目から編む方法

2目以上の編み目を作り、幅のあるものを編む場合に使う作り目である。

編み方は、①のように左手に掛けた編み糸に針を内側からそえて矢印の方向に糸をねじり、②のように人さし指に掛かっている糸を針に掛けて、糸を引き出す(③)。これで1目が編めたことになり、③を繰り返して必要目数を編む(④)。1段めはこの鎖目から目を拾う。

鎖目からの目の拾い方にも3種類あり、目的を考えて使い分けるほうがよい。

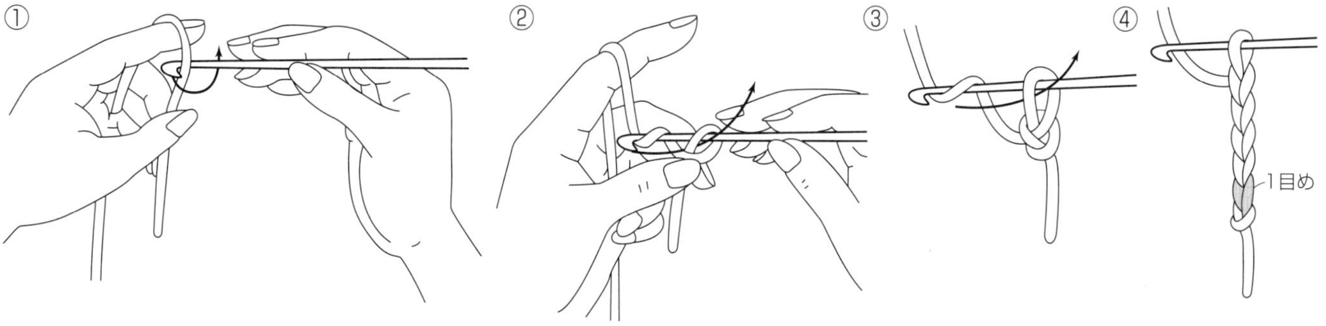

鎖目からの目の拾い方

1　鎖目の上半目を拾う方法

1段めが柔らかくでき上がるので、ブレードや、縁編みを編みつける場合に使う。

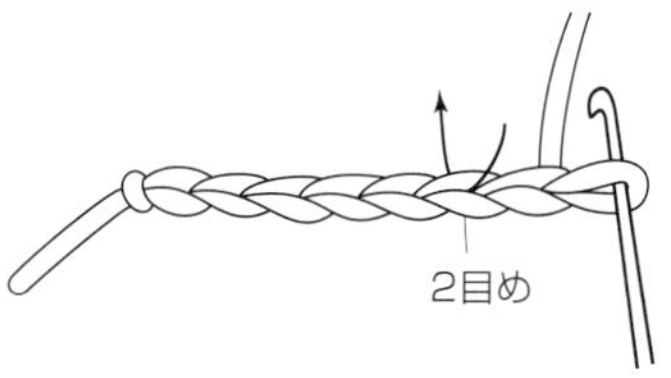

2　鎖目の上半目と裏側の目を拾う方法

1段めがしっかりでき上がるので、スカートや上着の裾など作り目をそのまま出来上りとする場合に使う。

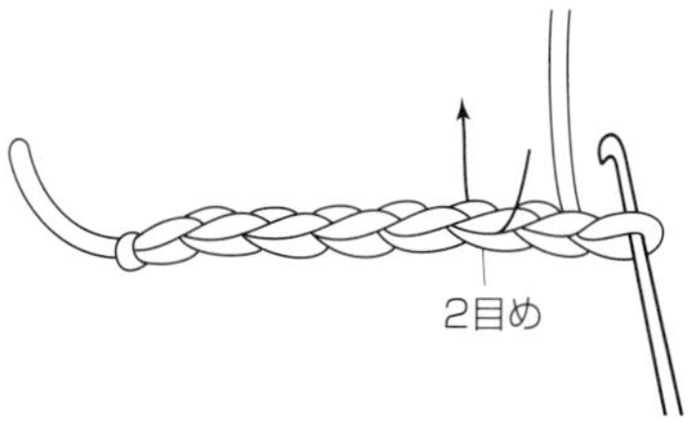

3　鎖目の裏側の目を拾う方法

鎖目の裏側にある中央の目を拾うので、拾い目をした後に鎖状の編み目がそのまま残り、編み地の裾がきれいに落ち着く。この方法で拾い目をした場合は、作り目をほどくことができるので、棒針編みの作り目としても使われる。

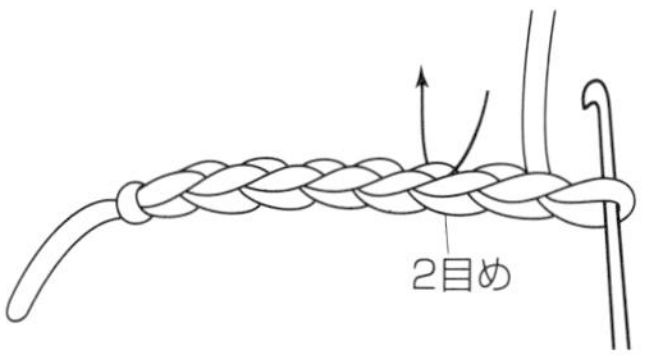

(2) 輪から編む方法

帽子やモチーフなど、中心の目から編み始めるものの場合に使う作り目の方法。

1　糸で輪を作る方法

糸端で二重の輪を作り、その中に編み入れていく方法で、編み終わってから糸端を引いて輪を絞ると、中心に穴があかない。

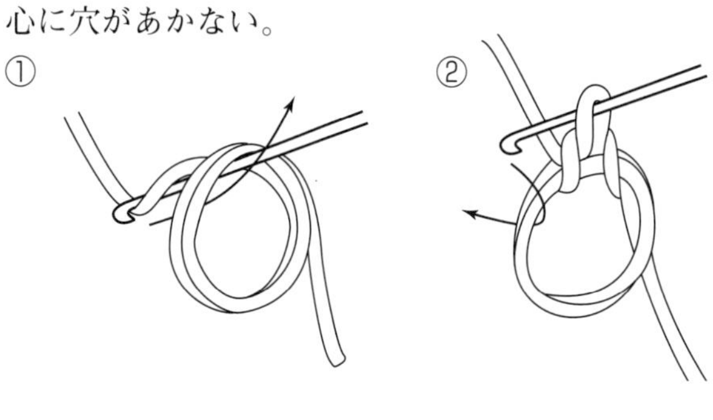

2　鎖で輪を作る方法

鎖目を輪にして(①)、その中に編み入れていく。中心に穴を開ける場合に使う(②)。

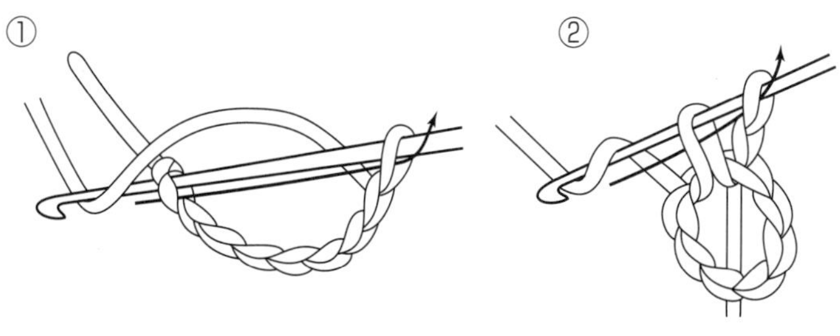

3　立上がりについて

立上がりとは、編み目の高さを作るために編む鎖目のことで、鎖を編む数は編み目によってそれぞれ違ってくる。

編み目記号と鎖の数を並べて図1で表わしてある。立上がりの寸法は、編み糸によって違ってくる。

この立上がりの目はaの場合のように１目と数える場合と、次の段に移るための立上がりとして、目数に入れないbの場合がある。

aは太めの糸に、bは細目の糸に多く使われ、どちらの方法でするかを決めてから編み始める。

図1

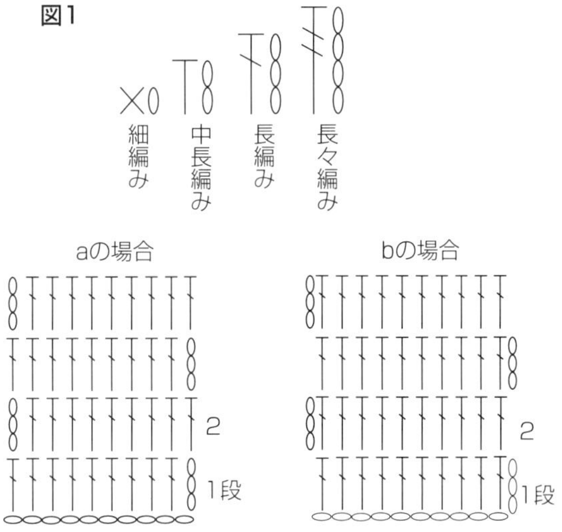

4　編み目記号とその編み方

鎖編み目

かぎ針編みの基礎になる編み方で、作り目、立上がり目などに使う。81ページ（1）鎖目から編む方法を参照。

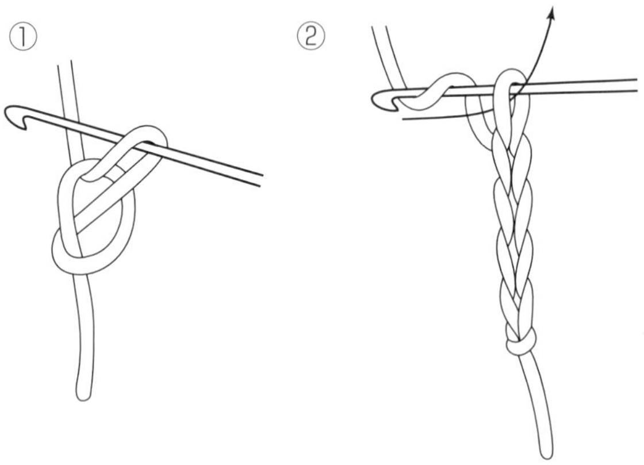

細編み目（こまあみめ）

編始めの立上がりは鎖1目。立上がりを1目編み、矢印の方向に針を入れる（①）。糸を引き出して1回糸を掛け（②）、針に掛かっている2本のループを一度に引き抜く（③）。次の段は立上がりを編んでから編み地を裏返し、前段の細編みの頭に針を入れて同じように編む（④）。

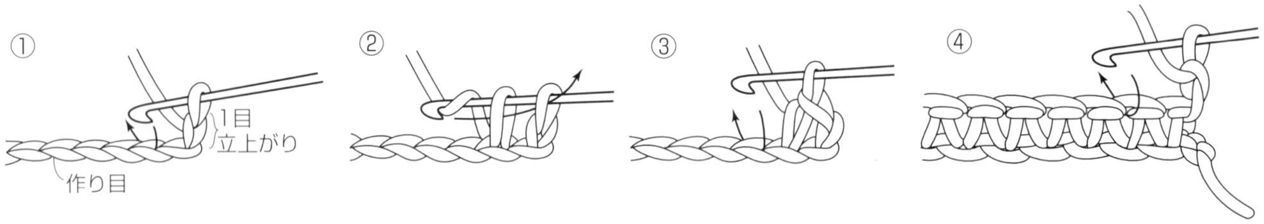

中長編み目

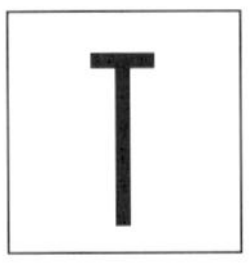

編始めの立上がりは鎖2目。針に1回糸を掛けて矢印のように針を入れ（①）、糸を引き出して立上がりと同じ高さになるまで糸を伸ばす。②のように針に糸を掛けて針に掛かっている3本のループを一度に引き抜くと③になる。糸の引伸し方によって編み目の高さが決まるので、糸の引き伸ばす長さに注意する。

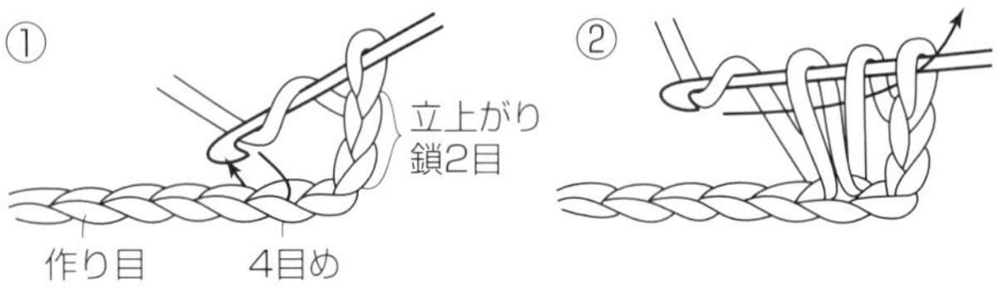

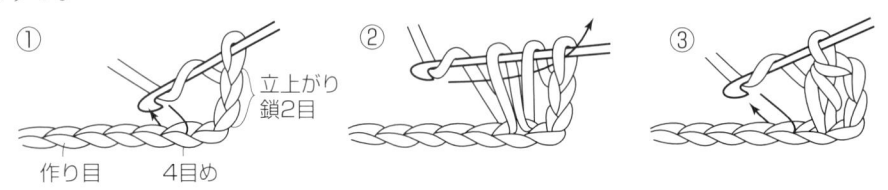

長編み目

編始めの立上がりは鎖3目。針に1回糸を掛けて矢印のように針を入れ（①）、糸を引き出す。②と③のようにループを2本ずつ2回引き抜くと④になる。

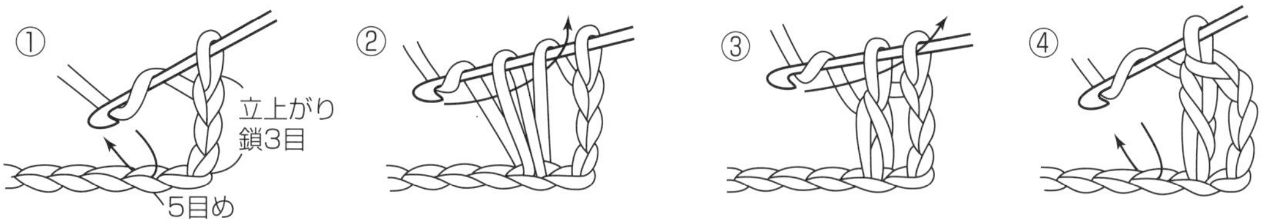

長々編み目

編始めの立上がりは鎖4目。針に2回糸を掛けて矢印のように針を入れて糸を引き出し（①）、②～④の順に針に掛かっているループを、2本ずつを3回で引き抜く。

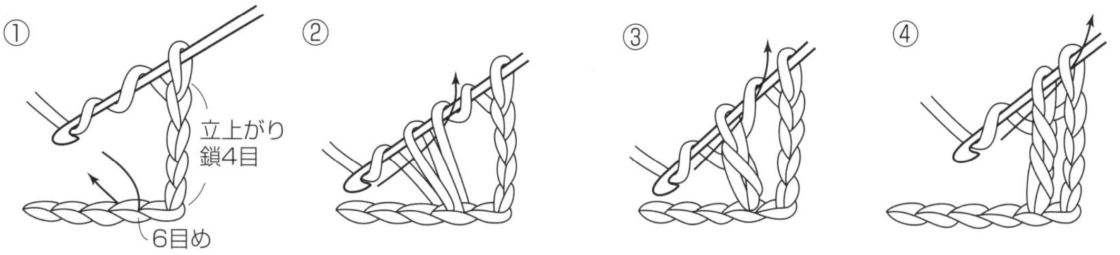

引抜き編み目

編み目の高さが最も低いので、縁回りや増減した端の段をきれいに整えたり、前後の肩のはぎ合せや伸止めなどに使う。編み方は針を前段の頭に入れて糸を掛け（①）、矢印のように針に掛かっているループを一度に引き抜く（②）。

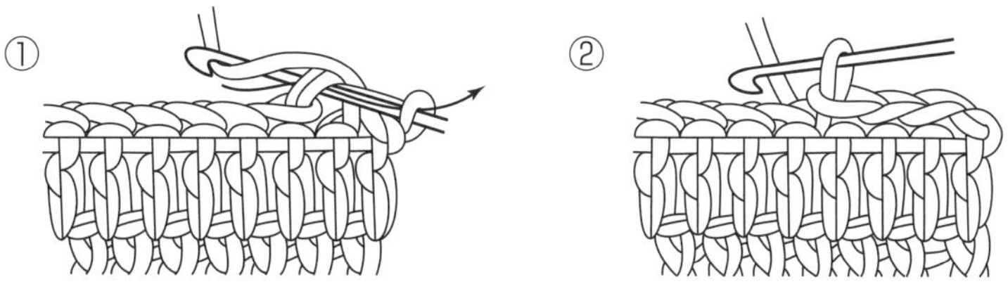

長編み表引上げ編み目

前段の編み地の柱をすくって編む編み方で、凹凸感のある編み地ができる。編み方は、前段の長編みの柱を矢印のように手前からすくって、長編みの要領で編む（①）。最初に引き出す糸は長めにし、長編みの丈より短くならないようにする（②）。

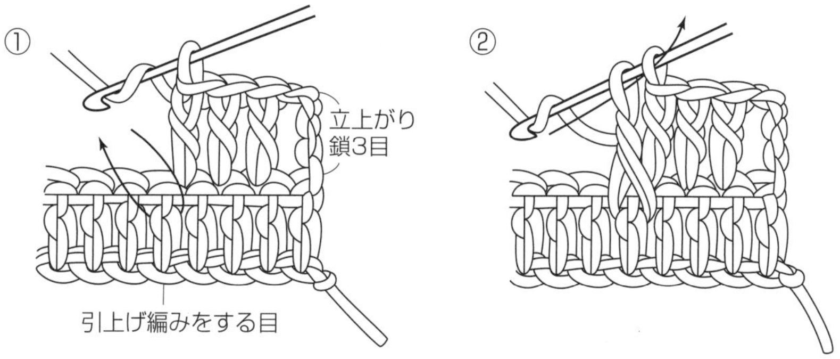

長編み裏引上げ編み目

長編み表引上げ編み目と同じ要領で編むが、前段の柱をすくうときに、針に糸を掛けたら①の矢印のように向う側から針を入れて糸を引き出し、長編みを編む（②）。

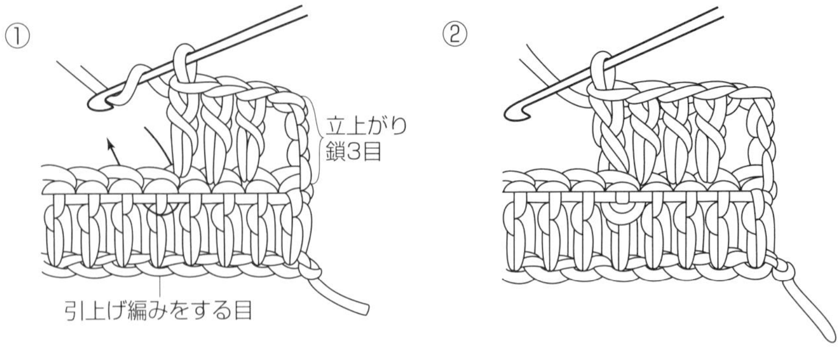

長編み交差編み目

左右の目を交差させて長編みを編む方法で、模様編みとして使う。編始めの立上がりを鎖3目で編む。次に長編みを1目とばして次の目に編み入れたら（①）、次にとばした目に②のように長編みを編み入れると③になる。

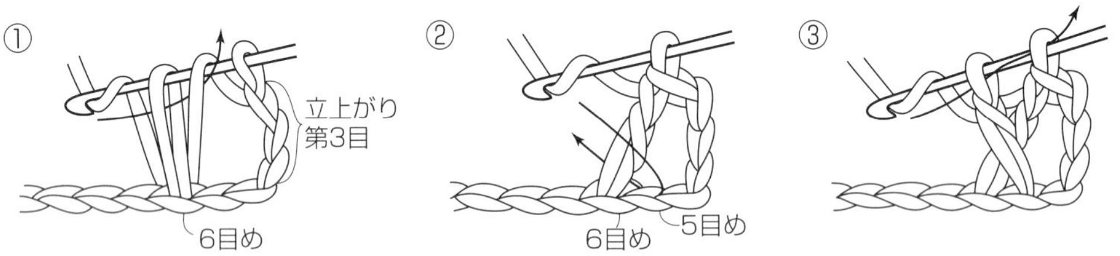

長編みクロス編み目

四つの長編目でX状に組み合わせてできる編み目。編始めの立上がりを鎖4目で編む。糸を針に2回掛けて矢印のように針を入れ、糸を引き出して針に掛かっているループを2本引き抜く（①）。次に針に糸を掛けて、今編んだ目から3目めに針を入れて糸を引き出す（②）。長編みの要領で、針に掛かっているループを2本ずつ引き抜いていく（③④）。続けて鎖2目を編み、糸を針に1回掛けて、矢印のように2目を一度に編んであるところに針を入れて糸を引き出し（⑤）、針に掛かっているループを2本ずつ引き抜いて次を編む（⑥⑦）。

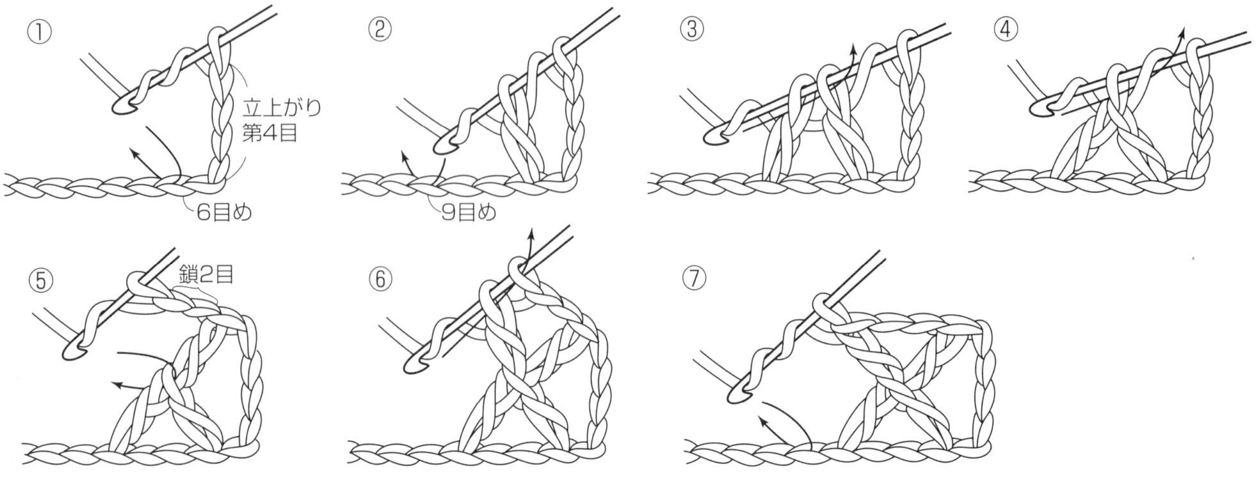

中長編み3目の玉編み

編始めの立上がりは鎖3目。糸を針に1回掛けて、矢印のように針を入れて糸を引き出す（①）。同じ目にさらに2目を編み入れ、針に掛かっているループを一度に引き抜く（②）。鎖1目を編んで目を引き締め、鎖を1～2目編んで次の目を編む（③）。

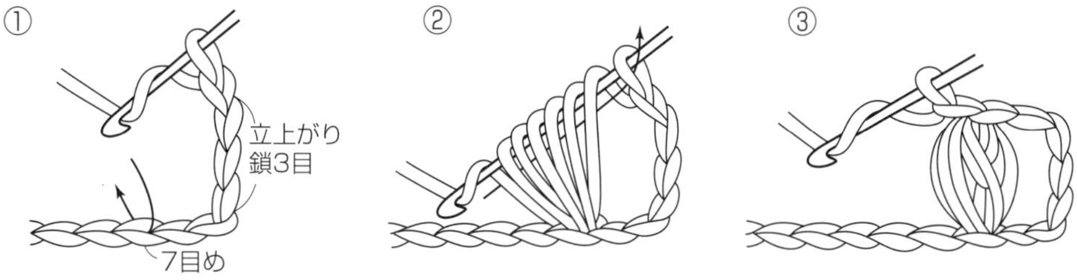

長編み3目の玉編み

編始めの立上がりを鎖3目で編み、糸を針に1回掛けて、矢印のように針を入れて糸を引き出し、長編みのループを一度引き抜いた状態にする（①）。さらに同じ目に2目編み入れ、糸を掛けて一度に引き抜く（②）。次の目を編む前に鎖を2～3目編む。中長編みの玉編みよりもかために編み上がる（③）。

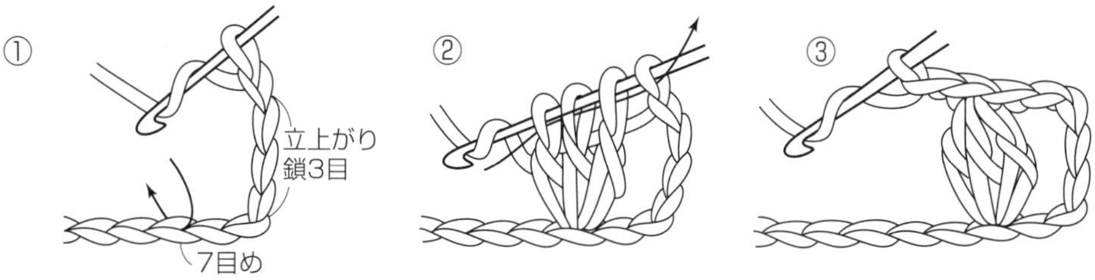

長編み5目のパプコーン編み

編始めの立上がりを鎖3目で編み、模様を編む位置まで鎖編みで編み進んだら、長編みを同じ目に5目編み入れる。針を目からはずし、最初の編み目の頭に針を入れて（①）、はずした目に針を入れて、矢印のように引き出す（②）。次の模様を編むときは、鎖を2～3目編んでからにする（③）。編み目が浮き出る、立体的な模様編みである。

長編み2目一度

長編みを一度ループを引き抜いた状態で2目編み（①）、針に掛かっているループを一度に引き抜く（②）。編み地の中間で減らす場合や、模様編みとして使う。

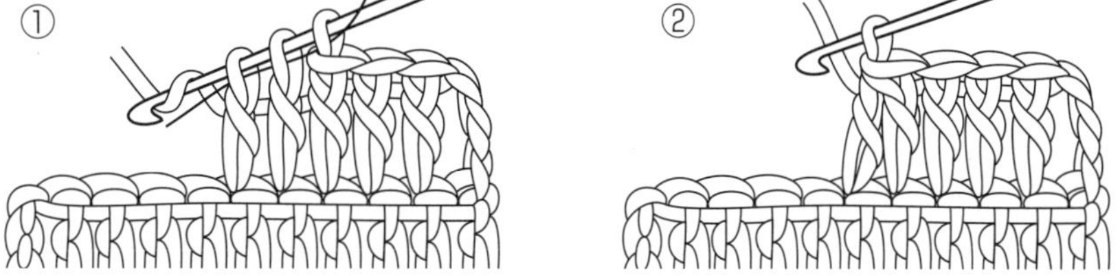

細編み2目一度目

細編みで、2目を一度に引き抜く編み方で、長編み2目一度と同じ要領で編む。

細編みリング編目

ループ細編みともいう。向う側にリングを作る場合と手前側にリングを作る場合の2種類ある。細編みを編むとき、下図（1）の①のように左手の中指を伸ばして糸を掛け、糸をゆるませたまま細編みを編む。②、③と編み、リングは向う側にできることになるが、リングの出たほうを表側にする。④は表側から見た図。手前側にリングを作る場合は、（2）のように親指に糸を掛けて編む。

（1）向う側にリングを作る場合

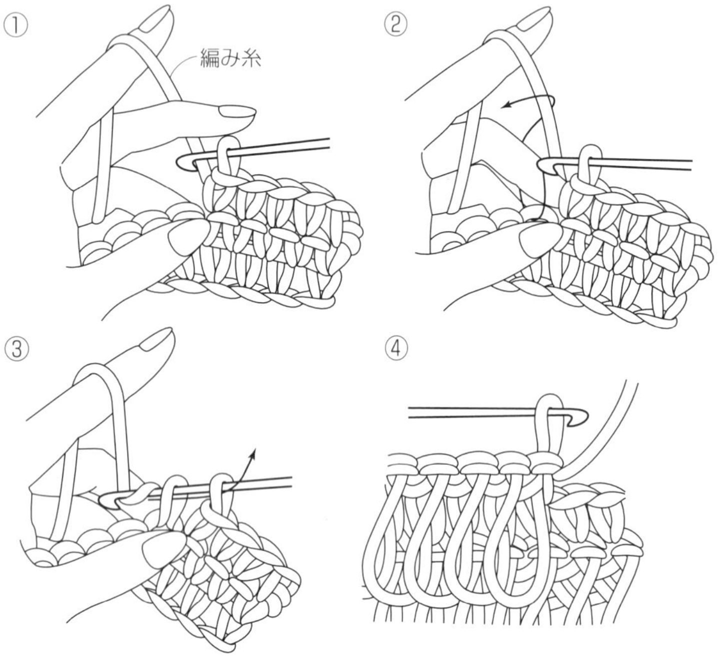

（2）手前側にリングを作る場合

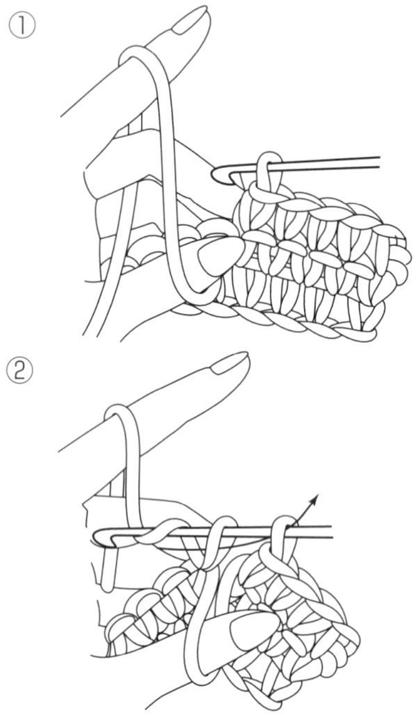

長編みリング編み目

長編みを編みながらリングを作る編み方で、細編みリングと同じ要領で編む。

ピコット

縁編みとしていちばん多く使われる編み方。ピコットをする位置まで細編みを編んだら、①のように鎖3目を編み、針を矢印のように入れ（①）、糸を掛けて一度に引き抜く（②）。細編みを2、3目おきぐらいに入れたほうがすっきりまとまる（③）。

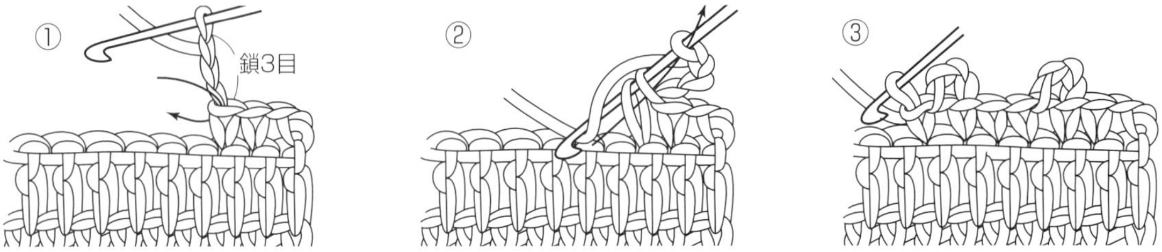

ねじり細編み目

細編みをねじりながら編む方法で、縁編みとして使う。糸を引き出したら矢印の方向に編み目をねじり（①）、針に糸を掛けて引き抜く（②）。全目に編み入れると編み目が広がるので、1目おきくらいに編み入れる。

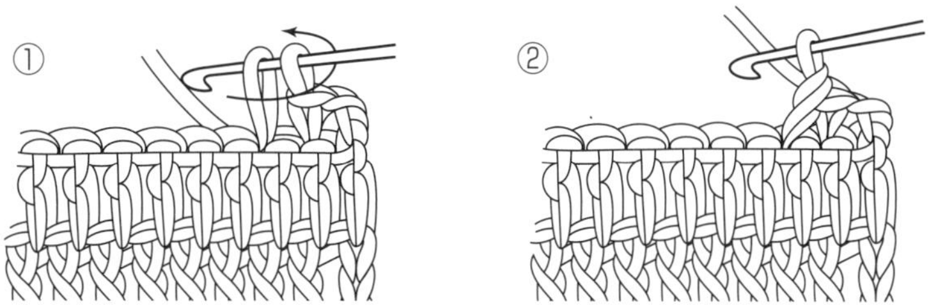

バック細編み

ねじり細編みと同じように縁編みとして使うが、この場合は全目に編み入れてしっかりまとめたいときによく使われる。立上がりの鎖1目編んでから、右隣の前段の長編みの頭に針を入れ（①）、普通の編み方とは反対に、左から右方向へ編み進む（②）。

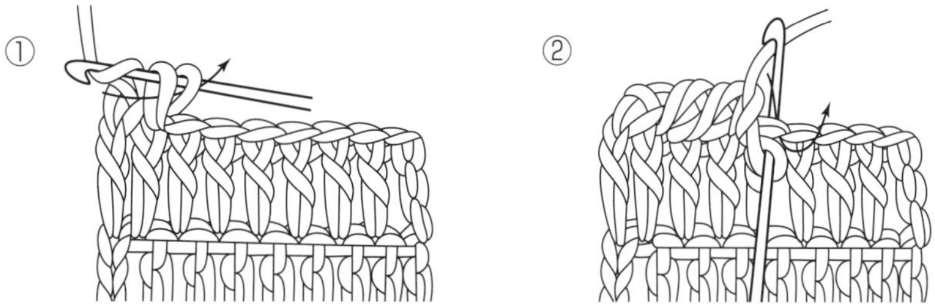

うね編み

細編みと同じ編み方だが、①のように前段の細編みの鎖状の目の向う側だけをすくって細編みをする。同じことを毎段繰り返して編めば、凹凸にうねった編み地になる。

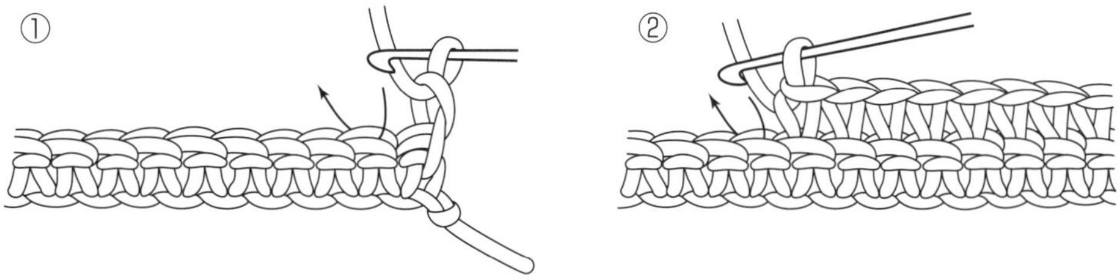

筋編み

うね編みと同じ要領だが、つねに表側を見て編み進む。毎段糸を切って、同じ方向に進むようにしなければならない。①のように前段の細編みの鎖状の目の向う側だけをすくって細編みをする編み方で、1本すじの通る編み地になる（②）。輪編みで編む場合は糸を切る必要はない。

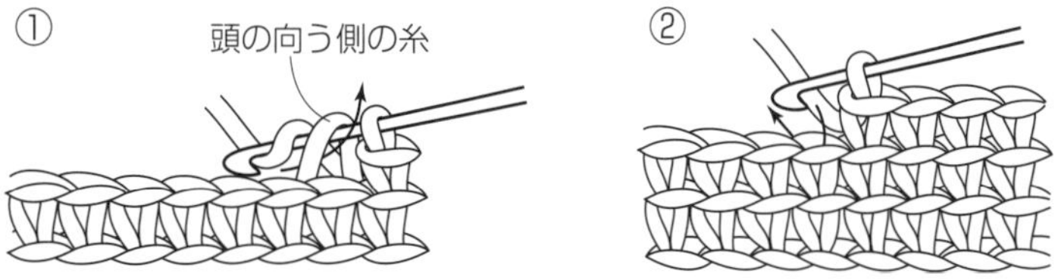

5　編み方の種類

かぎ針編みの基本になる編み方には、棒針編みと同じ1段ごとに編み地を裏返して編む平編み（往復編み）と、筒状に編む輪編み、中心から外側に増し目をしながら編む円形編みがある。

(1) 平編み（往復編み）

編み地を1段ごとに表面、裏面と返しながら編む方法で、ストールや脇をとじるセーター類に使われる。編むときは、両端に立上がり分を編むことになる。

(2) 輪編み

筒状にぐるぐる編む方法で、手袋やくつ下、帽子のような小物、脇とじのないスカートなどを編むときに使う。編み方は、図1①のように立上がり分を編んだら、矢印のように鎖目に1目ずつ編み入れていく。編終りは立上がりの目に引抜きで止める。次の段に編み進むときは、立上がり分を編んでから前段の頭に編み入れていく（②）。

図1

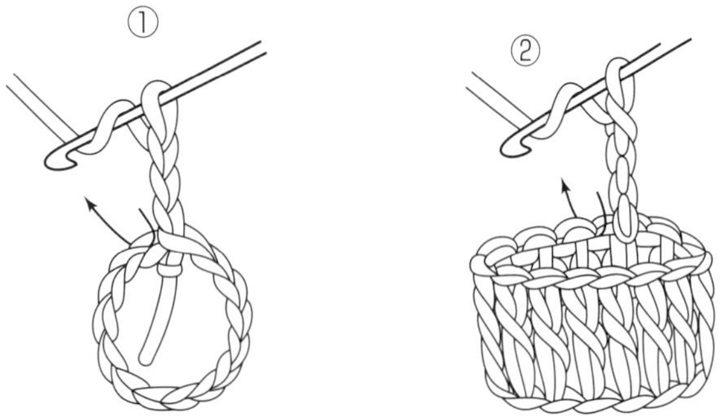

(3) 円形編み

中心から増し目をしながら丸く編む方法で、帽子やモチーフなどを編むときに使う。編始めは、糸で輪を作る方法と鎖で輪を作る方法がある（81ページ参照）。

長編みで編む場合は図2のように立上がりは鎖3目で編み、1段ごとに1目ずつ増し目をする間隔を多くして、目的の大きさになるまで編む。また、細編みのように編み目が短い場合は、立上がりは編まずにぐるぐる編み進む。

円形編みを応用すれば四角形、五角形などいろいろな形のものを編むこともできる。四角形は図3のように、同じ4か所で毎段3目ずつ増し目をして角を作る。その他の形も増し目をつねに同じ位置ですることで、角を作ればよい。

図2

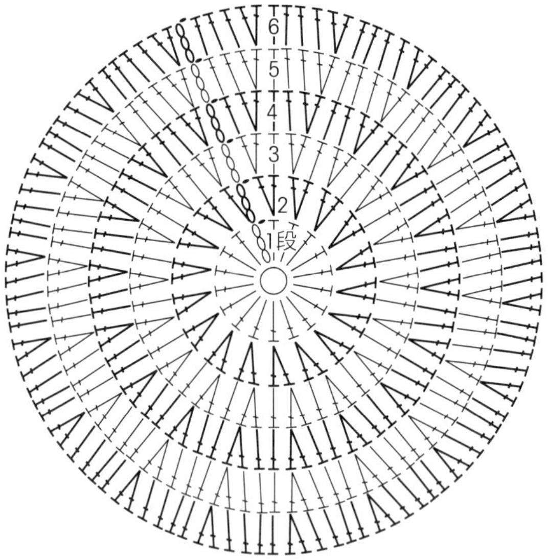

図3

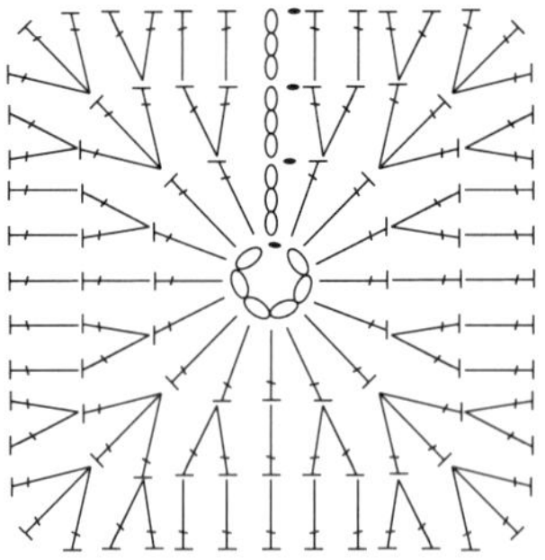

6　増し目と減し目

編み目の増減法には、編み地の端で行なう場合と中間で行なう場合がある。

細編みのように丈の短い編み目は、棒針編みの増減法と同じなので、ここでは編み目の丈が長い長編みを例にとり、自然の斜線が出る増減法を説明する。

（1）端の１目増し目

編始め側では鎖3目で立ち上がり、前段の端の頭に矢印のように編み入れる（①）。編終り側では前段の立上がりの目に、②と③のように2目編み入れる。

①

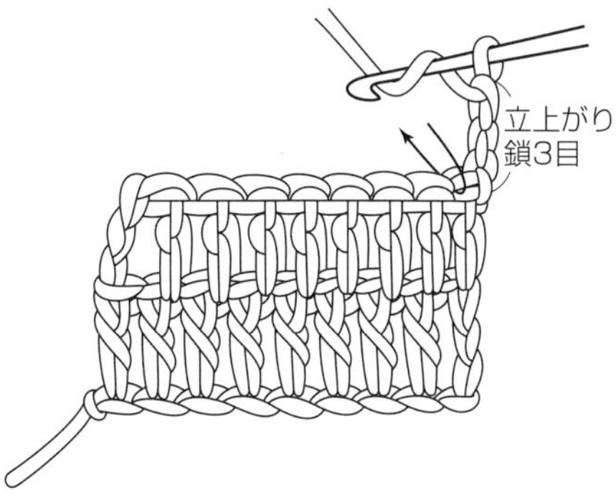

②

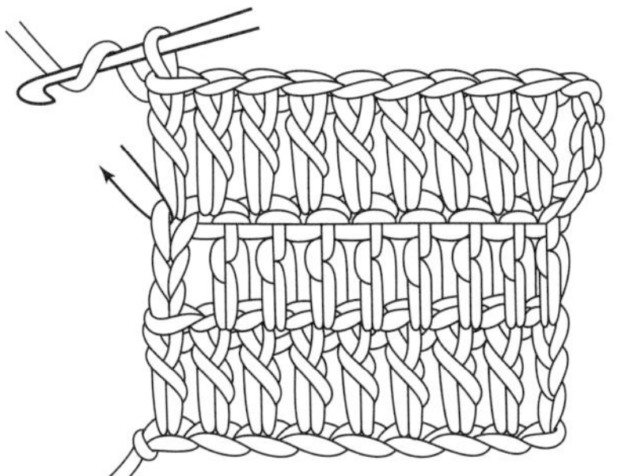

③

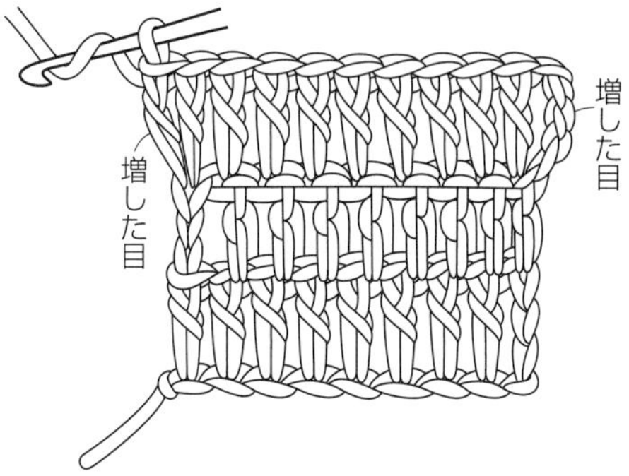

（2）２目以上の増し目

2目以上の増し目は、フレンチスリーブやドルマンスリーブの袖下のように、一度にたくさんの目を増す場合に使う方法である。

編始め側では増し目数と、立上がりの3目を加えた数の鎖目を編んで（①）、鎖目に編み入れる（②）。編終り側は前段の立上がりの鎖目に別糸を入れて、増し目分を鎖目で編み、その鎖目に編み入れる（③）。

①

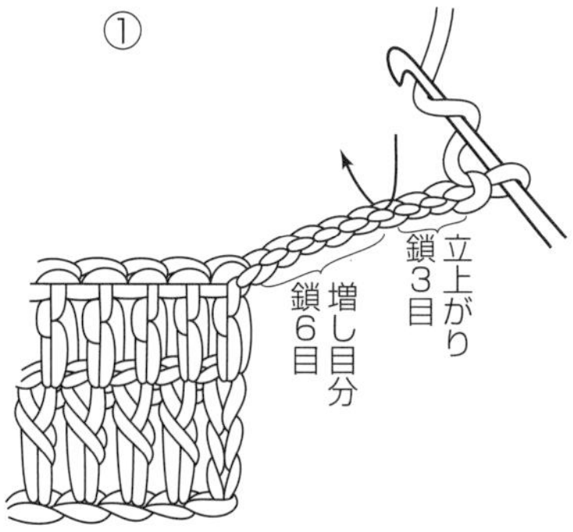

②

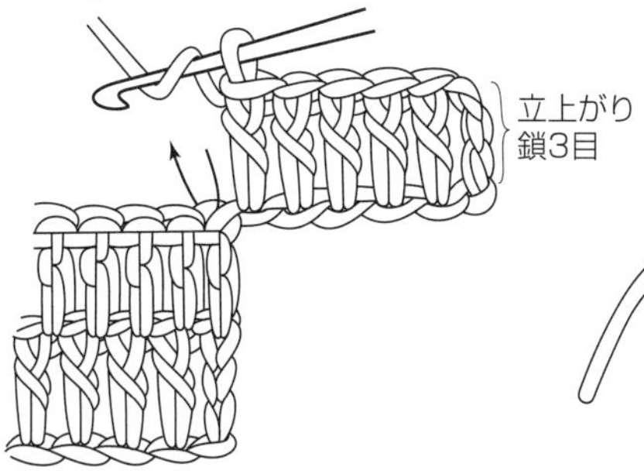

③

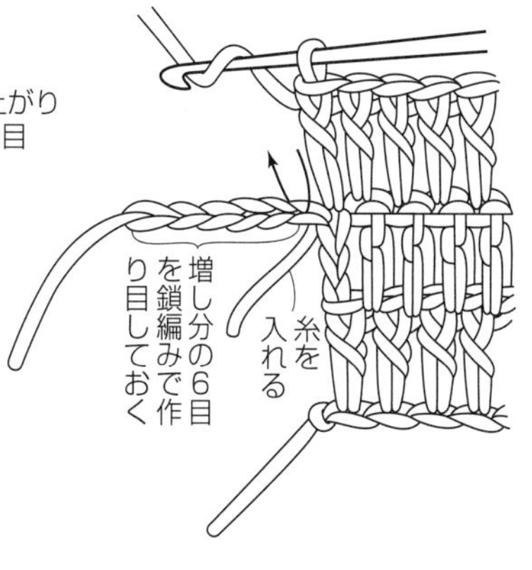

2目以上の増し目の編み目記号図

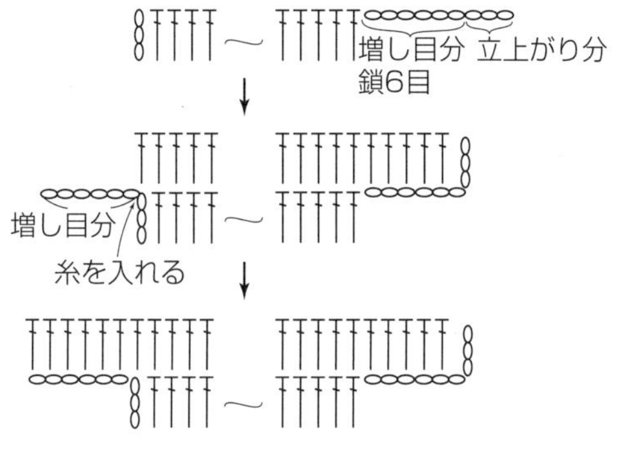

（3）中間増し目

編み地の中間で増し目をする方法。この増し方は、立体的な形に編むことができる編み物独特のテクニックで、帽子やフリルを出す場合などに使う。

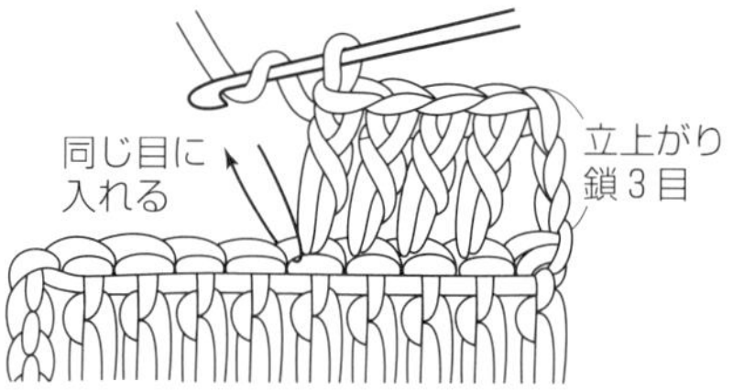

（4）端の１目減し目

編始め側では鎖2目で立ち上がり（①）、次の目に長編みを編み入れる（②）。編終り側は端の2目を長編みのループを1回引き抜いた状態で針に残し、このループを一度に引き抜く（③）。

細編みのように丈の短い編み目の場合は、編始め側では1目引抜き編みをし、次の目で立上がり分を1目編んでから編み進む。編終り側では端の1目を編み残す方法にする。

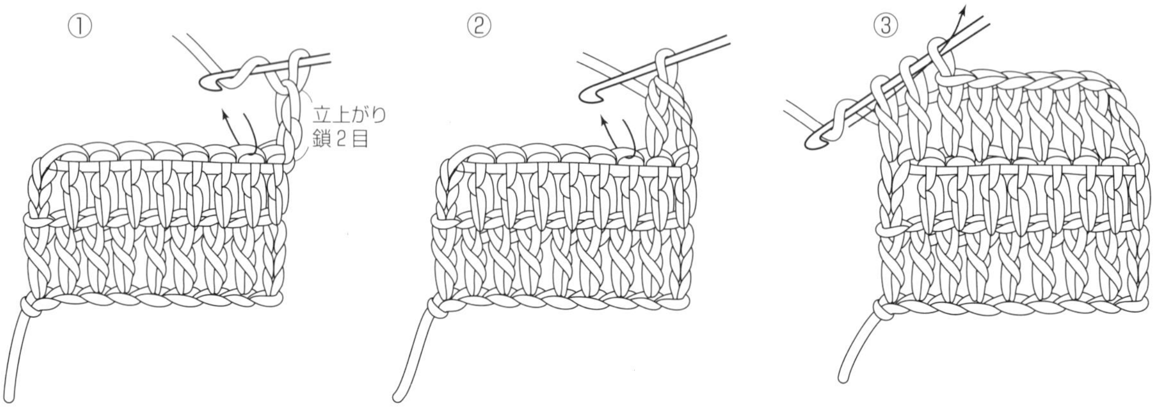

（5）端の２目減し目

衿ぐり、袖ぐり、袖山の減し目に使う。

編始め側で鎖3目で立ち上がり、2目めと3目めの長編みを、ループを1回引き抜いた状態で針を残し、針に掛かっているループを一度に引き抜く（①）。編終り側は針に掛かっているループを引き抜くが、糸をゆるめに引いて、編み地の端がつれないように気をつける（②）。またこの方法ではどうしても端がつれるような場合は、端の1目は編み残して、端から2目めと3目めを2目一度で減らす。

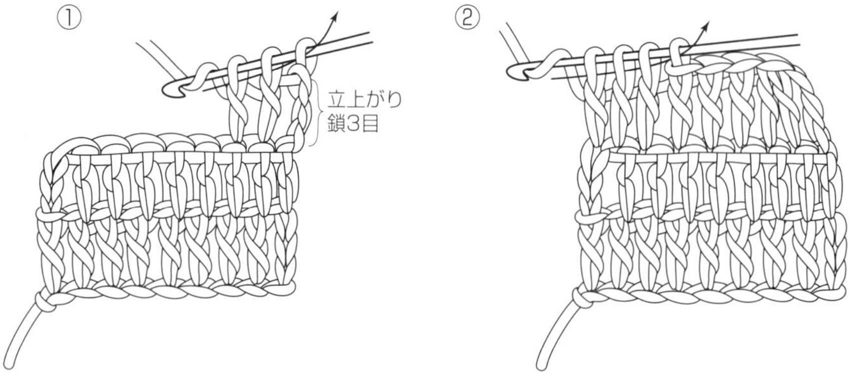

（6）中間減し目

編み地の中間で減らし目をする方法で、図のように減らす位置の目を2目一度で編む。

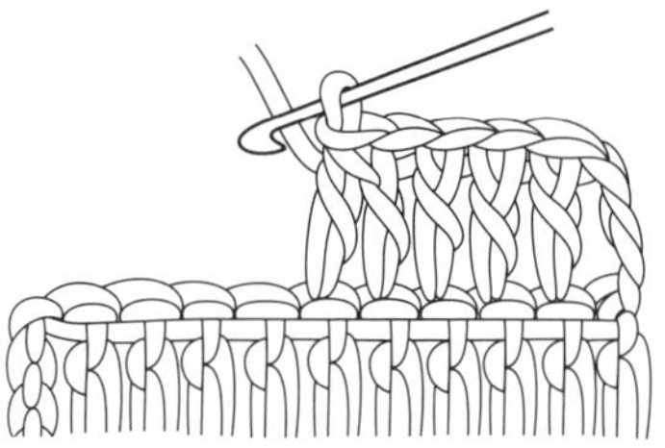

7　傾斜のつけ方

傾斜のつけ方には、胸ダーツや肩下がりのように編み残しながら傾斜をつける方法と、スカートの裾やパフスリーブの袖口のように、拾い目をしながら傾斜をつける方法とがある。

ここでは横に長い三角形の傾斜のつけ方を長編みで説明する。

(1) 編み残しながら傾斜をつける方法

長編みは1段の高さがあるので、なだらかな傾斜をだすには、傾斜に合わせて丈の短い引抜き編み、細編み、中長編み、長編みの順に編む。反対側は長編み、中長編みと逆の順に編んで傾斜をつける。次の段に移るときは、次の段まで糸を渡す方法、鎖編みを編んで次の段に移る方法、引抜き編みで次の目まで編む方法がある。

1　次の段まで糸を渡す方法

次の段に移るときに針をループからはずし、そのループを広げて編み糸を全部くぐらせ、ループを引き締める（①）。次に糸を②のように次の目まで渡し、引抜き編みをしてから編み進む（③）。

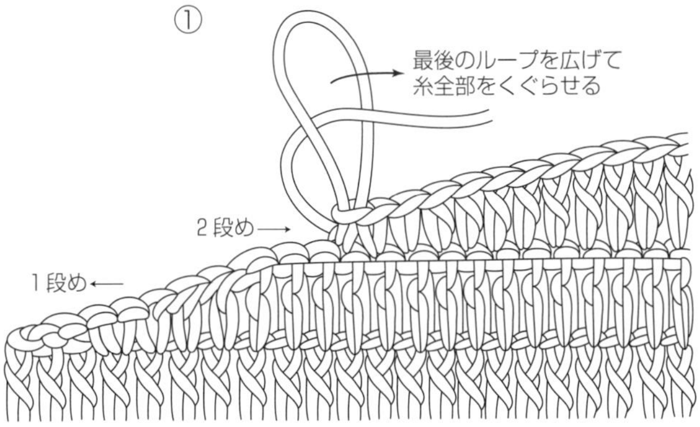

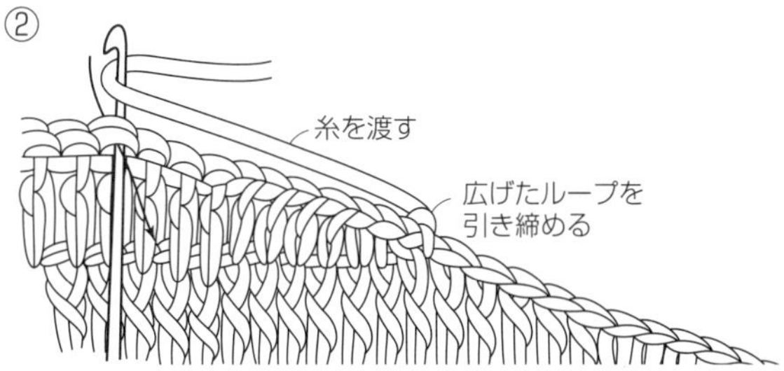

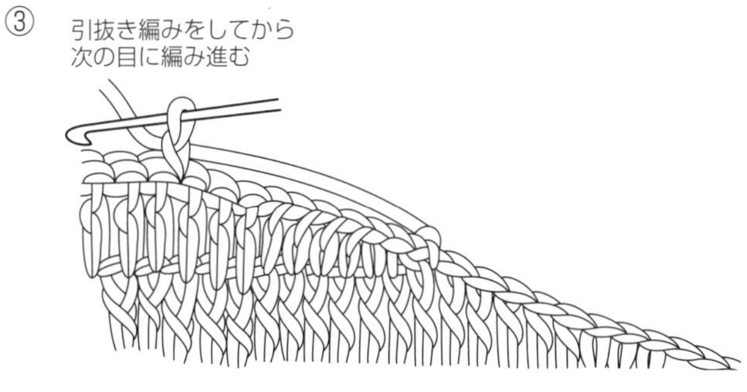

編み目記号図

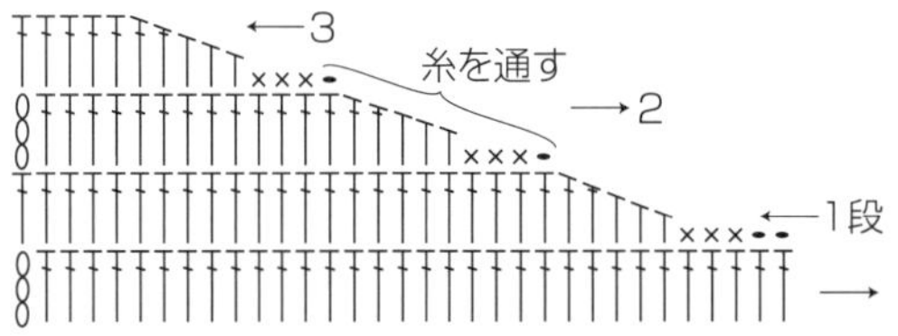

2　鎖編みで編んで次の段に移る方法

糸を渡したところを鎖目で編み、編みながら傾斜をつける方法と同じ要領で編む。

編み目記号図

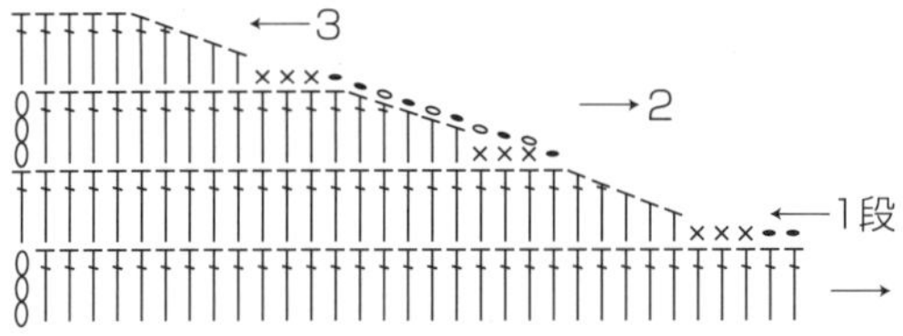

3　引抜き編みで編む方法

次の段に移るとき、前段の頭を丈の最も低い引抜き編みをする。

引抜き編みは、前段の目に1目ずつ編み入れずに、1目おきにゆるめに引抜き編みと鎖目を繰り返す。

編み目記号図

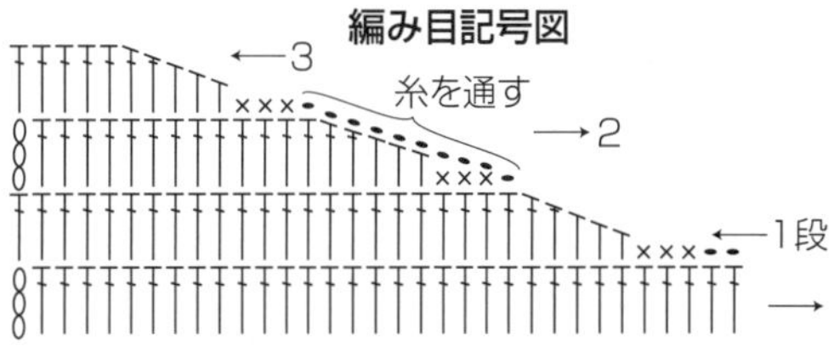

(2) 拾い目をしながら傾斜をつける方法

はじめに必要な目数を鎖目で作り目をして糸を切る。

1段めは右側の鎖目の途中から糸を入れて細編み、中長編み、長編みと丈の短い編み目の順に編み（①)、左側は逆に丈の長い編み目から短い編み目へと編んで最後は引抜き編みをして糸を切る。2段めは編み地を裏に返して編始めに糸を入れ（②)、1段めと同じ要領で編む。

①

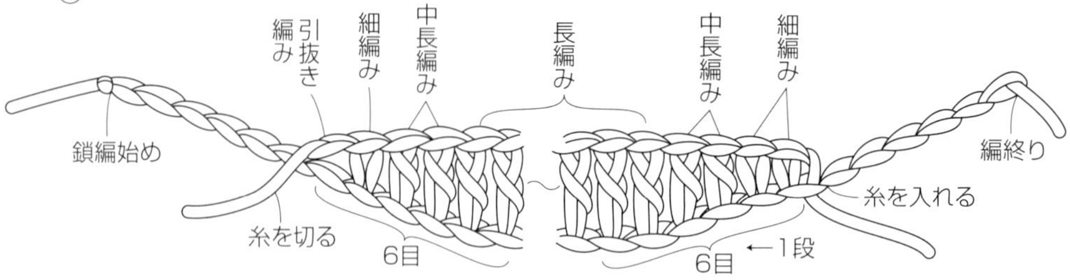

②

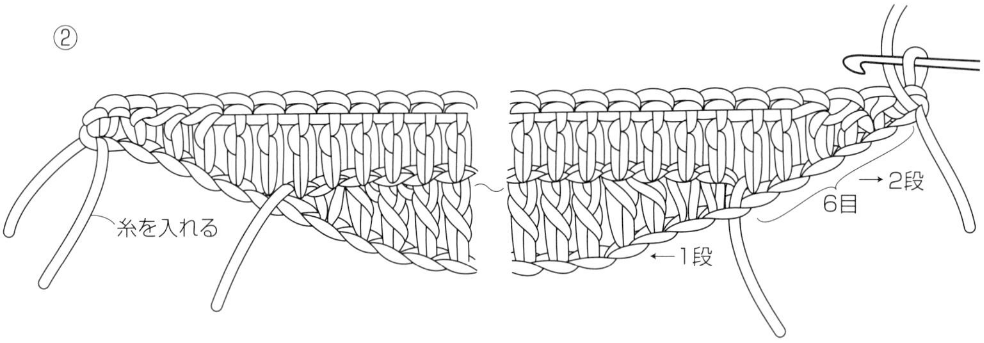

編み方記号図

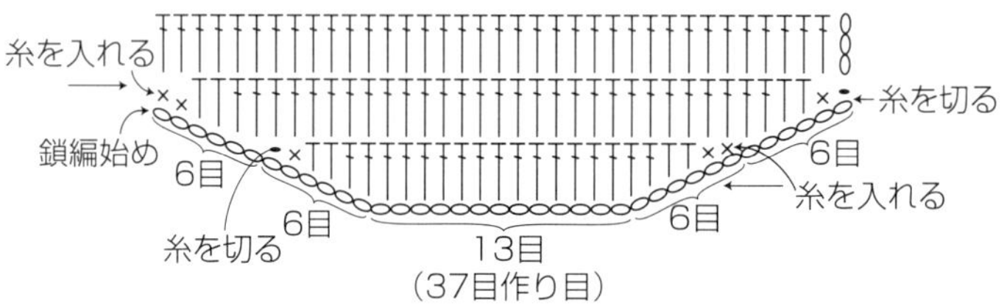

8 基礎になる模様編みの編み方と増減法

かぎ針編みの基礎になる模様編みには方眼編み、ネット編み、松編みがあり、ここではこれらの模様の編み方と増減法を述べる。

増減法には半模様、または1模様というように模様単位の場合と、増減した位置が目立たないように、1模様の目数を増減する場合がある。

(1) 方眼編み

窓編み、格子編み、グラフ編みともいわれ、編み目が窓枠のようになる模様編みで、長編みのほか、中長編み、長々編みにも応用できる。

編み地はかぎ針編みのなかでも薄手なので、ベストやカーディガンのように上に着るもののほか、メリヤス編みの編始めや、編終りが丸まるのを防ぐために編みをつけたり、裾やスカートのベルトの裏側を、表にひびかないように始末する場合によく使われる。

編み方

鎖編みと長編みを繰り返して編む。

鎖目の数は、模様や編む糸によって変える。

増減の方法は、編み地の端で増減する方法（図1）と、編み地の中間で増減する方法（図2）がある。端で増減する場合には、1模様ずつ増減する方法と肩の傾斜をつけるときに使う2模様以上を減らす方法がある。中間で増減する場合は、端の模様はそのままで、中間で1模様の目数（鎖の目数）を変えて増減する方法がある。端で増減する場合は、長編みの目が短くならないように気をつける。

方眼編みの編み方

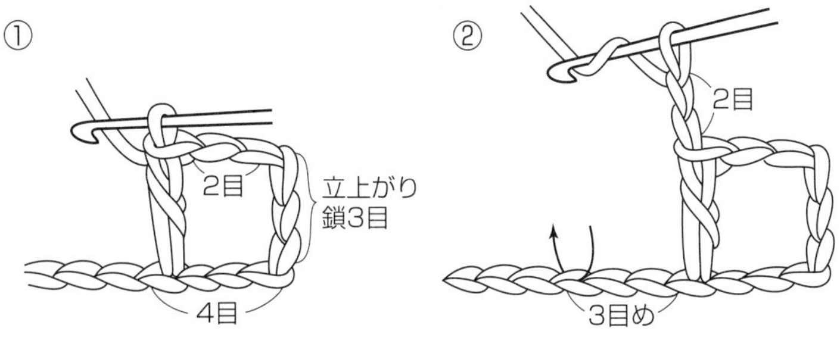

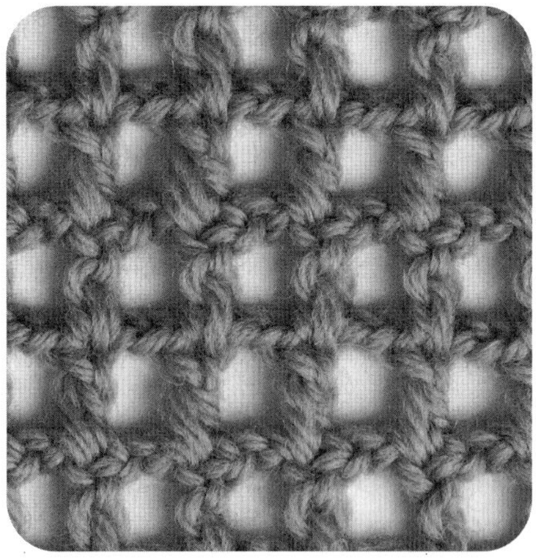

図1　編み地の端で増減する方法

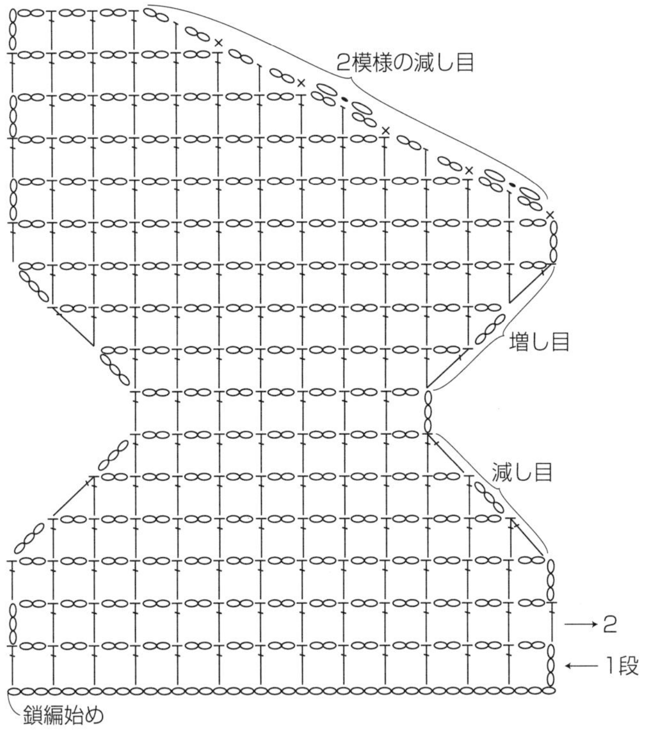

図2　編み地の中間で増減する方法

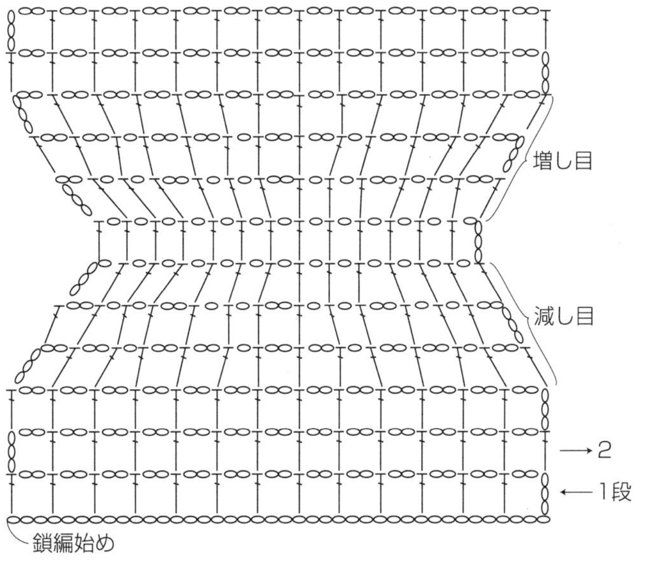

(2) ネット編み

波編みともいう。方眼編みと同じように薄手にでき上がり、伸縮性がある。素材によっては変わった感じに編み上がり、空間を松編みや玉編みで埋めたりすると、変化のある編み地を作り出すことができる。

編み方

鎖編みと細編みを繰り返して編む編み方で、鎖編みはゆるめに、止める細編みはきつめに編むときれいに編み上がる。

増減の方法は、編み地の端で増減する方法（94ページ図1）、編み地の中間で増減する方法（94ページ図2）がある。端で増減する場合には、端で半模様ずつ増減する方法と、肩の傾斜をつけるときに使う1模様半ずつ減らす方法がある。中間で増減する方法は、1模様の鎖の目数を変えることによって、増減される方法がある。

編むときには、端を真っすぐに編む場合と端を増減する場合では長編みの編入れ方が違ってくるので、図をよく見て、端の模様の形に注意する。

ネット編みの編み方

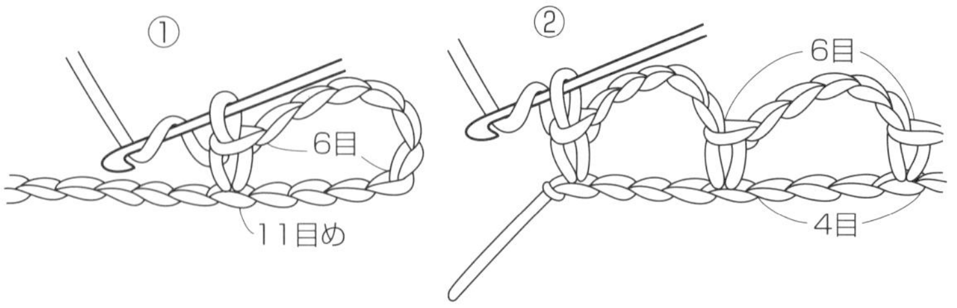

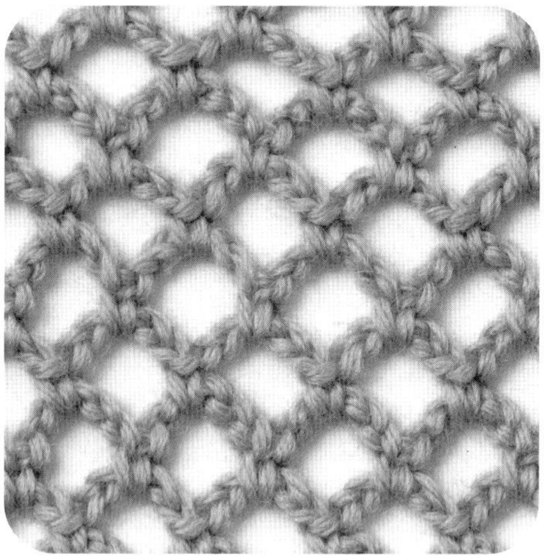

図1　編み地の端で増減する方法

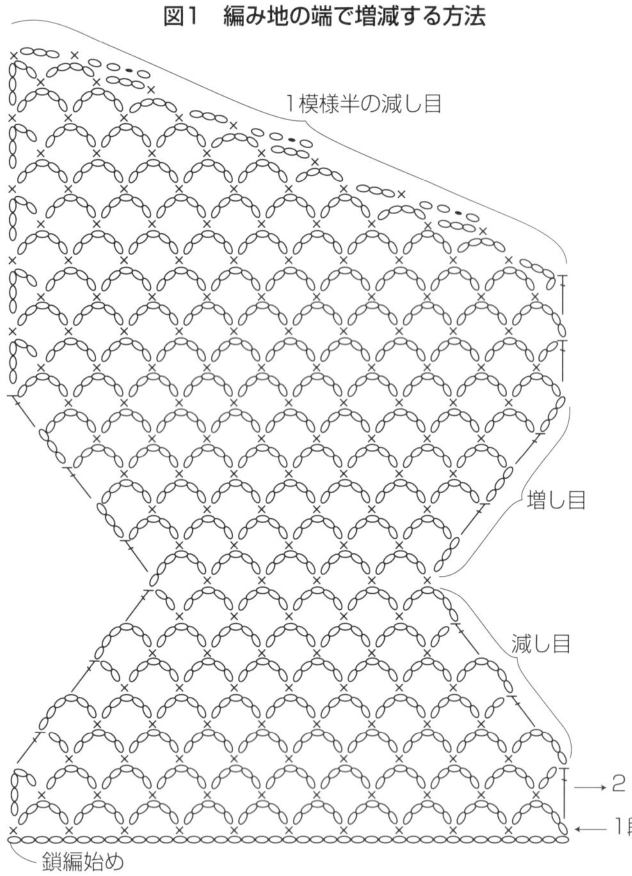

図2　編み地の中間で増減する方法

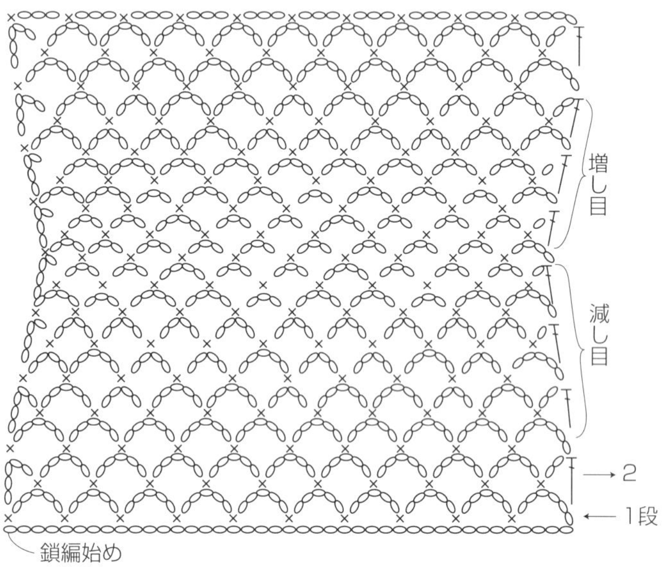

(3) 松編み

ネット編みと同じく波形に編み上げられる編み地で、空間を長編みで埋めた厚地の編み地である。長編みを編む目数が多くなるほど、厚手の編み地になる。

編み方

長編みを同じ目に必要目数編み入れて細編みで止める編み方である。

増減の方法は、編み地の端で増減する方法（95ページ図1）と、編み地の中間で増減する方法（95ページ図2）がある。端で増減する場合には端で半模様ずつ増減する方法、1模様ずつ減らす方法があり、松編みの山の傾斜を利用して編む。中間で増減する場合は、長編みの編み入れる数や模様の編み入れる数を変えて、模様の大きさを変化させて増減する方法がある。

端の鎖編みをゆるめに編んで、端がつれないように注意する。

松編みの編み方

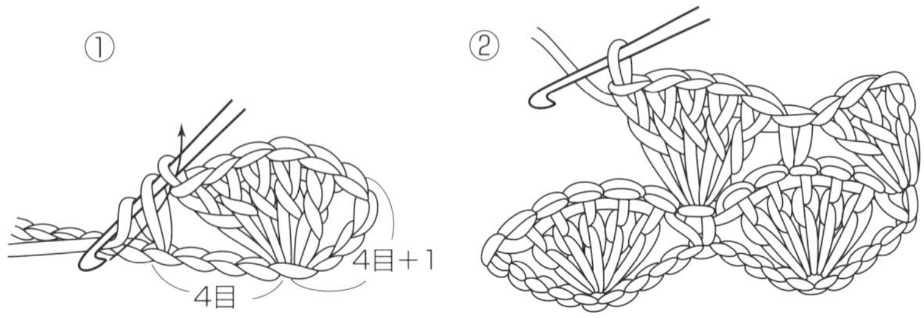

図1　編み地の端で増減する方法

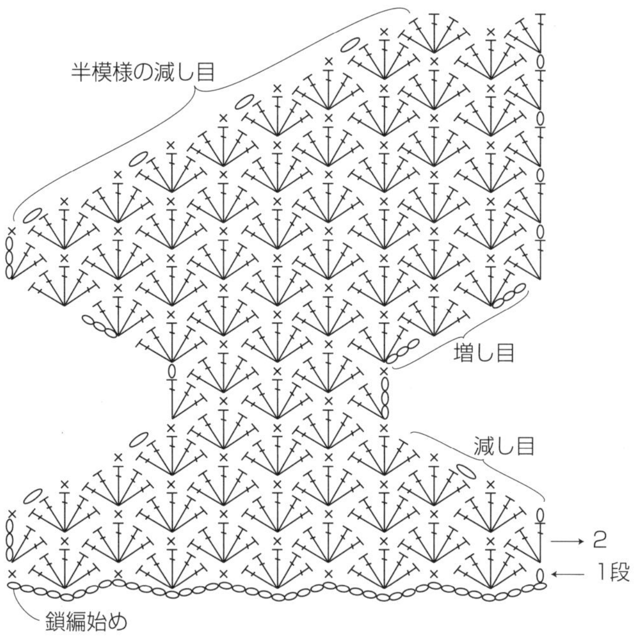

図2　編み地の中間で増減する方法

9　編込み模様

2色以上の糸を使って模様を編む編み方で、好みの図案を編み込むことができる。

編み方には渡る糸を編み込みながら編む方法と、裏面に糸が渡る方法がある。

(1) 渡る糸を編み込みながら編む方法

配色糸と地糸を交互に編むことになるが、裏側に糸が渡らないように、休めておく糸を編み込みながら編み進む。

①

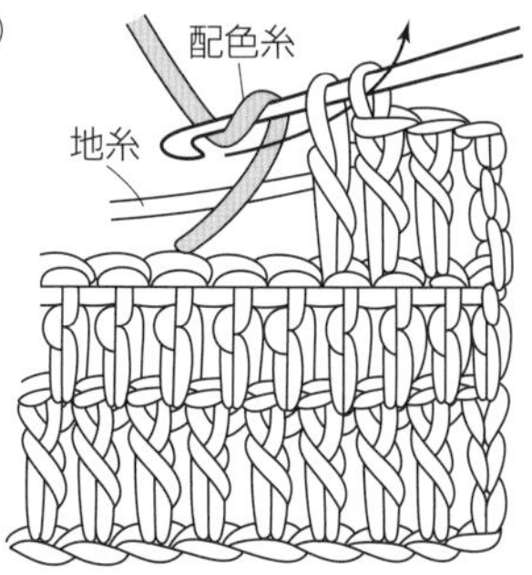

②

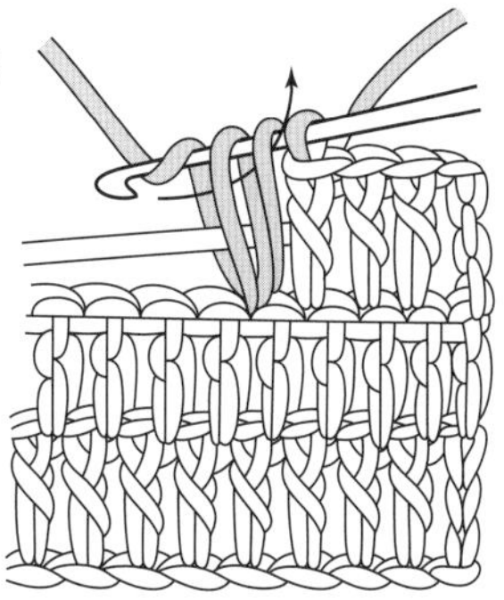

③

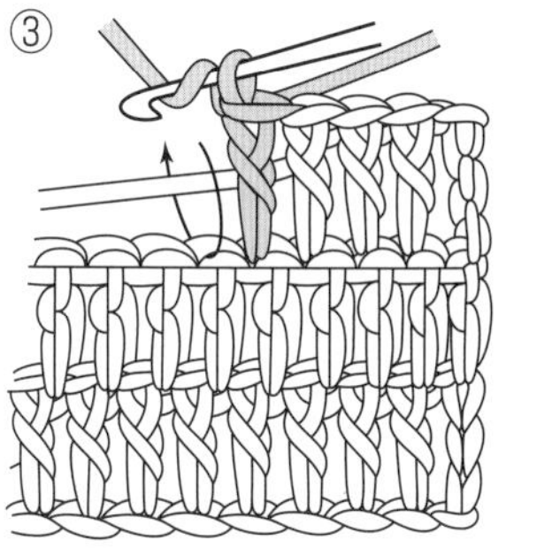

配色糸にかえる一つ前の目を引き抜くとき、地糸を裏側で休ませ、配色糸を針にかける（①）。

地糸を配色糸の編み目へ通しながら、配色糸で編む（②③）。

(2) 裏面に糸が渡る方法

小さな連続模様の場合に使う。渡る糸は編み込まずに裏側に渡らせる。また、裏面を編むときは、手前側に糸を渡らせる。編み終わったとき裏面に糸が渡ることになる（③）。

①

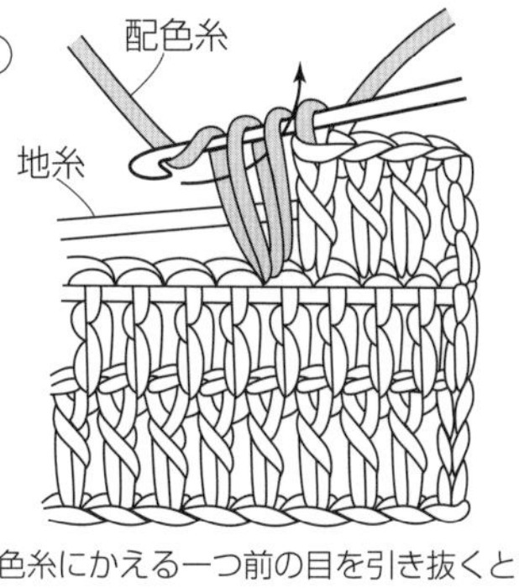

②

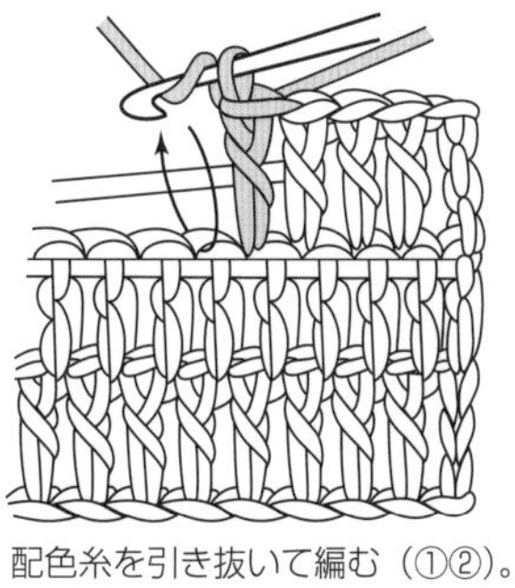

③

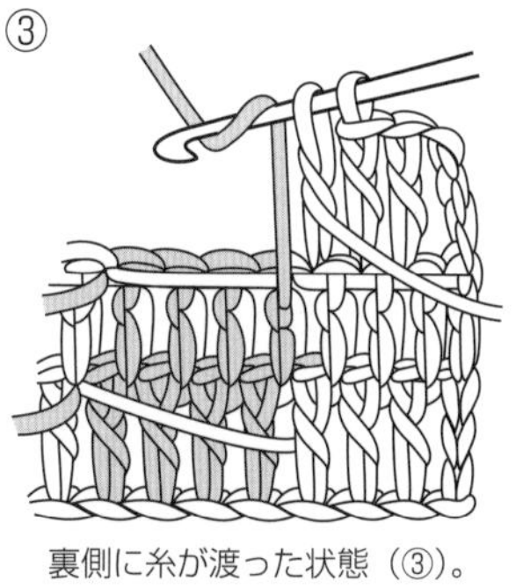

配色糸にかえる一つ前の目を引き抜くとき地糸を裏側で休ませ、配色糸を引き抜いて編む（①②）。

裏側に糸が渡った状態（③）。

10 はぎ方

目と目をつなぎ合わせることで、前後の肩を合わせたり、編み上がってから丈を足す場合に使うまとめの方法。ここでは細編みと長編みを例にして説明する。

(1) 巻きはぎ

編み地の表面を上にして突合せにし、図のように左右の編終りの目を巻いていく。はぐ糸をゆるめに巻くと、編み地が突合せの状態になるので、試着するときの仮とじとしてよく使われる。このはぎ方は、巻いた糸が表面に見えるので、目的によって糸の引き方に注意する。

巻きはぎ

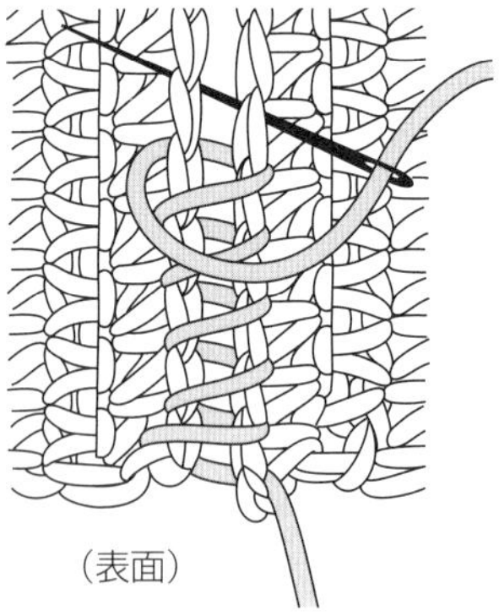

(2) コの字はぎ

はぎ目が薄手に仕上がるので、モチーフつなぎや厚手の編み地をはぐ場合に使う。

コの字はぎ

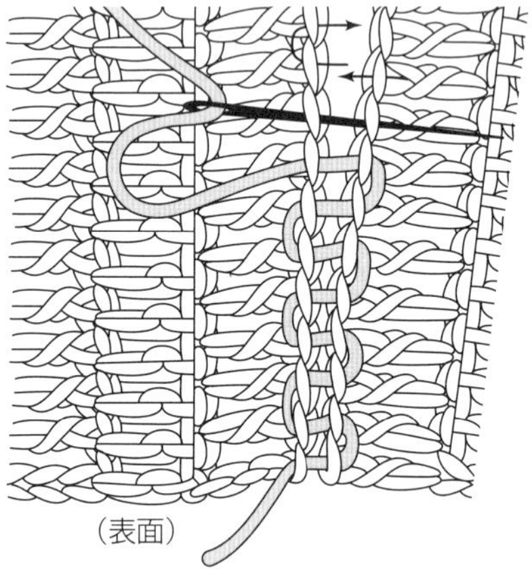

(3) 引抜きはぎ

中表に合わせて、引抜き編みではぐ方法で、はぎ目が伸びるのを防ぎたい場合や、手早くはぎ合わせたい場合に使う。

引抜きはぎ

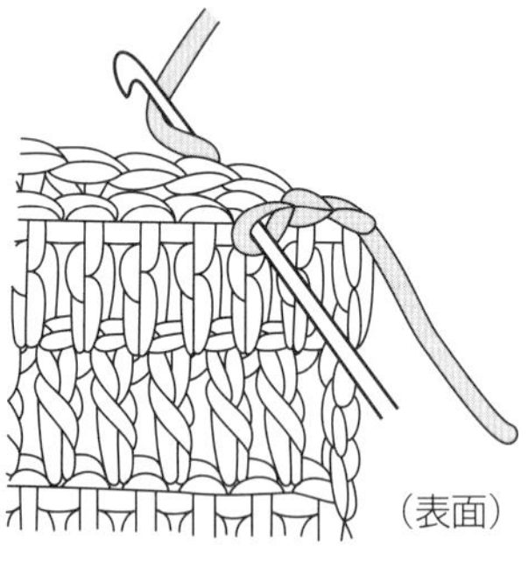

(4) 編み地と編み地の間に鎖目を入れてはぐ方法

厚地に編み上がる編み地を、薄手にはぎ合わせるときに使う。

はぎ方は、編み地を中表に合わせて2枚の編み地の頭に針を入れて糸を掛け、引き出す(①)。次からは矢印のように編み地の間に糸を引き出し(②)、糸を掛けて矢印のように手前で糸を引き出す(③)。編み地と編み地の間に鎖目が編まれたことになり、出来上りは突合せの状態で薄手に仕上がる(④)。

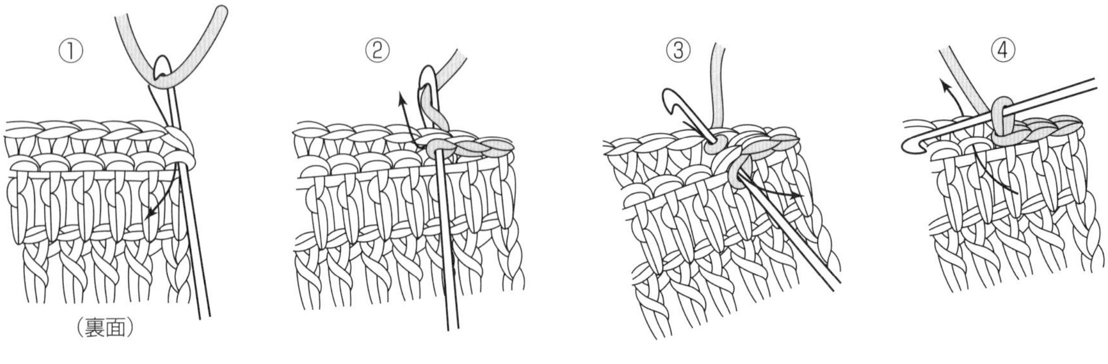

(5) すくいはぎ

編み地のはぎ目が厚手になるが、ぴったりとはぎ合わされる。はぎ方は、表面を上にして、向う側と手前側の目の頭の下側の糸を交互にすくってはぐ方法で、糸は少しきつめに引くときれいに仕上がる。

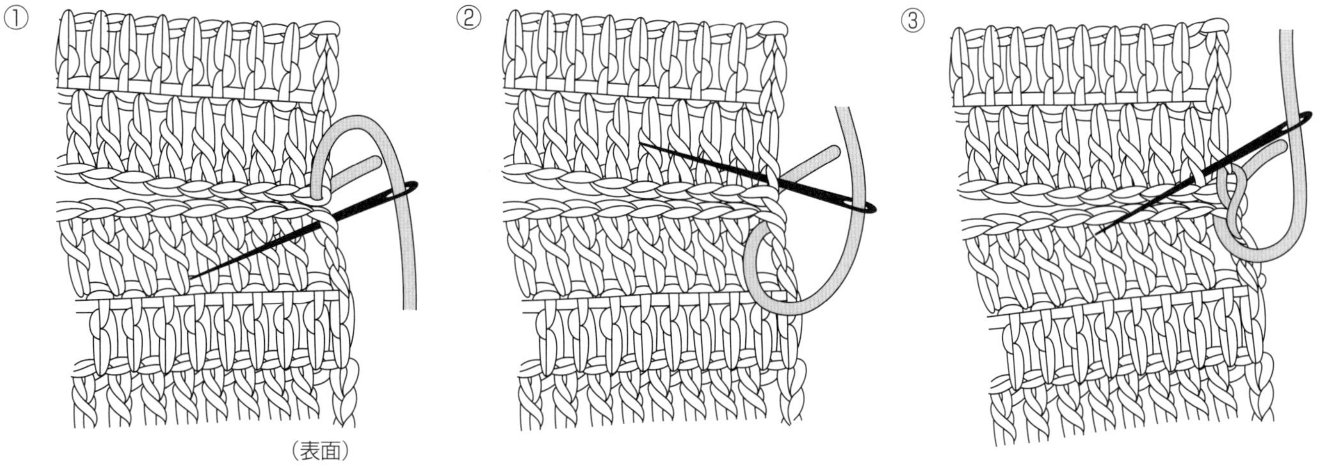

(6) 編み足す場合のはぎ方

丈を足す編み地の2段めに別糸を通しておき、1段めの編終りの目を切ってほどく(①)。はぎ方は、編み足すほうの端で、鎖目2目で立ち上がり、針をはずす。丈を足す方の長編みの柱に、針を入れて針からはずしたループを引き出す(②)。③のように針に糸を掛け、編み足す編み地の長編みの目に針を入れて糸を引き出し、長編みを編んで針をループからはずす(④⑤)。⑥のように長編みの柱に左側から針を入れ、④⑤で編み終え、長編みのループを引き出して編み足す編み地の目に長編みを編み入れる。はぎ合せの段の長編みの丈は、上下の長編みの丈と同じ丈に編み上げると、きれいに仕上がる。

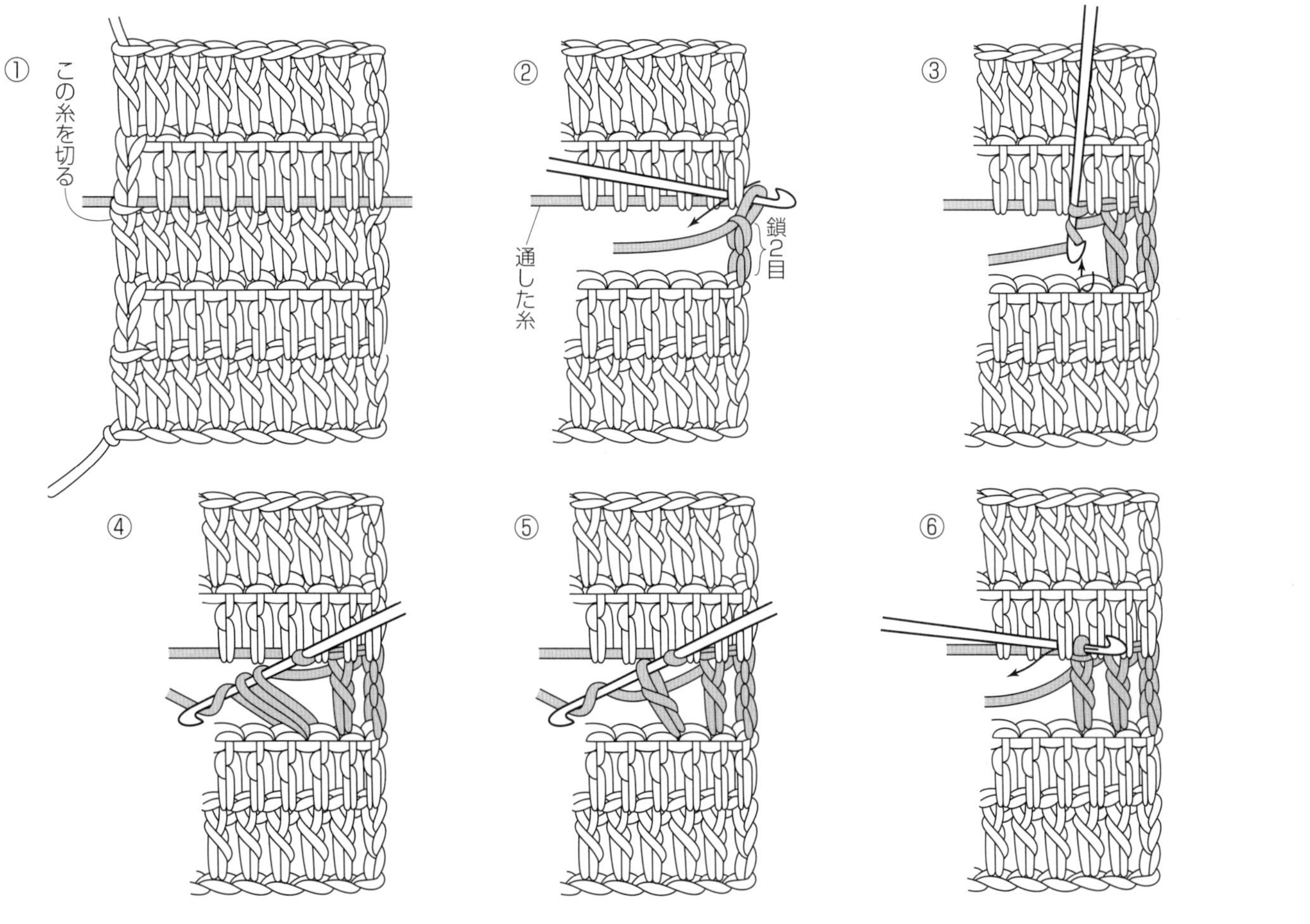

11　とじ方

段と段をつなぎ合わせることをとじるといい、平編みで編んだ前後身頃の脇、袖下をとじるときなどに使う。

(1) 巻きとじ

簡単で早くとじることができ、とじたところが突合せの状態に仕上がるので、試着するときの仮とじや太い糸で編んだものなどをとじるときに使う。

とじ方は、仮とじの場合は1.5~2cmの粗いとじ目にするが、本とじの場合は表の出来上りに合わせて糸の引きかげんに注意しながらとじ合わせていく。太い糸の場合は薄く仕上げるために、半割り糸でとじる。

巻きとじ

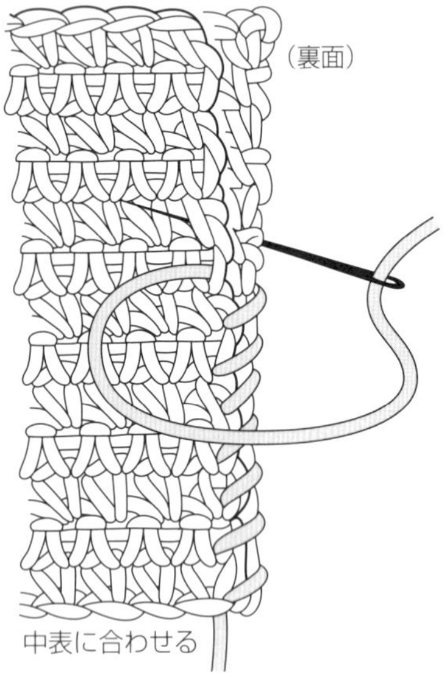

(2) コの字とじ

コの字のように左右を交互にすくってとじる方法で、とじ目が薄手に仕上がる。

コの字とじ

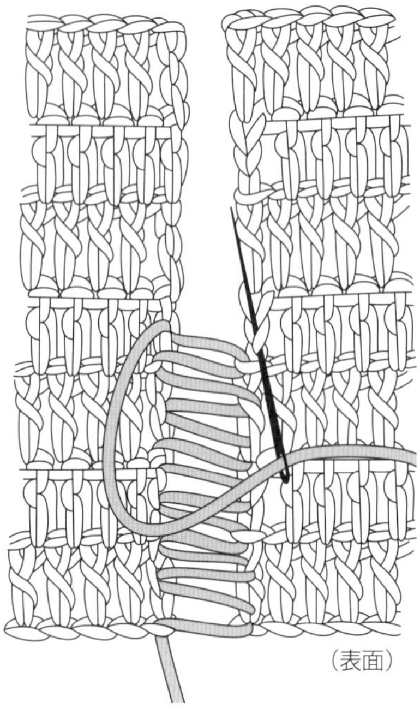

(3) 鎖とじ

長編みのように1目の丈が長い編み目の場合に使うとじ方で、とじた部分も編み地と同じように伸縮するので着るもののまとめに適している。

とじ方は、編み地を中表に合わせて、図のように編み目の丈分を鎖編みで2、3目編み、2枚の編み地の編み目を合わせて細編み、または引抜き編みでとじる。とじたときに、左右の段数をそろえるようにする。

鎖とじ

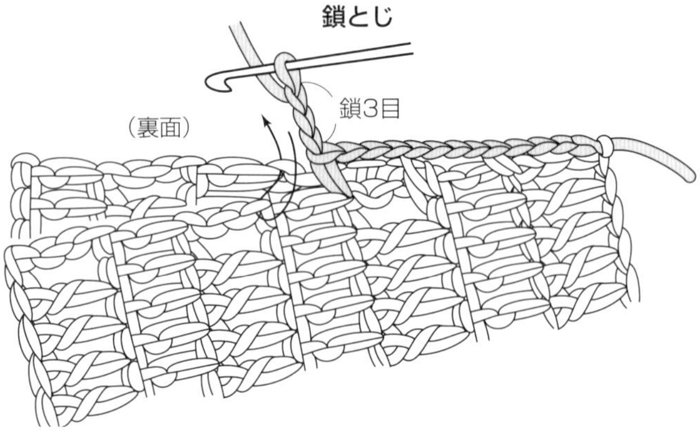

12　ボタン穴

ボタン穴には横穴と縦穴がある。編み地には伸縮性があるので、ボタン穴はボタンの直径より10～20％小さい寸法に仕上げる。

(1) 縦のボタン穴

細編み、長編みの場合とも、ボタン穴の位置になったら左右別々にボタン穴の大きさまで編み、次の段では左右を続けて編む。

細編みの場合

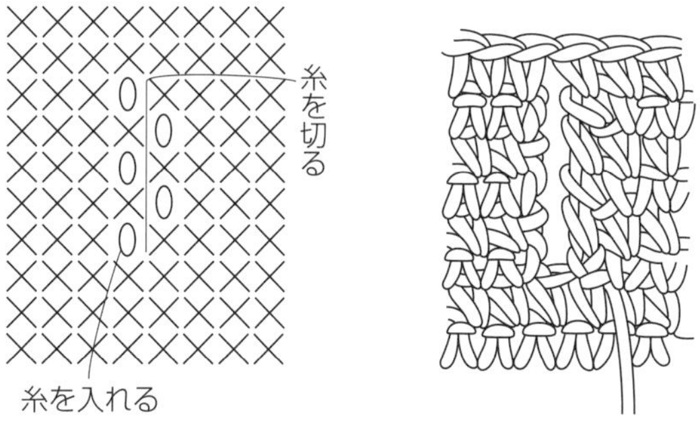

長編みの場合

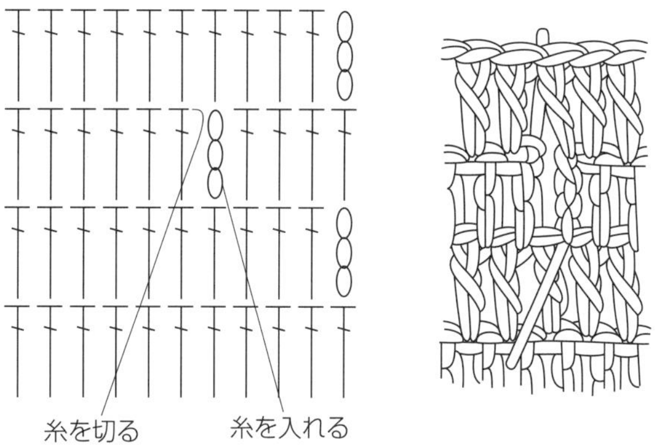

(2) 横のボタン穴

1　細編みの場合

ボタン穴の位置まで編んだら、ボタン穴を鎖編みで編む。次の段ではこの鎖編みを芯にして、細編みを編み入れる。

細編みの場合

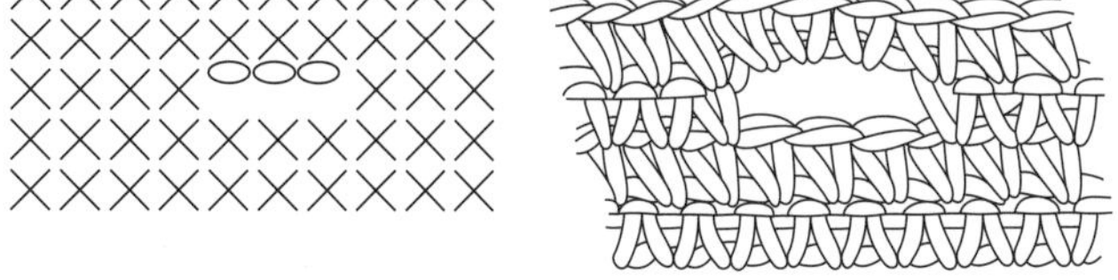

2　長編みの場合

次の段を編む前に、別糸でボタン穴を鎖編みで作っておく。次の段ではこの鎖目に1目ずつ長編みを編み入れる。

長編みの場合

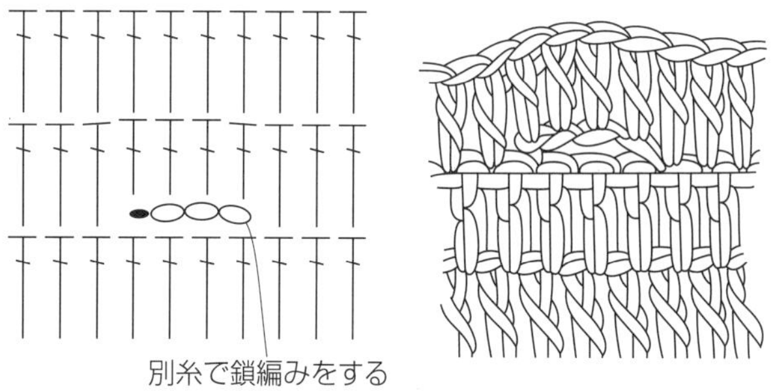

(3) ボタンループ

ボタン穴の位置に鎖編みをし、これに引抜き編み、細編み、ブランケットステッチで埋めていく方法。糸の太さやデザインによって使い分けるとよい。

細編み

引抜き編み

ブランケットステッチ

Ⅲ アフガン編み

アフガン編みとはアフガニスタンで生まれた技法をいい、赤ちゃんのおくるみや敷物という意味もある。日本では畳編みともいわれる。棒針編みとかぎ針編みの編み方を混合した技法で、往路と復路で1段として、これを繰り返すことによって編まれる。トリコット・ステッチ、チュニジアン・クロッシェ、レールウェイステッチなどとも呼ばれている。伸縮性が少し欠ける代りに、棒針編みのように形がくずれることもなく、またかぎ針編みほど糸もいらず、早く編めるのが特徴である。

1　針と糸の持ち方

編み糸はかぎ針編みと同じ要領で左手に掛け、アフガン針は右手に持つ。①のように棒針編みと同じに持つ方法と、②のようにかぎ針編みと同じに持つ方法とがあり、編み地の幅は広い場合は①の持ち方で、狭い場合はの②持ち方で編むことができる。

① 棒針編みと同じに持つ方法

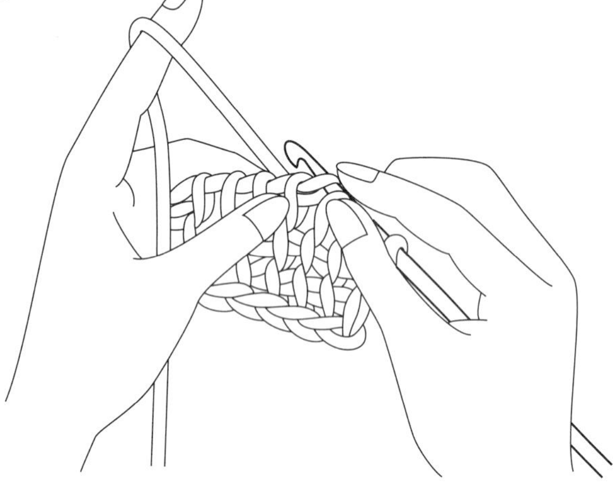

② かぎ針編みと同じに持つ方法

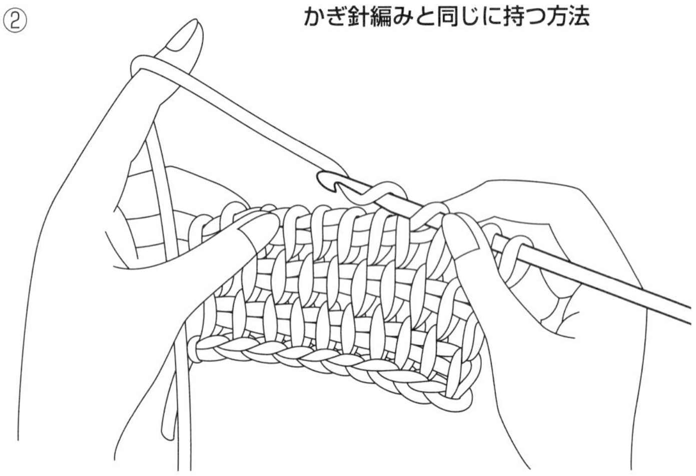

2　作り目からの目の拾い方

作り目はゆるい鎖編みで編み、1段めは図のように鎖目の裏側の目を拾いながら編み進む。これは鎖状の目がそのまま残り、縁が落ち着く。

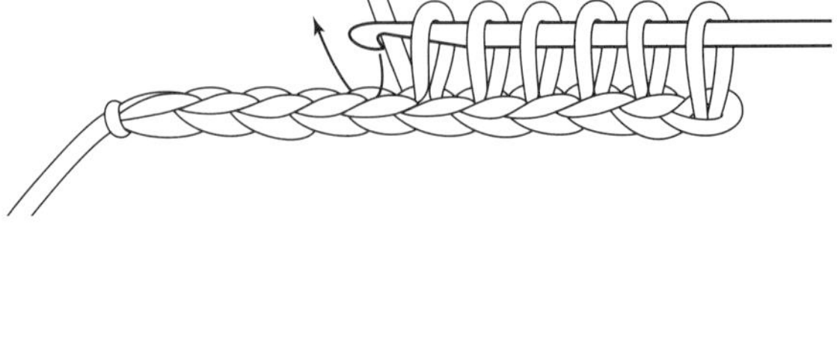

3　編み目記号とその編み方

アフガン編みは、往路と復路で1段編んだことになる。記号は往路を編むときを表わしてあり、復路は戻り目でかき表わす。すべての編み地の1段めはプレーンアフガンとする。

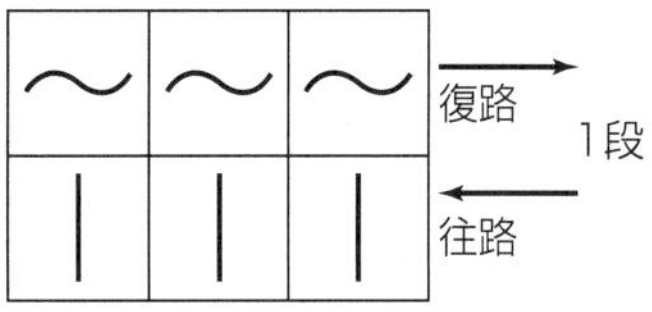

鎖編み目

かぎ針編みの鎖目と同じ編み方。アフガン編みの鎖目は、ゆるめに編むことが大切である。

表編み目

アフガン編みの基礎の編み方で、畳のような編み目になる。編み方は前段のたて糸を拾いながら糸を掛け（①）、その糸を引き出して針に目を残していく（②）。

①

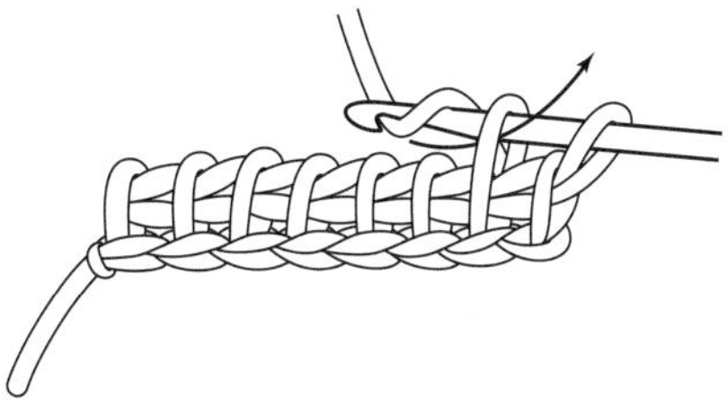

②

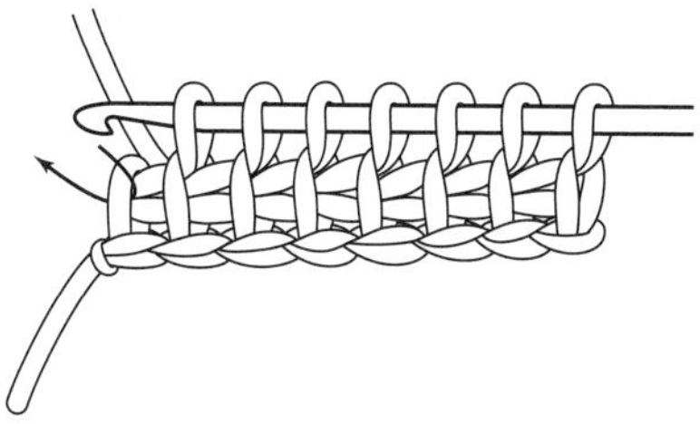

戻り編み目

戻り目は復路の基礎になる編み方で、往路で全目編み終えたら、①のように1目鎖目を編んでから②のように1目ずつ引き抜いて戻る。戻り目を編んではじめて1段編んだことになる。

①

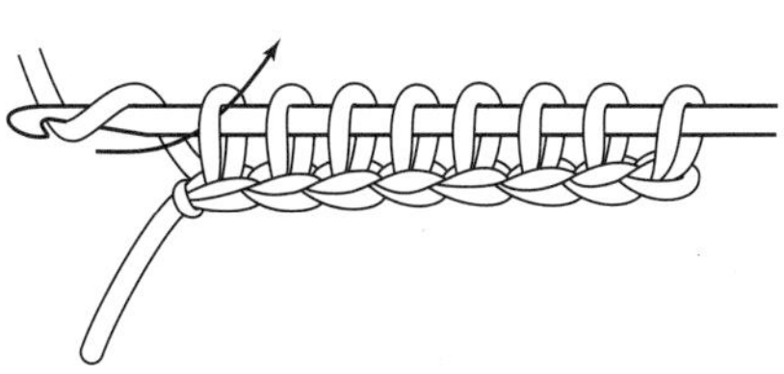

②

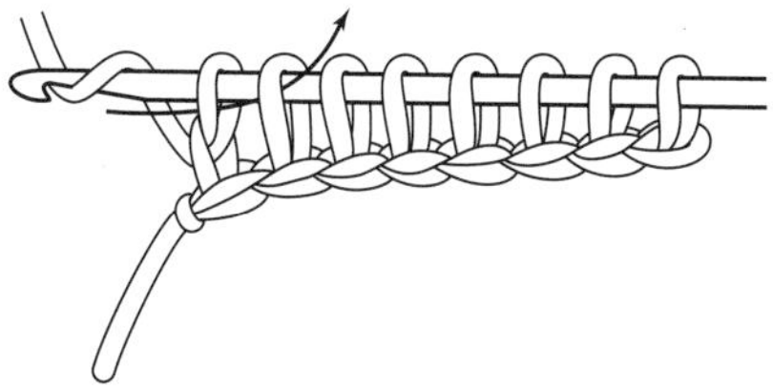

裏編み目

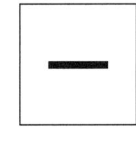

1段目はプレーンアフガンで編み、次の段から①のように糸を針の手前側にして前段のたての糸をすくい、②のように針に糸を掛けてすくい出す。③は復路の状態。

①

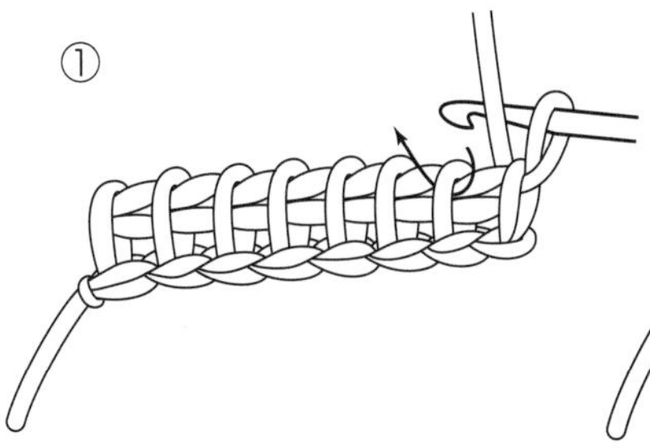

②

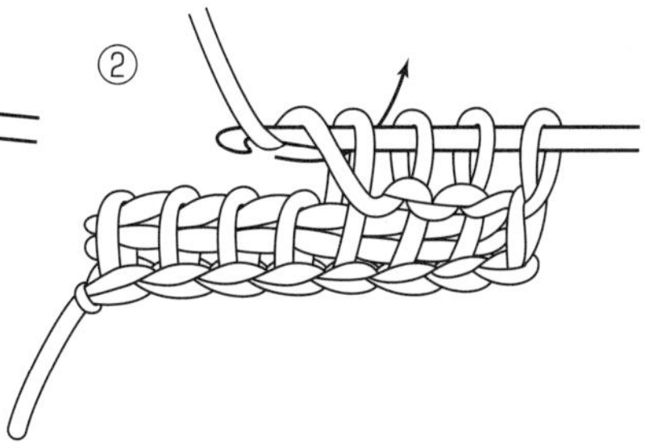

③

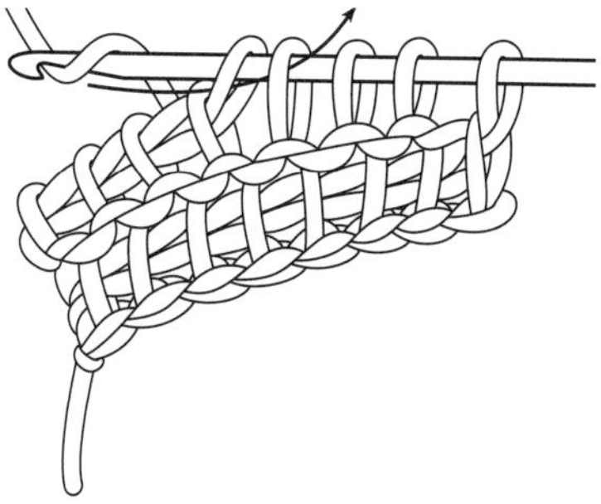

掛け目

棒針編みの掛け目と逆で、目と目の間で針に①のように手前から糸を掛け、前段の目を1目とばして次の目に進む。②は復路の状態。

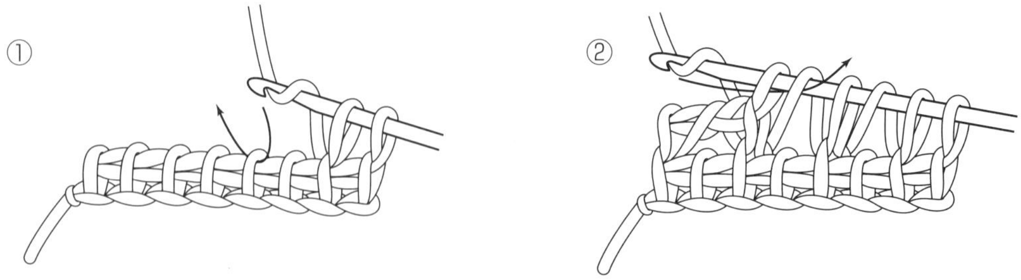

手前掛け目

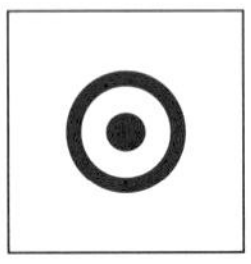

棒針編みの掛け目と同じで、目と目の間で、針に①のように手前から糸を掛け、前段の目を1目とばして次の目に編み進む。②は復路の状態。

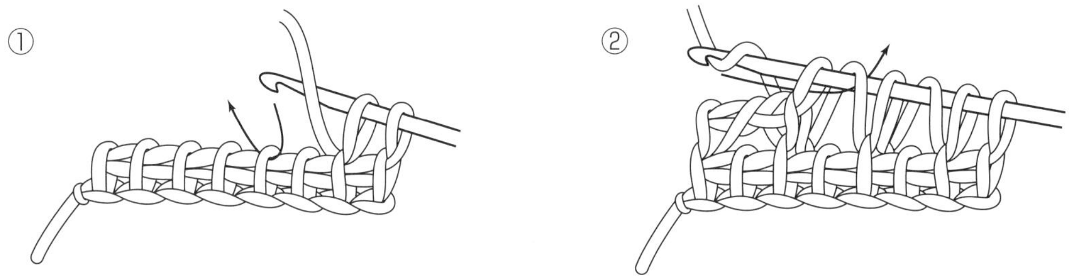

メリヤス編み目

棒針編みのメリヤス編みと同じ編み目になるが、厚手の編み地になる。1段めはプレーンアフガンで編み、次の段から①のように前段の縦の目に表から裏に針を入れて糸をすくい出す。②は編み終えた状態。

長編み目

かぎ針編みの長編みと同じ編み方。編始めは、立上がり分として鎖目2目を編み、①のように針に糸を掛け、前段の目に針を入れて糸を引き出す。長編みのループを1回引き抜いた状態で針に目を残していく（②）。③は戻り目の状態。

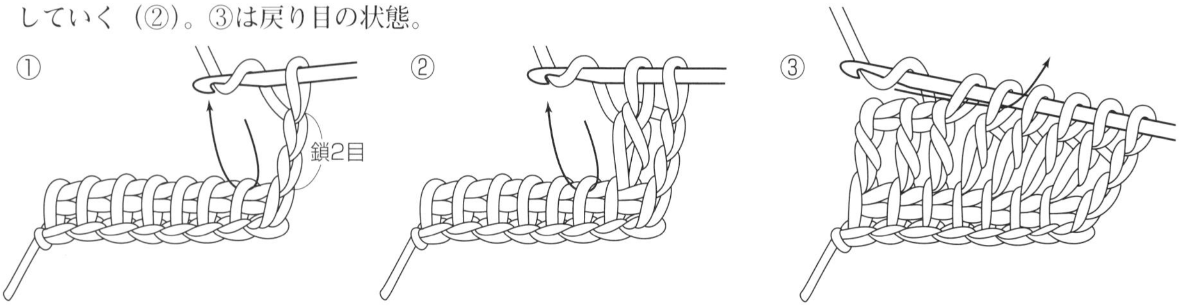

3目の玉編み目

かぎ針編みの玉編みと同じ編み方。編み方は玉編みをする位置で針に糸を掛けて前段の目に針を入れ、①のように糸を引き出すことを3回繰り返し、②のように針に掛かっているループを一度に引き抜く。③は戻り目の状態。

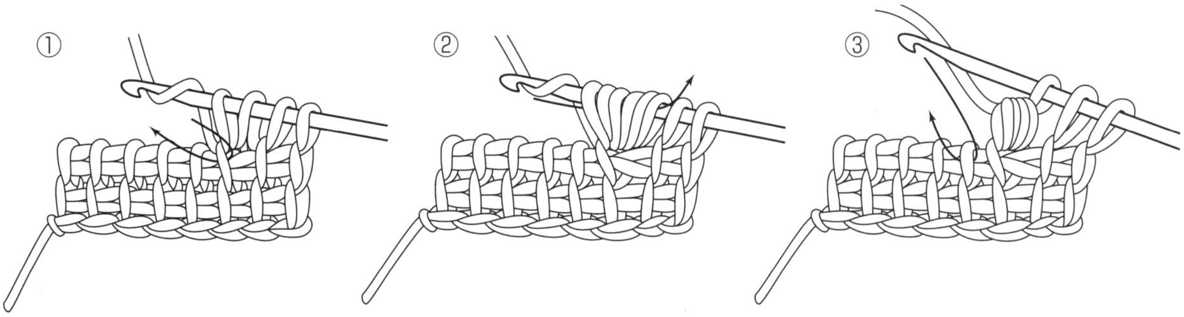

交差編み目

棒針編みの交差編みと同じ要領で、左右の目を交差させて編む編み方。

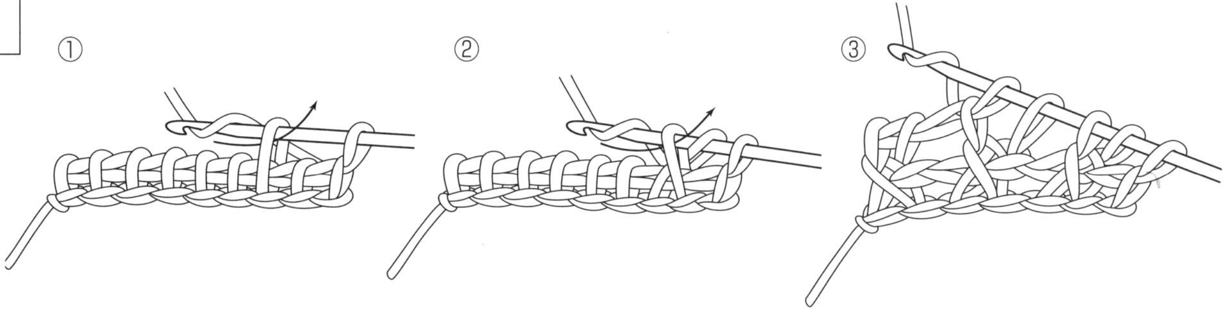

すべり目

棒針編みのすべり目と同じ要領で、編み方は①のように前段の目に針を入れて糸を引き伸ばし、次の目に進む（②すべった目の裏側に糸が渡る）。この編み方は配色糸を使って編むと効果的である。

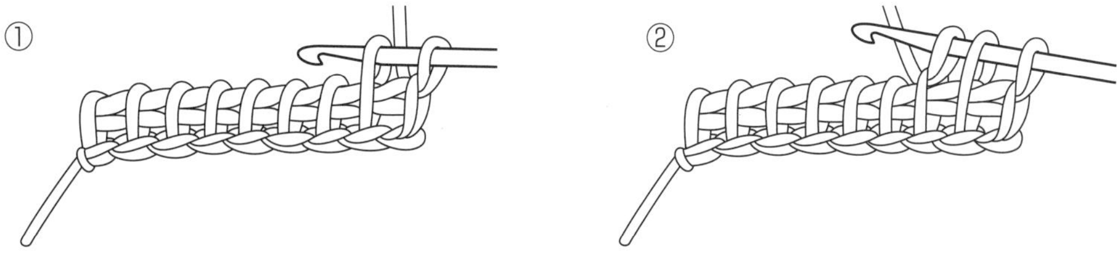

浮き目

編み目の表側に糸が渡る編み方。編み糸を針の手前に出し、①のように前段の目に針を入れて糸を引き伸ばしたら、編み糸を向う側に回して次の目を編む（②）。配色糸を使って編むと効果的である。

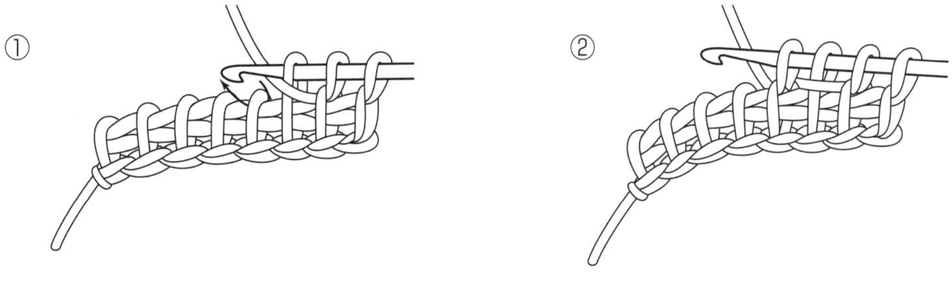

ねじり編み目

1段めはプレーンアフガンで編み、次の段で前段の目に一度針を入れて引き上げ、矢印のように針を入れ直して糸を引き出す（①）。前段の目は②のようにねじれることになる。

①

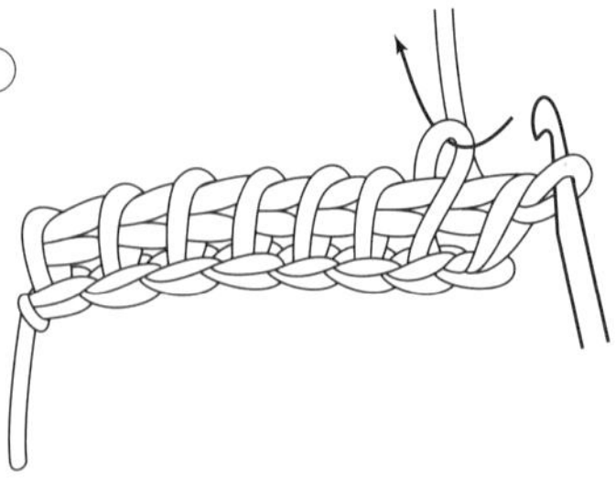

②

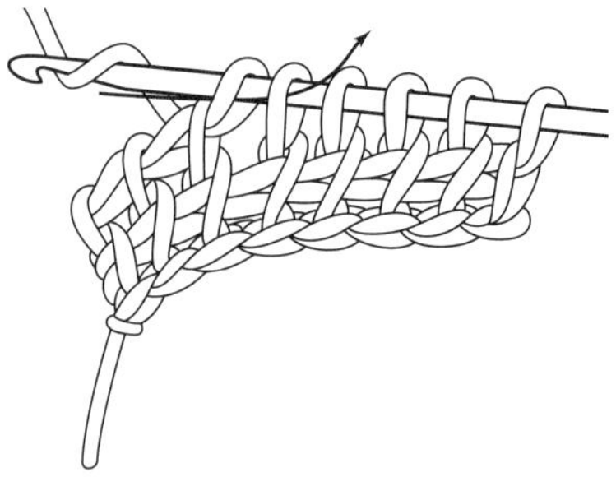

編出し増し目

棒針編みと同じに、記号に書いてある数字だけの目数を、同じ目から編み出すことである。編み方は、模様を入れる目に表目を編み入れたら、①のように糸を針の向う側に回して掛け目をし、続いて表目を編み入れる。往路は②のように1目ずつ引き抜いて戻る。

①

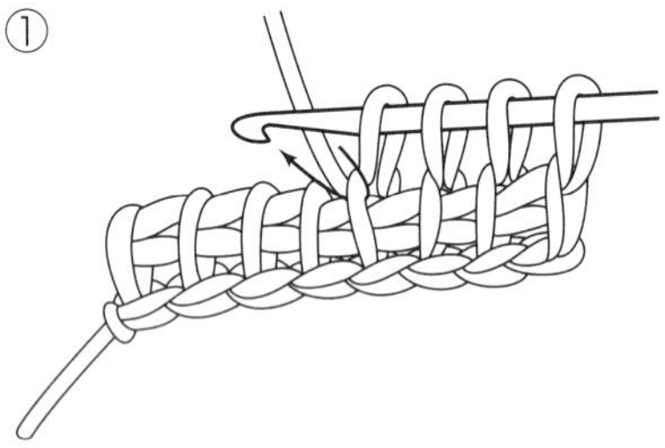

②

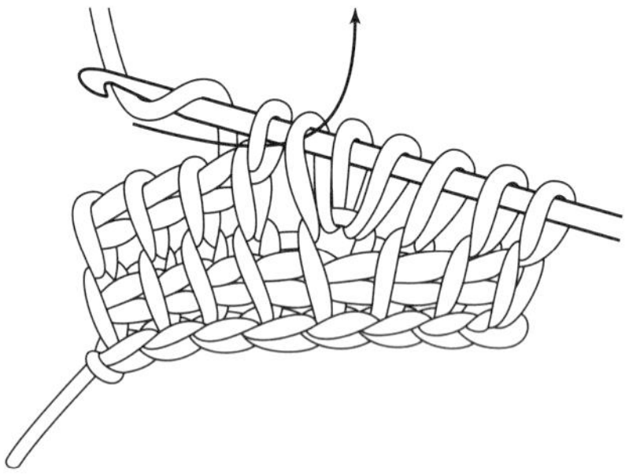

引抜き編み目

かぎ針編みの引抜き編みと同じ編み方で、最後の段の目を止めるときなどに使う。

①

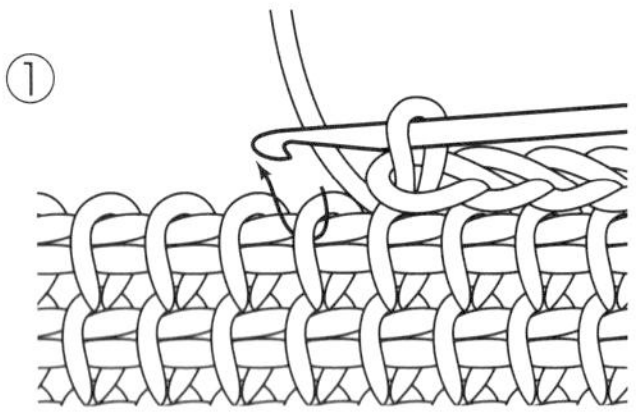

②

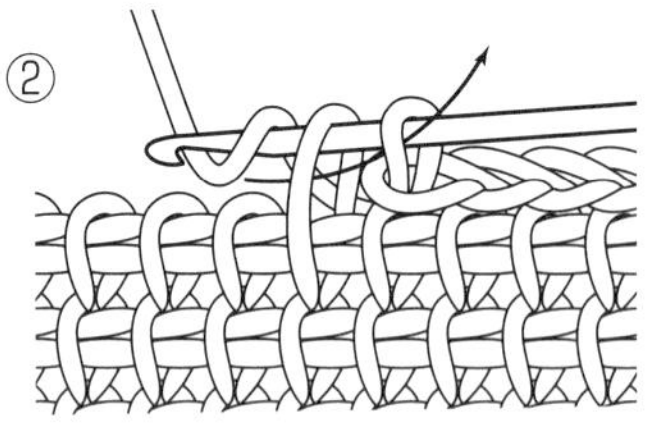

③

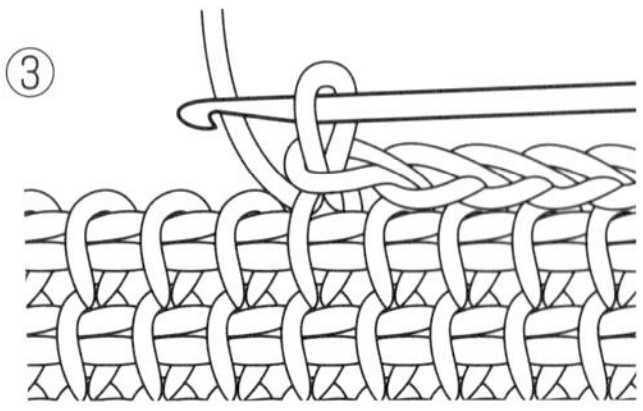

戻り目からの拾い編み

往路で前段の戻り目の鎖状の目から、糸を引き出していく編み方で、編み地は薄手になる。編上がりが斜めにゆがみやすいので注意する。

①

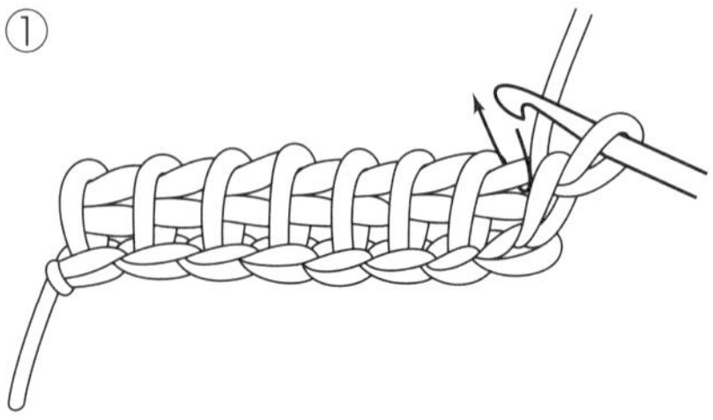

②

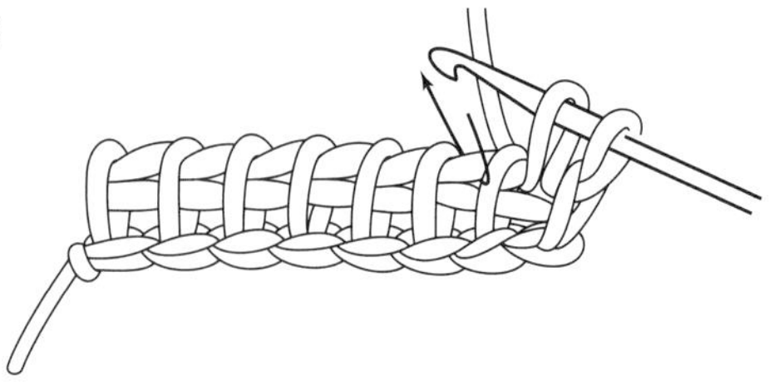

表引上げ編み目

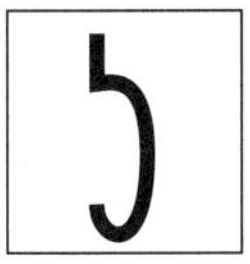

かぎ針編みの長編み表引上げ編み目と同じ要領の編み方で、立体的な編み地に編み上がる。編み方は、針に糸を掛けて①のように何段か下（この場合は3段）の目に針を入れて糸を引き出し、②のようにその糸を引き伸ばして、2本のループを引き抜き、次の目に編み進む。

①

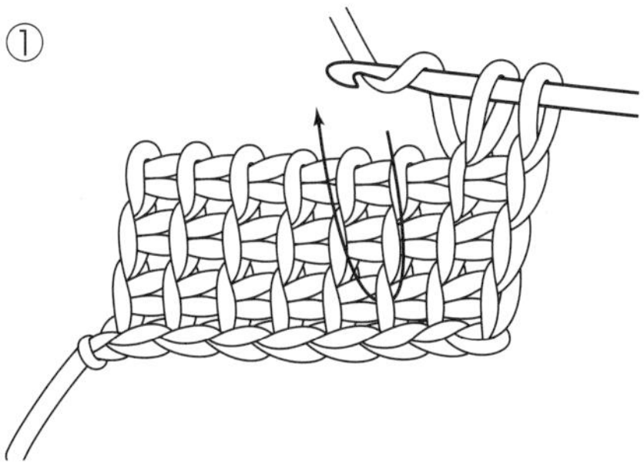

②

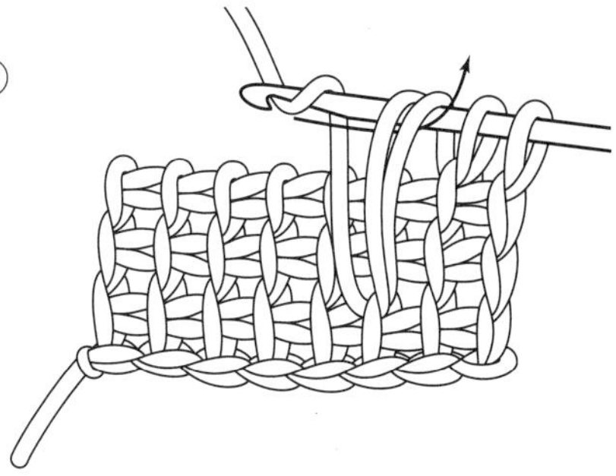

編下がりの玉編み

玉編みより大きな模様に編み上がる。編み方は①のように針に糸を掛けたら矢印のように3段下の目に針を入れて糸を引き出す。②のように編む段の目の高さまで糸を引き伸ばすことを3回繰り返したら、針に掛かったループを一度に引き抜く。③は往路の状態。

①

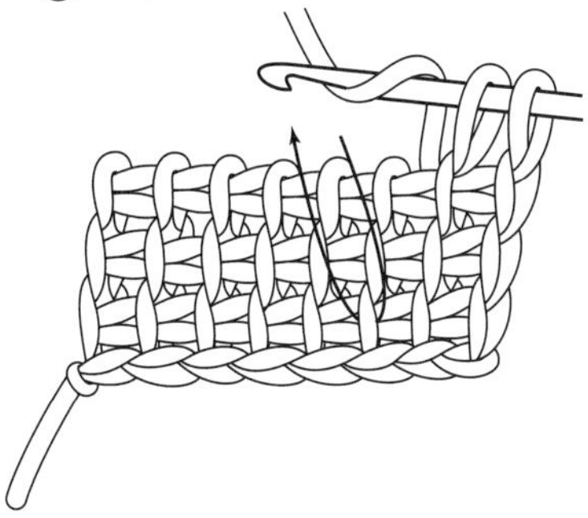

②

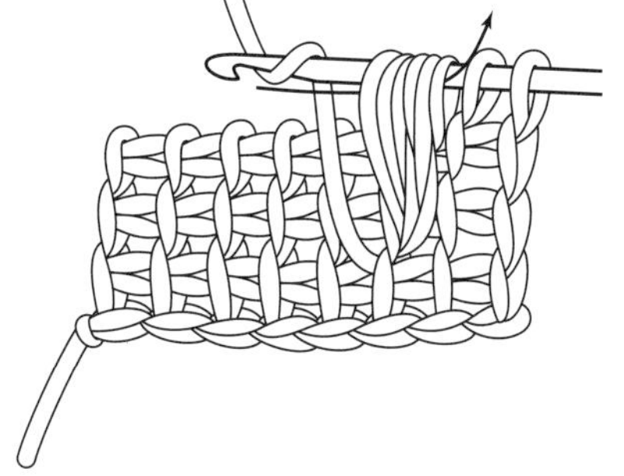

③

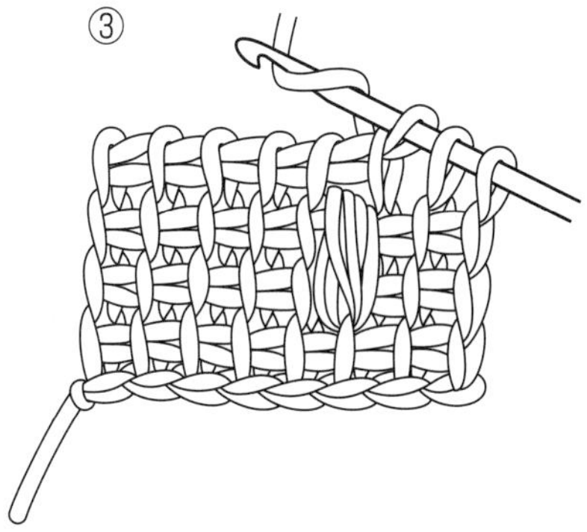

2目一度

往路で2目を一度に編む方法で、減し目のときに使う。編み方は、①のように2目を一度にすくい、復路は1目ずつ普通に戻る。模様編みとして使う場合は、②のように復路で鎖目を1目ずつ編んで同じ目数にする。

①

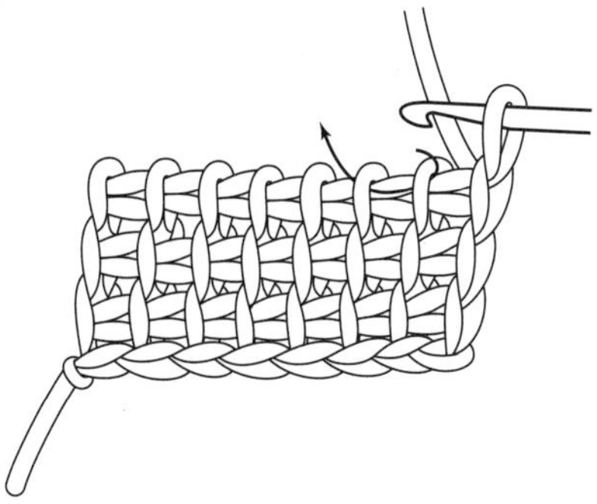

②

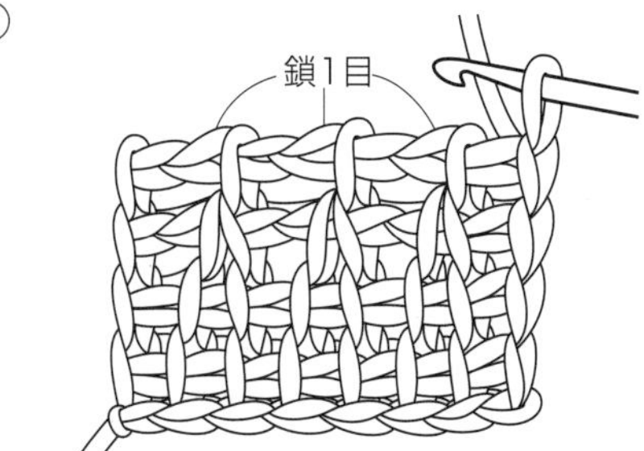

戻り2目一度

復路で1目減らす方法で、編み方は往路では全目編み、復路で①の矢印のように2目一度に引き抜きながら編む。模様編みとして使う場合は、2目一度に引き抜いたら、次は鎖目を1目編むことを繰り返して、前段と同じ目数にする（②）。

①

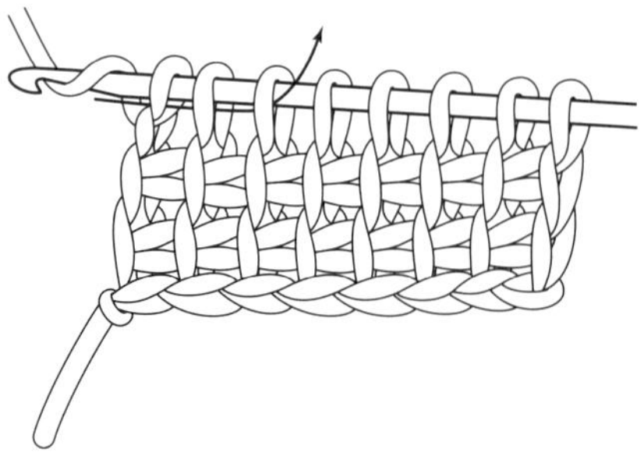

②

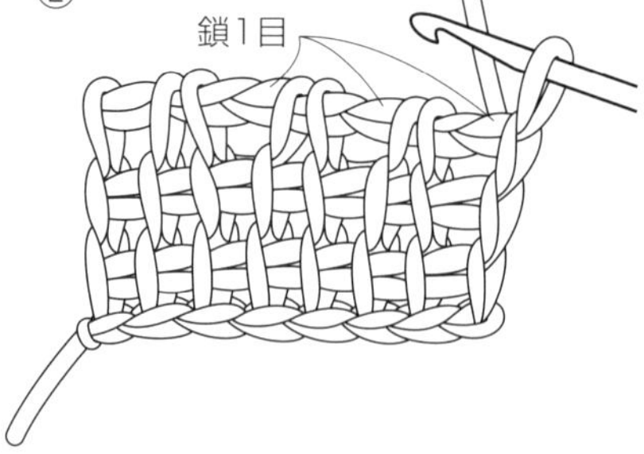

3目一度

往路で3目を一度に編む方法で、編み方は①の矢印のように前段の目を一度に針を入れて、糸を引き出す。復路は普通に1目ずつ編み戻るが、模様編みとして使い目数を減らしたくない場合は3目一度をした目の左右で、鎖目を1目ずつ編みながら戻り目で編み、前段と同じ目数にする（②）。

①

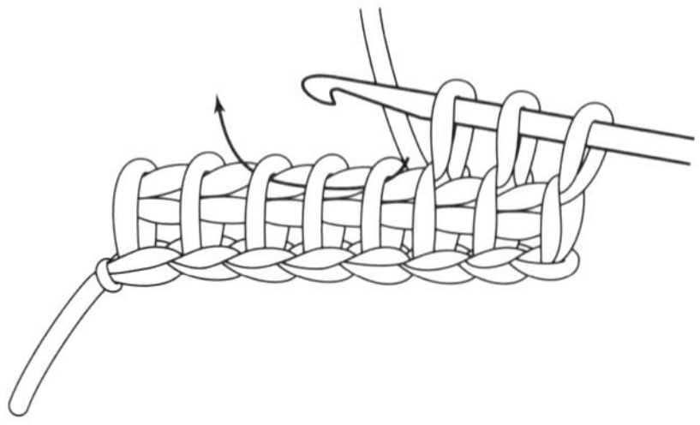

②

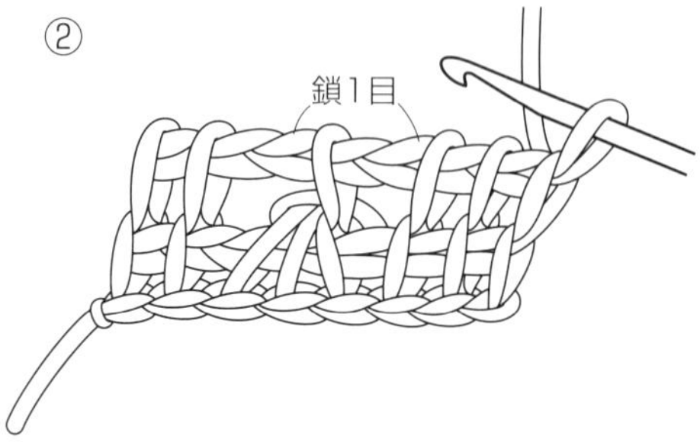

3目一度

往路で2目を一度に減らす方法で、編み方は往路で全目編み、復路で①のように3目を一度に引き抜きながら編む。模様編みとして使う場合は、②のように3目一度をする前と後で、それぞれ鎖目を1目ずつ編んで、前段と同じ目数にする。

①

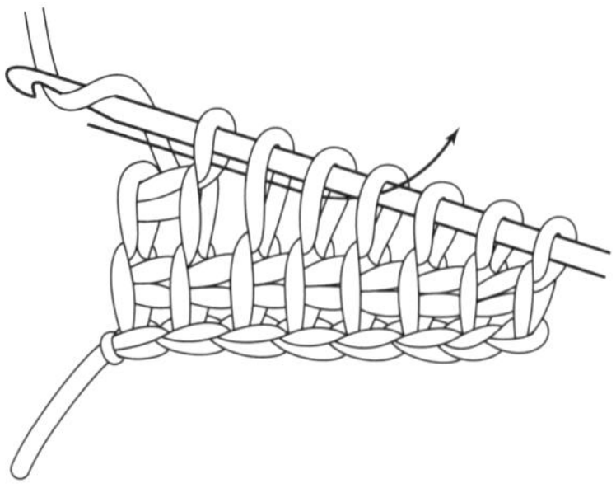

②

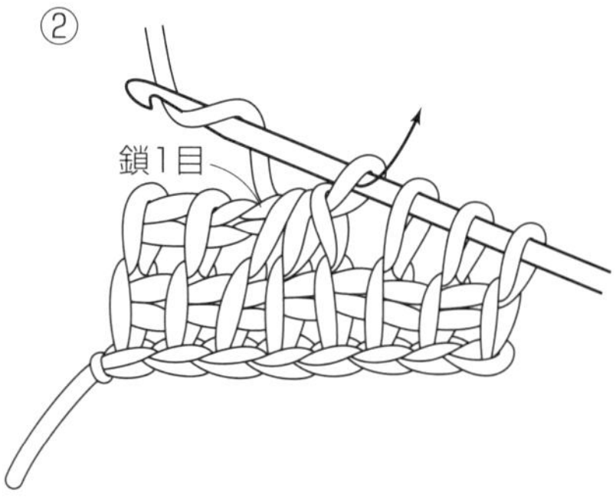

4 増し目と減し目

増し目には、端増し目、中間増し目、2目以上の増し目があり、減し目には端減し目、中間減し目、2目以上の減し目がある。

(1) 端増し目

増し目は往路で行なう。増し方は、編始め側では鎖目を1目編んで増し目をして、①の矢印のように端の目をすくって編む（②）。編終り側は全目編み終えたら③の矢印のように前段の裏の目に針を入れ、糸をすくい出して編む（④）。

①

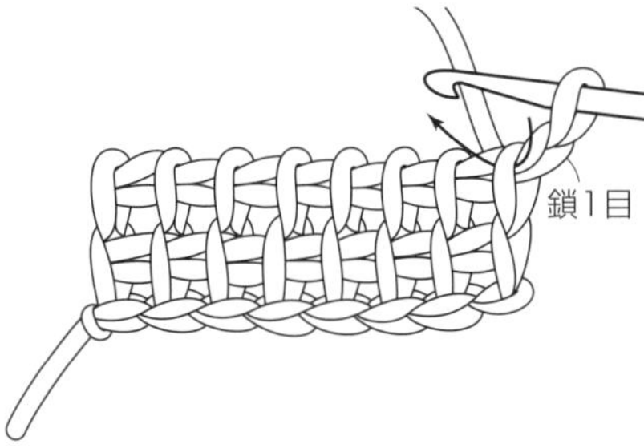

②

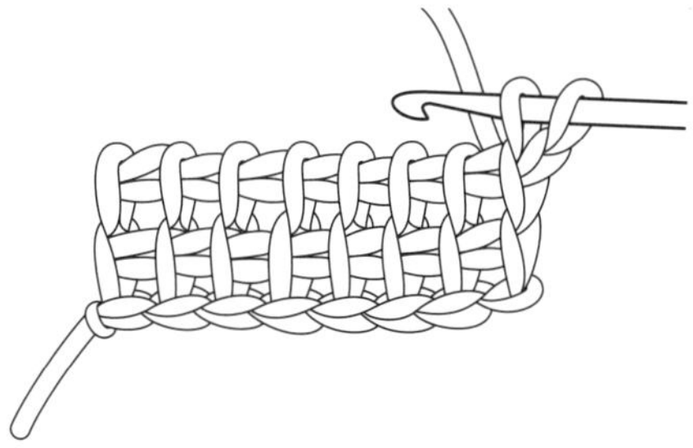

③

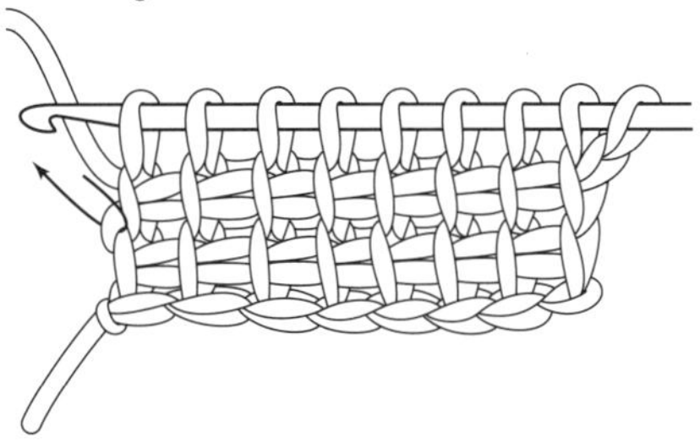

④

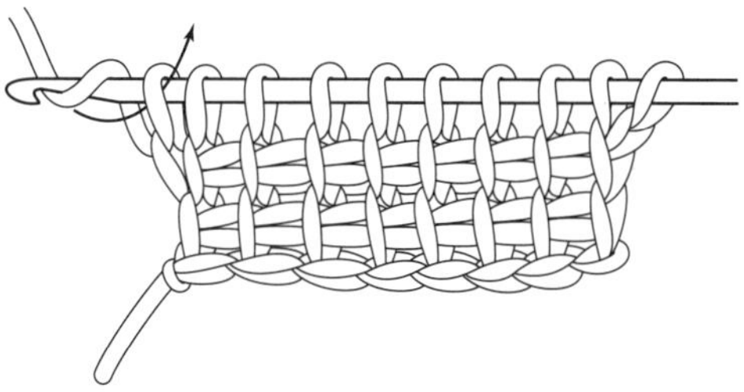

(2) 中間増し目

編み地の中間で目を増す方法で、2通りの増し方がある。

増し方 1

①の矢印のように前段の戻り目の鎖状の目に針を入れ、糸を引き出して編む。②は増し目をした状態。

①

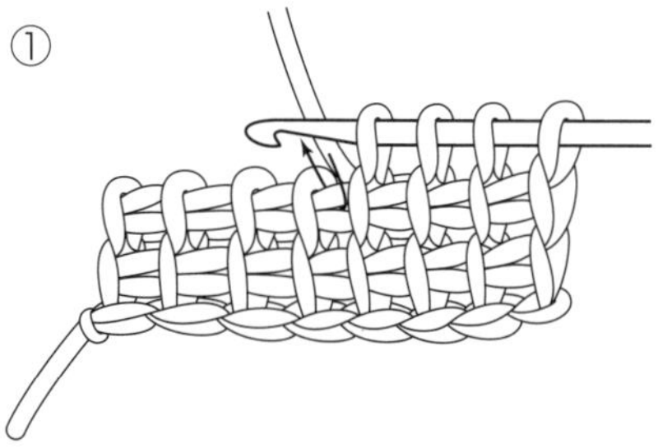

②

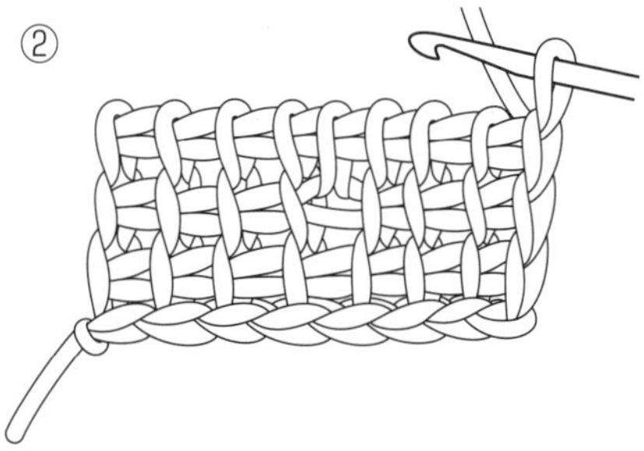

増し方 2

①のように前段の戻り目の鎖状の目の裏側に針を入れ、糸を引き出して編む。②は増し目をした段の状態。

①

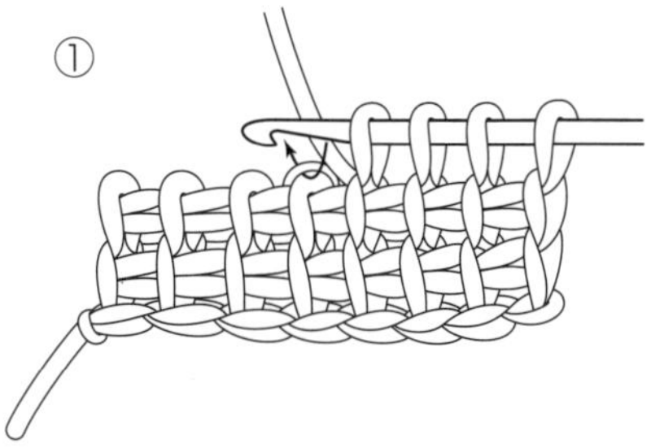

②

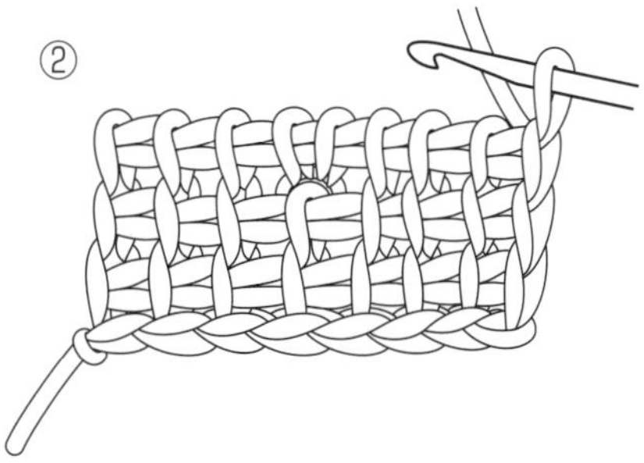

(3) 2目以上の増し目

編始め側は、戻り目に続けて増し目をする分を鎖目で編み足し、①のように鎖目の裏側の目を拾いながら編み進む。編終り側は②のように共糸で増し目分だけ鎖目で作り目をしておき、鎖目の裏側の目をすくって編む（③）。

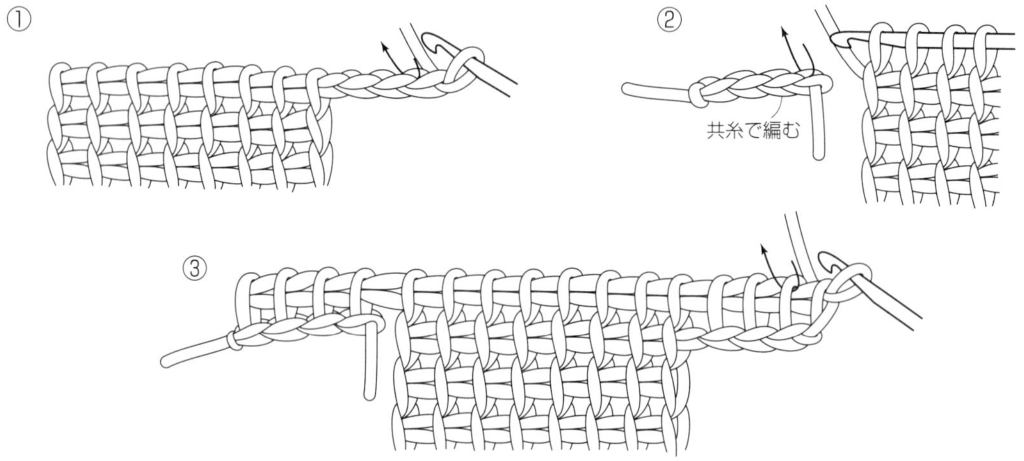

(4) 端減し目

端減し目には、往路でする方法と復路でする方法がある。

1　往路でする方法

編始め側では、①のように2目めに針を入れ、糸を掛けて2目一度に引き抜く。編終り側では、②の矢印のように端の2目に針を入れて糸を掛けて、一度に引く。

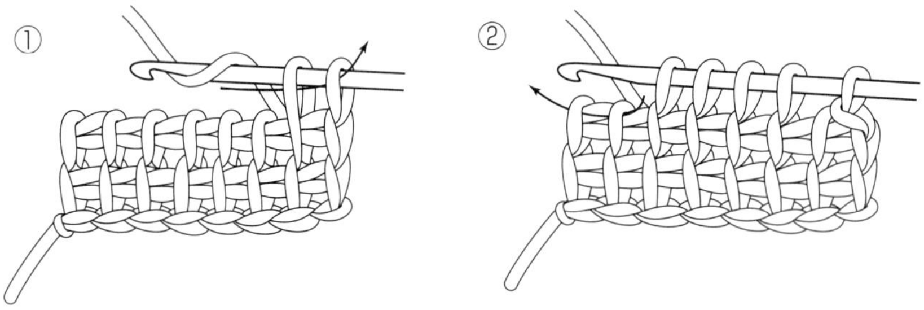

2　復路でする方

往路は全目を編む。編終り側では①のように2目を一度に引き抜き、編始め側では、端から2目手前まで戻り目で編んだら、②のように針に残っている2目を一度に引き抜く。次の段の往路は、③の矢印のように編み進むことになる。

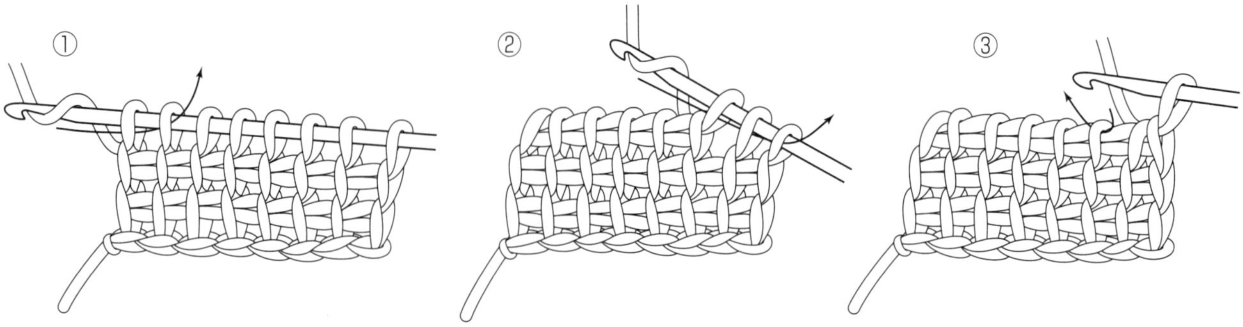

(5) 中間減し目

編み地の中間で目を減らす方法で、往路でする方法と復路でする方法がる。

1　往路でする方法

①のように前段の2目に針を入れて糸を引き抜く。復路は1目ずつ編み戻る（②）。

①

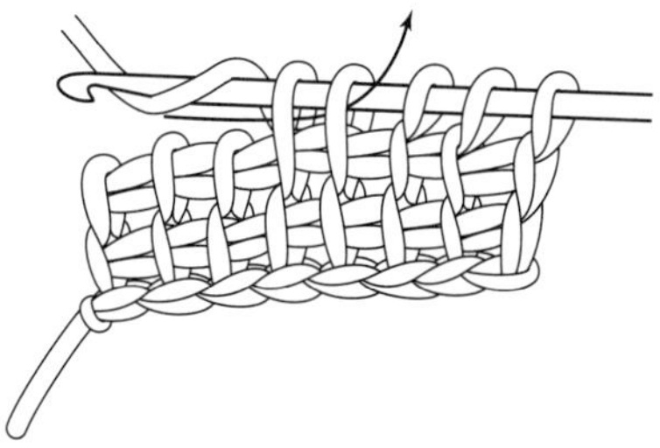

②

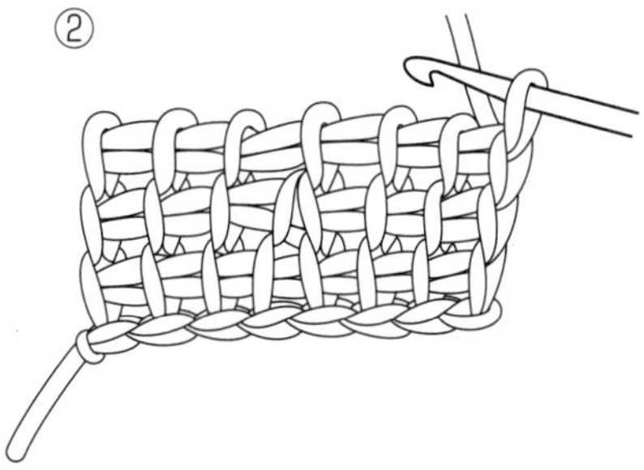

2　復路でする方法

往路では全目を編み、復路で針に掛かっている目を、①の矢印のように2目一度に引き抜く。次の段の復路では、②のように減し目をした2目に針を入れて編む。

①

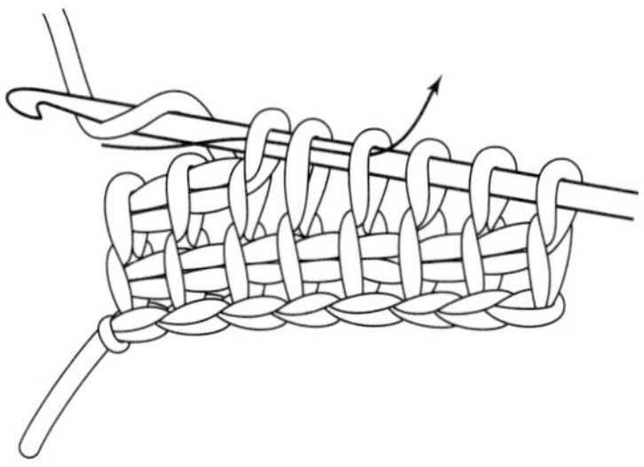

②

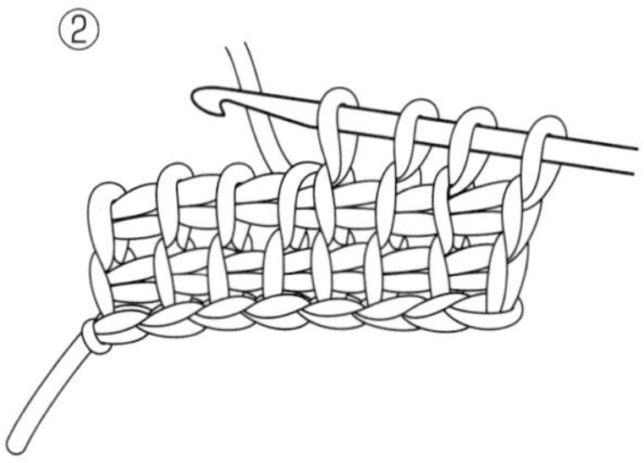

(6) 2目以上の減し目

編始め側では、減らす目数よりも1目少ない目を①のように伏せ目にし、復路のとき、端減し目と同じに2目を一度に引き抜いて編む（②）。編終り側では、減らす目数より1目を一度に引き抜く（③）。

①

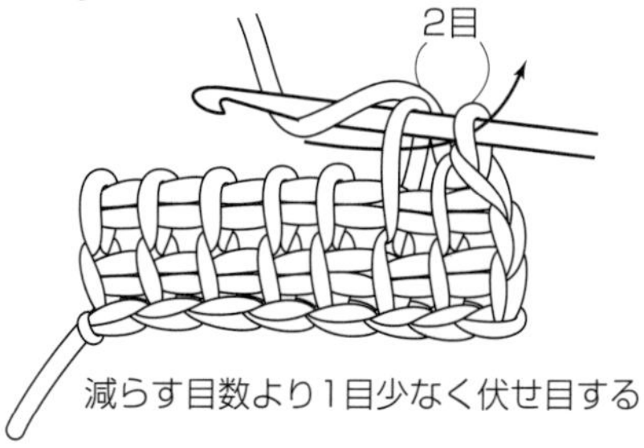

減らす目数より1目少なく伏せ目する

②

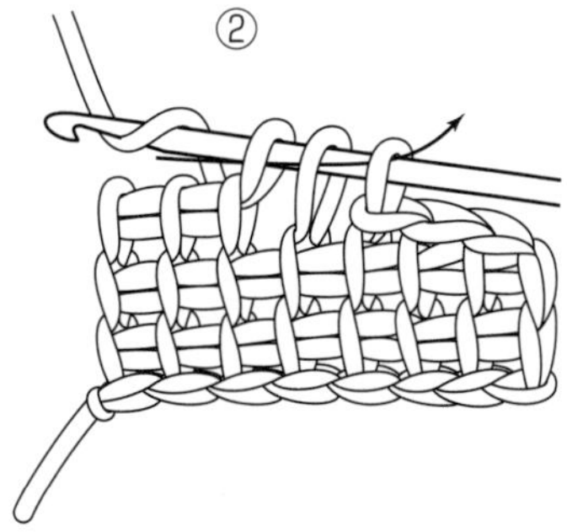

③

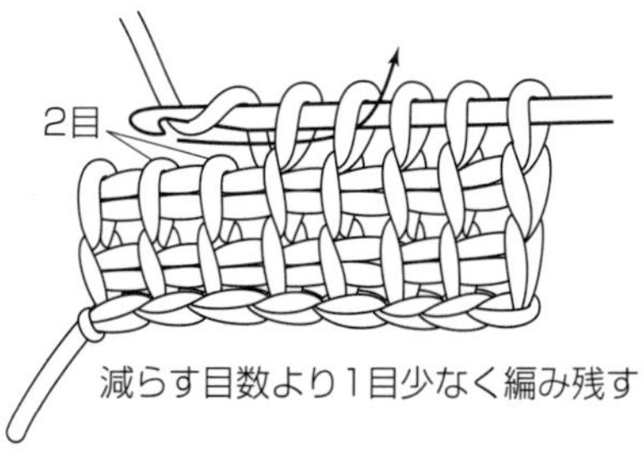

減らす目数より1目少なく編み残す

5　引返し編み

かぎ針編みの引返し編みと同様に、編み残す引返し編みと、拾い目をしながら編み進む引返し編みの方法がある。ここでは5目の引返し編みを例にして説明する。

(1) 編み残す引返し編み

1　右側の編み方

右側の編み方は、復路で①のように引返しの目数よりも1目少ない4目を編み残し、次の段を6目から編み始める。この要領で全目を編み、②のように1目ずつ編み戻る。段消しは、③のように右から1目ずつ引抜き編みで伏せて、前段と1段の差ができている5目めは、2段下の目に針を入れて編み、きれいな傾斜に整える（④）。

編み方記号図

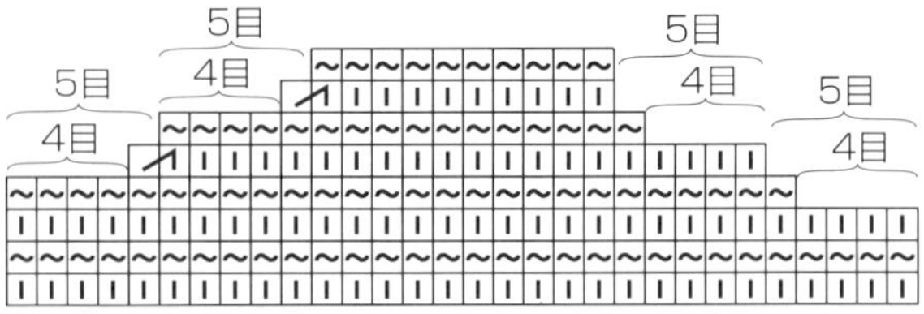

①

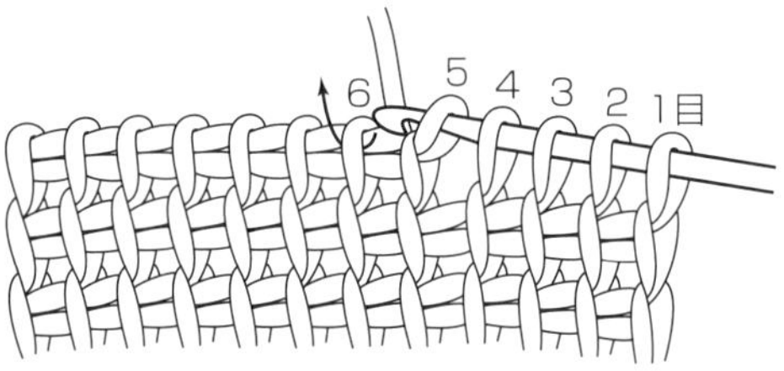

②

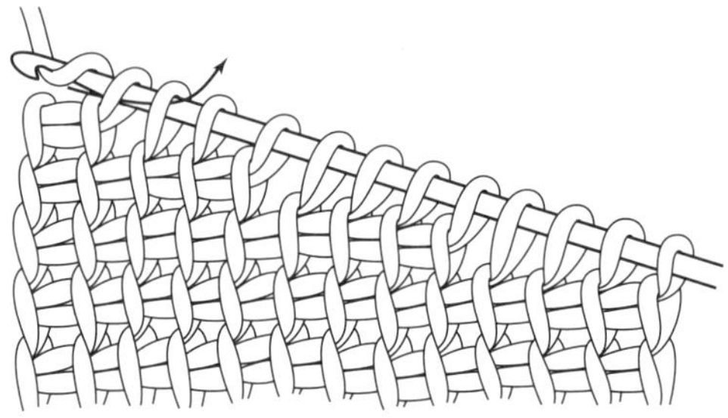

③

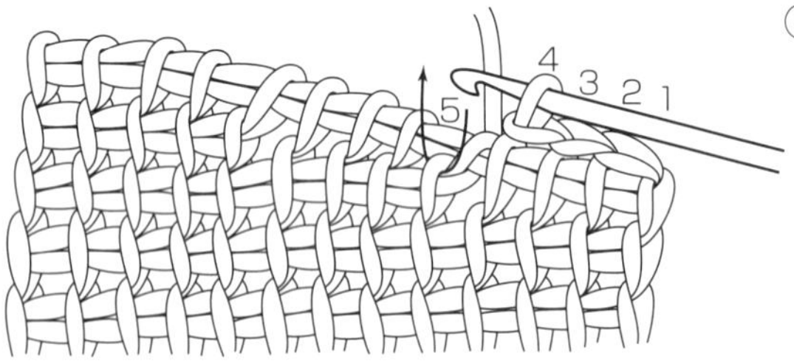

④

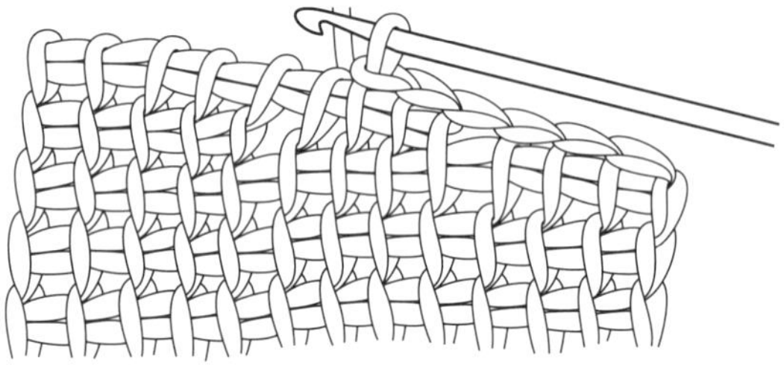

2　左側の編み方

左側の編み方は、往路で引返しの目数よりも1目少ない目を編み残し、復路で①の矢印のように端の2目を一度に引き抜いて、1目ずつ編み戻る。全目を編み終えたら段消しをする。

段消しは、右側から1目ずつ引抜き編みで目を伏せて、前段で2目を一度に編んだ目には、②のように端の2目に針を入れて矢印のように一度に引き抜く。2段下の目に針を入れて伏せ目をして、きれいな傾斜に整える（③④）。

①

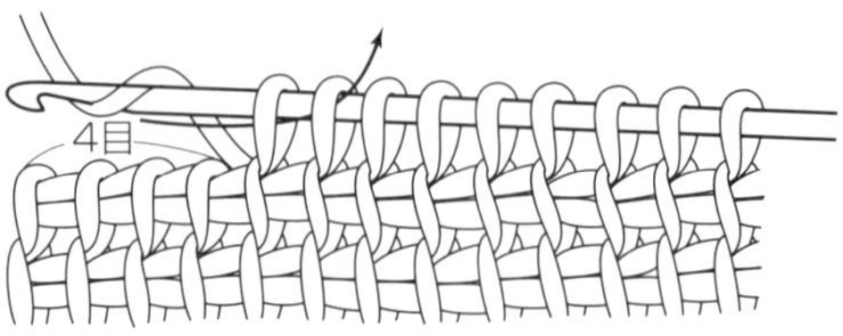

②

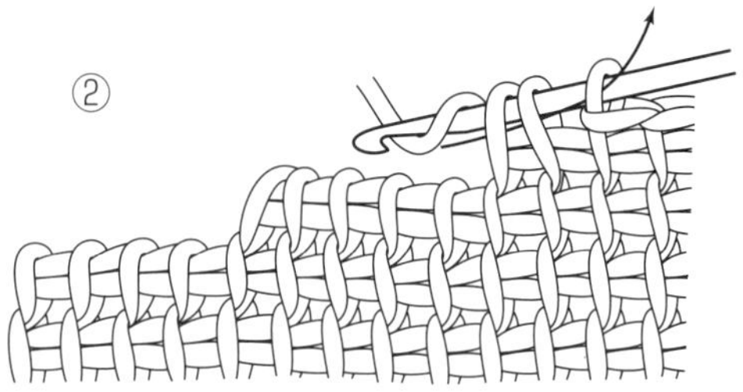

③

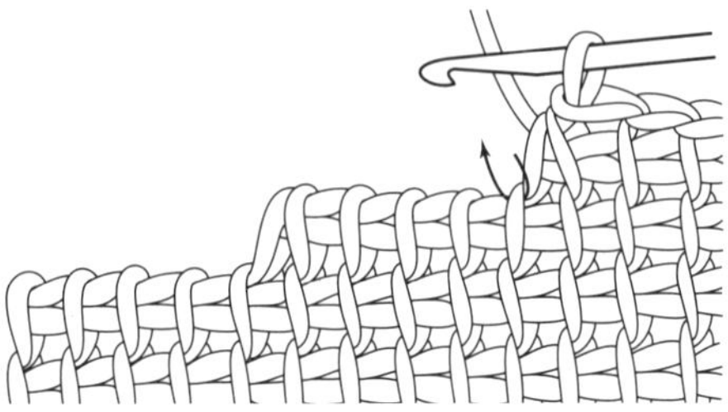

④

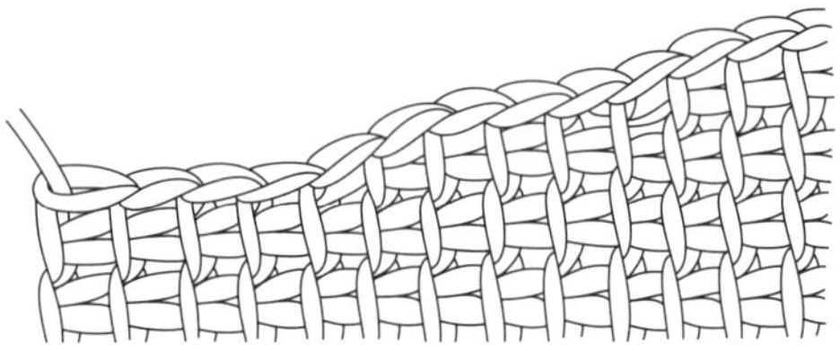

(2) 拾い目をしながら編み進む引返し編み

編上りをきれいにするために、右側の増し目は増し目数よりつねに1目少ない目数にする。

はじめに①のように中央の目を編み、復路でこの目を戻り目で編んだら、続けて1回の引返し目数よりも1目少ない数を、②のように鎖目で作り目をする。次の段は③のように鎖目から拾い目をしながら編み進み、中央の目は前段の目に矢印のように針を入れて表目で編む。左側は、作り目から④の矢印のように針を入れて、引返しをする目数を拾い目をし、復路は戻り目で1目ずつ編み戻る。次の段も同様に、右側で作り目をしてから編み進む(⑤⑥)。

編み方記号図

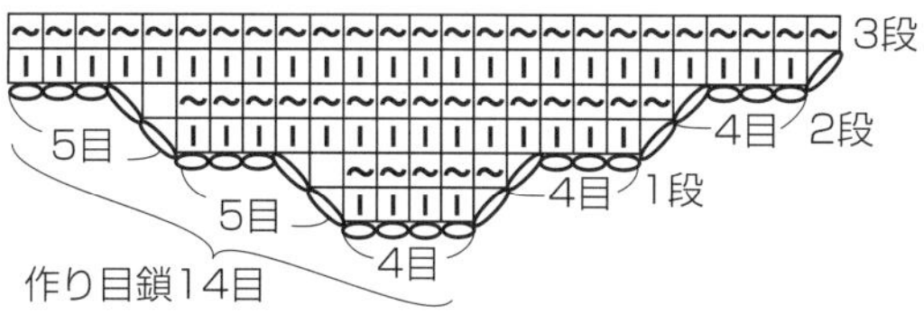

①

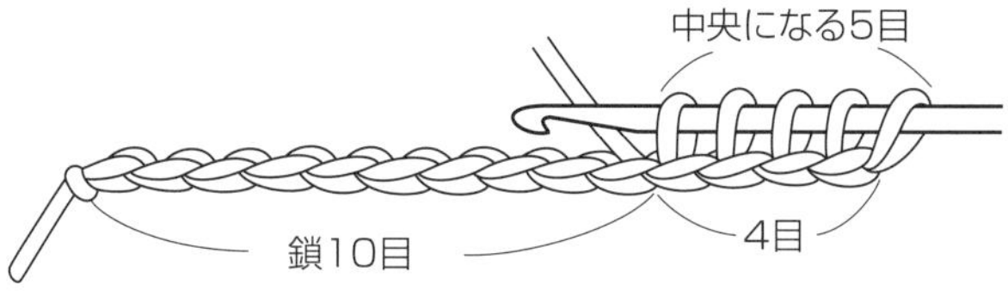

②

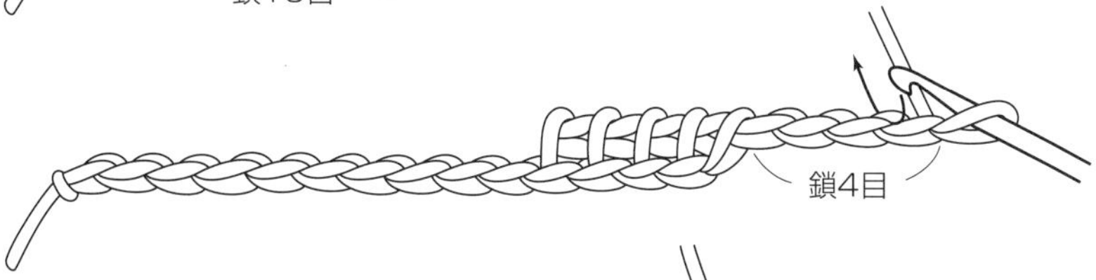

③

④

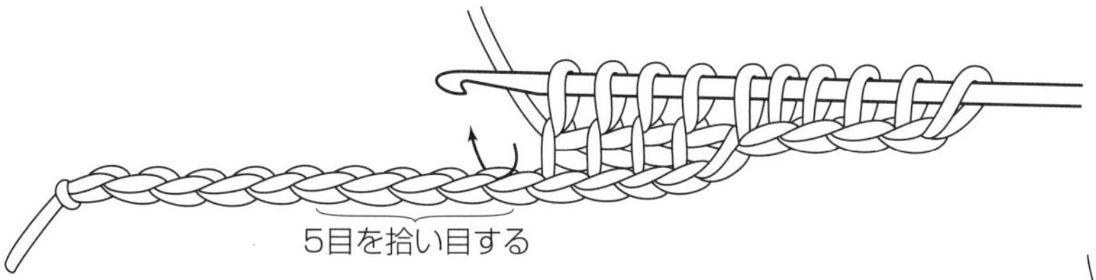

⑤

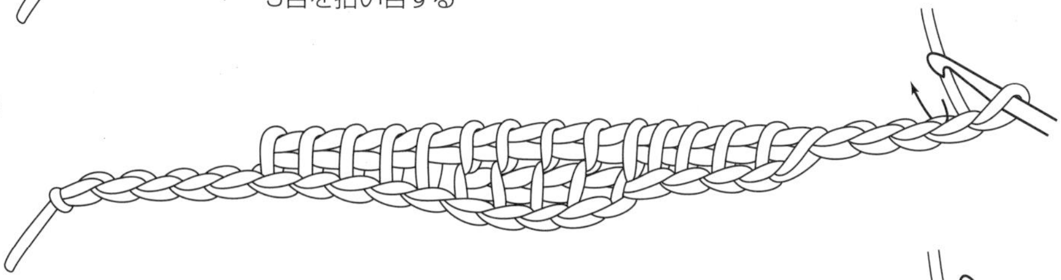

⑥

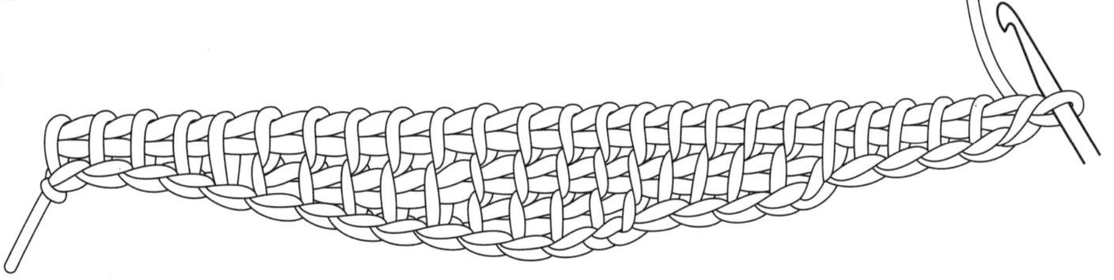

6　配色糸のかえ方

アフガン編みで配色糸を使って編むと、縞模様や斜めに流れた感じの模様ができるので、編み地の変化を楽しむことができる。

かえ方には往路でかえる方法と、復路でかえる方法があり、それぞれ編上りの状態が違う。

(1) 往路でかえる方法

地糸で戻り目の最後の1目手前まで編む。配色糸は糸端に輪を作り、①のように針を入れて、地糸の編み残した目を引き抜く。配色糸で編むときは、地糸は裏面に休めておき、②の矢印のように前段の目に針を入れて配色糸で編む。地糸にかえるときも、戻り目を編むときに最後の1目を編み残して、③のように地糸を針に掛けて引き抜いてから、次の段に編み進む（④）。

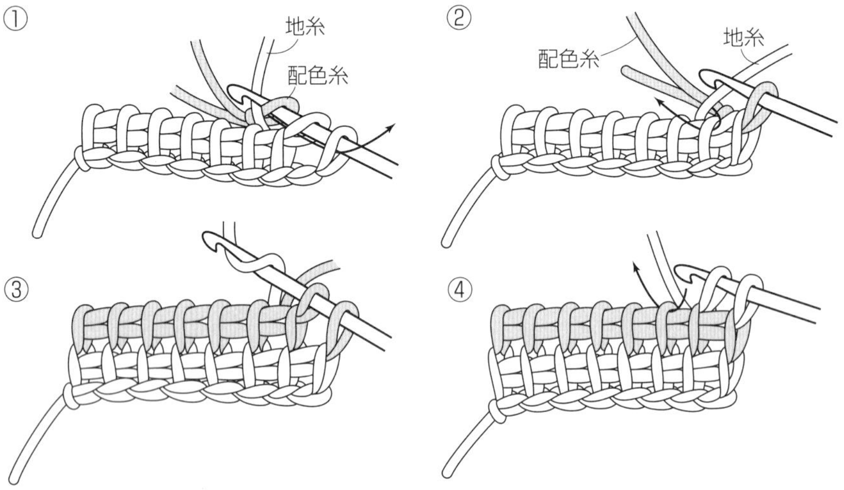

(2) 復路でかえる方法

地糸で往路を編み、糸を針の手前から向う側へ回して休めておく。配色糸は糸端で輪を作り、その中に針を①のように入れて、端の目を編んでから復路を戻り目で編む。②のように次の段の往路は配色糸で編み、復路を編むときに配色糸を向う側に回し、③のように地糸を針に掛けて編み戻る。このように糸をかえるときに、往路で編んだ糸を向う側に回しておくと、端の目がゆるまずきれいに編める。

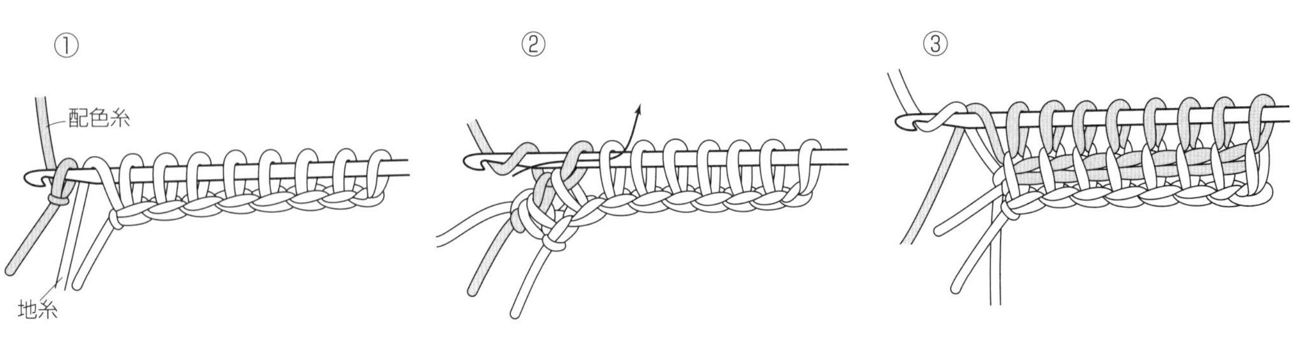

7　リバーシブル編み

リバーシブル編みとは、表、裏の両面どちらでも使える編み地のことをいい、配色糸を使って編むと効果的である。編み針は、両端に同じ大きさのかぎがついたアフガン針を使い、編み糸を2本用意しておいて、両端についているかぎを交互に使い分けながら編む。

編み方は、1段めは①のように往路はａのかぎでＡ色を編み、復路は編み地を裏に返してｂのかぎでＢ色を戻り目で編む（②)。2段めの往路は編み地はそのままで、③のようにｂのかぎでＢ色を編み、編み地を表に返してａのかぎでＡ色を戻り目で編む（④)。

①
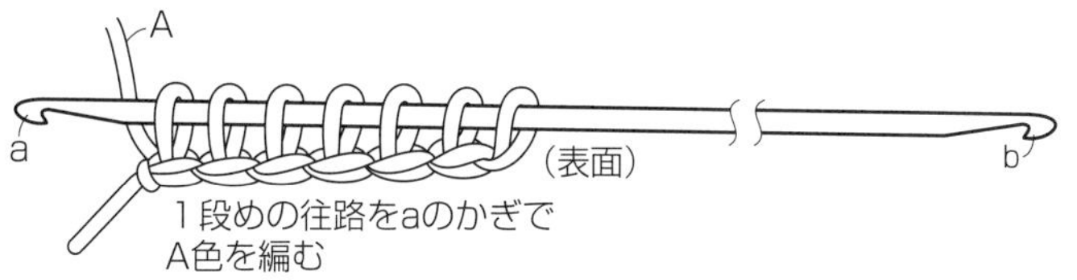

②
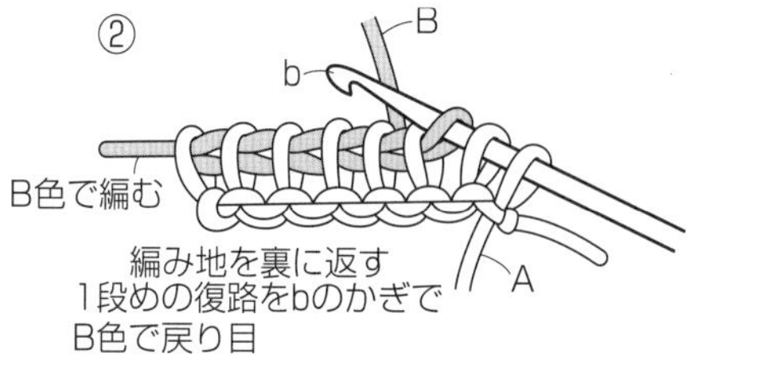

③
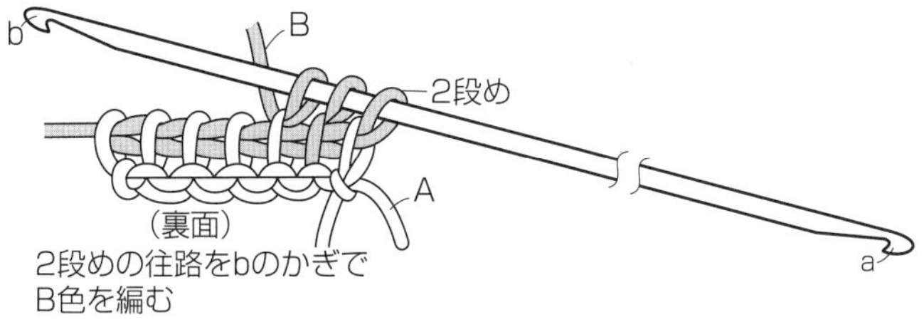

④
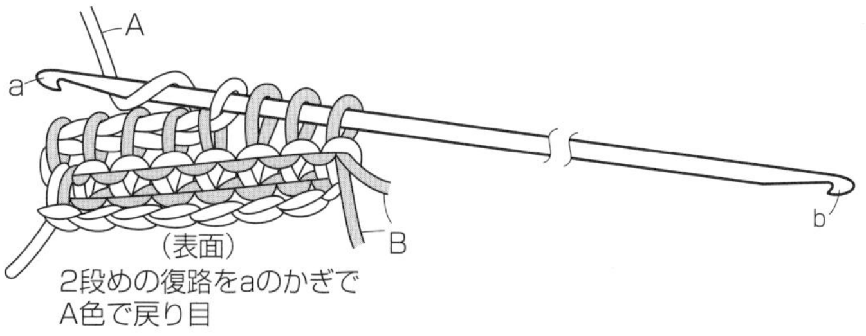

8　編込み模様

編込み模様の編み方には、細かい模様や連続模様の場合に使う、糸が裏面に渡る方法と、一つの模様が大きかったり、模様と模様の間が広い場合に使う、糸が裏面に渡らない方法がある。

(1) 糸が裏面に渡る方法

編み方は、地糸で配色糸にかかる位置まで編んだら地糸は裏面に休めておき、①のように配色糸で編み進む。復路は、②のように配色糸にかえる1目手前まで地糸で編み、裏面で図のように地糸と配色糸を交差させてから配色糸を針に掛け、編み戻る。

地糸と配色糸をかえるときは、つねに裏面で糸を交差させてから編み進むようにすると、きれいに編み上がる。

①
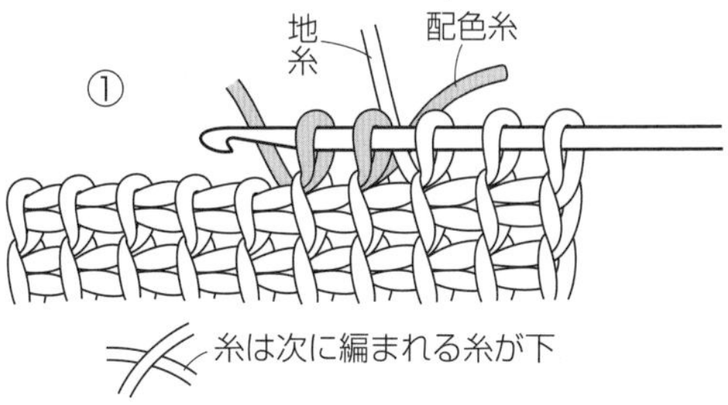

②
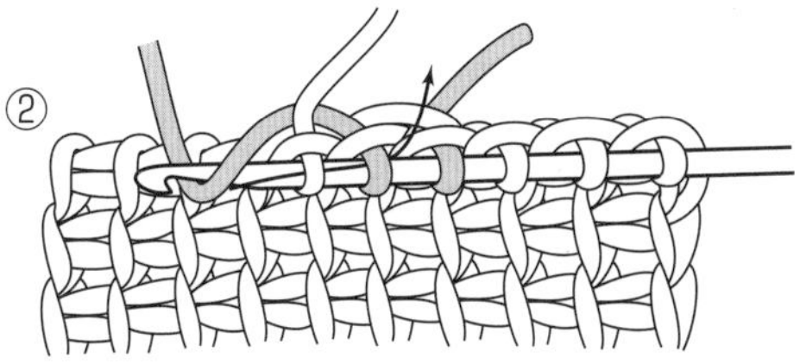

(2) 糸が裏面に渡らない方法

編み方は、地糸で配色糸にかえる位置まで編んだら地糸は裏面に休めておき、配色糸を①のように針に掛けて編み進む。次に地糸にかえるときは新しい地糸にかえて編む（②）。復路は往路で糸をかえて裏面で休めておいた糸で編み戻る。

裏面は③のように糸をかえた位置では、糸端が残ることになる。

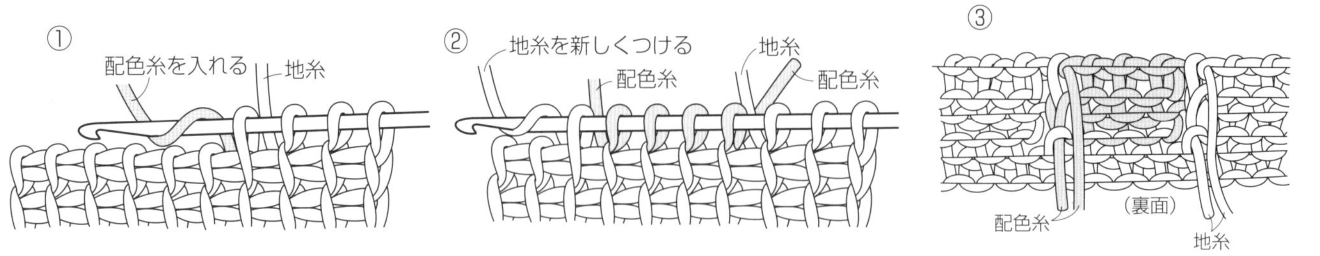

9　目の止め方

編終りの目を止めることで、かぎ針編みの伏せ目と同じ要領で編む。

止め方は、①の矢印のように目に針を入れてから、②のように編み糸を掛け、一度に引き抜く。③は伏せ目をした状態。

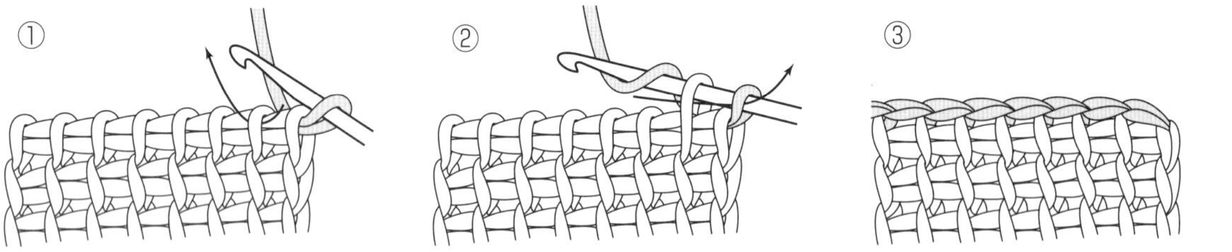

10　はぎ方

目と目をつなぐことをはぎという。はぎ方には復路で編み終わったら目をはぐ方法、編終りを伏止めしてからはぐ方法、編始めと編終りの目のはぎ方がある。はぐときは、編み上がっている目と同じになるよう糸を引く。

(1) 復路で編み終わった目をはぐ方法

この方法は、はぎ目が編み地と同じように伸縮し、はぎ位置も目立たずきれいにできる。

2枚の編み地を表面を上にして突合せする。

はぎ方は、①のように向う側の端の目に針を入れ、手前側は②のように端の目と2目めの往路の裏側の目をすくう。次の目からは、向う側と手前側の編み目を交互に③のようにすくっていく。

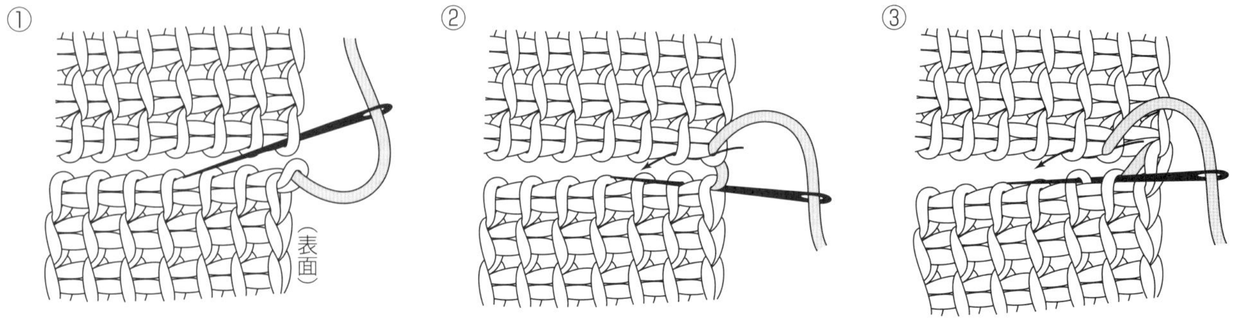

(2) 編終りを伏止めにしてからはぐ方法

編終りの目を伏止めにしてあるので、はぎ目が伸びない。はぎ方は、編み地を突合せにし、①のように向う側の伏止めをした鎖状の目から糸を出し、手前側は編み地の端の目の裏から針を出して、向う側の編み地の端の目をすくう。次からは、向う側と手前側の編み地の往路の目を交互にすくっていくことを、繰り返す（②）。

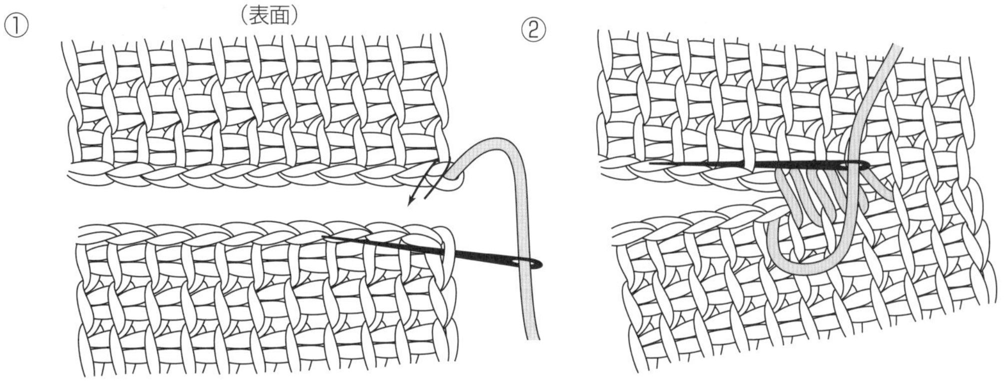

(3) 編始めと編終りの目のはぎ方

編み上がった編み地に、はぎ目が目立たないように丈を足す場合に使うはぎ方。はぐ前に、編み足すほうの編み地の2段めに①のように別糸を通しておき、復路の編終り側の糸を切って鎖状の目をほどく。次に往路の糸を上下の目からはずしていく。編み足すほうは不足分を編んだら、糸を幅の5倍ぐらい残して切る。

はぎ方は、編み地の表面を上にして突合せにし、②のように編み足すほうの編み地の端の目に針を入れる。続けて足す分の編み地の目に矢印のように針を入れる。次からは③のように上下の目を交互にすくいながらはいでいく（④）。このとき糸の長さが上下の編み地と同じになるように気をつけながらはいでいく。

復路の鎖状の目は、まず⑤のように今はいだ目にかぎ針を入れ、編み地を中表に折って、⑥のように引抜き編みで編み戻る。

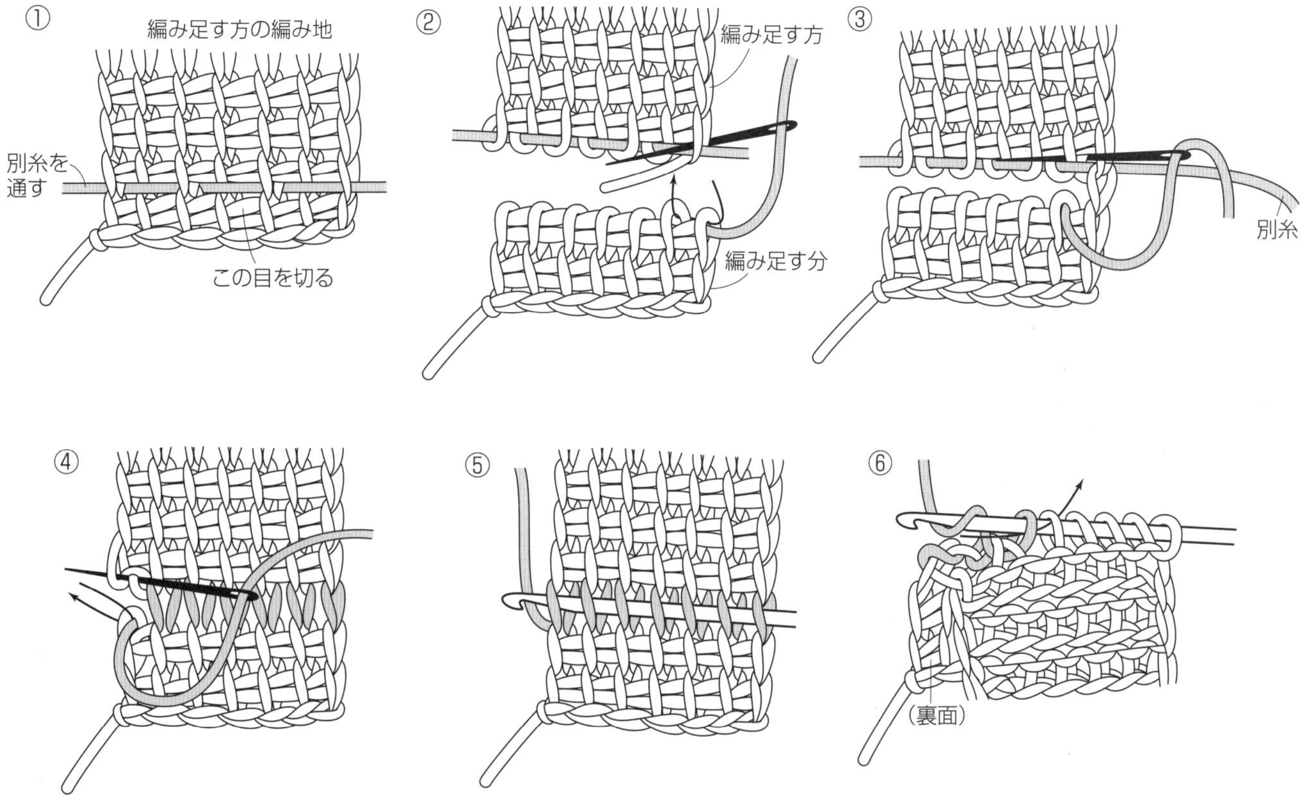

11　とじ方

段と段をつなぎ合わせることをとじるという。とじ合わせるときに、戻り目で左右の編み地が続くようにとじ合わせる。編み地の表面を上にして、1枚は編始め側を、もう1枚は編終り側を突合せにする。

とじ方は、作り目と戻り目の下側の糸をすくい（①）、次からは②のように編始め側の編み地は戻り目の鎖状の目を、編終り側の編み地は戻り目の下側の目をすくうことを、交互に繰り返しながらとじる（③）。とじた後には、左側の編み地の立上がりの鎖目が１本残り、それが表編みの縦の目になるので、左右の編み目が続くように糸を引く。

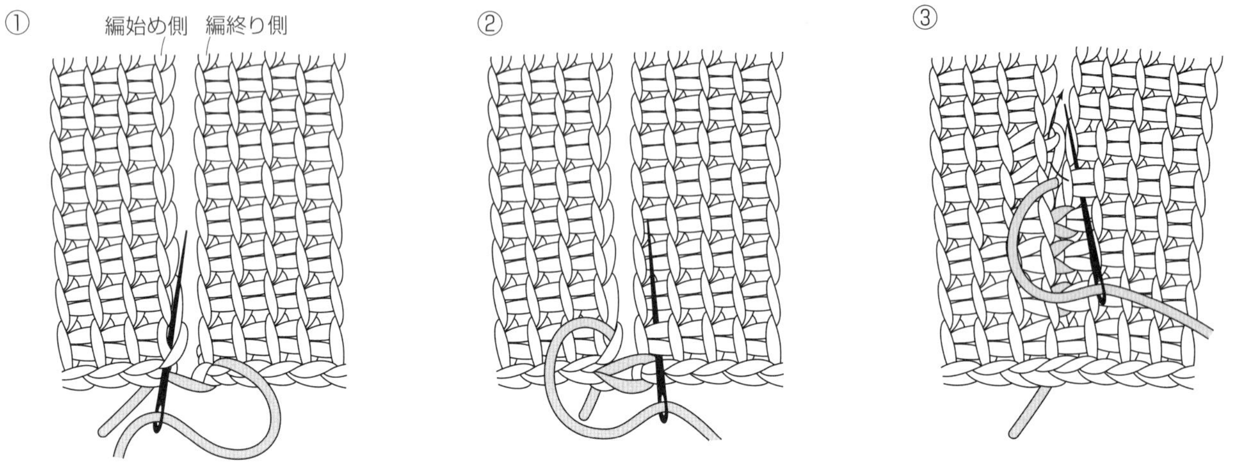

12　ボタン穴

ボタン穴は、横のボタン穴と縦のボタン穴がある。それぞれ作品に合せて使い分けるとよい。

(1) 横のボタン穴

往路で、ボタン穴の位置まで編み進んだら、①のようにボタン穴の分（この場合3目）を引抜き編みで止める。復路では、②のように前段で引抜き編みをした位置で鎖目を3目編み、後は普通に編み戻る。次の段は鎖目の裏側の目を拾って普通に編む（③）。

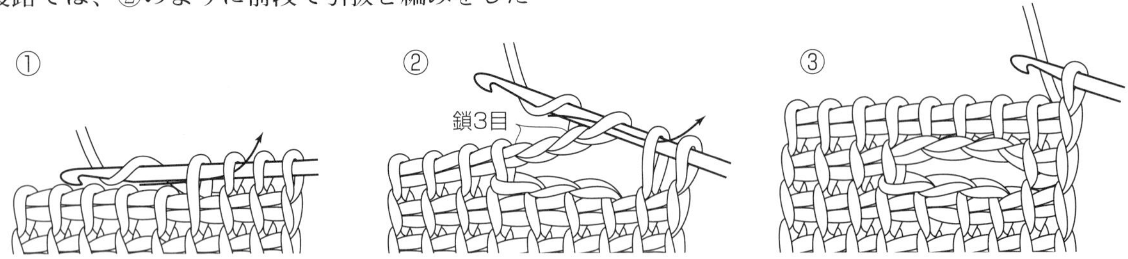

(2) 縦のボタン穴

ボタン穴の位置まで編んだら、編み糸が続いているほうの身頃をボタン穴の大きさになるまで編み、糸は切らずにおく。編み残したほうは新しい糸を①のようにボタン穴の位置に入れ、同じ段数を編んで最後のループはそのままにして糸を切る。次の段では、先に残しておいたループに針を入れ、左右続けて編む（②）。

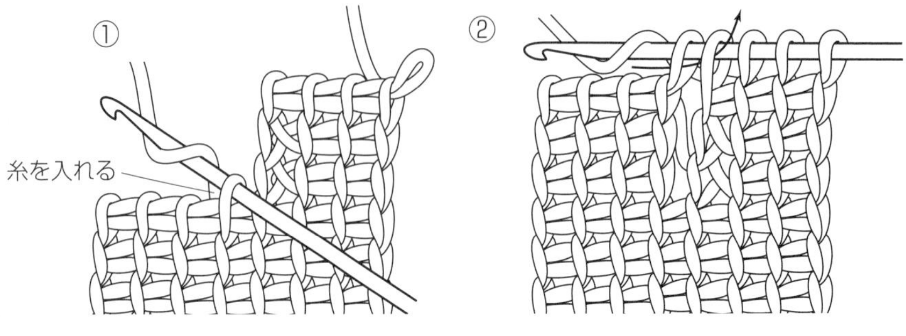

第6章
手編み機の基礎

1　手編み機の種類

手編み機には片板機と取りつけ式ゴム編み機がある。

片板機

種類は、機構上から対立型、並行型、動針型に分けられ、現在では動針型が使われている。

(1) 対立型

メリヤス針を平行列に固定した細長い木片と、前後に一定の進退運動をして編み目のループを作るとき補助的な動きをする。シンカ針の装置が向き合っているところからこの名がついた。表目を見ながら編む。

(2) 並行型

平行に固定したメリヤス針の間に、進退運動をするシンカ針を同じく平行に設置して、操作も簡素化と編成速度の向上を図った編み機。裏面を見ながら編む。この型は、日本独特のもので動針型より2年ほど遅れてできた。

(3) 動針型

メリヤス針を並列にはめ込んで一定の進退運動ができるように、溝を切った本体があり（溝板）、溝板に向かって手前端にシンカ針を並列に固定してある。ほかに給糸口とメリヤス針の進退運動をさせるカムを持ったキャリジがあって、溝板の上を左右に走行できるように装着されている。このキャリジが1回運動するたびに編み地が1段でき上がり、高速度で編めるようになった。現在の手編み機はこの動針型が高速に発達したもので、裏目を見ながら編む。

取りつけ式ゴム編み機

取りつけ式ゴム編み機は、1個の溝板と1個の糸口のないキャリジからできていて、これを片板機に取りつけて編むことにより、1回の操作でゴム編みを編むことができる。編み地は本機（片板機）とゴム編み機のメリヤス針の間で編成され、編まれたものは両機のすき間から下がることになり、このすき間の大小が編み目の大きさに関係する。

編み目調整ダイヤルはゴム編み機にもついていて、模様によっては本機と違う目盛りにする場合もあり、編むときは、編み目が浮いて目がメリヤス針からはずれないように、編み地には必ずおもりをつける。おもりはフック（かぎ）のついたものと、編み地の裾に直接掛ける耳掛けおもりとがある。機種によっておもりの掛け方が違うが、普通30目に1個、また50目に1個掛ける。針立ては、本機とゴム編み機のメリヤス針を作動位置に押し出すことで、片板機の選針の操作と同じで、編むときは編み地の両端は必ず本機の針を立てるようにして、本機とゴム編み機の針がぶつからないように、向い合せの針の位置を確かめてから針を出すようにする。

2　カムの配列と編成原理

手編み機の編まれる原理は、キャリジの裏にあるカムによって進退するメリヤス針の動きによる。

ここでは、カムの配列とその動きによって変わるメリヤス針の位置、そして編まれる原理を述べる。

この原理は手編み機すべてに通用する事柄である。

(1) カムの配列

カムとはキャリジの裏（溝板に接する面）にあり、メリヤス針を進退させる役目をし、現在の編み機のカム配列は横8の字形で、このカムの動きが1往復で∞という形になることから横8の字形式といわれている。

①はメリヤス針の進路方向を矢印で示している。

②はカムによって進退するメリヤス針の状態を表わしている。図の中の1～6はメリヤス針の動きの順序を示したもので、この数字は次に述べる編成原理の順序と一致している。

横8の字形式

①

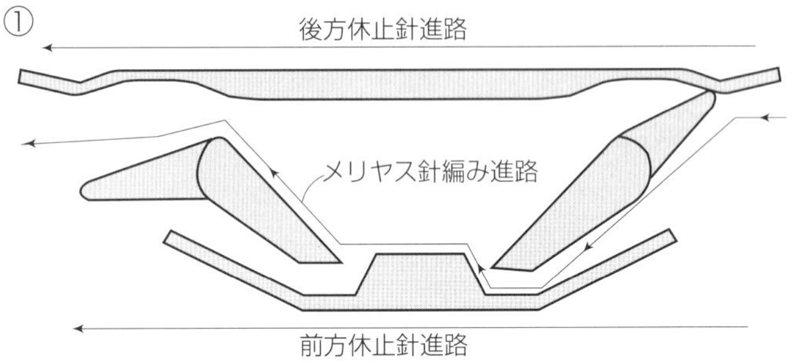

カムの配列とメリヤス針の進退順序

②

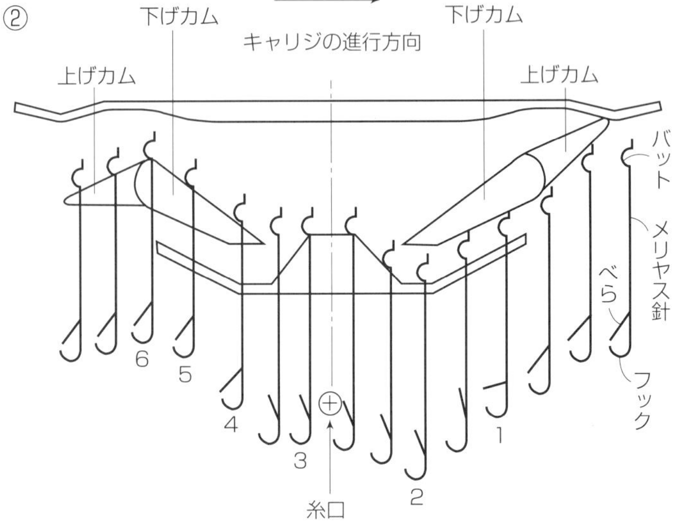

(2) 片板機の編成原理

メリヤス針は、フック、べら、ステム、バット、シャンクの五つの箇所からできている。編まれる原理は、カムによって押し出されたメリヤス針のフックに糸が掛かり、べらが開閉することによって編まれることになる。図は針の動きと、編まれる順序を示したもので、点線はくし歯の位置である。

以上の動作を1本1本の針が行なうことによって、編み地が編成され、このように針が前進、後退するのはすべてカムの働きによるもので、上げカムは針を押し出す役目をし、下げカムは引き込む役目をする。また、下げカムの角度が変わることによって、編み目の引き込む寸法の大小ができるようになる。この調整を編み目調節ダイヤルが行なうことになる。給糸をスムーズにするために、べらブラシとテンション（たるみ取り）があり、べらブラシはキャリジの編み地押えについていて、このブラシがべらを確実に開く役目をする。

テンションは編み機の中央に立てる金属製の棒で、これに糸を掛けることにより、一定の張力をもって給糸する役目をする。

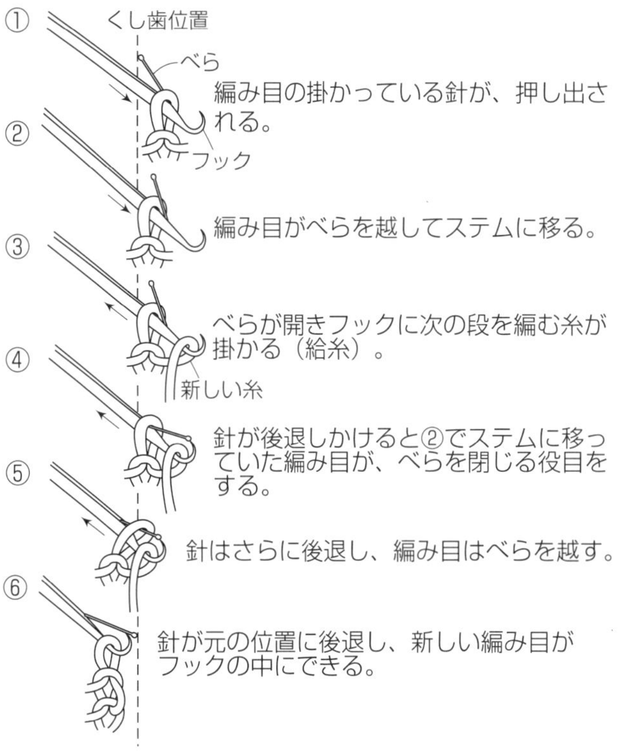

①
くし歯位置
べら
編み目の掛かっている針が、押し出される。
フック
②
編み目がべらを越してステムに移る。
③
べらが開きフックに次の段を編む糸が掛かる（給糸）。
新しい糸
④
針が後退しかけると②でステムに移っていた編み目が、べらを閉じる役目をする。
⑤
針はさらに後退し、編み目はべらを越す。
⑥
針が元の位置に後退し、新しい編み目がフックの中にできる。

(3) べら針（メリヤス針）の部分名称

フック　メリヤス針のかぎの部分で、編み目を保持する。

べら　メリヤス針のフックに作動する部分で、編み目を移動させる。

ステム　メリヤス針のフックとバットの間で、フックと同じ編み目を保持する。

バット　メリヤス針のキャリジカムに接触する部分で、カムによって前後に作動する。

シャンク　メリヤス針のバットより後ろの部分で選針するときに作用する。

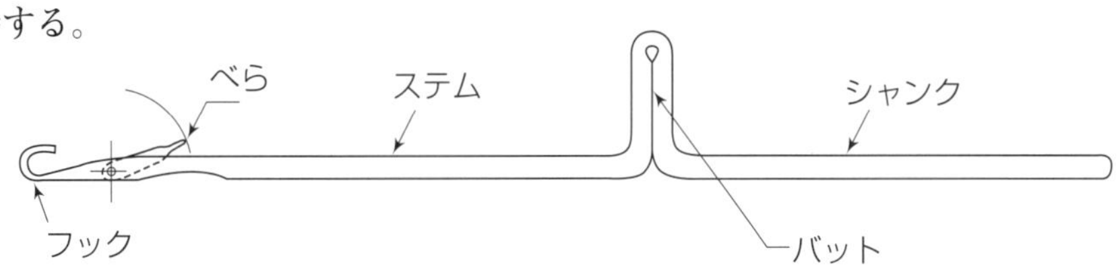

べら
ステム
シャンク
フック
バット

針の位置

編み機は、編み針の位置によっていろいろな編み方ができる。その編み針の位置を溝板の左右の端に、A、B、D、Eの文字で示してある。

A　編まない位置　キャリジを操作しても編めない。

B　編む位置　普通はこの位置で編める。

D　模様位置　模様編みの場合の選針位置

E　引返し位置　引返し編みに使う位置

針の位置　4段階方式（ブラザー編み機の場合）

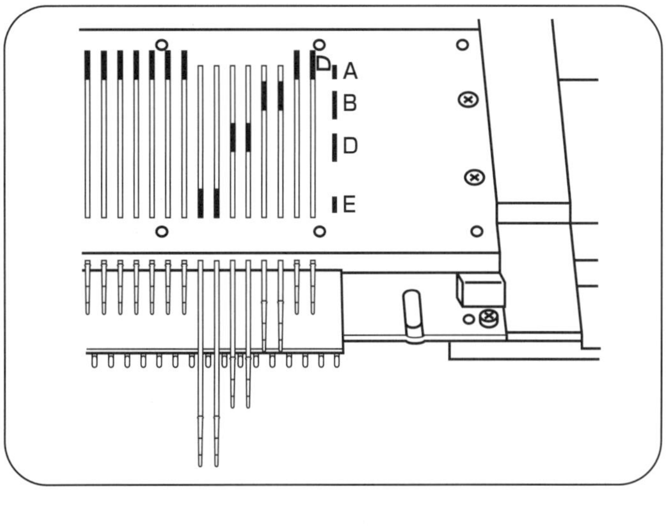

A
B
D
E

(4) ゴム編み機の編成原理

ゴム編み機も編まれる原理は片板機と同じである。ゴム編み機は溝板が向かい合い、セットしてあり、キャリジを動かすと針が両方から出て、それぞれ糸を引き込み、編み地は両方の溝板の間にできることになり、この図は横から見た状態で表わしてある。①～⑥の番号は片板機と同じく、カムによって進退する針の動きと編まれる順番を表わしている。

ゴム編み機の編成原理

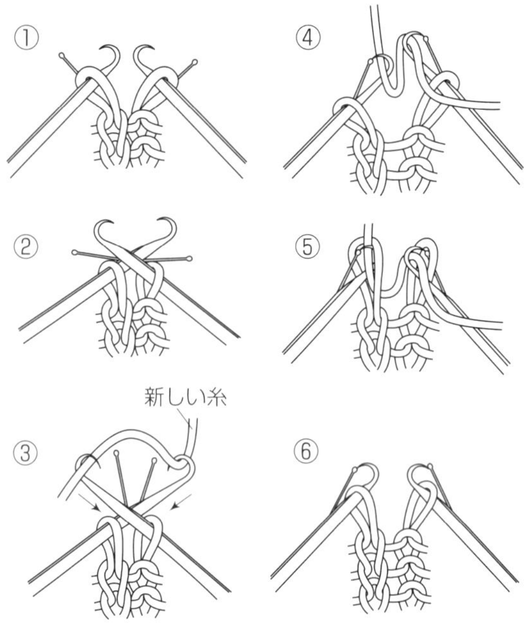

3 手入れと保管方法

(1) 手入れの仕方

手編み機をいつまでもよい状態で使用するには、編み終わった後の手入れを適切にすることが大切である。キャリジを本体からはずし、手ばけや布でほこりやごみを取り除き、金属部分は付属の手入れ油をしみ込ませた布でプラスチックの部分は、中性洗剤などをしみ込ませた布で、ふき取る。

油は鉱物性、編み機専用の油を使用する。シンナー、アルコール、ベンジン、ガソリンなどは使用しないこと。

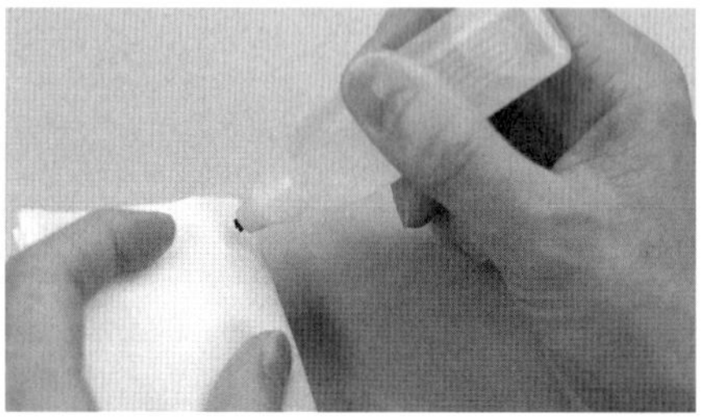
①油は布にしみ込ませてから機械に塗る。

②溝板の部分は、編み針をB位置にそろえ、後ろレール、前レール、編み針のバットを付属の手入れ油をしみ込ませた布でふく。

注 機械に直接油を塗らない。

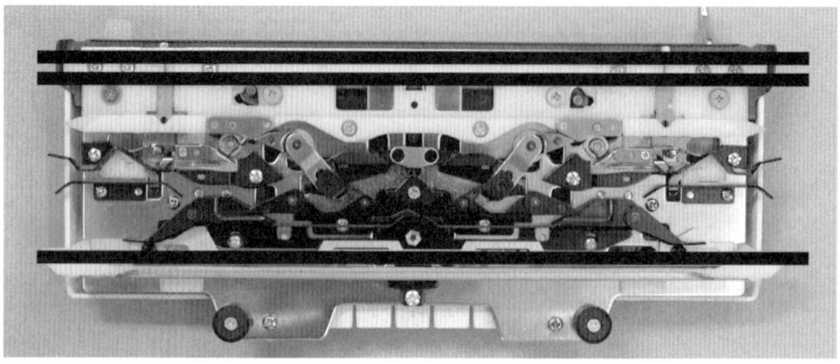
キャリジの裏側は黒線部分に沿って、編み機専用の油をしみ込ませた布でふく。キャリジの操作が重いときも、汚れや余分な油をふき取るとスムーズに動くようになる。

※ブラザー編み機で説明

(2) 保管方法

編み機を長期間保管する場合は、油をしみ込ませた布でよくふき、セロファン紙や包装紙のような吸湿性が少なくて汚れにくい紙で包んで、湿気の少ない場所に保管するとよい。湿気の多い場所に置かなければならない場合は、防錆紙で包み保管する。再び使用する場合には、編み機専用の油をしみ込ませた布で汚れをふき取り、古い毛糸で20～30段平編みを編んで、油を取り除いてから、作品用の毛糸で編み始める。

4 手編み機編みの基礎編み

記号とは、編み目を簡単に表現するための記号で、編み上がった編み目を表面から見た状態を表わしたものである。

表目

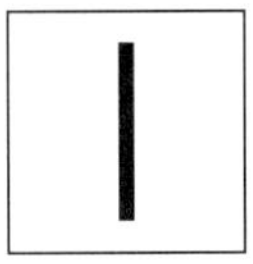

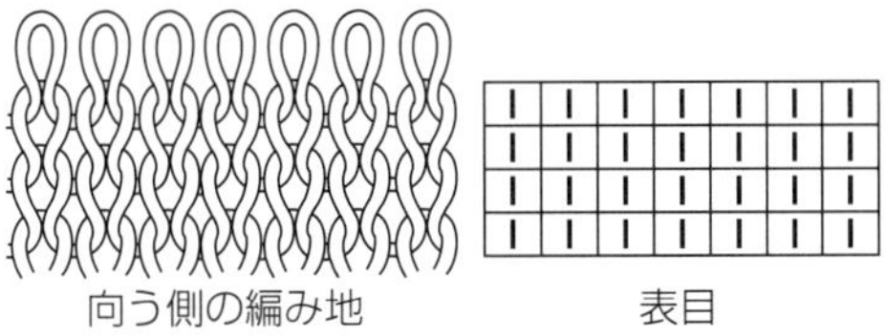

キャリジを動かしている編み目を向う側から見た目。

裏目

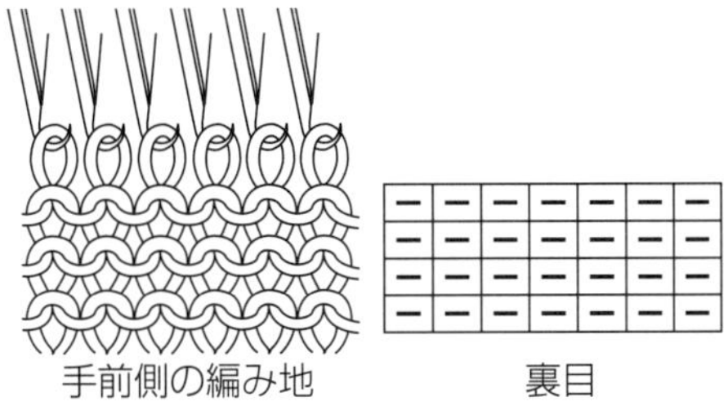

表目と同じ操作で手前側にできた編み目。

掛け目

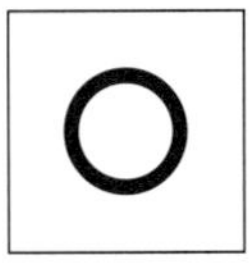

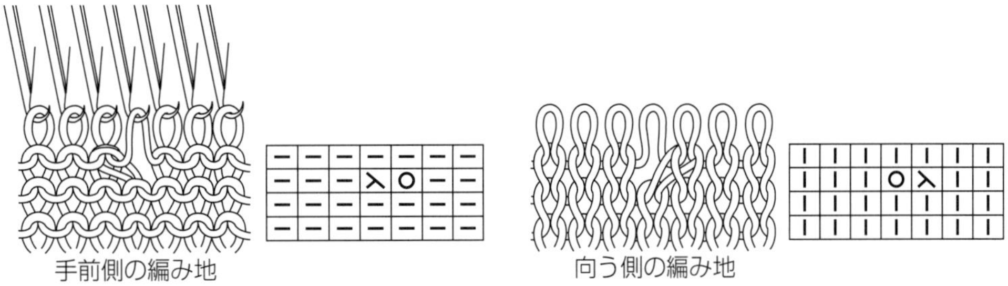

穴あき模様に使う。記号の位置の目を隣の目に重ねるか、または寄せ目にし、から針にして次の段を編んで、から針に掛かった目。

右上2目一度

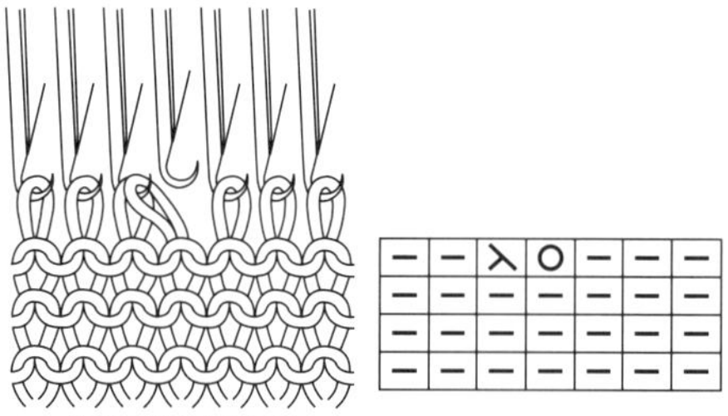

手前側の編み地

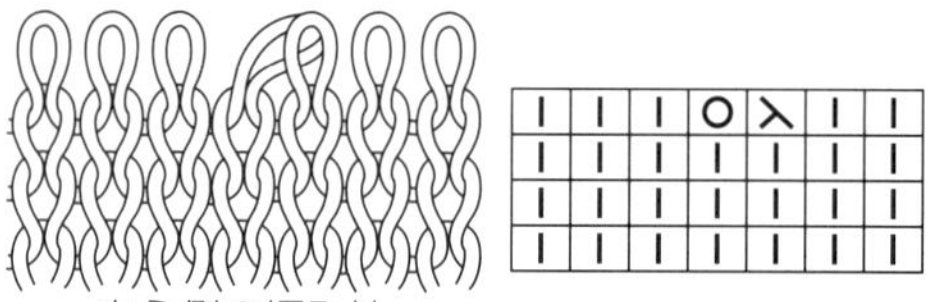

向う側の編み地

減し目の方法で右の目を左の上に重ねる。

左上2目一度

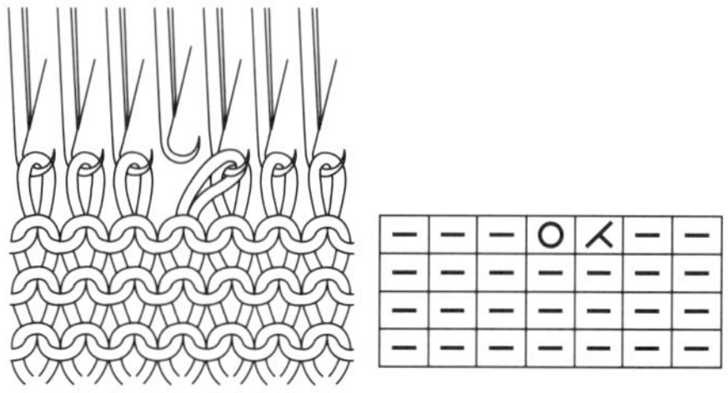

手前側の編み地

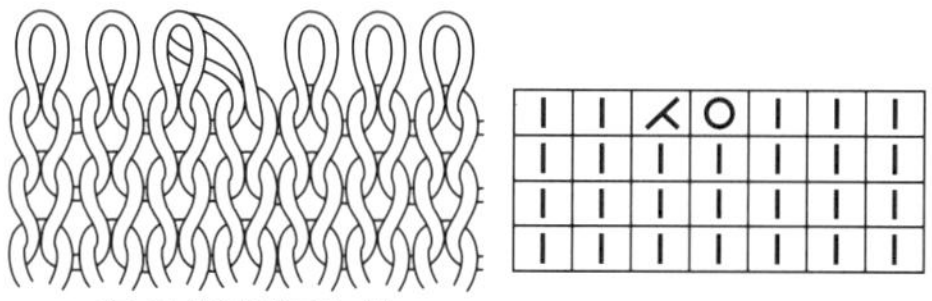

向う側の編み地

減し目の方法で、左の目を右の目の上に重ねる。

中上3目一度

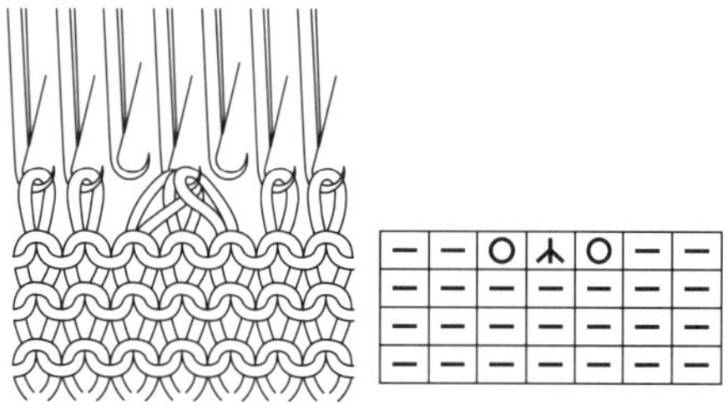

手前側の編み地

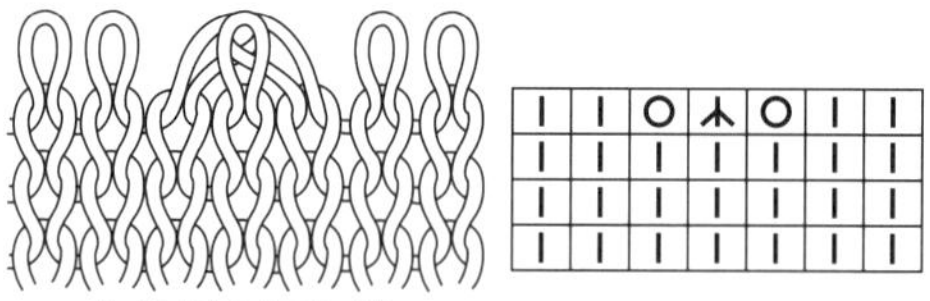

向う側の編み地

2目を一度に減らす方法。中央の目の上に、左右の目を重ねるVネックの前中心の減し目に使う。表面から見ると中央の目が立ち、左右の目が寄った状態になる。

右上3目一度

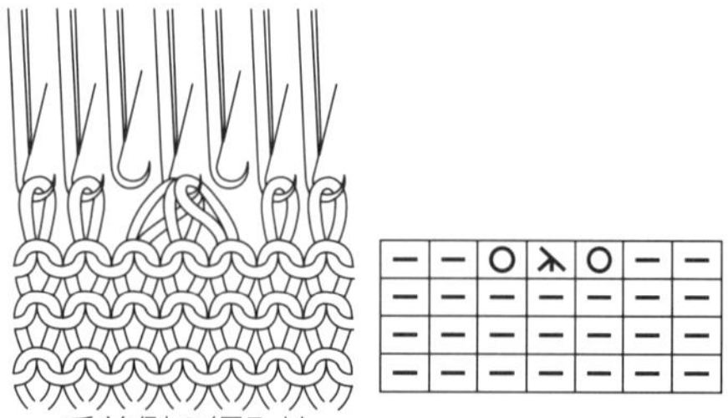

手前側の編み地

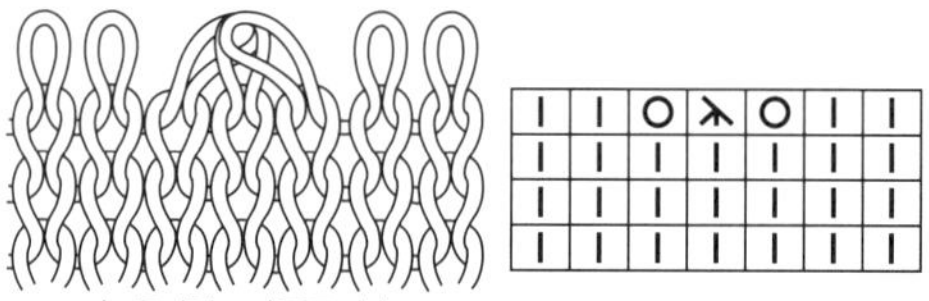

向う側の編み地

3目の左側の目に、中央と右側の目に重ねて掛け、この3目を一度に移し針に取り、中央のから針に掛ける。

左上3目一度

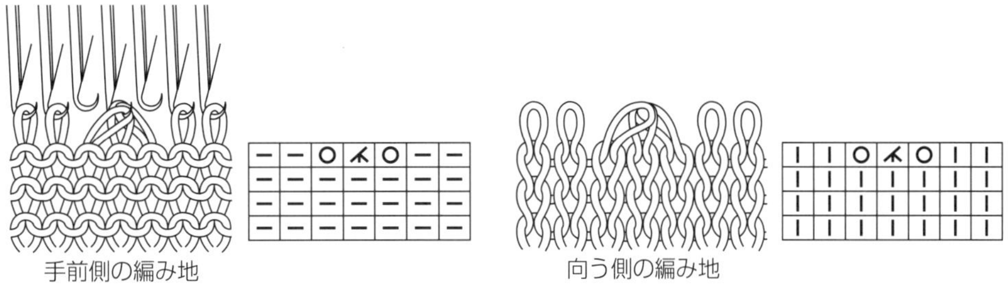

3目の右側の目に、中央と左側の目に重ねて掛け、この3目を一度に移し針に取り、中央のから針に掛ける。

右寄せ目

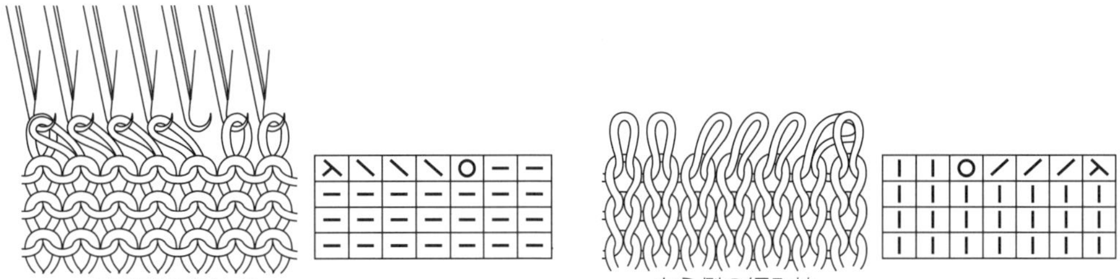

寄せ目とは手編み機独特の編み方で、目を移動することをいい、編み目が斜めになる。右寄せ目は、移し針で目を順に左側の針に移動する（表目側から見ると右）。

左寄せ目

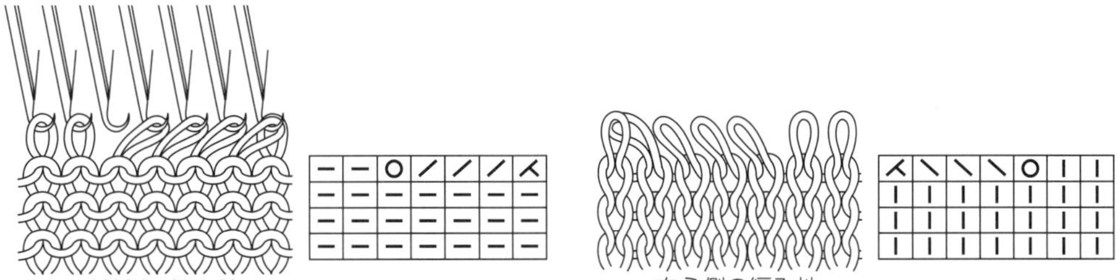

右寄せ目と同じ要領で、目を右側の針に移動する（表目側から見ると左）。

右増し目

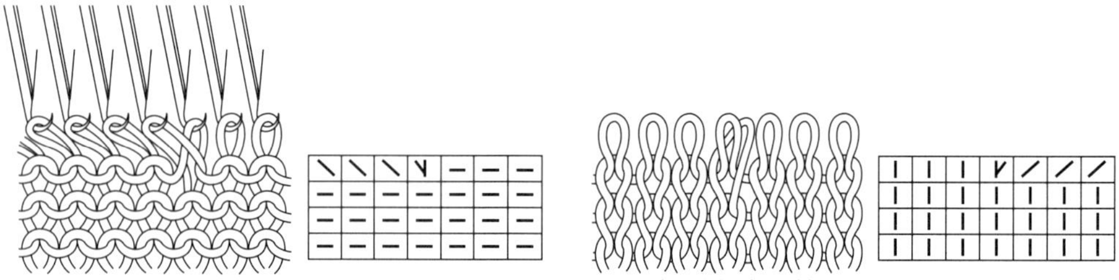

手前側の編み地　向う側の編み地

記号の1段下の目を左側に増す（表目側から見ると右）。

左増し目

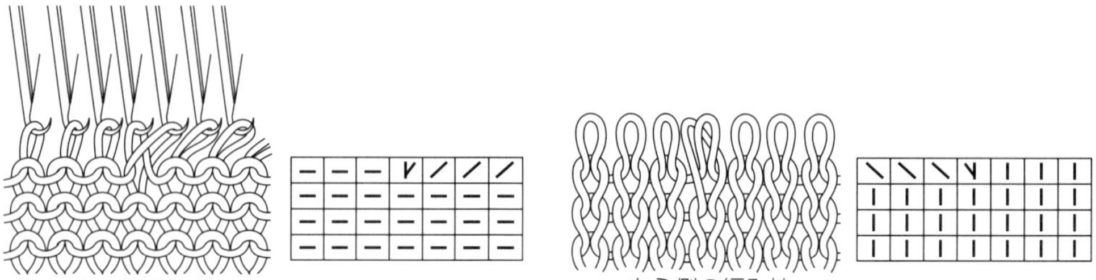

手前側の編み地　向う側の編み地

記号の1段下の目を右側に増す（表目側から見ると左）。

右上交差

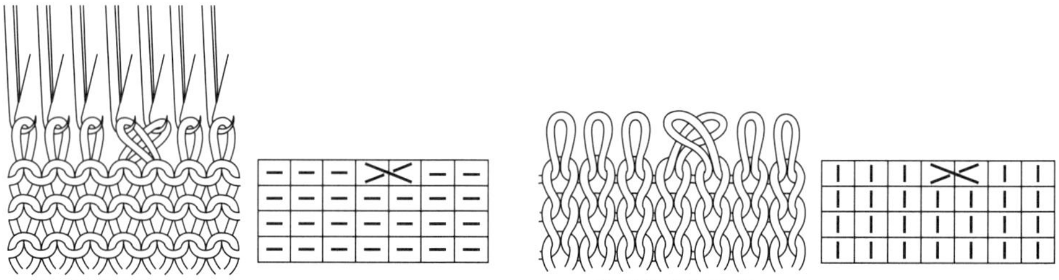

手前側の編み地　向う側の編み地

左右の目を交差させる模様編み。移し針を2本用意し、交差させる目の右側の目を移し針に取り、別の移し針で左側の目を取って右側の針に掛け、続いて右側の目を左側の針に掛ける。

左上交差

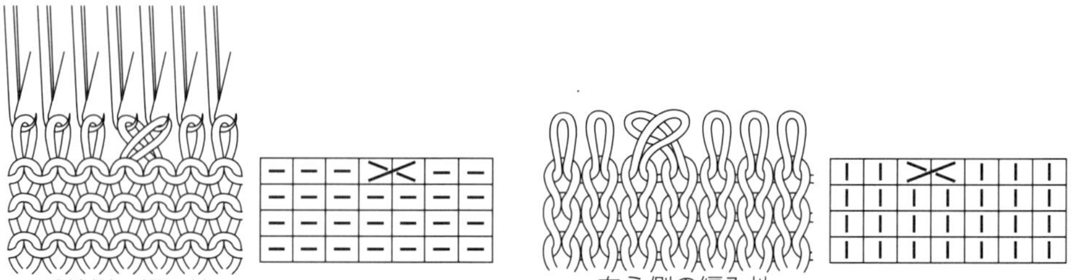

手前側の編み地　向う側の編み地

編み方は右上交差と同じ要領で、左側の目を移し針に取り、右側の目を左針に掛け、続けて移し針に取った左側の目を右側に掛ける。

右目を通す交差

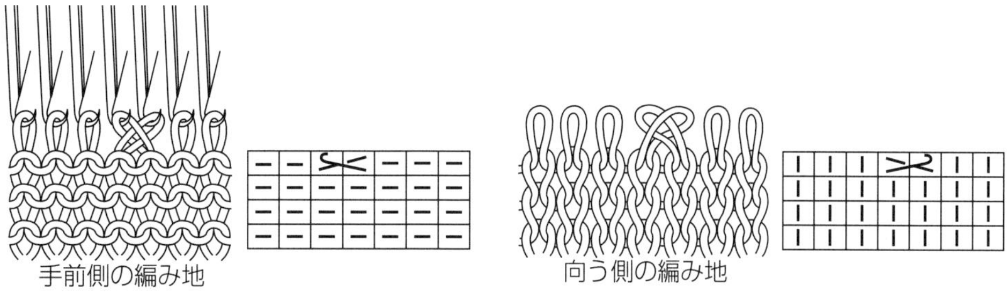

右の目の中に左の目を通す。

左目を通す交差

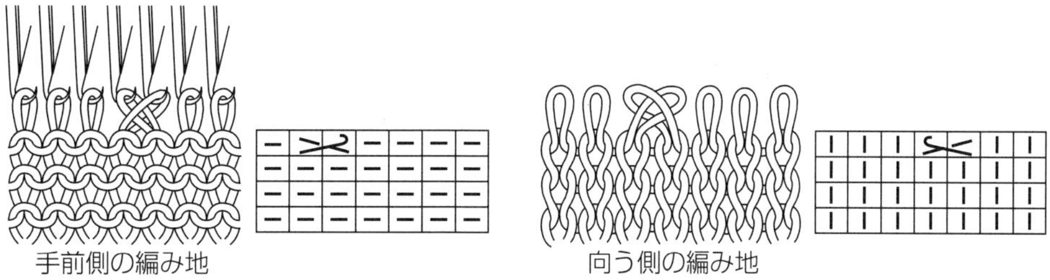

左の目の中に右の目を通す。

すべり目

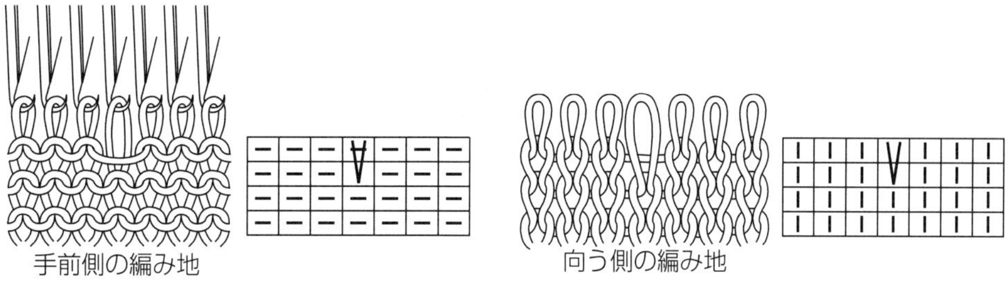

記号の位置の針に糸が掛からないように操作して編む。手前側に糸が渡っていて表側は目が引き上げられて編まれる。

浮き目

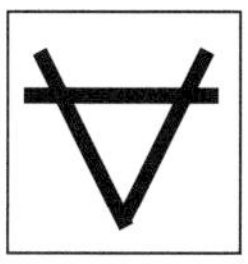

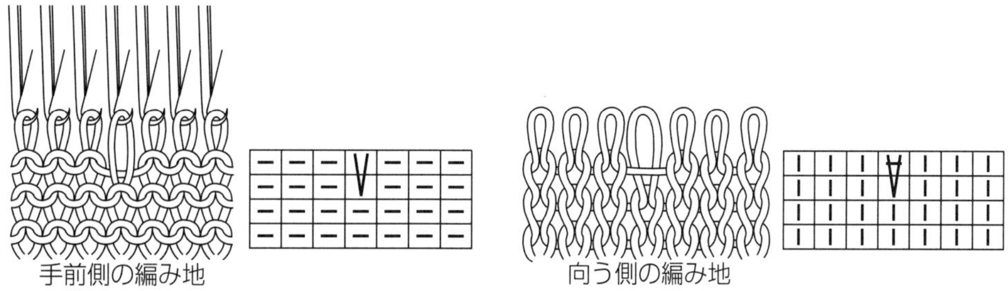

編み方はすべり目と同じ要領であるが、よこ糸を裏側に出し、裏側は目が引き上げられて編まれる。

引上げ目

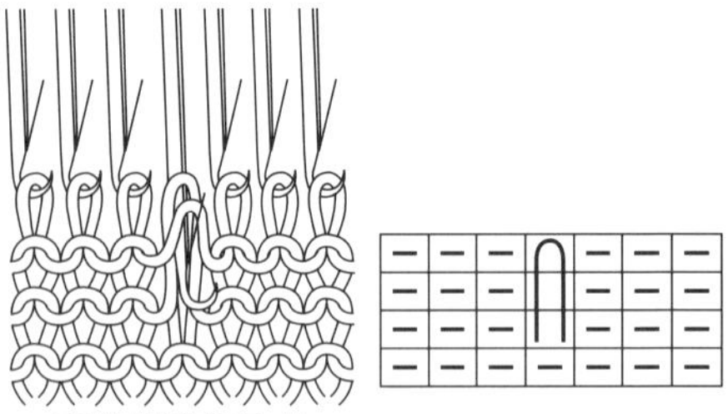

手前側の編み地

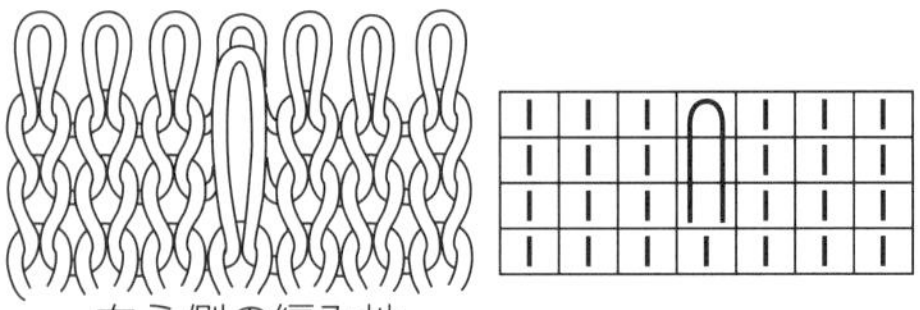

向う側の編み地

編み方には2種類あり、①引き上げる段数分だけ編んだ目をほどき、移し針を使って引き上げる。②手編み機の操作を利用して引き上げる。①の方法は手はかかるが柔らかく編み上がり、②の方法は早く編み上げることができる。

ねじり引上げ目

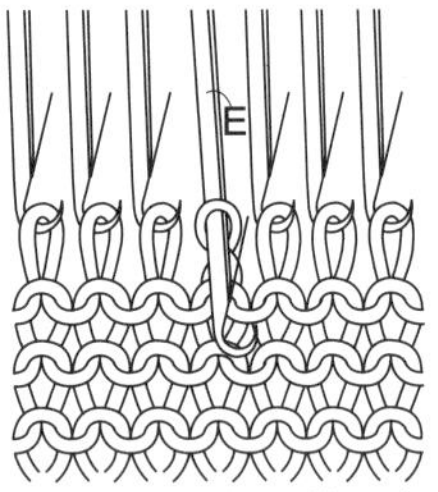

目をねじって針に掛け直す

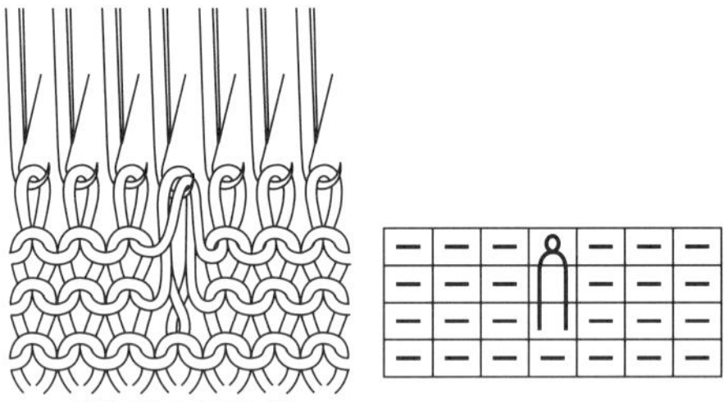

手前側の編み地

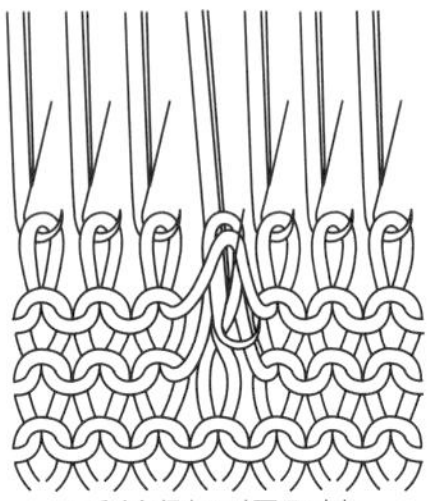

手前側の編み地

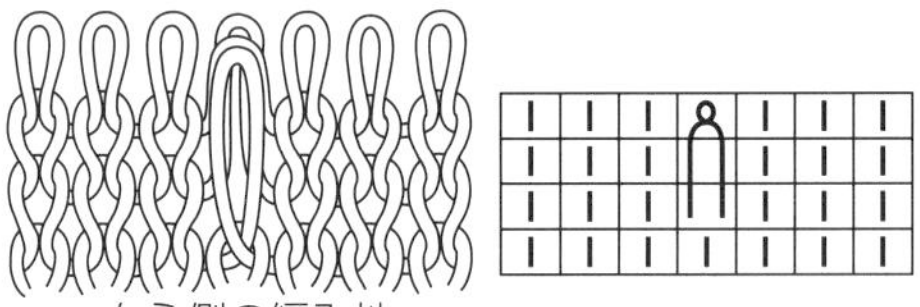

向う側の編み地

引き上げる位置の目を移し針に取ってねじり、針に掛け直す。後は引上げ編みと同じ方法で編む。

ねじり目

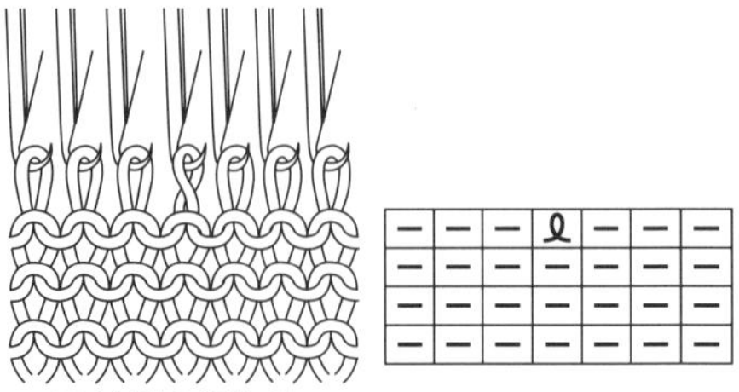

手前側の編み地

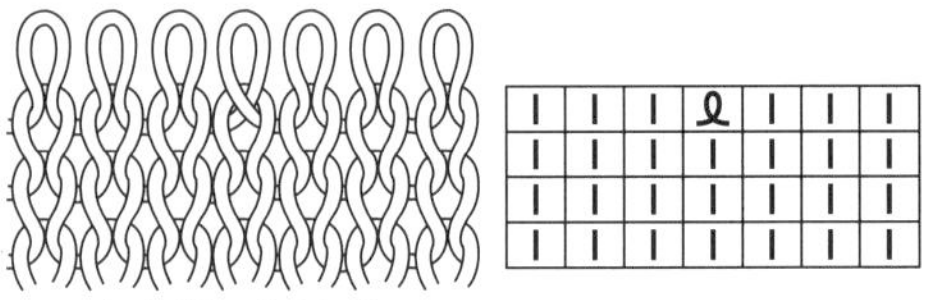

向う側の編み地

記号の位置の目を移し針に取り、1回ねじって針に掛け直す。

巻き目

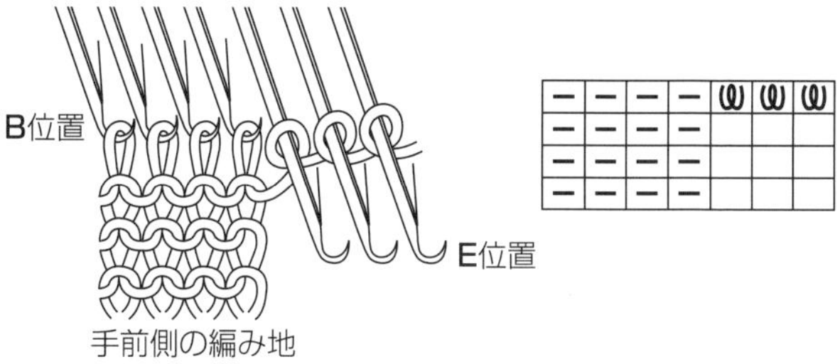

作り目や2目以上の増し目をするときに使う。編み方はから針をE位置まで出し、糸を巻きつけていく。

編出し増し目

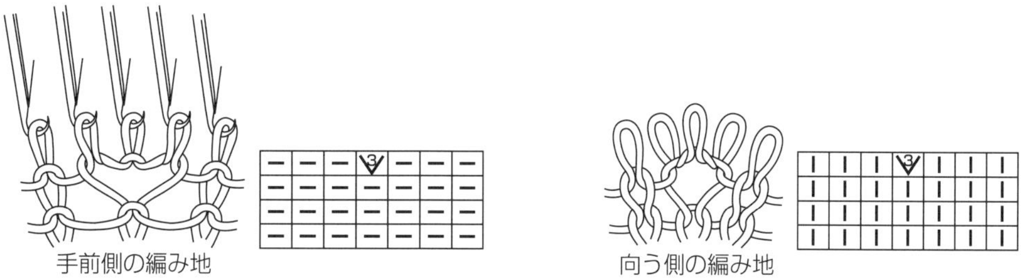

記号の位置の両側の目が、から針になるように寄せ目をして1段編み、次にから針に掛かった糸をはずし、記号の位置の前段の目にタッピを入れて、針からはずした糸を左右別々に引き出してから針にかける。

伏せ増し目

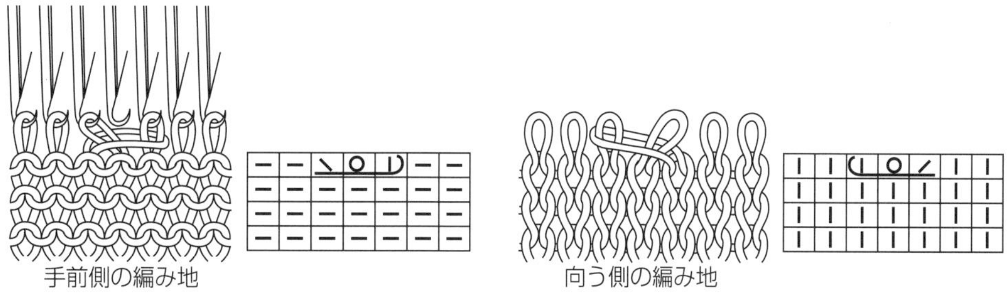

模様編みとして使用する。2目を移し針に取って休め、左隣の目をから針になった右隣の針に渡して掛け、その2本の針に移し針を取っておいた目を掛ける。次に2本針に渡して掛けた目を針からはずして2目にかぶせる。この2目の左側の目を左隣にかけ直す。

針抜き

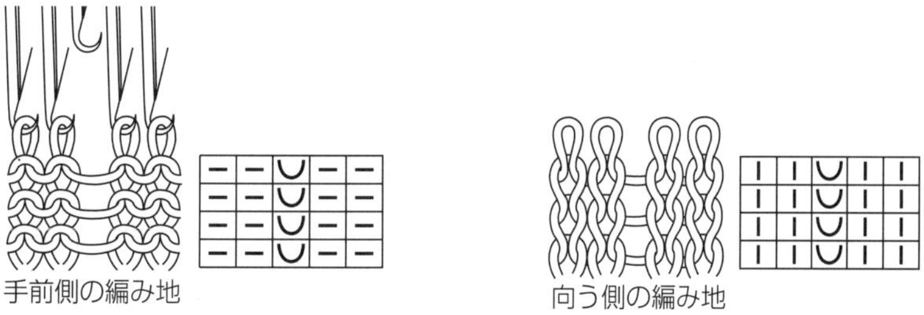

針を編めない位置にして糸を渡す。

5　ゴム編み機に使われる編み目記号

ゴム編み機で編まれる模様の編み目記号は日本工業規格（JIS）では決まっておらず、統一された編み目記号がないが、現在統一されているものとしては、下記のようなものがある。

片板機の記号の表示と違うところはR（ゴム編み機）K（本機）の両方の編成方法を一度に説明しなければならないことで、ゴム編み機の編み目記号は、つねに本機と対応して使われるため、原則として本機に使われる記号を反転したものとする。また、振りを入れると針の位置がずれることになるので、記号もずらしてかく。

記号のかき方は、片板機の場合は編む順序に従って下から上へとかくが、ゴム機の場合、両板の向き合った線を境にしてK（本機）は片板機と同様に下から上へ、R（ゴム編み機）は反対に上から下へとかく。R側は実際に編み上がった場合、記号と上下が逆になり、中央の太線はシンカー針の位置でここから上下にK側とR側の記号をかく。

表目

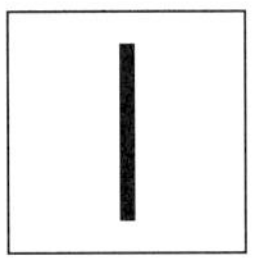

メリヤス編みで編んだときの表の編み目。ゴム編み機で編むとR側の目。

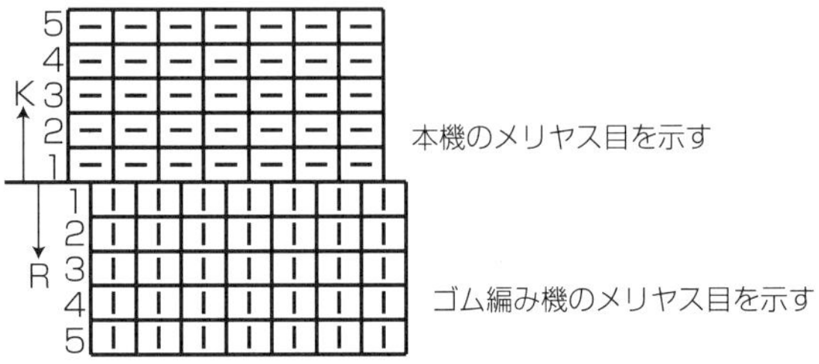

裏目

メリヤス編みで編んだときの裏の編み目、ゴム機で編むとK側の目。

2目一度

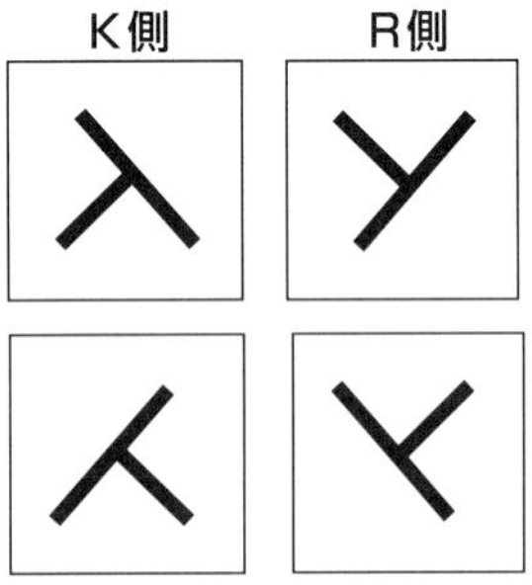

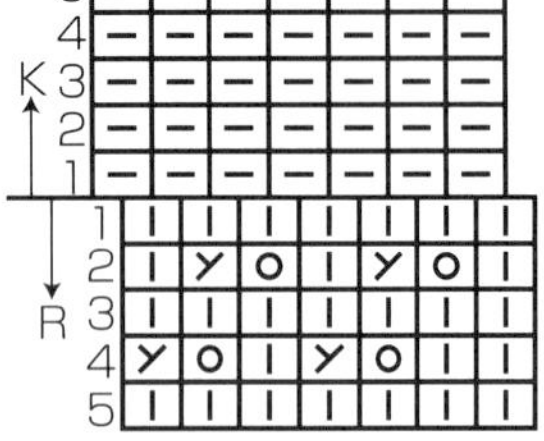

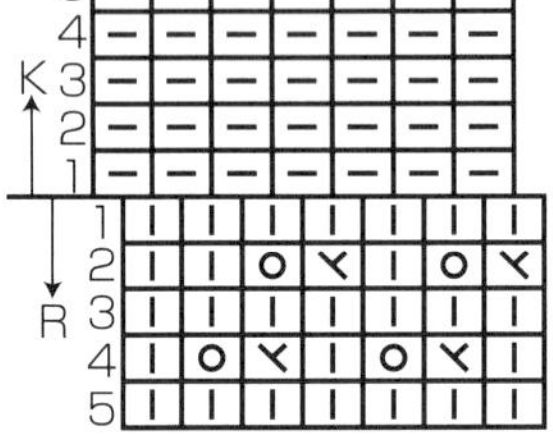

記号の位置でＹは右の目を左の目の上に重ね、Ｙ（逆）は左の目を右の目の上に重ねる。

記号の位置の目を移し針に取り、左側の目に重ねて掛ける。この方法をR側ですると左上2目一度になり、K側ですると右上2目一度になる。重ね目を逆にするとR側が右上2目一度、K側が左上2目一度になる。

3目一度

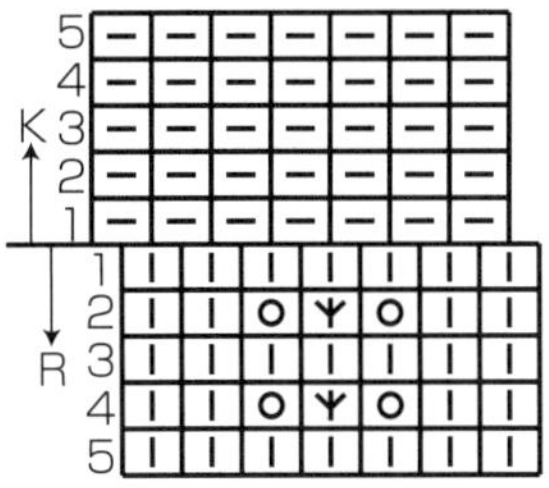

中上3目1度

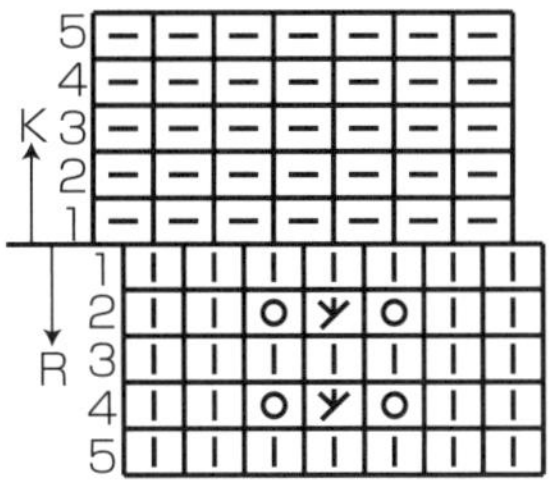

右上3目1度

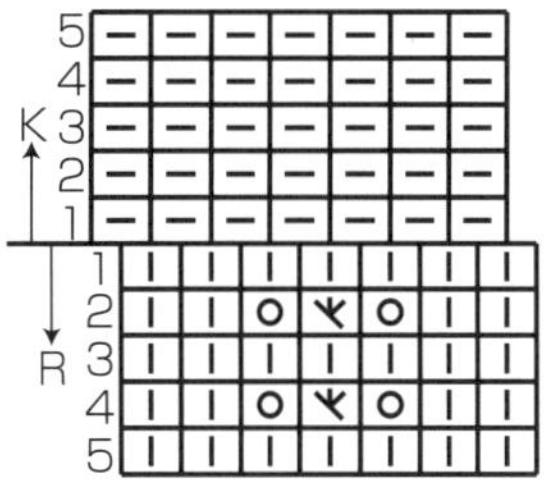

左上3目1度

編み地の表からみたとき、中上、右上、左上となるように編み目を移す。

3目めの中心の目に左右の目を重ねること。2目一度と同じ要領で目を重ねて右上または左上にすることにより、編み目の性格が変わり模様もいろいろできる。

掛け目

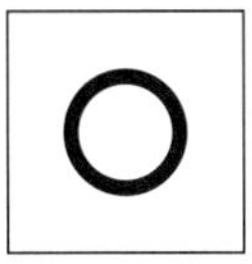

あき模様にするときに使う。この位置の針をから針にし、次の段を編むとから針に糸が掛かり、この位置には穴が開くことになる。

寄せ目

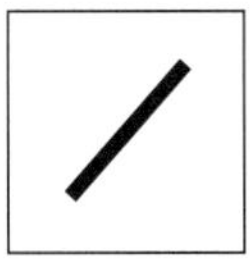

同じ段で全目を同方向に動かす場合は振編みにするが、目を左右に振り分けて動かしたり、部分的に動かす場合は、片板機のときと同じに移し針を使う。増減目による寄せ目は、片板機と同じ記号で表示し、その他は、止め線を入れない振編み記号で表示する。

右寄せ目

左寄せ目

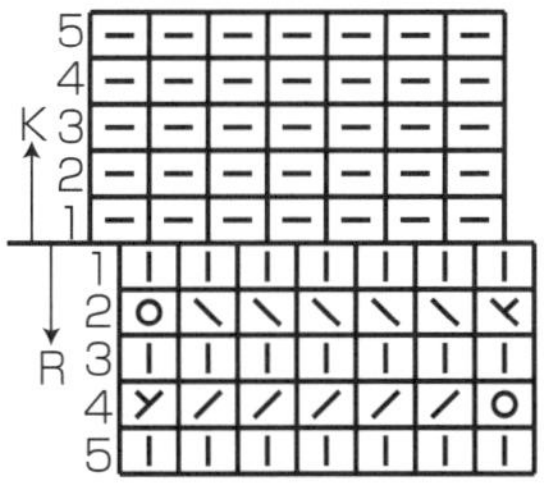

から針

編まない位置のこと。ます目で表示する。編始めの場合は、から針立て（針を編める位置に出す）をしないところをいい、編んでいる途中でから針にする場合は針を不作動位置まで下げ、編めないようにする。

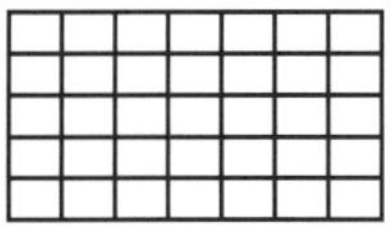

増し目

編み目を増すこと。記号の位置の針をから針にしておいて、隣の前段の目を移し針に取って、から針に掛ける。前段の左側の目を掛けることを右増し目、右側の目を掛けることを左増し目という。

右上1目交差　左上1目交差

右上1目交差

左上1目交差

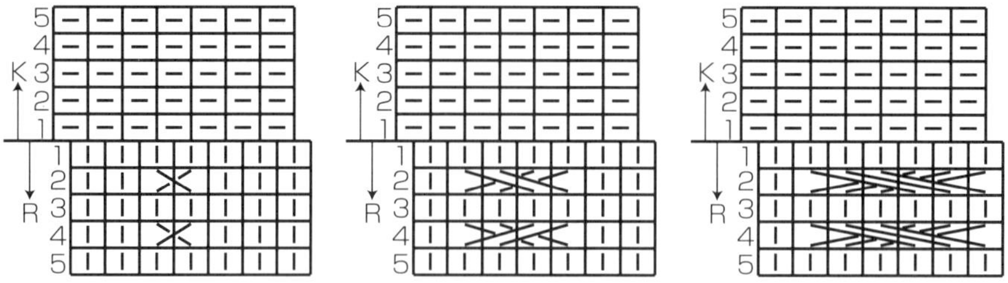

二目交差　三目交差

編み地の表から見たとき、右上、左上となるように交差させる。

左右の目を交差して掛け替えて編むことをいう。右側の目を左側の目の上にして交差することを右上一目交差、その反対を左上一目交差という。編み方は、下になる目を移し針に取り、次に上になる目を取って、先に取った目を反対側の針に掛け、続けて後から取った目をもう1本のから針に掛ける。また、振編みを利用する場合は、全目を同じ方向に振った後で、交差の位置だけ元に戻して編む。交差をする目数が2目の場合を2目交差、3目の場合を3目交差という。

引上げ目

K側

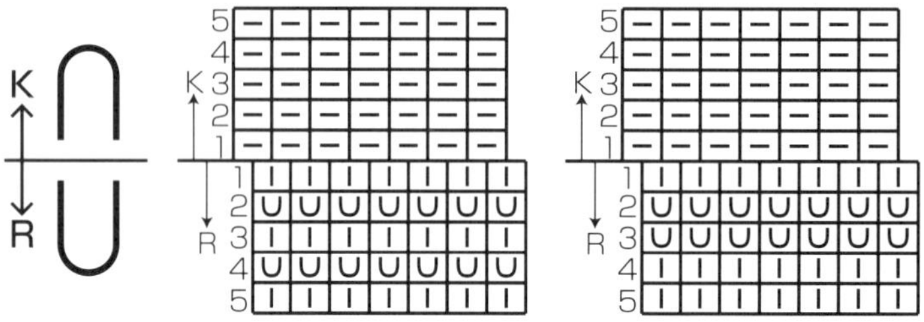

記号の位置で、本機側は「タック」、ゴム編み機側は「あぜ編み」にセットして編む。

編み始める前に記号の位置の針と、カムを引上げ編みができるように操作しておく。この状態で編むと記号の位置の針には糸が掛かるだけになり、前段の目が引き上げられる。

休み目

K側

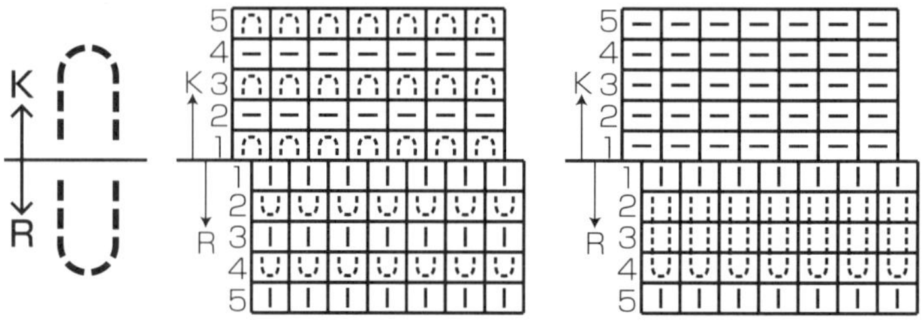

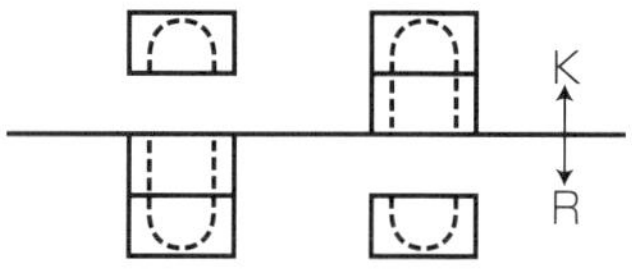

記号の位置で、本機側は「すべり」、ゴム機側は「袋編み」にセットして、編み針に目をかけたまま休ませる。

タック編みや編込み模様をするときに使う。編み方は片板機の浮き目やすべり目と同じで、記号の位置の針は目を掛けたまま編めないように針とカムを操作しておき、他の針の目だけ編む。休み目をした針の前には糸が横に渡る。

落し目

R側

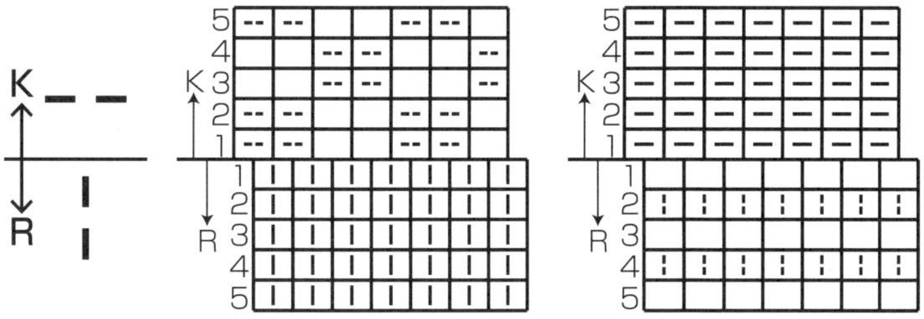

ドライブ編みやウェーブ編みに使う。編み方は、記号の段の針を作動位置まで出して編み、針から目をはずすことをいう。落し目がゆるくなると、その糸がゆるみ、向い側の編み目がゆるくなる。取り目と組み合わせてよく使われる。

振編み

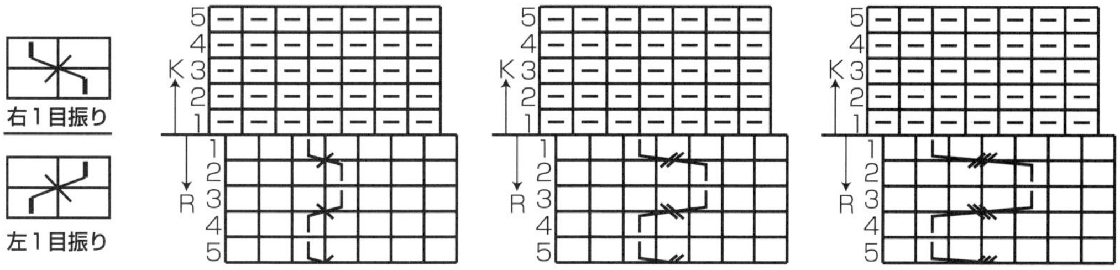

振りハンドルを使って、ゴム編み機を傾斜の方向に移動させる。1目振りは1ピッチ、3目振りは3ピッチ回す。

突出し目

K側

R側

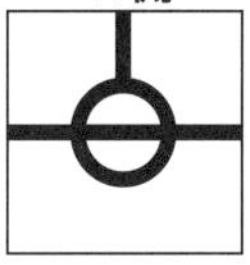

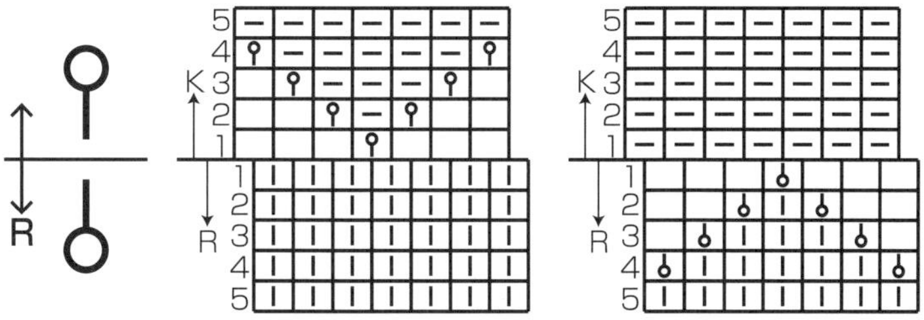

記号の位置で、A位置の編み針をB位置に出して編む。

戻し目

K側

R側

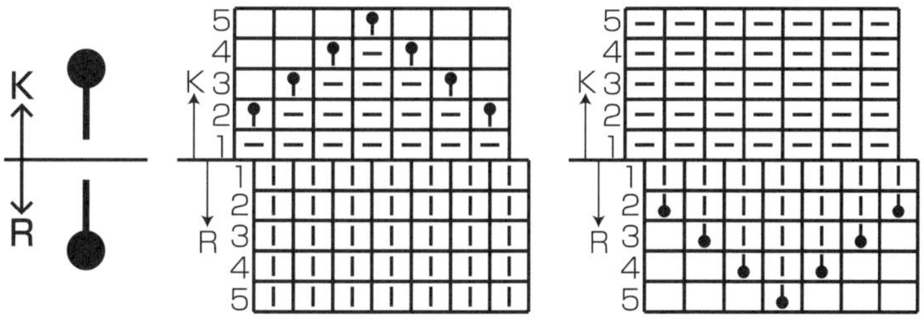

記号の位置で、編み目を対応する編み針に移してA位置に下げる。

6　基本になる編み地の種類

編み地の種類は、棒針編みと同じであるが、ここでは手編み機編みで編む方法を説明する。

(1) 平編み（表メリヤス、裏メリヤス）

編始めの目に続けて普通に編めば、メリヤス編みが編め、メリヤス編みとは、表メリヤス編みのことで、あらゆる編み目はこれが基になっている。メリヤス編みの裏を裏メリヤス編みといい、手編み機で編んでいるときは手前側に裏メリヤス編み目が、向う側には表メリヤス編み目ができる。

平編み（表）

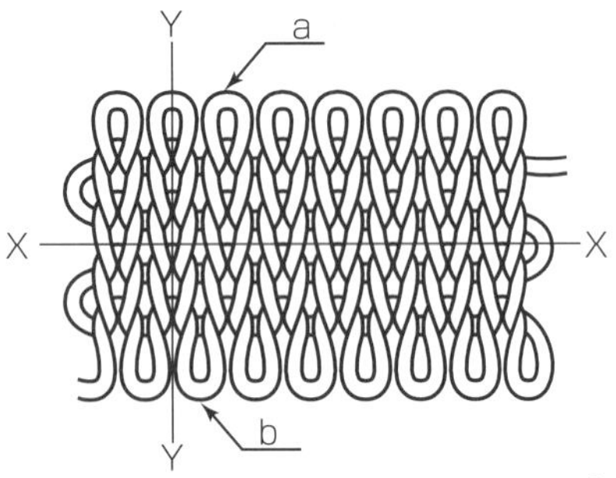

a　ニードルループ(needle loop)
b　シンカーループ(sinker loop)
X　コース(course)
Y　ウェール(wale)

平編み（裏）

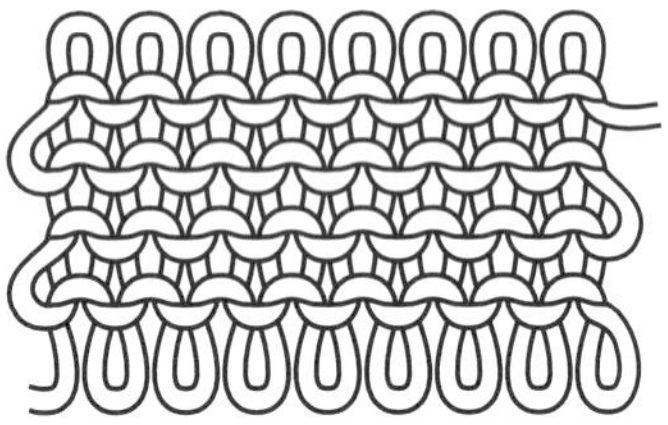

(2) ガーター編み（パール編み）

表目の段と裏目の段が1段ごとに交互になってできている編み目を、ガーター編みという。多くの目をガーター編みにするときは、ガーター板を使用し、部分的に入れるときは、2段編んでは1段をタッピで表目に直すことを繰り返す。

ガーター編み

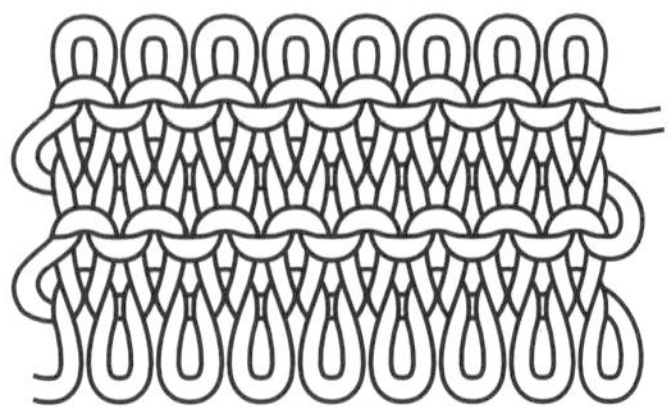

(3) ゴム編み（1目ゴム編み）

表目1目、裏目1目が交差になっている編み方で、編み地の中では最も伸縮性が大きい。編み方は必要な段数だけメリヤス編みで編み、1目おきに目をほどいてタッピで表目に直す。ゴム編み機で編めば、1回の操作で簡単に編める。

ゴム編み

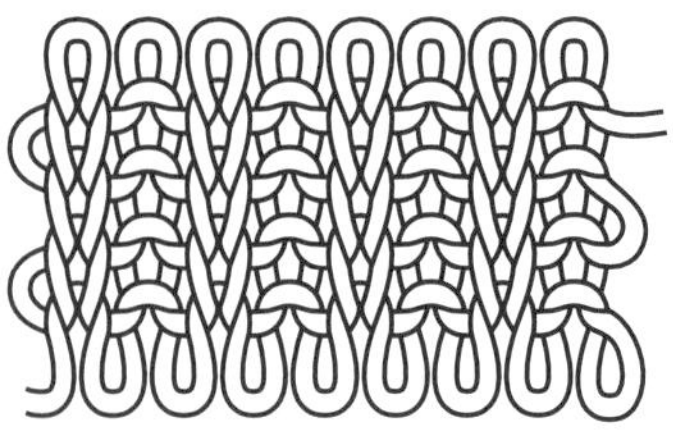

7　増し目と減し目

機械編みの増減は、すべて裏目ですることになる。

(1) 端増し目

端の目の前段の糸を引き出し、隣から針を掛ける。突出し増し目にする場合は糸のある方では、端から針に下から糸を掛け、糸のない方では、端のから針をB位置まで出して1段編むと、両端から針に糸が掛かって1目ずつ増されることになる（針を出すだけの突出し増し目もある）。

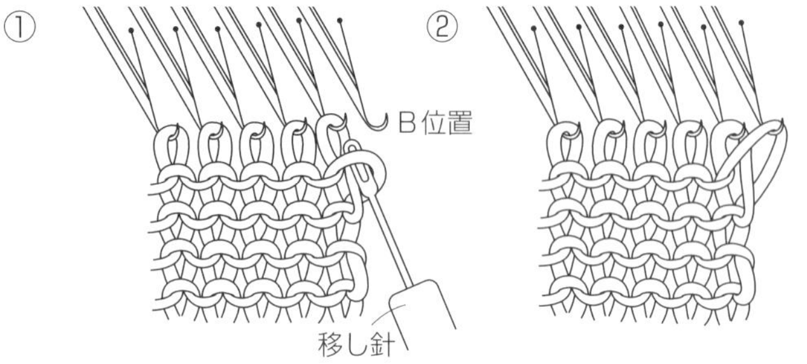

(2) 2目立て増し目

端から2目内側で増す方法。端の2目を外側に1目ずつ移動し、3目めの前段の目をから針になった針に掛ける。同じ要領で増す方法に、中間増し目がある。編み目と編み目の間で増すことで、増し目をする位置までの全目を外側に1目ずつ移動して、増し目をする位置の針をから針にし、隣の前段の目をから針に掛ける。数か所で増す場合は捨編みを1目はずし、針に増し目をする箇所をとばしながら目を掛けてほどく。後で隣の前段の目をとばしてから針になっている針に掛ける。

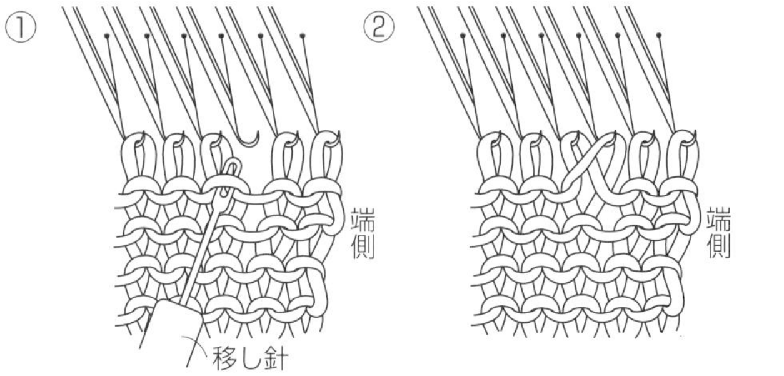

(3) 2目以上の増し目

3種類の方法があり、巻き目をして増す方法、別糸鎖編み目を掛けて増す方法、編みながら増す方法がある。

1　巻き目をして増す方法

糸のあるほうのから針をE位置くらいまで出し、針に糸を1巻きずつ掛けて次の段を普通に編む。

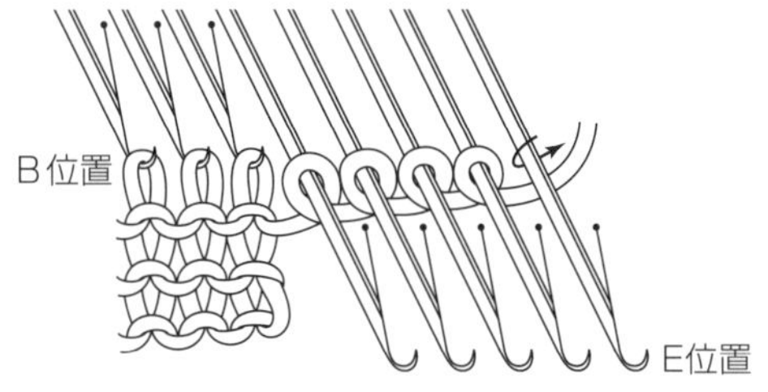

2　鎖編み目を掛けて増す方法

別糸で鎖編みを必要目数より多めにゆるく編んでおき、糸のない方から針に鎖目の裏側の目を1目ずつ針に掛け、次の段を普通に編む。

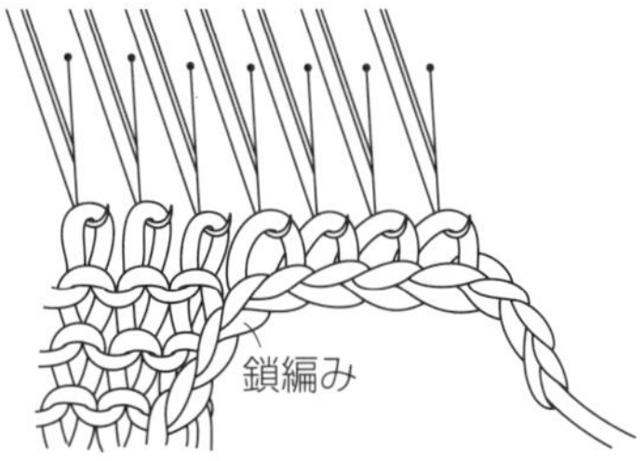

3　編みながら増す方法

増した目がつれないので、大きな丸みをつけるときの増し目などに使用する。増し方は糸のあるほうの端の目に移し針を入れ、目を伸ばし、隣のから針に掛ける。目を掛けた針をD位置まで出して①のように編み糸をフックの中に入れ、針をB位置まで引くと1目増されたことになる（②）。①～②を必要目数になるまで繰り返す。

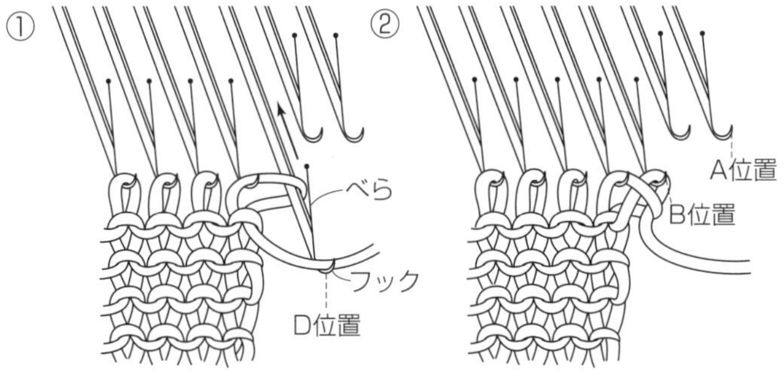

(4) 端減し目

端の目を移し針に取り、隣の目に重ねて掛ける（左右とも同じ）。

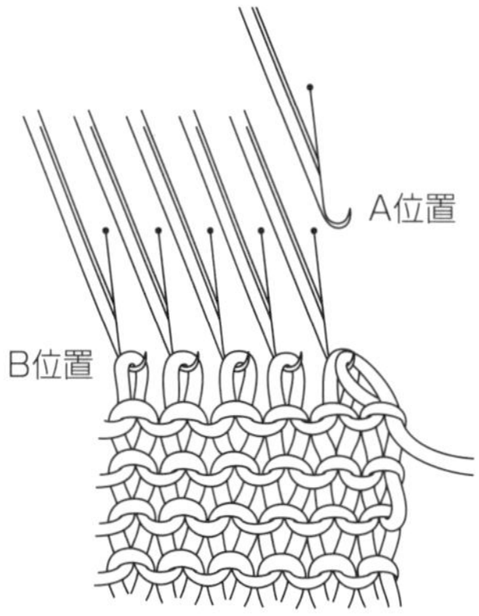

(5) 2目立て減し目

端から3目めを2目めに重ねて掛け、次にこの2目を一緒に移し針に取る（①）。3目めから針に移し変えて端の目は2目めのから針に移す。から針になった端の針はA位置まで引いて編めない状態にしておく。

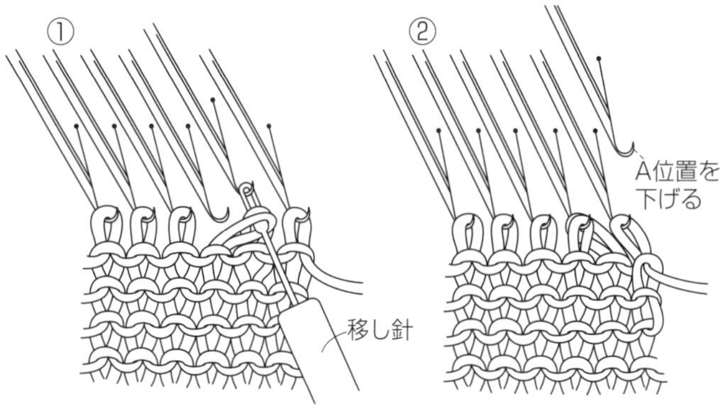

(6) 2目以上の減し目

2目以上の減し目には、休み目にする方法と編みながら目を伏せていく方がある。

1　休み目にする方法

減し目にする段まで編んだら、糸のない側で減らす目数だけに別糸を通すか、ほつれ止めピンに取って針から目をはずす。

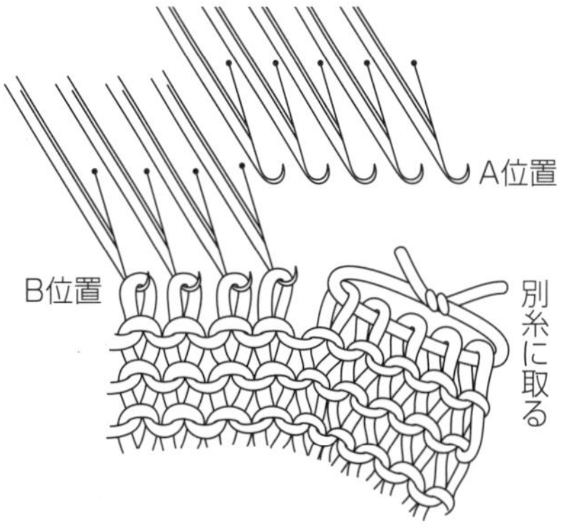

2　目を伏せていく方法（糸のあるほうでする場合）

端の目を隣の目に重ねて掛け、その針をD位置くらいまで出して糸を①のようにフックに掛け、この針をB位置まで下げることを繰り返す（②）。最後の目は③のように隣の針に掛けただけにし、から針になった針はA位置まで引いて次の段を編む。

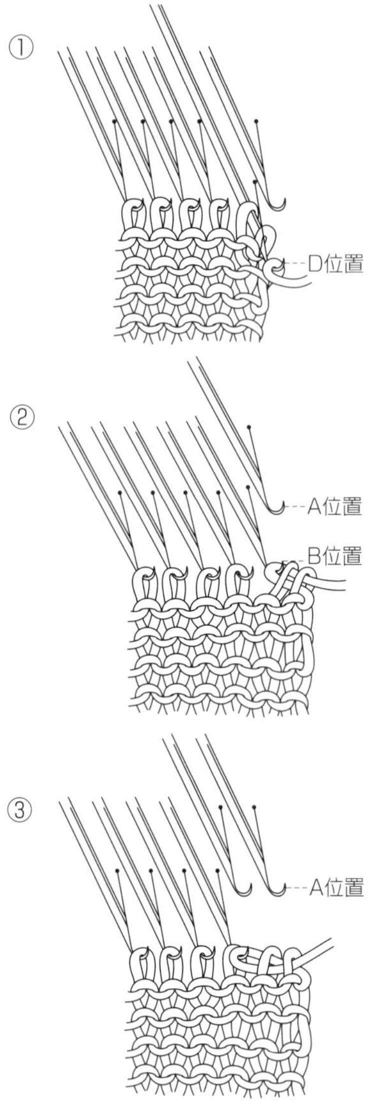

8　引返し編み

引返し編みには棒針編みと同じように、編み残す方法と編む目数を増していく方法がある。現在の手編み機編みでは、引返し編みを始める前に針を引返しの目数だけE位置まで出し、キャリッジをこの針が編めないように操作しておいてから編む（引返しレバー）。

（1）2段ごとに編み残す引返し編み

1　2段の差がつく方法

靴下のかかとのように、引返し目数が1目ずつの場合によく使う。糸のないほうで1回分の引返しの目数だけ針をE位置に出して、1段編む。次にE位置に出した針の内側の1本に糸を下から掛け、編み戻る（①）。次からも引返しをする目数だけ針をE位置まで出して編み、同じように糸を掛けて編み戻ることを繰り返す（②）。

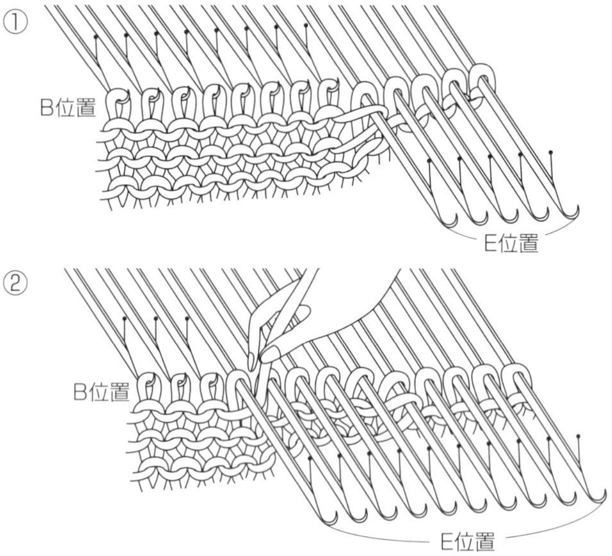

2　1段の差がつく方法

引返しの位置が目立たず、きれいにできるので肩下がりや胸ダーツなどに使い、糸のないほうで1回分の引返しの目数に1目加えた数の針をE位置まで出して1段編む。次にE位置まで出した針の2本に下から糸を掛け、①のように内側の1本だけC位置まで引いて編み戻る。②のようにC位置まで引いた針とB位置にある針の目が編め、E位置に出している針の分が編み残る。

次からも引返しをする目数より1本多い針をE位置に出し①と②の要領で編み戻る。

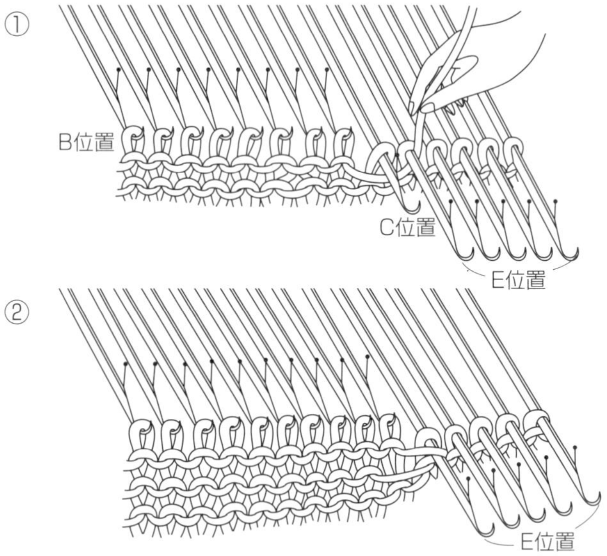

（2）1段ごとに編み残す引返し編み

1段ごとの縦模様を入れる場合に使い、この方法は1段おきに糸が横に渡るので、1回の引返しの目数が多いときは渡した糸がたるまないように注意する。糸のないほうで、引返しをする目数だけ針をE位置に出して、1段編み糸を出した針の内側の1本に下から掛けて、下に引いておく（①）。次に引返しをする目数の針をE位置まで出し、糸を今出した針の下から次に編む針のところまで渡して編み戻る（②）。

①
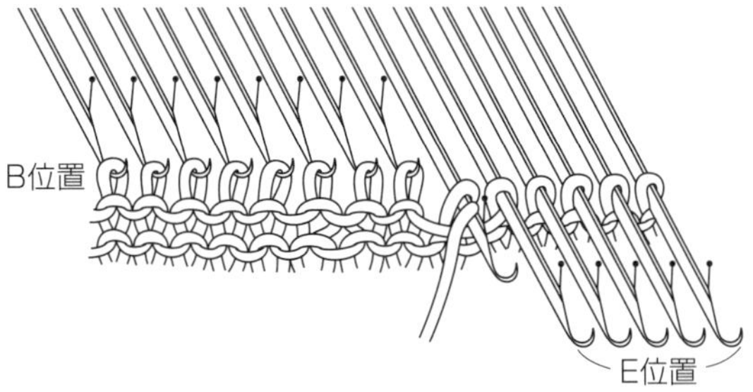

②
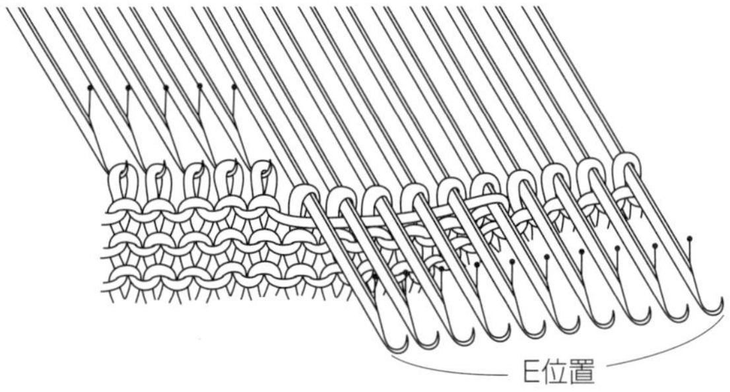

(3) 2段ごとに編む目数を増していく引返し編み

身頃の袖ぐりから目を拾って、編み進む編出し袖の袖山や、ウエスト側から編み始める場合に後ろのふくらみ部分を出すときに使う。

1　2段の差がつく方法

糸がないほうで引返しをする全部の目数の針をE位置まで出して、1段編み出した針の内側の1本に糸を下から掛けて編み戻る（①）。次からは引返しの目数だけ②のように針をC位置まで引いて1段編み、①と同じ要領で、E位置まで出ている針の内側の1本に糸を下から掛けて編み戻ることを繰り返す。

①
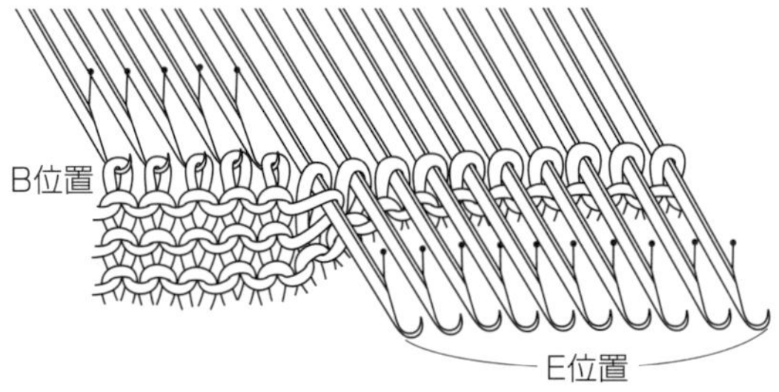

②
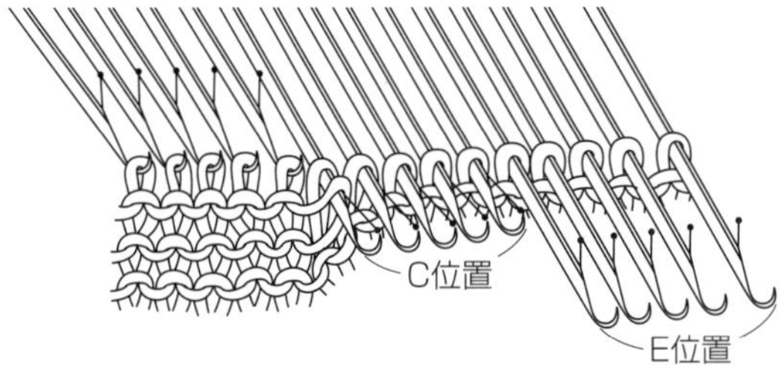

2　1段の差がつく方法

糸のないほうで、引返しをする総目数に、1目加えた分の針をE位置まで出して1段編む。糸を出した針の内側2本に糸を下から掛け、①のように内側の1本だけC位置まで引いて編み戻る。次からは②のように引き返す目数よりも1目少ない数の針をC位置まで引いて1段編み、①と同じ要領で内側の1本だけC位置に引いて編み戻る。

①
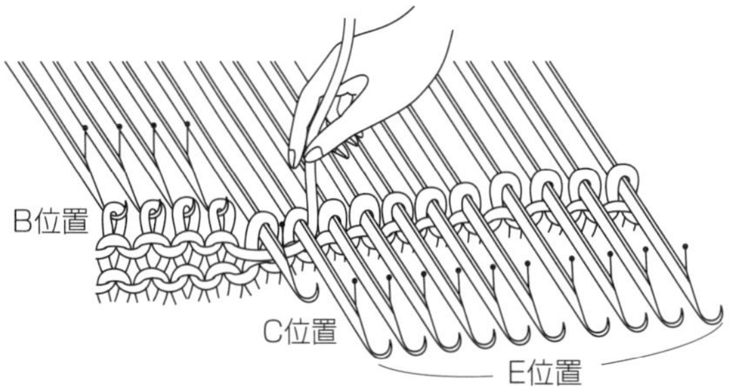

②
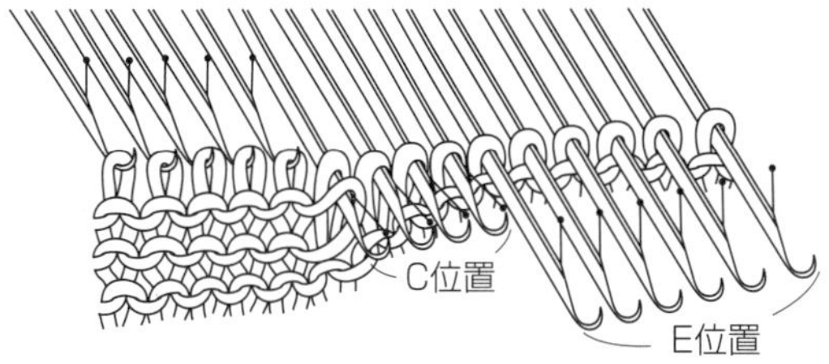

(4) 1段ごとに編む目数を増していく引返し編み

糸のないほうで、引返しをする総目数の針をE位置まで出して1段編む。糸を1回分の引返しをする目数と隣の針の下に渡して、①のように引返しをする目数をC位置まで引いてから編み戻る（②）。次の段も引返しをする目数の針をC位置に引いて編み、①②と同じ要領で編み戻る。

①
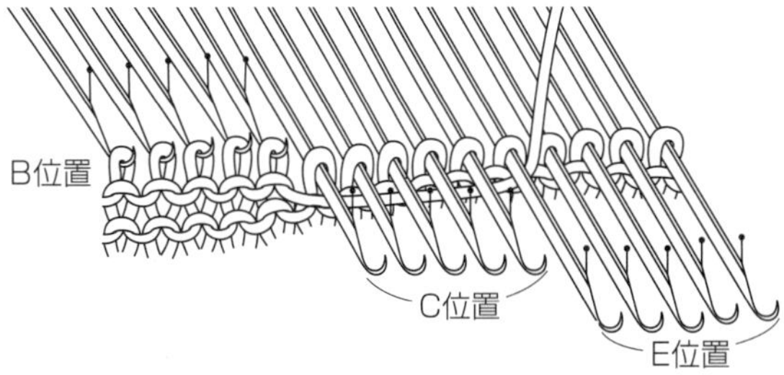

②
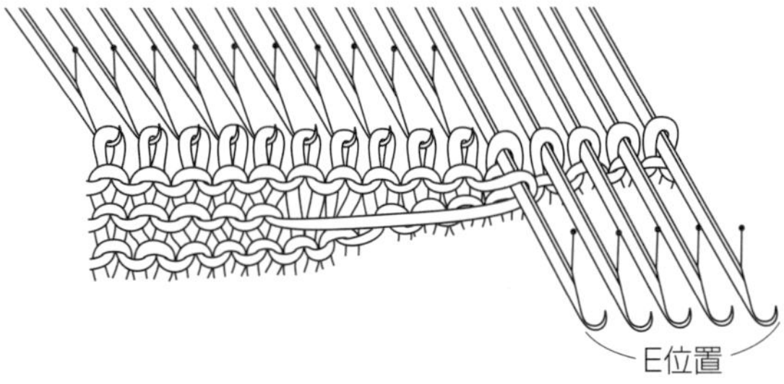

9　丸編み（編み機のコード）

(1) 丸ひもを編む方法（3目か4目のコード編み）

編み目を3目か4目作り、1段編み、2段めからは左右どちらかの「すべり」のカムボタンを押して編むことを繰り返す。

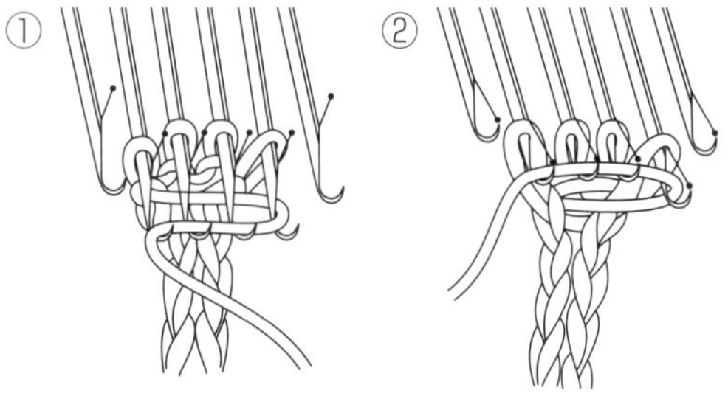

(2) 角ひもを編む方法

丸編みと同様にひもを編む場合に使い、四角のひもになる。編み目を2目作り、1段編み、2段めからは左右どちらかの「すべり」のカムボタンを押して編むことを繰り返す。

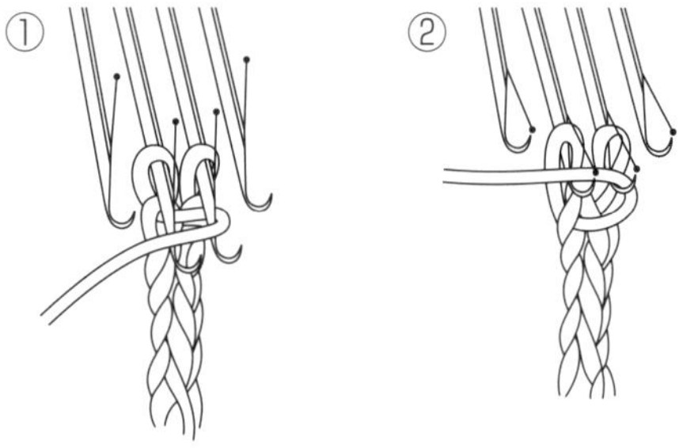

(3) 5目のひもを編む方法

5目作り、1段編み、3目のコード編みと同じ要領で編み、編み目が多い場合は渡り糸（すべらせた糸）が長いのでタッピで返す。（タッピで返すことを直し目という）

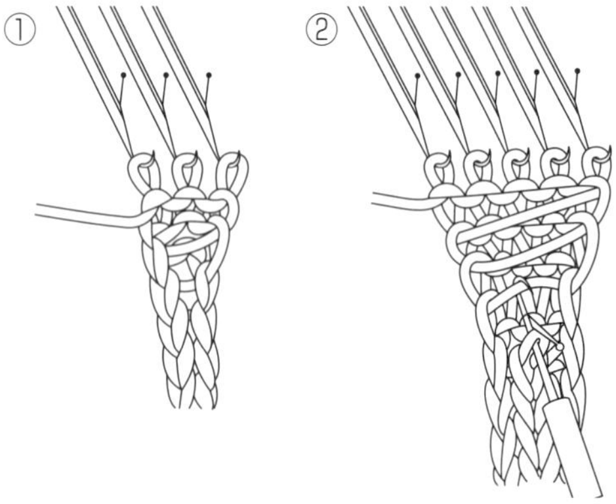

第7章

ゲージについて

編み物の作品を作る場合は、必ず編もうとするものの基準となる編み目の大きさを決めることが必要である。編み目の大きさは使用する糸、針の太さ、編む人の手加減によって異なる。そこで編み目の大きさを決める基準としてゲージというものが必要になってくる。

手編みや手編み機の場合のゲージは、10cm四方の編み地の横方向の目数と、縦方向の段数をはかって表わす（ただし、工業機の場合は1インチの間に植えられている針の本数によって表わす）。同じ糸と針で作った編み地の場合に、この数が多いほど編み目はつまって硬く、少ないほど編み目は粗くゆるい編み地になる。作図の計算はすべてこのゲージの数字から割り出されるので、作品を寸法どおりに仕上げるためには、ゲージを正確にとっておくことが大切である。

1　基本的なゲージのとり方

作品を編み始める前に、試し編みをする。試し編みは使用する糸と針を使って、約15cmぐらいの幅のものが編めるように作り目をし、作品に使用する編み地で15cmぐらいの長さに編み、この編み地でゲージをとる。

ゲージをとるときは、編み上がった編み地にスチームアイロンをかけて編み目を整え、しばらく落ち着かせたあと、平らなところに置いて、編み地の中央のいちばん目のそろっている部分で10cm四方の中に何目何段あるのかを数える（図1参照）。その数の$\frac{1}{10}$が1cmの目数段数になる。

編み物に慣れてきた場合は、試し編みを8cm四方ぐらいにし、5cm四方で目数、段数を数えてもよい。この場合、何目半と端数が出ても切り捨てないで、そのまま使用する。以上がゲージの基本的なとり方である。

図1　試し編み

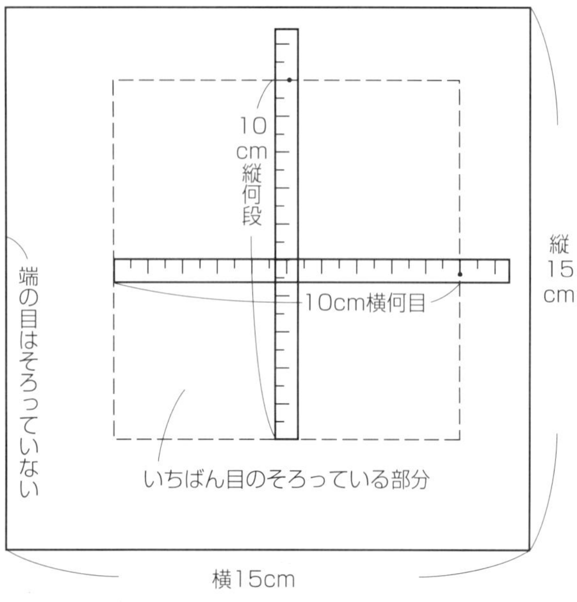

2　ゲージのとり方の要点

（1）棒針や手編み機で編んだ場合

棒針編みの編み目の大きさは、棒針の号数（太さ）で決まる。糸の太さに対して適した針の号数、標準的なゲージがある（表1）ので、参考にしながら好みの編み目になるように針の号数を調節して編む。ある程度手が慣れて編み目が安定してからゲージをとる。

手編み機編みの試し編みは、編み目ダイヤルの目盛を変えながら数種類編む。目盛りを変えた境目には穴をあけるか、糸印をつけておく。

手編み機で編んだ編み地は横に伸びているので、編み地を軽くもんで編み目を落ち着かせてから、スチームアイロンをかける。編み地の中から作品に適した編み目を選び、その部分のゲージをはかる。ゴム機のように重りをたくさんかけて編んだ場合などは、編み目を落ち着かせるのに時間がかかるため、できれば一昼夜おいてから、ゲージをとると正確にはかることができる。

表1　棒針編みの標準ゲージ表（メリヤス編み）

ゲージ／毛糸の太さと針の号数	10cmの目数	10cmの段数
極細毛糸2本どり（3号針）	29〜30目	40〜43目
中　細　毛　糸　（3号針）	28〜30目	36〜38目
並　太　毛　糸　（5号針）	24〜25目	32〜34目
極　太　毛　糸　（8号針）	18〜20目	24〜26目

1　伸縮性の強い編み地の場合

ゴム編みやガーター編みのように伸縮性の強い編み地は、そのままの状態では裏目の部分がつまっている。ゲージをとるときは、ゴム編みは横に、ガーター編みは縦に試し編みを好みの状態まで伸ばしてはかる。

2　数えにくい模様編み地の場合

細かい穴あき模様や引上げ模様のように、編み目が複雑で、目数段数が数えにくいときは、模様編みの周囲をメリヤス編みにする。模様の中心で10cmをはかり、目をたどりながら糸印をつけ、その先のメリヤス編みの部分でゲージをはかる。

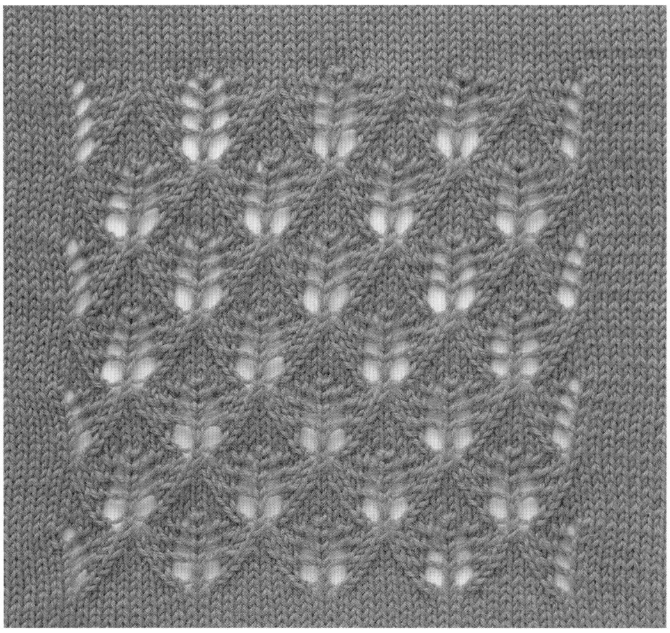

3　編み目のわかりにくい糸で編んだ場合

ブークレやループヤーンのような糸で編んだ場合は、10cm四方を別糸で糸印をつけ、編み地の下から光を当てて糸印のきわの目数段数を数える。

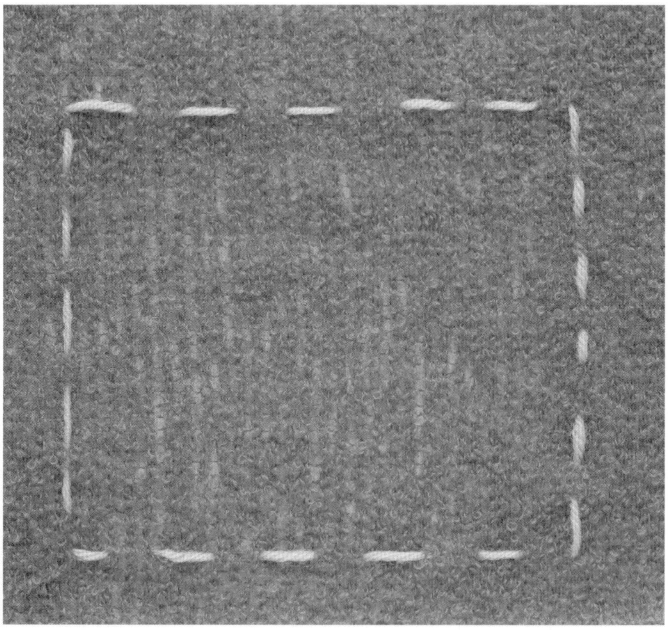

4　水に浸すと縮む編み地の場合

綿糸のように、水に浸すと縮む編み地の場合は、一昼夜水につけて縮ませてから（水づけ）ゲージをはかる。このゲージで編むと寸法より大きく編み上がるので、作品も必ず水づけをしてから仕上げる。

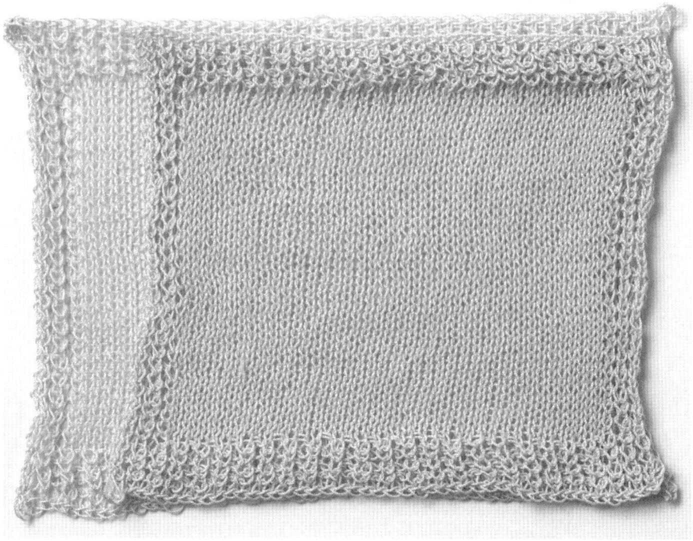

5　1模様が大きい編み地の場合

アラン模様をはじめ、編込み模様で一つの模様が大きい場合は、1模様の大きさが何目何段なのかを数える。例えば、下の写真のように編込み模様の1模様は18cmで36目である。この場合は1cmの目数は2目になる。大きな模様の場合は実物大の作図をし、そのなかに模様がいくつ入るのか計算し、脇やその他のはぎ目で模様合せのことを考慮して目数を決める（140ページ図2、3参照）。

図2　1模様が大きい場合の模様の合せ方
足りなくなった場合

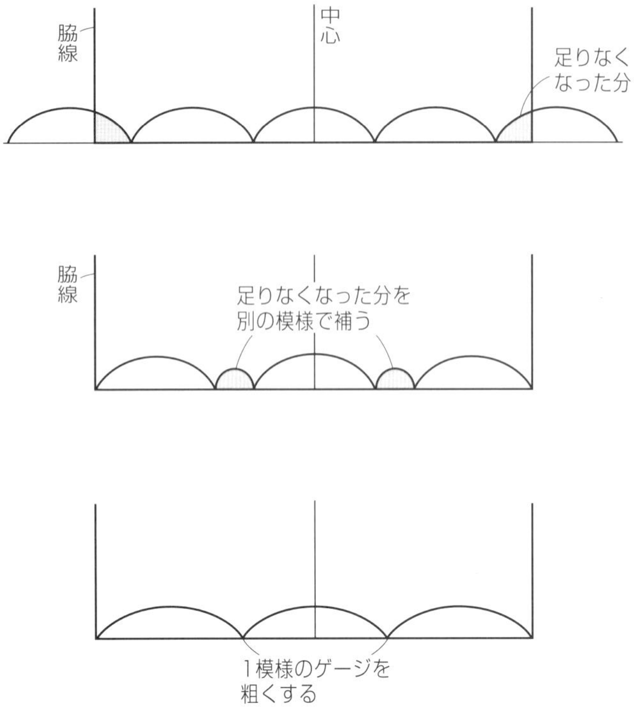

図3　1模様が大きい模様の合せ方
余ってしまった場合

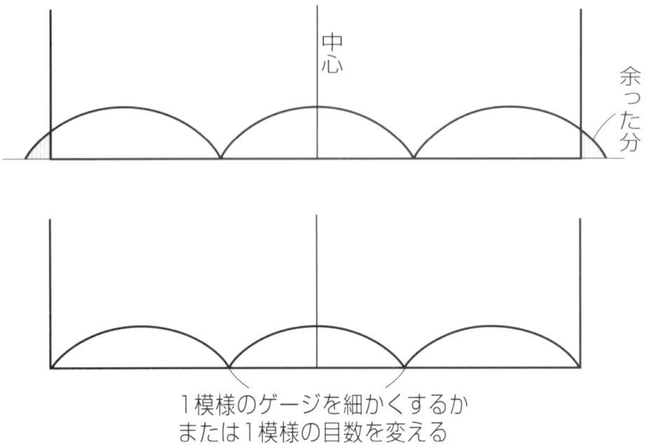

6　おもりを掛けて編むゴム編み機・手横の編み地の場合

おもりを掛けて編んだ編み地を、編んだ直後にゲージをはかるときは、編み地が縦に伸びているので、必ずよくもんでからアイロンをかけ、編み地を落ち着かせてからはかる。できれば一昼夜おくとよい。

7　成型指示器をセットして編む場合

これまでは一定の寸法内に何目、何段あるかを調べたが、型紙を編み機の成型指示器にセットして編む場合はこれまでのとり方とは逆に、一定の目数（40目）と段数（60段）を編んで、これらが何cmあるかを求める。編み上がったら寸法をはかり（写真1）、成型指示器を編み機に取りつけ、ゲージスケールやゲージダイヤルをその寸法にセットして編む（写真2）。

写真1　成型指示器によるゲージのとり方

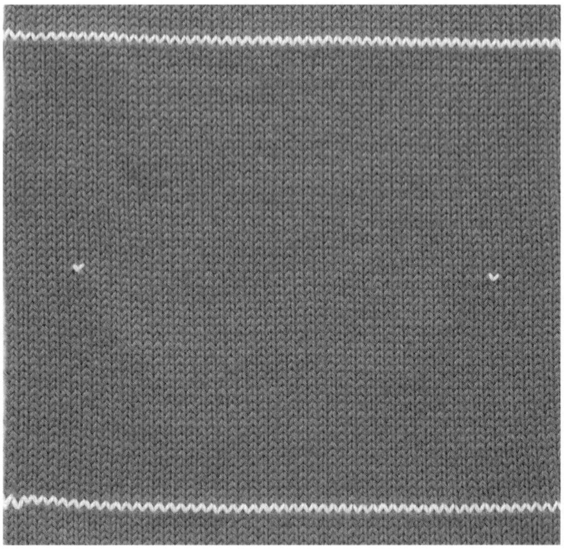

写真2　成型指示器（ニットリーダー）

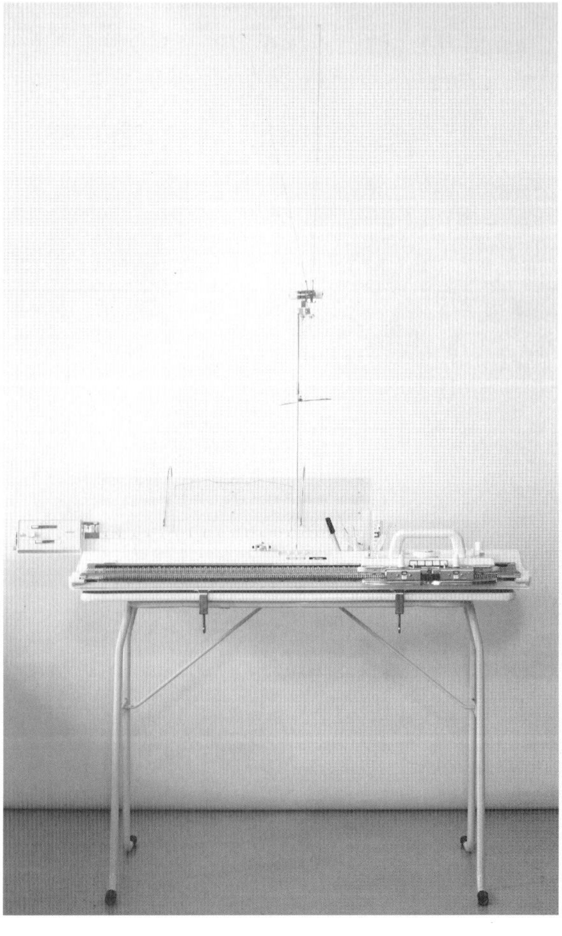

(2) かぎ針で編んだ場合

かぎ針編みの編み目の大きさは、かぎ針の号数と糸の引出し方で決まる。編み慣れないうちは、同じ目数段数を編んでもゲージが合わないこともあるので、1目1目が同じ調子で編めるように練習しておくことが大切である。

かぎ針編みの標準ゲージ表

ゲージ ／ 毛糸の太さと針の号数	10cmの目数		10cmの段数	
	細編み	長編み	細編み	長編み
極細毛糸2本どり (2/0号針)	26～27目	27～28目	34～36段	13～14段
中細毛糸 (3/0号針)	26～27目	26～27目	28～30段	11～12段
並太毛糸 (5/0号針)	18～19目	19～20目	20～21段	8～9段
極太毛糸 (5/0号針)	13～14目	14～15目	15～17段	6～7段

1　編み目の数えやすい編み地の場合

細編みや長編みのように1目1目数えられるものは、棒針編みや手編み機編みと同じ要領で試し編みをし、ゲージをとる。

2　数えにくい模様編みの場合

松編みやネット編みのように1目1目数えられない模様の場合は、1模様を単位として計る。10cm四方に何模様あるかを数え、1模様が何目何段でできているかをみれば、ゲージをはかることができる。

松編みのゲージの計り方

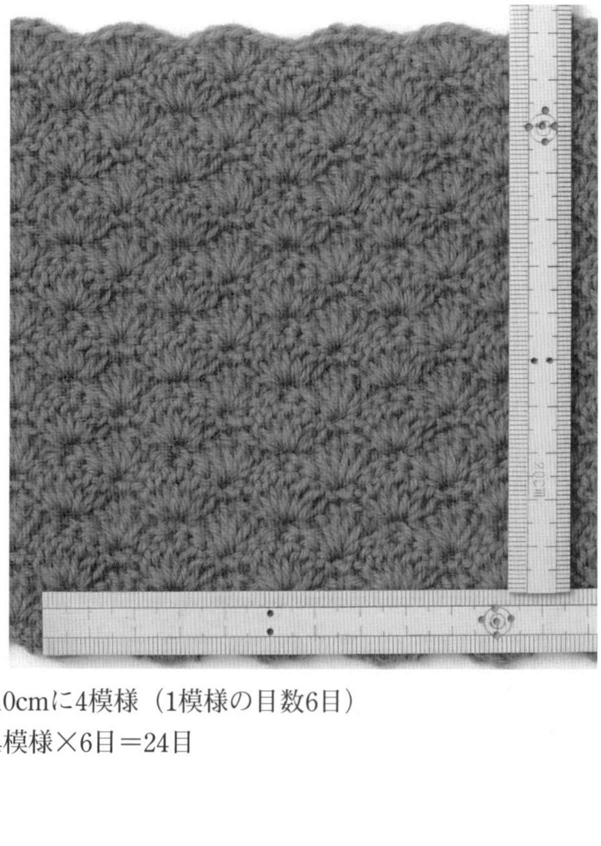

10cmに4模様（1模様の目数6目）
4模様×6目＝24目

3　1模様が大きい編み地の場合

まず、1模様の大きさをはかる。その1模様の目数をはかった寸法で割ると1cmの目数を割り出すことができる。棒針編みや手編み機編みと同様に、実物大の作図に入る模様数を計算し、模様合せのことも考慮に入れ、目数を調節する。

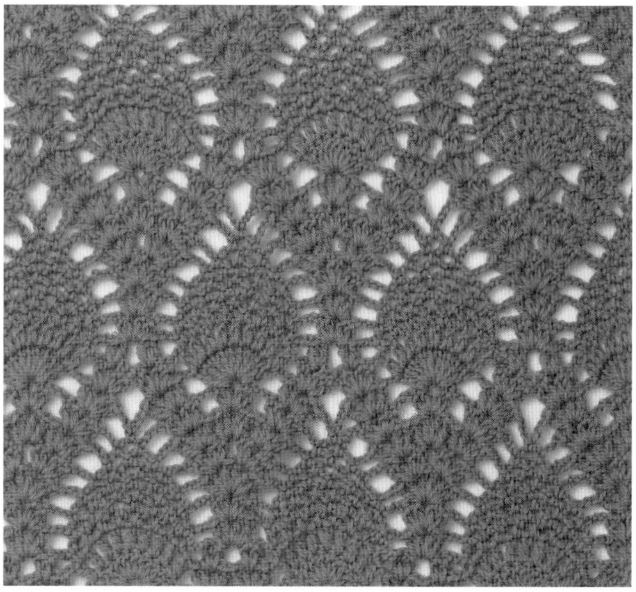

4　縦に伸びる編み地の場合

ネット編みのように、編み地の重さで縦に伸びる場合は、着用する状態と同じように編み地を伸ばしてゲージをはかる。

ネット編みのゲージの計り方

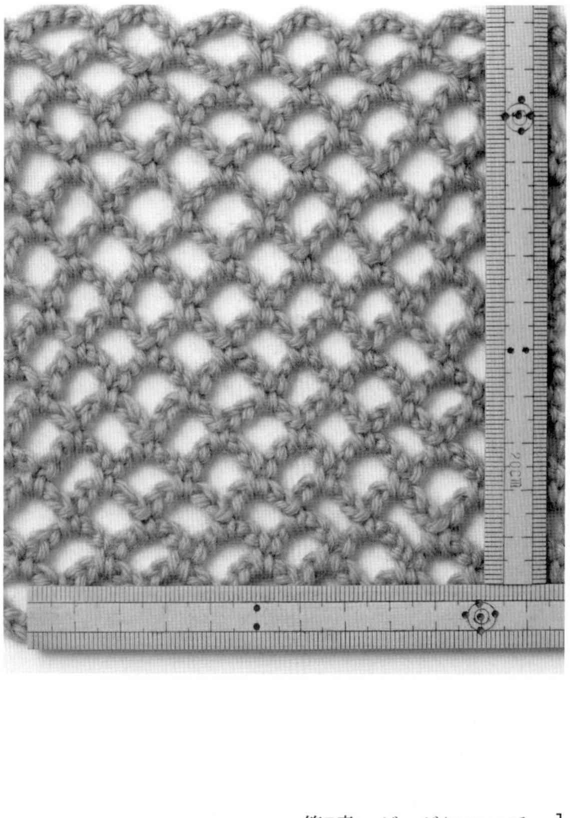

(3) アフガン編みの場合

アフガン編みの編み目の大きさは、アフガン針の号数によって決まる。ゲージのとり方は棒針やかぎ針の場合と同じ。アフガン編みは他の編み方の編み地に比べると伸縮性が少なく安定しているので、ゲージはとりやすい。

アフガン編みの標準ゲージ（プレーンアフガン編み）

毛糸の太さと針の号数 ＼ ゲージ	10センチの目数	10センチの段数
極細毛糸2本どり（3号針）	21〜23目	21〜23段
中細毛糸（3号針）	20〜22目	20〜22段
並太毛糸（5号針）	15〜16目	14〜15段

アフガン編みのゲージのはかり方

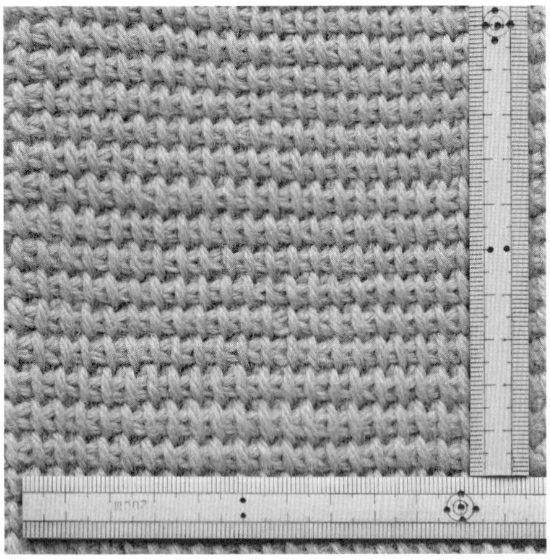

3　平均ゲージについて

作品を編むのに、1種類のゲージで全体を編み上げる方法と、何種類かのゲージを使い分けて編み上げる方法がある。これまでのゲージのとり方は、1枚の作品を同じ編み目の大きさで編み上げる場合のとり方である。ここで説明する平均ゲージとは、目数はそのままで何種類かのゲージを使って編み、それを平均して求めたゲージをいう。この方法は編み目の大きさを変えることにより、寸法の調節をして形作る編み方で、ニット独特のシルエット作りの方法である。

1　平均ゲージの長所

平均ゲージはフレアスカート、フレアスリーブ、プリーツスカート、Aラインのプルオーバーやワンピースなど裾の広がったものや、シャツカラーなどに利用される。平均ゲージの利点は目数の増減（端、中間での増減目）による柄のくずれがなく、さらに、増減がないだけ手間を省くことができる。また、無理のない自然な美しいシルエットがだせるところにある。

2　ゲージを変化させる方法

棒針編みやかぎ針編みの場合は針の号数を変えながら編む。

手編み機編みの場合はダイヤルゲージを変えながら編み目の大きさを変化させる。まず、60目作り目し、目の粗いゲージから細かいゲージへと、2目盛ずつ動かしながら20段ずつ（細い糸は30段ずつ）編む。手編みの場合と同様にゲージの境目には1穴をあけるか糸印をつけておく。

棒針編みのゲージの変化

3　平均ゲージの決め方

作品に使用する部分を決める。編み目がきつく編みにくい部分や粗すぎてデザイン上使えない部分を除き、残りの編み地からデザインのどの部分にどの編み地が合うか決める。使用部分のⒶ〜Ⓗの総段数を足し、その段数をⒶ〜Ⓗの寸法で割り、1cmあたりの段数を出す。

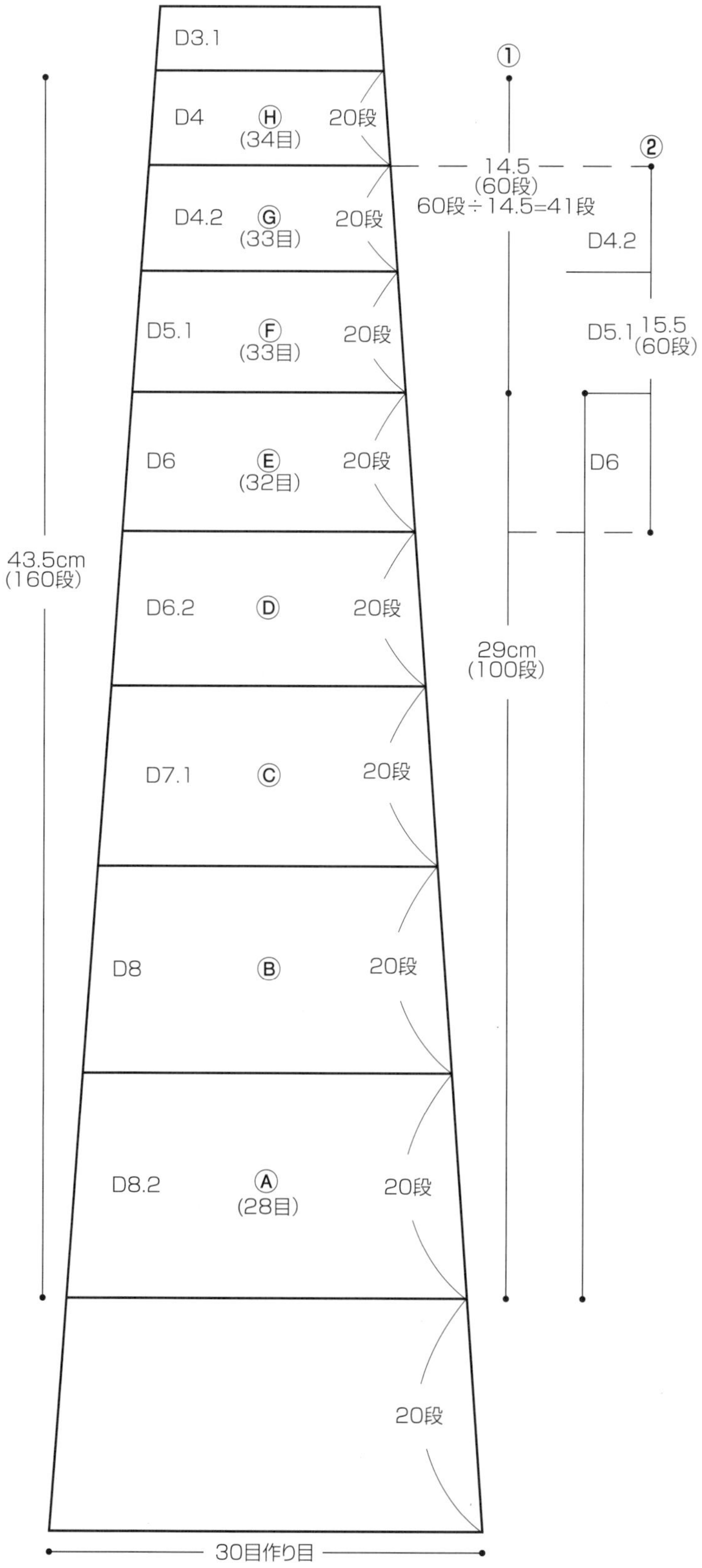

4　平均ゲージの求め方（図参照）

例）使用部分Ⓐ〜Ⓗのダイヤルゲージ8.2〜4までのダイヤルの変化は8回。

20段×8回＝160段

160段÷43.5cm（Ⓐ〜Ⓗの寸法）＝3.7段（平均ゲージ）

5　平均ゲージの使い方

作品の中の平均ゲージを使用したい部分の寸法（丈）に平均ゲージを掛けて総段数を出す。その段数を変化させるダイヤルの回数で割ると、一つのダイヤルゲージで編む段数が出てくる。

幅（目数）のゲージの決め方は作品によって変化する。Aラインのプルオーバーなどではいちばん細かいゲージ部分で決める。フレアスカートではヒップラインにくるゲージを使用する。

例えば、左図をフレアスカートに利用する場合に、Ⓔ部分の編み地をヒップ位置にして、Ⓔのゲージをはかる。その目数の$\frac{1}{10}$が1cmの目数になり、ヒップラインの寸法にその目数を掛けて総目数を決める。

ここでは、平均ゲージを使用したセミタイトスカートを2例説明する（作図、計算法144ページ参照）。

例1はセミタイトスカートを裾からヒップラインまで（Ⓐ〜Ⓔ）とヒップラインからウエストまで（Ⓕ〜Ⓗ）までの2段階の平均ゲージを求めて使用する。編み幅はヒップ寸法の目数で決定する。

例2は裾からヒップラインまで（Ⓐ〜Ⓔ）とヒップラインからウエストまで（Ⓔ〜Ⓖ）の2段階の平均ゲージを使用する。これはスカートの一番安定させたい部分に中心となるゲージを使用することでシルエットを保つようにするためである。編み幅はヒップ寸法の目数ゲージで決定する。

平均ゲージは、立体的に安定したシルエットを作り上げるために、必要と思われる部分に使用すると効果的である。

例1

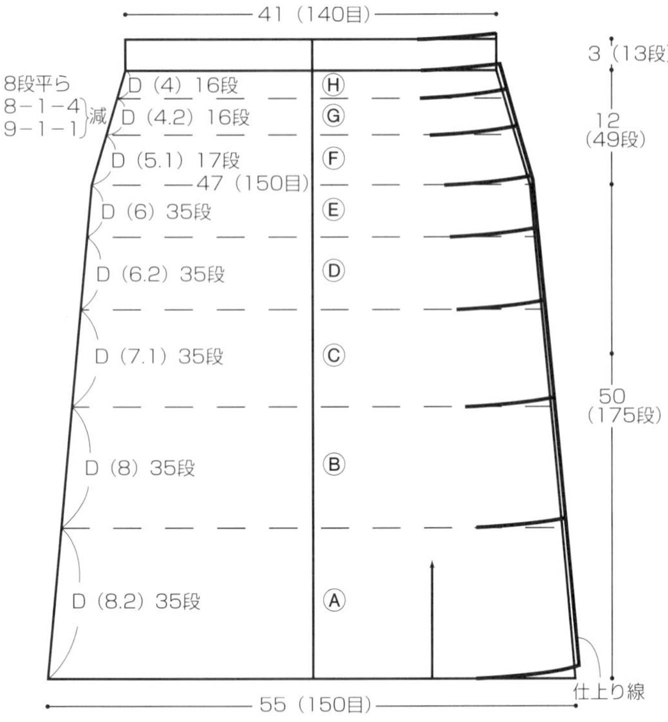

例2

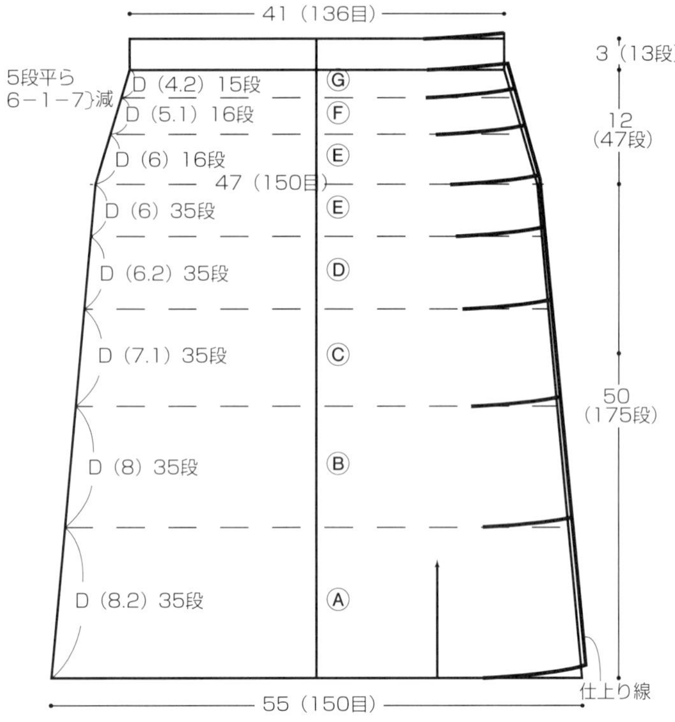

Ⓐ〜Ⓔ

5×20段＝100段

100段＝29cm

100段÷29cm

```
     5
   3.44
29 )100
   −87
    130
    116
     14
```

Ⓐ〜Ⓔの段数ゲージを35段とする。

Ⓕ〜Ⓗ

3×20段＝60段　60段÷14.5＝4.1

Ⓕ〜Ⓗの段数ゲージを41段とする。

裾からのヒップラインまでの計算Ⓐ〜Ⓔ

3.5段×50cm＝175段

Ⓐ〜Ⓔの5の区切りを各35段ずつ編む。

ヒップラインからウエストラインまでの計算Ⓕ〜Ⓗ

4.1段×12cm＝49段　49段÷3

```
   16＋1=17
  3 )49
 −1  48
→2    1←
```

16段−2回

17段−1回

Ⓕ〜Ⓗの3区切りをF→17段　G→16段　H→16段

Ⓗのゲージ3.4目×41cm＝140目

$\frac{150目−140目}{2}$＝5目（片方の減し目）

49段÷（5目＋1目）

```
      8＋1
  6 )49
 −1  48
  5    1←
 −1
→4
```

8段平ら

8−1−4 }減

9−1−1 }

Ⓔ〜Ⓖは①の方法と同じ

3×20段＝60段（15.5cm）

60段÷15.5＝3.9

Ⓔ〜Ⓖの段数ゲージを39段とする

3.9段×12cm＝47段

47段÷3

```
   15＋1＝16
  3 )47
 −2  45
→1    2←
```

15段−1回

16段−2回

Ⓔ→16段

Ⓕ→16段

Ⓖ→15段

ヒップライン〜ウエストライン

Ⓖのゲージ3.3目×41cm＝136目

$\frac{150目−136目}{2}$＝7目（片方の減し目）

3.9段×12cm＝47段

47段÷（7目＋1目）

```
   5＋1＝6
  8 )47
 −7  40
→1    7←
```

5段平ら

6−1−7

第8章

目数・段数の計算法

編み物で作品を作るときには、曲線や斜線などによって形を作ることになり、そのためには増し目、減し目の計算が必要になる。

手編みの場合は実物大のパターンを作り、それに合わせながら増減をしていけば、計算をしなくても形づくられるが、目数、段数の増減の計算がしてあればその計算に従って編み、ときどきパターンに合わせればよい。

手編み機編みの場合は、編み機にパターンをセットして、その輪郭にそって編むことができるもの（成形指示器）もあるが、一般には編み始める前に計算をして、それに従って編んでいくことになる。

また、編み物の増減は端の目だけでなく、編み地の中間ですることもできる。この場合は手編み、手編み機編みのどちらも、編み目の増減の計算をして出すことになる。

1　三角形の計算法

作図の中で傾斜を1辺とする直角三角形を見つける。斜線を1辺とする三角形の種類を大きく分けると、縦長三角形と横長三角形がある。

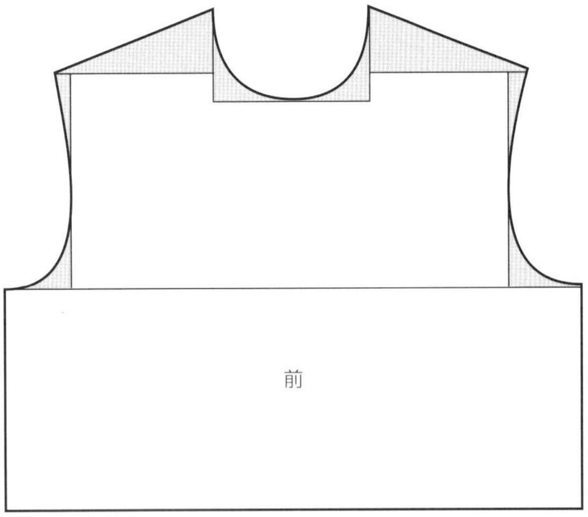

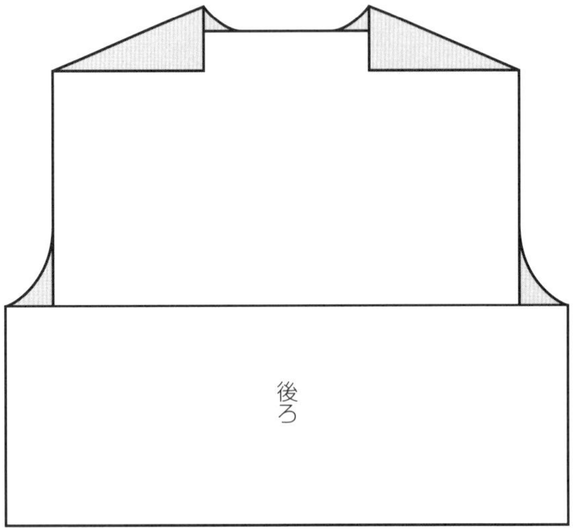

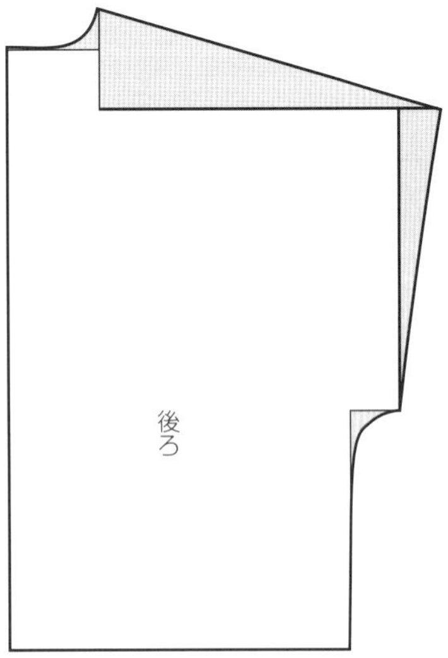

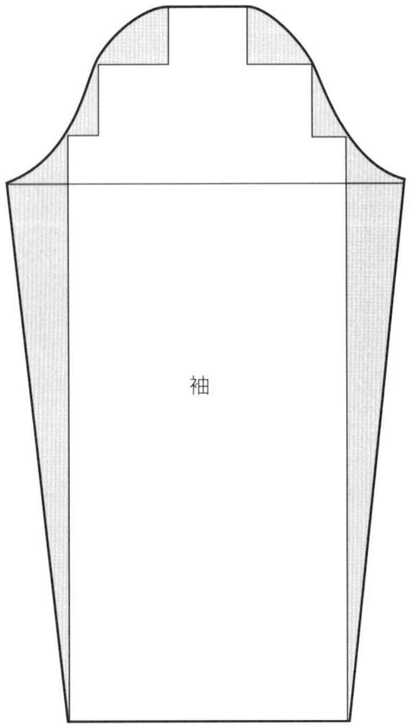

(1) 縦長三角形の斜線の計算

縦長三角形の斜線は、脇、袖下、V字形の衿、ラグラン線などがこれにあたる。計算の仕方には3種類があり三角形の種類によってそれぞれ違ってくる。

1　斜線に続く直線がない場合

袖下のように斜線の上下どちらにも続く直線がない場合は、編始め、編終りとも増し目（または減し目）をすることができないため、1間隔分を増減なく編む段数が必要となる。つまり1間隔手前で増し目が終わるようにするために、計算をするときは、段数を増す目数に1間隔加えた数で割る。

図1-aのように、縦30段、横4目の場合は30段÷（4＋1間隔）＝6段ということになり、これを整理すると、6段ごとに1目増すことを4回、6段増減なしに編むということになる。

段数が割り切れない場合は、図1-bのように段数を32段とすると、32段÷（4＋1間隔）＝6段…余り2段となる。この余りの2段を6段に1段ずつに振り分けると、7段ごと1目2回、6段ごと1目2回、6段増減なしとなる。

もう一つの方法としては、図1-cのように余った2段を増減なく編む段に加えて、6段ごと1目4回、8段増減なしにしてもよい。

1　斜線に続く直線がない場合　段数÷（増減目数＋1）

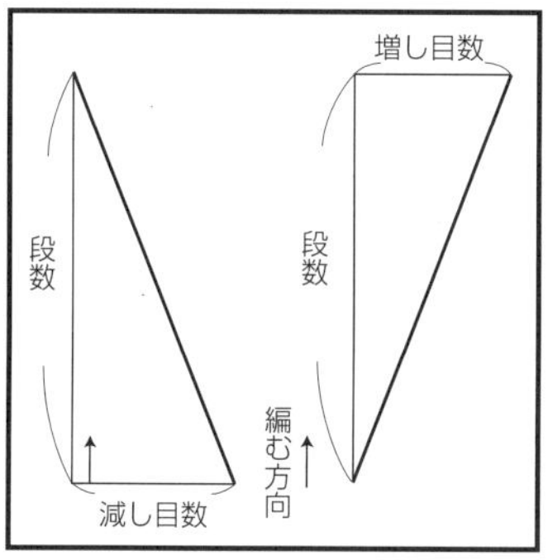

図1-a

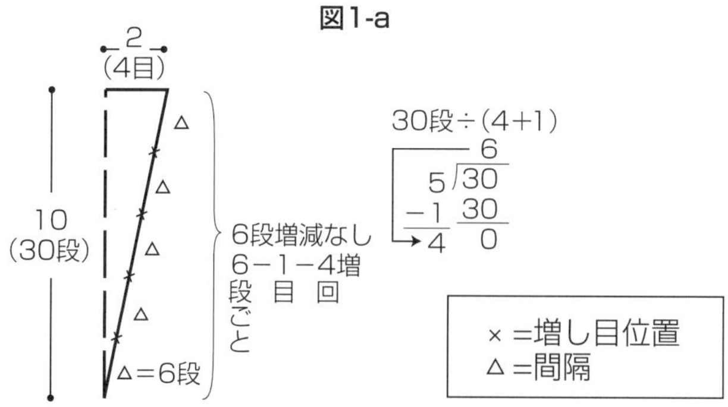

図1-b

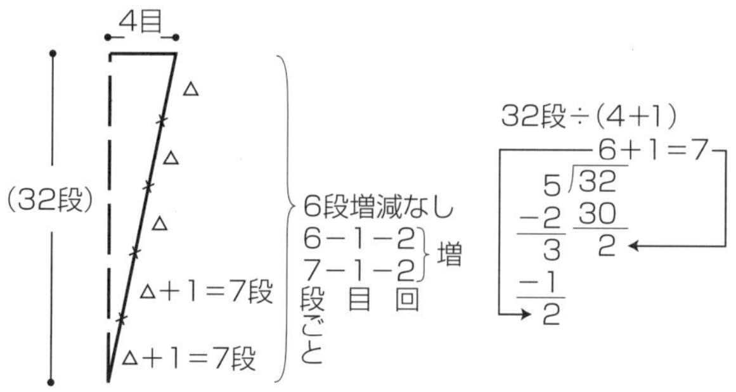

図1-c

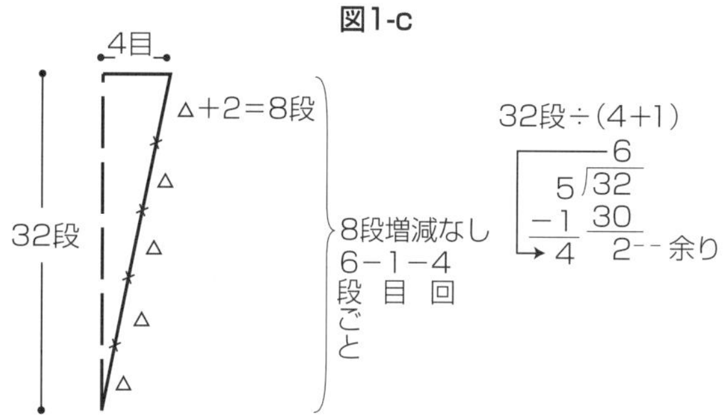

2　斜線の一方に直線がある場合

袖下、身頃の脇、スカートなどに用いられる。

直線の続き方も、右図のように上方に直線がある場合と、下方に直線がある場合があり、計算の仕方も違うので気をつける。

上方に直線がある場合　図2-a

この場合は、斜線に続く直線がない場合（148ページ参照）のように1間隔加えて計算をしなくてもいい。

例えば、段数が32段、目数が4目の三角形とすれば、32段÷4＝8段となり、増し方は、8段ごとに1目を増すのを4回、続けて直線部分を増減なく編む。

2　斜線の一方に直線がある場合　段数÷増減目数

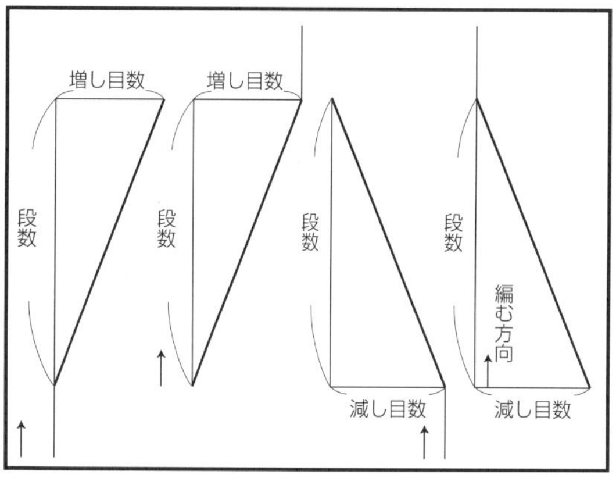

図2-a

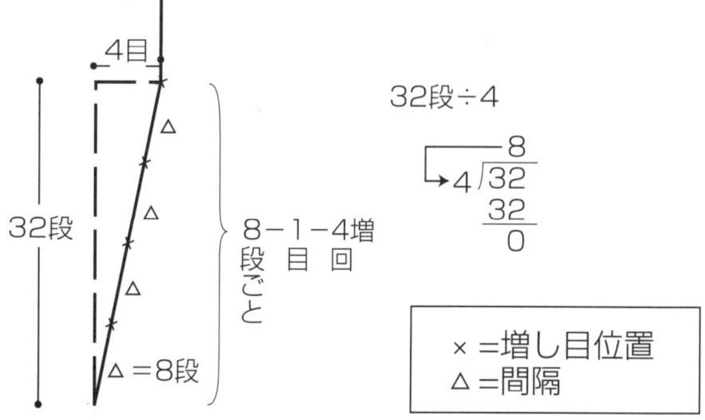

下方に直線がある場合　図2-b

この場合は、まず直線の部分を増減なく編み、次に斜線に入る1段めで1目を増し、この1段は減し目の段数から引く。これを整理すると、1段ごとに1目1回、8段ごと1目3回、7段増減なしということになる。

2　斜線の一方に直線がある場合　段数÷増減目数　図2-b

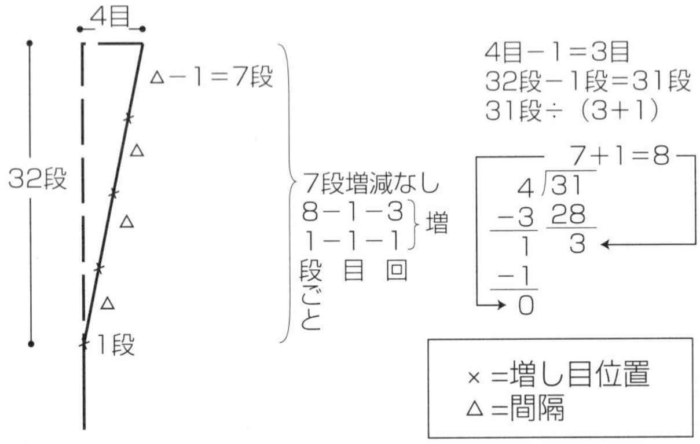

3　斜線の上下に直線がある場合

斜線の上下に直線がある場合は、増し目を斜線の最初と最後ですることができる。編み方は、下方の直線分を編んだら斜線に入る1段めで1目増し、続けて斜線の部分を計算どおりに編んで、上方の直線に入る段でもう1目増す。

計算方法、4目（増す目数）－1目（最初に増す目数）＝3目、32段（増すのに使う段数）－1段（最初の増し目をするのに使う段数）＝31段、31段÷3＝10段…余り1段となる。これを整理すると、はじめに1段ごとに1目1回、次からは10段ごと1目2回、11段ごと1目1回の増し目をすることになる。

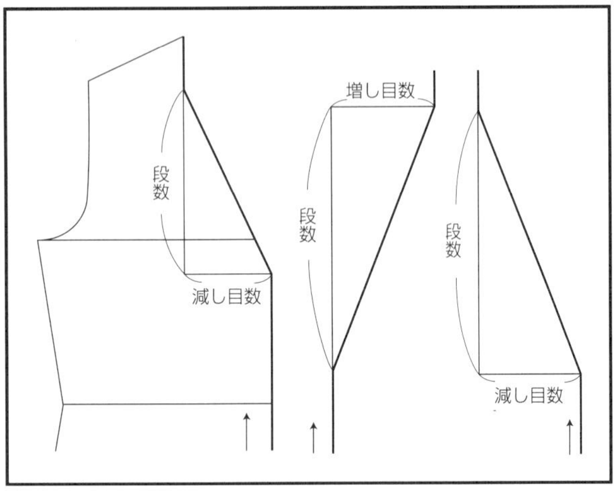

3　斜線の上下に直線がある場合　段数÷（増減目数－1）

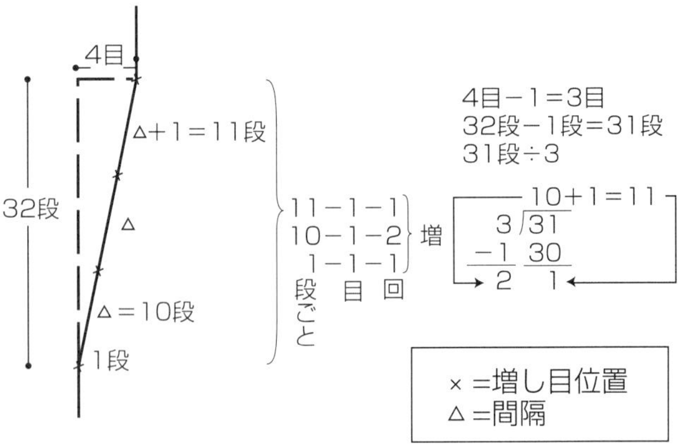

（2）横長三角形の斜線の計算

横長三角形の斜線は、肩下がりや胸ダーツなどがこれにあたる。この三角形は、段数に対して増減する目数が多いもので、引返し編みや伏せ目をして形作ることになる。

引返し編みには、1段ごとと2段ごとにする方法がある。1段ごとはおもにかぎ針編みやアフガン編みのときに使い、棒針編みや手編み機編みのときは、2段ごとの方法をよく使う。ここでは、2段ごとの方法の場合で計算を行ない、1段ごとの場合は、縦長三角形の斜線の場合とは逆に、目数を増減する段数で割り、出た結果は1段ごと○目○回という表示で表わす

計算法には、縦長三角形の斜線と同様に3種類ある。

ここでの三角形は横が20目、縦が6段で説明をする。2段ごとの引返し編みは、1回の引返し編みをするのに2段使うことになるので、この三角形は6段を2段で割って出た“3”が引返しをする回数になる。このことを頭に入れて、次に述べる計算を理解する。

1　斜線に続く直線がない場合

おもに肩下がりなどに使う。

この斜線の場合は左右どちらにも直線がないので、最初と最後の両方で引返し編みをすることができないため、引返しの回数に1間隔加えて目数を割る。

計算の仕方は、20目÷（3＋1間隔）＝5目となり、引返しの回数は割った4から1間隔分を引いた3回となる。これを整理すると、2段ごと5目が3回の引返し編み、5目そのままとなる。

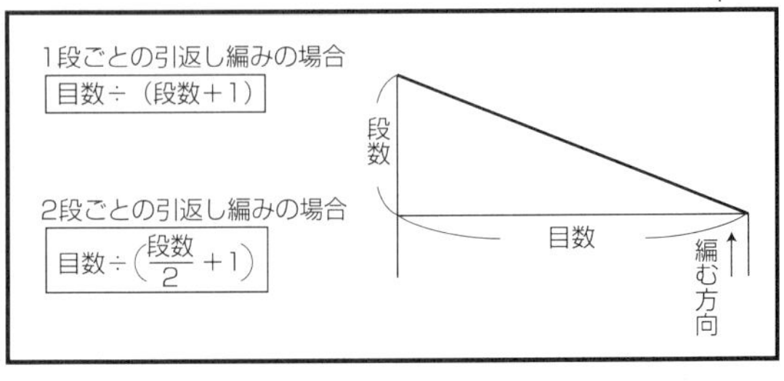

1　斜線に続く直線がない場合

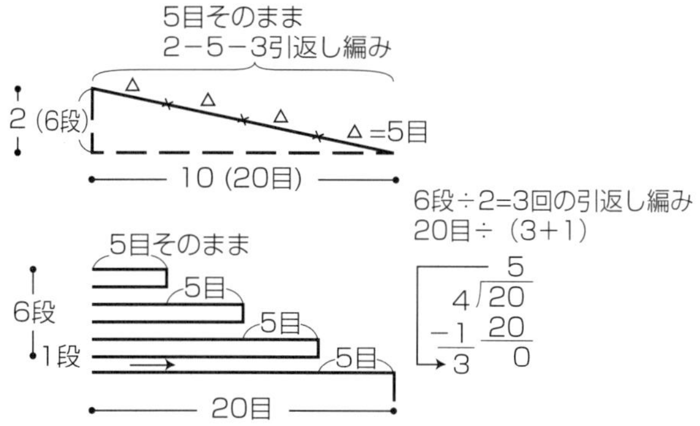

2　斜線の一方に直線がある場合

胸ダーツや衿ぐりをくらないで、水平にする場合などに使う。

この場合は、1間隔を加えて計算をしなくても左右どちらかに残る目数があるので、目数÷引返しの回数でよい。計算の仕方は、20目÷3＝6目…余り2目となり、余りの2目を6目に1目ずつ振り分けて7目を2回、6目を1回とする、これを整理すると2段ごと6目が1回の引返し編みになる。

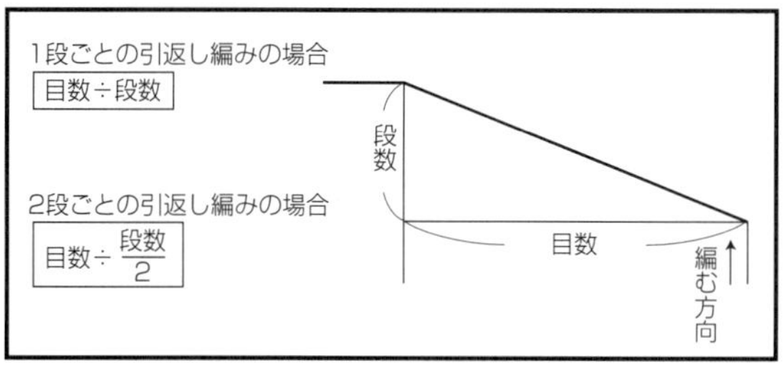

2　斜線の一方に続く直線がある場合

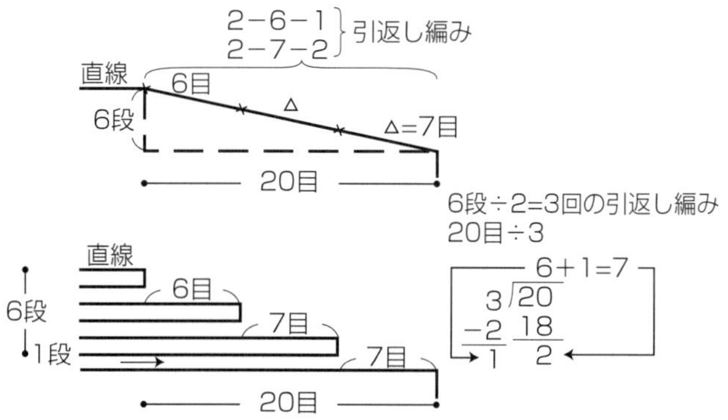

3　斜線の両端に直線がある場合

この場合は、斜線の最初と最後で引返し編みができるので、目数を、引返しの回数から1回分引いた数で割る。計算の仕方は、20目÷（3−1間隔）＝10目となる。これを整理すると2段ごと10目が2回の引返し編みとなる。この場合の編み方は、最初に直線があるときは、はじめに直線分を引返し編みで編み、次から10目ずつの引返し編みをすることになる。

3　斜線の両端に直線がある場合

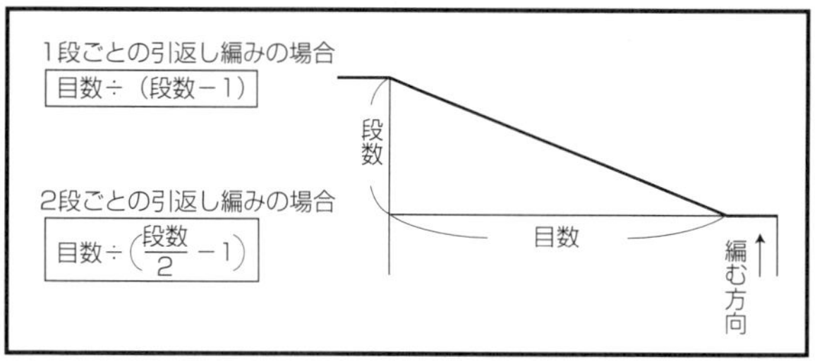

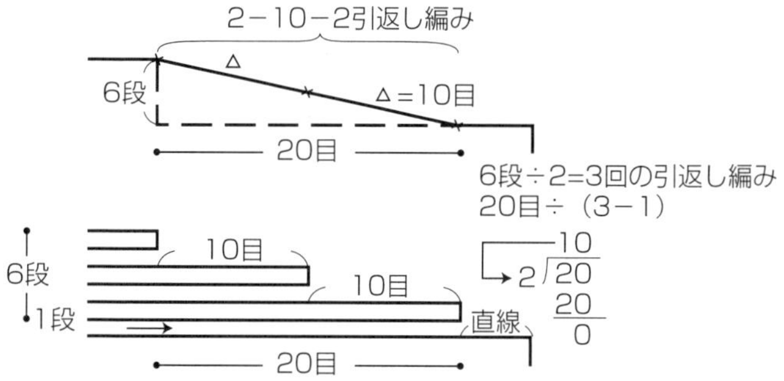

2　曲線の計算法

曲線には、水平に近いものと垂直に近いものがある。水平に近い場合は、1回に増減する目数が多く、垂直に近いものはこの逆に、1回で増減する目数が少なく段数の間隔が広くなる。これを間違えると、編み上がった曲線は希望どおりの形とは違ったものになる。

また、細かな計算も必要だがそれだけにこだわらず、編み上げるときの糸の引き方にも注意して編むようにする。曲線の計算方法には、次に述べる方法がある。

(1) ゲージグラフを用いて割り出す方法

これは、実物大の型紙に合せながら編む場合に適している。

編み地と同じゲージグラフを使い、その上に型紙の丸みを写して、丸みのカーブの外回りの線上にあたる部分をはかるように結ぶ。そしてグラフに書かれた数字どおりに編み上げていく。

(2) 実寸をいくつかの斜線に区切って計算する方法

例えば、縦横10cmの丸みを図のように2か所で区切り、1.2.3の三角形を作り、AC、CD、DBの斜線を計算して編む。

(3) 計算で割り出す簡単な方法

最も簡単に早く曲線を計算することができる。

まず、減し目の$\frac{1}{3}$の目数を2、3回に分けて伏せ目にする。残りの目数の$\frac{1}{2}$を1段ごとの減し目にし、さらに残りの目数を2等分して、それを2段ごとの減し目、3段ごとの減し目に分ける。

引上げ編みのように段数の多いゲージの場合は、1段ごと、2段ごと、3段ごとに増減するところを、2段ごと、4段ごと、6段ごとの増減にする。

(1) ゲージグラフを用いて割り出す方法

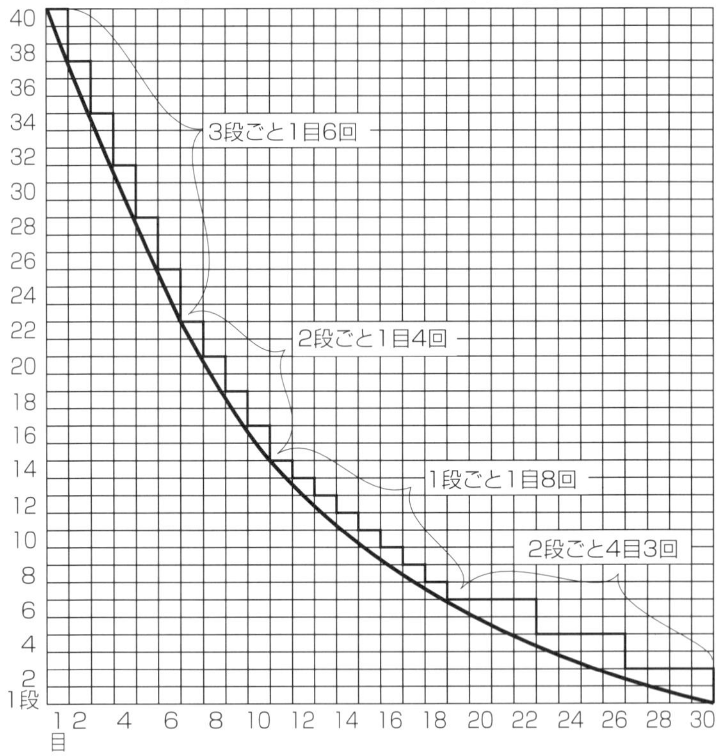

(2) 実寸をいくつかの斜線に区切って計算する方法

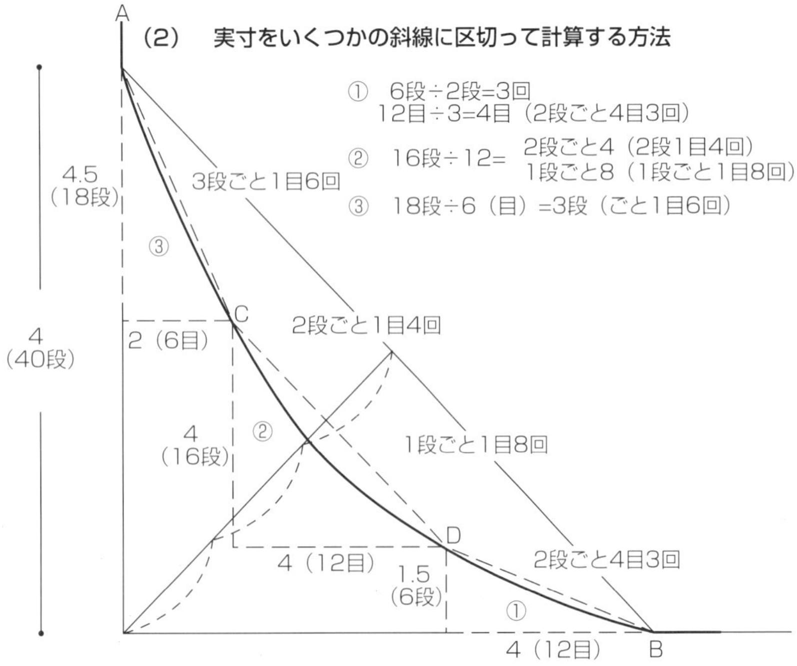

(3) 計算で割り出す簡単な方法

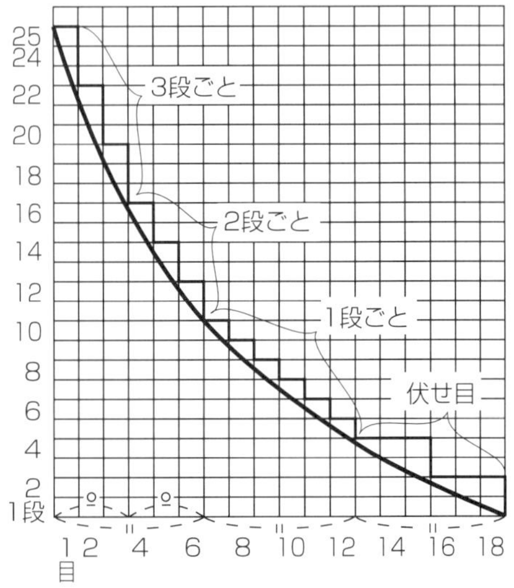

(4) 斜線を曲線にする方法

三角計算で得られた数が、等間隔で増減するようになる場合がある。等間隔で増減するということは斜線に編み上がることになる。ここでは、それを曲線に編み上げる場合について説明する。

1 縦長三角形の場合

例えば3段ごとに1目ずつ等間隔に18回減し目、または増し目をすると4-aのように斜線に編み上がる。それを曲線にする場合には、回数を3回に分け、段数は3段ごとを中心として上下に1を加えた4段ごとと、1を引いた2段ごとに分ける。つまり次のようになる。

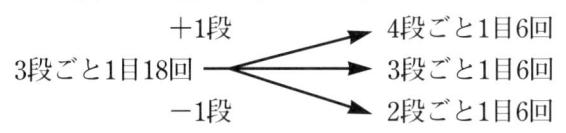

＋1段 → 4段ごと1目6回
3段ごと1目18回 → 3段ごと1目6回
－1段 → 2段ごと1目6回

このように回数が3で割り切れないときには、次の方法にする。余った数が1回の場合は3段ごとの回数に加え、2回余った場合は上下に1回ずつ振り分けると、総段数、総目数は変わらない。

例えば、回数を19回とすると、

＋1段 → 4段ごと1目6回
3段ごと1目19回 → 3段ごと1目7回
－1段 → 2段ごと1目6回

となる。また、奇数段数（例えば3段）に計算されたものを、偶数段数（例えば2、4段）で増減したいときも、この方法を用いる。

＋1段 → 4段ごと1目9回
3段ごと1目18回
－1段 → 2段ごと1目9回

となる（4-b）。

4-a

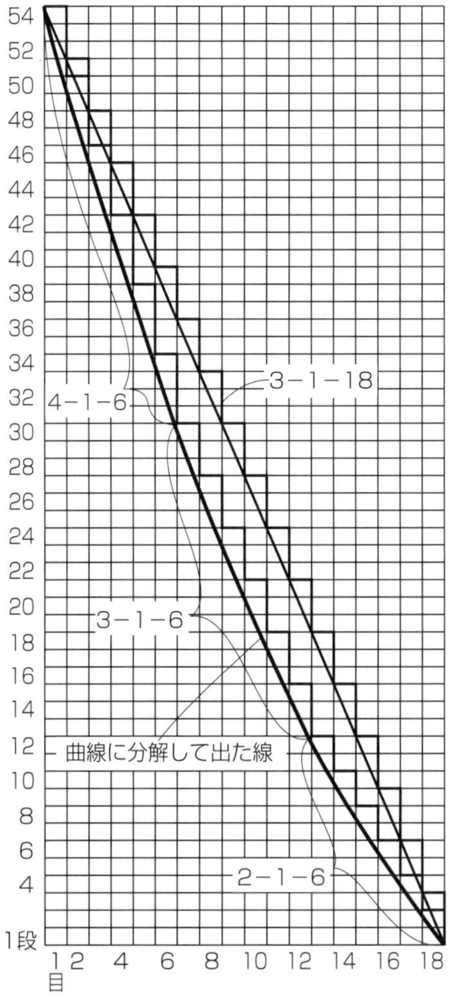

4-b

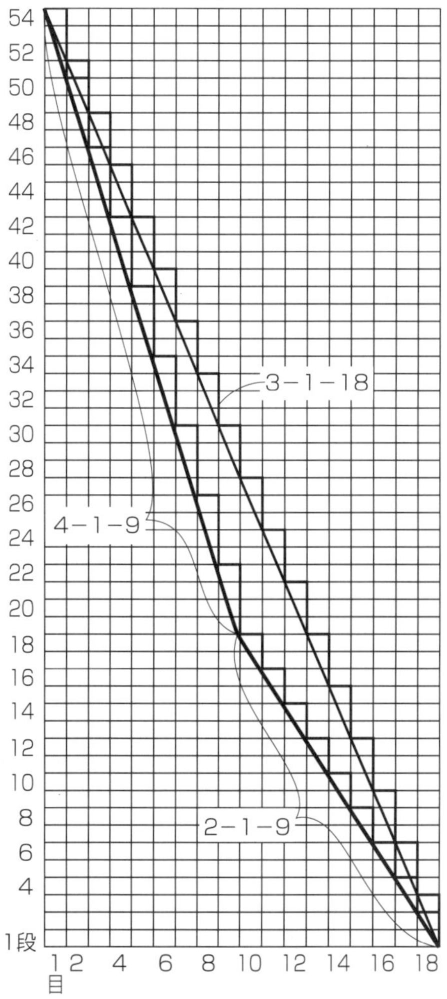

2　横長三角形の場合

4-cのように横長三角形の場合を説明する。

例えば1段ごと1目18回のように毎段の増し目、または減し目になったとき、回数を2で割って2段ごとの増減とする。ここでは2段ごと2目9回となり、段数はそのまま目数を分解する。

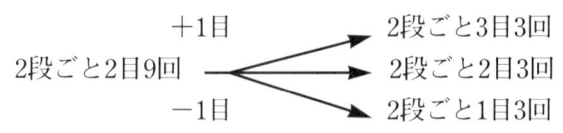

＋1目　→　2段ごと3目3回

2段ごと2目9回　→　2段ごと2目3回

－1目　→　2段ごと1目3回

4-c

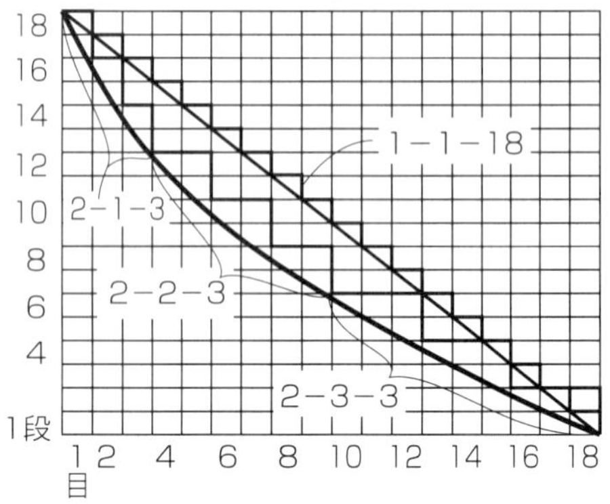

このように、三角計算では斜線になっても、曲線に直すことは簡単にできる。

注意することは、最後に必ず総段数、総目数を確かめる。

以上のように計算の方法にもいろいろあるが、使う場所によって使い分けるようにする。

第9章

作図の基礎

1　原型とは

作図の基礎となるもとの型で、普通は身頃原型という。原型には婦人原型、男子原型、子供原型があり、原型の条件としては作図が容易で、多くの人の体型に適合し、多くのシルエットに展開しやすいことである。

婦人物の原型は、身頃（上半身）、袖（腕）、スカート（下半身）の三つに分けることができ、身頃はバスト寸法、背肩幅、背丈を、袖は身頃の袖ぐり寸法と袖丈を、スカートはヒップ寸法とスカート丈を基準にし、それぞれ必要な部分にゆるみを加えて作図する。

2　編み物原型と洋裁原型の違い

伸縮性があると同時に不安定な編み地を扱うには、基になる型があるとデザインがどんなに変わっても応用ができる。タイトなシルエットや編み地分量の多いデザインの場合は、原型を基にして作図をすると失敗が少なく、いいシルエットが表現できる。

編み物原型と洋裁原型の違いは、編み地と布地の作られ方から生じるもので、編み地はループの連なりによって、布地はたて糸とよこ糸の交差によって作られている。このことから、編み地は編み幅が広くなればなるほどより以上に幅が出て、その反動で丈がつまり、逆に狭くなるほどより以上に幅が細くなり、丈が長くなる（図①）。斜線の角度は図②のように幅と丈の寸法によって変わるという、布地にはない性質をもつことにある。

編み物原型は、手編みで作られる比較的伸縮性の強い編み地から割り出して作ったもので、工業用編み機（コンピュータ編み機）で作られる密度の細かい、伸縮性の弱い編み地（ミドルゲージからファインゲージの編み地）の場合とは違う。伸縮性の弱い編み地は、強い編み地に比べると布地の扱いに近くなる。

編み物原型は、編み地の中で最も伸縮性のバランスがとれている適正ゲージのメリヤス編み地から割り出したもので、身頃、袖、スカートとも前後の差はつけず、ゆるみ分や袖ぐり寸法、衿ぐり寸法は少なくし、肩線のいせ分やダーツ分は入れない。また、胸ダーツは原型どおりに編むときや、体にフィットするシルエットづくりをするとき、バストの高い人のときなどは入れるが、身幅が広いときや伸縮性の強い編み地をつかうとき、ダーツを入れると編み柄がくずれてしまうときなどは入れない。

袖は、前後の袖つけ線のカーブが違っているほうが、身頃に形よくつけることができる。しかし、左右の袖の前後を違えて編むことは時間がかかり、間違いのもとになるので、編むときはこのまま前後の袖つけ線を同じに編む。そして身頃につけるときに袖山の中心を1cm前へずらしてつける。袖山は細いものはより細く仕上がる編み地の性質から平らにしてある。

スカートのヒップライン（HL、腰囲線）は編み地の伸び分として採寸の腰丈から4cm上がったところになり、腰丈での傾斜の差は3cm止まりで、ヒップ寸法とベルト寸法の差が3cm以上になる場合はダーツをとるか、ウエストのゆるみ分に加えるかして調節する。

伸縮の弱い編み地（ミドルゲージからファインゲージ）で作品製作に入る場合はすべて、ドレーピング（立体裁断）にて形を出し、ニットパターンに修正して製作にあたる。

図①

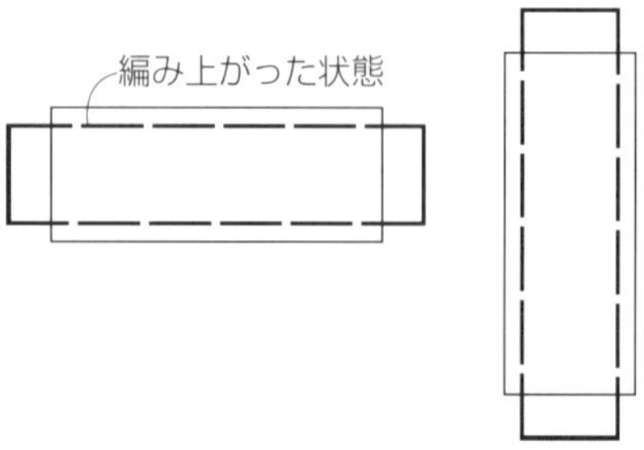

図②

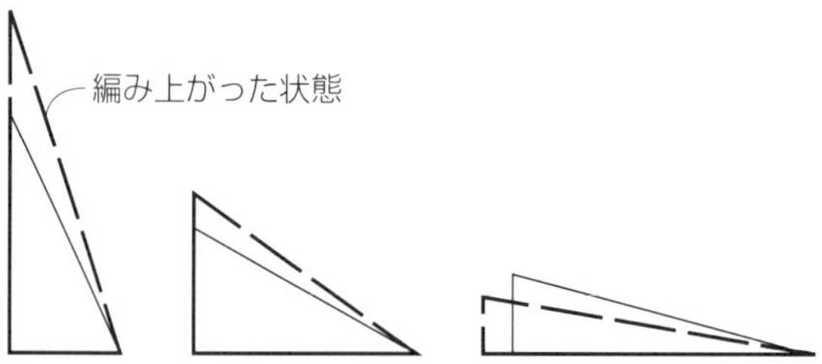

3　原型各部の名称

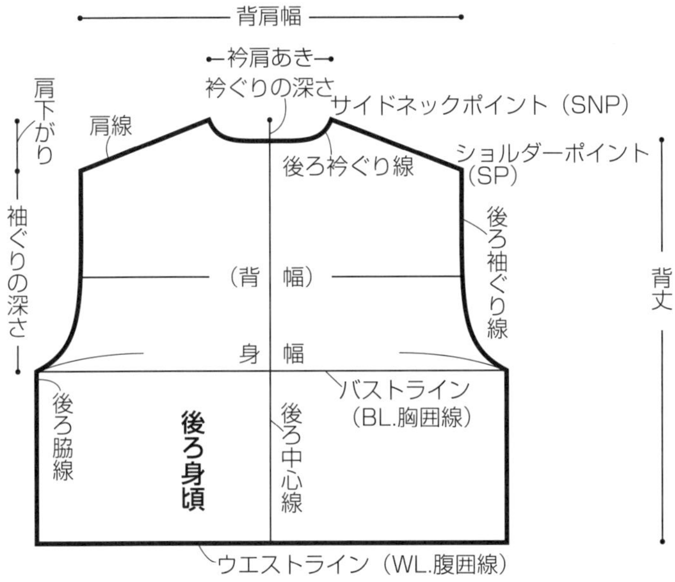
背肩幅
衿肩あき
衿ぐりの深さ
サイドネックポイント（SNP）
肩下がり
肩線
後ろ衿ぐり線
ショルダーポイント（SP）
袖ぐりの深さ
後ろ袖ぐり線
背丈
（背　幅）
身　幅
バストライン（BL.胸囲線）
後ろ脇線
後ろ身頃
後ろ中心線
ウエストライン（WL.腹囲線）

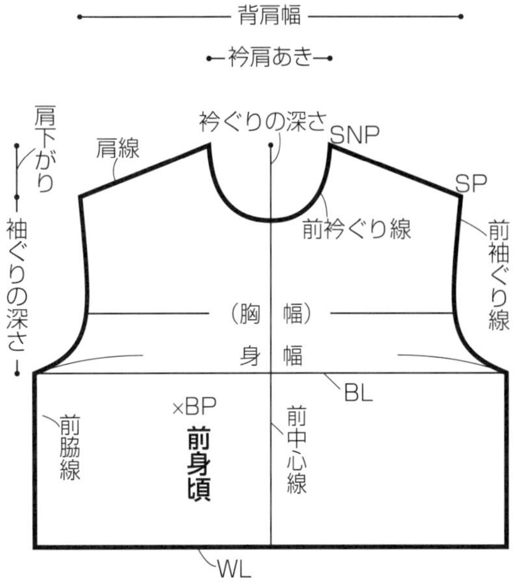
背肩幅
衿肩あき
衿ぐりの深さ
SNP
肩下がり
肩線
SP
袖ぐりの深さ
前衿ぐり線
前袖ぐり線
（胸　幅）
身　幅
BL
×BP
前脇線
前身頃
前中心線
WL

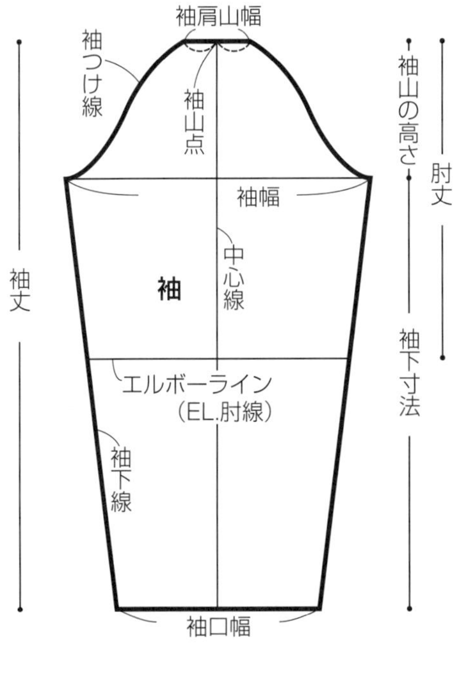
袖肩山幅
袖つけ線
袖山点
袖山の高さ
肘丈
袖丈
袖幅
袖
中心線
エルボーライン
（EL.肘線）
袖下寸法
袖下線
袖口幅

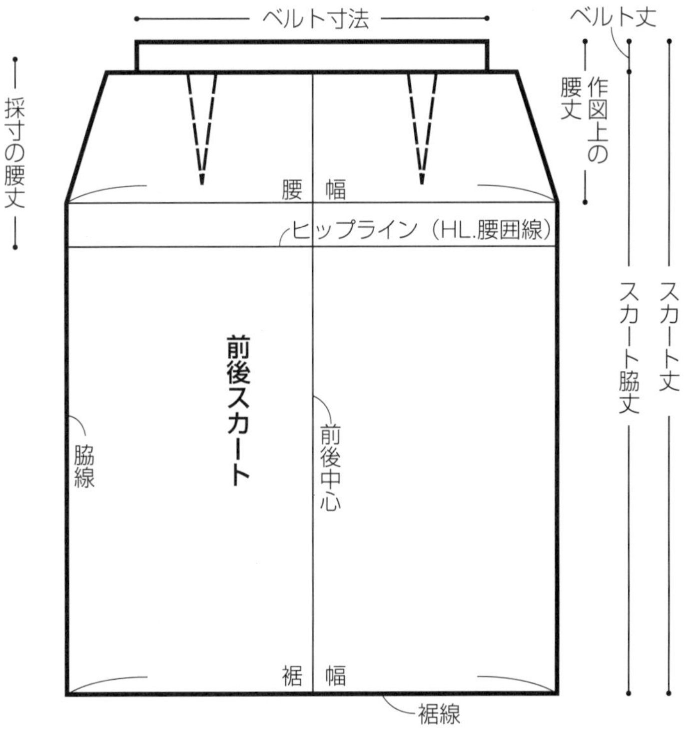
ベルト寸法
ベルト丈
採寸の腰丈
作図上の腰丈
腰　幅
ヒップライン（HL.腰囲線）
スカート丈
スカート脇丈
前後スカート
脇線
前後中心
裾　幅
裾線

4　原型のかき方

　必要寸法は服飾造形講座①『服飾造形の基礎』を参考にするが、背肩幅のみショルダーポイントからショルダーポイントを水平にはかる。ニット原型は計算しやすい寸法に調節する場合がある。

（例）JISバスト寸法標準は83cmであるがニット原型の場合84cmとする。

（1）婦人原型

　身頃原型をかくために必要な寸法はバスト（B）、背丈、背肩幅の3か所である。

必要寸法

バスト（B）＝84cm

背丈＝38cm

背肩幅＝36cm

ゆとり＝4cm

1　身頃の作図は基本線からかく

①～⑨の順に各部の寸法を正確にとり、Ⓐ～Ⓓの点を記入する。

①　Ⓐ点より下方に背丈をとり、後ろ中心線とする。

②　ウエストライン上で$\frac{B}{2}$＋2（身幅）をとる。

③　前中心線直上をⒷ点とし、Ⓐ点～Ⓑ点間を結び長方形をかく。

④　Ⓐ点～Ⓑ点間を2等分し脇線とする。

⑤　後ろ中心線上にⒶ点より下方に$\frac{B}{4}$をとり、バストラインの位置とする。

⑥　後ろ中心線からバストライン上に$\frac{背肩幅}{2}$をとりⒸ点とする。

⑦　Ⓒ点より直上線をかき、背幅線とする。

⑧　前中心線からバストライン上に$\frac{背肩幅}{2}$をとりⒹ点とする。

⑨　Ⓓ点より直上線をかき、背幅線とする。

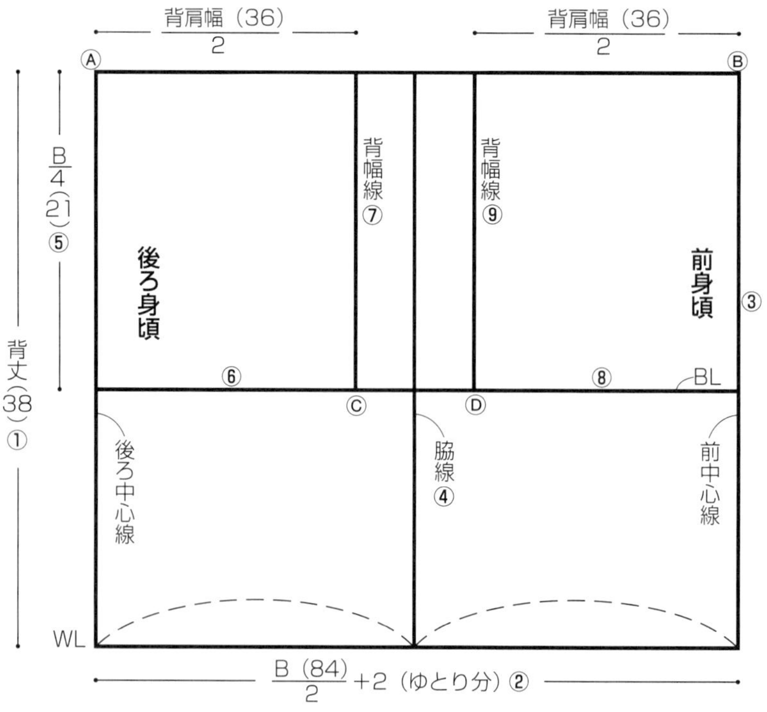

衿ぐり、肩線、袖ぐりの輪郭線をかき、ダーツをかく

①後ろ衿ぐり線をかく

Ⓐ点より水平線上に$\frac{B}{20}$+2（後ろ衿ぐり幅）＝◎をとり、2cm直上した位置をサイドネックポイントとし、後ろ衿ぐり線をかく。

②後ろ肩線をかく

サイドネックポイントを基点として背幅線上3cm下がった位置と結ぶ。この3cm下がったところをショルダーポイントとする

③後ろ袖ぐり線をかく

ショルダーポイントからバストラインまでの垂直線を3等分する。バストラインから$\frac{1}{3}$と脇線に案内線を引き、Ⓒ点～脇線を2等分し（●）同寸法を斜めにとり、後ろ袖ぐりのカーブをかく。

④前衿ぐり線をかく

Ⓑ点より水平線上に後ろ衿ぐり寸法と同寸法＝◎をとり、サイドネックポイントとする。Ⓑ点より前中心線、下方に◎＋1をとり長方形をかく。サイドネックポイントから下方に3等分し、$\frac{1}{3}$と同寸を斜線上にとり、衿ぐりのカーブをかく。

⑤前肩線をかく。

サイドネックポイントを基点として、胸幅線上から5cm下がった位置を結ぶ。この5cm下がったところをショルダーポイントとする。

⑥前袖ぐり線をかく

ショルダーポイントからバストラインまでの垂直線を3等分する。バストラインから$\frac{1}{3}$の点で内側へ1cm入ったところとショルダーポイントを結ぶ。1cm内側から脇線に案内線を引き、胸幅とする。●－0.5を斜めにとり、前袖ぐりカーブをかく。

⑦バストポイントを決め、胸ダーツをかく

バストライン上で前中心から9cm脇側に入り、3cm下がった位置をバストポイントとする。バストポイントの位置を水平に脇線まで引き、2～3cm、長さ10cmのダーツをとる。ウエストラインから下にダーツ分を追加する。

これで前後身頃がかけたことになり、使うときには脇線を切り離して、前後を別々に作図する。

婦人原型

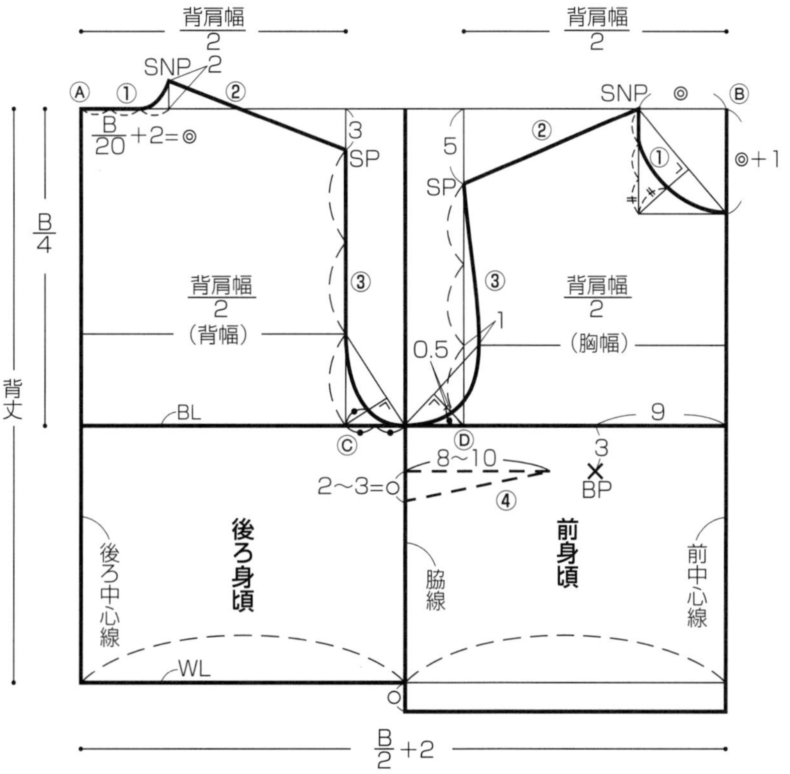

(2) 袖原型（図①参照）

袖原型をかくのに必要な寸法は、身頃原型のアームホール（AH、袖ぐり）をはかった寸法と袖丈である。

必要寸法
袖丈＝52cm
手のひら回り＝21cm
肘丈＝28cm〜30cm

①基本線をかく

縦に袖丈の長さの垂直線を引く。袖山点から13cm直下（①)、直角に交わる横線をかく（②)。

②袖幅を決める

袖山点から、左右に$\frac{AH}{2}+1$を②の袖幅線上に斜めにとる（③)。

③袖山曲線をかく

袖山点で袖幅×$\frac{1}{5}$〜$\frac{1}{7}$を袖幅と平行にかき、袖幅の両端と結ぶ（⑤)。この線を2等分し、0.7cm外側、1cm内側のカーブをかく。左右同寸である。

④袖下線をかく

袖口側で、手のひら回り寸法か、それに1cm加えた寸法を中心から左右に振り分けて（⑦)、袖幅線（②）の両端と結び（⑧)。肘丈の位置もかき入れる（⑨)。

袖は、前後の袖つけ線のカーブが違っているほうが、身頃に形よくつけることができるが、左右の袖の前後を違えて編むことは時間がかかり、また間違いのもとになる。そこで、編むときはこのまま前後の袖つけ線を同じに編み、身頃につけるときに袖山の中心を1cm前へずらしてつける（図②参照)。

また、袖山が平らなのは、編み地の性質として、細いものはより細く仕上がるので、それを防ぐため平らにしておく。

袖原型は、このように編み地の性質を考慮し、簡単に編めて、形よく仕上がるように作図されている。

図①

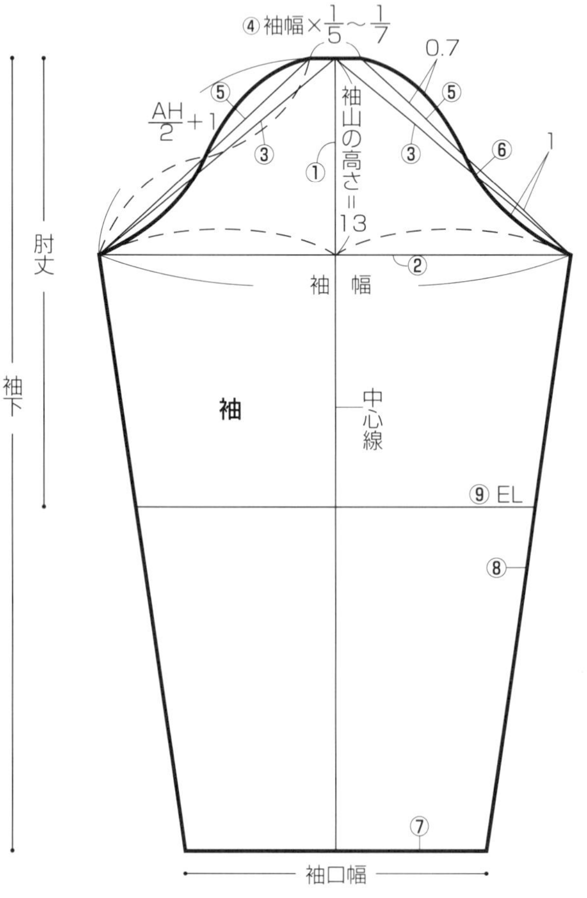

図②

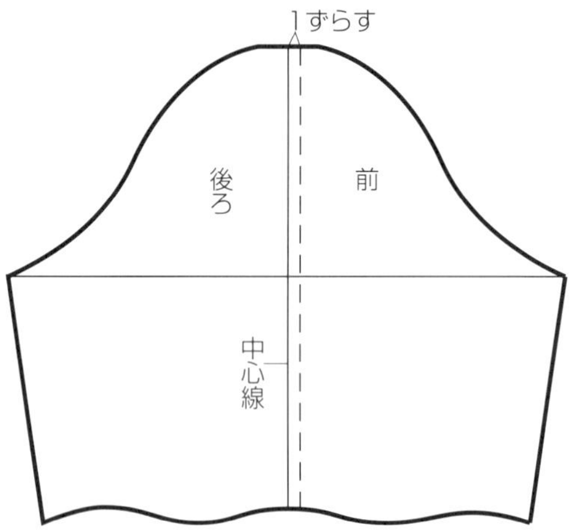

(3) スカート原型

スカート原型を作図するのに必要な寸法は、スカート丈、ウエスト、ヒップの3か所である。

必要寸法
ウエスト（W）＝64cm
ヒップ（H）＝90cm
腰丈＝18cm
スカート丈＝60cm

①基本線をかく

縦にスカート丈、横に採寸腰丈の位置で$\frac{H}{2}$＋2cmをとり、腰幅として長方形をかく。上部の線はウエストラインとなる。ヒップに加えたゆとり分は、日常動作に最小限必要な寸法である。腰幅を2等分した位置が前後中心線となる。

②ヒップライン（HL）

採寸腰丈から4cmひいた寸法をとり、ヒップラインとする（4cmは編み地の伸び分）。

③ベルト幅を決める

ウエストラインから下にベルト幅3cmをとり、それぞれⒶ点、Ⓑ点とする。

④脇線をかく

Ⓐ、Ⓑ点より内側に3cm（◎）の脇傾斜寸法をとり、その点とヒップラインを結び脇線とする（ベルト下からヒップラインまでの長さと傾斜の関係により3cm以上の傾斜はつけることができない）。

⑤ウエスト寸法とダーツの位置を決める

前後中心線よりベルト寸法$\frac{W}{2}$＋3〜4cmをとり、その差をダーツ分量とする。（ダーツ分量が3cm以上の場合には2本ダーツとなる）。前後中心線より左右の脇側9cmの位置にダーツ分量3cm、長さ10cmのダーツをとる（9cmの寸法は体型により変化する場合もある）。

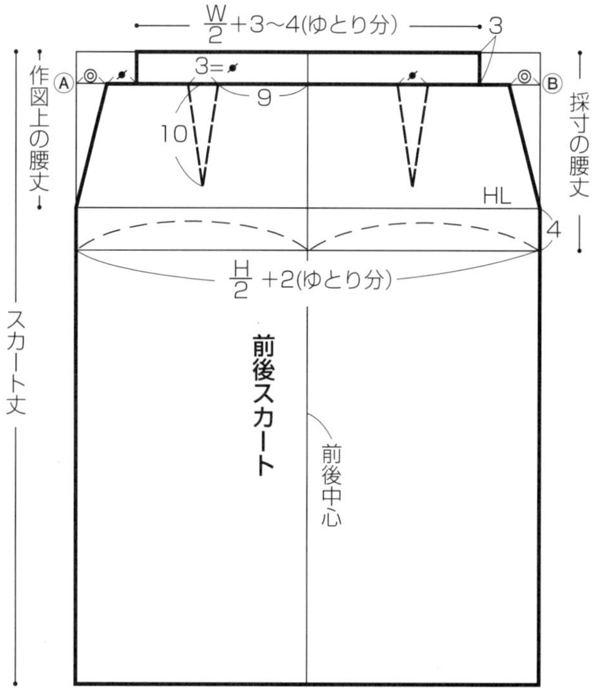

(4) 男子原型

必要寸法
チェスト＝90cm
背肩幅＝40cm
背丈＝42cm
ゆとり＝8cm

※男子物原型は婦人物原型とは反対に前後身頃をかく。

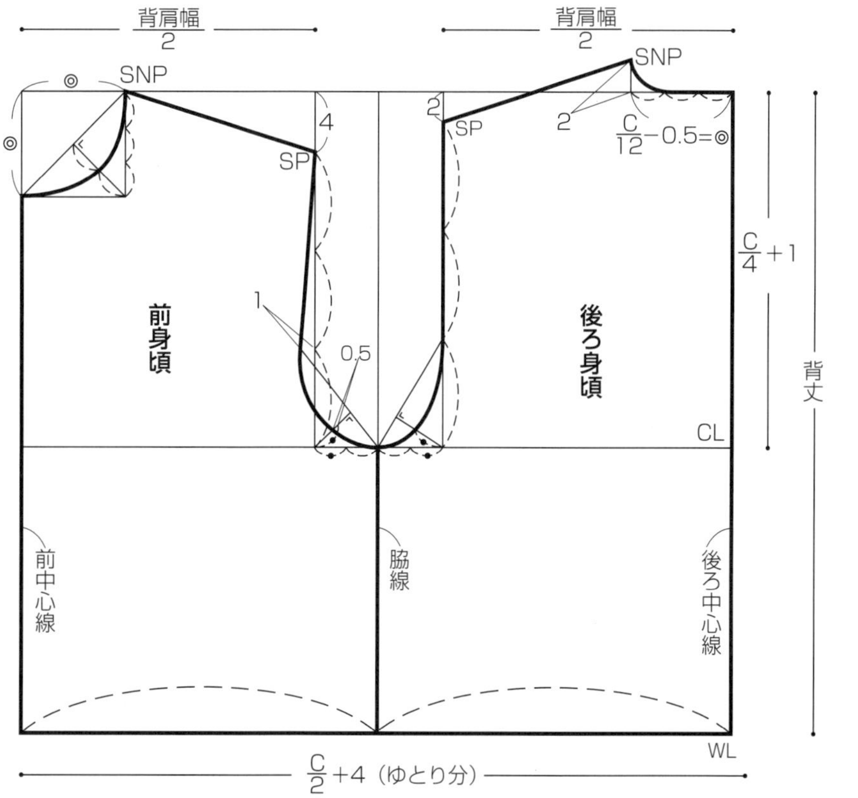

(5) 子供原型　110cm

必要寸法
バスト＝60cm
背肩幅＝26cm
背丈＝26cm
ゆとり＝6cm

※$\frac{1}{4}$縮尺使用

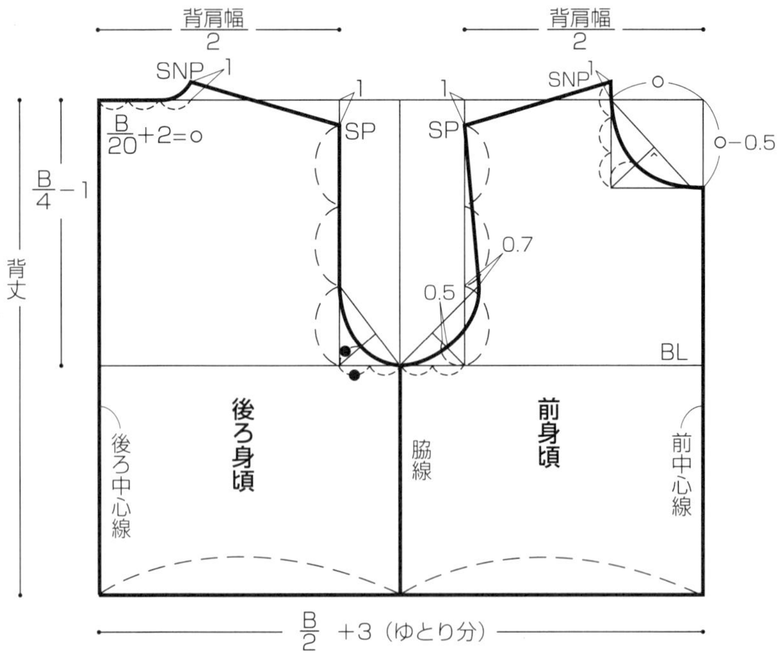

5　体型に合わせるための原型の補正

この原型は標準体型で作ってあるため、バスト寸法の大きい人、小さい人など寸法差のある場合は、補正した原型を使うと形のよいものが編み上がる。

伸縮性のある編み物でも原型を体に合わせて補正し、それを基にして作図をしたものは、着心地も、でき上がったシルエットもきれいである。

(1) 身頃原型の補正

1　バスト寸法が大きい場合

バストが90cm以上ある人。編み地の性質として、幅が広くなる（編む目数が多くなる）ほど横に伸びる分が多くなる。そこで、バストが90cm以上ある場合は、原型の身幅のゆとり分を前後身頃とも両脇で0.5〜1cmカットする。つまり、全体のゆとり分を2cm減らして、身幅を狭くする。袖ぐりはバスト寸法からの割出しのため、そのままでは袖ぐりが大きすぎるので袖ぐり線を脇で1〜2cm上げて小さくする。胸ダーツは必ず入れる。

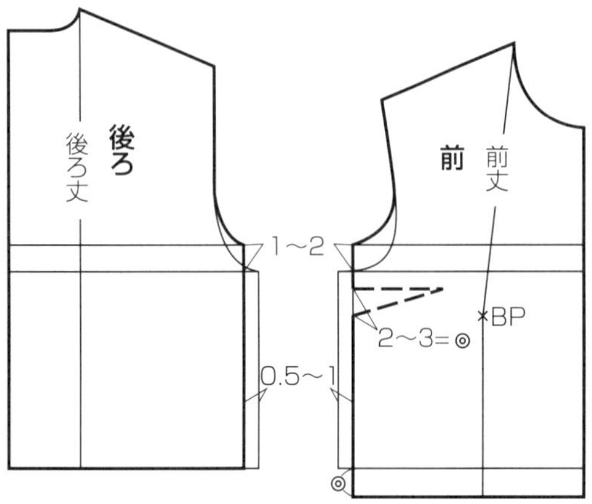

2　バスト寸法が小さい場合

バストが80cm以下の人は、大きい人の場合とは反対に幅が狭いので、編み上がった編み地は細く縦に伸びることになる。そこで、4cmのゆとり分では身幅の寸法が足りなくなり、寸法以上に狭くでき上がるので、前後身頃の両脇で0.5〜1cmずつ出し、ゆとり分を多くし、袖ぐりは、バストが大きい人の場合とは反対に脇で0.5〜1cm下げて大きくする。

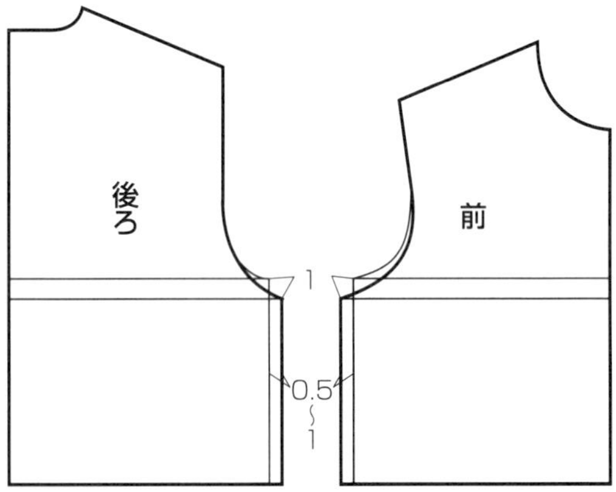

3 後傾体型の場合

この体型は後ろの丈が短く、前の丈が長いので、原型のままで編み上げると、着たときに前裾線がはね上がることになる。そこで、肩線を下図のように後ろは1cm下げ、前は1cm上げて前の丈を長くし、胸ダーツは必ず入れ、その分は裾で追加する。

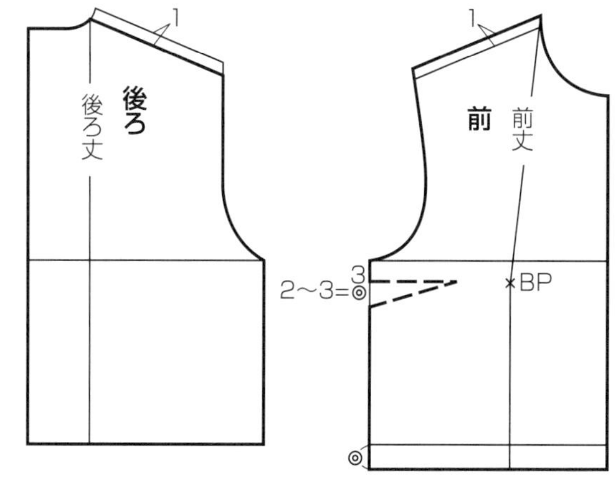

4 屈身体型の場合

中高年の人に多く見られる体型で、後ろの背から肩にかけて肉づきのよい人や、ねこ背の人の場合である。この体型の人は、後ろの丈が不足して肩のあたりがつれることになる。そこで後ろ身頃は衿ぐりと肩線を1cm上げて後ろの丈を長くして、さらに背中の丸みに合わせるために、肩で2cm、長さ6cmのダーツをとる。その分をショルダーポイントから出して袖ぐり線をかき直す。前身頃は肩線を1cm下げて前の丈を短くする。

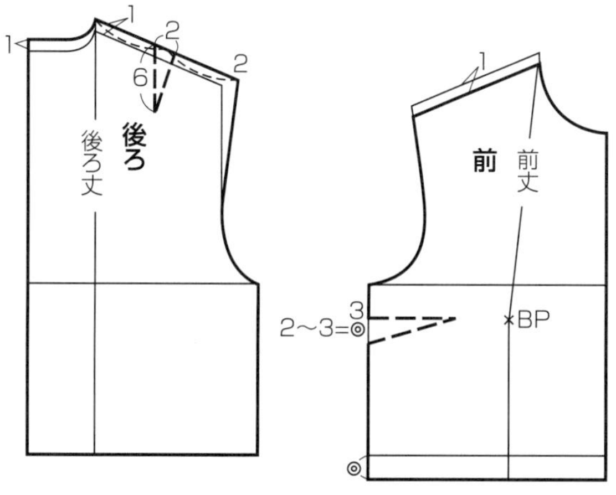

5 なで肩の場合

ショルダーポイントで1cm下げてサイドネックポイントと結び、肩の傾斜を多くする。脇でも1cm下げ、袖ぐりをかき直す。

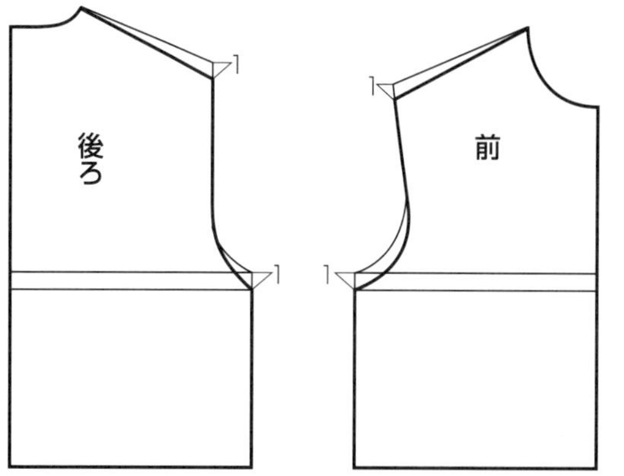

6 いかり肩の場合

ショルダーポイントで1cm上げ、サイドネックポイントと結んで、肩の傾斜を少なくし、脇でも1cm上げて、袖ぐりを直す。

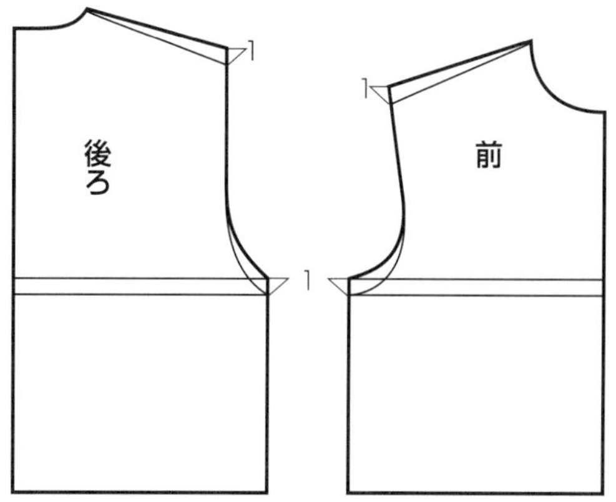

7 バスト寸法が大きく、腹部も出ている場合

前下がり2〜3cmつけ、脇で2cm〜4cm出す。

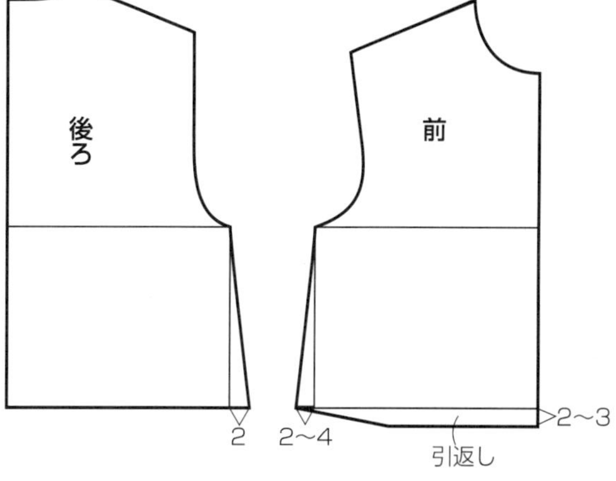

8　背肩幅が広く、バスト寸法の小さい場合

バスト78cm以下の人。脇線から前幅の背幅、前幅で3～4cm必要。

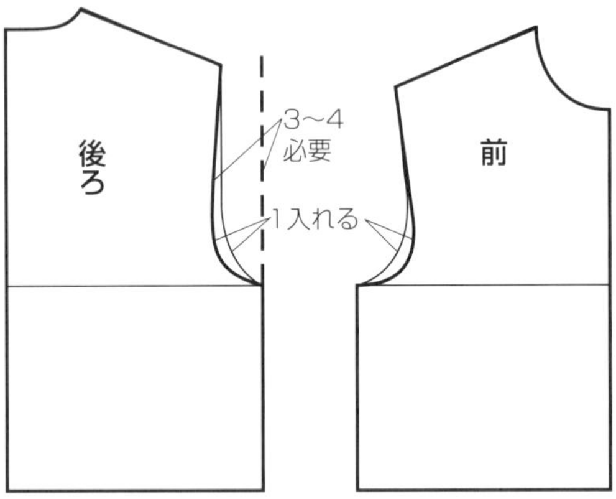

(2) スカート原型の補正

1　大腿部が太い人の場合

体型がそのままでるタイトスカートは避け、裾広がりのデザインにして、大腿部が張っているのをカバーする。裾で広げる寸法は片方の脇で3～6cmぐらいで、裾線、またはウエストで1.5～2cmの引返し編みをして、裾線がきれいに落ち着くようにする。

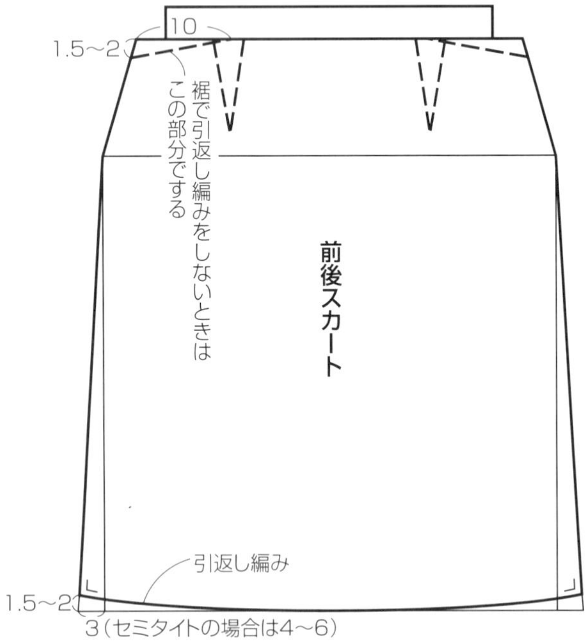

2　臀部が下がっている人の場合

この体型の人は原型のままで作ると、着用したときウエスト位置が下がり、腰丈の間でたるみ分ができるので、その分をベルト下でカットする。

補正の仕方は、後ろベルト下を中心で2～3cm下げて両脇をカーブで結び、ダーツも下図のようにかき直す。

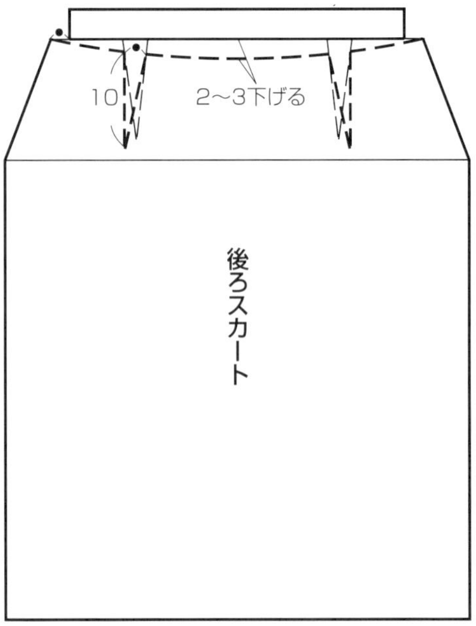

3　ウエストとヒップの差が少ない人の場合

ダーツをとらないで、脇だけで減し目をする。

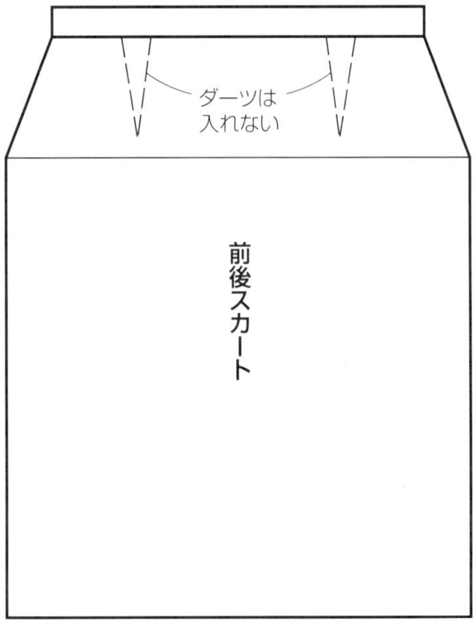

第10章
作 図

1　プルオーバー（機械編み・原型利用）

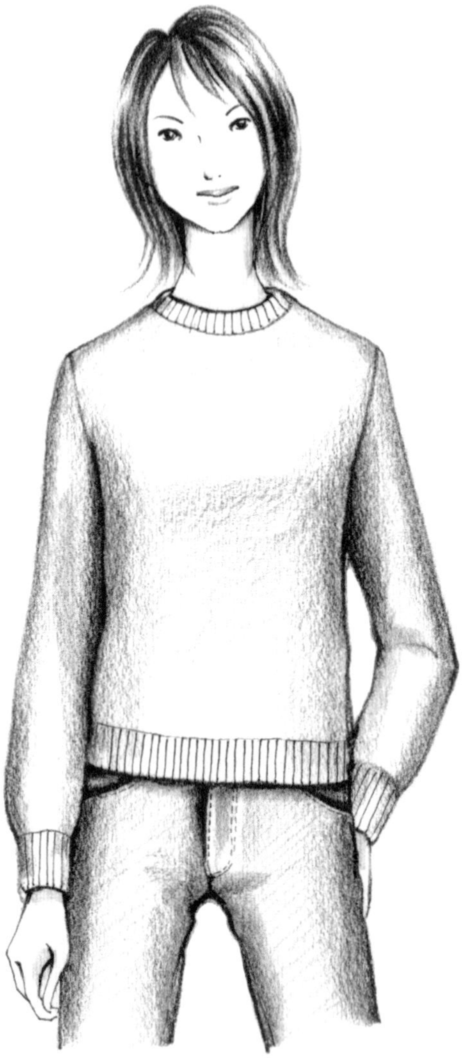

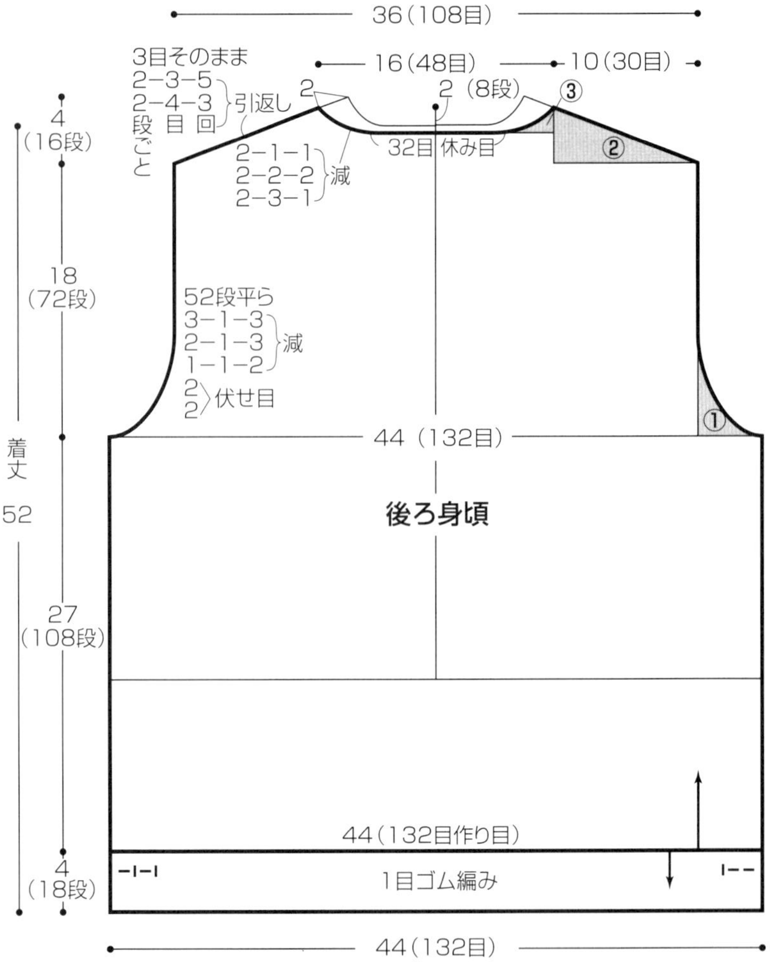

プルオーバーとは一般的に前後あきがなく着用するときかぶって着る形式の衣服をいう。作品は原型のゆとりをそのまま使用し、衿あきと着丈を好みの寸法にして作るプルオーバーの基礎となるものであるが、流行やデザインによって着丈、袖丈、身幅等が変化してくる。

●作図必要寸法

バスト84cm　背肩幅36cm　背丈38cm　着丈52cm
袖幅32cm　袖丈53cm

●出来上り寸法

バスト88cm　背肩幅36cm　着丈52cm　袖丈53cm

●使用量　中細毛糸（4/16）320g

●用具　家庭用手編み機（ピッチ4.5mm）

●ゲージ　10cm四方、横30目縦40段

●編み地　メリヤス編み

●作図順序

※家庭用手編み機編みの作図および説明図解は裏面を基本としており、棒針編み、かぎ針編みについては表面を基本としている。

後ろ身頃

1　衿肩あき寸法はあきがなくても着用できるように原型よりサイドネックポイントで2cmカットする。
2　後ろ衿ぐり深さを2cmとする。
3　背幅、バストラインは原型の線とする。
4　着丈は原型の衿ぐり線より52cmとし、裾ゴム丈を4cmとする。

前身頃

1　衿肩あき寸法は後ろ衿ぐりと同じサイドネックポイントで2cmカットし、前衿ぐりの深さ7cmとしてカーブを引く。
2　肩幅、バストラインは原型の線とする。
3　前身頃には胸ダーツが必要になる（ゆとり分の多いデザインには入れなくてもよい）。バストラインから3cm下がり、ダーツ寸法2cm、長さ8〜10cmの胸ダーツとする。

袖

1　袖山の高さは原型の13cmとする。
2　袖幅は袖山から$\frac{AH}{2}+1=32$cmとする。
3　袖丈を引く。

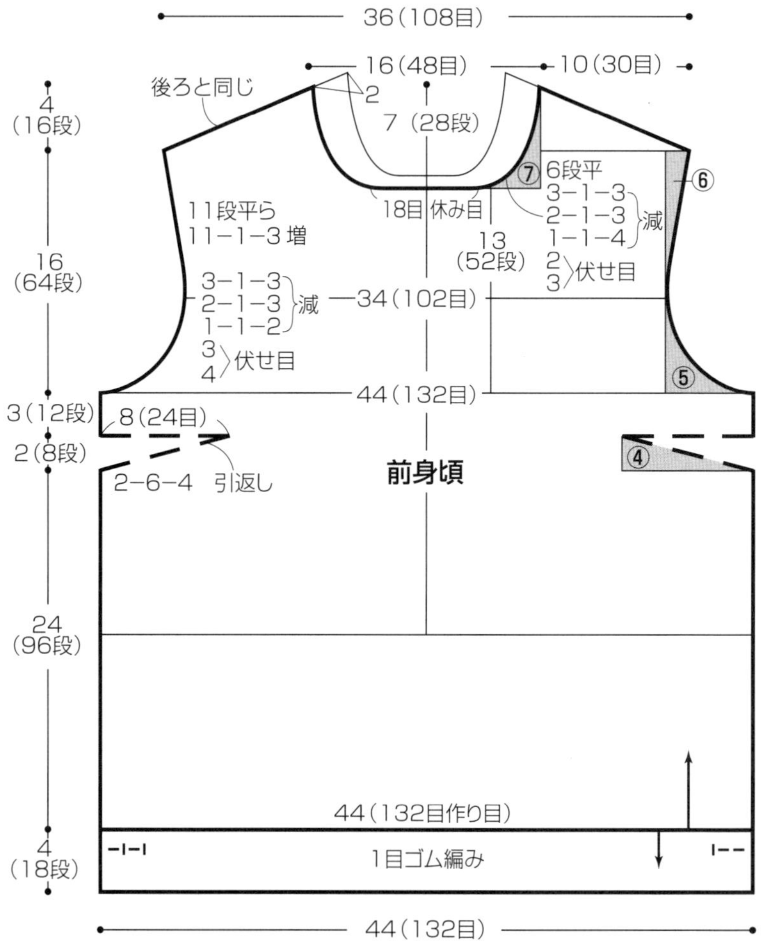

4　袖肩山幅6cm（袖幅の約$\frac{1}{5}$）をとり、袖原型のかき方に基づき袖山のカーブをかく。

5　袖丈より袖口ゴム丈をひき、袖口寸法23cmをとり袖幅と結ぶ。

6　袖口リブ幅20cmを引く。

●目数段数の割出し方

作図上の寸法に目数段数をかき入れる。横寸法には横ゲージ（目数）縦寸法には縦ゲージ（段数）をかけて求める。

増減の計算を行なう場合は、目数を2等分にすることが多いので、求めた目数は偶数か奇数にそろえる。

後ろ身頃

①の三角形は袖ぐりのカーブを成型する。

後ろ身幅と背肩幅の目数の差を左右で減らす。減し目に使用する段数は、袖ぐり段数の約$\frac{1}{3}$を基本段数とする。あとの約$\frac{2}{3}$の段数は増減なく編む。

計算方法

1　減し目数の約$\frac{1}{3}$を伏せ目とする。

2　伏せ目をひいた残りの減し目数約$\frac{1}{3}$を1段ごとの減し目。

3　総目数から伏せ目、1段ごとの減し目数をひいた目数の約$\frac{1}{2}$を2段ごとの減し目とし、残りの減し目を3段ごとの減し目とする。

②の三角形は肩の傾斜を成型する。

肩幅目数は背肩幅の目数から衿肩あきの目数をひき2等分した目数である。この計算は横長三角形の計算となる（148ページ参照）。引返し編みとなるので肩下がりの段数は必ず偶数段とする。段数を引返しの使用段数2段で割り、引返しの回数を求める。

肩幅の目数÷（引返しの回数＋1）

③の三角形は衿ぐりのカーブを成型する。

衿肩あきの目数の約$\frac{2}{3}$を中心で休み目とし、$\frac{1}{3}$の目数を左右に分けて減し目とす②の三角形と同じ横長三角形なので段数を2段で割り、伏せ目の回数を求める。（減し目数÷伏せ目回数）

前身頃

④の三角形は胸ダーツを成型する。

この三角形も横長三角形となるので段数は偶数段数とする。段数を引返しの使用段数2段で割り、引返しの回数を求める。（ダーツの目数÷引返しの回数）

⑤の三角形は前袖ぐりのカーブを成型する。

前身幅と胸幅の目数の差を左右で減らす。

減し目に使用する段数は袖ぐり段数の約$\frac{1}{3}$を基本段数とする。

計算方法

1　減し目数の約$\frac{1}{2}$を伏せ目とする。

2　伏せ目をひいた残りの目数の約$\frac{1}{3}$を1段ごとの減し目。

3　減し目数から伏せ目、1段ごとの減し目数をひいた目数の約$\frac{1}{2}$を、2段ごとの減し目とし、残りの減し目を3段ごとの減し目とする。

⑥の三角形は、胸幅から背肩幅の傾斜を成型する。

胸幅と背肩幅の目数の差を左右に分け、袖ぐり深さの段数から基本段数をひいた約$\frac{2}{3}$の段数で増し目をする。

段数÷（増し目数＋1）

⑦の三角形は前衿ぐりのカーブを成型する。

前衿ぐりは衿肩あきの目数の約$\frac{1}{3}$を中心で休み目とし、$\frac{2}{3}$の目数を左右に分け、減し目数とする。

計算方法

1　衿肩あきの目数の$\frac{1}{3}$を中心で休み目とする。

2　残りの目数を左右に分けて、衿ぐりの減し目数とする。

3　減し目の約$\frac{1}{3}$を伏せ目とする。

4　伏せ目をひいた残りの目数の約$\frac{1}{3}$を1段ごとの減し目とする。

5　減し目から伏せ目、1段ごとの減し目数をひいた目数の約$\frac{1}{2}$を2段ごとの減し目とし、残りの減し目を3段ごとの減し目とする。

6　減し目に使用した段数を確認し、前衿ぐり深さの、段数からひき、残った段数は増減をしないで編む。

袖

⑧の三角形は袖下の斜線を成型する。

袖幅の目数から袖口幅の目数をひき、左右に分け、増し目数とする。この三角形は縦長三角形の計算となる（146ページ参照）。

袖下使用段数÷（増し目数＋1）

⑨の三角形は袖山のカーブを成型する。

計算方法

1　袖幅の目数から袖肩山幅の目数をひき、$\frac{1}{2}$にした目数が片方の袖山の減し目となる。

2　片方の減し目数から袖下と袖肩山幅のカーブに使用する伏せ目の目数を決める（約2cm）。

3　袖山の段数から伏せ目に使用する段数をひいた段数を求める。

4　片方の減し目から伏せ目で使用する目数をひいた目数を求める。

5　3、4で求めた目数段数により計算

段数÷（減し目数＋1）

6　計算の結果を袖山のカーブに沿うように並べ変える。同じ間隔で割り出された場合には曲線の計算法（150ページ）を参照。

⑩の減し目　リブ目数の調整

袖口の目数から、袖口リブ目数をひき、減し目を求める。袖口目数÷（減し目数＋1）

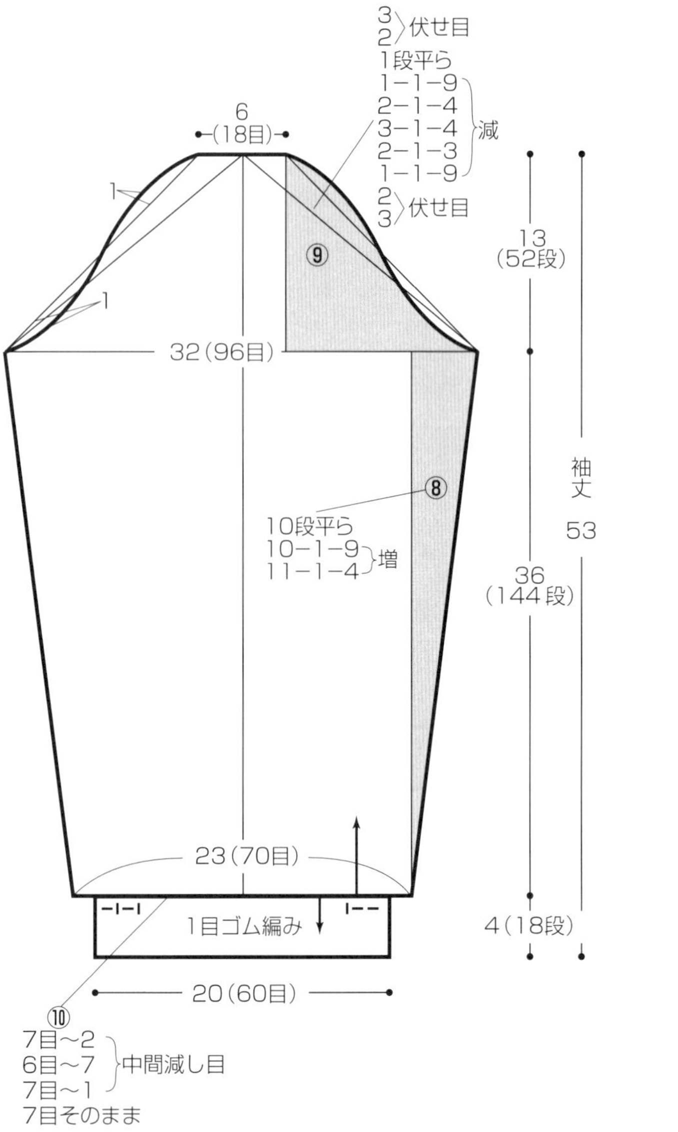

●目数・段数の計算

後ろ身頃の目数・段数の計算

身幅の目数　3目×44cm＝132目

背肩幅の目数　3目×36cm＝108目

衿あきの目数　3目×16cm＝48目

脇丈の段数　4段×27cm＝108段

袖ぐりの段数　4段×18cm＝72段

肩下がりの段数　4段×4cm＝16段（偶数とする）

衿ぐりの段数　4段×2cm＝8段（偶数とする）

裾リブの段数　4段×4cm×1.1＝18段（ダイヤルゲージをつめるため1割増しとする）

後ろ袖ぐりの計算（①の三角形）

72段×$\frac{1}{3}$＝24段（袖ぐりの減し目に使用する基本段数）

$\frac{132目-108目}{2}$＝12目（片方の減し目数）

12目×$\frac{1}{3}$＝4目（2.2の伏せ目）……………3段（伏せ目に使用する段数）

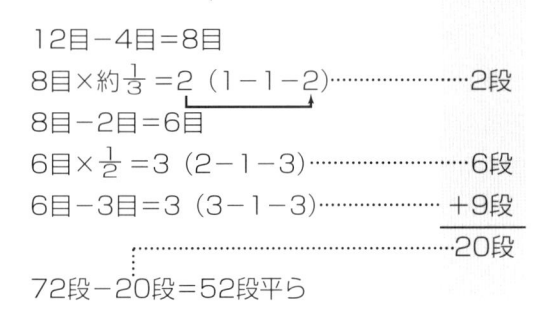

12目−4目＝8目

8目×約$\frac{1}{3}$＝2（1−1−2）……………………2段

8目−2目＝6目

6目×$\frac{1}{2}$＝3（2−1−3）……………………………6段

6目−3目＝3（3−1−3）…………………………＋9段

20段

72段−20段＝52段平ら

後ろ肩下がりの計算（②の三角形）

16段÷2=8（引返しの回数）

$\frac{108目-48目}{2}$=30目（片方の目数）

30目÷（8+1）

3+1=4
9) 30
−3　27
6　3
−1
→5

3目そのまま
2−3−5
2−4−3 } 引返し

後ろ衿ぐりの計算（③の三角形）

48目×約$\frac{2}{3}$=32目（中心の休み目）

$\frac{48目-32目}{2}$=8目（片方の減し目数）

8段÷2=4回（伏せ目の回数=減し目の回数）

2目
4) 8
回　8
0

目数分解
−1
2−2−4 ＜ 2−1−1 / 2−2−2 / 2−3−1 } 減し目
+1

前身頃の目数・段数の計算

ダーツの目数　3目×8cm=24目

前幅の目数　3目×34cm=102目

ダーツの段数　4段×2cm=8段（偶数とする）

ダーツ後の段数　4段×3cm=12段

袖ぐりの段数　4段×16cm=64段

衿ぐりの段数　4段×7cm=28段

（身幅、背肩幅、衿あきの目数と、脇丈、肩下がり、裾リブの段数は後ろ身頃と同じ）

ダーツの計算（④の三角形）

108段−12段=96段（ダーツまでの段数）

8段÷2=4（回数）

6目
4) 24
回　24
0

2−6−4回（引返し）

前袖ぐりの計算（⑤の三角形）

64段×$\frac{1}{3}$=21段（袖ぐりの減し目に使用する基本段数）

$\frac{132目-102目}{2}$=15目（片方の減し目数）

15目×$\frac{1}{2}$=7目（4.3）伏せ目……3段

15目−7目=8目

8目×$\frac{1}{3}$=2（1−1−2）……2段

8目−2目=6目

6目×$\frac{1}{2}$=3（2−1−3）……6段

6目−3目=3（3−1−3）……+9段

20段

64段−20段=44段

前袖ぐり増し目の計算（⑥の三角形）

$\frac{108目-102目}{2}$=3目（片方の増し目数）

44段÷（3+1）

11
4) 44
−1　44
→3　0

11段平ら
11−1−3　増し目

衿ぐりまでの段数（64段+16段）−28段=52段

前衿ぐりの計算（⑦の三角形）

48目×約$\frac{1}{3}$=18目（中心休み目）

$\frac{48目-18目}{2}$=15目（片方の減し目数）

15目×$\frac{1}{3}$=5（3.2）伏せ目……3段

15目−5=10目

10目×$\frac{1}{3}$=4（1−1−4）……4段

10目−4目=6目

6目×$\frac{1}{2}$=3（2−1−3）……6段

6目−3目=3（3−1−3）……+9段

22段

28段−22段=6段（増減なく編む段数）

6段平ら
3−1−3
2−1−3 } 減し目
1−1−4
2
3 〉伏せ目

袖の目数・段数の計算

袖幅の目数　3目×32cm=96目

袖口の目数　3目×23cm=69目→70目(偶数目数に統一)

袖口ゴムの目数　3目×20cm=60目

袖肩山幅の目数　3目×6cm=18目

袖下丈の段数　4段×36cm=144段

袖山の段数　4段×13cm=52段

袖口ゴムの段数　4段×4cm×1.1=18段

袖下の計算（⑧の三角形）

$\frac{96目-70目}{2}$=13目（片方の増し目数）

144段÷（13+1）

10+1=11
14) 144
−4　140
10　4
−1
→9

10段平ら
10−1−9
11−1−4 } 増し目

袖山の計算（⑨の三角形）

$\frac{96目-18目}{2}$ ＝39目（片方の減し目数）

39目−（2×5）＝29目（袖山の上下で約2cm分の目数を伏せ目をした残りの目数）

52段−（3段＋4段）＝45段（上下で伏せ目に使用した残りの段数）

45段÷（29目＋1）

1＋1＝2
30)45
−15 30
15 15
−1
14

1段平ら
1−1−14
2−1−15

3
2 ＞伏せ
1段平ら
1−1−7
2−1−15
1−1−7
2
3 ＞伏せ

段数分解
3−1−4
2−1−7
1−1−4

3
2 ＞伏せ
1段平ら
1−1−9
2−1−4
3−1−4
2−1−3
1−1−9 ｝減し目
2
3 ＞伏せ

袖口の減し目の計算（⑩）

70目−60目＝10目減し目数

70目÷（10＋1）

6＋1＝7
11)70
−4 −66
7 4
− 1
3

6目−7
7目−3
7目そのまま

7目そのまま
7目〜1
6目〜7
7目〜2
中間減し目

●編み方要点

はじめに後ろ身頃を編み、編上り寸法を確かめてから、前身頃、袖と編み立てる。裾、袖口のゴム編みは後ろから逆目を拾って編む。裾のゴム編みから編み立てる場合もあるが、編み上がってからの丈の調節ができないので注意する。

後ろ身頃

132目作り目をし、バストラインまで増減なく108段編む。計算のとおりに袖ぐりの減し目をして後ろ袖ぐりのカーブを編み、肩傾斜に入るまで増減なく72段編み進む。

肩傾斜は2段ごとの引返し編みで編みながら、後ろ衿ぐりのカーブも同時に編み進む。後ろ身頃が編み上がったら、必ず身幅、丈などの寸法を確認する。

後ろ衿ぐりの減し目と、肩下がりの引返し

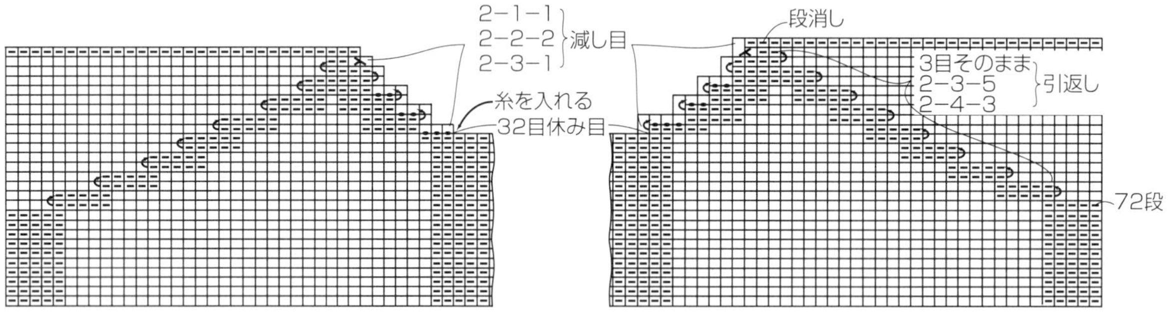

後ろ身頃・袖ぐり

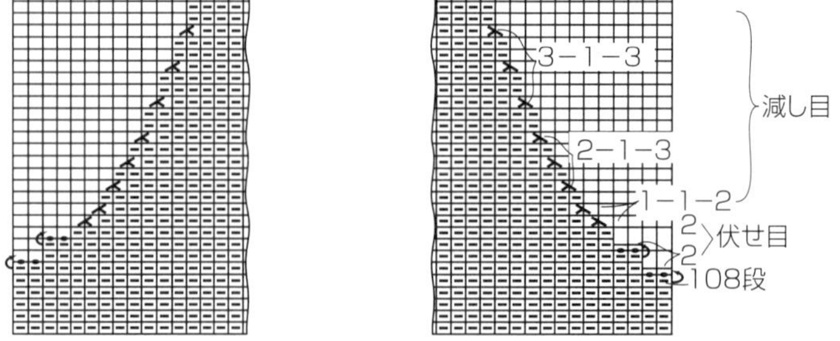

前身頃

後ろ身頃と同じ132目の作り目をし、胸ダーツの位置まで増減なく96段編む。胸ダーツを2段ごとの引返しで編み終えたら、バストラインまで12段は増減なく編む。計算のとおりに袖ぐりの減し目をし、前袖ぐりのカーブを編み、バストラインから52段のところで前衿ぐりのカーブに入る。同時に胸幅と背肩幅の傾斜を出すための増し目も編み進むことになるので、確認しながら編む。衿ぐりの減し目は端の目がつれないように編む。きつく編み上がった場合は、衿の必要目数が拾えなくなるので、注意する。

前衿・袖ぐり・ダーツ

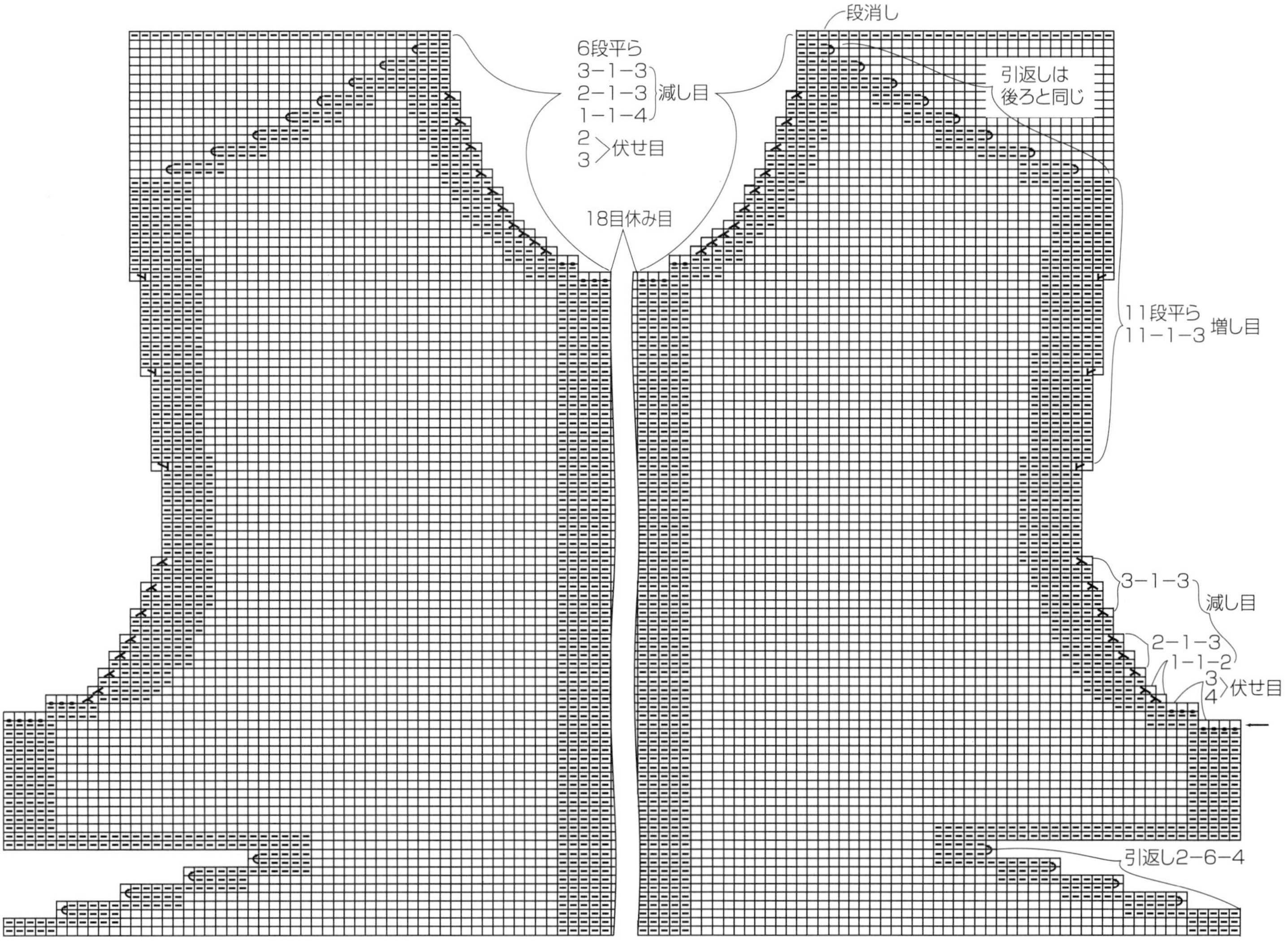

袖

袖口幅目数70目を作り目し、袖幅寸法になるまで袖下の計算どおり編み進む。袖山のカーブのとおり減し目をして、編み終えたら袖肩山幅の目数は伏止めしておく。袖つけ線は減し目が多いため、つれやたるみに注意をしながら編む。

袖山の減し目

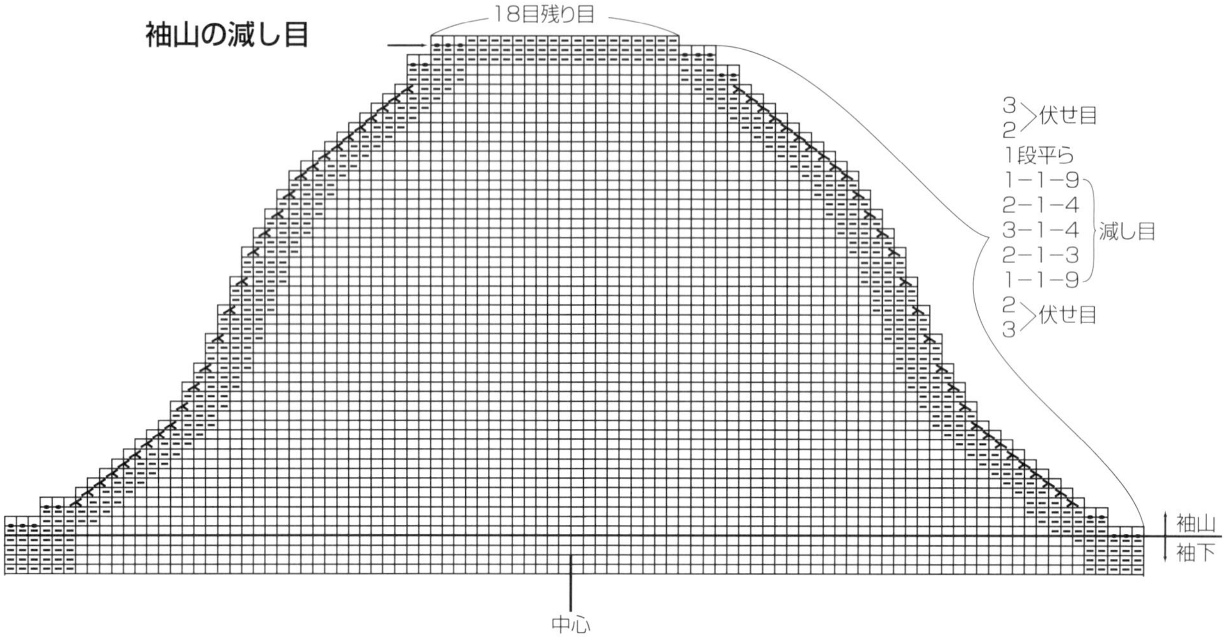

裾と袖口のゴム編み

前後身頃のゴム編みは、作り目から逆目に偶数目数を拾い、ダイヤルゲージを1ダイヤル細かくしてメリヤス編みで編み、タッピーで目を1目おきに表目に返して、1目ゴム編みとする。

袖口のゴム編みは計算のとおりに目数を調節して、身頃のゴム編みと同様に、1目ゴム編みに返す。1目ゴム編みに返したあとは、捨編みをして機械からはずし、1目ゴム止めとする。ゴム編みの部分ははぎ合わせたときに、裾、袖口ともはぎ部分が1目ゴム編みとなるように、端の目は、ゴム編みのはぎ方（図1）を参照し、目を立てるとよい。

図1　ゴム編みのはぎ方

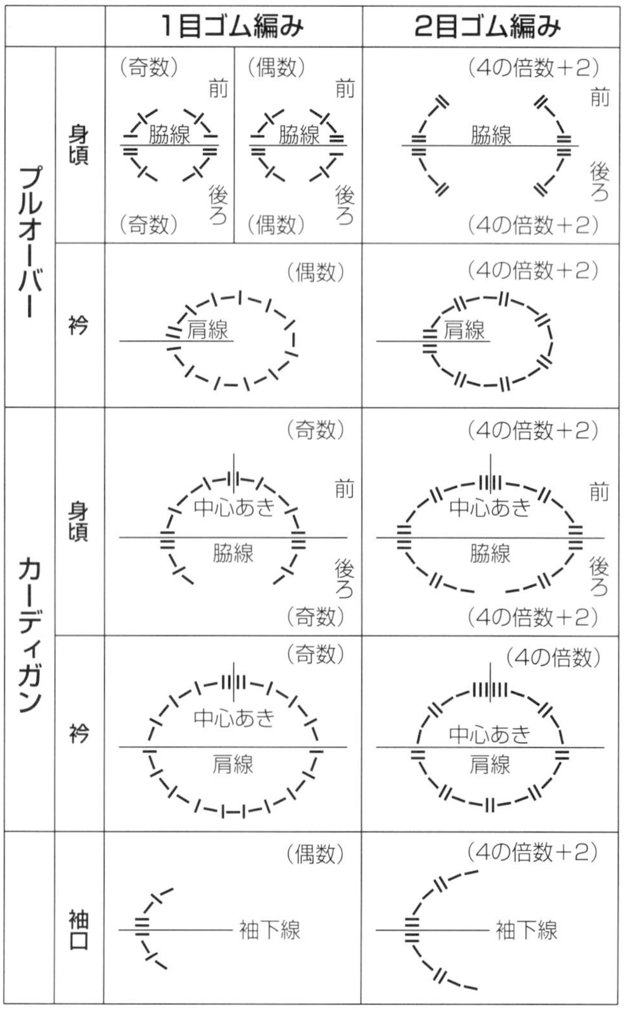

衿

右肩をはいでから右図のように衿の拾い目をして、ゴム編みを編む。左肩を衿のゴム編みまで続けてはぎ合わせる。肩はぎの方法としては肩幅が伸びないように後ろ身頃を伏せ目してメリヤスはぎにする。

模様の場合には重ねはぎとし、伸止めのため引抜き編みをつける場合もある。

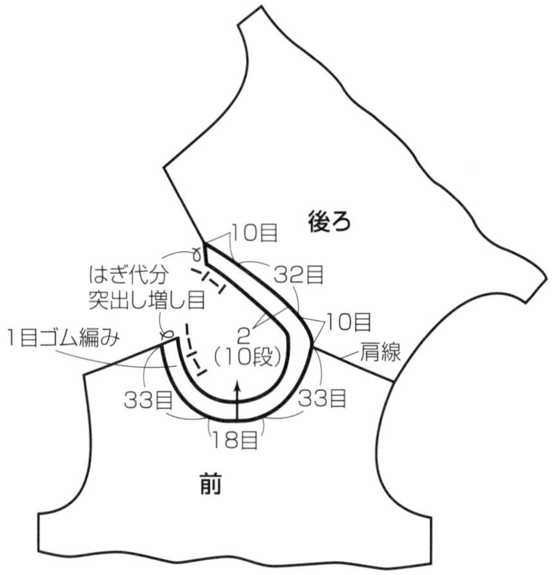

84目+52目+2目(はぎ分)=138目

まとめと仕上げ

前後身頃の両脇、両袖の袖下をすくいとじをする(75ページ参照)。袖つけは身頃と袖を中表に合わせ、身頃の肩のはぎ目と袖肩山中心を、1cmずらせたところに合わせてピンを打つ（①)。つりあいを見て袖下のはぎ目と脇のはぎ目を合わせてピンを打つ（②)。前身頃③は身頃の編み目が伸びない程度に袖をつりかげんにする。

後ろ身頃の③は平均にする。前身頃④と後身頃④は袖をいせかげんにして、袖山のいせ分とする。③〜④の間は平らにして⑤のピンを打ち、身頃側から編み目にそってaの間は半返し縫いで、その他の部分は本返し縫いでとじつける。袖のとじ代は身頃のほうに倒れやすいので、袖山を中心に前後7cmぐらいずつの半目に、編み糸を半割り糸にして、長編み1段をつりかげんに編みつける。すべてとじ終わったら裏面から蒸気アイロンをかるく当て、編み目をつぶさないように形を整える。

袖つけのとじ代は、アイロンの先で袖山のいせ分を落ち着かせるように仕上げ、脇、袖下のとじ代部分は割るようにして仕上げる。

次に表面から、衿ぐり、裾、袖口のゴム編み部分を伸ばさないように、全体に仕上げアイロンをかける。このとき、編み目をつぶさないよう注意する。糸端はとじ代の中に2〜3cmくぐらせて、始末する。

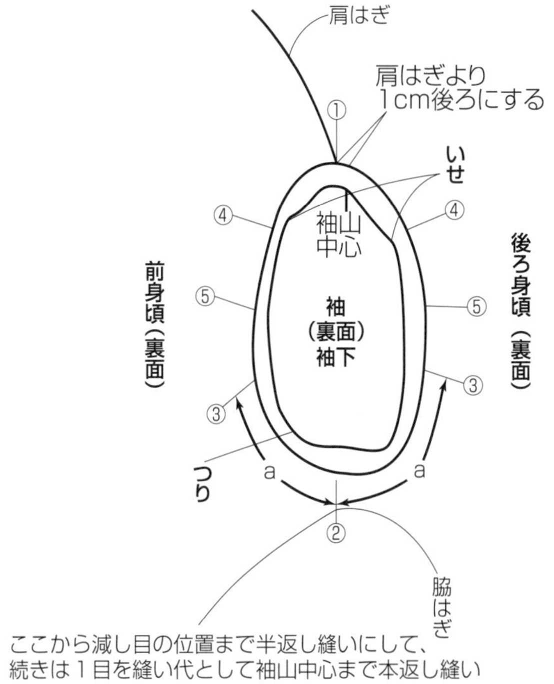

2　プルオーバー（編出し袖）

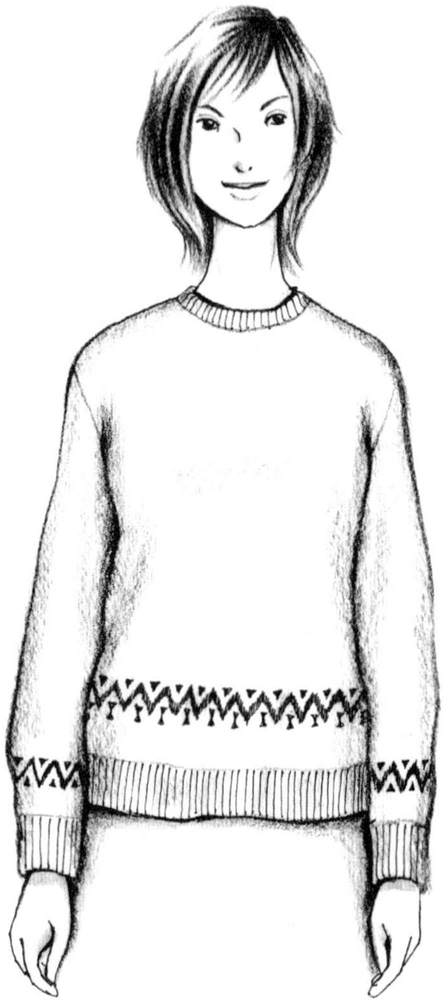

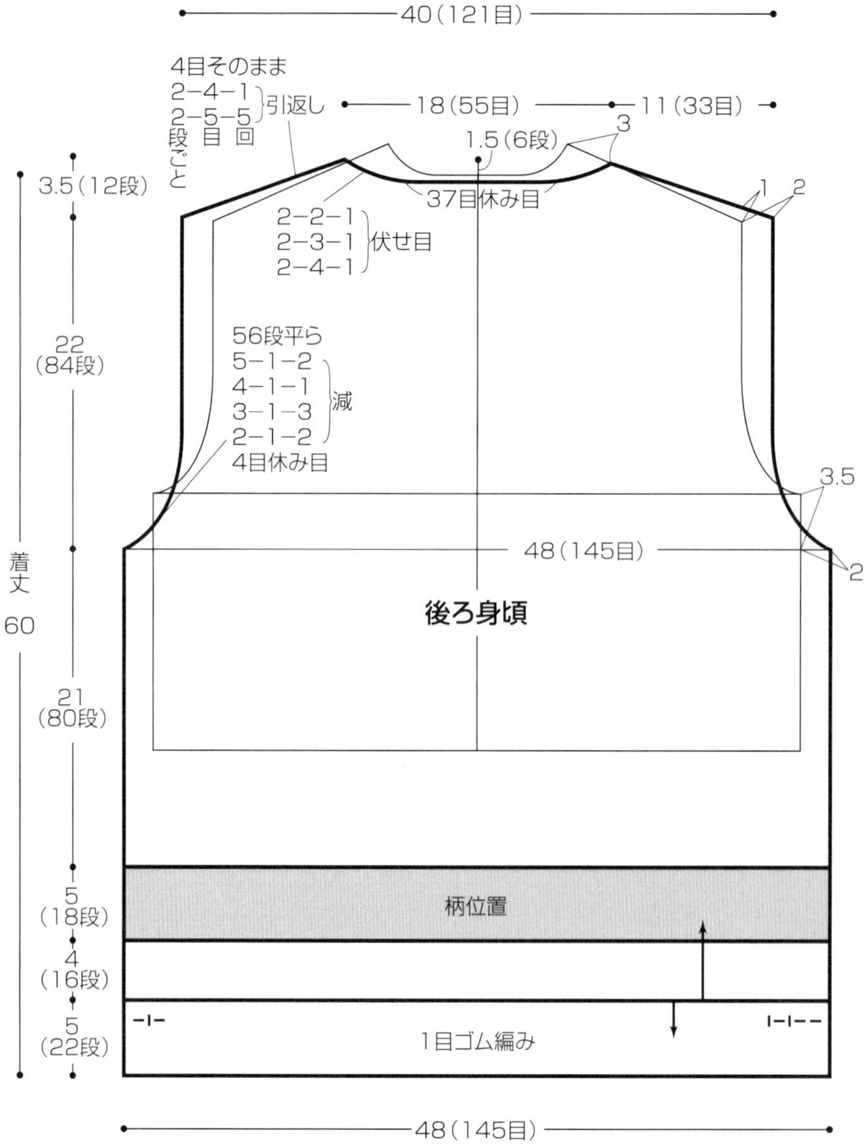

プルオーバー（機械編み・原型利用）の作品より、ゆとりを多く入れたプルオーバーである。そのため、肩幅も広くなり袖山の高さは低く、ゆったりとしたシルエットになる。

●作図必要寸法
バスト84cm　背肩幅36cm　背丈38cm　着丈60cm
袖幅42cm　袖丈53cm

●出来上り寸法
バスト96cm　背肩幅40cm　着丈60cm　袖丈51cm

●使用量　中細毛糸（4/16）320g　配色糸20g

●用具　家庭用編み機（ピッチ4.5mm）

●ゲージ　10cm四方、横30目縦38段

●編み地　メリヤス編み（一部編込み柄使用）

●作図順序

前後原型の肩下がりをショルダーポイントで1cm上げて傾斜を4cmに修正する。

後ろ身頃

1　衿肩あき寸法、サイドネックポイントより3cmカットする。
2　後ろ衿ぐりの深さを1.5cmとする。
3　肩幅はショルダーポイントより2cm出す。
4　バストラインを3.5cm下げ、ゆとり分2cmを出す。
5　着丈は原型の衿ぐり線より60cmとし、裾ゴム丈を5cmとする。

前身頃

1　衿肩あき寸法は後ろ衿ぐりと同様、サイドネックポイントで3cmカットし、前衿ぐりの深さを5cmとしてカーブを引く。
2　肩幅とバストラインのゆとり分は後ろ身頃と同じにする。

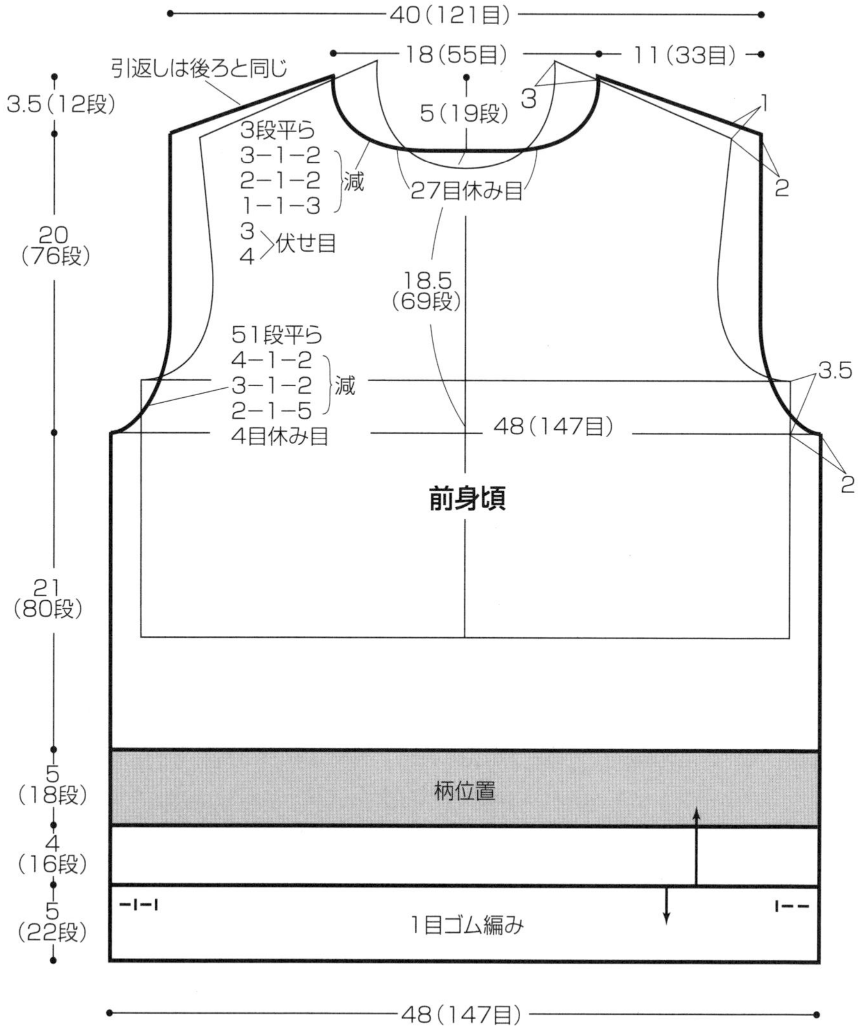

袖

身頃から編み進む引返しを使用して編み出す、編出し袖となる。編出し袖には、最初に袖山の高さを決める方法と、袖幅を決める方法がある。ここでは袖幅を決めてから編む簡単な方法で行なう。

袖山の高さを求めなければならないため袖幅寸法を決める。先に前後身頃の袖ぐりの計算をしておくことが必要となる。

1 袖幅は前後身頃、袖ぐりの深さを合わせた寸法とし、目数を求める（図1参照）。

2 袖幅の約$\frac{1}{3}$～$\frac{1}{4}$を袖肩山幅とし、袖幅目数から引く。

3 編出し袖の引返し目数は、基本として2目であるが、● 印部は身頃の袖ぐり計算の休み目とし、● 印部分は3目の引返しとする。

4 引返し回数の計算に基づいて求めた段数を、袖山の高さの寸法とする。

5 袖丈より袖山高さをひいた寸法で袖下の作図をかく。

6 袖丈より袖口ゴム丈5cmを引き、袖口寸法27cmをとり、袖下を結ぶ。

7 袖幅が広い場合には、エルボーラインで寸法を確認する。

8 袖口ゴム幅23cmを引く。

図1

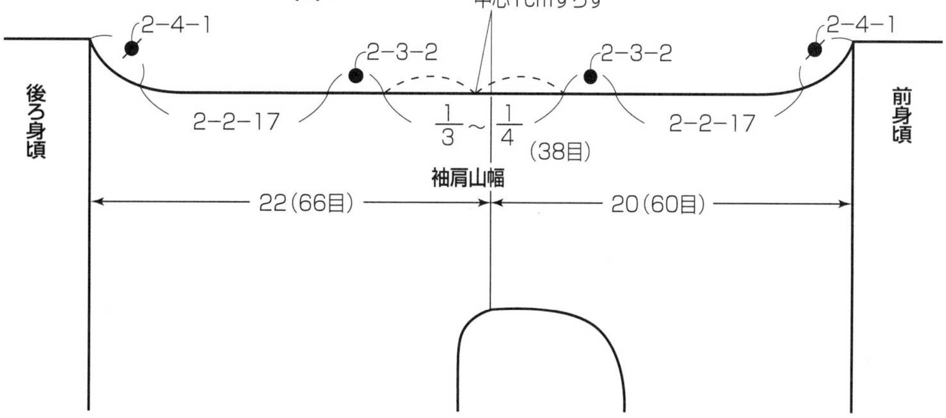

前身頃の模様編み配色

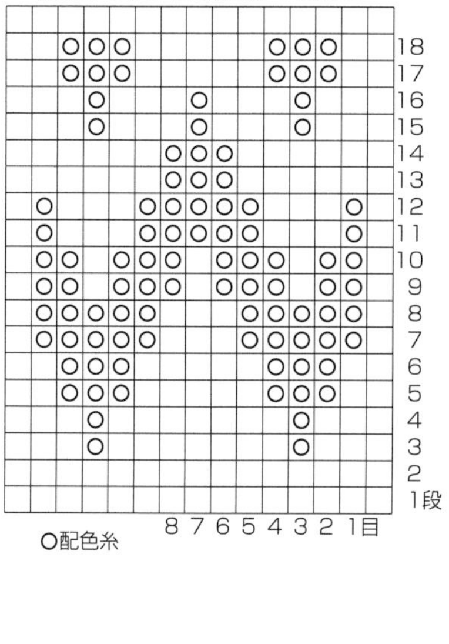

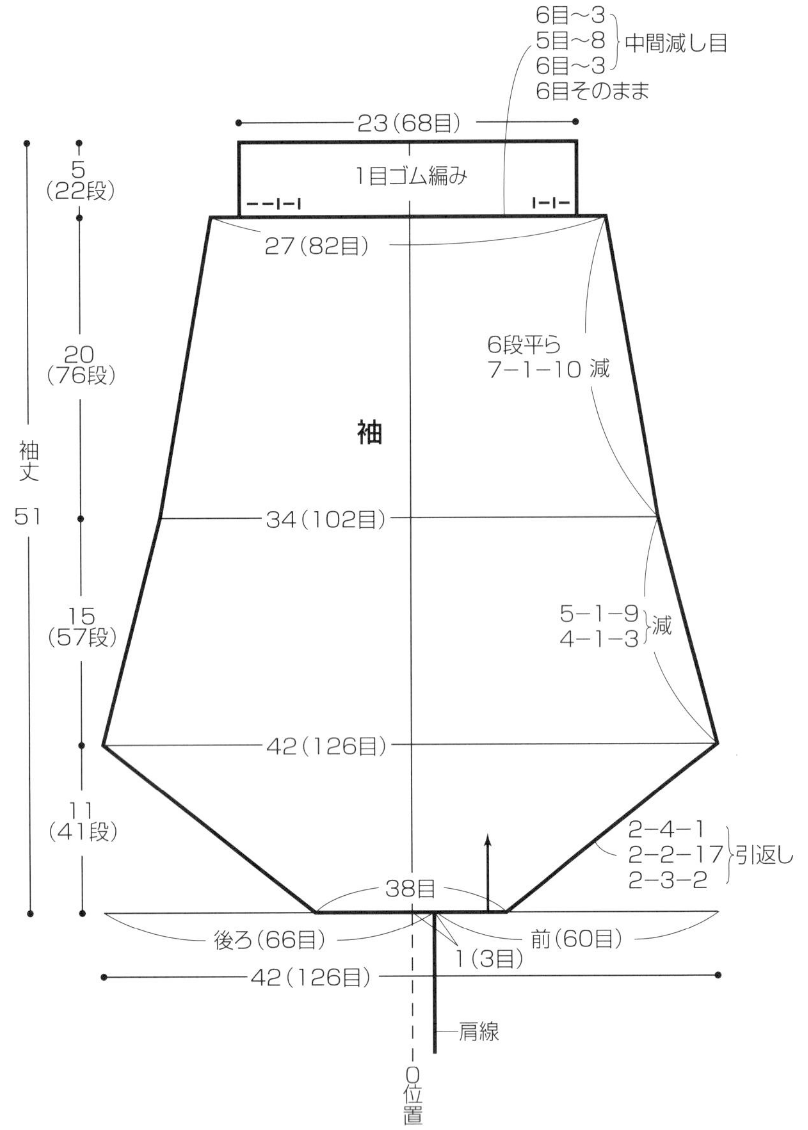

●目数段数の割出し方

前後身頃に目数段数を記入後、袖ぐり、衿ぐり、肩下がりの計算をする。ただし、編出し袖のため、前後袖ぐりの最初の目は休み目とする。この作品の場合、裾と袖口部分に編込み模様が入るので、身頃の脇をはぎ合わせたとき、模様がつながるように模様合せの計算が必要となる。

袖山（図2、図3参照）

編出し袖の拾い目の方法は、前後身頃の袖ぐりの深さを合わせた寸法を袖幅とする。袖幅が45cm以上になった場合は2〜3cmマイナスした寸法を袖幅としたほうがよい。袖幅は42cm126目となり、袖幅目数を前袖、後ろ袖に振り分ける。袖ぐりの深さに2cmの前後差があるため、袖肩山中心を1cm前にずらした位置と、身頃肩はぎ線を合わせる。126目の$\frac{1}{2}$目数から1cm3目を移動するため、前袖60目、後ろ袖66目になる（173ページ図1参照）。126目から袖肩山幅目数38目をひき$\frac{1}{2}$すると引返しに使用する目数が出る。その目数から袖ぐり休み目と173ページ図1の●印の目数をひき、2目で割った回数が引返し回数となり、すべての引返しに使用する段数を寸法に置き換えて袖山の高さとなる。

図2

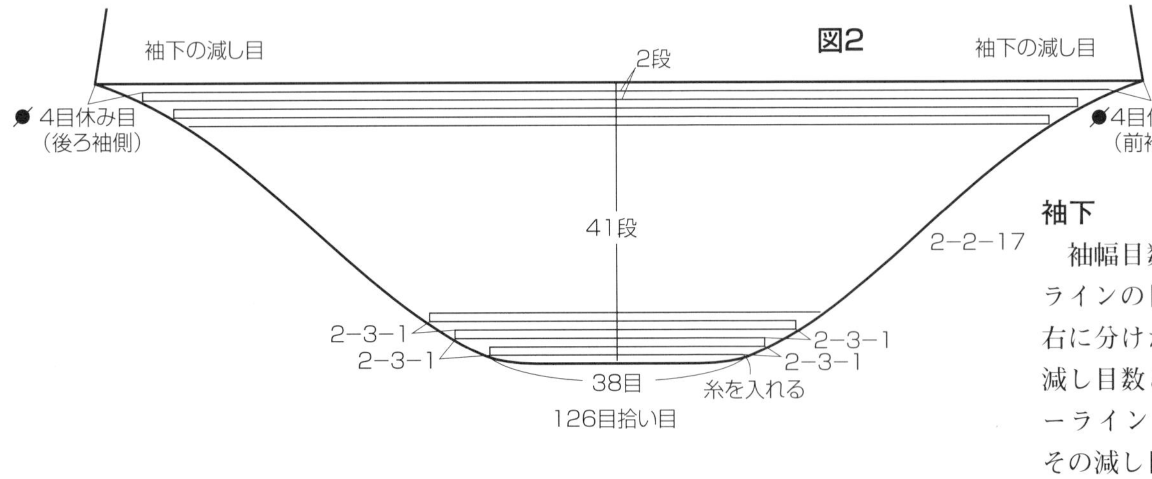

袖下

袖幅目数からエルボーラインの目数をひき、左右に分けた目数が片方の減し目数となる。エルボーラインまでの段数を、その減し目数で割る。

図3

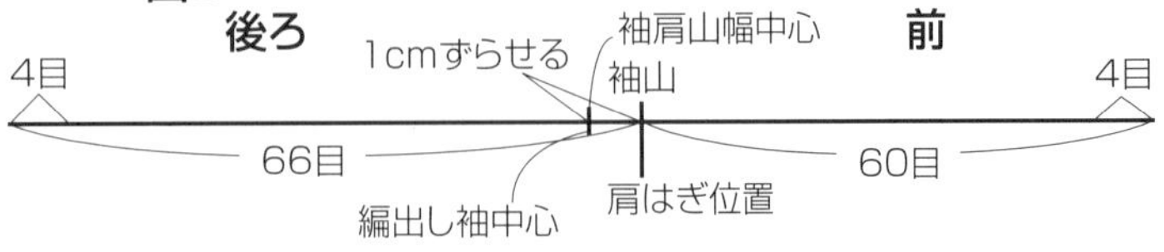

袖

編出し袖の場合、袖幅が広くなりやすいので、エルボーラインで一度寸法を確認しておくとよい。計算によって求められた結果はそのままだと直線になってしまうので、段数分解をして曲線に直しておくことも必要となる。エルボーラインから袖口の計算は、166ページの「プルオーバー（機械編み・原型利用）」を参照するとよい。

● 目数・段数の計算

後ろ身頃の目数・柄の計算

3目×48cm＝144目（身幅目数）

144目÷8目＝18柄（模様合せのため1柄の目数8目で割る）

144目＋1目＝145目（左右脇側を同じ柄にするため、身幅目数が奇数目数となる。目数はすべて奇数で統一する）

後ろ身頃袖ぐりの計算

$\frac{145目-121目}{2}$＝12目（片方の減し目数）

12目×約$\frac{1}{3}$＝4目（休み目数）

12目−4目＝8目

84段÷3＝28段（袖ぐりの減し目に使用する基本段数）

84段−28段＝56段（増減なく編む段数）

28段−1段（休み目に使用する段数）＝27段

27段÷8目

3+1=4
8)27
−3 −24
5 3

段数分解

4−1−3
+1
3−1−5 ＜ 4−1−2 / 3−1−1 / 2−1−2 → 4−1−5 / 3−1−1 / 2−1−2
−1

+1
4−1−5 ＜ 5−1−2 / 4−1−1 / 3−1−2 → 5−1−2 / 4−1−1 / 3−1−3 / 2−1−2 → 56段平ら / 5−1−2 / 4−1−1 / 3−1−3 / 2−1−2 減し目 / 4目休み目
−1

肩下がりの計算

$\frac{121目-55目}{2}$＝33目（片方の肩の引返し目数）

12段÷2段＝6回（引返しの回数）

33目÷（6回＋1）

4+1=5
7)33
−5 −28
2 5
−1
1

4目そのまま
2−4−1
2−5−5 引返し

後ろ衿ぐりの計算

55目×約$\frac{2}{3}$＝37目（中心休み目）

$\frac{55目-37目}{2}$＝9目（片方の減し目数）

6段÷2段＝3回（伏せ目の回数）

9目÷3

3
3)9
−0 −9
3 0

目数分解

段 目 回
−1
2−3−3 ＜ 2−2−1 / 2−3−1 / 2−4−1 伏せ目
+1

前身頃の目数・柄の計算

後ろ身頃の作り目と同じ1柄目数8目で割り、柄合せをする

144目÷8目＝18柄

144目＋1目＋2目（はぎ目数）＝147目

（後ろ身頃と同様に目数はすべて奇数目数に統一する）

前身頃袖ぐりの計算

$\frac{147目-121目}{2}$＝13目（片方の減し目数）

13目×約$\frac{1}{3}$＝4目（休み目数）

13目−4目＝9目

76段÷3＝25段（袖ぐりの減し目に使用する基本段数）

76段−25段＝51段（増減なく編む段数）

25段−1段（休み目に使用する段数）＝24段

24段÷9目

2+1=3
9)24
−6 −18
3 6

段数分解

+1
3−1−6 ＜ 4−1−2 / 3−1−2 / 2−1−2
−1
2−1−3

51段平ら
4−1−2
3−1−2 減し目
2−1−5
4目休み目

前衿ぐりの計算

76段＋12段−19段＝69段（バストラインから衿ぐりのカーブまでの段数）

55目×約$\frac{1}{2}$＝27目（中心の休み目数）

$\frac{55目-27目}{2}$＝14目（片方の減し目数）

14目×約$\frac{1}{2}$＝7目（4・3伏せ目）……3段

14目−7目＝7目

19段−3段（伏せ目に使用する段数）

＝16段（減し目に使用する段数）

14目−7目＝7目

7目×約$\frac{1}{3}$＝3（1段ごとの減し目数）……3段

7目−3目＝4目

4目×約$\frac{1}{2}$＝2目（2段ごとの減し目数）……4段

4目−2目＝2目（3段ごとの減し目数）……＋6段

16段

19段−16段＝3段（増減なく編む段数）

3段平ら

3−1−2
2−1−2 減し目
1−1−3

3
4 伏せ目

袖下の目数と段数の計算

3目×42cm＝126目（袖幅目数）

3目×13cm＝38目（袖肩山幅目数$\frac{1}{3}$～$\frac{1}{4}$）

3目×34cm＝102目（エルボーラインの目数）

3目×27cm＝82目（袖口幅目数）

3目×23cm＝68目（袖口ゴム編み幅目数）

3.8段×15cm＝57段（袖下からエルボーラインまでの段数）

3.8段×20cm＝76段（エルボーラインから袖口までの段数）

3.8段×5×1.1＝22段（袖口ゴム編み丈段数）

袖山の計算

編出し袖の場合、袖山の計算を確認して作図をかくこととなるため、173ページ作図順序を参照する。

126目−38目＝88目

88目÷2＝44目（片方の袖山の引返し目数）

44目−4目−6目＝34目（2目ごとに引返しをする目数）

34目÷2目＝17回（引返しの回数）

袖山の引返し計算

段 目 回　段
2−4−1――2
2−2−17―34
2−3−2――5
41段（袖山に使用する段数⟶袖山の高さ）

袖下の計算

$\frac{126目-102目}{2}$＝12目（エルボーラインまでの片方の減し目数）

57段÷12

4+1=5
12 ⁄ 57
−6 −48
→3　9←

5−1−9
4−1−3 減し目

$\frac{102目-82目}{2}$＝10目（エルボーラインから袖口の片方の減し目数）

76段÷（10目＋1）

6+1=7
11 ⁄ 76
−10 −66
→1　10←

6段平ら
7−1−10　減し目

袖口ゴム編みの減し目の計算

82目−68目＝14目（中間減し目数）

82目÷（14目＋1）

5+1=6
15 ⁄ 82
−7 −75
→8　7
−1
6←

6目そのまま
5目～8
6目～6 中間減し目

6目そのまま
6目～3
5目～8
6目～3 中間減し目

●編み方要点

後ろ身頃

145目作り目をして柄を入れる位置4cmまでメリヤス編みをする。5cm編込み模様を入れ、袖ぐりまで編み進む。編出し袖とするため袖ぐりのカーブは、袖つけを薄く伸縮よく仕上げるため、伏せ目ではなく休み目とする。

袖ぐりまで編み進んだら糸がないほうの休み目4目を別糸にとり、1段編んでから反対側の目を休み目としてとり、カーブの計算に従って減し目をする。

肩下がりと後ろ衿ぐりは、168ページの「プルオーバー（機械編み・原型利用）」を参照。

前身頃

147目作り目をして、後ろ身頃と同様に編み進む。バストラインから18cm71段編んだら、前衿ぐりの減し目に入る。

衿

片方の肩をはぎ、前衿ぐりより77目後ろ衿ぐり61目拾い目し、衿幅3cm12段編む。

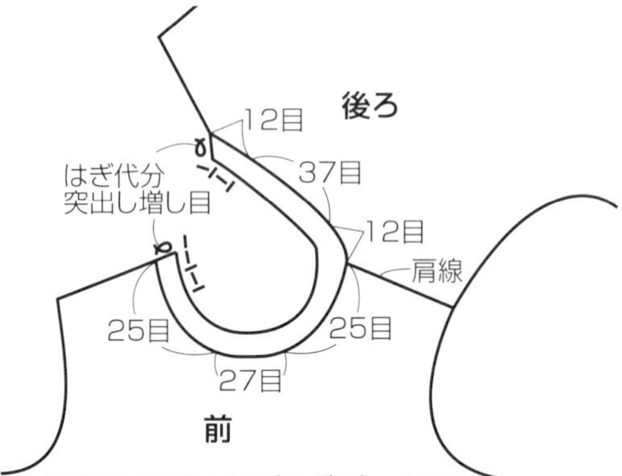

77目+61目+2目（はぎ目）＝140目

袖

前後袖ぐりより袖幅目数126目を拾う。173ページ図1のように袖肩山位置で1cmずらして拾う。編始めは袖肩山幅目数の中心を、手編み機の0の位置に置くとよい。拾い目をするときに肩山部分は細かく、袖ぐりのカーブの部分はつり加減に拾うとよい。拾い終わったら引返し編みを編み出す前にゲージを粗くして1段編む。これは1段編み入れたほうが引返し編みが編みやすいということである。編み目方向が1段だけ変わるという欠点もあるので、1段編まずに引返しをしたほうがきれいに編むことができる。1段編んだ場合には後でこの1段の糸を引いて仕上げる。袖下の減し目は計算のように一部段数分解をして減し目をする。袖口のゴム編みは、目数の調節をして編み上げる。

最後に袖下と身頃まで続けてはぎ合わせる。

3　タイトスカート（縦編み・方向別）

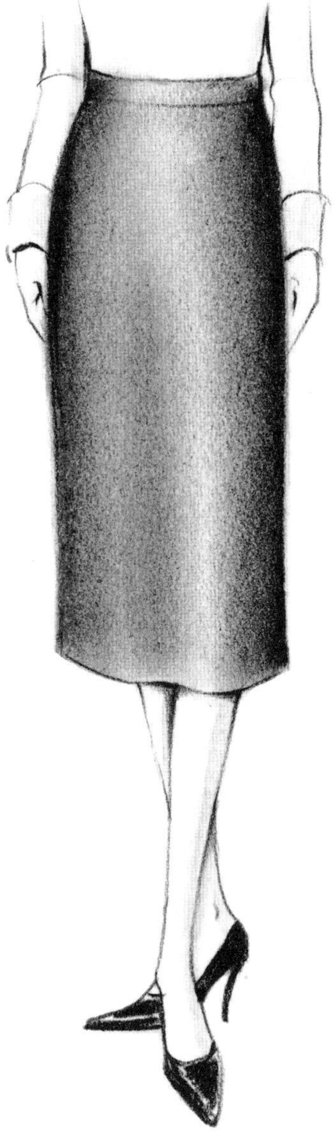

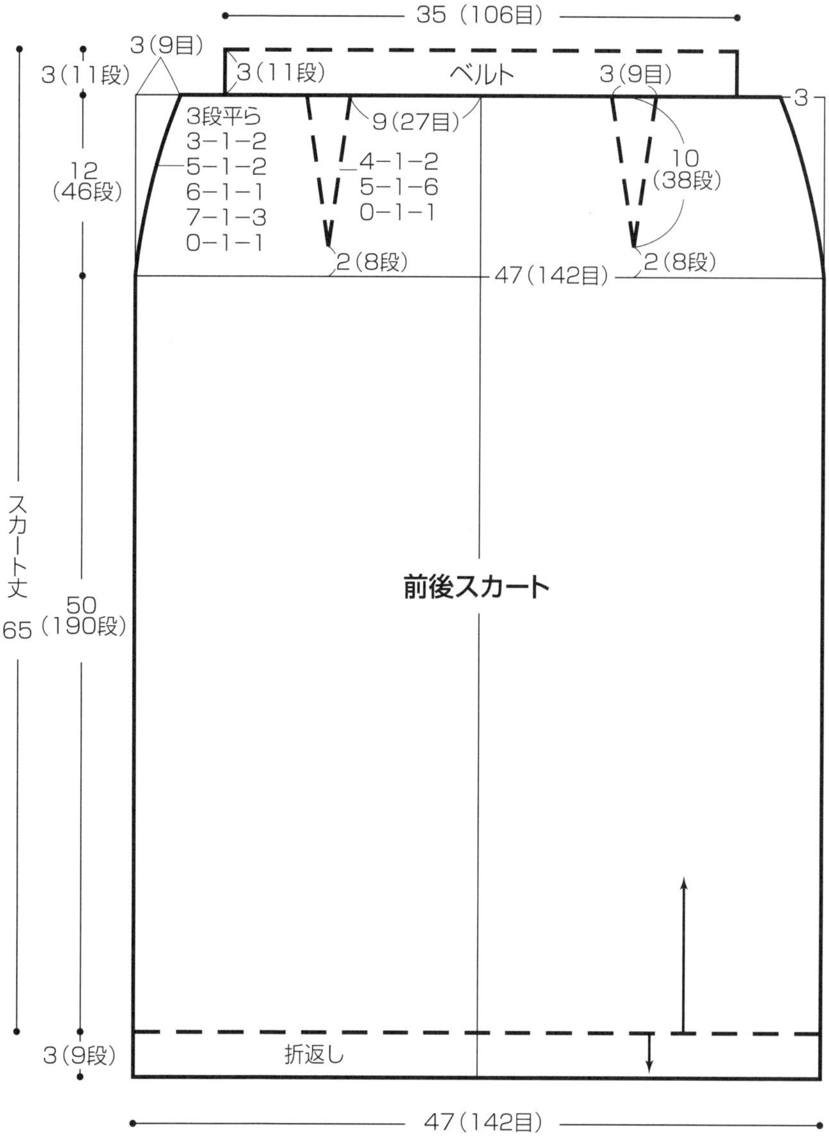

基本型のタイトスカートで、脇あきを作らず前後差のないスカートとする。ヒップライン位置は採寸寸法で作図をすると、編み地の性質上着装したときに下がりやすいので、採寸寸法より4〜5cm上げるとよい。

ヒップラインからウエストラインまでの脇傾斜は2.5〜3cmが身体の曲線に合う寸法となるので、残りの寸法はダーツとする。

セミタイトスカートの場合は、タイトスカートの作図から裾で3〜5cmの寸法を出すことができる。成型しながら脇線を端減し目で編むと、傾斜の伸びがあるため、裾かウエスト位置で1〜1.5cm引返し編みを入れ、調節するほうがよい。5cm以上裾幅を広くする場合には、中間で減らす方法で編み立てたり、ゲージ差を使用して編み立てるとシルエットがきれいに作られる。ゲージ差の求め方は143ページ平均ゲージを参照する。

●作図必要寸法
ウエスト64cm　ウエスト幅35cm（$\frac{W}{2}$＋3〜4）＝35
スカート丈65cm（ベルト上から）　ヒップ90cm

●出来上り寸法　ヒップ94cm　スカート丈65cm
ウエスト70cm（ゴムテープ62cm）

●使用量　中細毛糸（4/16）250ｇ

●用具　家庭用手編み機（ピッチ4.5mm）

●ゲージ　10cm四方、横30目縦38段

●編み地　メリヤス編み

●作図順序

1　$\frac{H+4}{2}$＝ヒップ寸法をとる。

2　ヒップ寸法とスカート丈で基本線を引く（裾折返し寸法は含まない）。

3　腰丈20cmから4～5cm上がったラインをヒップラインとする。

4　ウエスト幅はベルト幅3cmをとり $\frac{W(64)}{2}+3\sim4$ ＝35とする。

5　ヒップ寸法とウエスト寸法の差を脇の傾斜とダーツ分量に分ける。このとき脇のカット分量は、3cmまでとする。

6　ダーツ位置は前中心から9cmとし外側にダーツ寸法をとる。ダーツの長さは10～11cmとする。

7　1本のダーツ寸法は3cmまでとし、それ以上の場合には、2本ダーツとする。

●目数・段数の計算

タイトスカートの計算

3目×47cm＝141目→142目（ヒップ寸法目数・作り目数）

3目×35cm＝106目（ウエスト目数）

3.8段×50cm＝190段（裾からヒップラインまでの段数）

3.8段×15cm＝57段（ヒップラインからウエストまでの段数）

3.8段×12cm＝45段→46段（ヒップラインからウエストゴム下までの段数）

57段－46段＝11段（ゴムベルト分の段数）

脇の減し目計算

$\frac{142目-106目}{2}$＝18目＜9目（脇傾斜の減し目数）／9目（ダーツ分の減し目数）

9目－1目＝8目（0－1－1）

46段÷（8＋1）

5＋1＝6
9⟌46
－1－45
→8　1←

段数分解

－2
5－1－8 ＜ 3－1－3 / 5－1－2 / 7－1－3
＋2
6－1－1

3段平ら
3－1－2
5－1－2
6－1－1
7－1－3
0－1－1
｝減し目

ダーツの計算

3.8段×10cm＝38段（ダーツ分）

46段－38段＝8段（ヒップラインからダーツまでの段数）

9目－1目＝8目（0－1－1）

38÷8

4＋1＝5
8⟌38
－6－32
→2　6←

4－1－2
5－1－6
0－1－1
｝中間移動減し目

●編み方要点

ヒップ幅47cm142目作り目をし、ヒップラインまで50cm190段は増減なく編む。ヒップラインからウエストラインにかけては脇の減し目になるが、体の曲線に合わせて減し目計算を曲線分解しておく。これにより編み上がったときにおこりやすいヒップラインの飛出しを防ぐ。また、脇の減し目をしながらヒップラインより2cm上の位置からダーツの減し目に入る。

ダーツの編立て方には2種類の方法がある。

1　移動減し目による方法

はぎがないので薄くきれいに仕上がる。太い糸の場合はこの方法がよいが、模様編みの場合は、柄がくずれやすいので使用しない。

2　はぎ合わせる方法

ダーツ部分をそれぞれの部位に分けて編み立て、はぎ合わせる方法。模様編みの場合は柄くずれがないのでこの方法を用いる。はぎ代の目が必要となる。

1、2の方法のほかに、ゲージ差や中間減し目を用いることもできるので、模様・素材などを考慮して使用方法を決めるとよい。ダーツまで編み終えたらゲージを細かくしてウエストベルト寸法をメリヤス編みをする。

裾の折返し分は最初に編んでもよいが、スカート丈の調節などを考えて仮縫い後、編んでもよい。

裾

そのまま折返しをしてまつってもよいが、折返しの厚みを薄く仕上げるため、かぎ針で窓編みを1～2段編む方法、折返し部分を細い糸にかえて編む方法などもある。

4　フレアスカート（横編み・方向別）

●作図必要寸法
ウエスト62cm　ヒップ90cm
スカート丈70cm（ベルト上から）
●出来上り寸法
ウエスト68cm　ヒップ108cm
スカート丈70cm（ベルト上から）
●使用量　モヘア（極細タイプ）290 g
●付属品　ゴムテープ3cm幅62cm
●用具　家庭用編み機（ピッチ4.5mm）
●ゲージ　10cm四方、横27目縦36段
●編み地　メリヤス編み

ウエストから裾に向かって大きく広がりをもたせたシルエットである。フレアの分量は素材によって変化する場合がある。細い糸の場合は裾回りが全体の320cmから360cmくらいまで、中細毛糸程度であれば240cmから260cmくらいまでが適している。素材はなるべく軽く張りのあるものがよい。

このフレアスカートは横編みの引返し編みだけでフレア分を編み上げていくので、使用糸の種類としてはなるべく引返しの目が目立たない糸がよい（ツイードヤーン、ブークレヤーンなど）。逆に単色の淡い色、木綿糸などは引返しの目が目立ちやすいので注意する。また、機械編みで編む場合はゲージによって作図のスカート丈が出ないこともあるので確認することが必要である。

●作図順序

横編みスカートの場合、編立て幅が広くなりやすいため、幅（スカート丈）に出やすいことも考慮し、作図上で丈をカットしておくか、丈が長く出た場合は裾の折返しとするかなど、調節が必要になることがある。ウエスト寸法はあきを作らないデザインの場合、背肩幅寸法プラス2〜6cmの間で、シルエットにあったゆとり分を加えるとよい。この作品の素材は細く張りのあるモヘアを使用しているため、フレア分量はゆったりとボリュームをもたせて作る。そのため腰囲りのゆとりも多めに加える。

1　Aを基点としてB、C方向に直角線を引く。

2　円周率を使用し、AB、AC上にウエスト寸法をとる。
62＋6（ゆとり分）＝68cm
68÷3.14≒22（直径）
AB、AC上に半径11cmの弧を引く、ウエストラインとする。

3　ウエストラインから15cm下がった点をヒップラインとしAB、AC上に弧を引く。

4　ウエストラインからAB、AC上にスカート丈70cmをとり、弧を引く。

5　AB、ACの弧の寸法を6等分し、$\frac{1}{3}$の寸法をカットして作品の裾幅とする。

6　ヒップ寸法も5と同様に$\frac{1}{3}$カットした寸法とする。

図1

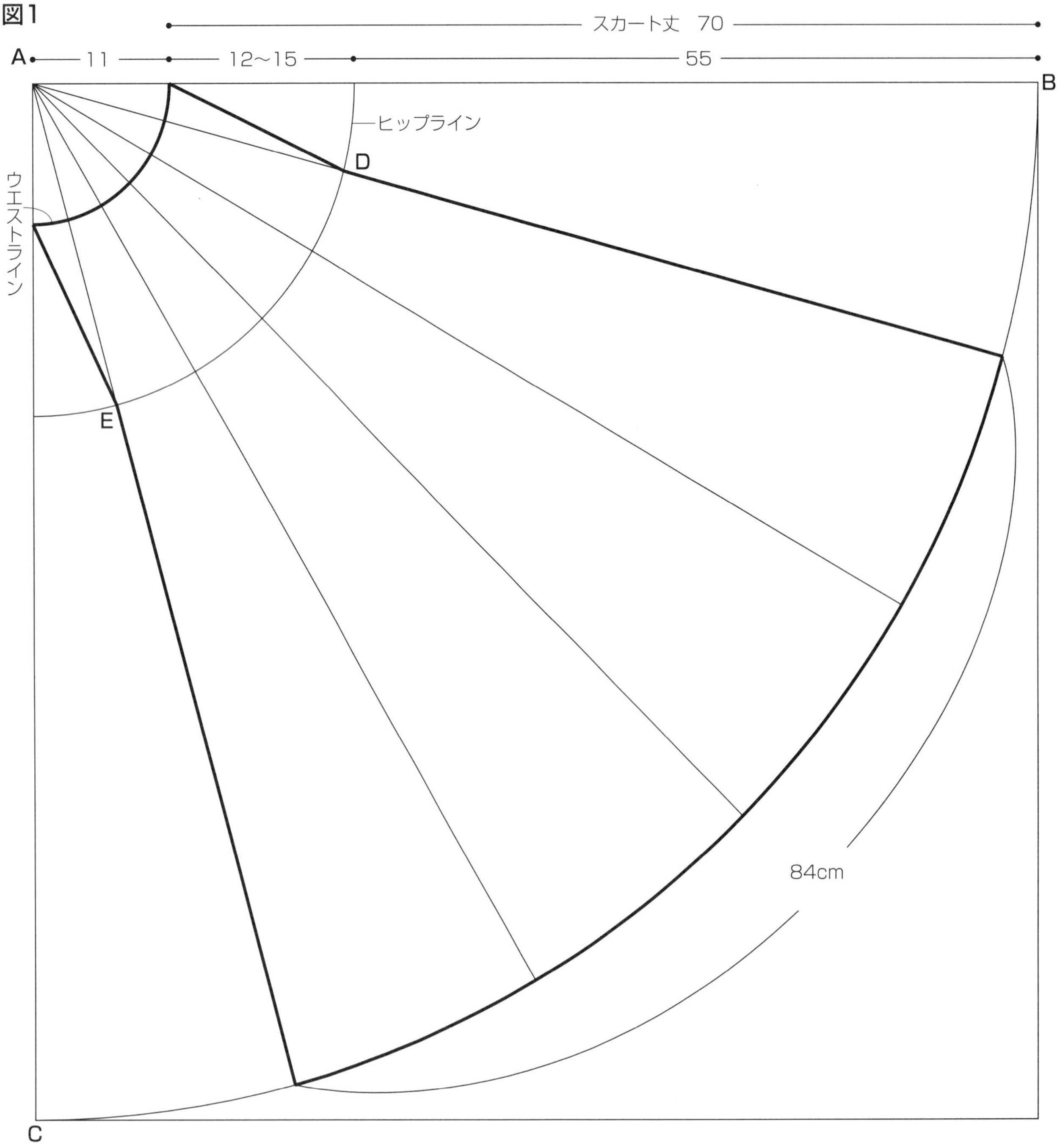

●目数段数の割出し方

$\frac{1}{4}$の作図上の寸法で目数・段数を求める。横編みスカートの場合、フレアはすべて引返し編みで編むため、段数はすべて偶数段数に統一する。

●目数・段数の計算

3.6段×17cm=60段（ウエストの段数）
3.6段×27cm=98段（ヒップの段数）
3.6段×84cm=302段（裾幅の段数）
2.7目×12cm=32目（腰丈の目数）
2.7目×55cm=148目（ヒップから裾までの目数）

ウエストからヒップの引返し計算（①の三角形）

16段−10段=6段
6段÷2段=3（引返し回数）
32目÷3

10+1=11
3)32
−2−30
→1　2←

2−10−1
2−11−2　引返し

ヒップから裾の引返し計算（②の三角形）

50段−16段=34段
34段÷2段=17回（引返し回数）
148目÷（17+1）

8+1=9
18)148
−　4 144
→14　4←
−1
13

8目そのまま
2−8−13
2−9−　4　引返し

図2

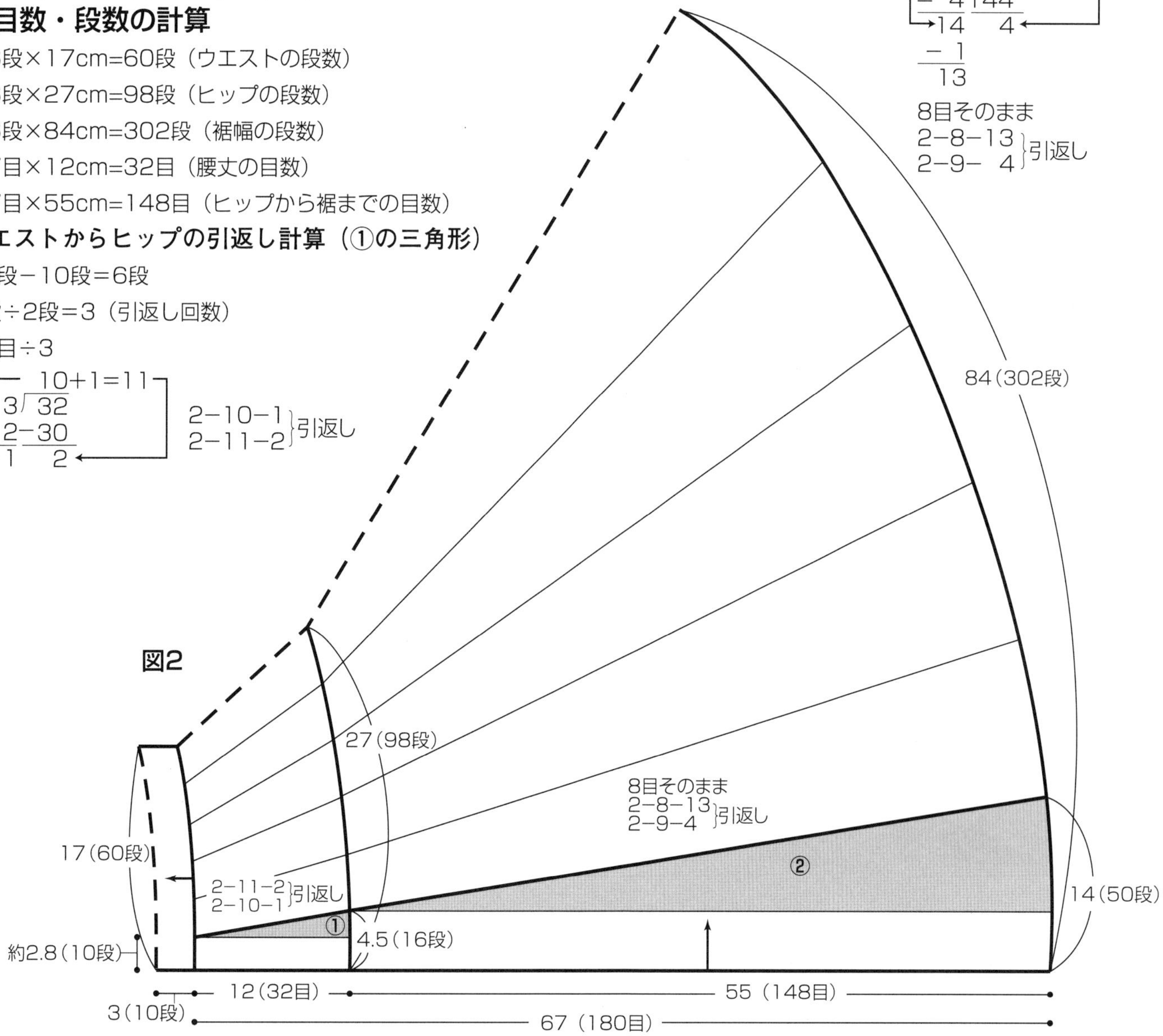

●編み方要点

図1の作図を図2のようにかき直しておくと理解しやすい。スカート丈180目を作り目し、10段増減なく編む。ウエストとヒップの傾斜を①の計算で引返し編みで編む。このとき計算で求めた引返し目数に1目加えて、1段編み2目に糸をかけて2段めを編むが、加えて1目は編める状態に戻してから編む。このようにすると表側に引返しの差が目立たずに編むことができる。加える目数は素材により2目から5目加えてもよい。①の引返し編みを編み終えたら次に②の引返し編みを編み、1枚が編み終わる。スカートは全体を24分割しているため、24枚を編み立てて前後スカートが編み上がることになる。編み上がって捨編みをして機械からはずす。捨編みが表側になるように編始めと、編終りを粗く縫い合わせて試着をする。試着後、寸法調節が必要な場合は調節をしてベルトを編む。

次にウエストの段数からウエストの出来上りの目数を拾い、ベルト分6cmの段数を編む。拾い目の目数が200目を超える場合には、前後スカートに分けて拾う。編み上がったらベルトの目は伏せ目をしておく。編始めと編終りの目はメリヤスはぎとして、ベルト分もとじ合わせる。ベルト部分は折り返してまつり、3cmのゴムベルトを通す。裾は折り返してまつってもよいが、フレアスカートの場合は裾のラインを軽く仕上げたほうがきれいなので、そのままでもよい。

5　パンツ（4枚はぎ）

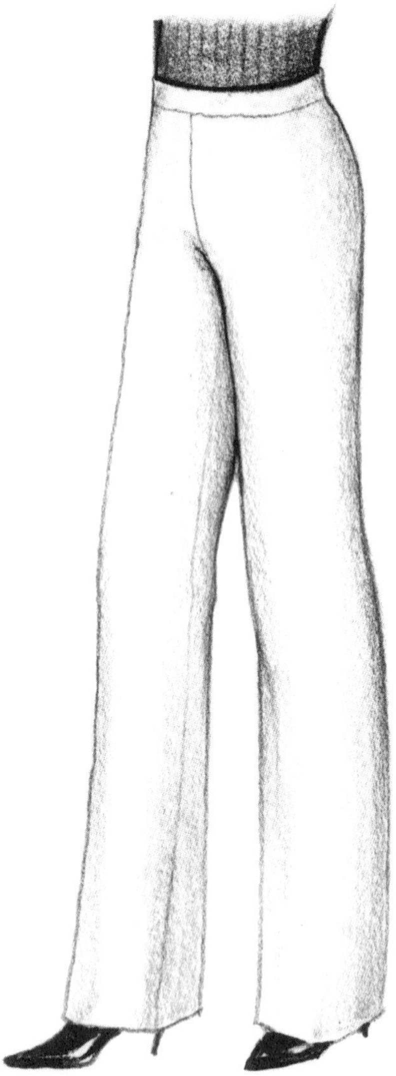

ニット地のパンツは伸縮性があるので、体に無理なくフィットしてはき心地がよい。伸縮があるからといって、ゆとりが少ないと体のラインがでやすいため注意する。

●作図必要寸法

ウエスト62cm　ヒップ92cm　股上丈27cm　腰丈18cm　パンツ丈102cm

●出来上り寸法

ウエスト66cm　ヒップ97cm　パンツ丈102cm

●使用量　ブークレヤーン400 g

●付属品　3cm幅ゴムベルト64cm

●用具　家庭用編み機（ピッチ4.5mm）

●ゲージ　10cm四方、横27目縦38段

●作図順序

前

1　基本線を引く。直角線をとり、股上丈、腰丈の横に$\frac{H}{4}$＋1（ゆとり）の寸法をとり、長方形をかく。

2　前股ぐり幅は幅AB間を4等分した寸法から2cmマイナスした寸法(○)を標準値とする（体の厚みにより異なる)。

3　折り山線は、AC間を2等分した位置とし、パンツ丈を引く。

4　股下寸法を2等分し、4cm上をニーライン（KL）とする。実際の膝位置より、上部のほうがバランスがよいため好みの寸法を上げる。

5　前股ぐり線はヒップラインとC点を結び、その線に直角になるようにB点と結ぶ。股ぐりのカーブをかき、ウエストラインで1cmカットした点と結ぶ。

6　$\frac{W}{4}$＋4＋1でウエスト寸法を求める。ただし⦸寸法は3cmまでとし、その差をダーツ分量とする。ダーツ分量が4cm以上となる場合には2本ダーツとする。

7　脇線はウエスト、腰幅、ニーラインより11cm上、裾幅を結ぶ。

後ろ

1　前と同様に基本線をかく。

2　後ろ股ぐり幅は前股ぐり幅(○)＋2cmとする。

3　折り山線はAD間の長さをA'D'としパンツ丈を引く。

4　ニーラインと裾幅寸法は前後差をつけて、前寸法に1～1.5cm加えて作図をかく。

5　後ろ中心から4cm入った点をEとし股上線上B'から1cm内側の点と結ぶ。そのまま延長してウエストラインより3cmの運動量を加える。その線上から直角に$\frac{H}{4}$＋1の寸法をヒップライン上にとる（F)。直角点はGとする。

6　後ろ股ぐり線は◎＋2cmをとり、B'から●－0.5cmの点を通りカーブを引く。

7　ウエスト寸法は延長した3cmの点からウエストラインにとる（H)。

8　H、F、ニーラインより11cm上をカーブで結ぶ。

9　ダーツは折り山線から3cmの点をウエストラインまで延長してその点を中心にダーツ寸法をとる。

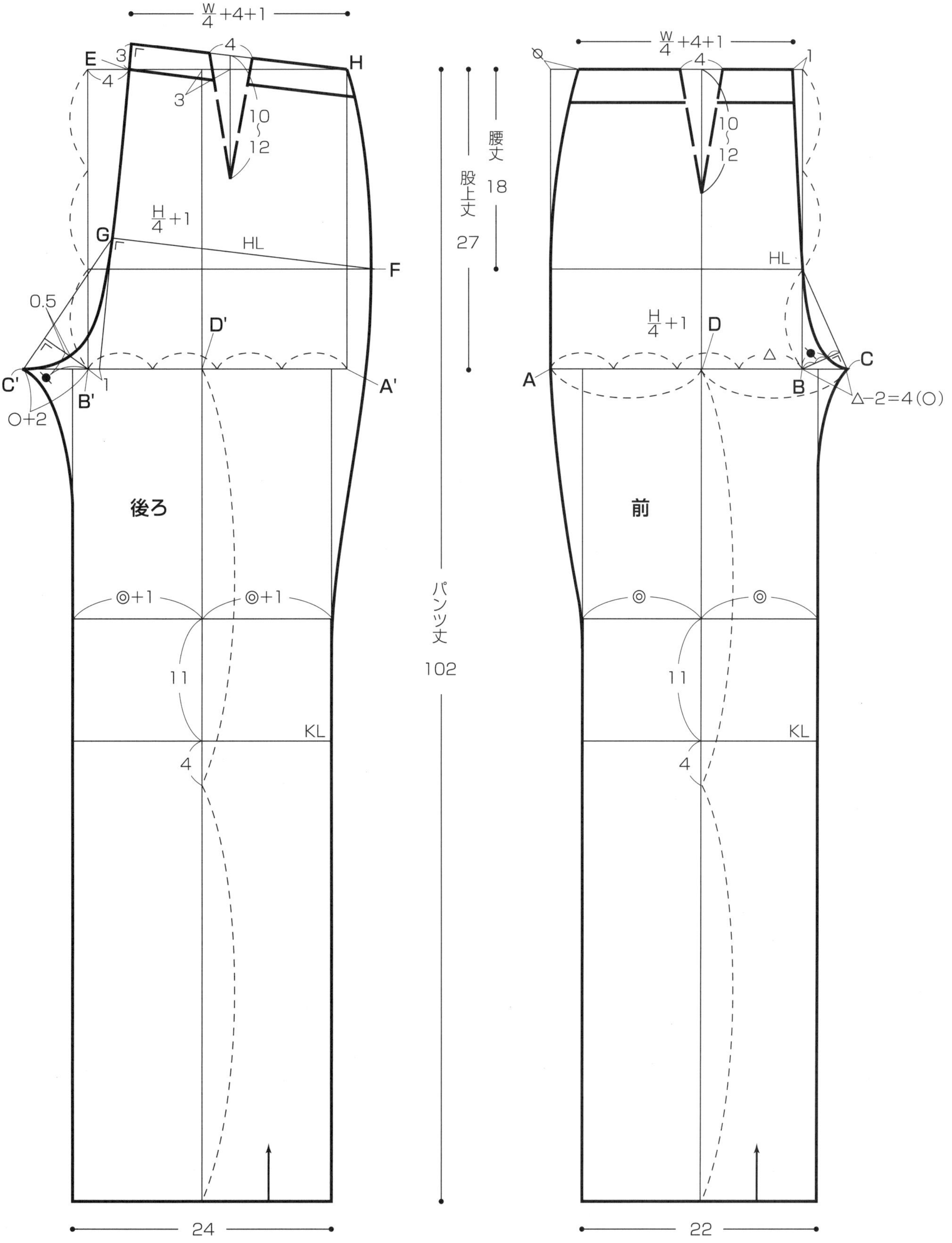
$\frac{W}{4}$+4+1
E
3
4
3
4
H
10
~
12
$\frac{H}{4}$+1
G
HL
F
0.5
D'
C'
B'
1
A'
○+2
後ろ
◎+1
◎+1
11
KL
4
24
腰丈
18
股上丈
27
パンツ丈
102
$\frac{W}{4}$+4+1
4
1
10
~
12
HL
$\frac{H}{4}$+1
D
△
A
B
C
△−2=4(○)
前
◎
◎
11
KL
4
22

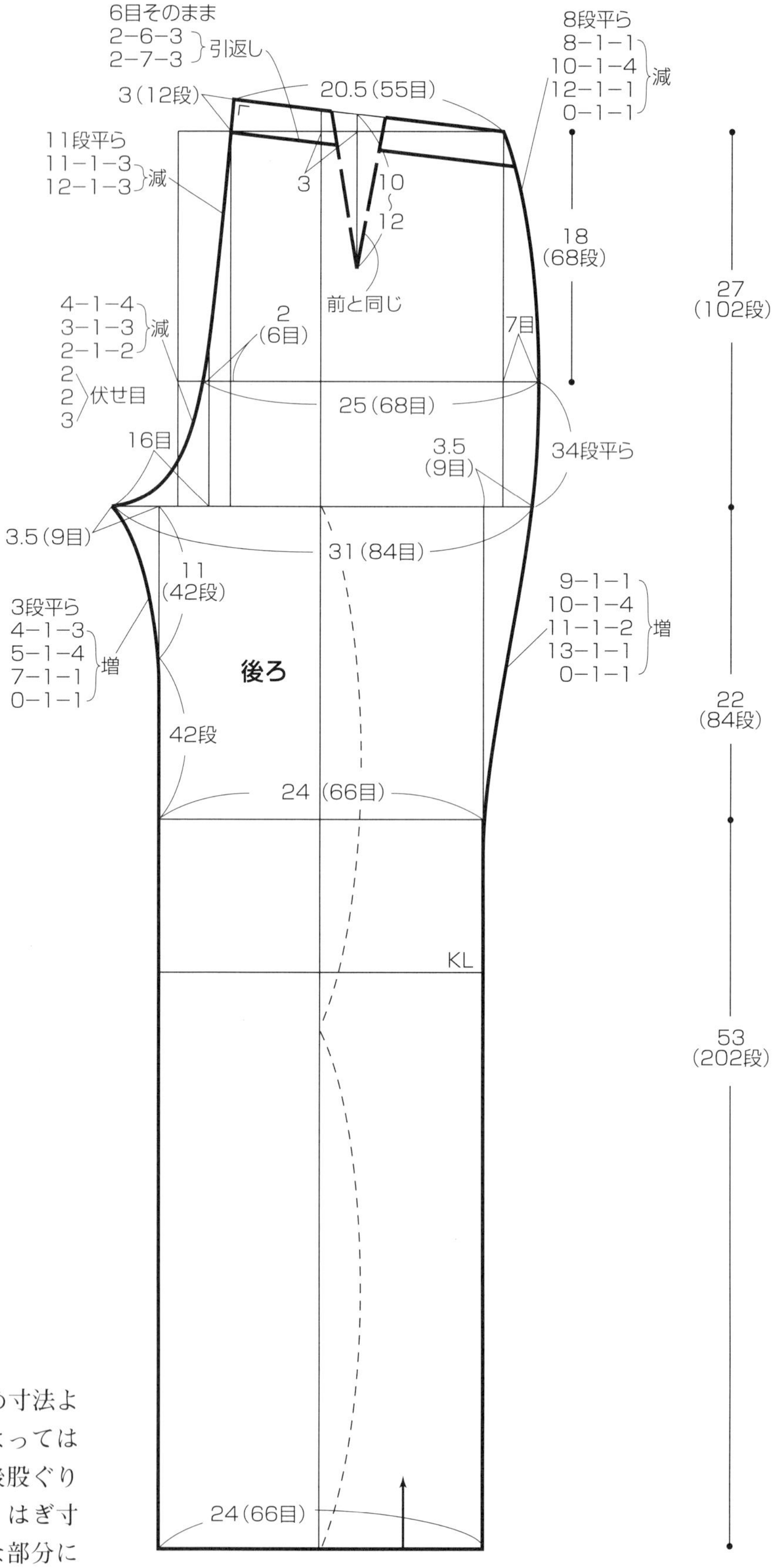

●編み方・まとめ方要点

4枚はぎのパンツは、編み幅が狭いため寸法より細く丈に出やすい。素材、ゲージによっては丈の調節が必要になる場合がある。前後股ぐり寸法は伸ばさないように仕上げをする。はぎ寸法が長いため、編み立てるとき、必要な部分には合い印をつけるとよい。脇はぎはミシンを使用してもよいが、その場合は端目の増減法で編み立てる。

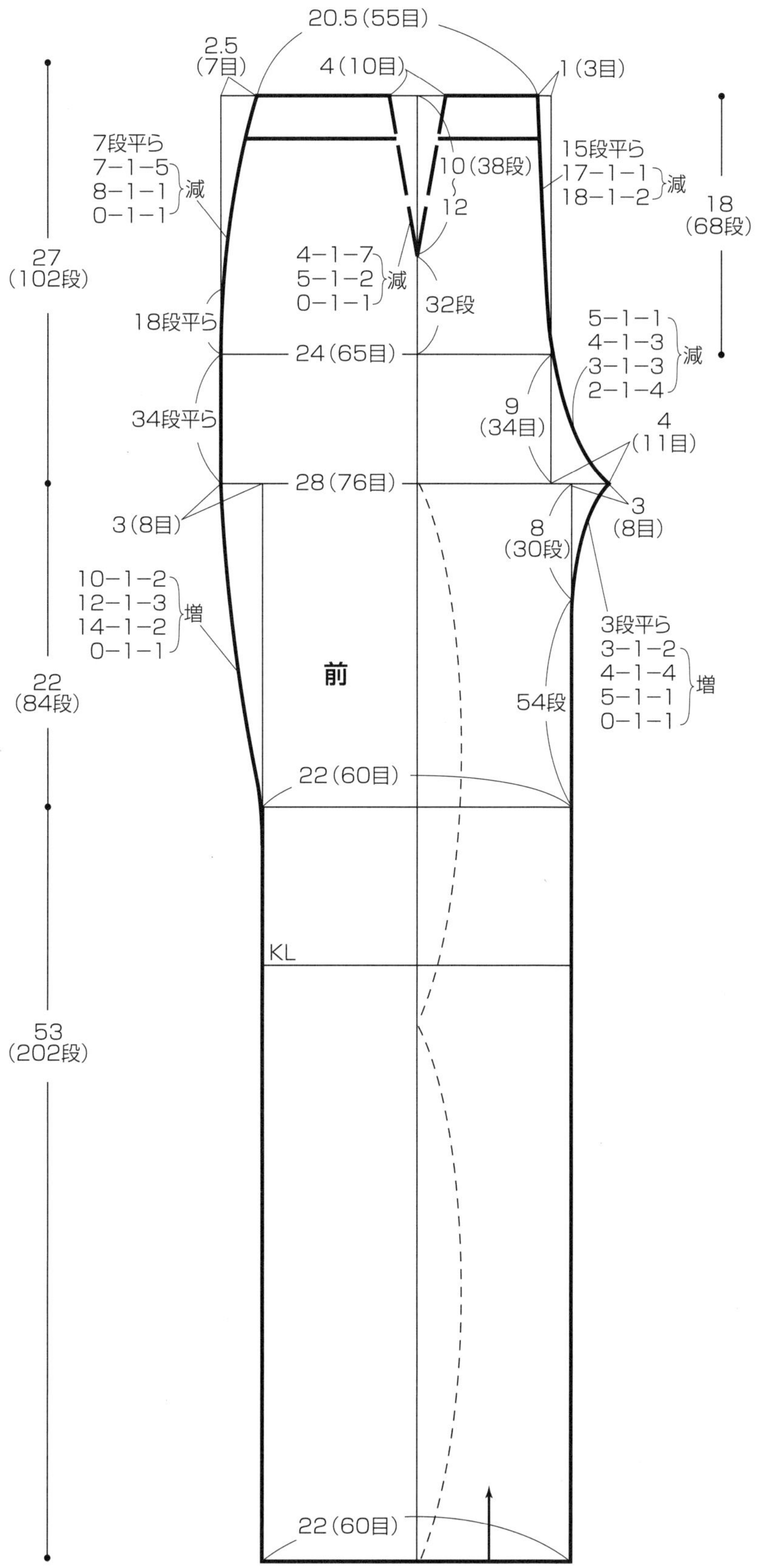
20.5(55目)
2.5
(7目)
4(10目)
1(3目)
7段平ら
7−1−5
8−1−1
0−1−1
減
10(38段)
12
15段平ら
17−1−1
18−1−2
減
18
(68段)
27
(102段)
4−1−7
5−1−2
0−1−1
減
32段
18段平ら
24(65目)
5−1−1
4−1−3
3−1−3
2−1−4
減
34段平ら
9
(34目)
4
(11目)
28(76目)
3(8目)
3
(8目)
8
(30段)
10−1−2
12−1−3
14−1−2
0−1−1
増
3段平ら
3−1−2
4−1−4
5−1−1
0−1−1
増
22
(84段)
前
54段
22(60目)
KL
53
(202段)
22(60目)

6　パンツ（2枚はぎ・応用）

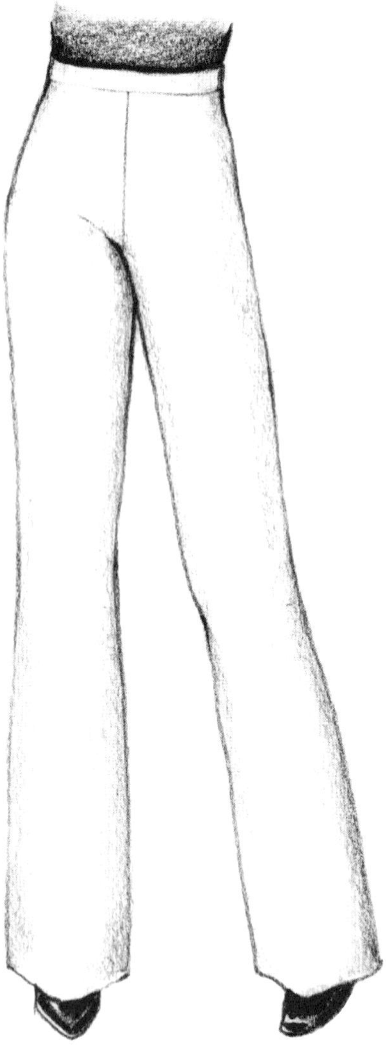

●作図必要寸法、出来上り寸法、使用量、用具、ゲージ　4枚はぎパンツと同じ
●作図順序　4枚はぎパンツ参考

●編み方・まとめ方要点

2枚はぎのパンツは股上丈の位置が編み幅の最大幅となるため、編上がりが広くならないように注意する。ウエスト寸法が広くなるようならば、脇線上で脇傾斜をつけてもよい。

ベルトは下図のように後ろと前に分けて拾い目をする。脇線部分に伸縮の大きいリブ地や、縄編みなどを配置してもよい。

ベルトの拾い方

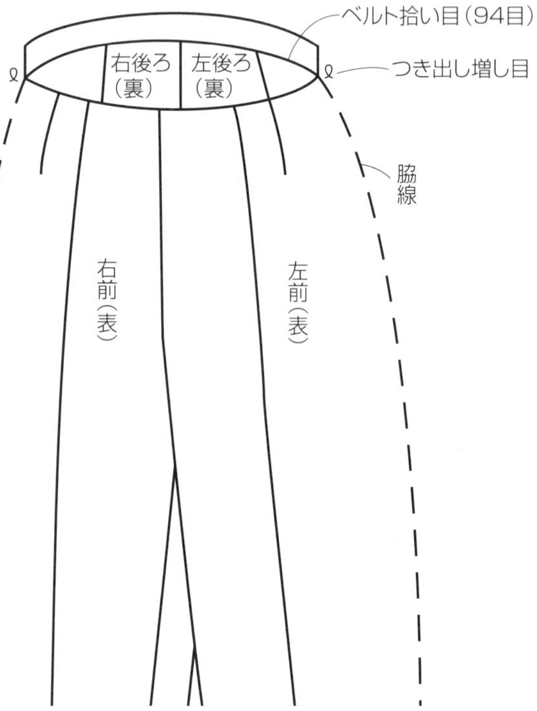

4枚はぎパンツの応用作品で、2枚はぎのパンツはニットの特性を生かした作品となる。4枚はぎパンツの脇線をわとして編む。前後股ぐりのカーブは4枚はぎパンツのカーブをそのまま利用してもよいが、パンツ幅などにより変化してくる。

2枚はぎパンツの場合、股上丈位置の幅が広くなるため、手編み機使用の場合は必ず目数の確認をする必要がある。また、脇線を中心に8～10cm幅で伸縮の強い編み地などを使用するとフィット感がでる。

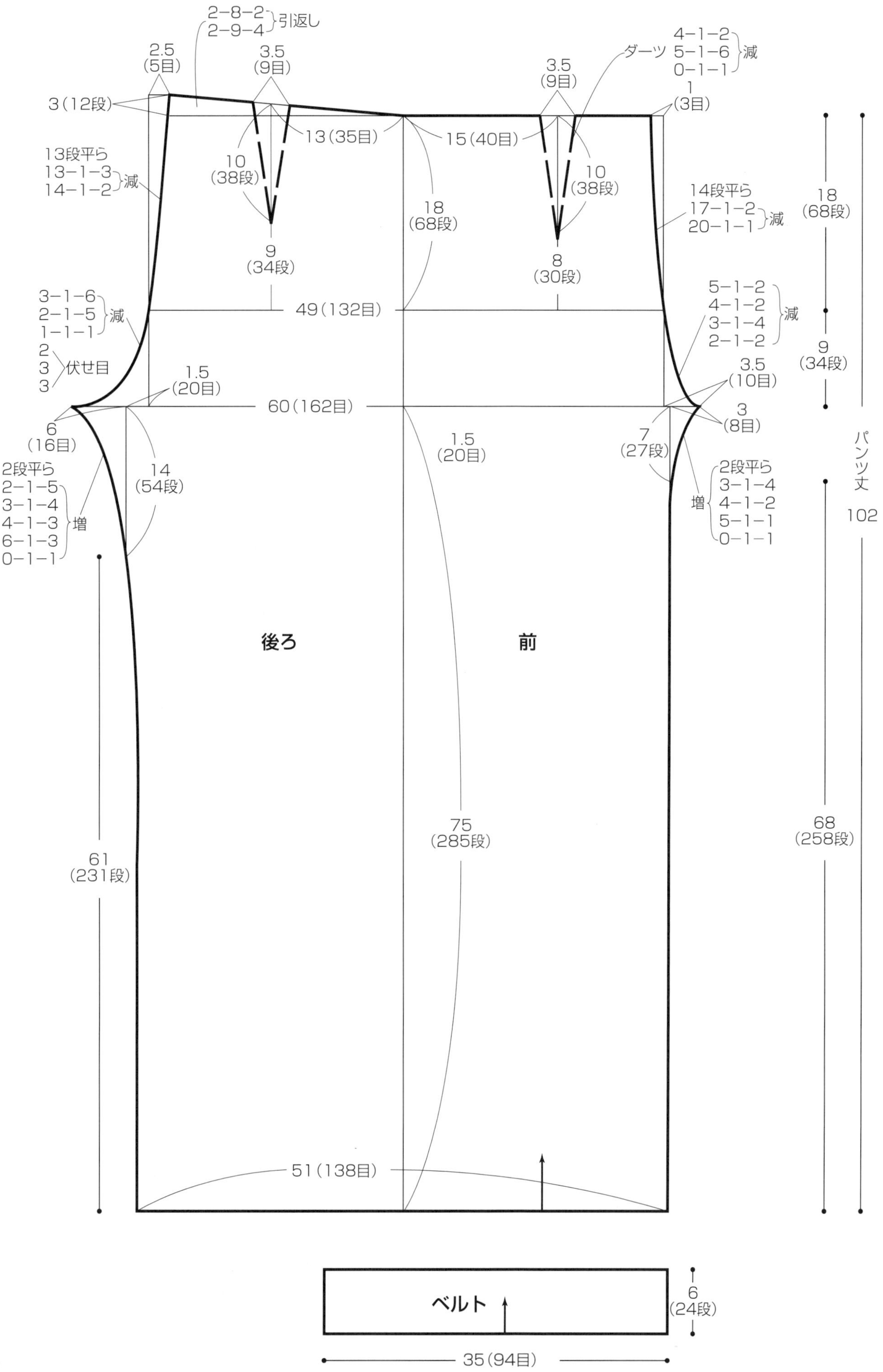
2-8-2
2-9-4 引返し
2.5
(5目)
3.5
(9目)
3(12段)
13(35目)
13段平ら
13-1-3
14-1-2 減
10
(38段)
9
(34段)
3-1-6
2-1-5
1-1-1 減
2
3
3 伏せ目
1.5
(20目)
49(132目)
60(162目)
6
(16目)
14
(54段)
2段平ら
2-1-5
3-1-4
4-1-3
6-1-3
0-1-1 増
61
(231段)
後ろ
前
51(138目)
75
(285段)
18
(68段)
1.5
(20目)
15(40目)
ダーツ
3.5
(9目)
4-1-2
5-1-6
0-1-1 減
1
(3目)
10
(38段)
8
(30段)
14段平ら
17-1-2
20-1-1 減
5-1-2
4-1-2
3-1-4
2-1-2 減
3.5
(10目)
3
(8目)
7
(27段)
2段平ら
3-1-4
4-1-2
5-1-1
0-1-1 増
18
(68段)
9
(34段)
68
(258段)
パンツ丈
102
ベルト
6
(24段)
35(94目)

7　カーディガン（機械編み）

カーディガンはプルオーバーとともにニットの代表的なアイテムのひとつである。ワンピースやプルオーバーの上に着用することが多いので、ゆとりが多く必要になる。前あきであるため、身幅寸法に前後差をつけたほうが着用しやすいので、前後差の計算法を用いて作図を引く。

●作図必要寸法

バスト84cm　背肩幅36cm　背丈38cm　着丈55cm
袖幅35cm　袖丈53cm

●出来上り寸法

バスト93cm　背肩幅36cm　着丈54cm　袖丈53cm

●使用量　中細毛糸（4/16）380～400ｇ
配色糸A・B20ｇ　配色C糸・少々

●用具　家庭用手編み機（ピッチ4.5mm）

●ゲージ　10cm四方、横30目縦38段

●編み地　インターシャ編み

●作図順序

婦人原型を使用し、肩先1cm上げて傾斜の修正をする。ブラウスなどの上に重ねて着用することを考慮し、バスト寸法には11cmのゆとりを入れて身幅に前後差をつける。

前後差の計算式

後ろ身頃

$$\frac{84\text{(バスト寸法)}+11\text{(ゆとり分)}-3\text{(前後差)}}{2}=46\text{cm}$$

前身頃

$$\frac{46\text{(後ろ身幅)}+3\text{(前後差)}}{2}=24.5\text{cm}$$

後ろ身頃

1　原型をおき、後ろ身幅46cmとする。（原型より1cm出す）。
2　着丈54cmに伸ばして、裾リブ丈5cmとする。
3　サイドネックポイントで1.5cmカットして、後ろ衿ぐり深さを1.5cmとする。
4　袖ぐり深さを1cm下げる。

前身頃

1　前後差の計算で求めた身幅とする。（原型より2.5cm出す）。
2　着丈を54cmとして、裾リブ丈5cmとする。
3　後ろ衿と同様にサイドネックポイントで1.5cmカットして前衿ぐり深さ7cmとする。
4　袖ぐり深さを1cm下げる。
5　3cm幅の前立てがつくため、中心で1cmカットする。前右身頃にインターシャによるアーガイル模様（190ページ、図1参照）を入れる。

袖

164ページの「プルオーバー（機械編み・原型利用）」を参照。

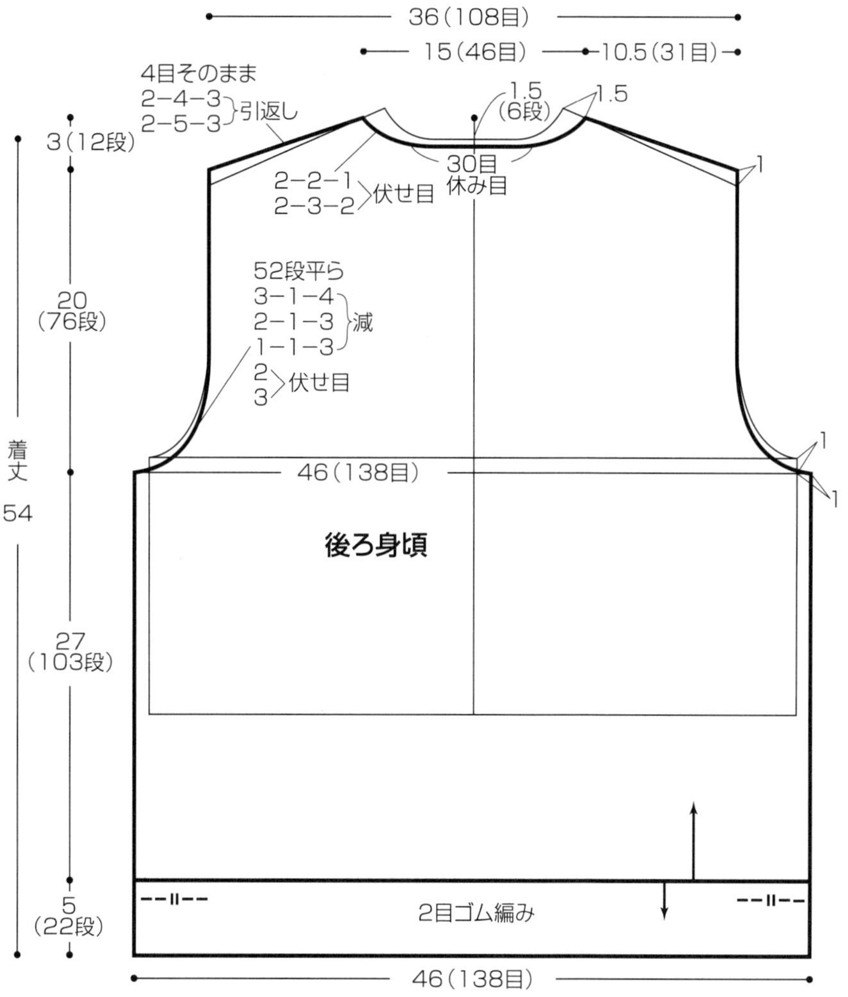
36(108目)
15(46目)
10.5(31目)
4目そのまま
2−4−3
2−5−3
引返し
1.5
(6段)
1.5
3(12段)
30目
休み目
1
2−2−1
2−3−2
伏せ目
52段平ら
3−1−4
2−1−3
1−1−3
減
2
3
伏せ目
20
(76段)
着丈
54
46(138目)
1
1
後ろ身頃
27
(103段)
5
(22段)
2目ゴム編み
46(138目)

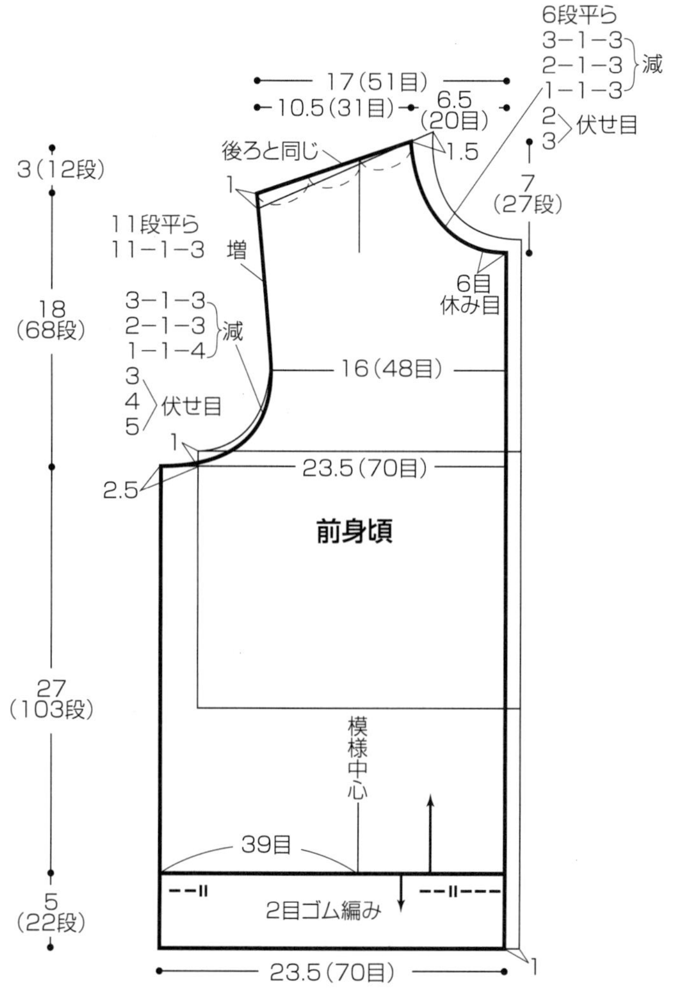
6段平ら
3−1−3
2−1−3
1−1−3
減
2
3
伏せ目
17(51目)
10.5(31目)
6.5
(20目)
後ろと同じ
1.5
7
(27段)
3(12段)
1
11段平ら
11−1−3
増
6目
休み目
18
(68段)
3−1−3
2−1−3
1−1−4
減
16(48目)
3
4
5
伏せ目
1
23.5(70目)
2.5
前身頃
27
(103段)
模様中心
39目
5
(22段)
2目ゴム編み
1
23.5(70目)

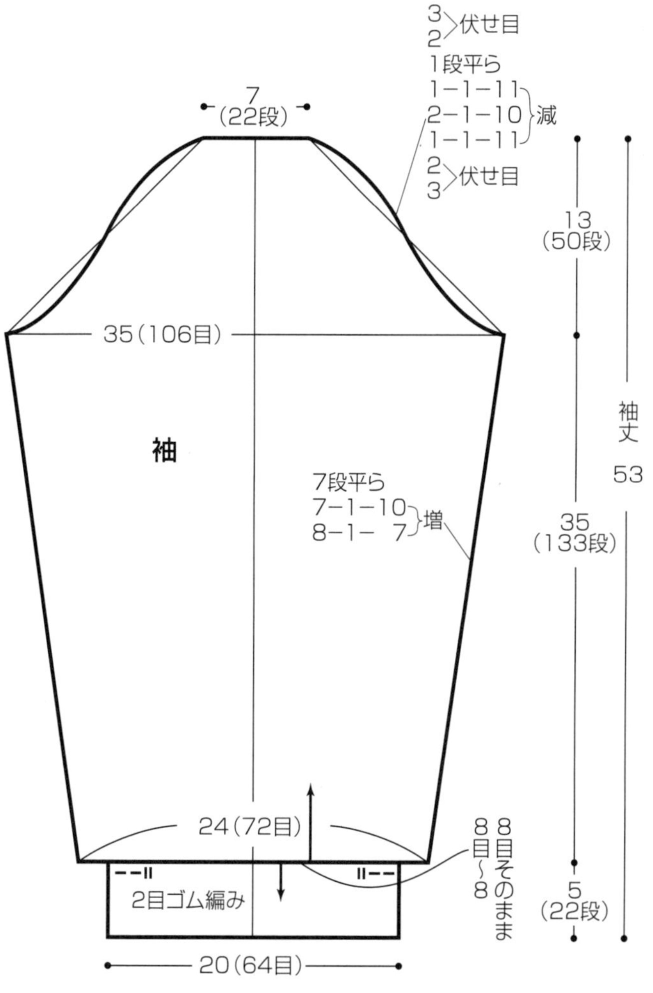
3
2
伏せ目
1段平ら
1−1−11
2−1−10
1−1−11
減
2
3
伏せ目
7
(22段)
13
(50段)
35(106目)
袖丈
53
袖
7段平ら
7−1−10
8−1− 7
増
35
(133段)
24(72目)
8目
8目そのまま
8
2目ゴム編み
5
(22段)
20(64目)

図1　アーガイル模様

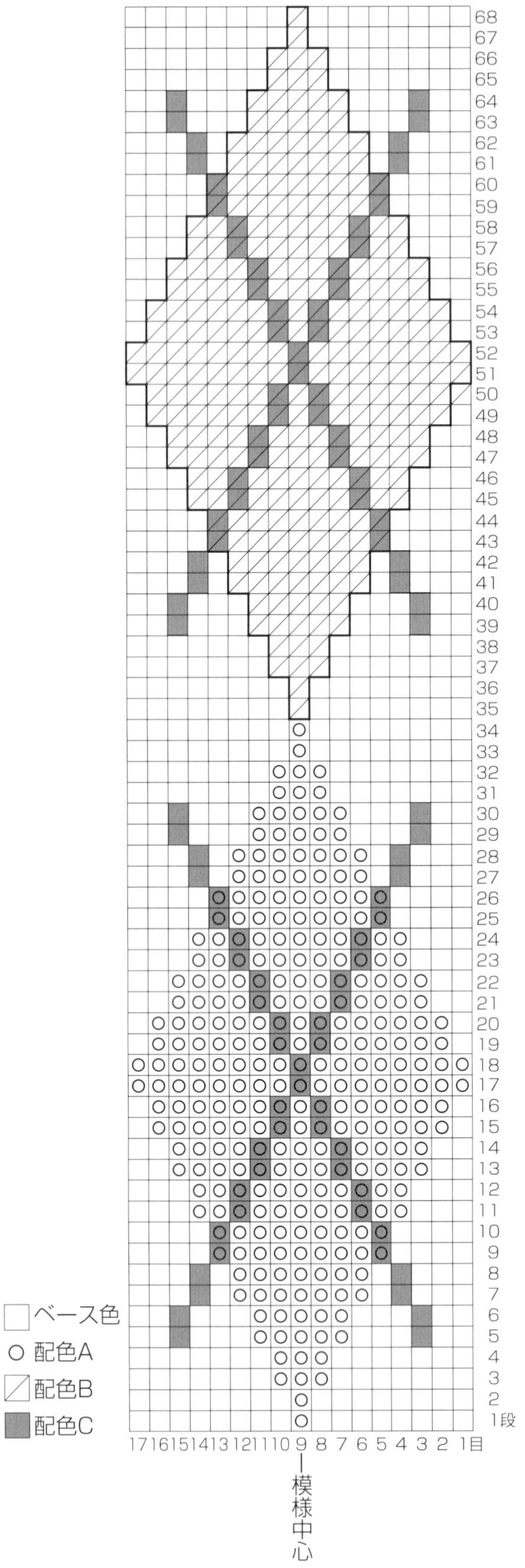

●目数段数の割出し方

164ページの「プルオーバー（原型利用）」を参照。身頃に前後差がついているため前身頃袖ぐりのカーブが深くなり、伏せ目数が多くなる。

●編み方要点

後ろ身頃、袖はプルオーバーと同じ要領で編み立てる。前身頃は左右の身頃が同じになるように注意する。前立ては前端寸法49cm（衿幅3cm含む）から2目ゴム編みで拾い前立てとする。そのため拾い目数は4目の倍数＋2目となる。両端に突出し増し目をすると落ち着く。

49cmの目数を拾い目して、前立て幅3cm（12段）をゲージをつめて編む。拾い目をするときには図2の●部分のように上下3〜4cmは、拾い目を多くすると裾線、ネックラインがきれいに仕上がる。ボタンホールは図のように6段編んだ後、ボタンホール位置を中心として、4目抜き糸を入れて残りの段数6段を編む。

図2

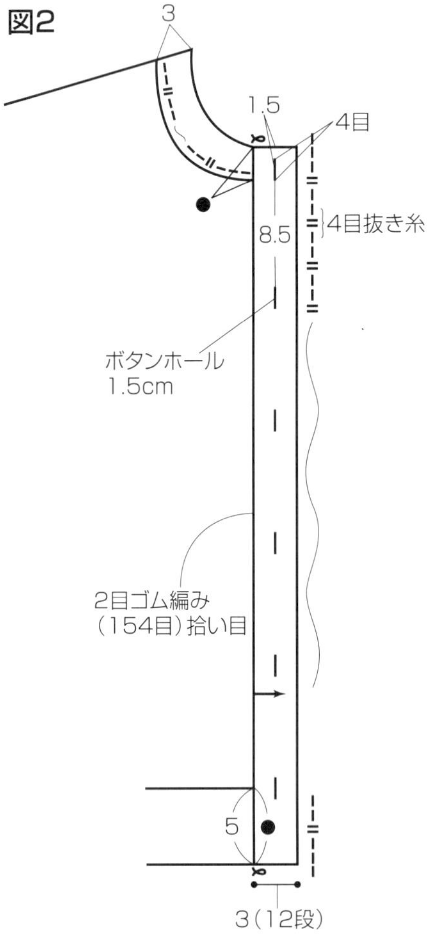

●まとめ方要点

インターシャの柄は幅6cm、高さ9cmで、位置は肩線を3等分してサイドネックポイントから$\frac{1}{3}$を中心と決める。配色は2色配色として編み上げた後、配色Cを使い、手刺しでメリヤスステッチを入れる。

ボタンホールは表側を見ながら半割り糸で、抜き糸の上下の目を巻止めする。または、裏側から見てかぎ針で引抜き止めをする。

8　カーディガン（かぎ針）

●作図必要寸法

バスト84cm　背肩幅36cm　背丈38cm　着丈54cm
袖丈53cm

●出来上り寸法

バスト97cm　背肩幅36cm　着丈54.5cm　袖丈53cm

●使用量　合太毛糸（4/12）580ｇ

●用具　かぎ針4号

●ゲージ

松編み模様10cm四方、横3模様（24目）、縦10段

●編み地　松編み変化模様

松編み記号

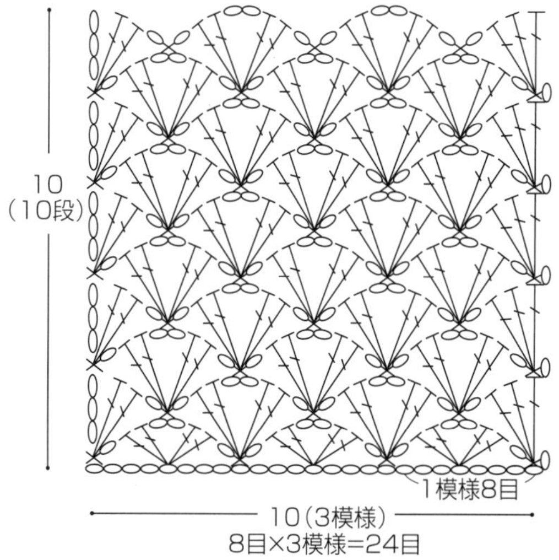

かぎ針編みは基本の編み目記号とその編み方を覚えることにより、記号の組合せで数多くの模様を1本のかぎ針から編み出すことができる。しかし、手編み機編みや棒針編みと違い、ちょっとした手加減でゲージが変わりやすいため、編み地が安定するまで練習をしてからゲージをはかることが大切である。

作図は実物大作図とし、製作途中では必ず作図に合わせて寸法を確認する。

●作図要点

実物原型を使用する。かぎ針編みの編み地は、機械編みや棒針編みの編み地ほど伸縮性がないため、作図は出来上り寸法とする。衿ぐりをかぎ針編みで始末する場合は、伸縮性を考えてサイドネックポイントより1.5cmカットする。後ろ身幅は原型よりバストで1.5cm出す。前身幅は後ろ身幅の$\frac{1}{2}$寸法＋1.5cmとする。後ろ衿ぐり深さ2cm、前衿ぐり深さ9cmとする。

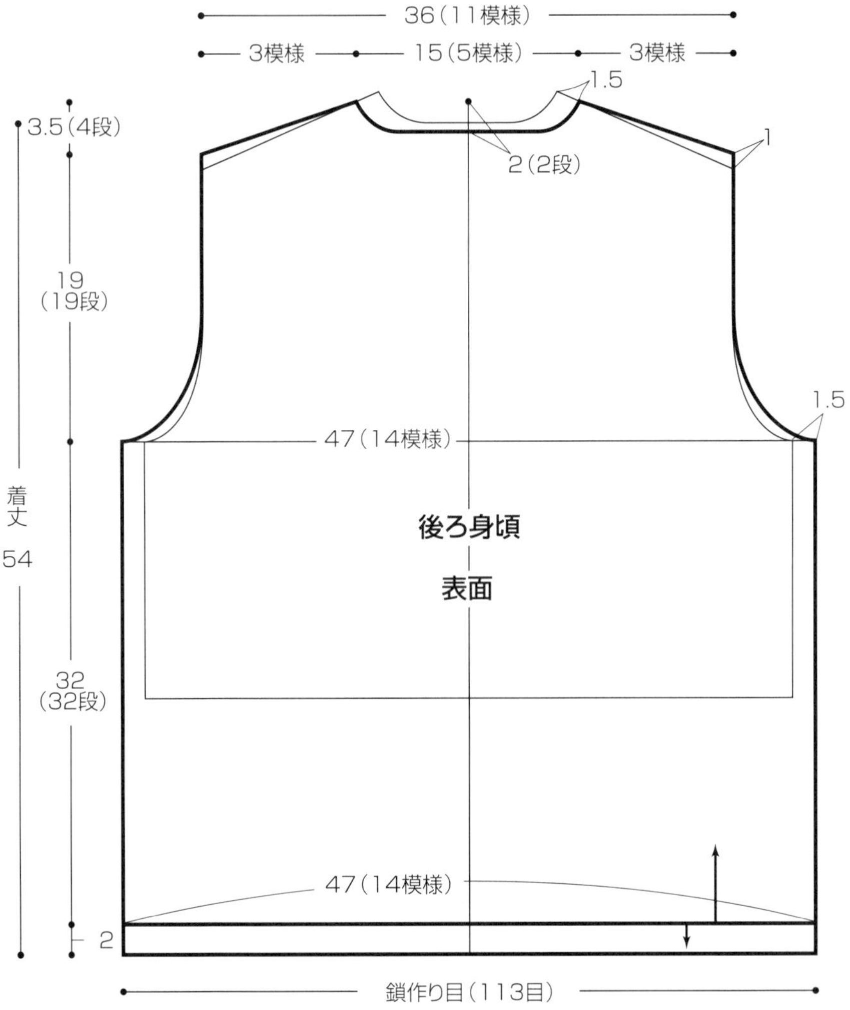

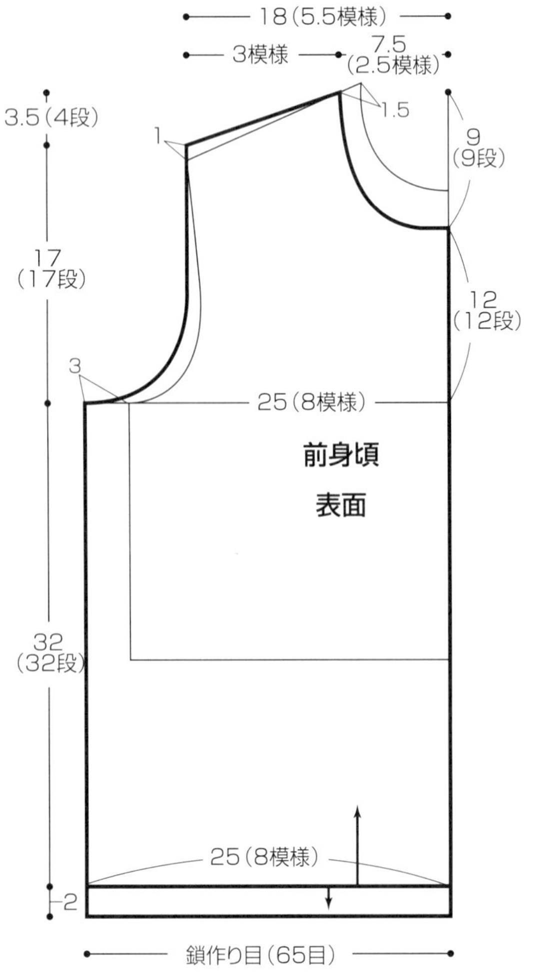

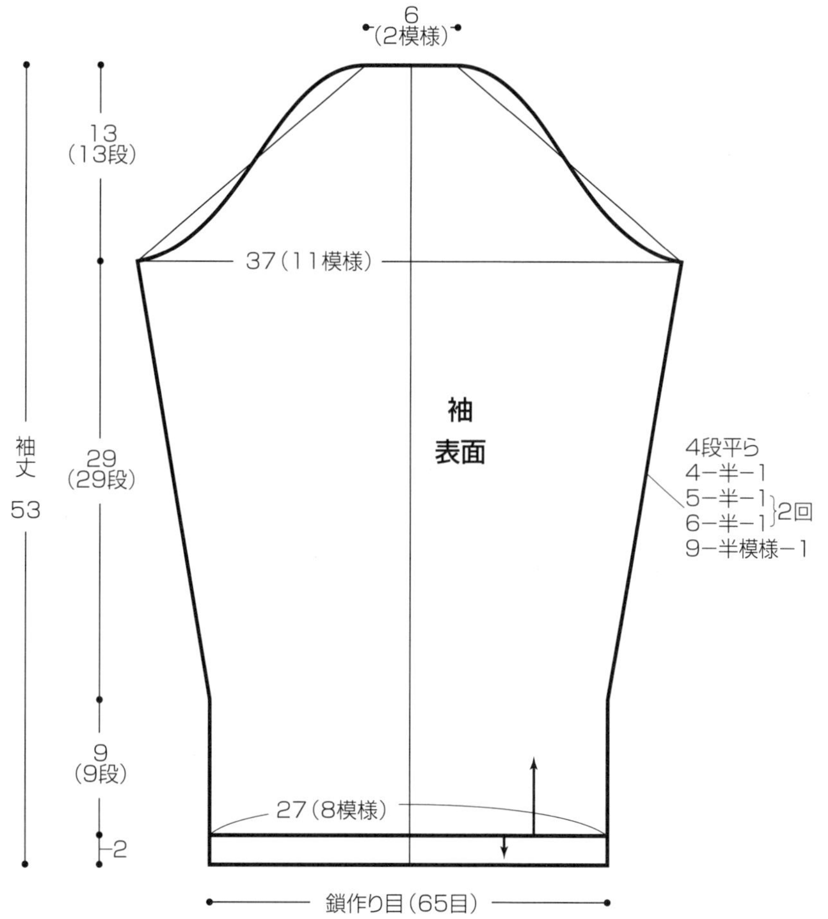

●目数段数の割出し方

かぎ針の計算には2通りの方法がある。

(1) 編み目の1目1段をはっきり数えることができる模様。この場合は棒針編み、機械編みのプルオーバーと同様、三角計算を使用して割出し計算をする。

(2) 1目1段をはっきりと数えることができない松編みのような模様。この場合は半模様あるいは1模様単位で増減の計算をする。実物大作図の1模様のゲージグラフを作り、増減する編み目の記号をかき入れて編み立てていく。

かぎ針編みでは各種記号の組合せにより数多くの模様を作ることができる。しかしその模様に適した増減の計算をしなければならない。このカーディガンの模様は8目1模様となる。

●目数・段数の計算

後ろ身頃

身頃の目数　2.4目（1cmのゲージ）×47cm＝112目
112目÷8目（1模様）＝14模様
112目＋1目（立上り目数）＝113（鎖作り目）

背肩幅の目数　2.4目×36cm＝86.4目→88目
88目÷8目＝11模様

衿ぐりの目数　2.4目×15cm＝36目→40目
40目÷8目＝5模様

後ろ袖ぐりの減し目

14模様−11模様＝3模様
(バストラインから背肩幅で減らす模様数)
3模様÷2＝1.5模様（片方で減らす模様数）

図1　後ろ右袖ぐり・左袖ぐり

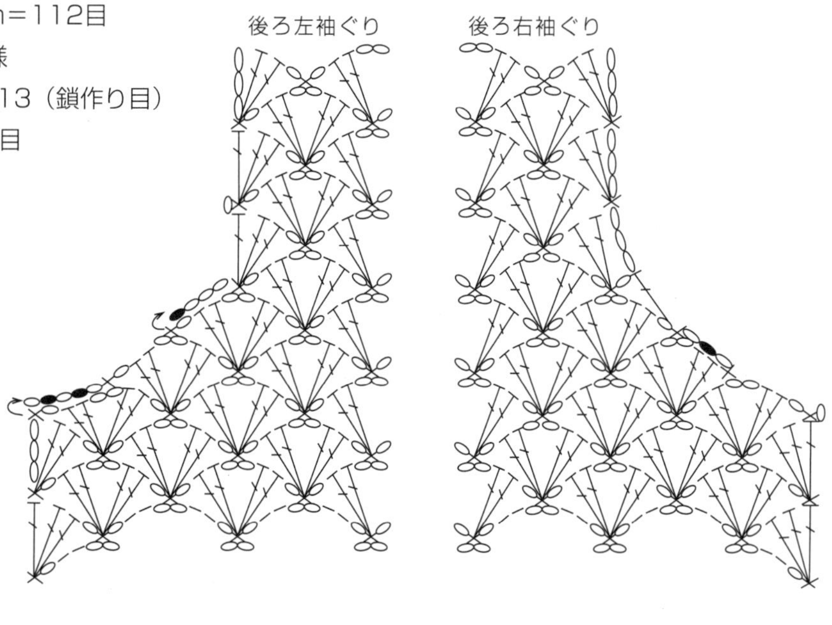

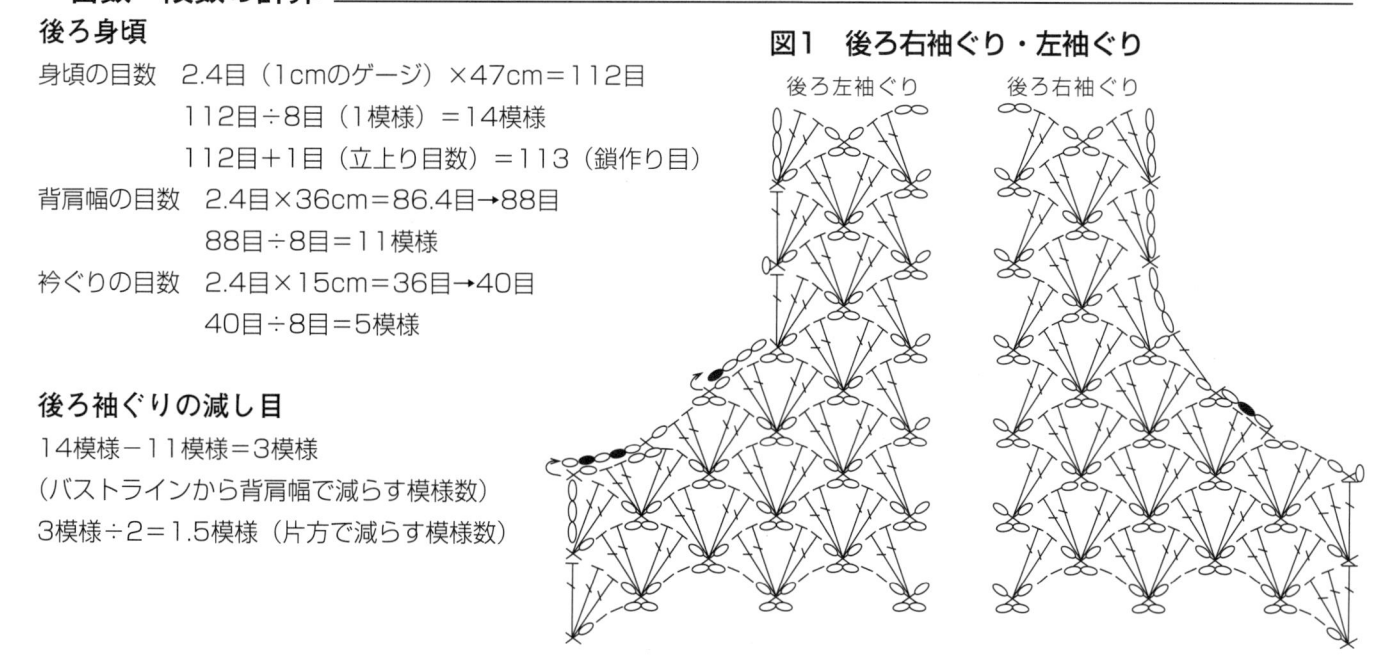

肩下がりの減し目

（11模様－5模様）÷2＝3模様（肩下がりの模様数）

後ろ衿ぐりの減し目

（5模様－3模様）÷2＝1模様（後ろ衿ぐりの減し模様）

（後ろ中心休み）

縦の段数

脇丈　1.0段×32cm＝32段

アームホール（AH）　1.0段×19cm＝19段

肩下がり　1.0段×3.5cm＝3.5段→4段

後ろ衿ぐり深さ　1.0段×2cm＝2段

図2　後ろ衿ぐり・肩下がり

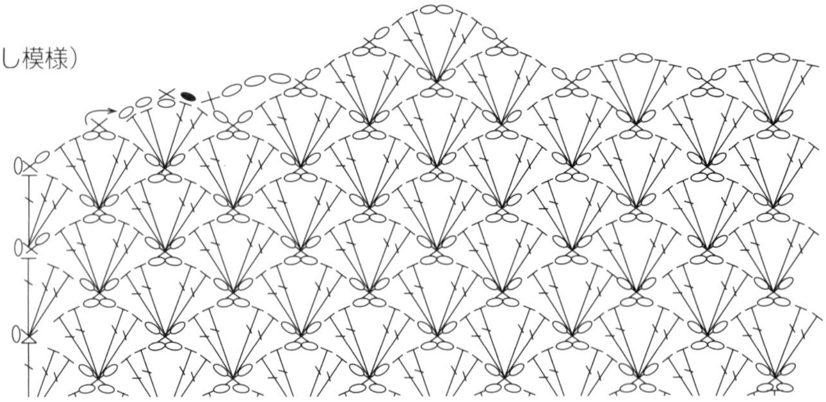

前身頃

身頃の目数　2.4目×25cm＝60目

60目÷8目＝7.5模様→8模様

前袖ぐりの減し目

8模様－5.5模様 $\left(\frac{\text{背肩幅}}{2}\right)$ ＝2.5模様

（前袖ぐりで減らす模様数）

図3　前右袖ぐり・左袖ぐり

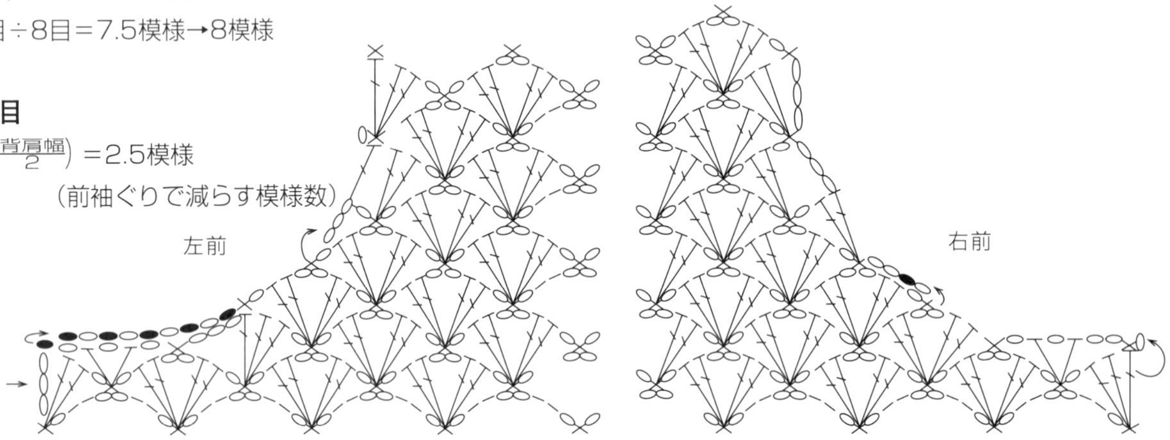

前衿ぐりの減し目

5模様÷2＝2.5模様（前衿ぐりで減らす模様数）

肩下がりの減し目

後ろ身頃と同じ

図4　前衿ぐり・肩下がり

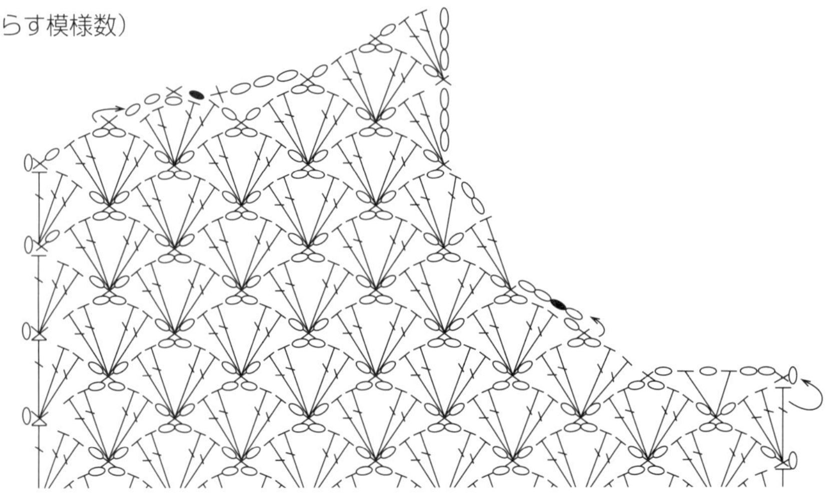

袖口幅の目数
2.4目×27cm＝64.8目→64目
64目÷8目＝8模様
64目＋1目（立上り目数）＝65目
（鎖作り目）

袖幅の目数
2.4目×37cm＝88.8目→88目
88目÷8目＝11模様

袖肩山幅の目数
2.4目×6cm＝14.4目→16目
16目÷8目＝2模様

袖下の目数
（11模様−8模様）÷2＝1.5模様
（片方で増やす模様数）

袖山の目数
（11模様−2模様）÷2＝4.5模様
（片方で減らす模様数）

図5　袖山

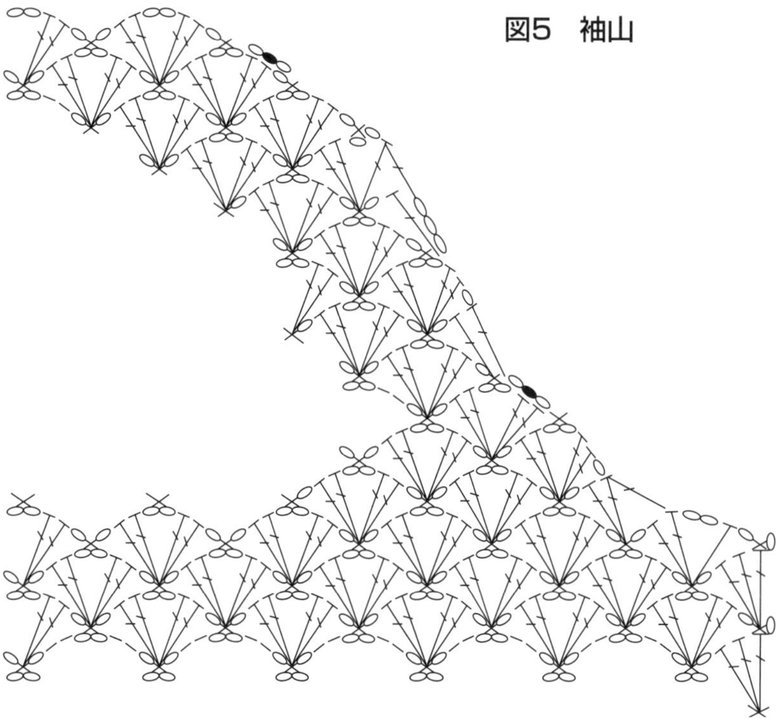

縦の段数
袖下　1.0段×38cm＝38段
袖山　1.0段×13cm＝13段

袖口から袖幅の増し目の計算のように半模様ずつ増やす方法で行なう。

●編み方要点

実物大作図でゲージグラフを作り、模様をかき入れ、そのとおりに編み進む。しかしかぎ針は糸を引き出す手加減によりゲージが変わりやすいため、計算を参考にしながら編み進む。ポイントとなる点は、実物大作図に作品を合わせて寸法を確認するとよい。

後ろ身頃

鎖目から編み出すが、鎖目はきつくなりやすいので身頃を編むかぎ針より1〜2号太いかぎ針を使用するとよい。身頃と同じ号数を使用するときは、ゆるく編むか、鎖目を多めに編んで調節する。3段編み終わったら実物大作品に合わせる。この段階で作図より幅が広く編まれているが、編み進むと安定してくる。逆に作図より狭く編み上がっている場合には、ゲージを確認して修正を行なう。計算と図解説明を参考にして作図に合わせて編み進む。袖ぐり、衿ぐりなどのカーブはきつくならないように注意しながら編む（194ページ図2、3、4参照）。また身幅の調節は前身頃で調節することは可能であるが、背肩幅は調節することができないため、寸法どおりに編み上げることが大切である。

前身頃

作り目は後ろ身頃と同じである。体型によっては胸ダーツを入れるが、この作品はゆとりを多く入れてあるため、ダーツを入れなくてもよい。

袖

袖下増し目の場合で、今回使用の模様は左右同時に増し目をすると、とじ合わせたときに増し目寸法が広くなり、段差がつきやすい。そのため左右交互に増し目をしてとじ合わせたほうがよい。

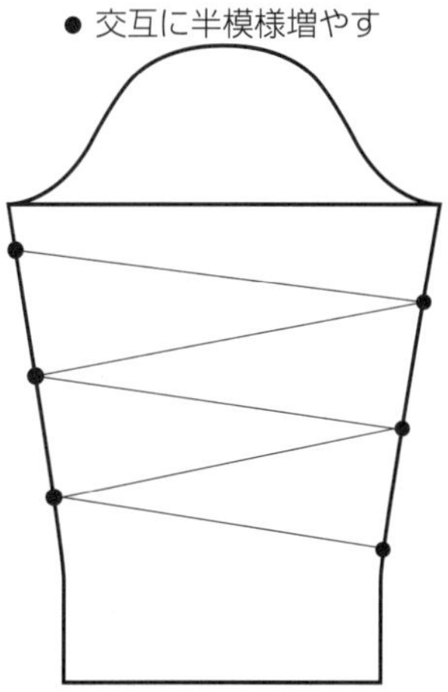

●まとめの要点

前後身頃、袖を編み上げたら、実物大作図に合わせて、全体に軽くアイロンをあてて形を整える。はみ出したり不足の部分はそれぞれ修正をする。仮とじをして試着を行ない、前後身頃の肩と脇をはぐ（96ページ参照）。

次に身頃の袖口の縁編みをする。身頃は裾と衿ぐりをそれぞれ別に編み、前立てを編む。前立ては3段めにボタンホールを作りながら編み、最後に裏からねじり細編みでまとめる。

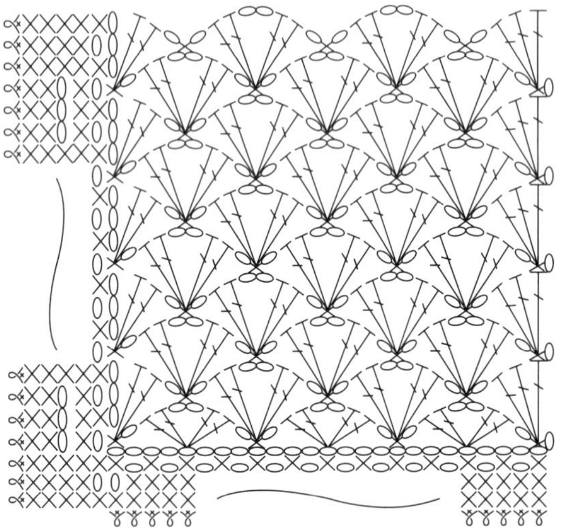

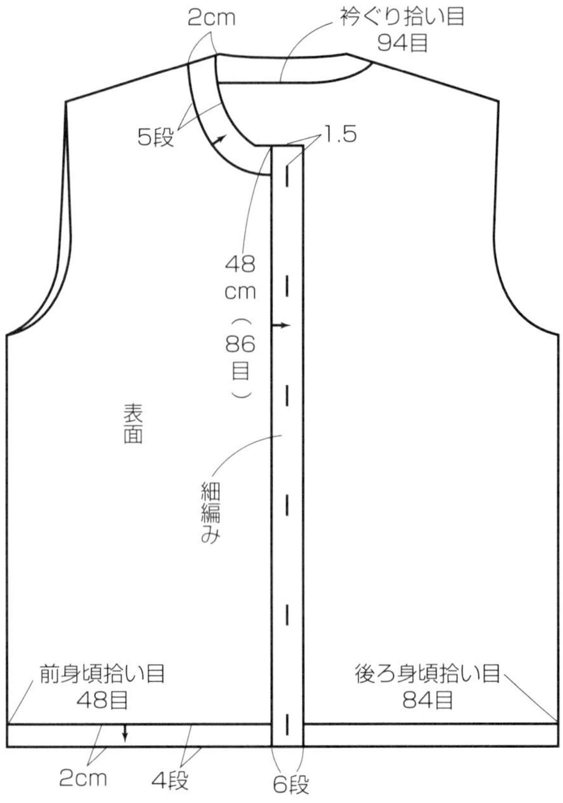

9　ベスト（Vネック）

かぶって着用するVネックの基本型ベストは、季節の変り目に重宝するアイテムのひとつである。

Vネックの深さは流行や好みで変化する。袖や袖ぐりに縁編みをつける場合は、作図をかくときに、その分を考慮して幅や深さを決める。

●作図必要寸法

バスト84cm　背肩幅36cm　背丈38cm　着丈51cm

●出来上り寸法

バスト92cm　背肩幅36cm　着丈51cm

●使用量　合細毛糸（4/20）180 g（配色200 g含む）

●用具　家庭用手編み機（ピッチ4.5mm）

●ゲージ　10cm四方　引上げ編み　横28目縦67段
メリヤス編み　横32目縦46段

●作図の要点

ゆるみはデザインや目的によって加減する。背肩幅は左右のゴム幅（2cm）を引いた32cmとし、袖ぐりはバストラインより2cm下げる。後ろ袖ぐり深さ22cm、前袖ぐり深さ20cmとする。前衿ぐり深さはバストラインより3cm上とし、19cmとなる。衿あきを広くするときは、前衿あき寸法より2〜3cm平ら寸法をとると、Vネックが衿あき寸法より広くならずに落ち着く。

引上げ模様記号

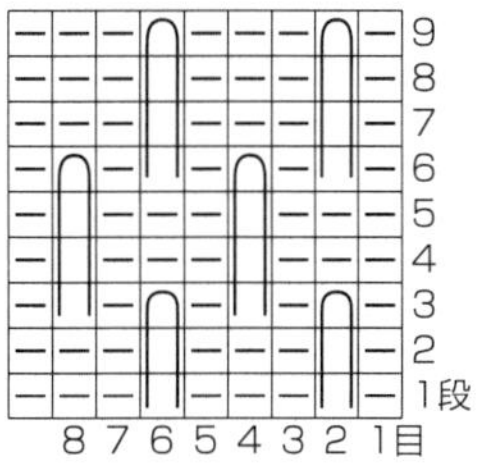

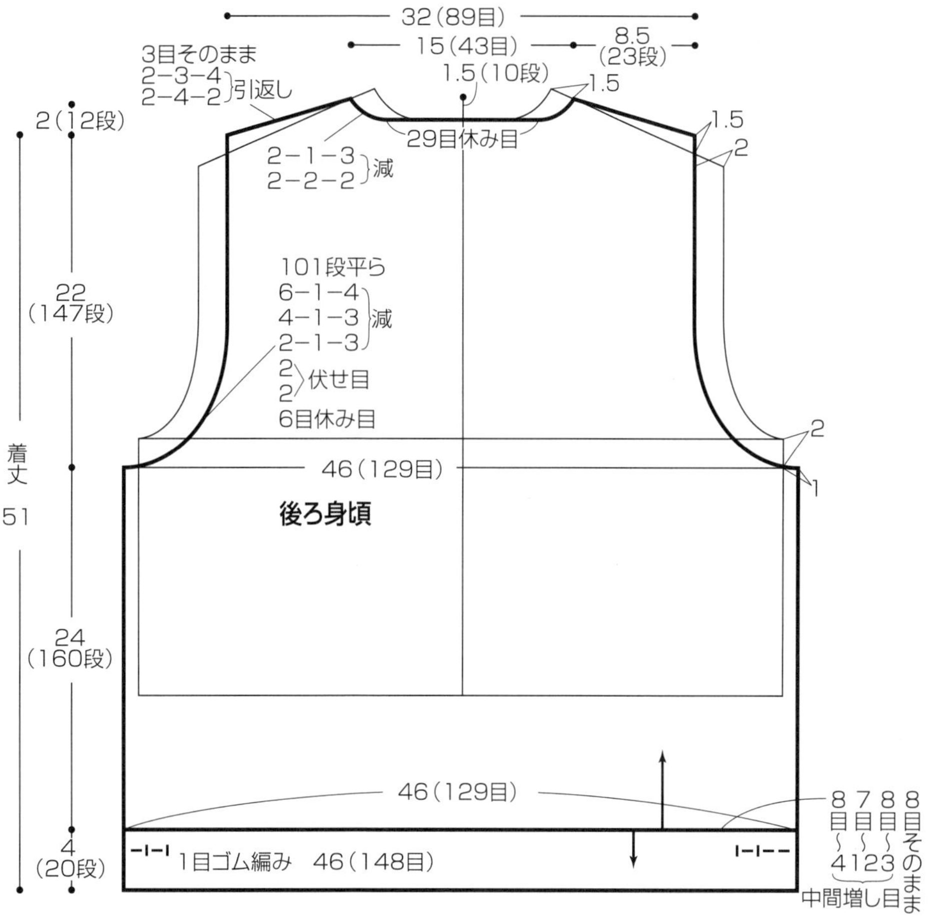

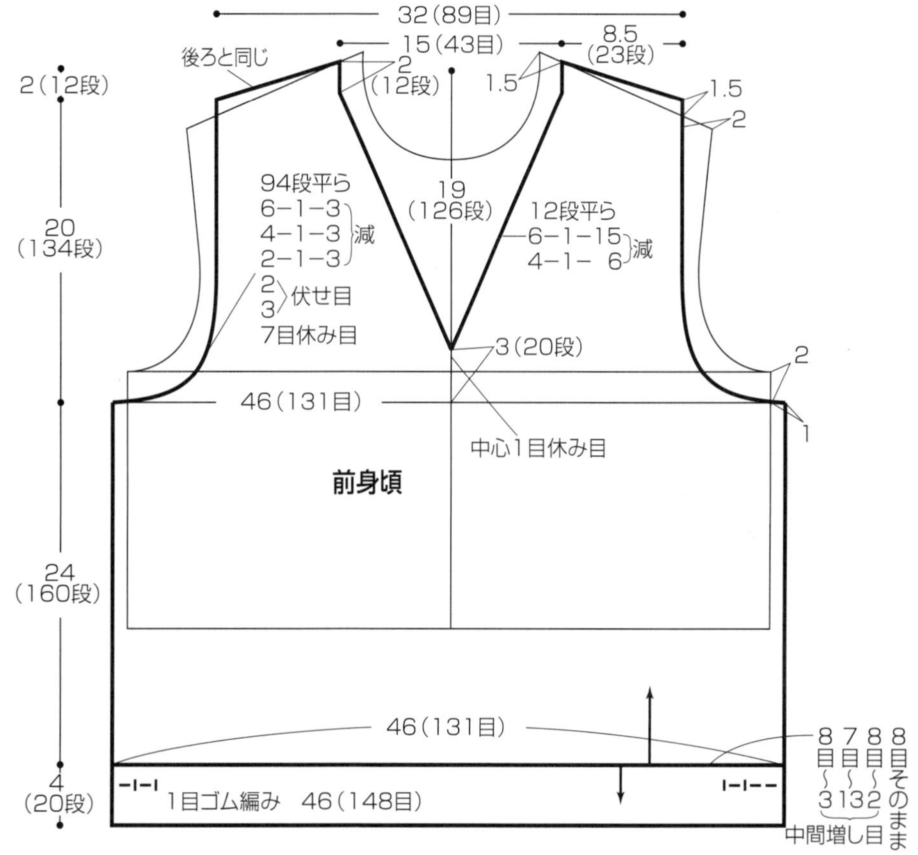

●目数段数の割出し方

作図寸法に目数、段数を書き入れる。衿ぐりを1目ゴム編みでまとめる場合、前衿ぐりの中心の1目に左右の目を重ねて減し目をするため、背肩幅、身幅、衿肩あきはすべて奇数目数とする。

しかし模様編みなど、模様合せの関係で身幅の目数を偶数目数にしなければならない場合は、前衿中心で2目立てることもある。その場合は2目ゴム編みでまとめたほうがきれいである。ここで扱う作品は1目立てとする。身幅は前後身頃の脇で模様が続くように模様合せをする。

2.8目×46cm（身幅）＝128目
128目÷4目（1模様の目数）＝32模様

後ろ身頃

128目＋1目（はぎ分）＝129目

前身頃

129目＋2目（はぎ分）＝131目

袖ぐりの減し目は、減し目数の$\frac{1}{3}$の目数を休み目とする。残りの減し目は1段ごとの減し目ではなく、2段ごと、4段ごと、6段ごとの減し方法で行なうときれいな袖ぐりの曲線となる。これは引上げ（タック）編みの特徴である、目数段数の差が大きいことによるものである。

引上げ編みの場合、前身頃の端目か2目めを引き上げるように計算すると、脇線がきれいに落ち着く。

●編み方要点

前後身頃とも引上げ模様で編む。後ろ身頃は164ページの「プルオーバー（機械編み・原型利用）」を参考にする。前身頃は袖ぐり線より20段編み、中心1目を別糸にとる。糸がつながっているほうの身頃から編み進む。模様編みをしながら袖ぐり、衿ぐりの減し目となるため、注意して編む。前後身頃を編み終えたら、裾のゴム編みを編むが、引上げ編みとメリヤス編みのゲージが異なるため、目数の調節が必要となる。この場合は中間増し目をして、ゴム編みの目数にする。前後身頃を編み終えたら右肩を中表に合わせて重ねはぎをして、衿のゴム編みをつける。

前衿ぐりの拾い目数
｛3.2目（メリヤスゲージ）×19cm（前衿ぐり深さ）｝×1.1＝66目
後ろ衿ぐりの拾い目数
｛3.2目（メリヤスゲージ）×15cm（衿肩あき寸法）×1.1｝＝51目

前中心1目と肩でのはぎ分2目加えた目数が、衿の拾い目数186目となる（図1参照）。

図1

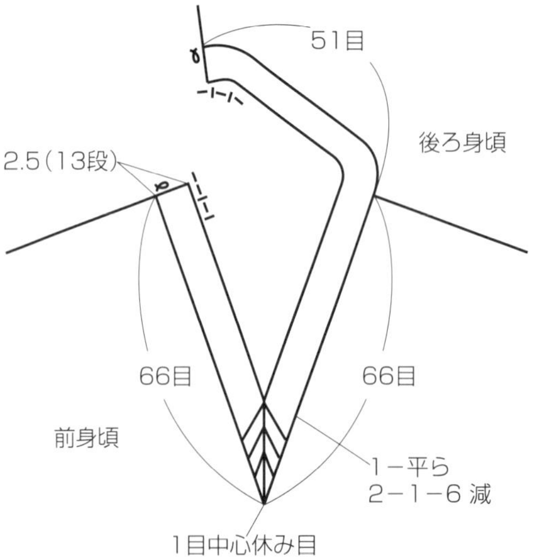

66目(前衿)＋66目(前衿)＋1目(前中心)＋51目(後ろ衿)＋2目(はぎ分)＝186目

Vネックが深くなったり細かいゲージになった場合は、両肩ではぎ合わせる仕上げとなる（図2参照）。

図2

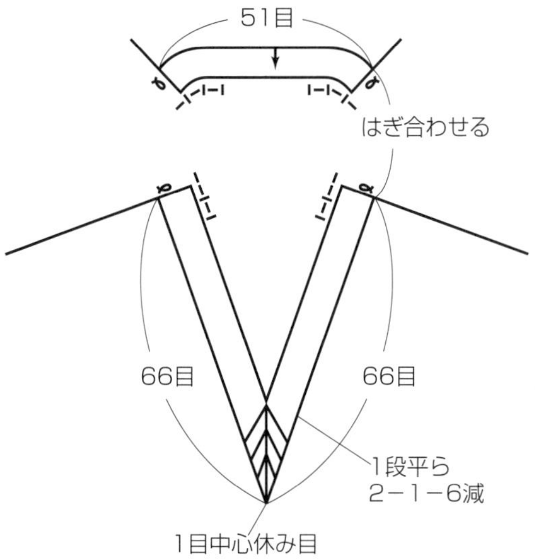

Vネックは図3のように中心の目に左右の目を重ねて中間減し目をする。このときゴム編みに目を直すことを忘れないようにする。

図3

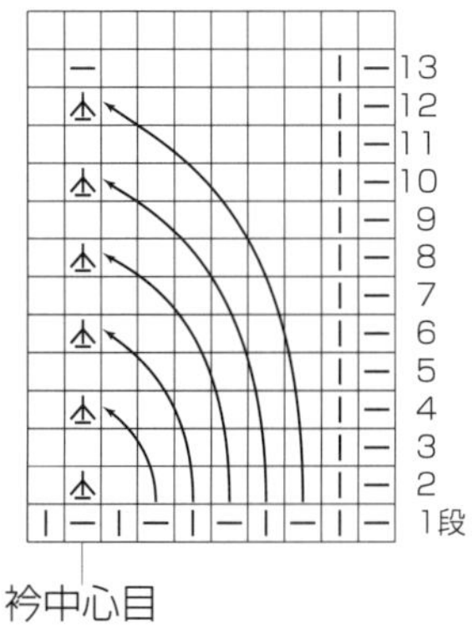

Vネックのゴム編みをつけたあと、左肩も中表に合わせて重ねはぎをする。袖ぐりのゴム編みの拾い方は図4参照。

3.2目×24cm（前アームホール）＝76.8目→77目

3.2目×26cm（後ろアームホール）＝83.2目→83目

77目＋83目＝160目

袖ぐりゴム編みを編んだら、裾ゴム編みから、脇、袖ゴム編みと続けてとじ合わせる。

図4

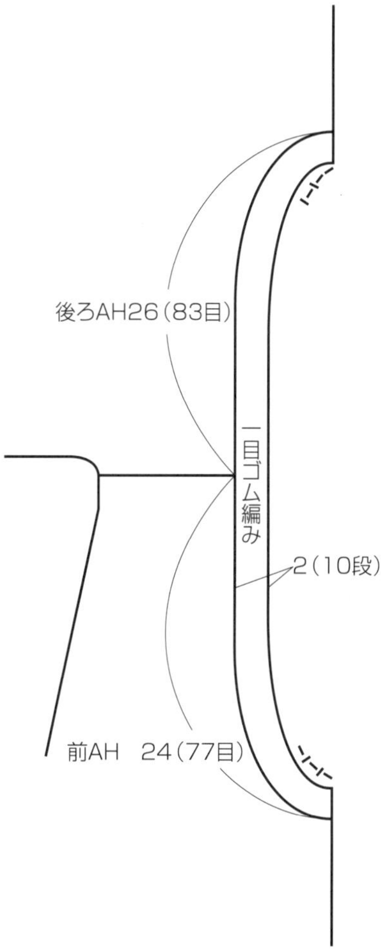

10　プルオーバー（ラグラン直線）

ラグランスリーブとは、衿ぐりから袖ぐりにかけて斜めに切り替えられた袖つけ線で、袖ぐりがゆったりとしているため、腕の動きがとても楽であり、そのため日常着、子供服、スポーツウェアまで幅広く用いられているデザインである。

ここではラグランスリーブの基本となる直線のラグランと、曲線のラグラン、リブ編み地の伸縮性を用いたラグランの3種類を取り上げる。

●作図必要寸法

バスト84cm　背肩幅36cm　背丈38cm　着丈60cm
袖幅36cm　袖丈53cm

●出来上り寸法

バスト96cm　着丈60cm　袖幅36cm　袖丈53cm

●作図順序

原型操作（肩線移動）図1参照

作図をする前に、ラグランスリーブは肩はぎがないため、原型の肩線を図1のように前後の袖ぐりの深さを同寸法にする。作図は前後身頃を重ねて置き、袖の作図を引く。

以下、図2参照

直線ラグランの特徴は、身頃と袖がラグラン線の傾斜を共有している。そのため、縞や横方向の模様がくずれずに編み上がる。肩傾斜がゆるいため、袖ぐりの下側にゆとりが多く残ることもある。

1　衿ぐりサイドネックポイントで2cmカットする。

2　後ろ衿ぐりの深さ、前衿ぐりの深さとも1cmカットしてカーブをかく。

3　前衿ぐり線上で、肩線から2cm下がったところをA点とする。

4　身幅はゆとり分として原型より2cm出し、原型のバストラインより3cm下がる。

5　着丈60cmとして裾リブ丈5cmを引く。

6　基本のラグラン線を引く。3cm下げたバストライン上、2cm内側の点をD点とし、A点を通り後ろ衿ぐり線までそのまま延長する。A点からバストラインに垂直線を引く。交点をB点とする。

7　B点を基点に基本のラグラン線に対して直角線を引き、そのまま延長する。延長線上にB点から基本のラグラン線までの同寸法をとり、C点とする。

8　基本のラグラン線を高さとする、二等辺三角形を引く。

9　三角形の一辺ACと平行にサイドネックポイントから袖山線を引き、袖丈をとる。袖つけがないため、素材、柄、ゲージによっては袖丈が長く出る場合もあるので注意する。袖山線が原型のショルダーポイントより1cm以上下がると背肩幅、袖幅寸法が不足して着にくいラグランスリーブになる。その場合は、袖山線を引き直す。

10　袖幅は袖山線から直角にCとDを結び、身頃から2cm入った寸法をDの延長上にとる。袖山線を中心に反対側に同寸法をとり、後ろ袖幅とする。必ず袖幅寸法の確認をする。後ろ袖つけ線は後ろ衿ぐりがカットされているので引き直す。

11　袖山線から左右に袖口幅を決め、袖下線を引く。

図1　肩線移動

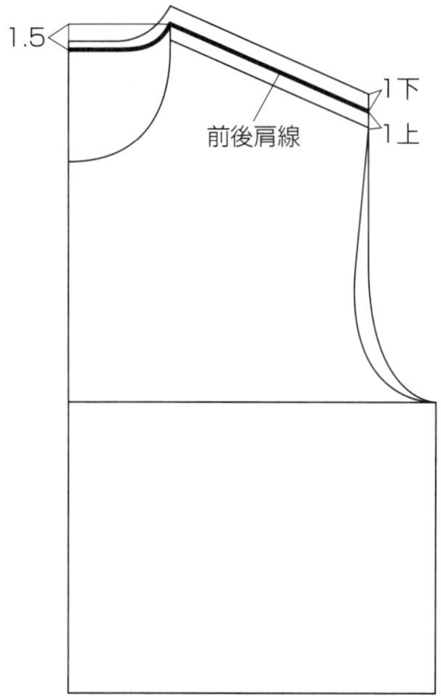
1.5
1下
1上
前後肩線

図2

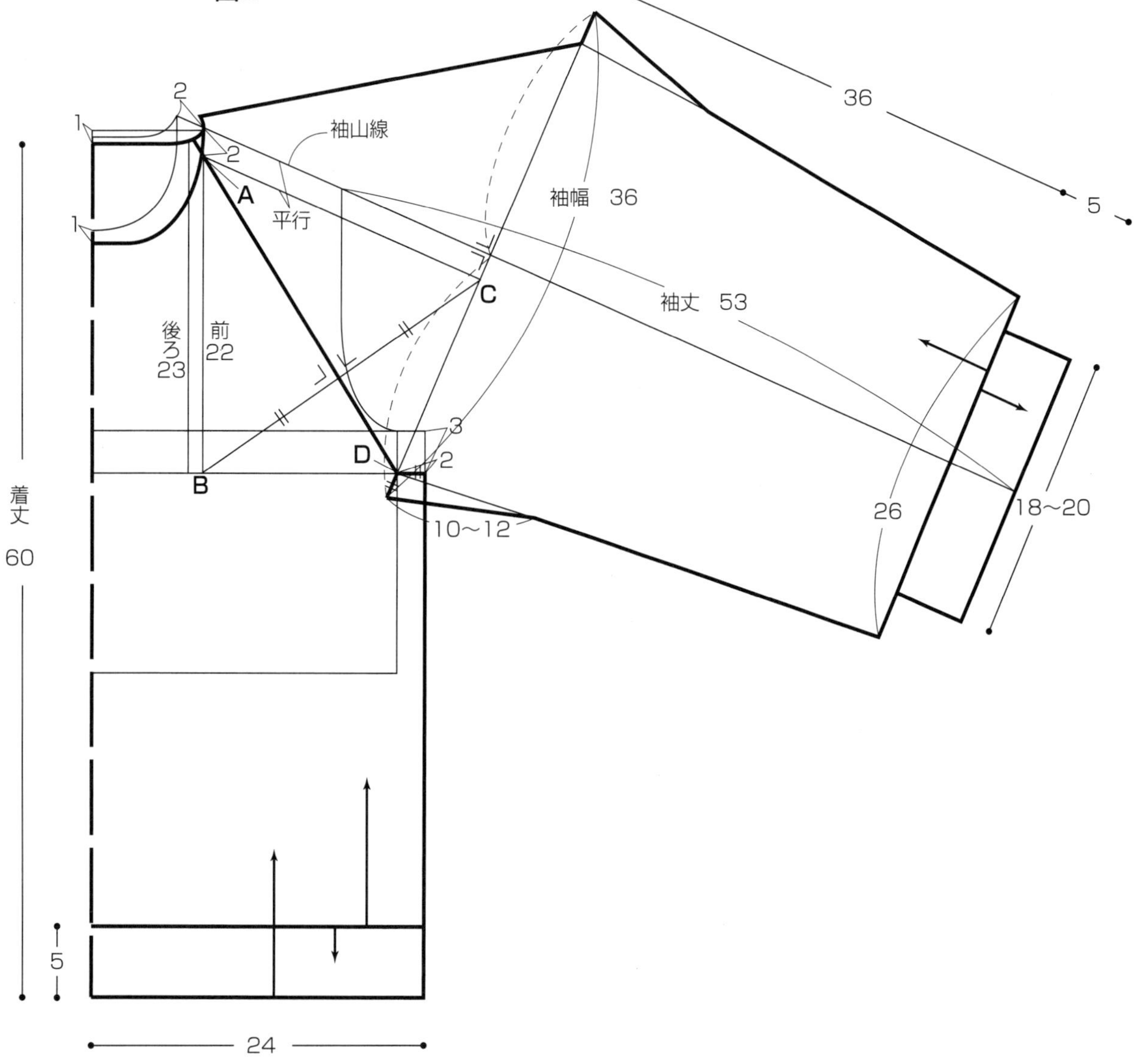
2
1
2
袖山線
A
平行
1
後ろ 23
前 22
C
36
5
袖幅　36
袖丈　53
D
3
2
B
10〜12
26
18〜20
着丈 60
5
24

前身頃、後ろ身頃、袖のパターンに分けると図3～6のようになる。着用しやすくするため、袖にダーツを入れる場合がある。図5にダーツを入れると図6となる。これは袖幅を変えずに、袖山線を中心にして左右に2cmダーツを切り開いた図となる。ダーツの長さは肩幅寸法を目安とする。

図3

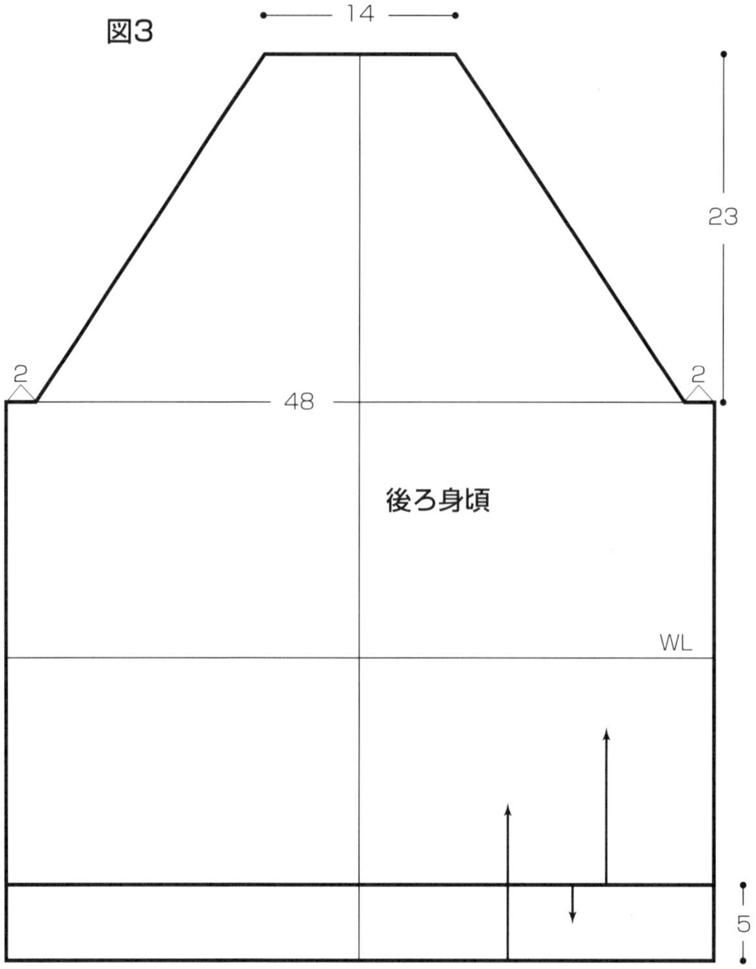

図4

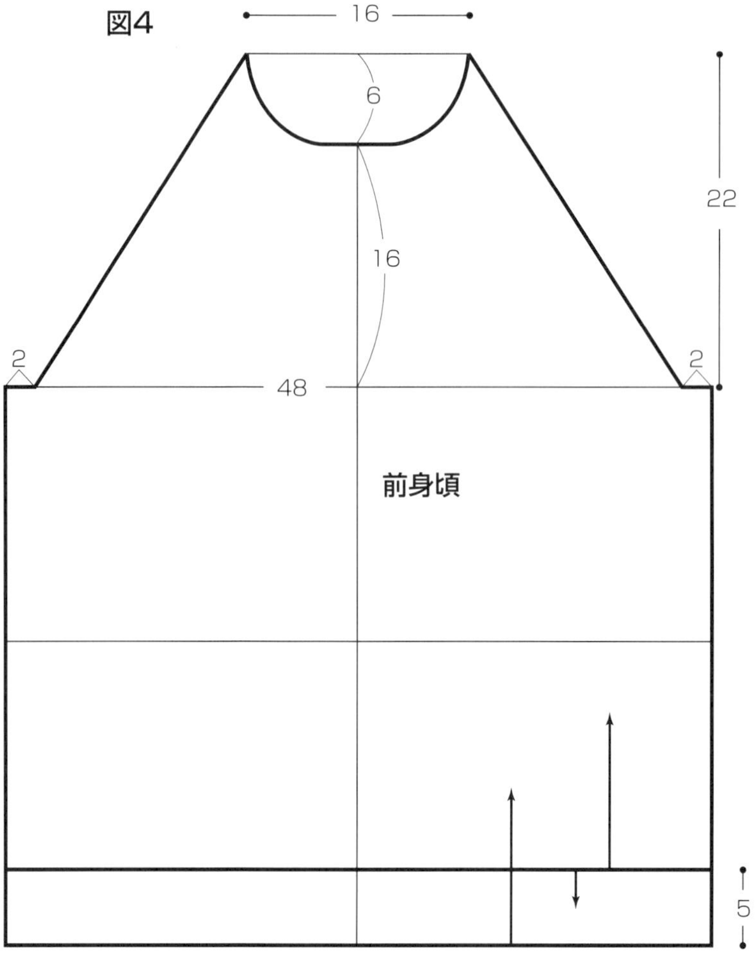

図5

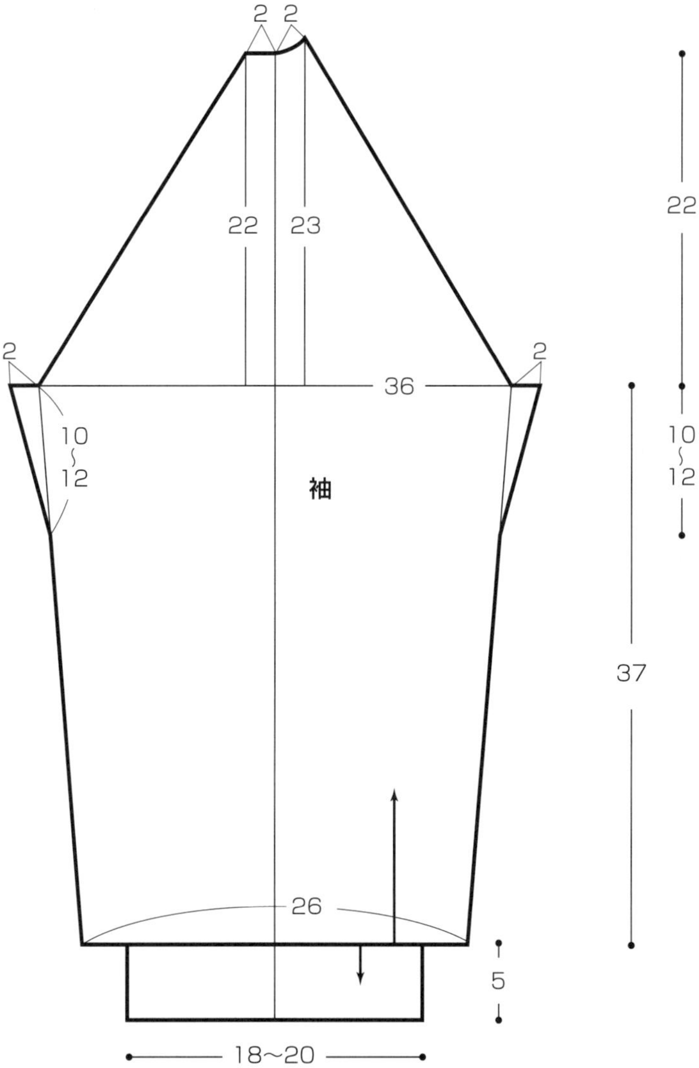
2
2
22
23
22
2
2
36
10
〜
12
10
〜
12
袖
37
26
5
18〜20

図6

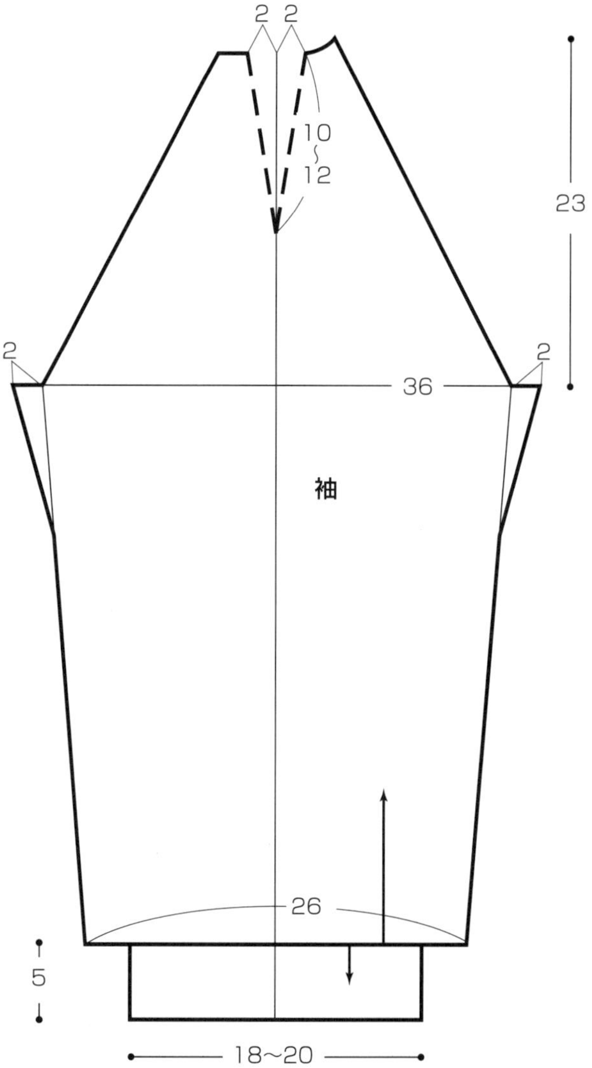
2
2
10
〜
12
23
2
2
36
袖
26
5
18〜20

11　プルオーバー（ラグラン曲線）

デザインにより前後身頃で異なる基本ラグラン線を使用することもある。ここでは共通のラグラン線を使用し、ラグラン線をカーブでかくことにより、体へのフィット感をだす。

図1のように衿肩あき寸法から4cm直下して、衿ぐりに移動した点とバストラインを結び、後ろ衿ぐり線まで延長して、基本ラグラン線とする。

袖山にはダーツが入るので、肩のカーブがきれいに仕上がる。ダーツ分量は展開図のように修正する。

図1

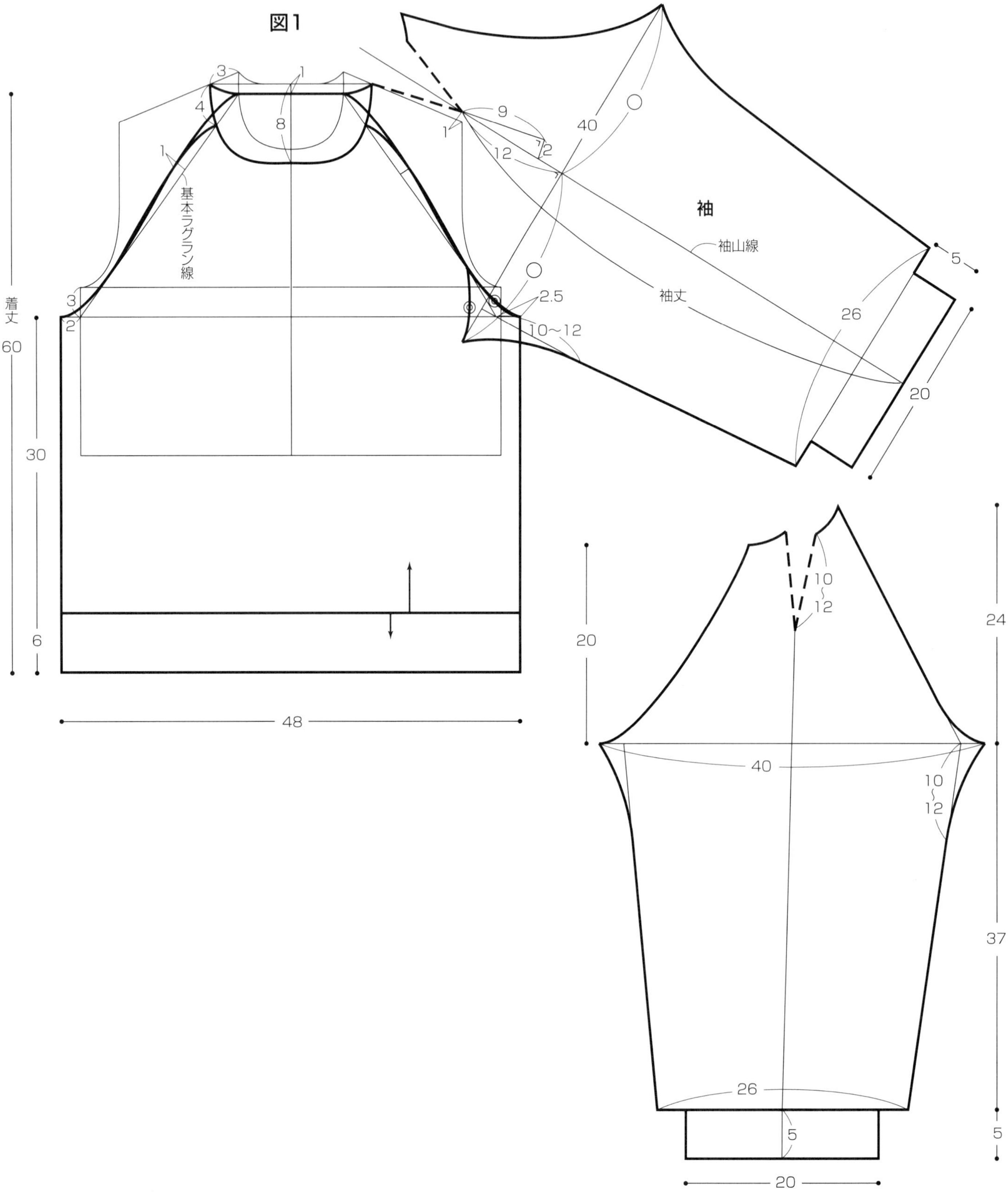

12　プルオーバー（ラグラン・リブ地）

●作図必要寸法
バスト84cm　背肩幅36cm　背丈38cm　着丈55cm
袖幅32cm　袖丈53cm
●出来上り寸法
バスト88cm　着丈55　袖幅32cm　袖丈53cm
袖口幅20cm
●使用量　中細毛糸（4/16）400ｇ
●用具　ゴム編み機（ピッチ4.5mm）
●ゲージ　10cm四方、横32目縦38段
●編み地　2目ゴム編み（2×1）

リブ編み地の伸縮性を生かした作品である。伸縮性のある、2目ゴム編みを用いてラグラン線をデザインした作図。伸縮性に富んだ編み地は、体に自然になじむので、基礎のラグラン作図をより簡略化した作図とする。

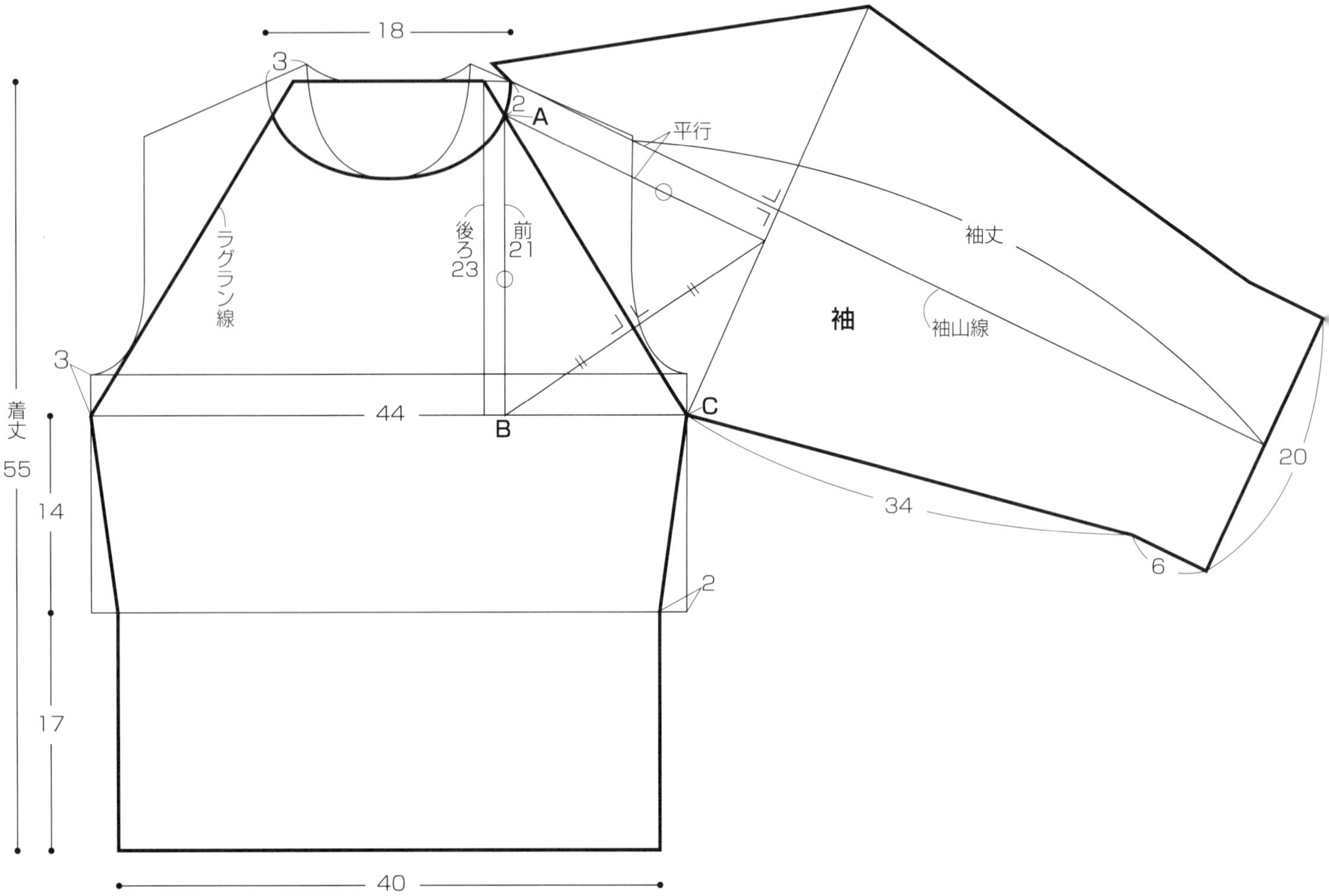

●作図の順序

1　直線ラグランスリーブの作図と同様に、原型操作（肩線移動）をした原型を使用。

2　サイドネックポイントで3cmカットする。

3　基本ラグラン線は肩から2cm下がったところをA点とし、袖ぐり下は原型のバストラインから3cm下がった点をC点とし、A点を通り、後ろ衿ぐり線まで延長する。A点からバストラインに垂直線を引く。交点をB点とする。

4　袖幅、袖丈の引き方は直線ラグランスリーブの作図に基づいて引く。

5　袖は前後袖つけ寸法を同じに修正し、後ろ衿ぐり部分は直線に修正する。

●目数・段数の計算

後ろ身頃の計算

3.2目×40cm=128目（2目ゴム編みのため、4目の倍数＋2目数を作り目とする）

128目＋2目=130目

3.2目×44cm=140目（ラグラン線は3目立て減し目にするため4目の倍数の目数とする）

3.2目×16cm=52目（4目の倍数の目数とする）

3.8段×17cm=64段（裾からウエストまでの段数）

3.8段×14cm=54段（ウエストからバストまでの段数）

3.8段×21cm=80段（アームホールの深さの段数）

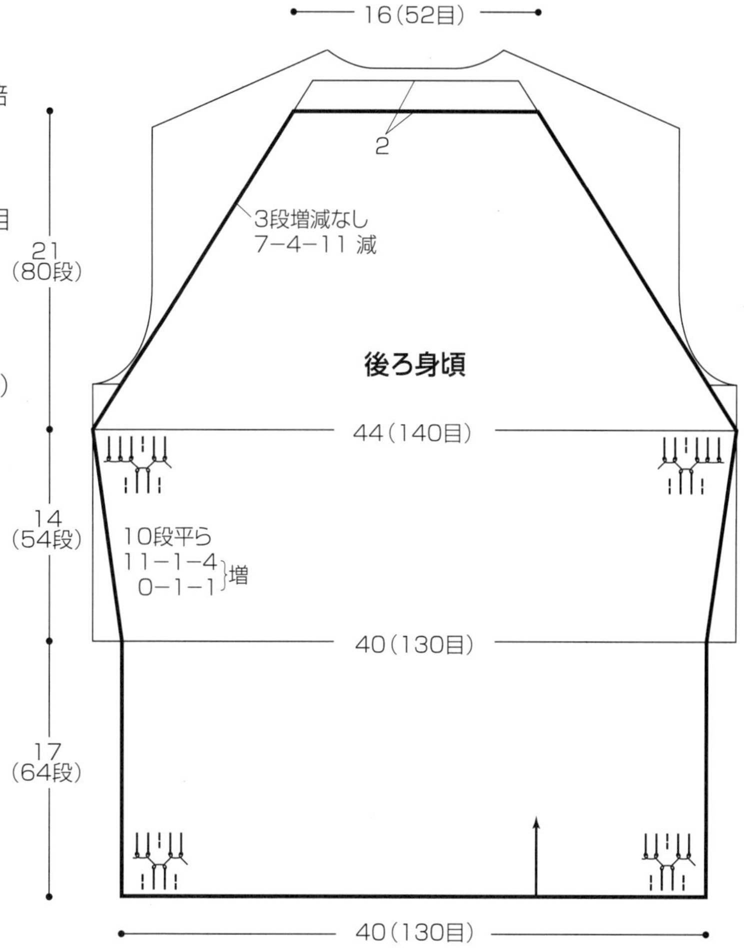

前身頃の計算

3.8段×4cm=14段（前衿ぐり深さの段数）

脇、アームホールの段数は後ろ身頃と同じである。目数は衿ぐりで左右2目ずつ残すことになるので、後ろ身頃の目数に4目加えた目数を作り目とし、増減する。目数は後ろ身頃と同じとする。

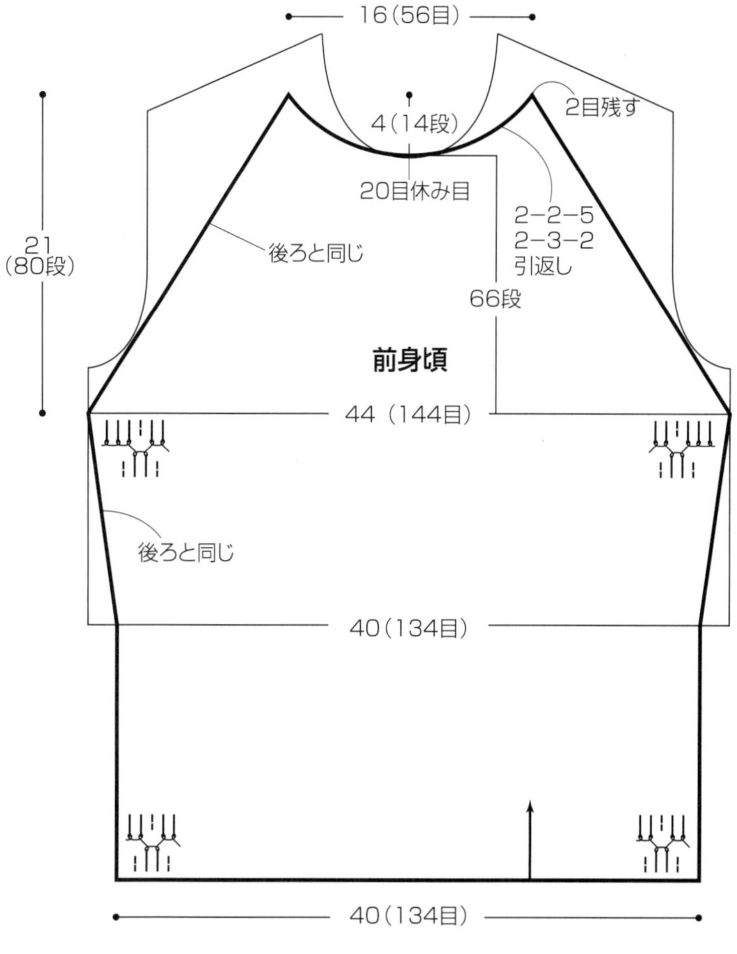

袖の計算

3.2目×20cm=64目（4目の倍数＋2目の目数を作り目とする）
64目+2目=66目
3.2目×32cm＝102目（3目立て減し目にするため、4目の倍数目数とする）
102目＋2目＝104目（3目立て減し目にするため、4目の倍数目数とする）
3.2目×5=16目（4目の倍数の目数とする）

ラグラン線の減し目は2目ゴム編みのため、4目の倍数が減し目となる。身幅の目数から衿肩あきの目数をひき、左右に分けた目数が、減し目数となる。その目数を4目で割って減し目の回数を求める。アームホールの段数を減し目回数に間隔数を加えた数で割る。

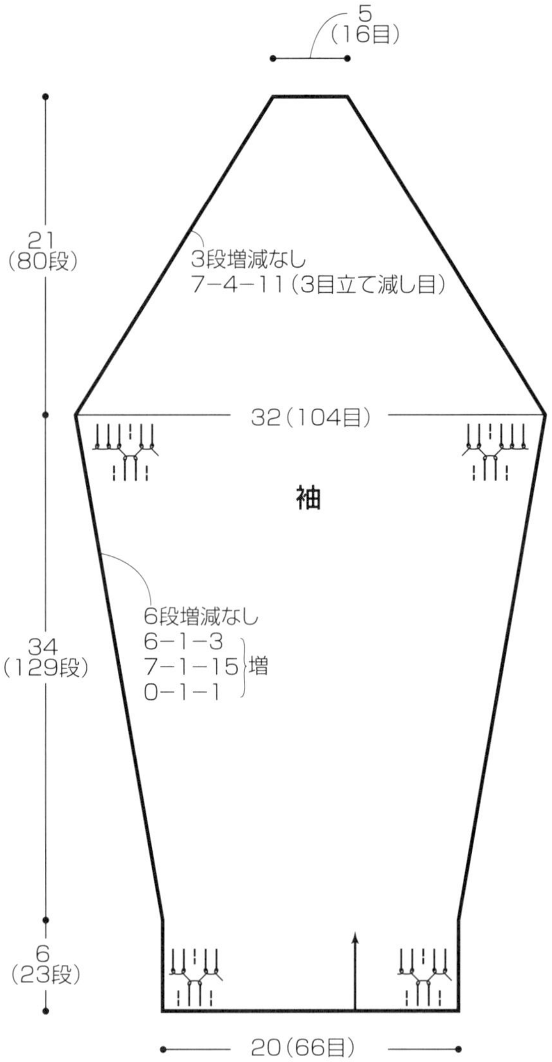

ラグラン線の減し目計算

$\frac{140目（身幅目数）-52目（衿肩あき目数）}{2}$ =44（片方の減し目数）
44目÷4目（2目ゴム編みの1模様）＝11（減し回数）
80段÷（11+1）

6+1=7
12) 80
−8 72
4 8
−1
3

6段増減なし
6段−4目−3回
7段−4目−8回 → 3段増減なし 7−4−11

図1　減し目方法

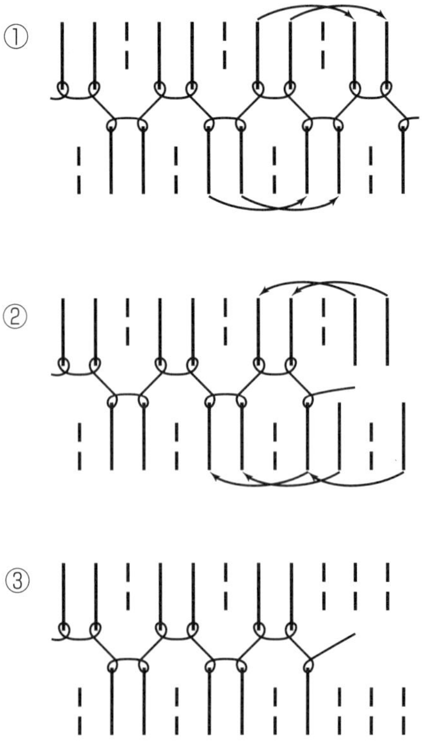

●編み方要点とまとめ方

後ろ身頃

130目作り目をし、脇の増し目をしてラグラン線の減し目に入る。ラグラン線の減し目の方法は、端で行なう場合もあるが、作品では3目立て減し目の方法で行なう。衿肩あきの目数は捨編みをしておく。

前身頃

134目作り目をし、バストラインまでは後ろ身頃と同じに編み進む。ラグラン線の減し目も後ろ身頃と同様、3目立て減し目で行なう。衿ぐり中心20目休み目とし、引返し編みで衿ぐりのラインを編み、最後に左右2目ずつ残して休み目とする。この2目は衿ぐりの始末と袖のまとめにそれぞれ1目ずつ必要となるため、作り目をするとき目数を加えておく。

袖

袖下は端増し目にし、袖つけ線はラグラン線と同様、3目立て減し目とする。袖肩山幅は捨編みとする。

まとめ

前後身頃、袖が編み上がったら後ろ身頃の片方のラグラン線を残して、ほか3か所のラグラン線はとじ合わせる（図2）。前後衿ぐり、袖肩山幅の目を針にかけ、身頃の2目ゴム編みと続くようにし、衿の高さ17cmを編む。衿の編み方はゲージ差を使用して立体的な衿とする。衿をとじるときは折り返したときのことを考えて、約$\frac{1}{3}$のところから表面を見ながらとじ合わせ、とじ目が表面に出ないようにする。そしてラグラン線と脇、袖下をとじ合わせる（図3）。

図2　衿の拾い方

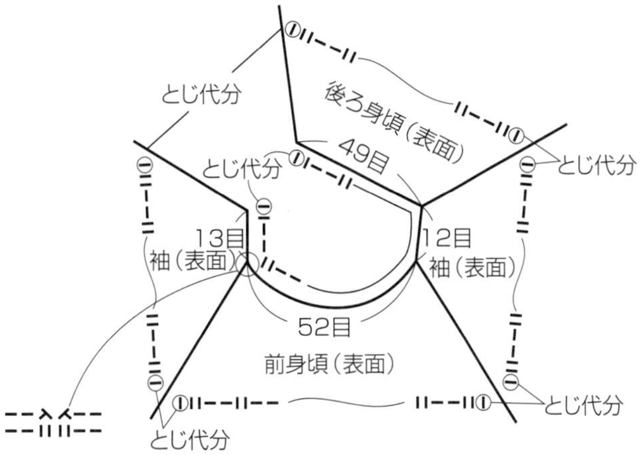

図3　衿の編み方・とじ方

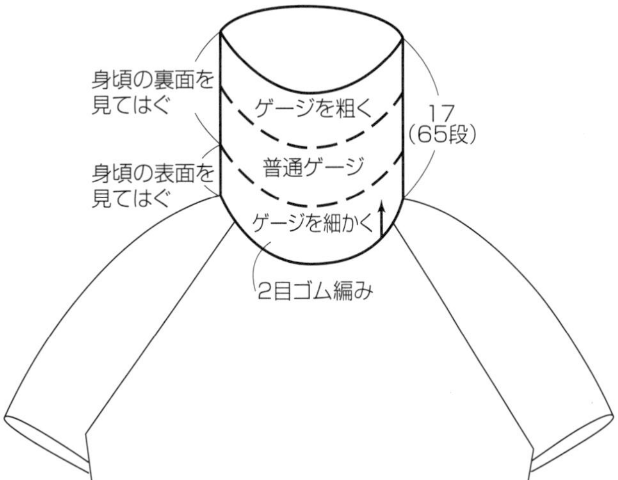

13　ワンピース（衿つき）

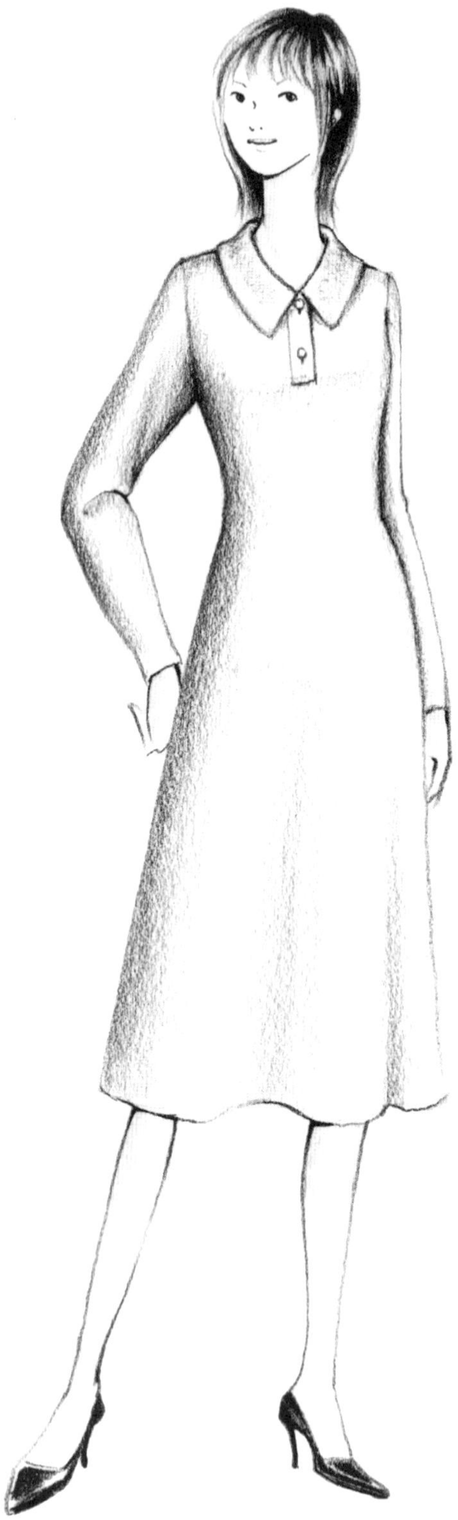

ワンピースとはトップスとスカートがつながっている衣服をいう。作品は前立てつきのシャツカラーとし、素材はスラブヤーンとモヘアを引きそろえて、中間の減し目が目立たないような編み地としている。

●作図必要寸法
バスト84cm　背肩幅36cm　背丈38cm　ヒップ90cm　着丈97cm　袖丈53cm
●出来上り寸法
バスト90cm　背肩幅36cm　着丈97cm　袖丈53cm
●使用量
スラブヤーン550ｇ　モヘア200ｇ
●用具
家庭用手編み機（ピッチ4.5mm）
●ゲージ
10cm四方、横29目縦38段

●作図の要点

前後身頃ともショルダーポイントで1cm上げて肩下がりを修正する。ウエストラインは原型より2cm上げる。機械編みで製作するため、裾幅寸法が限定される。編み目ゲージに基づいて裾幅目数を確認してから裾幅寸法を決める。

●計算の要点

スカート部分はフレアが立体的に出るように、端での減し目は用いず、すべて中間減し目を使用する。裾からヒップラインまでと、ヒップラインからウエストラインまで2段階に分けて、それぞれ平均ゲージを求め、シルエットを出す（平均ゲージの基礎は143ページ参照）。前身頃には胸ダーツを入れて、バストラインで短冊寸法を休み目とする。前後身頃、袖は、164ページの「プルオーバー（機械編み・原型利用）」を参照。

ここではスカートの中間減し目の計算のみとする。

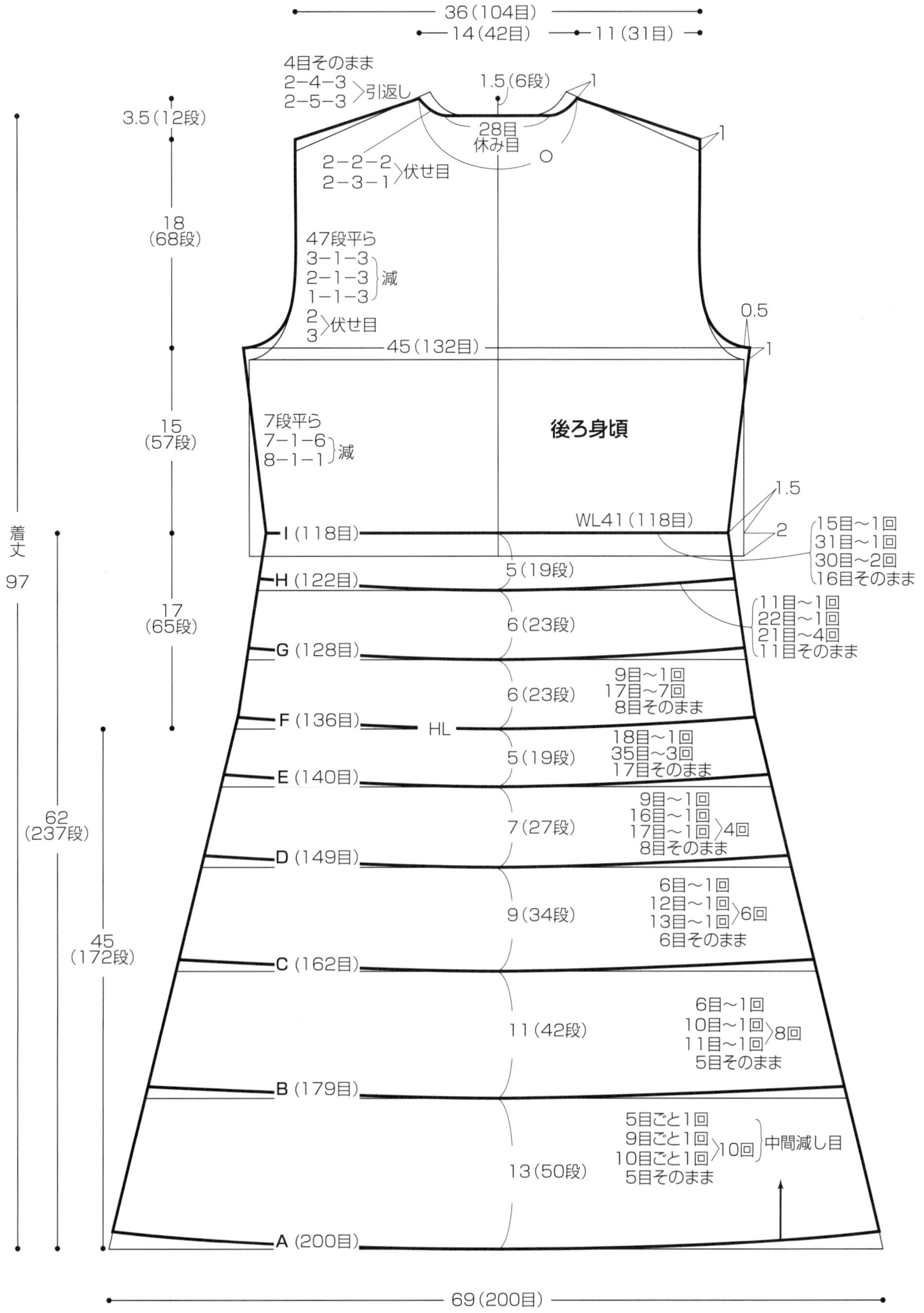
36（104目）
14（42目）
11（31目）
4目そのまま
2−4−3
2−5−3
引返し
1.5（6段）
1
3.5（12段）
28目
休み目
1
2−2−2
2−3−1
伏せ目
18
（68段）
47段平ら
3−1−3
2−1−3
1−1−3
減
2
3
伏せ目
0.5
45（132目）
1
15
（57段）
7段平ら
7−1−6
8−1−1
減
後ろ身頃
1.5
WL41（118目）
2
I（118目）
15目〜1回
31目〜1回
30目〜2回
16目そのまま
着丈
97
5（19段）
H（122目）
11目〜1回
22目〜1回
21目〜4回
11目そのまま
17
（65段）
6（23段）
G（128目）
9目〜1回
17目〜7回
8目そのまま
6（23段）
62
（237段）
F（136目）
HL
18目〜1回
35目〜3回
17目そのまま
5（19段）
E（140目）
9目〜1回
16目〜1回
17目〜1回
4回
8目そのまま
7（27段）
D（149目）
45
（172段）
6目〜1回
12目〜1回
13目〜1回
6回
6目そのまま
9（34段）
C（162目）
6目〜1回
10目〜1回
11目〜1回
8回
5目そのまま
11（42段）
B（179目）
5目ごと1回
9目ごと1回
10目ごと1回
10回
中間減し目
5目そのまま
13（50段）
A（200目）
69（200目）

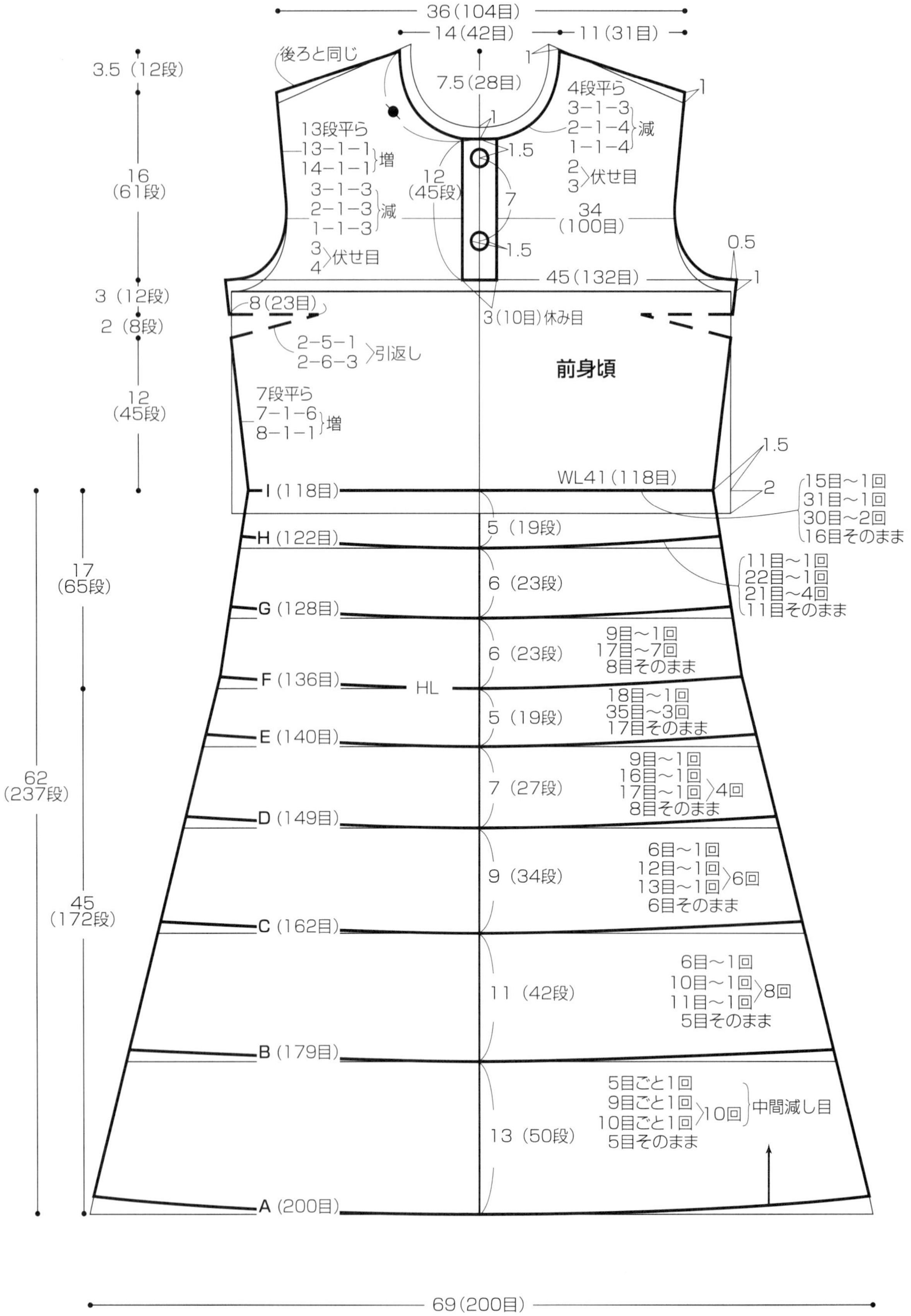
36(104目)
14(42目)
11(31目)
後ろと同じ
3.5(12段)
7.5(28目)
1
1
4段平ら
3−1−3
2−1−4
1−1−4
減
2
3
伏せ目
1
1.5
13段平ら
13−1−1
14−1−1
増
16
(61段)
3−1−3
2−1−3
1−1−3
減
3
4
伏せ目
12
(45段)
7
34
(100目)
1.5
0.5
1
45(132目)
3(12段)
8(23目)
3(10目)休み目
2(8段)
2−5−1
2−6−3
引返し
前身頃
12
(45段)
7段平ら
7−1−6
8−1−1
増
1.5
WL41(118目)
2
I(118目)
15目〜1回
31目〜1回
30目〜2回
16目そのまま
H(122目)
5(19段)
17
(65段)
11目〜1回
22目〜1回
21目〜4回
11目そのまま
G(128目)
6(23段)
9目〜1回
17目〜7回
8目そのまま
6(23段)
F(136目)
HL
18目〜1回
35目〜3回
17目そのまま
5(19段)
E(140目)
62
(237段)
9目〜1回
16目〜1回
17目〜1回
4回
8目そのまま
7(27段)
D(149目)
6目〜1回
12目〜1回
13目〜1回
6回
6目そのまま
9(34段)
45
(172段)
C(162目)
6目〜1回
10目〜1回
11目〜1回
8回
5目そのまま
11(42段)
B(179目)
5目ごと1回
9目ごと1回
10目ごと1回
10回
中間減し目
5目そのまま
13(50段)
A(200目)
69(200目)

●中間減し目の計算

B線上の中間減し目

200目（A線目数）−179目（B線目数）＝21目（B線上の減し目数）

200目÷21

9+1=10
21）200
−11　189
10　11

9目−10回
10目−11回
→
5目−1回
9目−1回
10目−1回 }10回繰り返す
5目そのまま

C線上の中間減し目

179目（B線目数）−162目（C線目数）＝17目（C線上減し目数）

179目÷17目

10+1=11
17）179
−9　170
8　9

10目−　8回
11目−　9回
→
6目−1回
10目−1回
11目−1回 }8回繰り返す
5目そのまま

D線上の中間減し目

162目（C線目数）−149目（D線目数）＝13目（D線上の減し目数）

162目÷13目

12+1=13
13）162
−6　156
7　6

12目−7回
13目−6回
→
6目−1回
12目−1回
13目−1回 }6回繰り返す
6目そのまま

E線上の中間減し目

149目（D線目数）−140目（E線目数）＝9目（E線上の減し目数）

149目÷9

16+1=17
9）149
−5　144
4　5

16目−4回
17目−5回
→
9目−1回
16目−1回
17目−1回 }4回繰り返す
8目そのまま

F線上の中間減し目（ヒップライン）

140目（E線目数）−136目（F線目数）＝4目（F線上の減し目数）

140目÷4目

35
4）140
140
0

35目−4回
→
18目−1回
35目−3回
17目そのまま

G線からI線までは同様に計算する

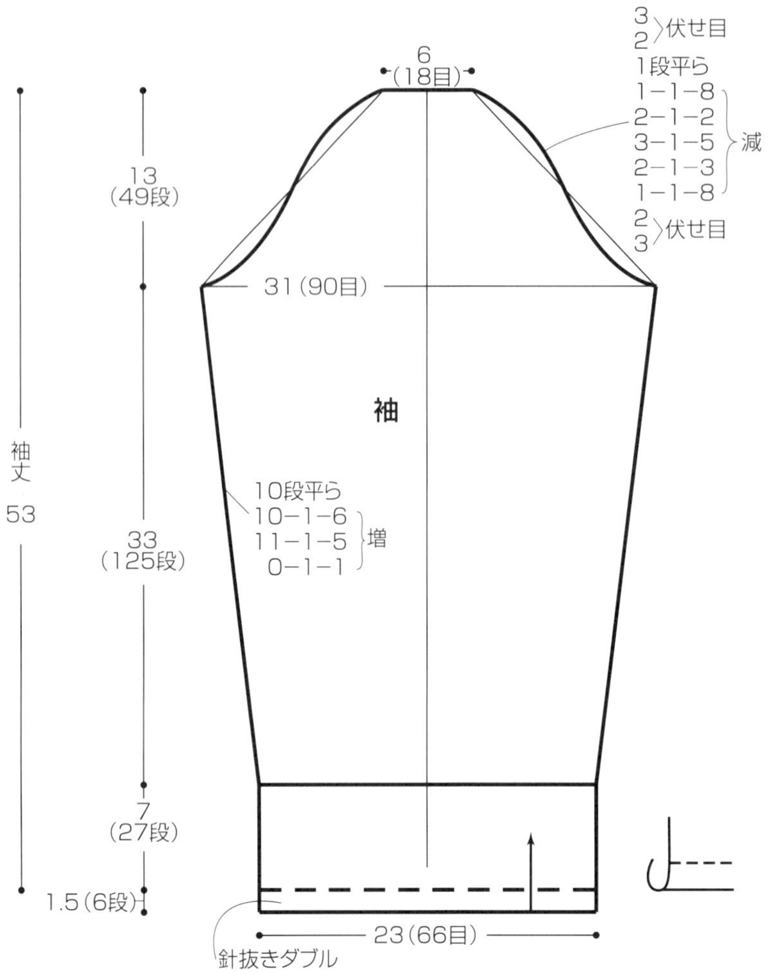
6
(18目)
3
2
伏せ目
1段平ら
1−1−8
2−1−2
3−1−5
2−1−3
1−1−8
減
2
3
伏せ目
13
(49段)
31(90目)
袖
袖丈
53
10段平ら
10−1−6
11−1−5
0−1−1
増
33
(125段)
7
(27段)
1.5(6段)
23(66目)
針抜きダブル

図1

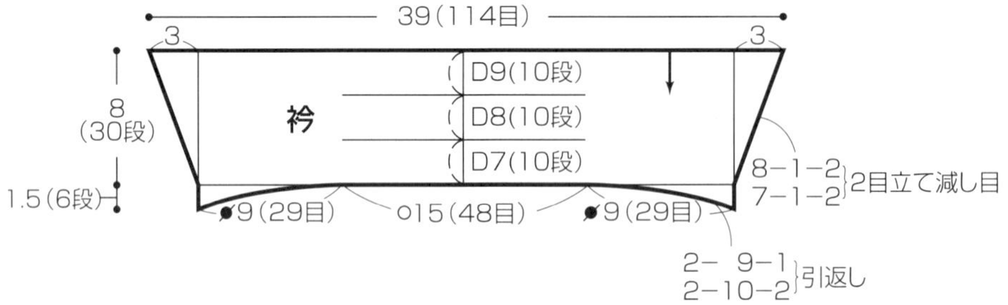
39(114目)
3
3
8
(30段)
衿
D9(10段)
D8(10段)
D7(10段)
1.5(6段)
9(29目)
○15(48目)
9(29目)
8−1−2
7−1−2
2目立て減し目
2− 9−1
2−10−2
引返し

●編み方要点

裾、袖口は折返し部分を針抜きで編み、厚みを抑える。スカート部分A線からI線まで8段階の中間減し目で編むが、減し目を行なうときには2通りの方法がある。ひとつは機械上で目を移動する方法。もうひとつは捨編みをして機械からはずし、かけ直しながら減し目をする方法である。減し目数や素材などにより適した方法で行なうとよい。

この作品は裏目を表地として使用するため、前後身頃の肩下がりや胸ダーツの引返しは、裏目の引返しとなる。

前身頃の短冊部分は休み目とし、左右に分けて編むが、そのとき突出し増し目が必要となる。衿は外回りから編み始め、衿先寸法を減し目をして衿こし部分は引返し編みとする。基本ゲージのダイヤルを中間におき、ダイヤル調節しながら編む（214ページ図1参照）。

●機械編みボタンホール

機械編みで行なうボタンホールには2通りの方法がある。ひとつは別糸を穴の目数だけ編み入れる方法（図2参照）、もうひとつは掛け目をして作る方法である。ここでは別糸を穴の目数だけ編み入れる方法の説明をする。まず別糸をボタンホールの目数だけ編み入れ（①）、編上り後に別糸を抜き取り、②のように伸びないように芯糸を入れてかがる。

図2

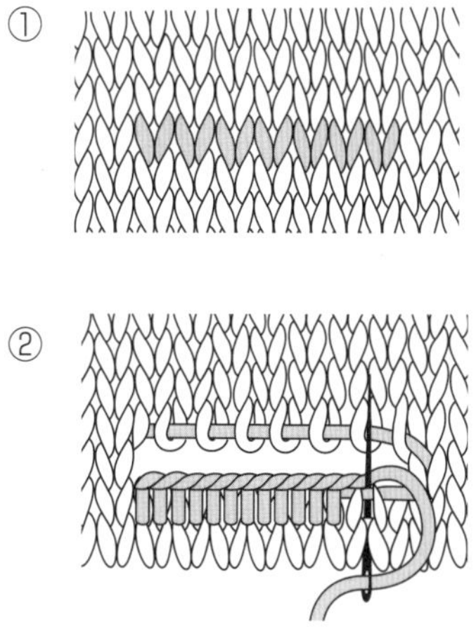

●まとめの要点

実物大作図に合わせて、全体にプレス仕上げをする。中間減し目を使用した場合、脇線がつりぎみに編み上がる場合があるので、テンションを調節する。裏目を表地として使用するため、脇とじは1段ごとのとじ合せとする。衿つけは、衿、身頃を1cmほど重ね合わせて表側、裏側とまつる（図3参照）。衿と前立ての端の始末は細編みでまとめる。

図3

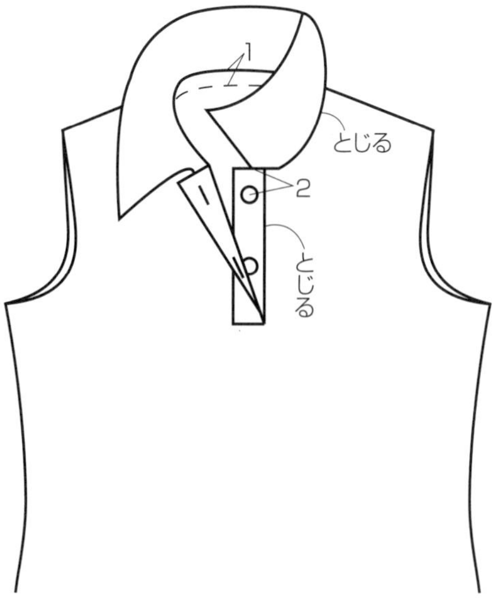

前立ての拾い目

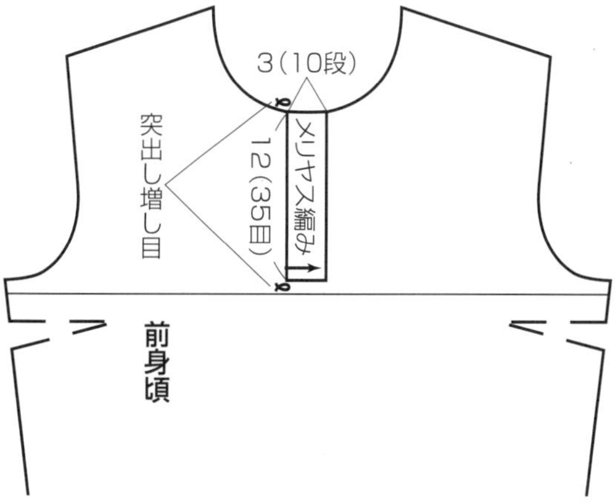

14　フレンチスリーブ（斜め編み）

●**作図必要寸法**
バスト84cm　背肩幅36cm　背丈38cm　着丈50cm
●**出来上り寸法**
バスト90cm　着丈50cm
●**使用量**
中細毛糸（4/16）220ｇ（A色160ｇ　B色60ｇ）
●**用具**　家庭用手編み機（ピッチ4.5mm）
●**ゲージ**　10cm四方、横30目縦38段
●**編み地**　メリヤス編み（A色10段、B色4段の縞）

袖つけ線がなく身頃から続いている袖で、袖丈は短い袖から長い袖まであり、キモノスリーブともいう。身頃と続けて編まれているため、着用しやすい。
トリミングを工夫して、ブラウス感覚としても着用できるセーターである。

●斜め編みとは

斜め編みは斜めに模様や縞を入れるとき、その模様に対して直角に左右を増減しながら成型をすることができる。傾斜の角度や方向によって、また配色の入れ方、縞幅、編み地などで着たときに細く見えたり、太く見えたりするので、着る人の好みを確かめて製作にあたることが必要である。斜めに編むには、最初に斜めの角度を決めなければならない。その決めた線を「基本線」とし、この基本線に対して平行、または直角に編み進むこととする。
まず斜め編み作品を製作する上で、次のことを理解して作図することが大切である。(1) 基本線と編み目方向の関係、(2) 基本線の決め方、(3) 基本線を基にした三角形の区切り方、(4) 三角形の計算法。
以下、それぞれについて説明する。

(1) 基本線と編み目方向の関係

編み進む斜めの方向により、次のように分類される。

図1　すべて一方的に斜線が出る。

図2　斜線がV字形に出る（中心はぎになる）。

図3　斜線が逆V字形に出る（中心はぎになる）。

それぞれの傾斜のもつ特徴としては。

図1　流れが一方向なので背の高い人に向く。前後身頃の脇で模様が合うように注意する。

図2　傾斜が中心でぶつかるため、細く見せる効果がある。衿あきを傾斜と同じにすると、増減せずにVネックをきれいに作ることができる。

図3　ラグラン線に合わせた角度などに使用するとおもしろいデザインとなる。図2、3のように中心にはぎを入れるとき、縞が中心でV字形または山形に合うような場合は、中心を半返し縫いやミシンを使用してもきれいに直線のはぎができる。編み目方向と模様の関係をよく考慮してデザインする必要がある。

図1

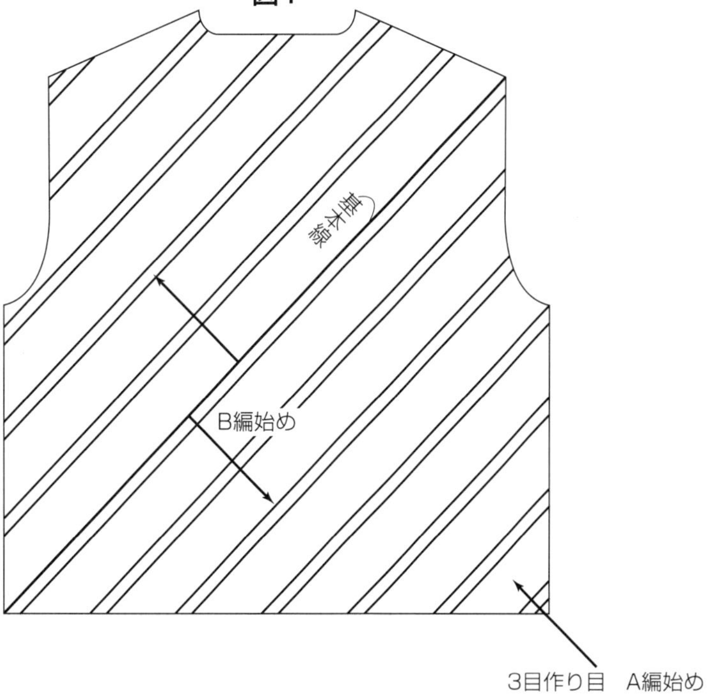

図2

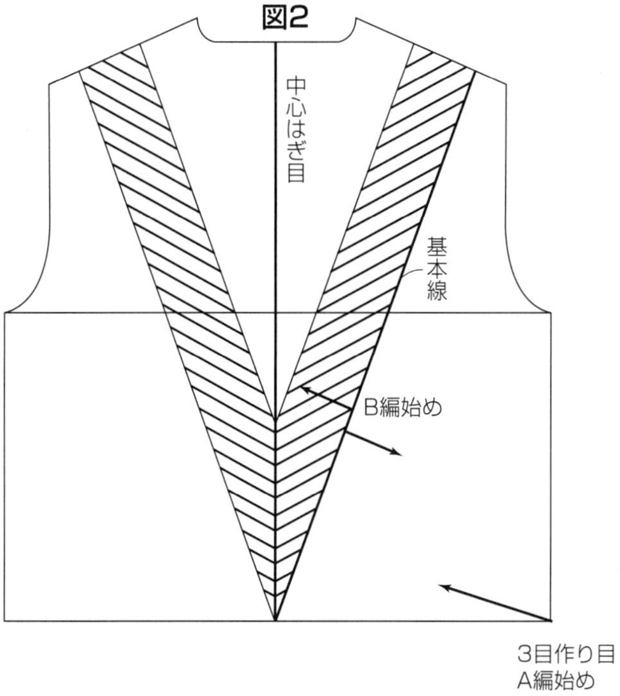

図3

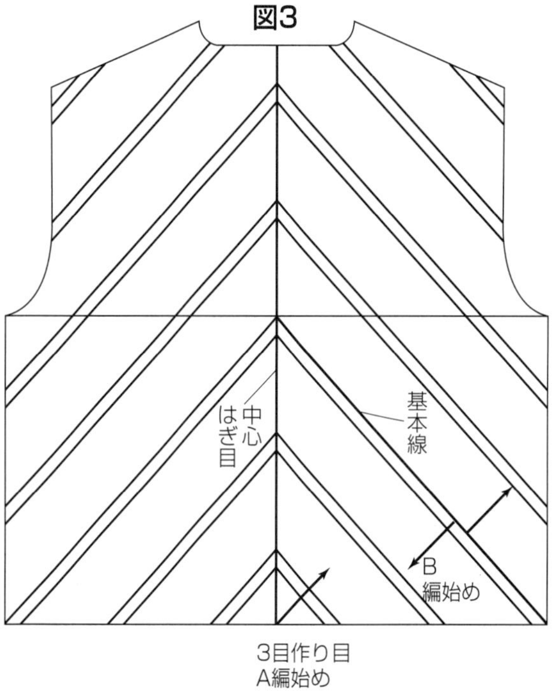

(2) 基本線の決め方

斜めの角度を決め、その角度で作図上最も長い斜線を引き、これを基本線とする。

基本線は自由に決めてよいが、作図上の斜めの線が最も長い位置を基本線とすると、細かい計算をする上で便利である。

斜め編みはすべて基本線に対して、平行または直角に編み進む。図4の基本線では、①は逆目を拾うことのできないすべての模様編みの編み目方向となり、②は逆目を拾うことのできる模様の編み目方向となる。逆目を拾うと、半目のずれが生じるが、すべて減し目で成型できるため端をきれいに編み立てることができる。図5は縦につながる模様（縄編み・ゴム編みなど）の場合の基本線である。編始めの矢印に対して基本線は、段数で表わされる。

手編みの場合は基本線の長さに限度はないが、手編み機を使用する場合には限度があるため、必ず目数の確認をする必要がある。200目を超える場合には、はぎ合わせることを考えなければならない。はぎ線をデザイン線に利用するとよい。

図4

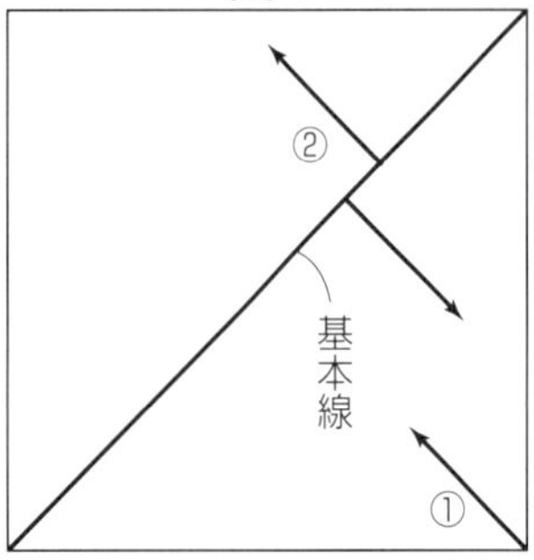

図5

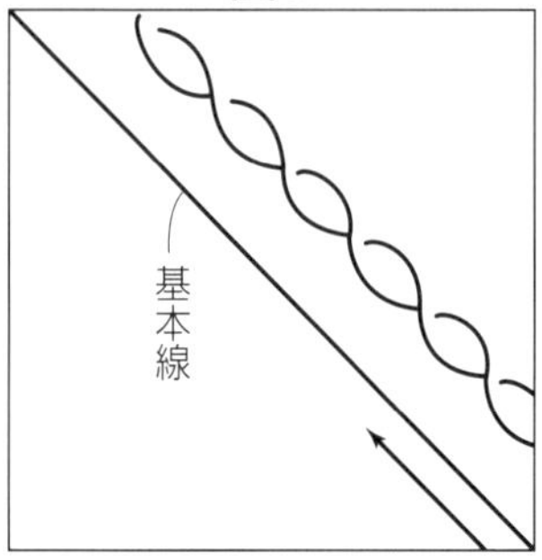

(3) 基本線を基にした三角形の区切り方

基本線が決まって編む順序にそって、基本線に対して平行または直角に、できるだけ大きな三角形になるように区切る（図6、7参照）。

図6

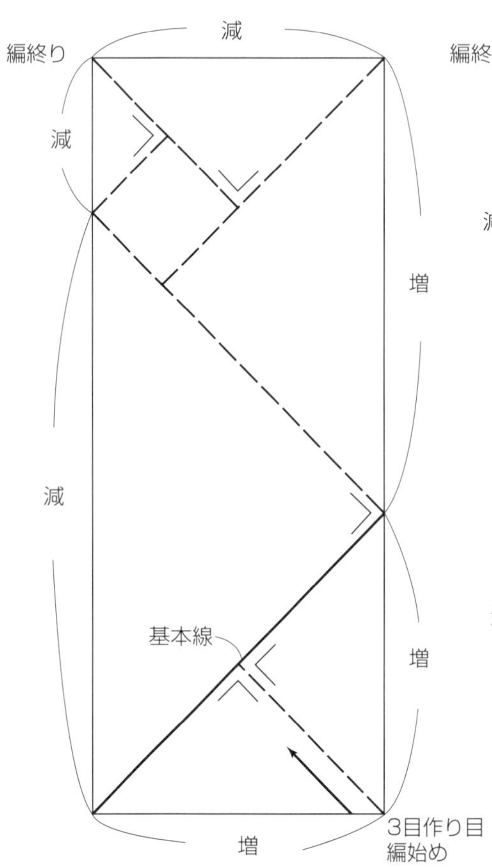

図7

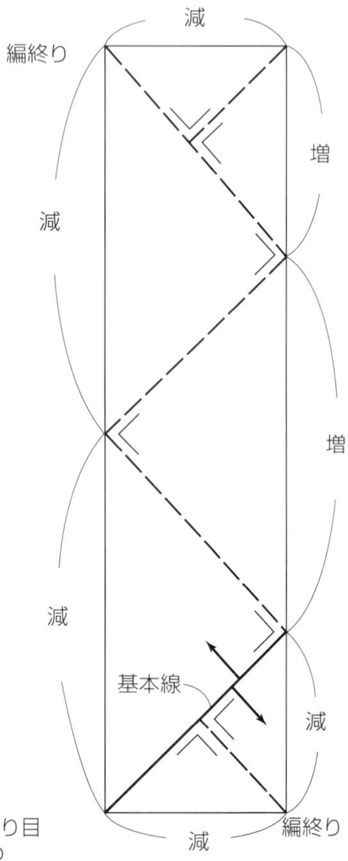

(4) 三角形の計算法

区切った三角形に目数、段数を正確に記入する。編始めに近い三角形から計算をしていく。このとき計算に必要な間隔のことを考慮して計算する。図6の場合、編始めに3目作り目をする。この理由は1目の作り目から編み始めると角が細く伸びやすいため、3目の作り目とする。この3目の作り目は、最初の三角形の目数より控えて計算する。この場合は逆目を拾うと模様がくずれるような場合に使用する。図7はメリヤス編みとか、縞模様などのように目を逆に拾っても模様がくずれない場合に使用する。増し目で成型するより減し目でするほうがきれいに成型することができる。

(5) ゲージグラフを使用する場合

ゲージグラフを使用する場合は実物大作図の輪郭をゲージグラフに写し取る。ゲージグラフを使用して増し目、減し目を読み取る。

●作図の要点

肩線移動した原型を使用し、肩先で1.5cm上げ、袖丈はショルダーポイントより7cm出して、着丈は50cmとする。衿ぐりは縦編みより伸縮が少ないため、衿肩あき寸法、衿下がりなどの寸法は多少大きめに作図をする必要がある。作品では原型よりサイドネックポイントで4cmカットし、前衿下がりを10cmとする。

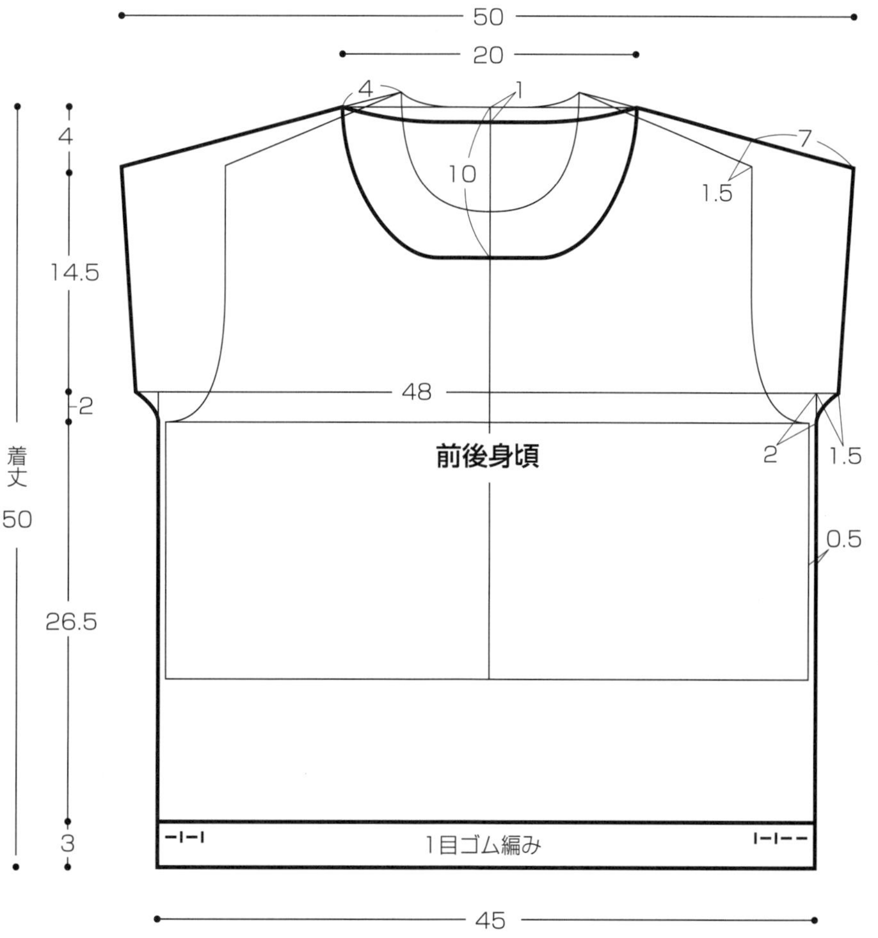

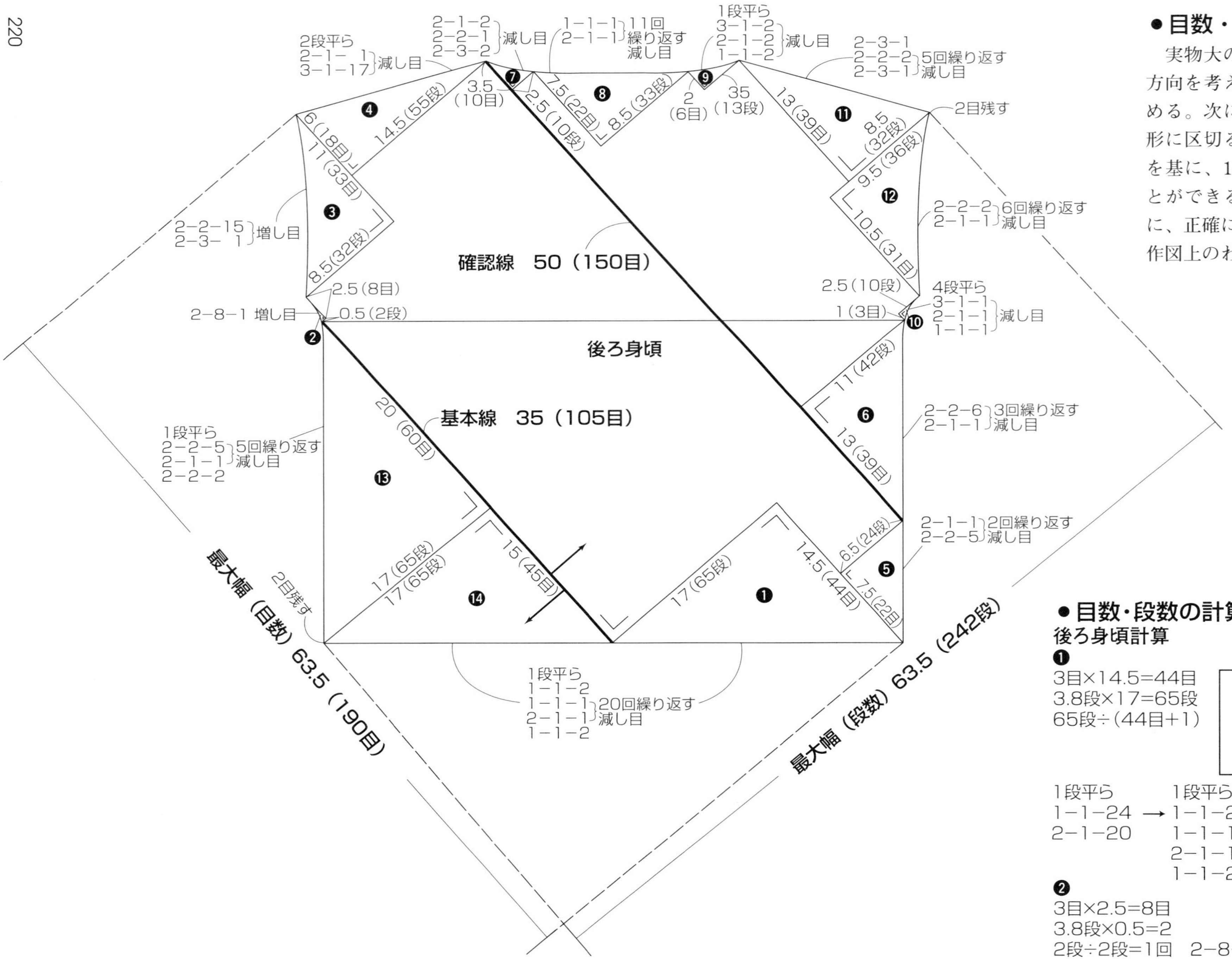

●目数・段数の割出し方

実物大の作図をして、編み目方向を考え、編始めの位置を決める。次に基本線に基づき三角形に区切る。後ろ身頃は基本線を基に、14の三角形に区切ることができる。それぞれの三角形に、正確に目数、段数を記入し、作図上のわかりやすい線を選び、確認線として、必ず増減の目数と段数を確認することが必要である。前身頃は、18の三角形に区切ることができる。前衿ぐり部分は曲線となるため小さい三角形の区切りとなる。

●目数・段数の計算

後ろ身頃計算

❶

3目×14.5=44目
3.8段×17=65段
65段÷（44目+1）

```
     1+1=2
 45)65
-20 45
 25 20
 -1
 24
```

1段平ら → 1段平ら
1−1−24 → 1−1−2
2−1−20 　 1−1−1 ｝20回繰り返す
　　　　　2−1−1 ｝減し目
　　　　　1−1−2

❷

3目×2.5=8目
3.8段×0.5=2
2段÷2段=1回　2−8−1増し目

❸

3目×11=33目
3.8段×8.5=32段
32段÷2段=16回
33目÷16回

```
      2+1=3
 16)33
 - 1 32
   15  1
```

2−2−15
2−3− 1 } 増し目

❹

3目×6=18目
3.8×14.5=55段
55段÷（18目+1）

```
      2+1=3
 19)55
 −17 38
    2 17
   −1
    1
```

2段平ら
2−1− 1
3−1−17 } 減し目

❺−a

3目×7.5=22目
3.8段×6.5=24段
a　24段÷22目

```
      1+1=2
 22)24
  −2 22
  20  2
```

2−1−2　　2−1−2
1−1−20 → 2−2−10 → 2−1−1
2−2−5 } 2回繰り返す減し目

❺−b

b　24段÷2=12回
22目÷12回

```
      1+1=2
 12)22
 −10 12
    2 10
```

2−1− 2 → 2−1−1
2−2−10　 2−2−5 } 2回繰り返す減し目

❻

3目×13=39目
3.8段×11=42段
42段÷39目

```
      1+1=2
 39)42
  −3 39
  36  3
```

1−1−36 → 2−2−18 → 2−2−6
2−1− 3　 2−1− 3　 2−1−1 } 3回繰り返す減し目

❼

3目×3.5=10目
3.8段×2.5=10段
10段÷2段=5
10目÷5回

```
     2
 5)10
   10
    0
```

目数分解
2−2−5 < 2−1−2 / 2−2−1 / 2−3−2 } 減し目

❽

3目×7.5=22目
3.8段×8.5=33段
33段÷22目

```
      1+1=2
 22)33
 −11 22
  11 11
```

1−1−11　 1−1−1
2−1−11 → 2−1−1 } 11回繰り返す減し目

❾

3目×2=6目
3.8段×3.5=13段
13段÷（6目+1）

```
      1+1=2
  7)13
 −6  7
  1  6
 −1
  0
```

段数分解
1段平ら
2−1−6 < 3−1−2 / 2−1−2 / 1−1−2 } 減し目

❿

3目×1=3目
3.8段×2.5=10段
10段−4段=6段
└→（増減なく編む段数）
6段÷3目

```
    2
 3) 6
    6
    0
```

段数分解
4段平ら
2−1−3 < 3−1−1 / 2−1−1 / 1−1−1 } 減し目

⓫

3目×13=39目
3.8段×8.5=32段
32段÷2段=16回
39目−1目=38目
└→（編終り残し目）
38目÷16回

```
      2+1=3
 16)38
 − 6 32
   10  6
```

2−2−10　 2−3−1
2−3−6 → 2−2−2
2−3−1 } 5回繰り返す減し目

⓬

3目×10.5=31目
3.8×9.5=36段
31目−1目=30目
└→（編終り残し目）

```
      1+1=2
 30)36
 − 6 30
   24  6
```

1−1−24 → 2−2−12 → 2−2−2
2−1− 6　 2−1− 6　 2−1−1 } 6回繰り返す減し目

⓭

3目×20=60目
3.8段×17=65段
60目−1目=59目
└→（編終り残し目）
65段÷（59目+1）

```
      1+1=2
 60)65
 − 5 60
   55  5
   −1
   54
```

1段平ら　　　　　 1段平ら
1−1−54 → 2−2−27 → 2−2−5
2−1−5　 2−1−5　 2−1−1 } 5回繰り返す減し目
2−2−2

⓮

3目×15=45目
3.8×17=65段
45目−1目=44目
└→（編終り残し目）
65段÷（44目+1）

```
      1+1=2
 45)65
 −20 45
  25 20
  −1
  24
```

1段平ら　 1段平ら
1−1−24 → 1−1−2
2−1−20　 1−1−1
2−1−1 } 20回繰り返す減し目
1−1−2

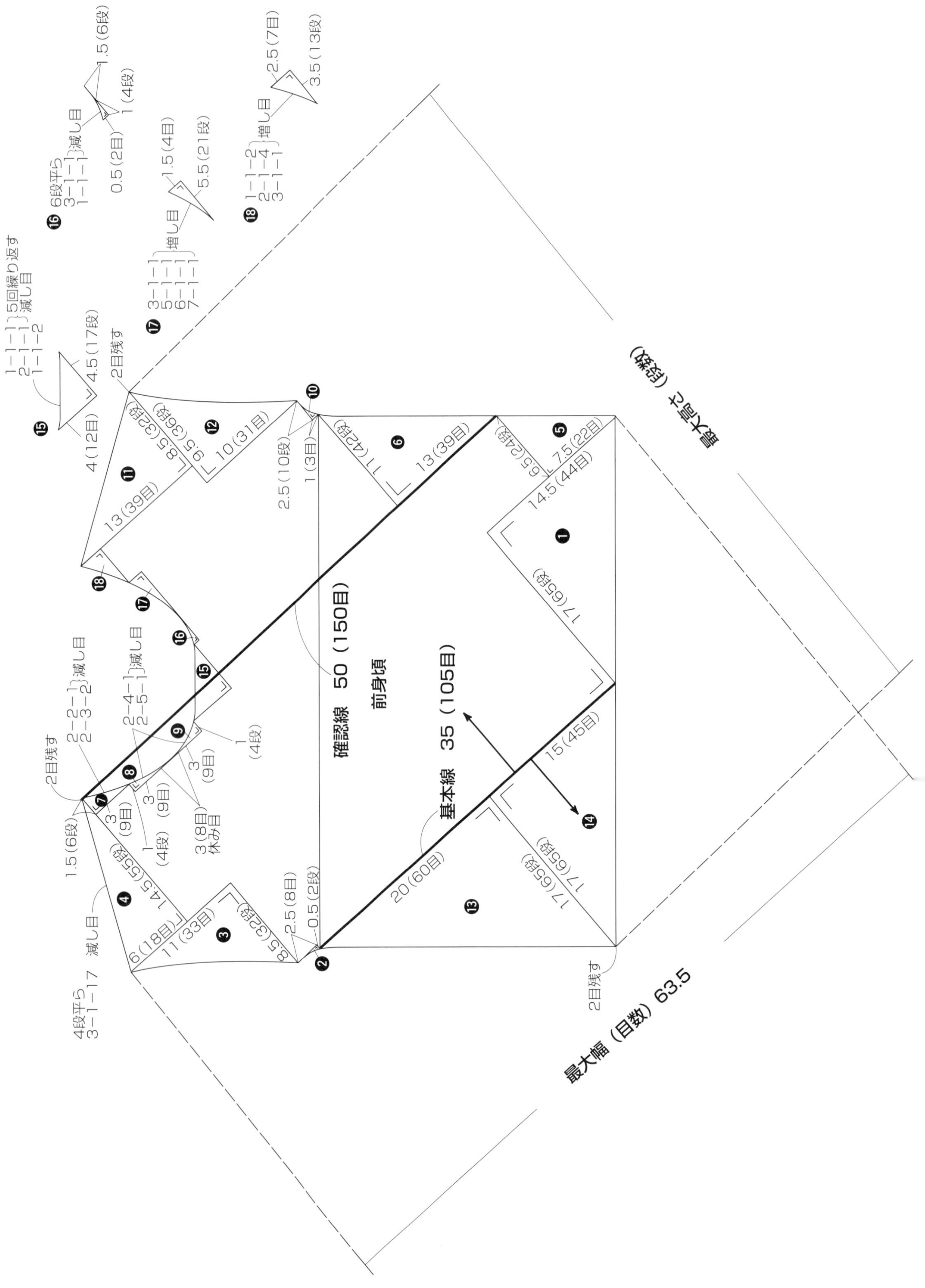

最大幅（目数）63.5
最大高さ（段数）
確認線 50（150目）
前身頃
基本線 35（105目）
14.5（44目）
7.5（22目）
6.5（24段）
17（65段）
15（45目）
20（60目）
17（65段）
13（39目）
11（42段）
2.5（10段）
1（3目）
10（31目）
9.5（36段）
8.5（32段）
13（39目）
4（12目）
4.5（17段）
2目残す
1−1−1
2−1−1 }5回繰り返す 減し目
1−1−2
6段平ら
3−1−1
1−1−1 }減し目
1.5（6段）
1（4段）
0.5（2目）
3−1−1
5−1−1
6−1−1
7−1−1 }増し目
1.5（4目）
5.5（21段）
1−1−2
2−1−4
3−1−1 }増し目
2.5（7目）
3.5（13段）
2目残す
2−2−1
2−3−2 }減し目
2−4−1
2−5−1 }減し目
1（4段）
3（9目）
3（9目）
3（8目）休み目
1（4段）
3（9目）
1.5（6段）
14.5（55段）
6（18目）
11（33目）
8.5（32段）
2.5（8目）
0.5（2段）
4段平ら
3−1−17 減し目
2目残す

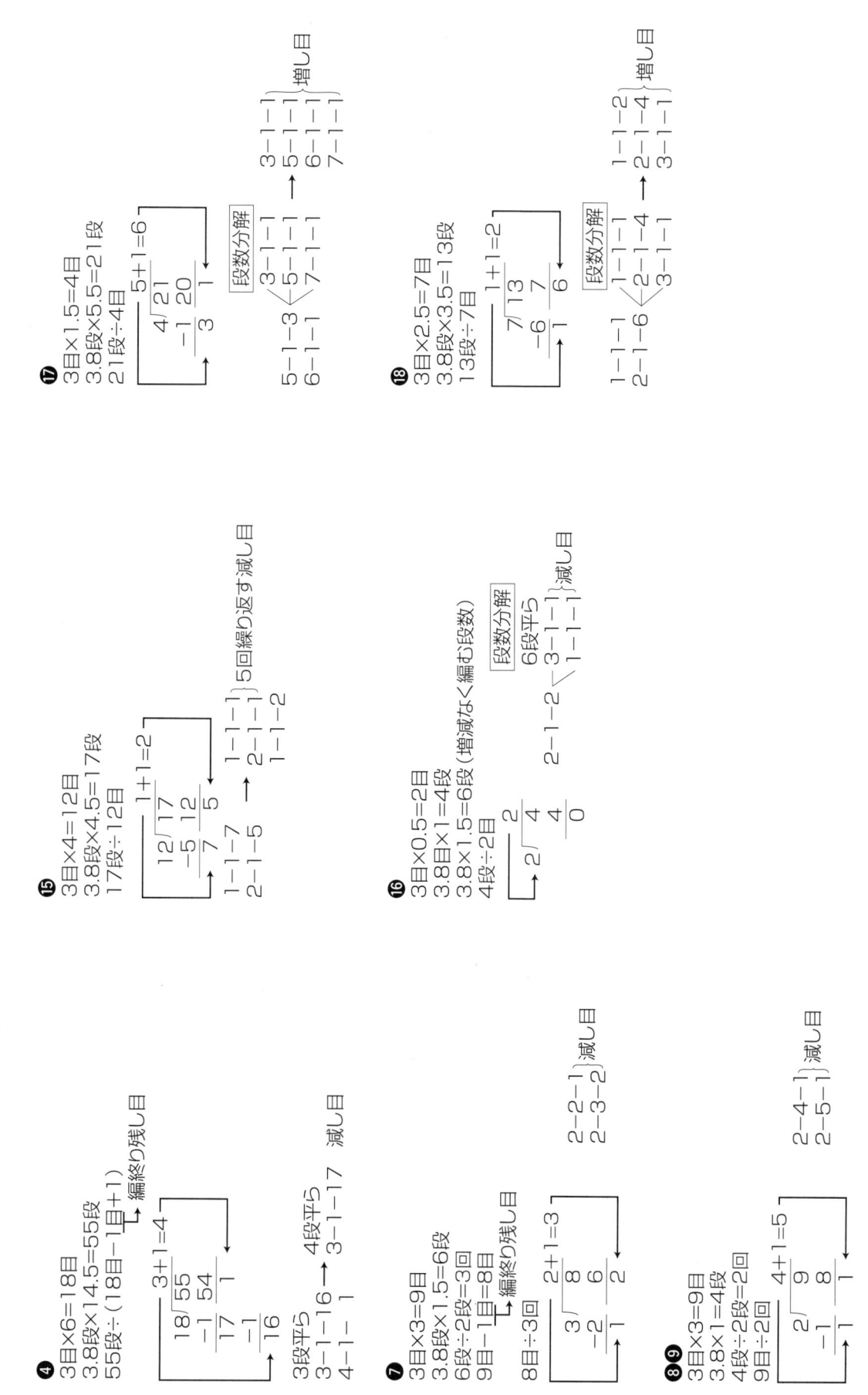

前身頃計算

❶〜❸、❺、❻、❿〜⓮の三角計算は後ろ身頃と共通。

❹

3目×6=18目

3.8段×14.5=55段

55段÷（18目−1目+1）

└→ 編終り残し目

3+1=4

18) 55

−1　54

17　1

−1

16

3段平ら
3−1−16 → 4段平ら 3−1−17　減し目
4−1−　1

❼

3目×3=9目

3.8段×1.5=6段

6段÷2段=3回

9目−1目=8目

└→ 編終り残し目

8目÷3回

2+1=3

3) 8

−2　6

1　2

2−2−1
2−3−2　減し目

❽❾

3目×3=9目

3.8×1=4段

4段÷2段=2回

9目÷2回

4+1=5

2) 9

−1　8

1　1

2−4−1
2−5−1　減し目

⓯

3目×4=12目

3.8段×4.5=17段

17段÷12目

1+1=2

12) 17

−5　12

7　5

1−1−7
2−1−5 → 1−1−1
2−1−1　5回繰り返す減し目
1−1−2

⓰

3目×0.5=2目

3.8目×1=4段

3.8×1.5=6段（増減なく編む段数）

4段÷2目

2

2) 4

4

0

段数分解

6段平ら

2−1−2 〈 3−1−1
1−1−1　減し目

⓱

3目×1.5=4目

3.8段×5.5=21段

21段÷4目

5+1=6

4) 21

−1　20

3　1

段数分解

5−1−3 〈 3−1−1
5−1−1
6−1−1　7−1−1 → 3−1−1
5−1−1
6−1−1
7−1−1　増し目

⓲

3目×2.5=7目

3.8段×3.5=13段

13段÷7目

1+1=2

7) 13

−6　7

1　6

段数分解

1−1−1
2−1−6 〈 1−1−1
2−1−4
3−1−1 → 1−1−2
2−1−4
3−1−1　増し目

●編み方要点とまとめ方

後ろ身頃基本線35cm（105目）を作り目として、左肩先に向かって各三角形の計算に従い、編み進む。袖ぐりのカーブや衿のカーブなど、増減をしながら成型をするため、ゆるめに増減するように注意する。

目数確認線の位置では必ず、機械上の目数と作図上の目数が正しいか確認する。肩先まで編み終わったら基本線より逆目を拾い、脇方向に向かって編み進む。前　身頃も後ろ身頃同様、基本線から編み始める。

前衿ぐりのカーブは複雑に三角形が組み合わさっているため、特に計算結果を考えて編み地がつれないようにカーブを編む。

前後身頃を編み上げたら、実物大作図にのせて、アイロンで形を整える。パターンのラインと編上りのラインに誤差がある場合にはしつけをして修正し、まとめに入る。

裾は1目ゴム編みとする。裾幅45cmから148目拾い目をして、裾リブ丈2cm、10段編む。右肩をはぎ、衿を図1の目数で拾い目をする。次に左肩はぎをして、図2のように袖ぐりのゴム編みをつける。

両脇をはぎ合わせるときは、斜め編みのはぎ方法として、中表に合わせて半返し縫い、またはミシンで縫い合わせてもよい。

図1

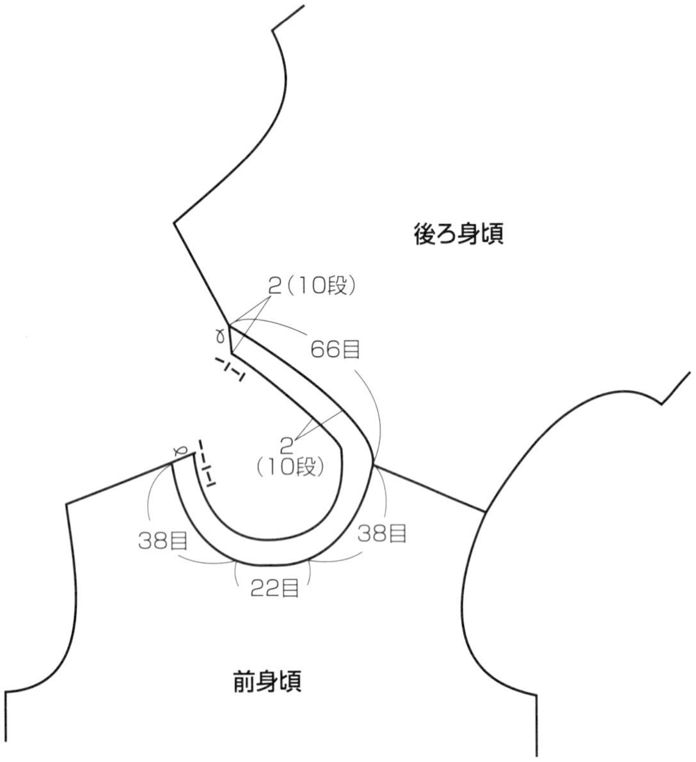

図2

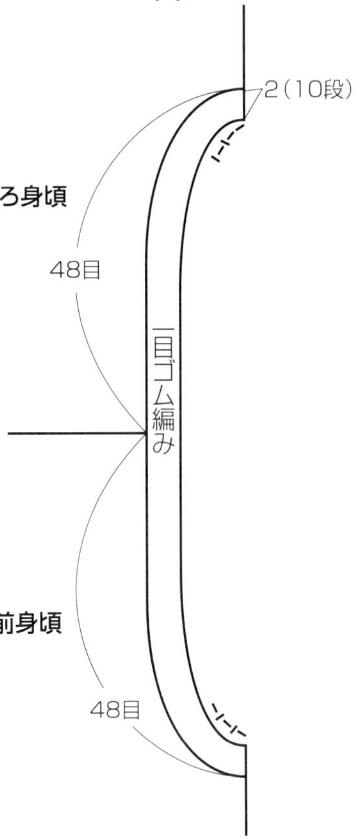

15　プルオーバー（丸ヨーク）

ヨーク部分のみ求心編みにしたセーターで、肩先までのヨーク丈の場合はセットインスリーブとし、肩先より下がる大きいヨーク丈の場合には、ラグランスリーブにして、製作するほうがまとまりやすい。

●丸ヨークとは

丸ヨークは求心編みの一種で、中心点を求め、そこからはかった半径の寸法によって区切られた切替え線をヨークとする。

ヨーク部分の編み目方向や模様の変化によっていろいろなヨークをデザインすることができる。作品はヨーク部分に編込み柄を使用した、着やすいプルオーバーである。

作品説明に入る前に、丸ヨークの種類として（1）円形丸ヨーク、（2）楕円形丸ヨーク、（3）縦長の丸ヨークのそれぞれの特徴を説明する。続いて円形丸ヨークを例にとり、作図、ヨークの割出し方、編み方要点を説明し、作品製作の説明に入る。

●必要寸法

バスト84cm　背肩幅36cm　背丈38cm　着丈62cm
袖丈53cm　ヨーク丈22cm

●出来上り寸法

バスト100cm　着丈62cm　袖丈53cm

●使用量　極太毛糸600ｇ　配色糸50ｇ

●用具　12号棒針（ゴム編み8号棒針）

●ゲージ　10cm四方、横16目縦18段

●編み地　身頃は地模様、ヨークは編込み模様

●丸ヨークの種類

(1) 円形丸ヨーク

身頃とヨークの部分を一緒に編み進む方法。(図1)

身頃のヨークの線を曲線に切り替えるため、計算が必要となる。編み進みながら計算によってヨークの目数のみ模様編みに直しながら編む。身頃のヨークの模様は、はっきりと区別できる模様を選ぶほうが効果的である。

図1

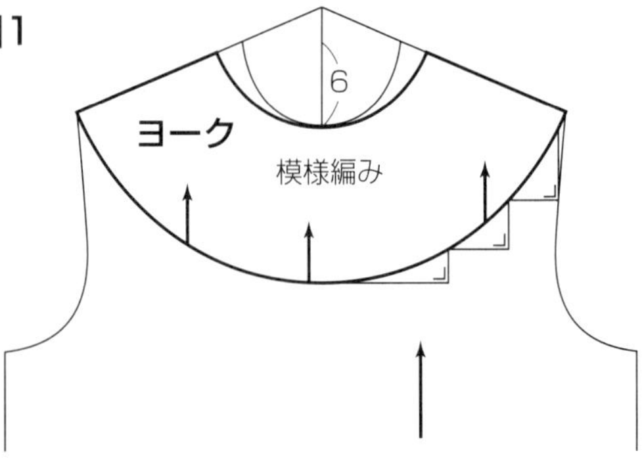

身頃とヨークを別に編む方法(図2)。

身頃を編み立て、ヨーク部分は編み目方向(横方向)に従って編む。斜線部分は、引返し編みにするため、模様を入れると柄がくずれるが、増減なしに編む部分には、どのような模様を入れてもよい。また引返し部分には縞などを入れてもおもしろい編み地となる。ヨークと身頃ははぎ合わせる。

図2

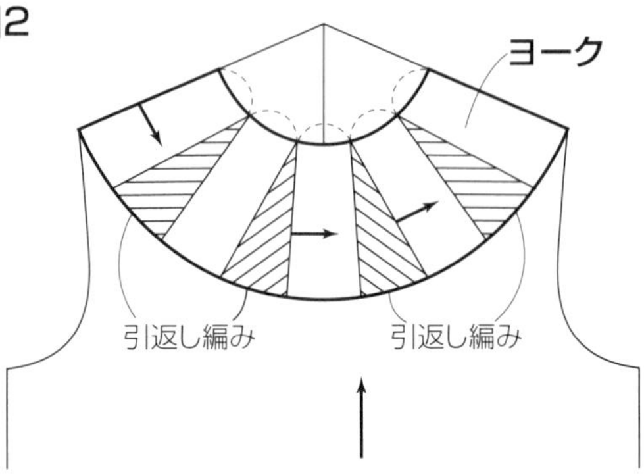

身頃を編み立て、拾い目をして編む方法(図3)。

丸ヨークの編み方としては、この方法がいちばん多く使用される。ヨーク丈を何等分かにし、その線上で全体が平均になるよう等分に中間減し目とする。減し目の部分が目立つため、そのラインをカバーする意味で、中間減し目の部分のみ、濃い色を使用したりパール編みにしたりして、工夫するとよい。

図3

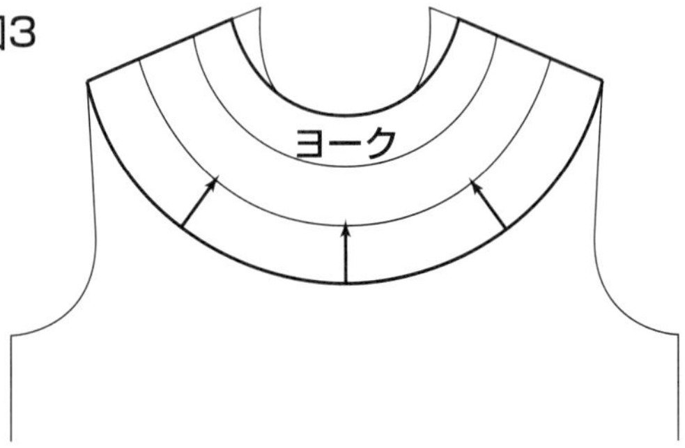

(2) 楕円形丸ヨーク(図4)

デザインにより楕円のデザイン線を決め、円形丸ヨークの要領で中間の減し目をする。楕円にするためには、斜線部分は引返し編みとする。スキーセーターなどスポーツウェアとして大きなヨークを作るときには、キモノスリーブの作図をし、ヨーク丈を決める。背肩幅より大きくなるためヨークの目数が多くなる。ラグラン線を決めて前後身頃と袖を別々に編むが、編み方は円形丸ヨークと同じ要領で編み立てる。ヨークに模様編みを入れる場合は、ヨーク全体の目数を模様編みの目数で割り、模様合せが必要となる。棒針編みの場合では、輪編みとなるためはぎを必要としない。

図4

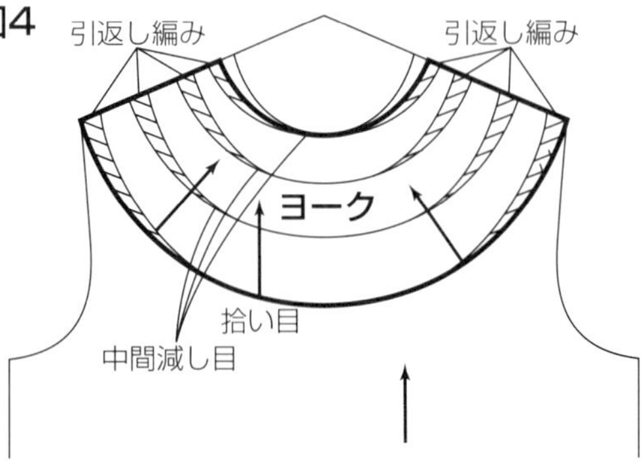

(3) 縦長の丸ヨーク(図5)

楕円形の反対に縦に長い丸ヨークとなる。楕円形丸ヨークと同様、デザイン線より斜線部分を引返し編みにする。編み方は、円形丸ヨークと同じ要領である。

図5

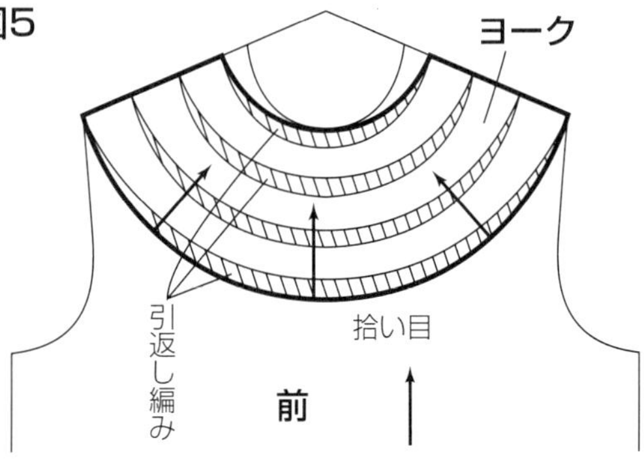

●作図順序（円形丸ヨークで説明）

作図は必ず実物大作図とする。原型の肩線を移動し、前後身頃の肩線をそろえる。肩線は丸ヨークによって、続くため、目立たなくなるので、計算がしやすいように前後身頃を同じにしておく。

後ろ身頃（原型使用）

1　原型よりサイドネックポイントで2cmカットする。

2　ヨーク丈は、ショルダーポイントまでとして11cmとなる。ショルダーポイントをAとする。

3　後ろ衿ぐり深さより11cmのヨーク丈をとり、Bとする。

4　AとBを結び、等分点から直角に後ろ中心線上にC点をとる。これをコンパス基点とする。

5　C点より、ACを半径とする弧を引き、a線とする。後ろ身頃の編立てはa線までとなる。

6　ヨーク幅を4・4・3cmに分け、C点よりそれぞれの寸法の弧を引き、b、c、d線とする。a線は拾い目とし、b、c、d線上で中間減し目となる。

前身頃

1　後ろ身頃と同様、サイドネックポイントで2cmカットし、ヨーク丈はショルダーポイントまで11cmとする（A'）。

2　前衿ぐり下がりは原型より1cm上げ、その点からヨーク丈11cmをとる（B'）。

3　A'とB'を結ぶ等分線を直角に前中心線上に交点を求める（C'）。

4　交点C'が前コンパス基点となり、A'C'を半径とする弧を引き、a'線とする。前身頃の編立てはa'線までとなる。

5　後ろ身頃と同様、ヨーク幅4・4・3cmに分けてそれぞれ弧を引き、b'、c'、d'線とする。

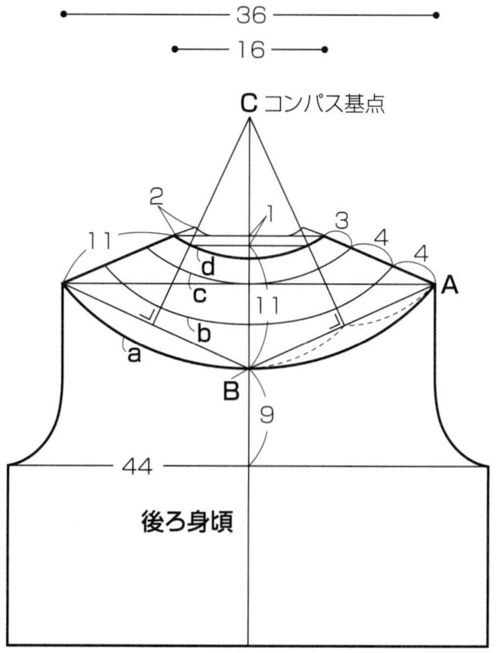

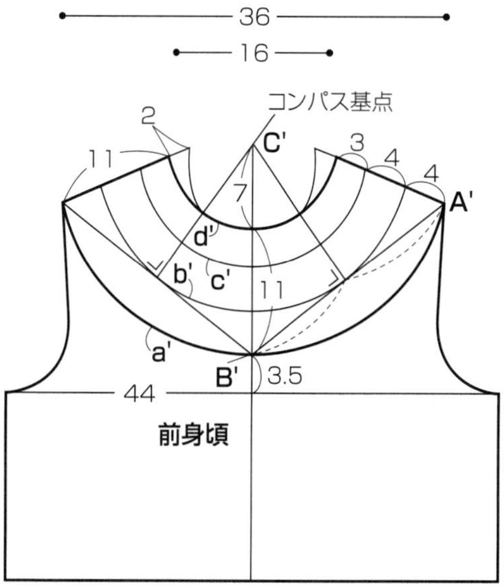

●ヨークの割出し方

メリヤス編みを使用した場合の減し目の方法（10cm四方、横30目縦40段のゲージで計算）

a～d（後ろ身頃）、a'～d'（前身頃）の実線寸法と目数は下記のようになる。

後ろヨーク目数計算

a線　3目×41cm＝123目

b線　3目×32cm＝96目

c線　3目×23cm＝69目

d線　3目×17cm＝51目

後ろヨーク減し目計算

a線　123目拾い目

b線　123目－96目＝27目

123目÷（27目＋1）

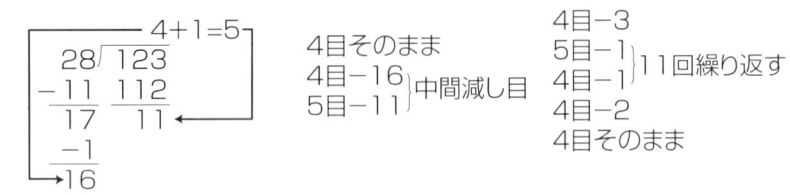

```
          4+1=5
  28⟌123
 −11 112
  17  11
  −1
  16
```

4目そのまま
4目－16 ｝中間減し目
5目－11

4目－3
5目－1 ｝11回繰り返す
4目－1
4目－2
4目そのまま

c線　96目－69目＝27

96目÷（27目＋1）

```
          3+1=4
  28⟌96
 −12 84
  16 12
  −1
  15
```

3目そのまま
3目－15 ｝中間減し目
4目－12

3目－2
4目－1 ｝12回繰り返す
3目－1
3目－1
3目そのまま

d線　69目－51目＝18目

69目÷（18目＋1）

```
          3+1=4
  19⟌69
 −12 57
   7 12
  −1
   6
```

3目そのまま
3目－ 6 ｝中間減し目
4目－12

3目－1 ｝6回繰り返す
4目－2
3目そのまま

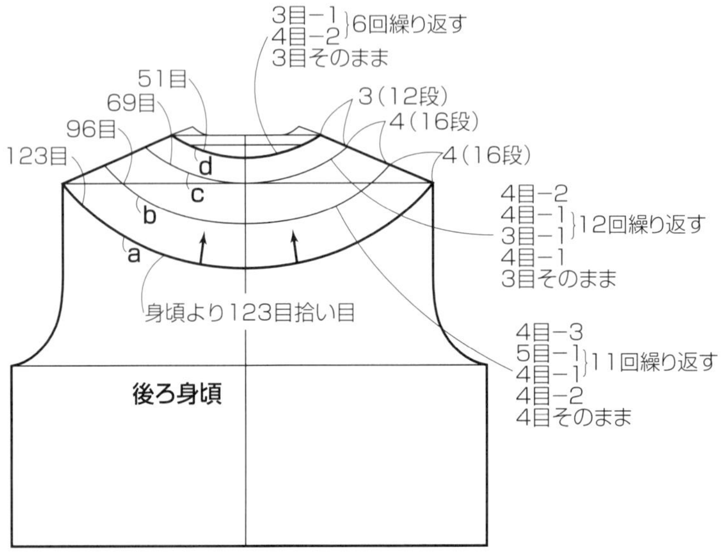

前ヨーク目数計算

a'線　3目×48cm＝144目
b'線　3目×38cm＝114目
c'線　3目×29cm＝87目
d'線　3目×23cm＝69目

前ヨーク減し目計算

a'線　144目拾い目
b'線　144目−114目＝30目
　144目÷（30目＋1）

```
       4+1=5
 31) 144
−20  124
 11   20
 −1
 10
```

4目そのまま
4目−10
5目−20 }中間減し目

5目−2
4目−1 }10回繰り返す
4目そのまま

c'線　114目−87目＝27目
　114÷（27目＋1）

```
       4+1=5
 28) 114
− 2  112
 26    2
 −1
 25
```

4目そのまま
4目−25
5目− 2 }中間減し目

5目− 1
4目−26 }中間減し目
5目そのまま

d'線　87目−69目＝18目
　87目÷（18目＋1）

```
       4+1=5
 19) 87
−11  76
  8  11
 −1
  7
```

4目そのまま
4目− 7
5目−11 }中間減し目

5目−2
4目−1
5目−1 }8回繰り返す
5目そのまま

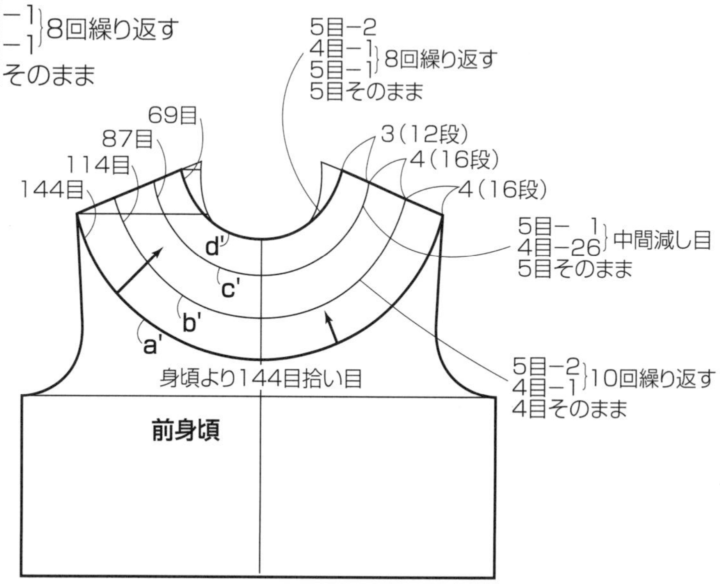

後前身頃の計算

前後身頃とも切替え線の曲線部分を図のように三角形に区切るかゲージグラフによって出す。前身頃ショルダーポイント近くは、作図どおりに編むと縦方向に伸びやすいために、1〜2cmの寸法をカットしておくとよい。袖ぐりなどの計算は166ページの「プルオーバー（機械編み・原型利用）」を参照。

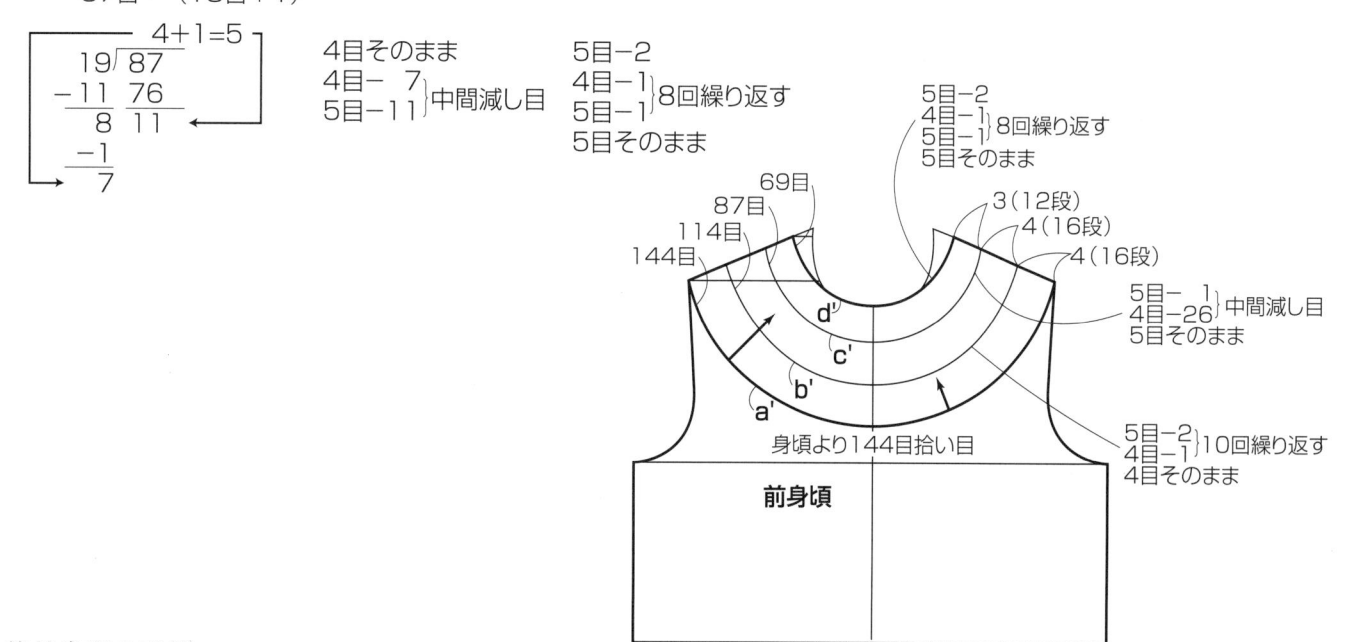

ゴム編みを使用した場合の減し目方法

頭回り57cm（56cm〜58cm）

57cm×約$\frac{2}{3}$＝38cm

3目×38cm＝114目

114目＋6目＝120目（114目は頭回りに対する最小目数となるため、ゆとり分6目を加える）

後ろ身頃拾い目数	123目
前身頃拾い目数	144目
総拾い目数	267目

2目ゴム編みは ||ーー||ー 4目が1本となる。
（||ーー＝4目）

120目÷4目＝30本（衿ぐりに入る2目ゴム編みの本数）

267目÷30本＝8目余り27目（3目加えると1本に対して9目となる）

267目＋3目＝270目（前後身頃の総拾い目数）

270目－120目＝150目（ヨークの総減し目数）

150目÷30本＝5目（1本に対する減し目数）

ヨーク幅は3間隔に区切ってあるので1本の減し目数5目3回に分けて作図上のb、c、d、b'、c'、d'線上で中間減し目をする。

b、b'線上での1模様の減し目→2目
c、c'線上での1模様の減し目→2目
d、d'線上での1模様の減し目→1目
（以上3行：中間減し目）

図4

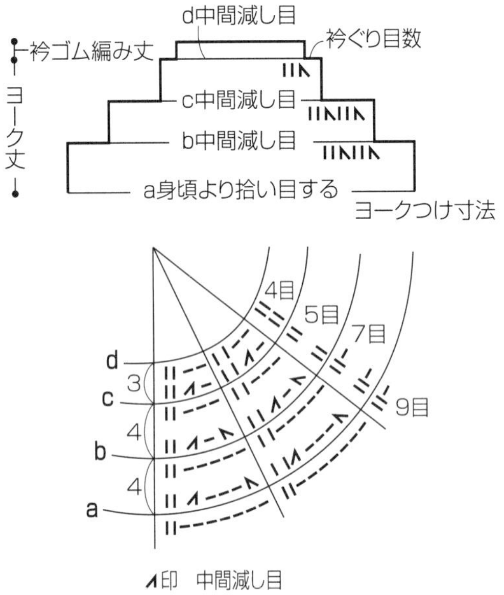

●編み方要点

前後身頃の切替え線からヨークを拾い目することを考慮し、引返しではなく、伏せ目を使用して編み立てる。その際、伏せ目をゆるくしておくとヨークの拾い目をきれいに拾うことができる。

aまたはa'線上の拾い目をして、4cm（16段）増減なく編み、手編み機からはずし、b、b'線上の減し目をする。減し目は計算のとおり、2目を重ねて手編み機にかける。これでb、b'線上の目数となる。4cm（16段）増減なく編んだらc、c'線上の目数となる。d、d'線上も同様に編む。メリヤス編みの場合は、計算どおりに編むが、模様編みを使用した場合には、模様合せのことも考慮する必要がある。模様によって減し目の位置を変えたり、模様の大きさを調節しなければならないこともあるので注意する。

減し目位置を目立たなくするために、ゴム編みは裏目部分で、縄編みは交差部分などで工夫することが必要である。

図6

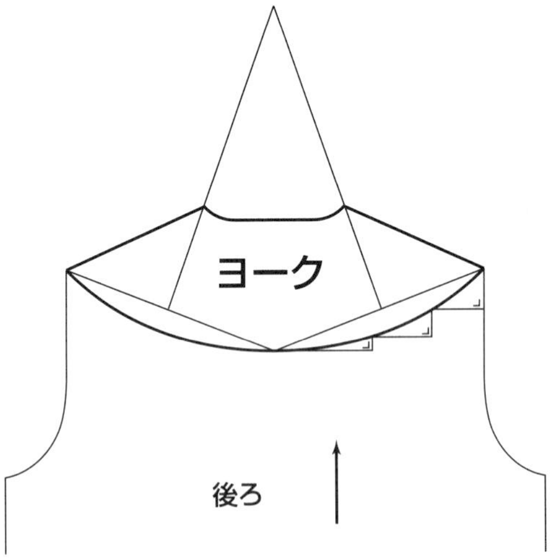

図7

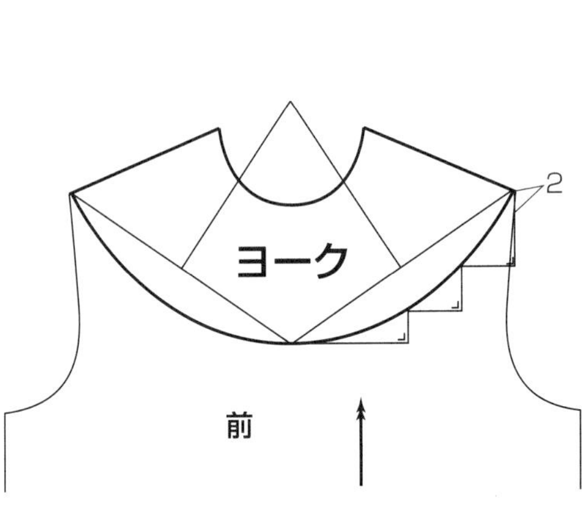

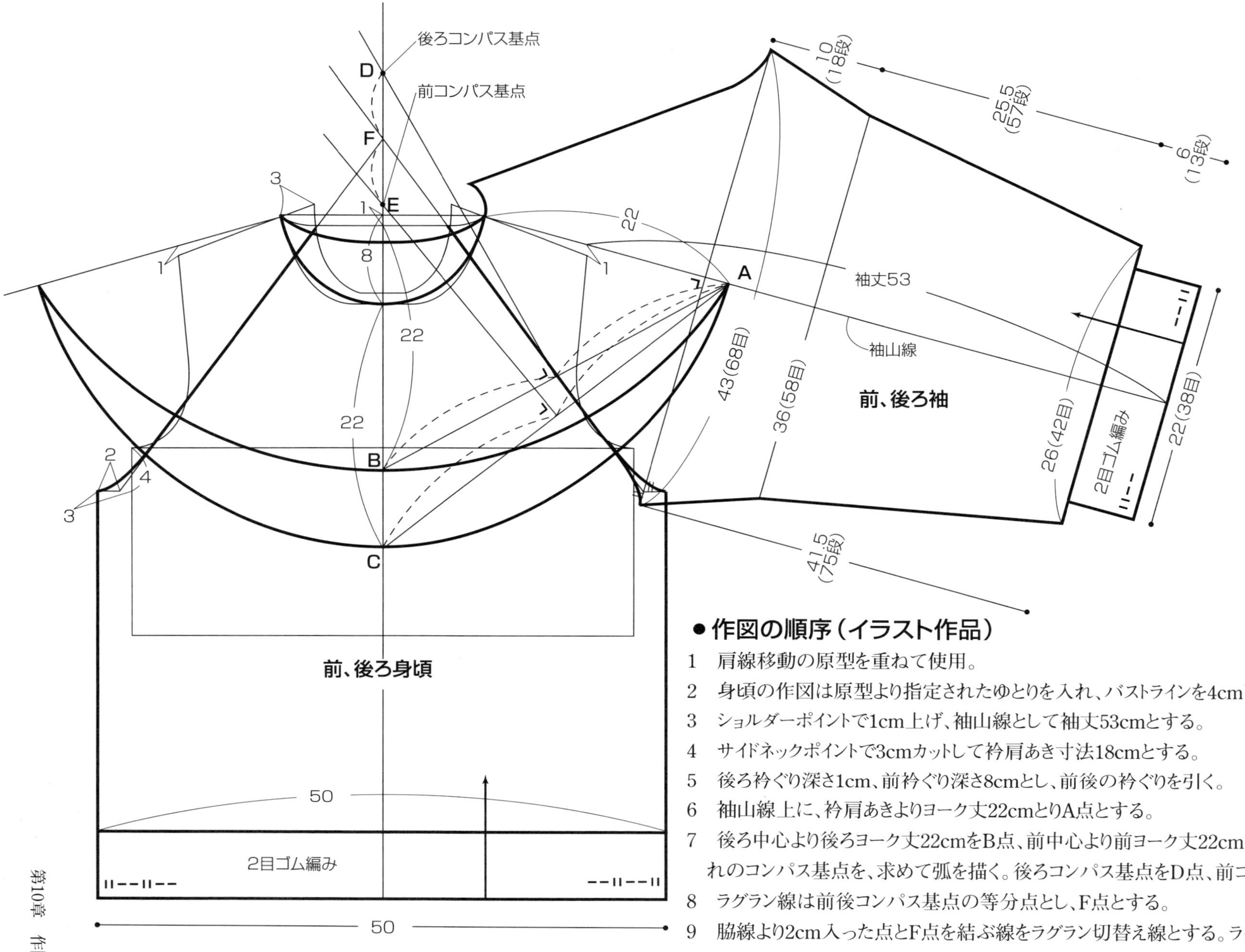

●作図の順序（イラスト作品）

1　肩線移動の原型を重ねて使用。

2　身頃の作図は原型より指定されたゆとりを入れ、バストラインを4cm下げる。

3　ショルダーポイントで1cm上げ、袖山線として袖丈53cmとする。

4　サイドネックポイントで3cmカットして衿肩あき寸法18cmとする。

5　後ろ衿ぐり深さ1cm、前衿ぐり深さ8cmとし、前後の衿ぐりを引く。

6　袖山線上に、衿肩あきよりヨーク丈22cmとりA点とする。

7　後ろ中心より後ろヨーク丈22cmをB点、前中心より前ヨーク丈22cmをC点とし、円形丸ヨークを参考に、それぞれのコンパス基点を、求めて弧を描く。後ろコンパス基点をD点、前コンパス基点をE点とする。

8　ラグラン線は前後コンパス基点の等分点とし、F点とする。

9　脇線より2cm入った点とF点を結ぶ線をラグラン切替え線とする。ラグラン線は前後身頃共通となる。身頃とラグラン線のつながりを自然なカーブに結び直しておく。

10　つながりよく引き直したらラグラン線より、袖幅を決めて袖下を作図する。ゆとりのある作品の場合は、エルボーラインの寸法を確認することが必要となる。

●編み方要点

前後身頃は計算にしたがって編み立てる。この作品は棒針を使用して編み立てるため、ヨークを拾う前に身頃と袖のラグラン部分をはぎ合わせておく。ヨーク部分はできるかぎり細かく分割し、減し目をするラインを求めるほうがきれいに編み上がるが、作品のように、模様編みを使用している場合には、使用する模様により、中間減し目のできるところが限られてくる。減し目のできる位置を決め、部分的に試し編みをしてから正確に決めるとよい。

ヨーク丈が肩より下がっている場合にはショルダーポイントの位置でヨークの寸法と実際の目数に大差がないか確認することが必要となる。

また模様合せが必要な場合にはヨークの拾い目部分は目数を切り捨ててもよいが、衿ぐり部分の寸法が狭くなりやすいため、1割を目安にして目数をプラスして残すようにする。

機械編みで製作する場合には、前身頃と片方の袖のラグラン線をはぎ、切替え線からA線の拾い目して模様を入れながらB線まで編んで減し目をする。同様にC線からE線まで減し目をして編む。後ろ身頃も同様に編み立てて、ラグラン切替え位置で前後をはいで組み立てる。

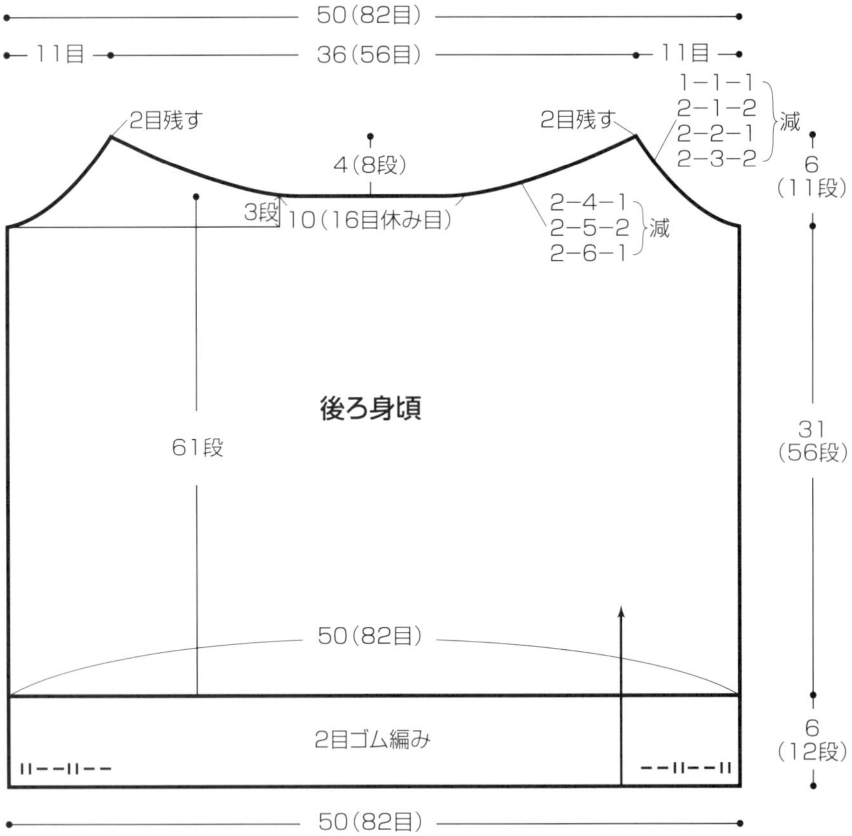

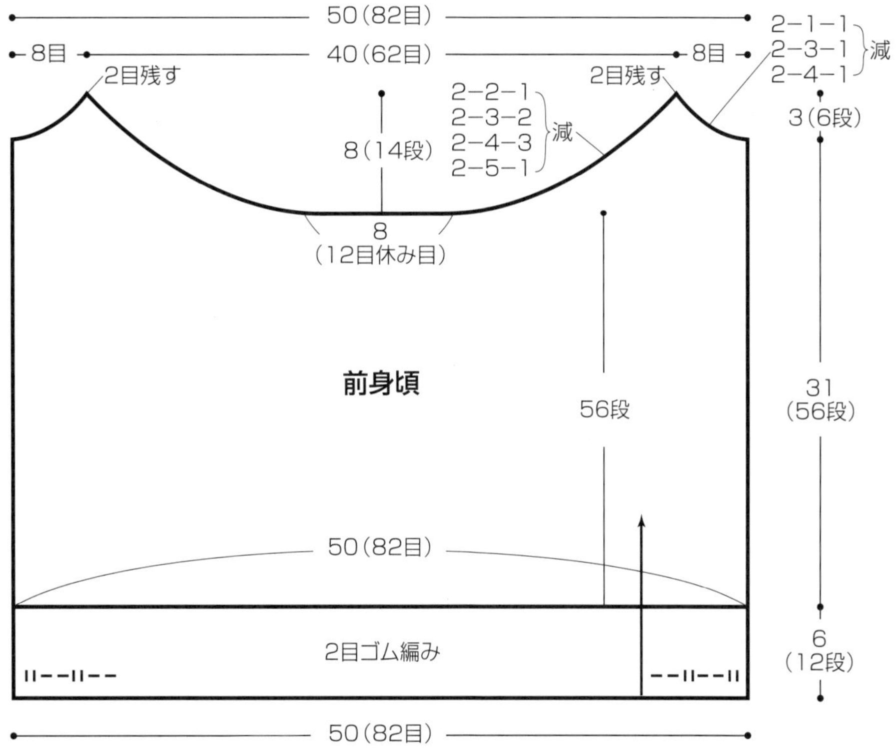
50（82目）
8目
40（62目）
8目
2−1−1
2−3−1
2−4−1
減
2目残す
2目残す
3（6段）
8（14段）
2−2−1
2−3−2
2−4−3
2−5−1
減
8
（12目休み目）
前身頃
56段
31
（56段）
50（82目）
2目ゴム編み
6
（12段）
50（82目）

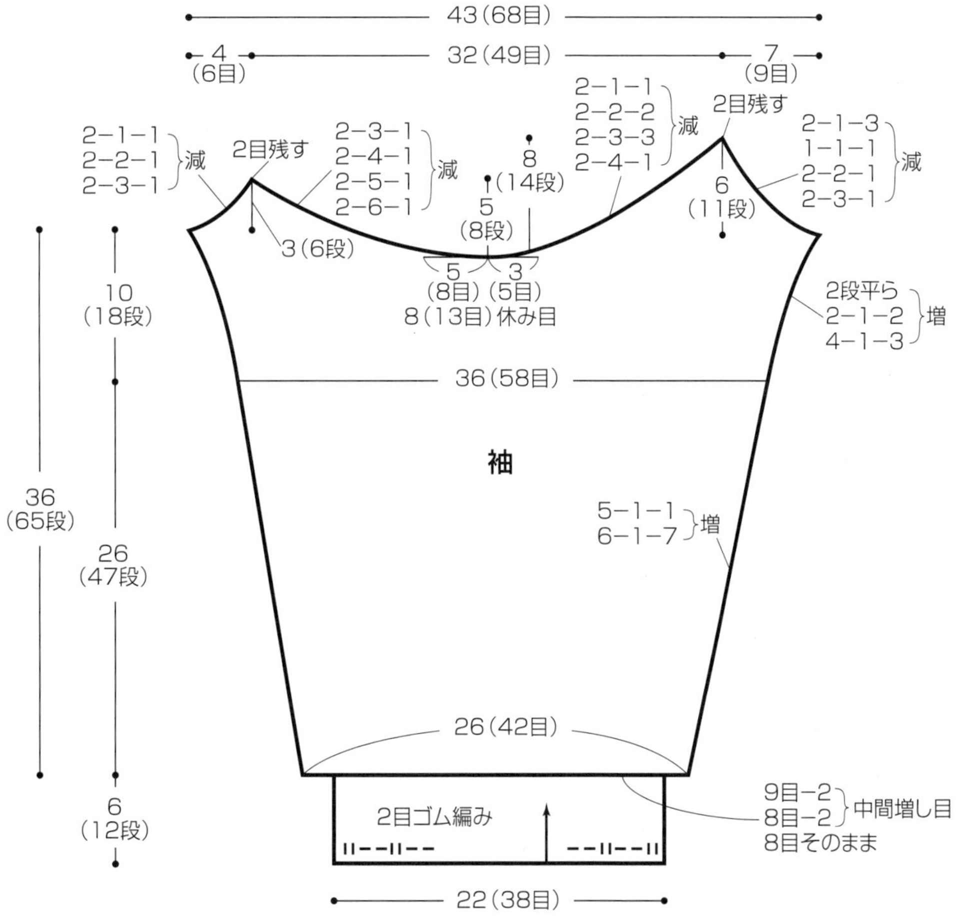
43（68目）
4
（6目）
32（49目）
7
（9目）
2−1−1
2−2−2
2−3−3
2−4−1
減
2目残す
2−1−1
2−2−1
2−3−1
減
2目残す
2−3−1
2−4−1
2−5−1
2−6−1
減
8
（14段）
5
（8段）
6
（11段）
2−1−3
1−1−1
2−2−1
2−3−1
減
3（6段）
5
（8目）
3
（5目）
8（13目）休み目
10
（18段）
2段平ら
2−1−2
4−1−3
増
36（58目）
袖
36
（65段）
5−1−1
6−1−7
増
26
（47段）
26（42目）
9目−2
8目−2
8目そのまま
中間増し目
6
（12段）
2目ゴム編み
22（38目）

身頃ヨーク　編込み（ジャカード）記号

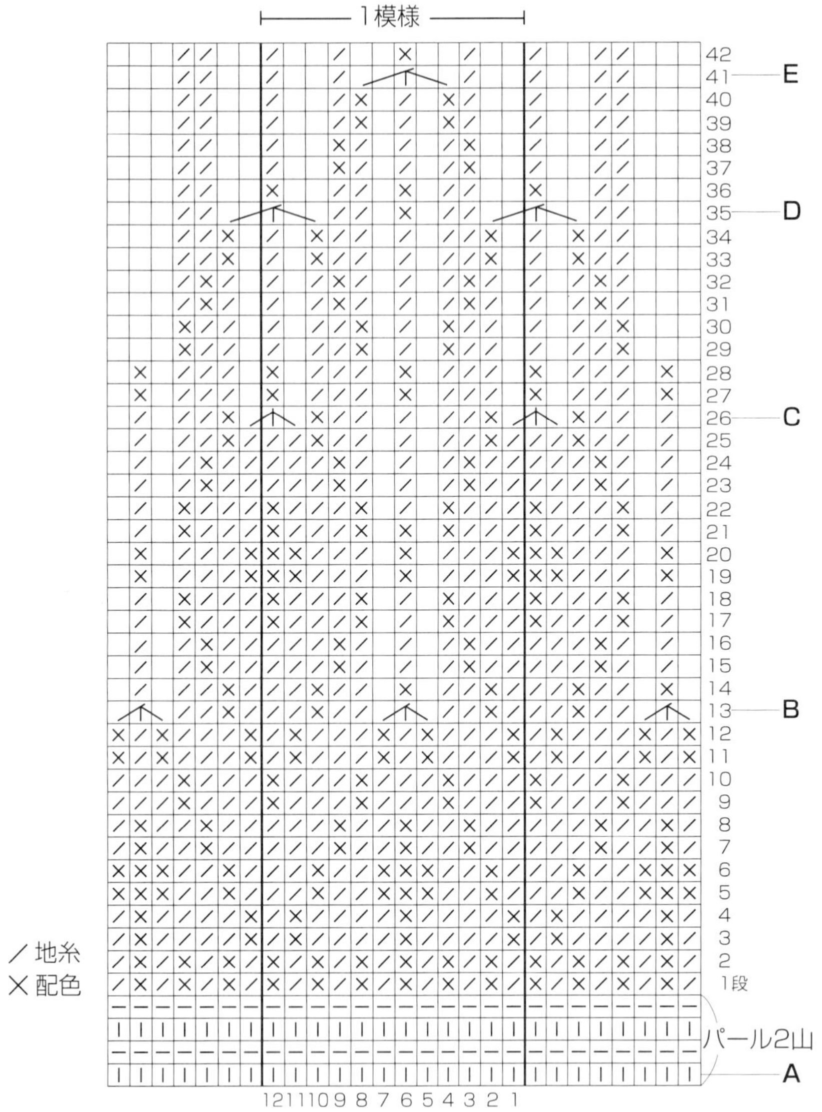

身頃　地模様（リンクス）記号

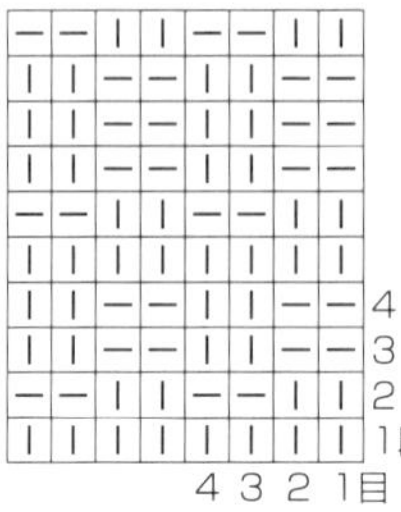

・総拾い目数240目÷12目（1模様の目数）＝20模様

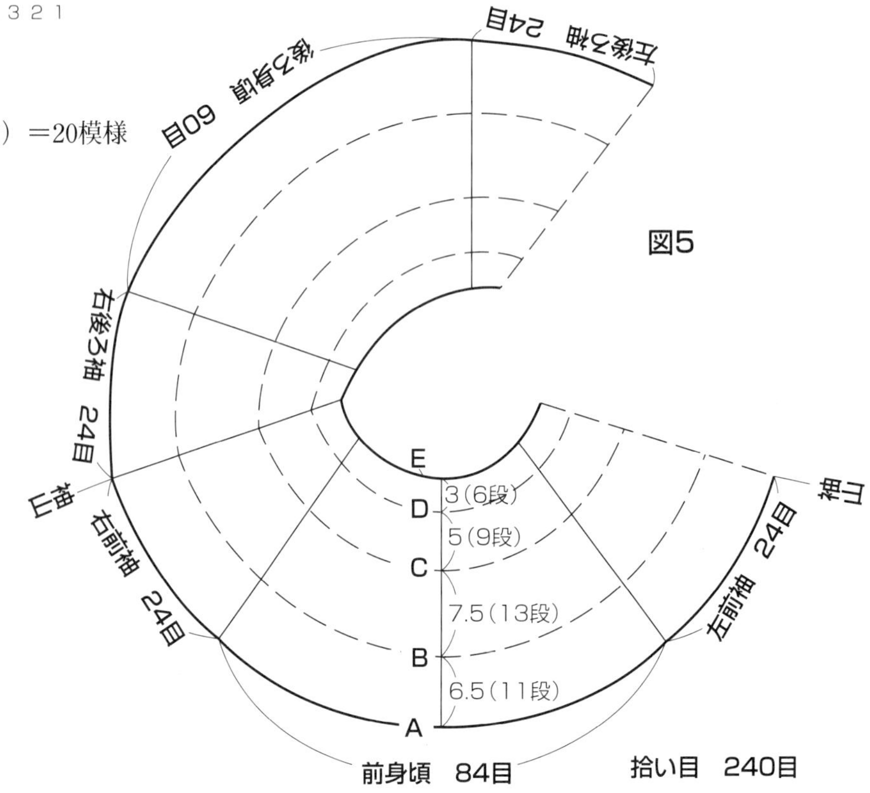

図5

16　テーラードジャケット（機械編み）

●作図必要寸法

バスト84cm　背肩幅36cm　背丈38cm　着丈62cm
袖丈53cm

●出来上り寸法

バスト93cm　背肩幅38cm　着丈62cm　袖丈53cm

●使用量　並太毛糸（4/9）575ｇ

●用具　家庭用手編み機（ピッチ4.5mm）
　　　　家庭用取りつけゴム機（ピッチ4.5mm）

●ゲージ　10cm四方の平編み、横26目縦32段
　　　　　10cm四方のゴム編み、横42目縦24段

ジャケットとは腰丈くらいまでの上着の総称で、多くは前開きである。代表的な形態としては、テーラード型、ボレロ型、カーディガン型などあるが、ここではニットジャケットとも呼ばれている、ゴム編みで前立てと衿を続けて編んだジャケットの解説をする。

●作図の要点

原型（実物大）肩先で1cm上げてサイドネックポイントと結び、肩先で1cm出して肩幅38cm、後ろ衿あき14cm、前後脇で0.5cm出す。前身頃中心で1cmカット（前立て幅の広いときは、その寸法に合わせてカットする）。

衿は238ページ図1、2のようにし、衿と前立てを続けて編むため二つの方法を図に示す。図2の方法が編みやすく仕上りもよいので、図2のみの説明とする。

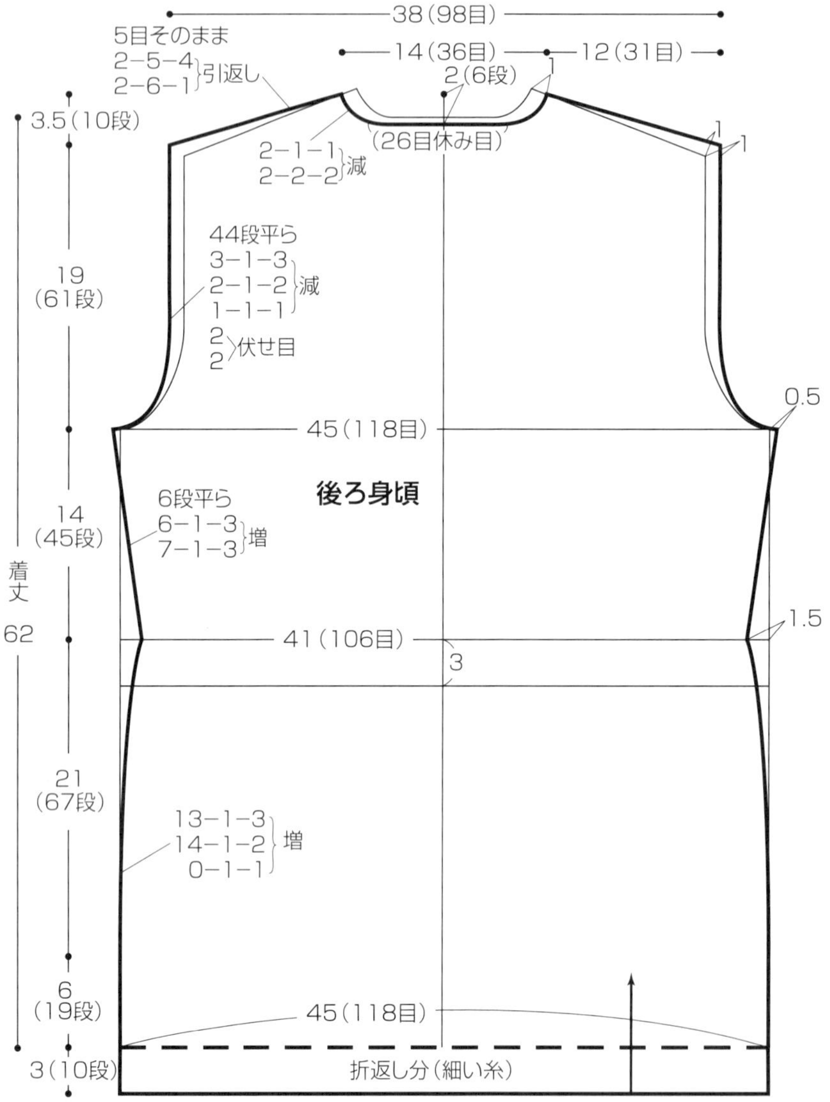

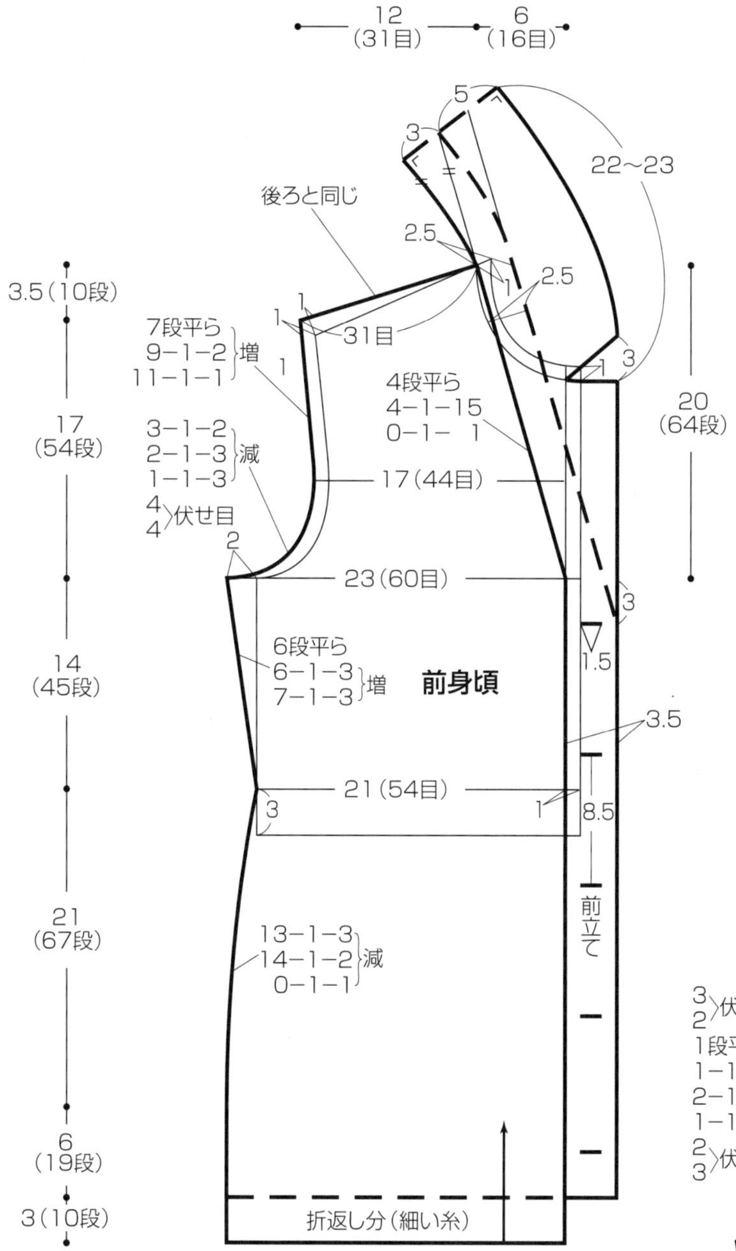
12
(31目)
6
(16目)
5
3
22～23
後ろと同じ
2.5
2.5
1
3.5(10段)
1
1
31目
7段平ら
9−1−2
11−1−1
増
1
4段平ら
4−1−15
0−1− 1
3
1
20
(64段)
17
(54段)
3−1−2
2−1−3
1−1−3
減
17(44目)
4
4
伏せ目
2
23(60目)
3
6段平ら
6−1−3
7−1−3
増
前身頃
1.5
14
(45段)
3.5
21(54目)
3
1
8.5
前立て
21
(67段)
13−1−3
14−1−2
0−1−1
減
6
(19段)
3(10段)
折返し分(細い糸)

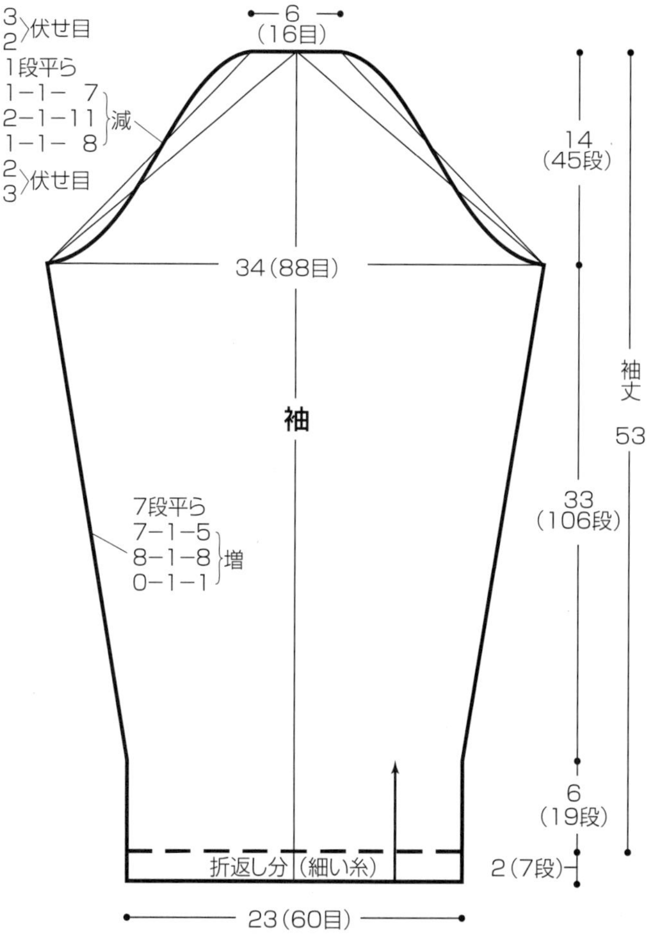
6
(16目)
3
2
伏せ目
1段平ら
1−1− 7
2−1−11
1−1− 8
減
2
3
伏せ目
14
(45段)
34(88目)
袖丈
53
袖
7段平ら
7−1−5
8−1−8
0−1−1
増
33
(106段)
6
(19段)
折返し分(細い糸)
2(7段)
23(60目)

●編み方要点

前後身頃、袖とも、裾を折返しとするため、折返し分から編む。折返しは地糸の半割り糸または同色で細めの糸を使用する。袖ぐり、衿ぐりの減し目は糸が太いため、糸にゆとりをもたせ、ゆとりのある減し目にする。前立てはゴム機使用、ラペルのきざみは抜き糸を入れて編み、上ラペルの衿つけと外側の差を引返しをするが、この場合は2回の引返しで編み残す引返しとする。

脇の増減方法は、使用糸が太いため1目が大きく増減が目立ち、シルエット的にも美しくないため、二つの方法を説明する。図3の方法は、減し目を内側と外側と交互にするため、減し目が目立たず線をきれいに出すことができる。図4の方法は脇線より4〜6cm入った位置で減し目をし、増し目は増し目の位置が前後重ならないように、交互になるようにする。この方法は裾線が下がらずきれいな線が出る。

図1

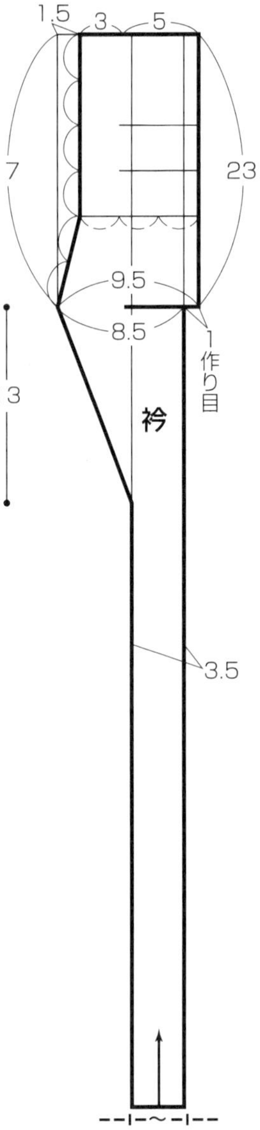

図2

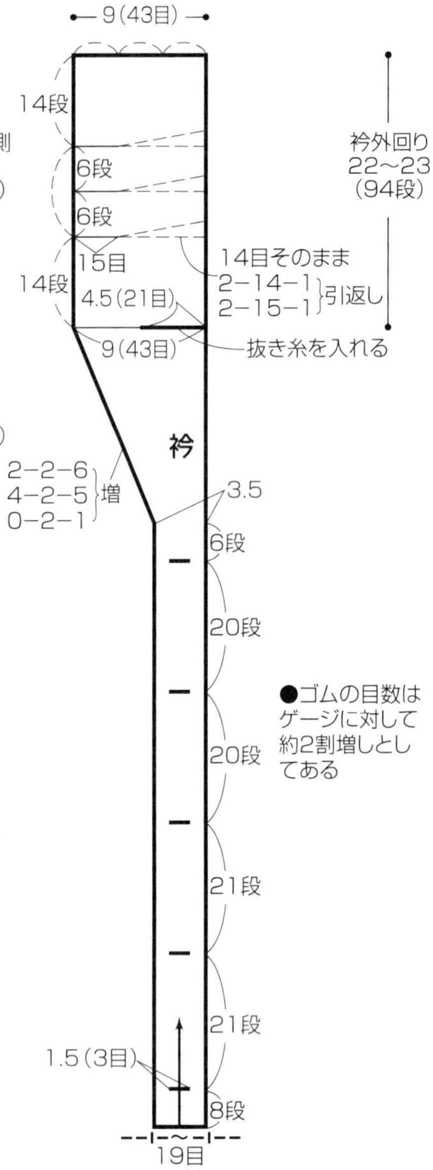

●まとめ

身頃全体を仮とじして試着をし、バランスを見てよければ本とじをする。前立てと衿の部分も必ず仮とじをしてバランスを見ることが大切で、後ろ衿ぐりの部分は寸法以上にならないようにする。

ボタンホールのまとめ方は190ページの「カーディガン（機械編み）」を参照。

図3

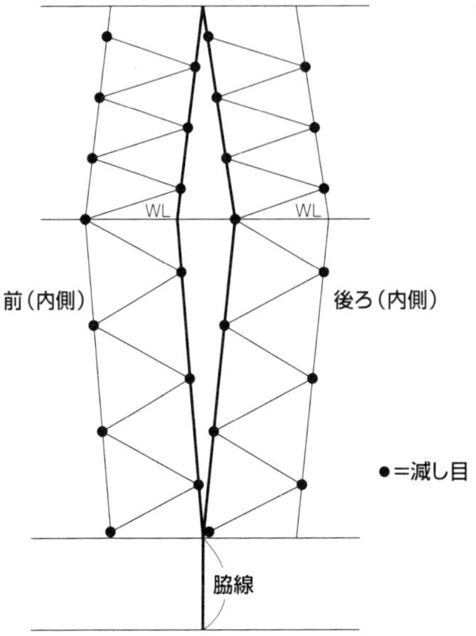

図4

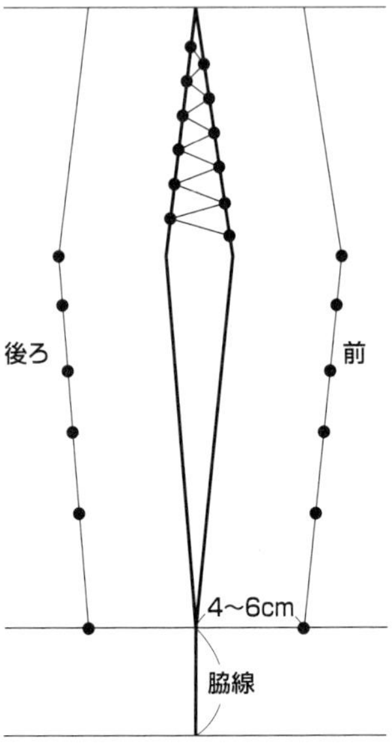

17　男子カーディガン（Vネック）

カーディガンとは通常、前開きでボタンをかけて着用するスタイルのことをいい、セーターとともに代表的なニット衣料のひとつである。

ワイシャツやセーターの上に着用する服なので、ゆるみは1枚で着用する衣料よりやや多めに入れておくことが必要である。

●作図必要寸法

チェスト90cm　背肩幅40cm　背丈42cm　着丈67cm　ゆるみ12cm　袖山高さ12cm
袖幅46cm（前後袖ぐり寸法の$\frac{1}{2}$を袖山からはかって決める）　袖丈58cm

●出来上り寸法

チェスト102cm　背肩幅40cm　着丈67cm　袖丈58cm

●使用量　並太毛糸600g

●用具　家庭用手編み機（ピッチ4.5mm）

●ゲージ　10cm四方　横28目縦32段

●作図順序

カーディガン、ジャケットなどには身幅に前後差をつける。男子原型を使用し、肩先1cmを上げて傾斜を修正しておく。

後ろ身頃

$\frac{90\text{（チェスト寸法）}+12\text{（ゆとり分）}-4\text{（前後差）}}{2}=49\text{cm}$

前身頃

$\frac{49\text{（後ろ身幅）}+4\text{（前後差）}}{2}=26.5\text{cm}$

後ろ身頃

1　原型をおき、後ろ身幅49cmとする（作品は原型寸法と同じになる）。
2　着丈67cmに伸ばし、裾リブ丈7cmとする。

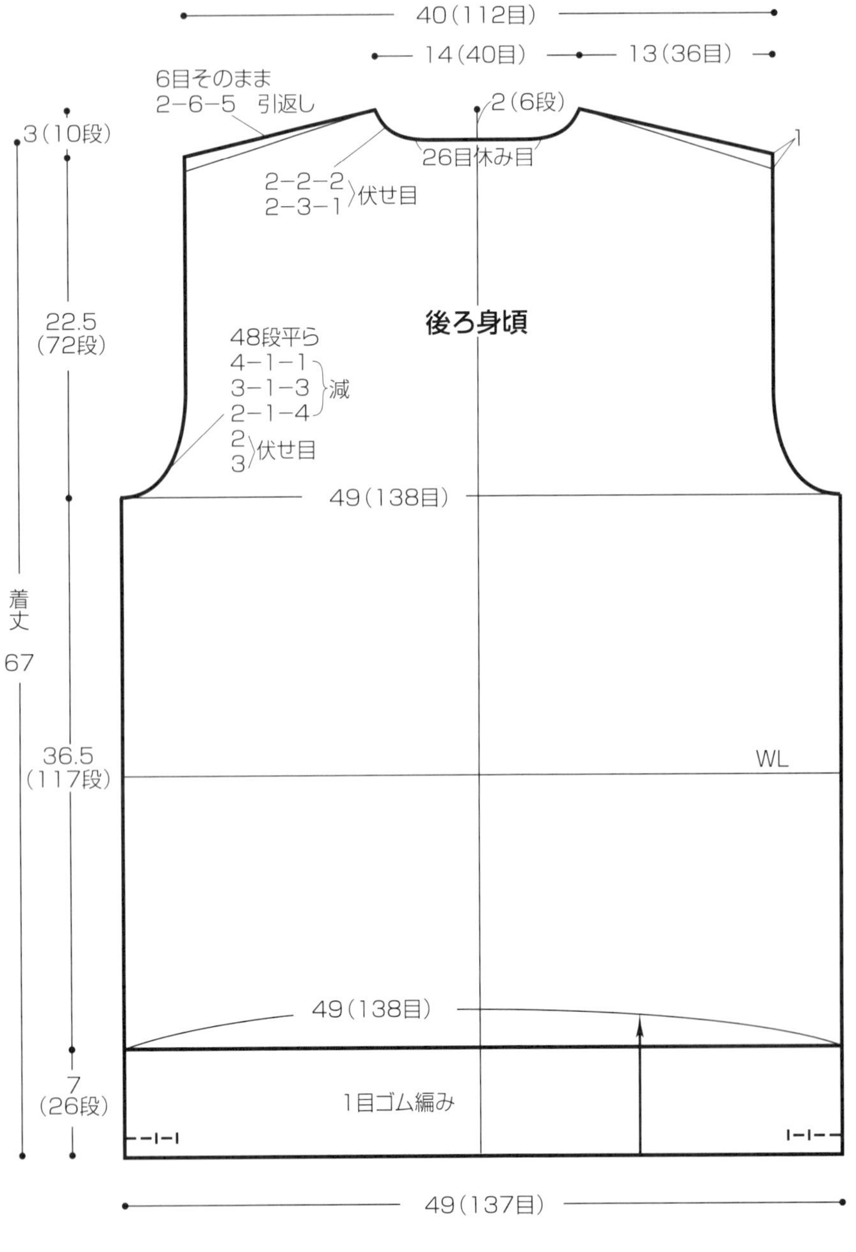
40(112目)
14(40目)
13(36目)
6目そのまま
2−6−5　引返し
2(6段)
3(10段)
26目休み目
1
2−2−2
2−3−1
伏せ目
22.5
(72段)
後ろ身頃
48段平ら
4−1−1
3−1−3
2−1−4
減
2
3
伏せ目
49(138目)
着丈
67
36.5
(117段)
WL
49(138目)
1目ゴム編み
7
(26段)
49(137目)

前身頃

1　前後差の計算で求めた身幅寸法をとり、着丈67cに伸ばす。

2　リブ丈7cmをとする。

3　前幅はとらず肩先直下とする。

4　衿ぐりの深さはバストラインより6cm下とする。サイドネックポイントより2〜2.5cmは直下とし、衿のあき止りと結ぶ。

5　ポケットは背丈より8cm下の位置で身幅の等分点よりポケット寸法の$\frac{1}{3}$を前中心側に$\frac{2}{3}$を脇側にとる。ポケット寸法は手の平回りの$\frac{1}{2}$は必要である。袋の深さは全体のバランスを見て決める。

6　前立ては3cm幅とし前中心からとる。前立て幅が広くなる場合は、前中心からカットする場合もある。前立ての長さは、着丈の2倍と後ろ衿肩あき寸法プラスした寸法に3〜4cmを目安として調節できる寸法を加えるとよい。

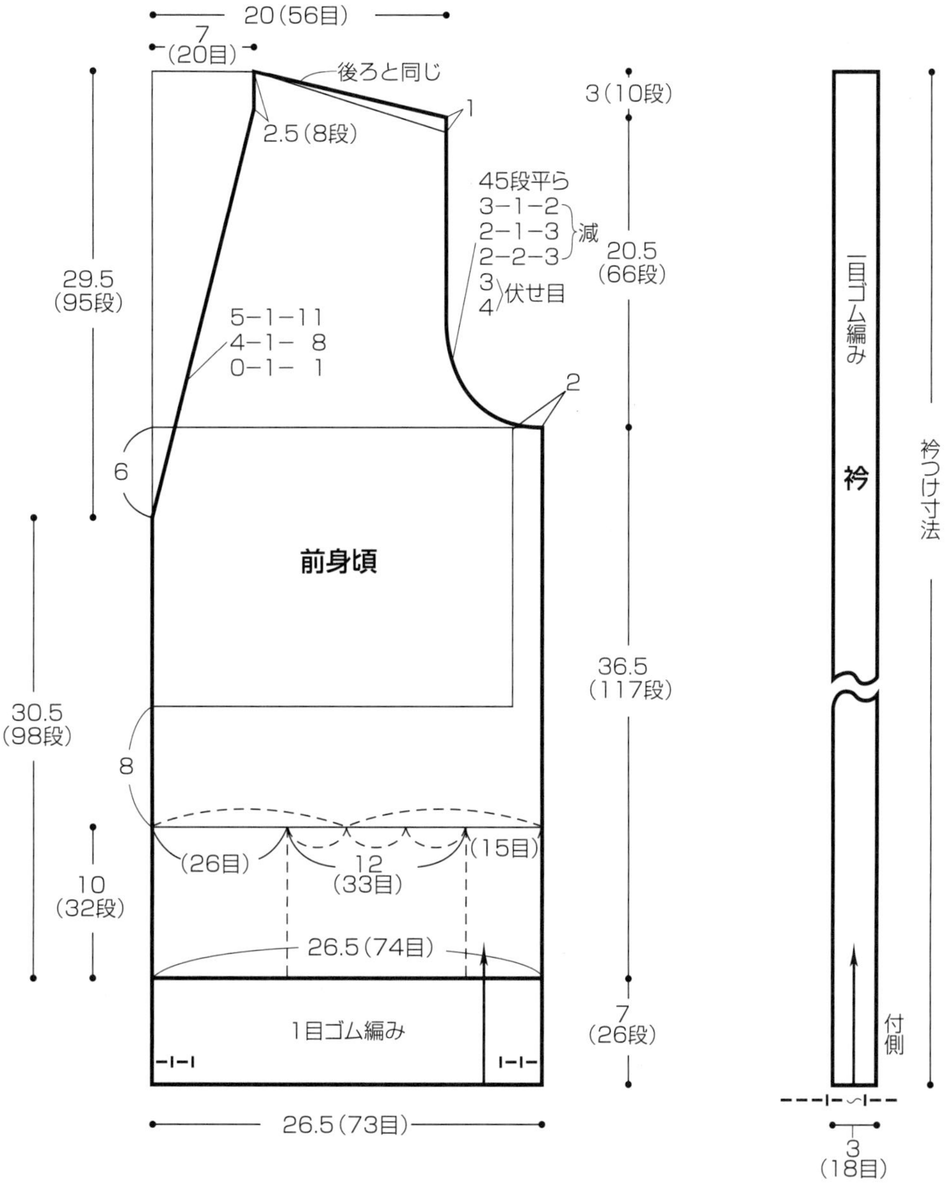

袖

1　袖山の高さを11～12cmとし、袖丈を引く。
2　袖山点から$\frac{AH}{2}$＋1を求めて、線上にとり、袖幅を決める。
3　袖原型に基づいて袖山のカーブを引く。
4　袖丈より袖口リブ丈7cm、袖口リブ幅22cmをとる。
5　袖口幅を30cmとして、袖下丈の約$\frac{1}{5}$で8cm平ら分から袖幅を結ぶ。袖幅が広い場合には袖下を直線ではなく、カーブで結んでもよい。

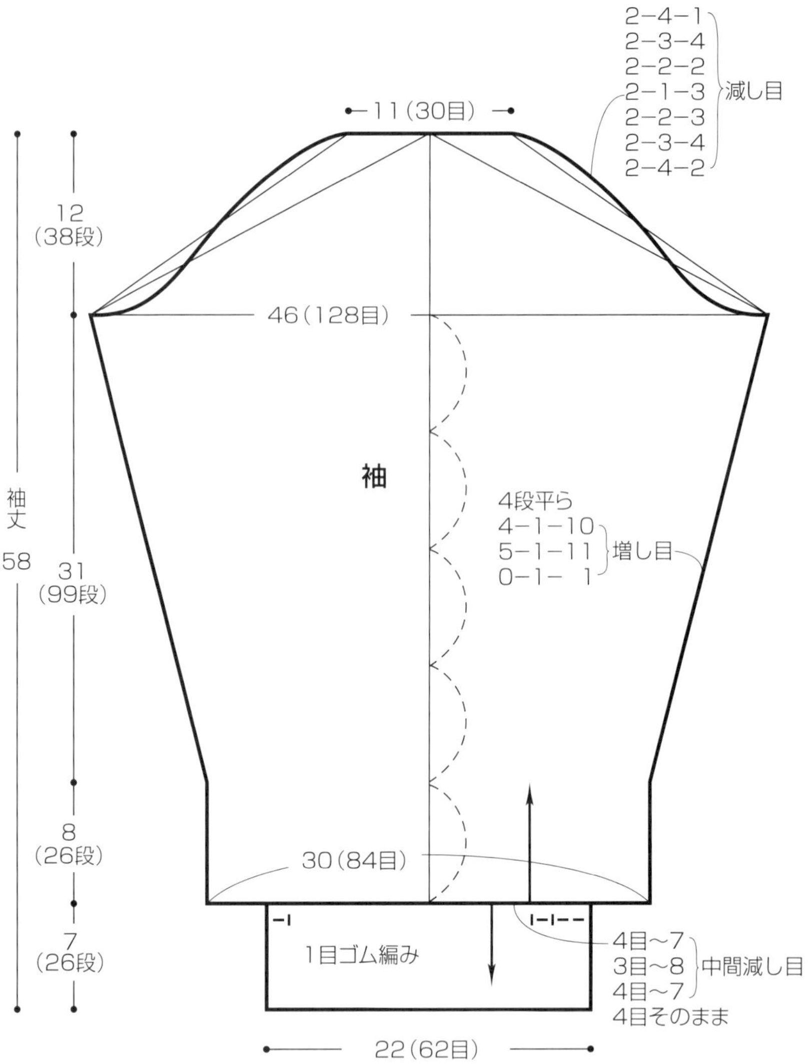

●目数段数の割出し方

身頃、袖は164～166ページの「プルオーバー（機械編み・原型利用）」を参照。

●編み方要点

後身頃・袖はプルオーバーと同じ要領で編み立てる。前身頃は左右の身頃が同じになるよう注意する。前立ては別づけとなるため、身頃と前立てのリブ地の目立てがつながるよう確認してから編み始める。ダイヤルゲージを細かくして図解のように目立てをして編む。編立て寸法は、着丈の倍に衿肩あき寸法を加えた長さとするが、多少長めに編んでおくほうがよい。

ポケット

ポケット口寸法に抜き糸を編み入れる。編み終わってから抜き糸の上の目（シンカーループ）33目を拾い、左右で力となる目を2目作り目として袋を編む。抜き糸の下の目（ニードルループ）を拾い、ポケット口のリブ編みを編む。そのときはぎ代分として、突出し増し目が必要となる。

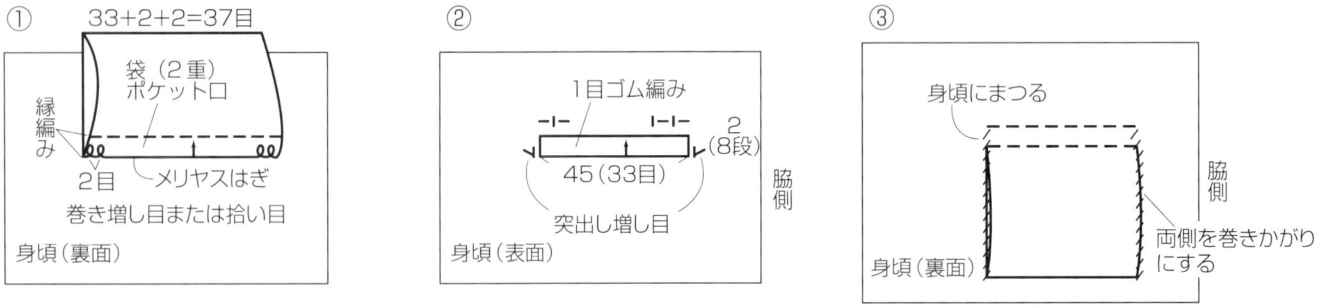

前立て

18目作り目をし、衿つけ寸法よりすこし長めに編み立てておく。身頃の端が伸びている場合があるので、バランスを確認しながらピンを打ち、すくいとじ（75ページ参照）をしてから、ボタンホールをあける（78ページ参照）。

18　男子プルオーバー（棒針編み）

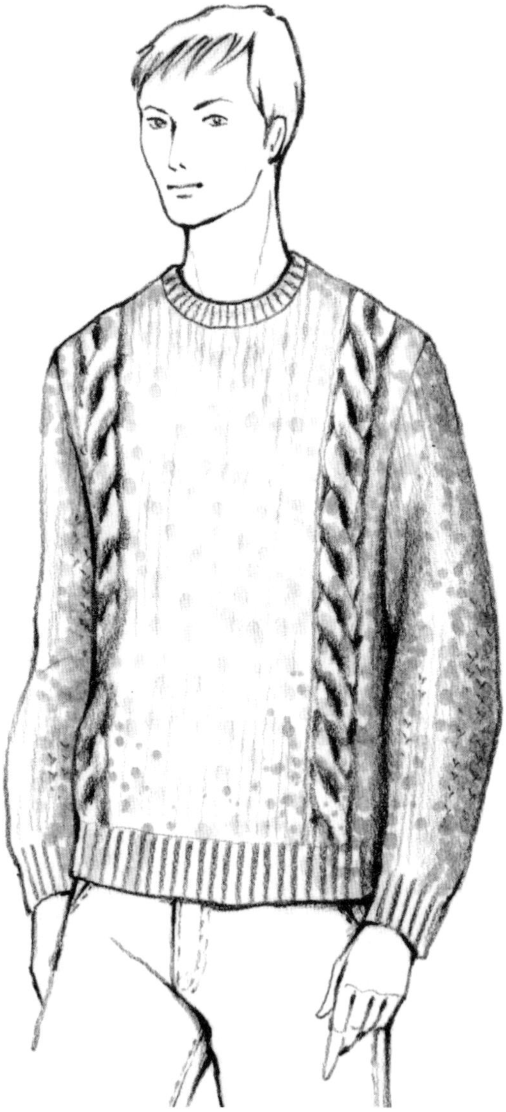

● **作図必要寸法**

チェスト90cm　背肩幅40cm　背丈42cm　着丈72cm
ゆるみ20cm　袖山高さ10cm　袖幅46cm　袖丈58cm

● **出来上り寸法**

チェスト110cm　背肩幅44cm　着丈72cm　袖丈58cm

● **使用量**　極太毛糸1本どり650ｇ
モヘア1本どり150ｇ
引きそろえ800ｇ

● **用具**　15号棒針（ゴム編み12号棒針）

● **ゲージ**　10cm四方、横13目縦16段（前身頃の肩線中心に縄編み模様が入る）

婦人プルオーバーでは、手編み機を使用して袖ぐりや衿ぐりのカーブの成型を学習したので、ここでは棒針を使用して、それぞれカーブの成型を学ぶ。

● **作図順序**

164ページの「プルオーバー（機械編み・原型利用）」を参考とする。デザイン上、肩幅をショルダーポイントより2cm広くしてあるので、袖山の高さに注意する。裾にリブ地がつき、腰で押さえられるため、着丈を2〜3cm長くする。

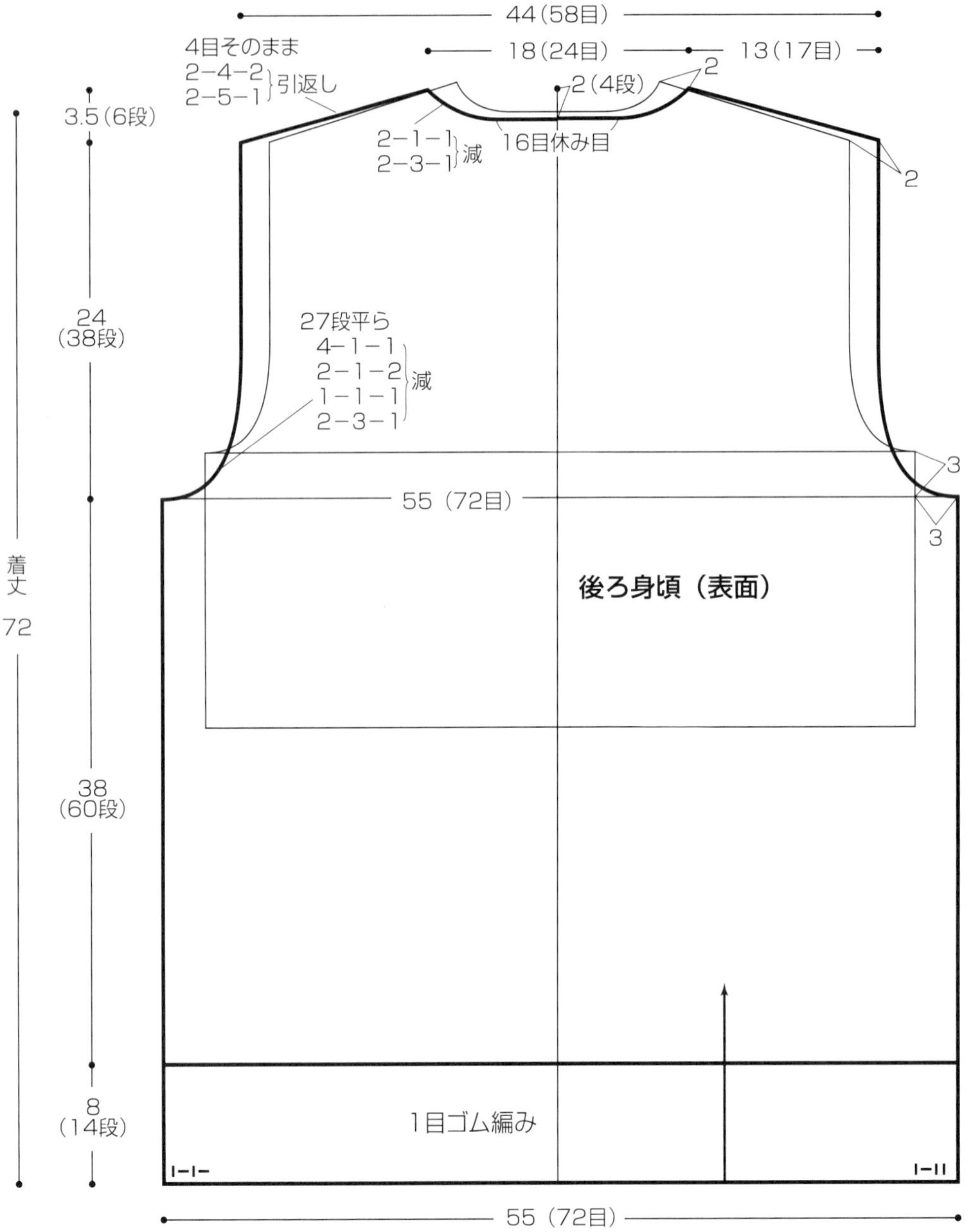

44（58目）
4目そのまま
2−4−2
2−5−1
引返し
18（24目）
13（17目）
2（4段）
2
3.5（6段）
2−1−1
2−3−1
減
16目休み目
2
24
（38段）
27段平ら
4−1−1
2−1−2
1−1−1
2−3−1
減
3
55（72目）
3
着丈
72
後ろ身頃（表面）
38
（60段）
8
（14段）
1目ゴム編み
55（72目）

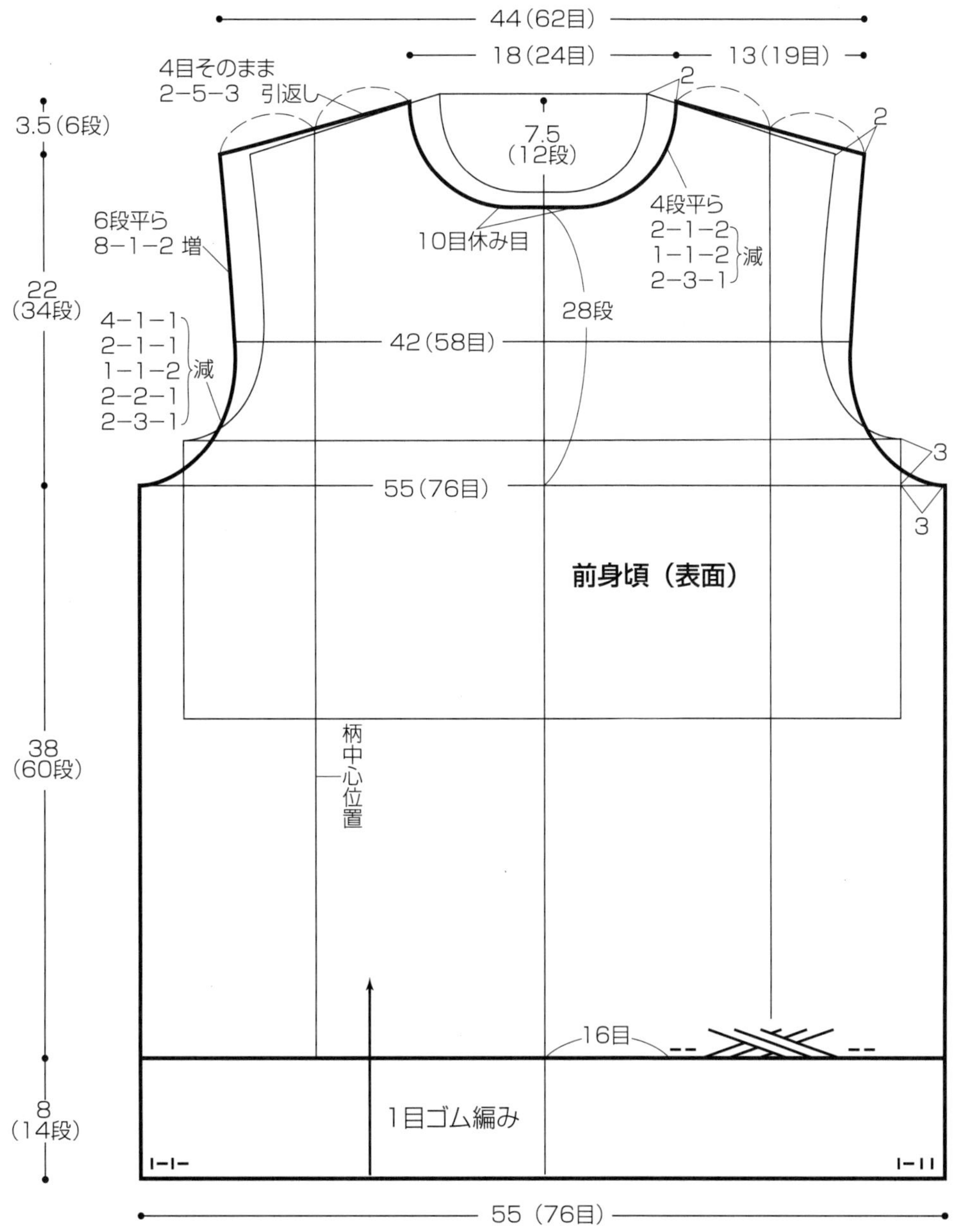
44(62目)
18(24目)
13(19目)
4目そのまま
2−5−3　引返し
2
2
3.5(6段)
7.5
(12段)
6段平ら
8−1−2 増
4段平ら
2−1−2
1−1−2
2−3−1
減
10目休み目
22
(34段)
28段
4−1−1
2−1−1
1−1−2
2−2−1
2−3−1
減
42(58目)
3
55(76目)
3
前身頃（表面）
38
(60段)
柄中心位置
16目
8
(14段)
1目ゴム編み
55（76目）

縄編み記号

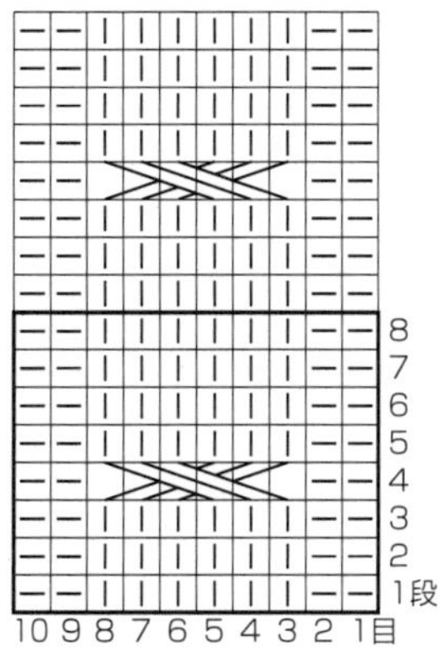
8
7
6
5
4
3
2
1段
10 9 8 7 6 5 4 3 2 1目

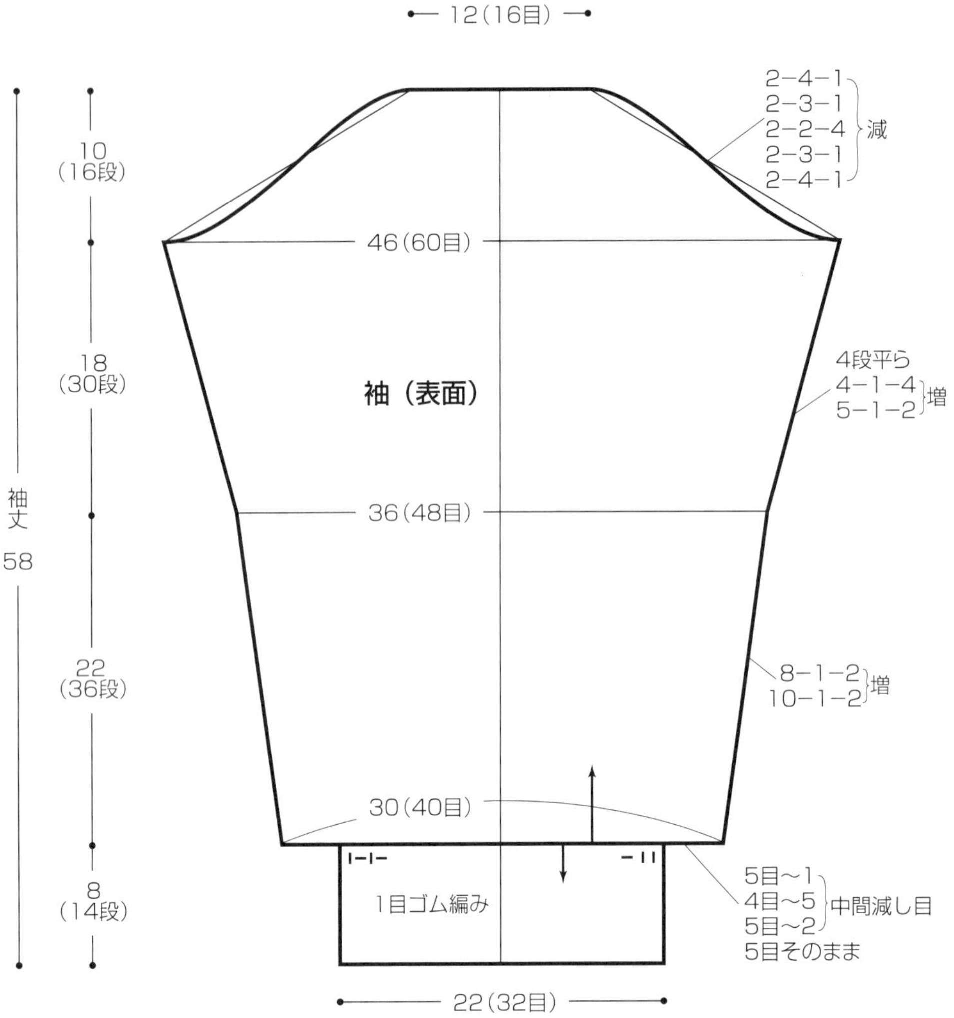

●目数段数の割出し方

後ろ身頃、前身頃、袖はそれぞれの寸法に目数段数を記入する。前身頃に縄編み模様が入るため、柄内側の裏目部分に重ね目分として1目ずつ加える。そのため後ろ身頃の目数+4目が前身頃の目数となる。

後ろ身頃、前身頃、袖下の計算は、164ページの「プルオーバー(機械編み・原型利用)」を参考とする。

この作品では袖山の計算が減し目数より、段数が少ない横長三角形となるため、その場合の計算方法で行なう。

●目数・段数の計算

袖山の計算

袖幅の目数　1.3目×46cm=60目

袖肩山幅の目数　1.3目×12cm=16目

袖山高さの段数　16段×10cm=16段

$\frac{60目-16目}{2}$=22目(片方の減し目数)

16段÷2=8回(減し目数より袖山段数が少ないため、伏せ目の回数を求める)

22目÷8回

2+1=3
8)22
−6　16
2　6

目数分解

2-2-2
2-3-6 → 2-2-2 / 2-3-2 / 2-4-2 → 2-2-4 / 2-3-2 / 2-4-2 → 曲線に並べ変える 2-4-1 / 2-3-1 / 2-2-4 / 2-3-1 / 2-4-1 減し目

●編み方要点

棒針編みでは1段めを裏として編む。

袖ぐり、衿ぐり、袖山などのカーブは図解を参照とする。家庭用編み機を使用した場合の減し目と、棒針を使用した場合の減し目の違いを、168～170ページ、プルオーバー（機械編み・原型利用）の図解を参考にしながら確認するとよい。

後ろ身頃

52～53ページを参考に1目ゴム編み止めから編み始める。棒針編みのゴム編みはゲージがゆるみやすくなるため、ゴム編み部分の針の号数は使用号数の2～3号細い針を使用する。

後ろ衿ぐりの減し目と、肩下がりの引返し

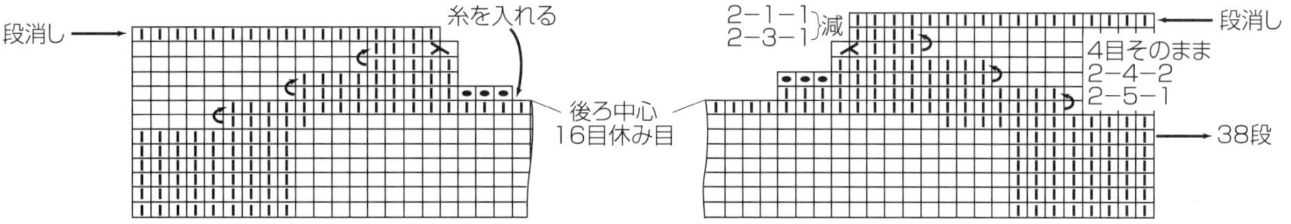

後ろ袖ぐりの減し目

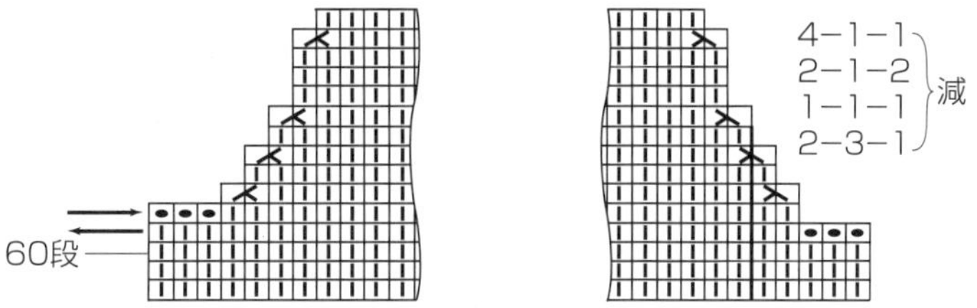

前身頃

後ろ身頃と同様に、1目ゴム編み止めから編始めゴム編みの段数を編み終えたら、柄位置を確認して編み進む。

前衿ぐり、袖ぐりの減し目と、肩下がりの引返し

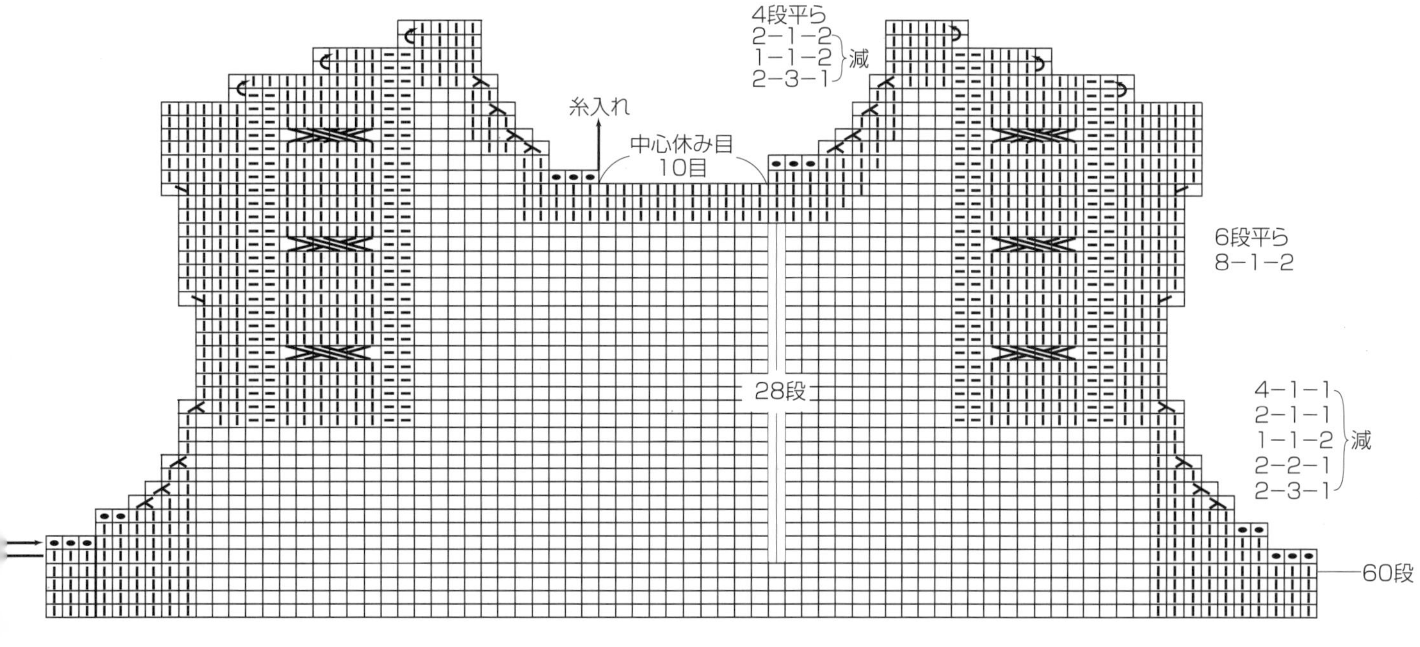

袖

袖口で目数の調整が必要になるため、ゴム編みは作図の逆方向から拾うこととする。

袖山の減し目

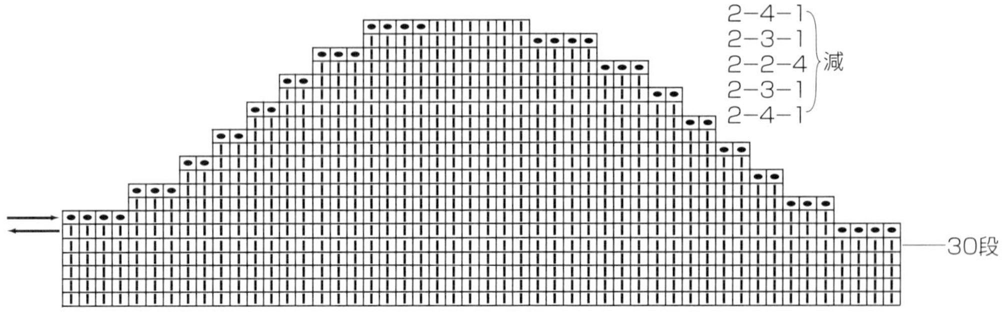

●まとめの要点

肩はぎは中表に合わせてかぎ針で引抜き止めとする。前身頃、縄編みの両方に裏目2目となっているが肩をはぐときは重ねて1目として引き抜く。

衿の拾い目

後ろ衿ぐり　1.3目×20cm＝26目
前衿ぐり　　1.3目×25cm＝32目
26目＋32目＝58目
58目＋2目（はぎ目数）＝60目

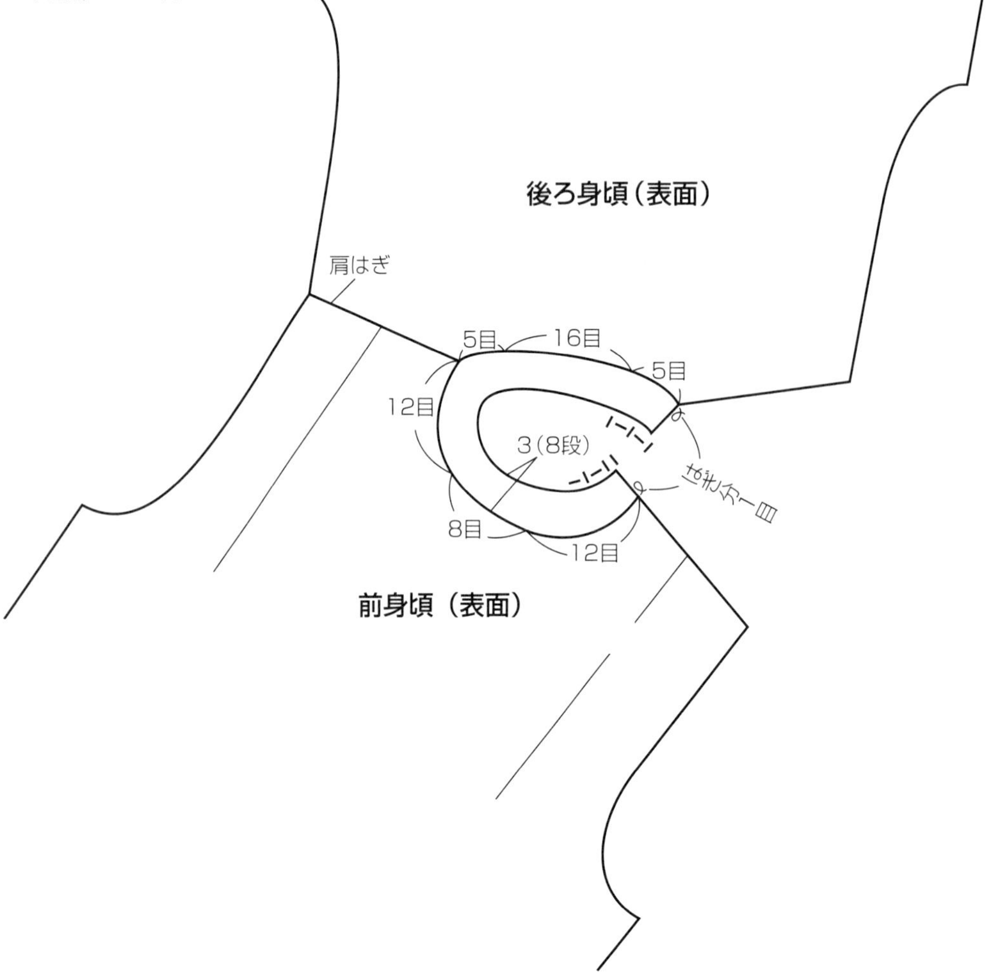

19　子供プルオーバー（肩あき）

●作図必要寸法（身長110cm）
バスト60cm　背肩幅26cm　背丈26cm　着丈38cm
袖丈34cm

●出来上り寸法
バスト68cm　背肩幅26cm　着丈38cm　袖丈34cm

●使用量　中細毛糸（4/16）150 g

●用具　家庭用手編み機（ピッチ4.5mm）

●ゲージ　10cm四方、横28目縦40段

●編み地　レース編み

●作図の要点

バストラインで0.5cm出す。

衿ぐりはサイドネックポイントで1cm、前下がりで1cmカットする。

子供物の場合、あきをつけたほうが着やすいため、左開きとする。前身頃に左肩には1.5cmの見返しを、後ろ身頃の左肩には1.5cmの持出しをつける。

袖は前、後ろ身頃のアームホールの深さを足した寸法を袖幅とし、袖山高さ8cmとする。袖口寸法は狭くしすぎると、大人の手が入りにくくなるので注意する。

伸縮性があり、編直しができる編み物の特徴は成長が早く、運動の激しい子供の衣類に適しているといえる。子供は同年齢でも体格差が激しいため、その子供の体格に合わせて編み上げるとよい。

男女とも着られる基本型の長袖プルオーバーとし、丸首なので肩あきを作り、脱ぎ着を楽にしてある。

※子供は$\frac{1}{4}$縮尺作図

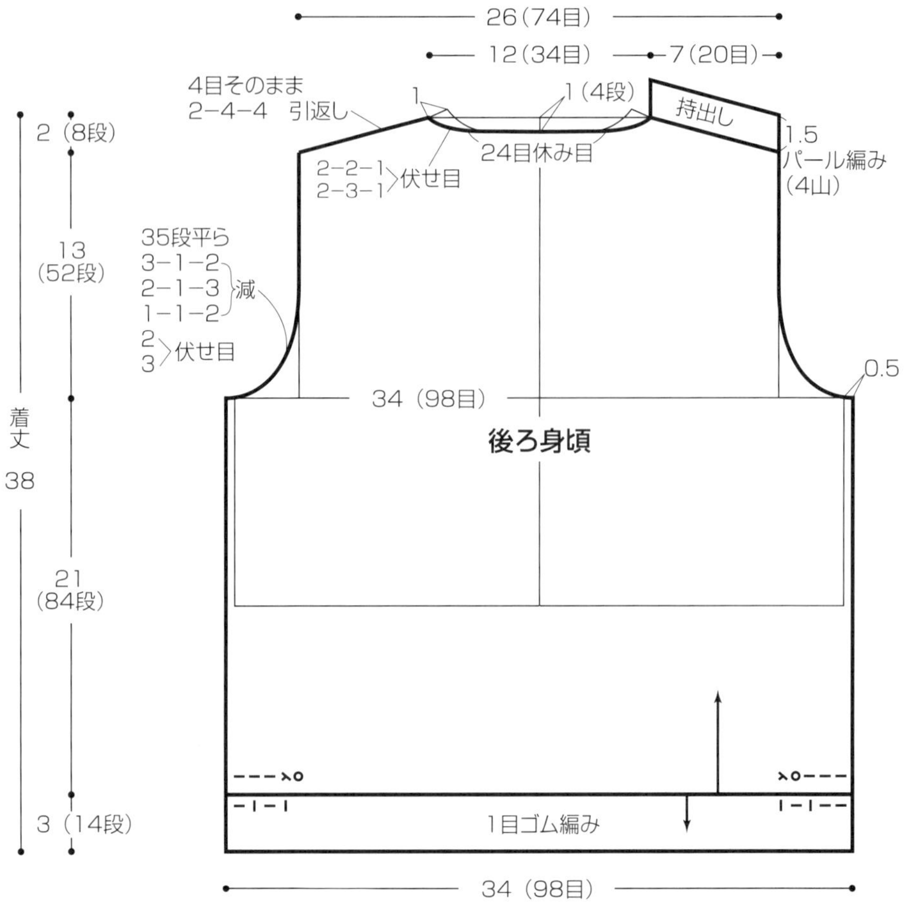

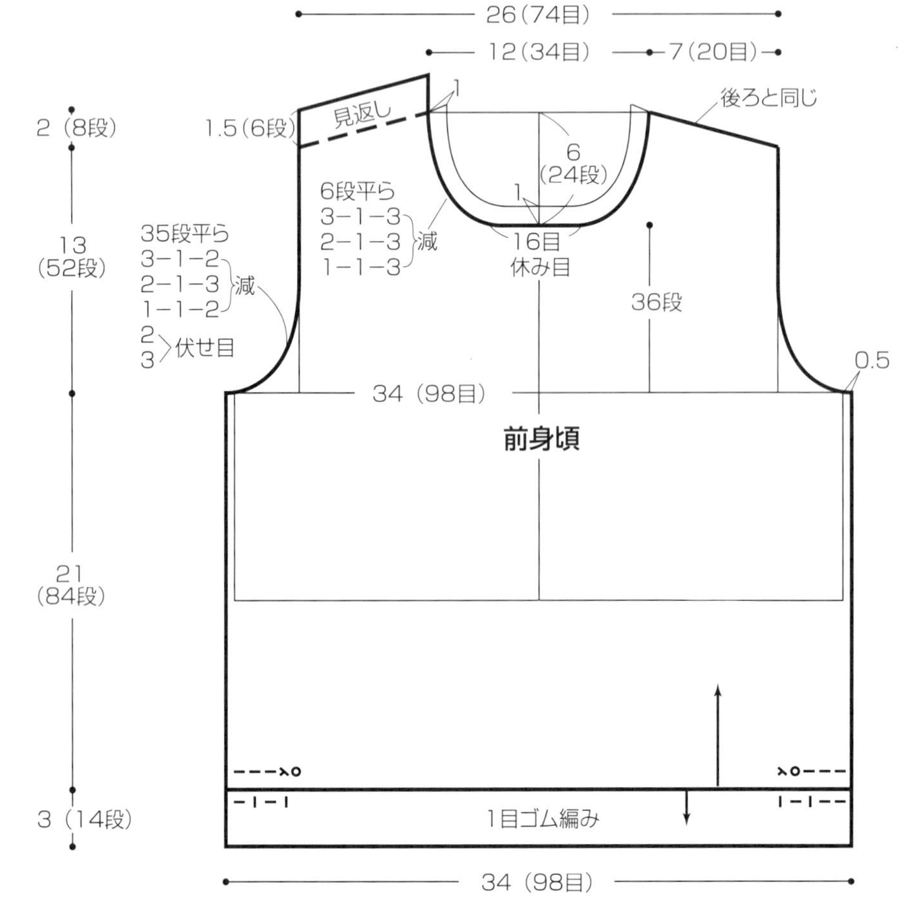

レース模様記号

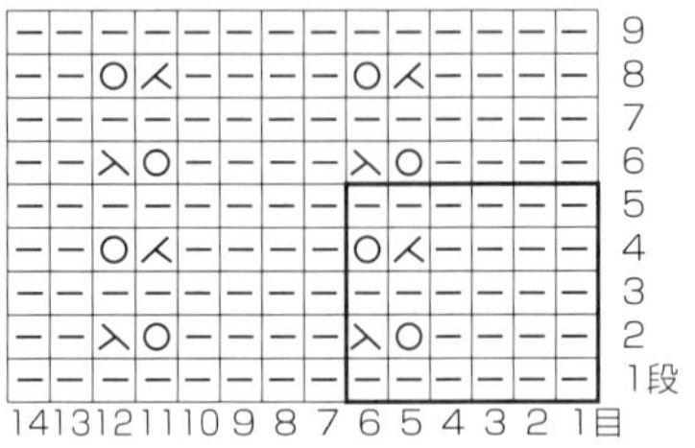

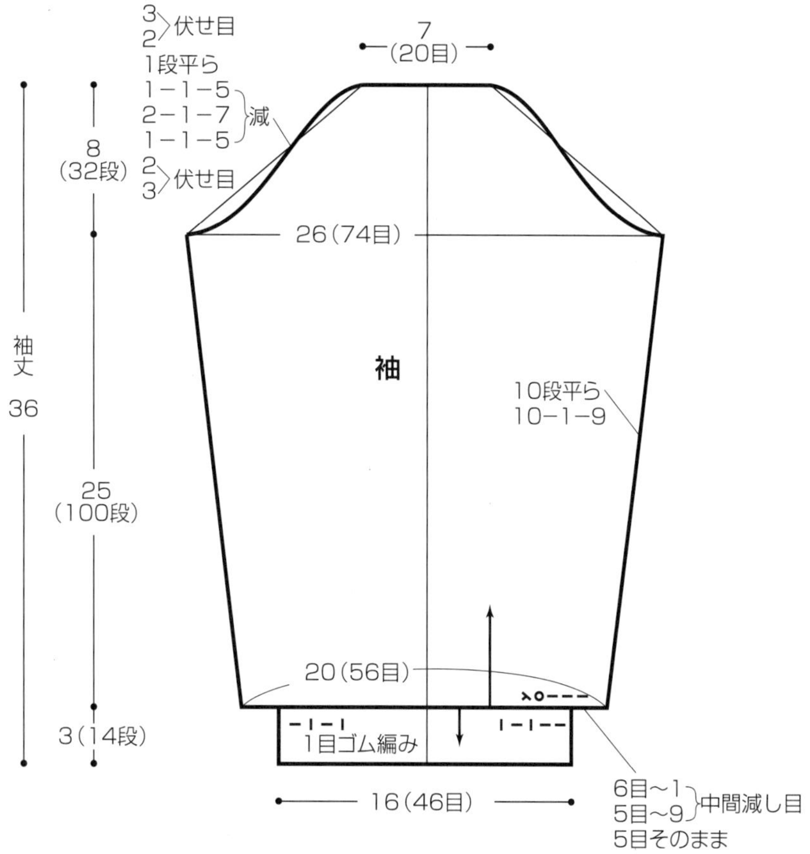

●編み方とまとめの要点

前後身頃、袖は164ページの「プルオーバー（機械編み・原型利用）」と同様に編む。この作品では肩あきの編み方の説明とする。

前、後ろ身頃とも、肩下がりの引返しに続けて、肩あきを作る。後ろ身頃は左肩となるほうにパール編み4山（8段）を編み、肩幅寸法に伏せ目をし、持出し分とする。前身頃も左肩となるほうに、見返し分1.5cm（6段）をメリヤス編みで編む。そのとき折り山線をはっきりつけるため、パール編みを1山編み、折り山とする。右肩をとじ、衿の目数を拾うが、持出し部分と見返し部分の拾い目は多めに拾う。見返しはダブルになっているので重ねて拾うように注意する。

子供には、あきを作ったほうが着用させやすいが、寝ることを考えると、背あきより肩あきのほうが好ましい。また、ボタンなどはなるべく厚みのないものを選ぶとよい。

見返しの編み方

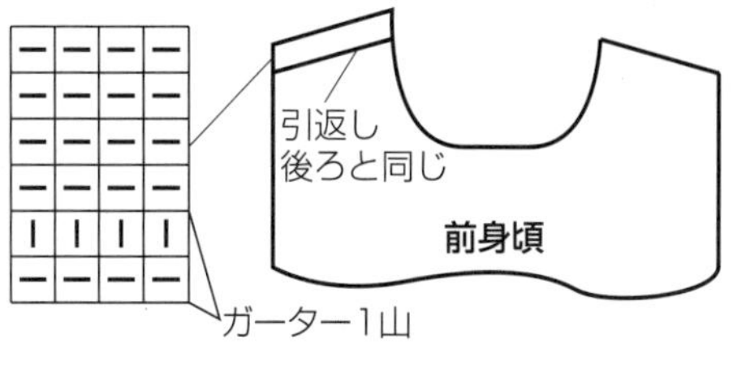

持出しの編み方

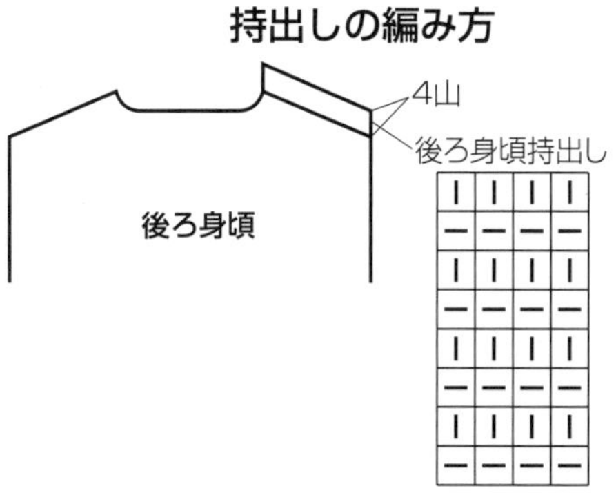

前後、衿の拾い方

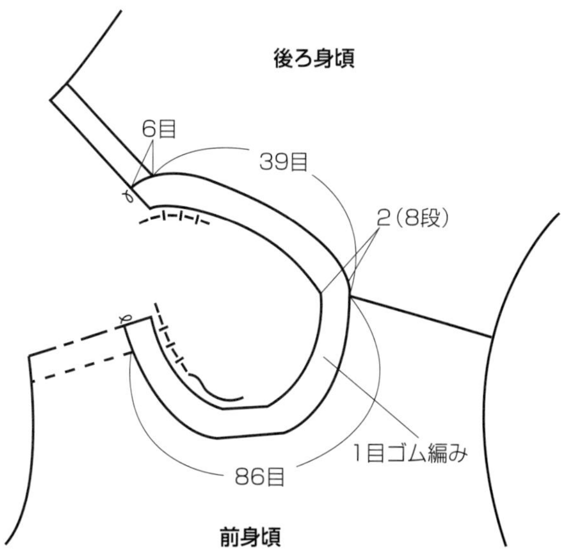

20 子供プルオーバー（スクエアスリーブ）

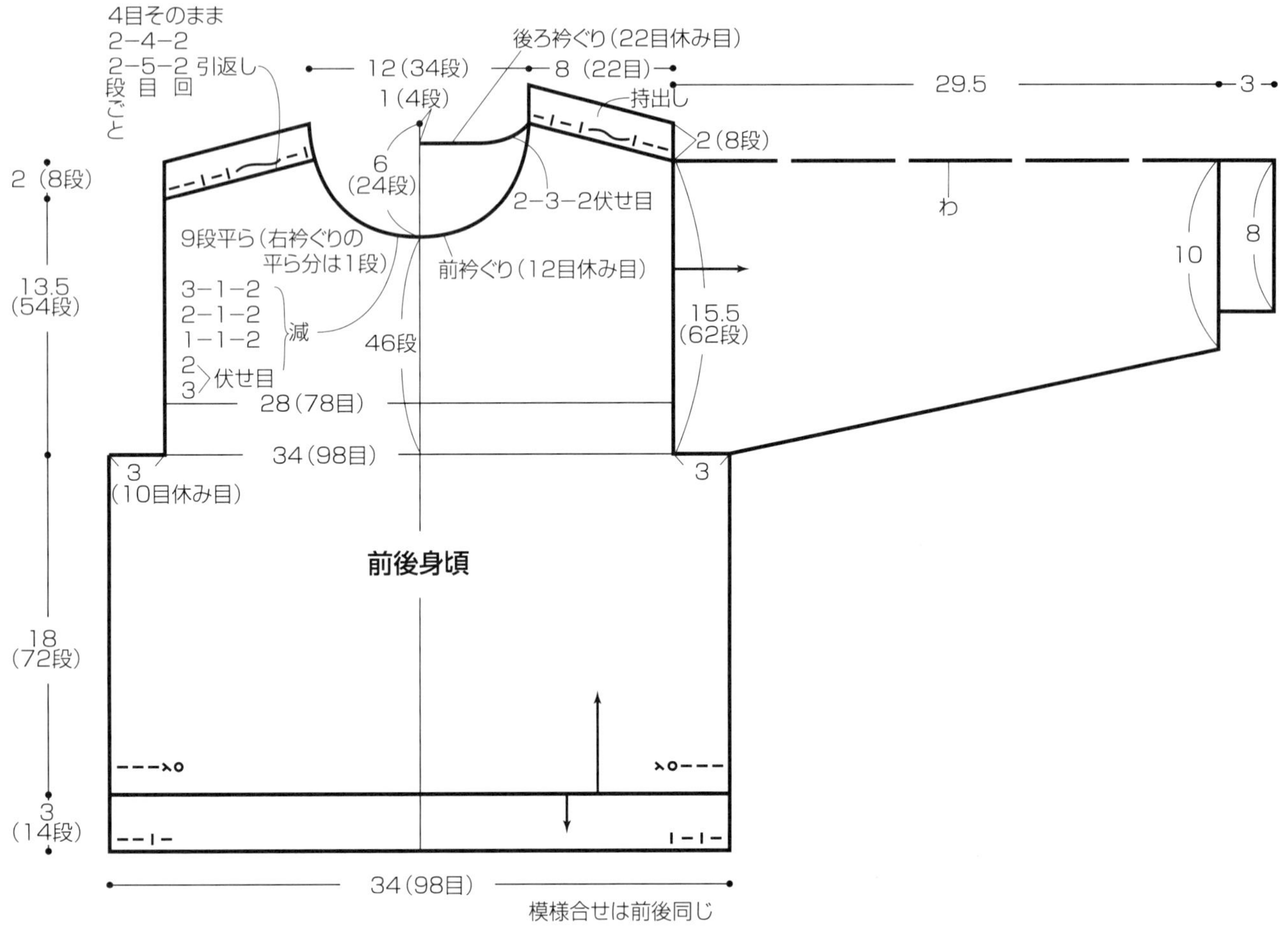

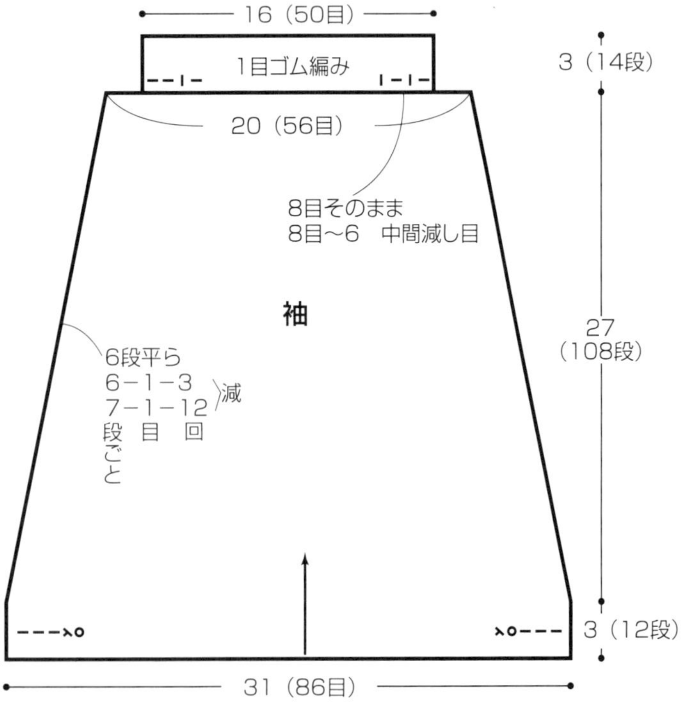

前衿の拾い方

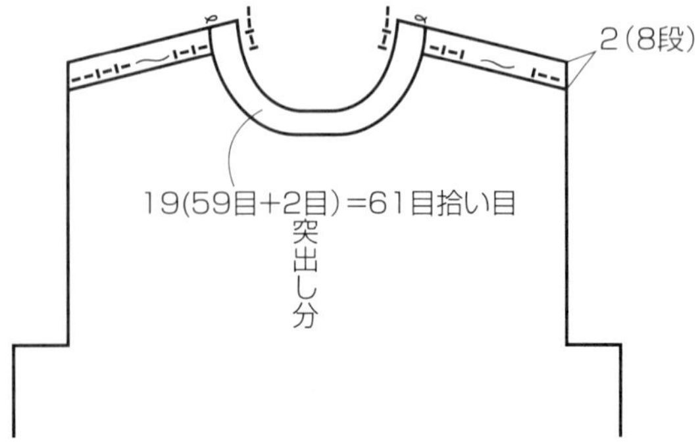

後ろ衿の拾い方

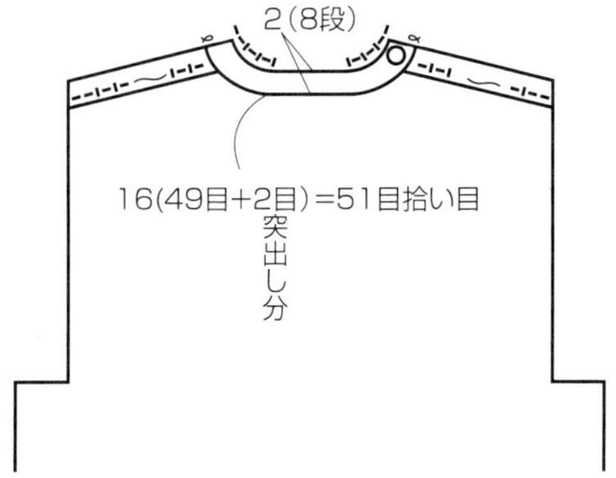

21 布帛とニットの組合せ

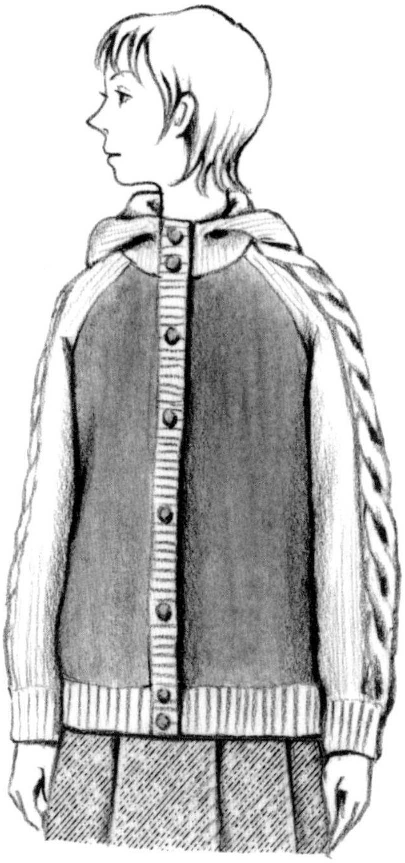

ニットと布帛を組み合わせた作品では、素材や編み地の性質と同時に布帛の性質を理解して、両方の特徴を生かしたデザインにすることが大切である。例えば布地の厚さによって、糸の太さ、模様、編み地を考える。厚手のウール地には並太毛糸、極太毛糸、薄手のウール地には中細毛糸や合細毛糸、極細毛糸などを目安として組み合わせるとよい。布地が厚手の場合の編み地はガーター編み、引上げ編み、縄編みなどのような、編み地に厚みがでるものが向いている。薄手の場合の編み地は、穴あき模様やメリヤス編みなど編み地の薄いものが向いている。

また機械編み、棒針編み、かぎ針編みなど、編み方や選ぶ模様編みによって組み合わせられる布帛が変わってくることもある。

今回は袖とフードをニットにし、身頃は布帛にしたラグランスリーブのジャケットとする。布帛部分は立体と平面を併用したパターンを使用する。ニット部分のパターンはニットの性質を考え、パターン修正をし直さなければならない。

ここでは、立体と平面で起こしたパターンをニットパターンに、修正し直す方法を学ぶこととする。

ドレーピングの方法は、アパレル生産講座③『立体裁断』を参考にするとよい。

●必要寸法
バスト83cm　背肩幅36cm　背丈38cm着丈58cm
袖丈52cm
●使用量　極太毛糸600ｇ　（布地は厚手ウール100%）
●用具　家庭用手編み機（ピッチ9mm）
●編み地　メリヤス編み　4×4縄編み、2×2縄編み、1×1リブ編み
●付属品　ボタン直径1.8cm×8個

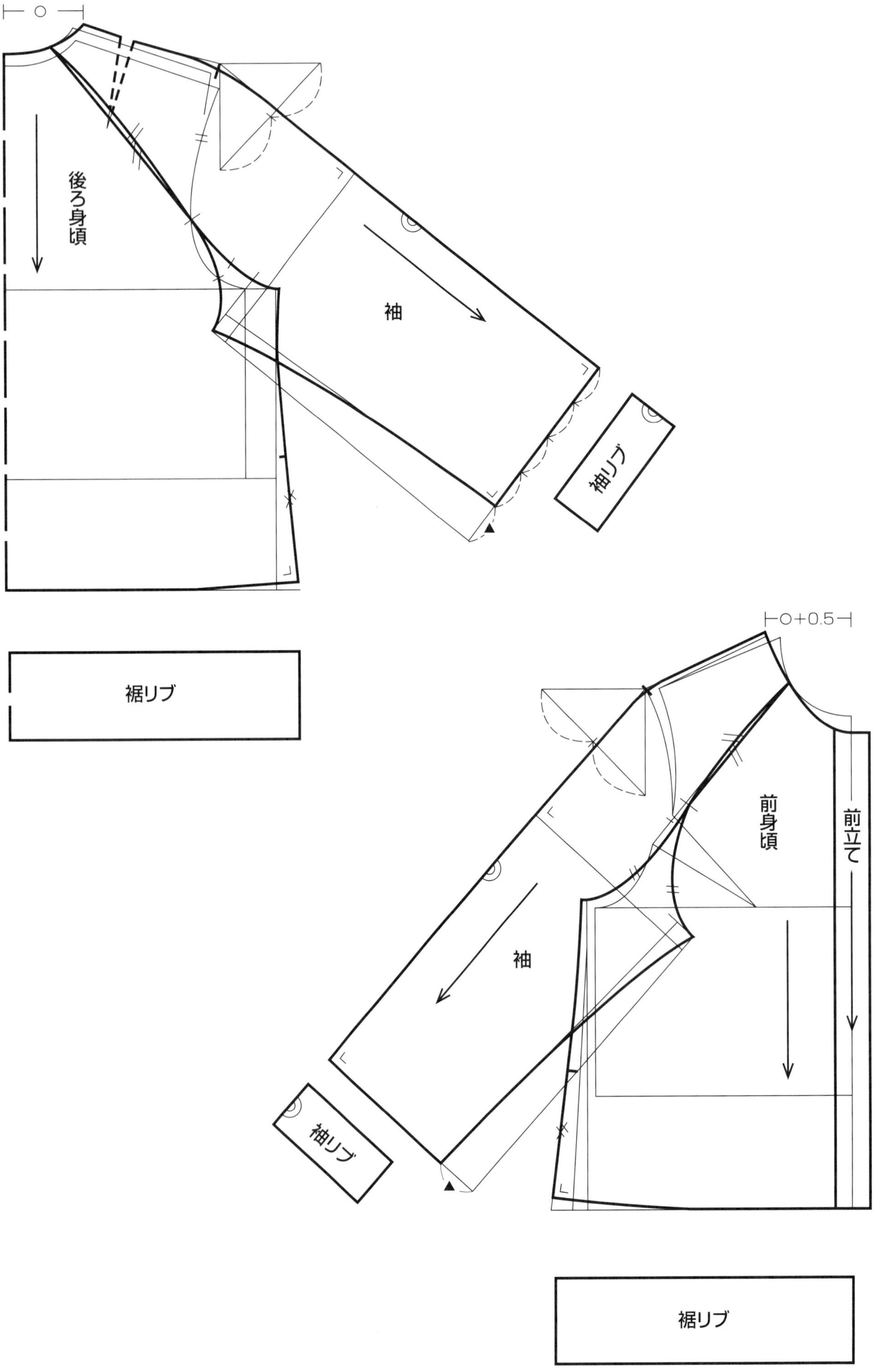
○
後ろ身頃
袖
袖リブ
裾リブ
○+0.5
前身頃
前立て
袖
袖リブ
裾リブ

●袖とフードをニットパターンに修正する

(編み地の性質を考慮し、幅の狭いものはより狭く、幅の広いものはより幅広くなるため)

袖(図1参照)

袖幅が広いとより広くなるので、袖幅をカットする(①)。袖口にリブをつける場合は、袖丈はそのままとし、袖口にリブがつかなくタイトな袖の場合は伸び分として、袖丈を1cmカットする。

袖中心に縄編みが入るため、縄編みの左右でダーツを分ける(②)。

前袖のカーブがきついところは(ニットは細くなる)幅を出す(③)。

肩ダーツ部分は編み地の性質から長さをカットする(④)。

図1

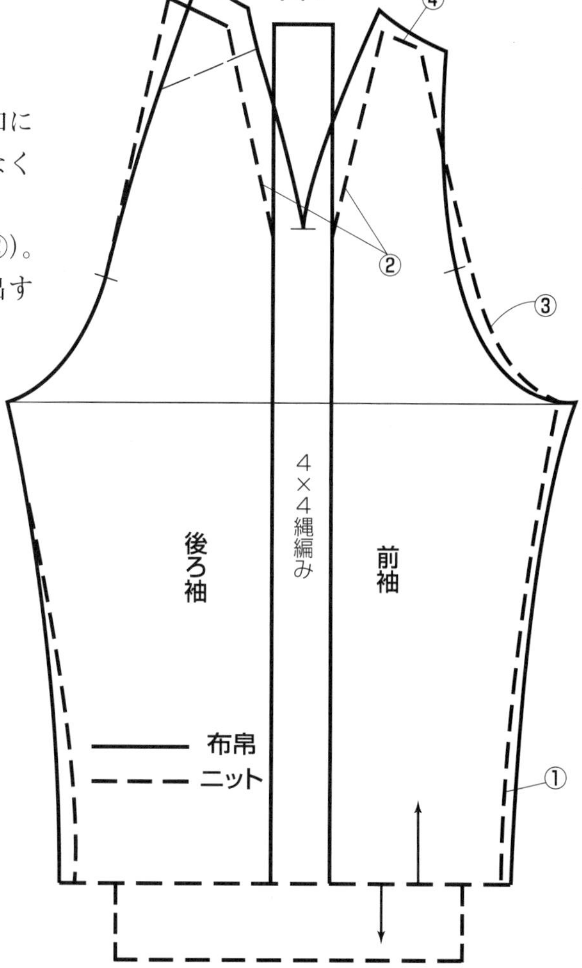

4×4の縄編み記号

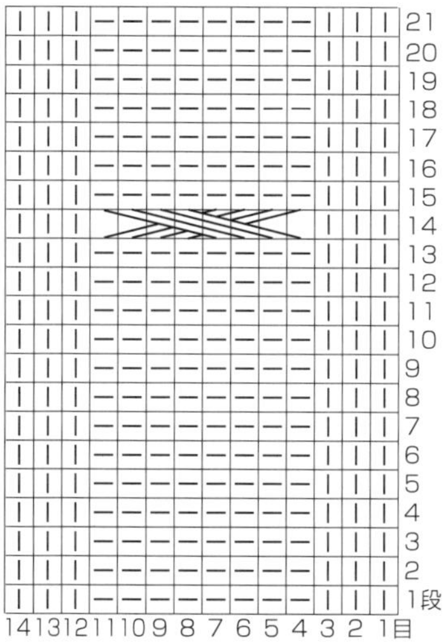

フード(図2参照)

パターンより曲線部分を少しなくして、平らな部分を多くする(①)。模様がくずれるためここではダーツを入れないが、作品によっては入ることもある。

メリヤスはぎをする(②)。

衿つけ線は、縄編みが入るため引返し編みをしたように見えるので、引返し編みを入れない(③)。

図2

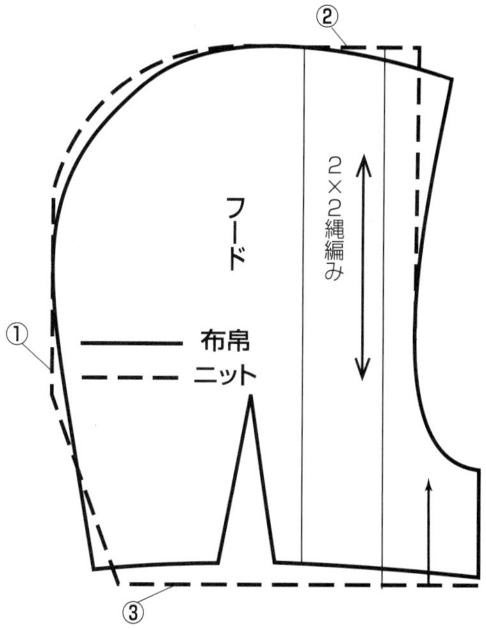

2×2縄編み記号

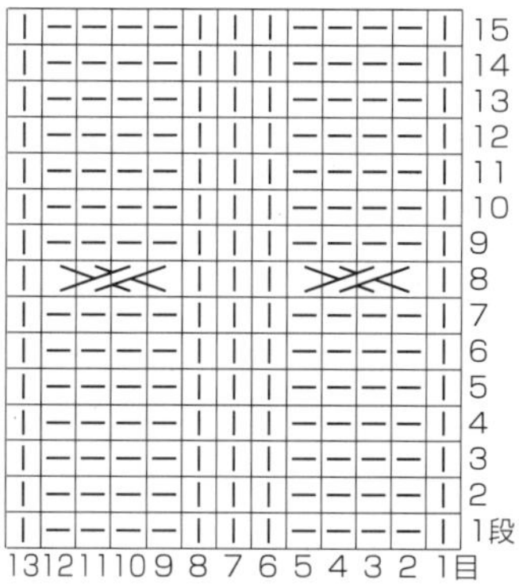

●ラグランスリーブの計算方法（図3参照）

脇は縦長三角形の計算をする（①）。袖幅に近づくにつれてカーブになるように計算結果を並べ変える（②）。

ラグラン線は実物大作図のカーブにそって定規をあてながら三角形をかき、それぞれの三角計算をする（③）。割出し計算で出ないときはパターンの外側に三角形をかき、計算する。ダーツは縄編みの左右に分けて計算する（④）。

●ラグランスリーブの編み方（図3参照）

脇を端増し目で編む（①）。縄編みの交差のところで、ドライブ編みをして、大きくなった編み目で4×4の縄編みの交差をする。袖が編み上がったら、ドライブ編みの左右から糸を引き、縄編みの編み目を直す。ダーツは表目で減らす（⑤）。衿ぐりは引返しをする（⑥）。編み終わったら袖口寸法に減し目をして1×1リブを編む（⑦）。

図3

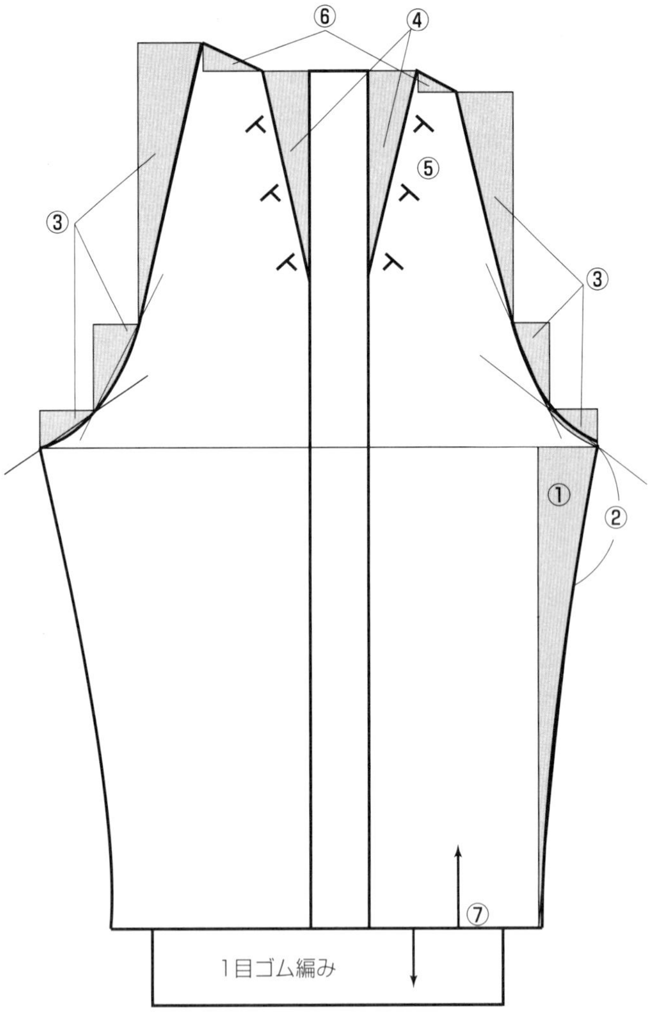

フードの計算

ラグランスリーブの計算と同じように、三角形に区切って計算をする。

フードの編み方

端増し目をしながら編む。左右2枚編む。編終りは捨編みをしておく。

身頃裾リブ、右前立てリブ

シルエットどおり、身幅直下の場合は寸法の1割増した目数にする。右前縦リブ、裾リブと同様編む。ボタンホールは無理穴であける。

編み方要点

縫い糸は絹ミシン糸使用。布にはあらかじめロックミシンをかけて縫い代を整えておく。ニットと布を縫うときは、上側をニットにして中表に縫い、目打ちを使いニットをいせこんでいく。ニットの縫い代は約1目を目安とする。

まとめ

ラグランスリーブは、糸が太いので半割り糸ですくいとじをする。フードも同じくすくいとじをし、最後の捨編みの部分は、メリヤスはぎをして細編みでまとめる。

協力

株式会社つよせ
クロバー株式会社
ブラザー工業株式会社
シルバー精工株式会社
ロイヤル工業株式会社
圓井繊維機械株式会社
コンプレット

監修

文化ファッション大系監修委員会

大沼　淳
高橋　澄子
高久　恵子
松谷美恵子
坂場　春美
阿部　稔
山田　倫子
徳永　郁代
小林　良子
川合　直
石井　雅子
平沢　洋

執筆

岡部美智子
小林　桂子
下村みち代
八木原弘美
御田　昭子

表紙モチーフデザイン

酒井　英実

イラスト

山本　典子
玉川あかね

写真

鈴木　秀樹
藤井　勝己

文化ファッション大系 アパレル生産講座 ⑭

ニットの基礎技術

文化服装学院編

2005年10月1日　第1版第1刷発行
2024年2月1日　第5版第2刷発行

発行者　清木孝悦
発行所　学校法人文化学園 文化出版局
〒151-8524
東京都渋谷区代々木3-22-1
TEL03-3299-2474（編集）
TEL03-3299-2540（営業）
印刷所　株式会社 文化カラー印刷

文化出版局のホームページ　https://books.bunka.ac.jp/